上海市法学高原学科项目

行政程序法典汇编

（下）

主　编　关保英
副主编　梁　玥　冯晓岗

山东人民出版社

国家一级出版社　全国百佳图书出版单位

图书在版编目（CIP）数据

行政程序法典汇编/关保英主编． —— 济南：山东
人民出版社，2017.5
ISBN 978-7-209-10797-6

Ⅰ．①行… Ⅱ．①关… Ⅲ．①行政程序法－汇编
－中国 Ⅳ．①D922.119

中国版本图书馆CIP数据核字(2017)第103197号

行政程序法典汇编

关保英　主编

主管部门　山东出版传媒股份有限公司
出版发行　山东人民出版社
社　　址　济南市胜利大街39号
邮　　编　250001
电　　话　总编室（0531）82098914
　　　　　市场部（0531）82098027
网　　址　http://www.sd-book.com.cn
印　　装　山东华立印务有限公司
经　　销　新华书店

规　　格　16开（169mm×239mm）
印　　张　53.25
字　　数　880千字
版　　次　2017年5月第1版
印　　次　2017年5月第1次
印　　数　1—700
ISBN 978-7-209-10797-6
定　　价　118.00元(上下)

如有印装质量问题，请与出版社总编室联系调换。

目　录

第六篇　行政程序拟制

第七篇　行政监督程序

第四篇 行政规范性文件制定程序

上海市行政规范性文件制定和备案规定

（2010 年 1 月 19 日上海市人民政府令第 26 号公布）

第一章 总 则

第一条 （目的和依据）

为了规范本市行政规范性文件的制定和备案，加强对行政规范性文件的监督管理，维护法制统一，促进依法行政，根据《中华人民共和国地方各级人民代表大会和地方各级人民政府组织法》《规章制定程序条例》和《法规规章备案条例》等法律、法规，结合本市实际，制定本规定。

第二条 （定义）

本规定所称的行政规范性文件（以下简称规范性文件），是指除政府规章外，行政机关依据法定职权或者法律、法规、规章的授权制定的涉及公民、法人或者其他组织权利、义务，具有普遍约束力，在一定期限内可以反复适用的文件。

第三条 （适用范围）

本市规范性文件的制定、备案及其监督管理，适用本规定。

市人民政府制定的规范性文件的备案，依据国家有关规定执行。

第四条 （原则）

规范性文件的制定，应当遵循下列原则：

（一）依照法定权限和程序；

（二）维护法制统一和政令畅通；

（三）保障公众有序参与；

（四）确保内容合法、合理、可行。

规范性文件的备案审查，应当做到有件必备、有备必审、有错必纠。

第五条 （工作部门）

市、区（县）人民政府办公厅（室）根据国家和本市有关公文处理的相关规定,指导市、区(县)范围内的规范性文件制定和备案工作。市、区(县)人民政府工作部门的办公室负责本部门起草、制定以及报送备案规范性文件的协调工作。

市、区(县)人民政府法制办公室负责本级人民政府规范性文件的法律审核,以及报送本级人民政府备案的规范性文件的备案审查工作。市、区(县)人民政府工作部门的法制机构承担本部门起草、制定的规范性文件的法律审核。

镇(乡)人民政府负责本机关规范性文件的制定和报送备案工作。

第二章　规范性文件的制定

第六条　(制定主体)

下列行政机关可以制定规范性文件:

(一)市、区(县)和镇(乡)人民政府;

(二)市和区(县)人民政府工作部门;

(三)依据法律、法规、规章的授权实施行政管理的市人民政府派出机构。

第七条　(名称和体例)

规范性文件的名称,一般称"规定"、"办法"、"细则"、"决定"、"通告"等。凡内容为实施法律、法规、规章和上级行政机关规范性文件的,其名称前一般冠以"实施"两字。

规范性文件一般用条文形式表述。除内容复杂的外,一般不分章、节。

第八条　(不得设定的内容)

无法律、法规、规章依据的,规范性文件不得设定下列内容:

(一)行政许可事项;

(二)行政处罚事项;

(三)行政强制措施;

(四)行政收费事项;

(五)非行政许可的审批事项;

(六)增加公民、法人或者其他组织财产性负担的其他事项;

(七)应当由法律、法规、规章或者上级行政机关规定的其他事项。

市人民政府规范性文件的内容不受前款第(四)项、第(五)项、第(六)项规定的限制。

规范性文件对实施法律、法规、规章作出的具体规定,不得增设公民、法人或者其他组织的义务,不得限制公民、法人或者其他组织的权利。

第九条 （建议和启动）

有规范性文件制定权的行政机关(以下统称制定机关)可以根据下列机构的建议,决定制定相关规范性文件:

(一)本机关的工作部门或者下一级人民政府;

(二)本机关的法制机构或者其他工作机构;

(三)属于本机关主管的法律、法规、规章授权实施行政管理的组织。

制定机关也可以根据公民、法人或者其他组织的意见,对制定相关规范性文件进行立项调研。

法律、法规、规章规定制定规范性文件的,制定机关应当根据制定期限的规定,及时制定规范性文件。没有规定制定期限,但直接影响到法律、法规、规章实施的,制定机关一般应当在法律、法规、规章通过后6个月内决定制定规范性文件。

第十条 （组织起草）

规范性文件一般应当由制定机关组织起草。

市和区(县)人民政府组织起草规范性文件时,可以确定由其一个或者几个工作部门具体负责起草,也可以确定由其法制机构具体负责起草。

规范性文件的内容涉及两个或者两个以上部门职权的,应当由两个或者两个以上部门联合起草;联合起草时,应当由一个部门主办,其他部门配合。

第十一条 （调研）

起草规范性文件,应当对制定规范性文件的必要性和可行性进行研究,并对规范性文件涉及的社会管理领域现状、所要解决的问题、拟设定的主要政策、措施或者制度的合法性和合理性等内容进行调研论证。

第十二条 （听取意见）

除本规定第二十一条另有规定外,起草规范性文件,起草部门应当听取有关机关、组织和管理相对人或者专家的意见;其中,区(县)人民政府及其工作部门起草规范性文件,一般应当听取市有关主管部门的意见。

起草部门听取意见,一般应当采取书面征求相关单位意见、召开座谈会等方式;并可以根据实际需要,采取召开论证会、听证会和公开征询社会公众意见等其他方式。

第十三条 （论证会）

有下列情形之一的,起草规范性文件时可以组织有关专家召开论证会:

(一)制定规范性文件的合法性、必要性或者可行性需要进一步论证的;

（二）涉及内容专业性、技术性较强的；

（三）拟设定政策、措施或者制度的科学性、可操作性需要进一步论证的；

（四）可能导致较大财政投入或者社会成本增加，需要进行成本效益分析的；

（五）起草部门认为确有必要的。

第十四条 （听证会）

有下列情形之一的，起草规范性文件时可以组织召开听证会：

（一）直接涉及公民、法人或者其他组织切身利益，各利益相关方存在重大分歧意见的；

（二）涉及重大公共利益，存在重大分歧意见的；

（三）起草部门认为确有必要的。

起草部门组织召开听证会，应当提前公布听证会的时间、地点、议题，并按照公开、公平、公正的原则确定听证参加人。听证会由起草部门的法制机构或者指定的机构主持。

第十五条 （公开征询社会公众意见）

起草规范性文件涉及重大公共利益，或者直接涉及管辖区域内大多数公民、法人或者其他组织切身利益的，规范性文件草案可以向社会公示，并征询公众意见。

规范性文件草案公开征询社会公众意见的，起草部门应当通过本机关的政府网站，或者其他有利于公众知晓的方式公布规范性文件草案。征询意见的期限自公告之日起一般不少于 15 日；确有特殊情况的，征询意见的期限可以缩短，但最短不少于 7 日。

第十六条 （意见的处理和协调）

公民、法人或者其他组织对规范性文件草案内容提出意见和建议的，起草部门应当予以研究处理，并在起草说明中载明。

有关机关对规范性文件草案内容提出重大分歧意见的，起草部门应当进行协调；协调不成的，报请上级行政机关协调或者决定。

对重大分歧意见的协调和处理情况，应当在起草说明中载明。

第十七条 （报请发布的材料）

报请市或者区（县）人民政府发布规范性文件，起草部门应当提供下列材料：

（一）报请发布的请示；

（二）规范性文件草案；

（三）规范性文件的起草说明；

（四）起草规范性文件所依据的法律、法规、规章和国家政策以及上级行政机关的命令、决定（以下统称制定依据）；

（五）征求意见的有关材料；

（六）其他有关资料。

其他制定机关发布规范性文件需要起草部门提供有关材料的，参照前款规定执行。

第十八条　（法律审核）

除由制定机关的法制机构具体负责起草规范性文件以及本规定第二十一条另有规定外，制定机关的办公厅（室）应当将报请发布的材料交由制定机关的法制机构进行法律审核。

法律审核主要包括下列内容：

（一）是否属于规范性文件；

（二）是否超越制定机关法定职权或者法律、法规、规章的授权范围；

（三）是否与法律、法规、规章以及国家和本市政策相抵触；

（四）是否违反本规定第八条的禁止性规定；

（五）是否按照本规定第十二条的规定经过听取意见的程序；

（六）是否与相关的规范性文件存在冲突；

（七）其他需要审核的内容。

法制机构的审核意见应当以书面形式作出。

第十九条　（审核处理）

规范性文件草案有下列情形之一的，制定机关可以将其退回起草部门，或者要求起草部门修改、补充材料后再报请发布：

（一）制定的基本条件尚不成熟的；

（二）法律审核中发现存在较大问题的；

（三）未按本规定第十七条规定提供相关材料的；

（四）有关机关对草案的内容有重大分歧意见且理由较为充分的。

第二十条　（有关会议审议决定）

除本规定第二十一条另有规定外，规范性文件草案按下列规定报经制定机关有关会议审议决定：

（一）市人民政府的规范性文件涉及重大事项的，按有关程序提交市政府常务会议审议；

（二）区（县）人民政府的规范性文件，提交区（县）人民政府常务会议审议；

（三）其他规范性文件，提交制定机关办公会议审议。

起草部门应当向制定机关有关会议提交规范性文件草案及其起草说明。起草说明应当载明制定的必要性、可行性，制定过程中听取意见的情况、重大分歧意见协调结果等内容。法制机构有法律审核意见的，应当同时提交。

第二十一条 （简化制定程序）

有下列情形之一的，经制定机关负责人批准，可以简化本规定第十二条、第十八条、第二十条规定的制定程序：

（一）为预防、应对和处置自然灾害、事故灾难、公共卫生事件和社会安全事件等突发事件，保障国家安全、经济安全、社会稳定和其他重大公共利益，需要立即制定和施行规范性文件的；

（二）执行上级行政机关的紧急命令和决定，需要立即制定和施行规范性文件的；

（三）需要立即施行的临时性措施；

（四）依据法律、法规、规章授权例行调整和发布标准的；

（五）需要简化制定程序的其他情形。

按照前款规定简化制定程序的，制定机关的办公厅（室）必要时可以就有关问题同时征求制定机关的法制机构的意见。

第二十二条 （发布）

规范性文件一般应当由制定机关的主要负责人签署发布。

发布规范性文件，一般应当载明制定机关、文号、文件名称、发布日期和施行日期等内容。

第二十三条 （公布）

规范性文件应当由制定机关向社会公布；未向社会公布的，不得作为实施行政管理的依据。

规范性文件应当在制定机关指定的政府网站上公布，还可以通过报纸、杂志、广播、电视等新闻媒体公布。

市和区（县）人民政府的规范性文件应当在同级政府公报上公布；有条件的，其他制定机关的规范性文件也可以在政府公报上公布。政府公报登载的规范性文件文本为标准文本；未在政府公报上登载的规范性文件，制定机关向市或者区（县）国家档案馆、公共图书馆提供的正式纸质文本为标准文本。

第二十四条　（施行时间）

制定机关应当明确规范性文件的施行日期。规范性文件自发布之日起 30 日以后施行,但有本规定第二十一条第(一)项、第(二)项、第(三)项所列情形,或者发布后不立即施行将有碍法律、法规、规章和国家政策执行的除外。

第二十五条　（解释权）

规范性文件的解释权,由制定机关行使。

第二十六条　（有效期制度）

制定机关应当规定规范性文件的有效期;有效期届满,规范性文件自动失效。规范性文件的有效期自施行之日起一般不超过 5 年;需要超过 5 年的,制定机关应当在起草说明中载明理由。未明确有效期的,其有效期为 5 年。

规范性文件的名称为"通告"的,有效期自施行之日起一般不超过 1 年;未明确有效期的,其有效期为 1 年。规范性文件的名称冠以"暂行"、"试行"的,有效期自施行之日起不超过 2 年;未明确有效期的,其有效期为 2 年。

第二十七条　（评估制度）

本市建立规范性文件评估制度。

规范性文件的制定机关或者备案审查机关可以根据实际需要,决定进行规范性文件评估。规范性文件在有效期届满后需要继续实施的,应当在该文件有效期届满前 6 个月进行评估。

规范性文件的评估可以由其起草部门或者实施机关组织进行,并可以委托第三方机构具体承担。评估报告中应当提出规范性文件是否需要修改或者继续实施的意见。经评估后的规范性文件拟在有效期届满后继续实施或者作修改后继续实施的,其起草部门或者实施机关应当在该文件有效期届满的 1 个月前向制定机关提出,由制定机关参照本规定的有关程序重新发布。

市、区(县)人民政府法制办公室应当每半年一次,向同级人民政府提出对其制定的相关规范性文件进行评估的建议。

第二十八条　（清理制度）

本市建立规范性文件清理制度。全市性的规范性文件清理工作由市人民政府法制办公室统一组织部署。

有下列情形之一的,由制定机关或者指定其起草部门及时组织对相关规范性文件进行清理:

(一)因法律、法规、规章和国家政策的调整、废止而与其规定不一致或者缺失依据的;

（二）与新制定的法律、法规、规章和国家政策的规定不一致的；

（三）调整对象已不存在的；

（四）与相关规范性文件相互抵触的；

（五）含有地方保护、行业保护等不适当内容的；

（六）不适应经济和社会发展需要的；

（七）与政府职能转变的要求不一致的。

规范性文件清理意见形成后，应当由制定机关的法制机构进行法律审核。

规范性文件清理后，制定机关应当将决定废止、失效的规范性文件目录向社会公布。

第二十九条 （制定机关对有关建议的处理）

制定机关接到公民、法人或者其他组织对规范性文件提出的书面建议，应当予以核实。经核实发现规范性文件确有问题的，制定机关应当自行改正或者撤销。

第三章 规范性文件的备案

第三十条 （报备时限和途径）

制定机关应当自规范性文件发布之日起 15 个工作日内，按照下列规定将规范性文件报送备案：

（一）区（县）人民政府、市人民政府工作部门、市人民政府派出机构制定的规范性文件报市人民政府备案；

（二）镇（乡）人民政府、区（县）人民政府工作部门制定的规范性文件报区（县）人民政府备案。

两个或者两个以上行政机关联合发布的规范性文件，由主办的行政机关按照前款规定报送备案。

本市逐步建立电子备案系统，提高规范性文件备案工作的效率。

第三十一条 （报备的材料）

报送市或者区（县）人民政府备案的规范性文件，直接送市或者区（县）人民政府的法制办公室（以下统称法制办）。

规范性文件报送备案时，应当提交下列材料：

（一）规范性文件备案报告 1 份；

（二）规范性文件正式文本 5 份（附电子文本 1 份）；

（三）规范性文件起草说明 1 份；

（四）规范性文件制定依据目录1份；

（五）按照本规定第十八条规定出具的法律审核意见1份。

规范性文件备案报告应当载明规范性文件经有关会议审议的情况、发布和公布情况等内容。规范性文件的制定按照本规定第二十一条规定简化程序，或者自发布之日起未满30日即施行的，还应当在备案报告中注明理由。

第三十二条　（登记）

报送备案的规范性文件符合本规定第二条、第三十条和第三十一条规定的，法制办予以登记。

报送备案的材料不属于本规定第二条所称的规范性文件，或者不符合本规定第三十条规定的备案途径的，法制办不予登记，将材料退回，并说明理由。

报送备案的材料不符合本规定第三十一条规定的，法制办应当通知制定机关在5个工作日内补正材料；补正后符合规定的，予以登记。

第三十三条　（审查内容）

法制办应当对报送备案的规范性文件的下列事项进行审查：

（一）本规定第十八条规定的法律审核的内容；

（二）是否符合本规定第十八条、第二十条、第二十二条规定的程序；

（三）是否符合本规定第二十二条规定的发布形式；

（四）是否按照本规定第二十三条规定予以公布；

（五）适用简化制定程序，或者自发布之日起未满30日即施行的，是否符合本规定的相关规定。

第三十四条　（征求意见和补充说明）

法制办审查规范性文件时，认为需要有关政府部门协助审查、提出意见的，有关政府部门应当在规定期限内回复；需要制定机关补充说明情况的，制定机关应当在规定期限内予以说明。

第三十五条　（专家咨询）

报送备案的规范性文件内容技术性、专业性较强的，法制办可以通过召开论证会、书面征求意见等方式，向相关领域的专家、专业组织进行咨询。

第三十六条　（中止审查）

规范性文件审查过程中，有下列情形之一的，法制办可以中止审查，并书面通知制定机关：

（一）作为规范性文件制定依据的法律、法规、规章或者国家、本市现行政策正在制定、修改、废止过程中，并可能于近期发布的；

（二）相关规范性文件之间存在矛盾，正在协调过程中的；

（三）制定机关决定自行对规范性文件进行修改的；

（四）其他需要中止审查的情形。

中止审查的原因消除后，应当恢复审查。因前款第（三）项所列情形中止审查的，中止审查期限一般不超过 60 日。中止审查的时间不计入规范性文件审查期限。

第三十七条 （终止审查）

规范性文件审查过程中，有下列情形之一的，法制办应当终止审查，并书面通知制定机关：

（一）规范性文件被制定机关废止的；

（二）规范性文件被其他有权机关改变或者撤销的；

（三）其他需要终止审查的情形。

第三十八条 （审查处理结果）

法制办对规范性文件审查后，应当按照下列规定作出处理：

（一）未发现规范性文件存在违法和明显不合理情形的，准予备案；

（二）未发现规范性文件存在违法情形，但合理性或者文字表述存在瑕疵，需要提请制定机关予以注意的，准予备案并附相关法制建议；

（三）规范性文件存在下列情形之一的，不予备案，并提出要求制定机关限期改正、废止，或者停止执行该规范性文件部分、全部内容的法制建议：

1. 超越制定机关法定职权或者法律、法规、规章授权范围的；

2. 与法律、法规、规章、国家或者本市政策相抵触的；

3. 违反本规定第八条禁止性规定的；

4. 明显不合理的。

（四）规范性文件制定程序、发布形式不符合本规定的相关规定的，不予备案，并可以提出要求制定机关停止执行该规范性文件、限期补正程序和重新发布的法制建议。

第三十九条 （备案审查时限）

法制办应当自登记之日起 30 日内，将对规范性文件审查的意见书面通知制定机关。对需要征求意见、补充说明、专家咨询或者有其他特殊情况的，经法制办负责人同意，可以延长审查期限；延长的期限最长不超过 30 日。

第四十条 （对法制建议或者决定的执行）

有本规定第三十八条第（三）项、第（四）项所列情形的，制定机关应当自收到法制办的法制建议之日起,在规定期限内补正程序、停止执行、自行改正或者废止规范性文件,并将办理结果书面报告法制办。

制定机关拒绝按照前款规定执行或者逾期不执行法制建议的,法制办可以报请市或者区(县)人民政府作出改变或者撤销该规范性文件的决定。

制定机关收到市或者区(县)人民政府改变或者撤销规范性文件决定的,应当立即执行,并将执行情况书面报告同级政府法制办。

第四十一条 （对公众建议的处理）

法制办接到公民、法人或者其他组织对规范性文件提出的书面建议,应当予以核实,发现规范性文件未报备或者确有问题的,应当按照本规定的有关规定作出处理。

第四十二条 （备案结果的公告）

法制办应当通过政府网站和政府公报,定期向社会公告准予备案的规范性文件目录。

市或者区(县)人民政府作出改变、撤销规范性文件的决定的,法制办应当通过政府网站和政府公报,及时向社会公告。

第四章　考核监督和责任追究

第四十三条 （考核）

规范性文件的制定和备案工作应当列入行政机关及其工作人员的绩效考核内容。

第四十四条 （督促检查）

制定机关应当于每年 1 月 20 日之前,将本机关上一年度制定的规范性文件的目录报送法制办备查。

市和区(县)人民政府办公厅(室)和法制办对规范性文件制定和备案情况进行监督检查,督促制定机关及时执行市、区(县)人民政府的有关决定以及法制办的法制建议;发现应当报备而未报备规范性文件的,督促制定机关限期补报。

第四十五条 （年度报告和通报制度）

法制办应当于每年 1 月,对上一年度规范性文件的备案审查情况向本级政府作出年度报告,同时抄报上一级政府法制办。

法制办应当对规范性文件备案审查情况进行定期通报。

第四十六条 （责任追究）

违反本规定,有下列情形之一的,由市、区(县)人民政府或者法制办给予通报;情节严重、造成不良后果的,由有权部门对制定机关负有领导责任的人员和其他直接责任人员依法给予行政处分:

(一)不报送或者不按时报送规范性文件备案或者目录备查,经督促仍不补报的;

(二)拖延执行或者拒不执行市、区(县)人民政府的有关决定或者法制办的法制建议的。

法制办收到规范性文件不予审查或者对审查发现的问题不予纠正的,由市或者区(县)人民政府责令限期改正或者通报;情节严重、造成不良后果的,由有权部门对负有领导责任的人员和其他直接责任人员依法给予行政处分。

第五章 附 则

第四十七条 （现行规范性文件的处理）

本规定施行前制定并且仍然有效的规范性文件,其有效期适用本规定第二十六条规定,自本规定施行之日起计算。

各行政机关应当对前款规定的规范性文件在其有效期内进行清理,经清理后决定废止、失效的规范性文件目录应当向社会公布。具体方案由市人民政府法制办公室拟订,报经市人民政府同意后统一组织实施。

第四十八条 （参照执行）

依据法律、法规或者规章的授权制定规范性文件的其他组织,其规范性文件的制定和备案,参照本规定执行。

制定机关修改、废止规范性文件,参照本规定执行。

第四十九条 （施行日期）

本规定自 2010 年 5 月 1 日起施行。2003 年 12 月 28 日市人民政府发布的《上海市行政规范性文件制定和备案规定》同时废止。

安徽省行政机关规范性文件制定程序规定

(2002 年 12 月 4 日安徽省人民政府令第 149 号公布
根据 2014 年 12 月 16 日安徽省人民政府令第 258 号
《安徽省人民政府关于修改部分规章的决定》修正)

第一章 总 则

第一条 为了规范本省行政机关规范性文件制定程序,保证行政机关规范性文件质量,维护国家法制统一,根据有关法律法规的规定,结合本省实际,制定本规定。

第二条 本规定所称行政机关规范性文件(以下简称规范性文件)是指县级以上人民政府及其部门,根据法律、法规和其他上位法的规定,在其法定权限内制定,规范行政管理事务,公开发布并反复适用的,具有普遍约束力的文件。

规范性文件分为政府规范性文件和部门规范性文件。

第三条 规范性文件的立项、起草、审查、决定、公布,适用本规定。

制定规章按国务院《规章制定程序条例》执行。

规范性文件的报送和呈批,参照国务院《规章制定程序条例》和政府立法程序执行。

第四条 制定规范性文件,应当遵循立法法确定的基本原则,符合宪法、法律、法规和其他上位法的规定。

第五条 规范性文件的内容,应当符合精简、统一、效能的原则,体现改革精神,促进政府职能向宏观调控、公共服务、市场监管、社会管理、环境保护转变。

第六条 规范性文件的名称一般称"规定"、"办法"、"细则"等。

第二章 立项和起草

第七条 政府所属部门认为需要由政府制定规范性文件的,应当向本级人民政府报请立项。

报送政府制定规范性文件的立项申请,应当对制定规范性文件的必要性、所要解决的主要问题、拟确立的主要制度以及依据的上位法等作出说明。

第八条 政府法制部门应当对报送政府制定规范性文件的立项申请进行汇总研究,拟订本级人民政府年度规范性文件制定工作计划,报本级人民政府批准后执行。

政府规范性文件制定工作年度计划应当明确规范性文件的名称、起草单位、完成时间等。

政府规范性文件制定工作年度计划在执行中,可以根据实际情况予以调整。

第九条 政府所属部门可以根据本部门的实际,按照有关立法原则自主确定部门规范性文件的立项工作。

第十条 政府规范性文件由政府的一个部门或者几个部门具体负责起草工作,也可以由政府法制部门组织起草。

部门规范性文件由政府所属部门的一个或几个内设机构或者法制机构具体负责起草工作。

第十一条 起草规范性文件,应当体现立法法规定的原则,深入调查研究,总结实践经验,广泛听取有关单位和个人的意见。听取意见可以采取座谈会、论证会、听证会和公开向社会征求意见等多种形式。

第十二条 起草规范性文件,涉及两个以上部门、机构职责或者与其他部门、机构关系紧密的,起草单位应当充分征求其他部门、机构的意见。

第十三条 起草单位应当将规范性文件送审稿及其说明、对规范性文件送审稿主要问题的不同意见和其他有关材料一并报送审查。

报送审查的规范性文件送审稿,应当由起草单位主要负责人签署;几个单位共同起草的,应当由几个起草单位主要负责人共同签署。

第十四条 政府法制部门起草或者组织起草的政府规范性文件草案,由政府法制部门主要负责人签署。

第三章 审 查

第十五条 政府规范性文件送审稿及其说明由政府法制部门统一审查、修改。部门规范性文件送审稿及其说明由部门法制机构或负责法制工作的机构统一审查、修改。

第十六条　规范性文件送审稿有下列情形之一的,政府法制部门、部门法制机构或负责法制工作的机构(以下统称审查机构)可以缓办或者退回起草单位:

(一)不符合本规定第五条规定的;

(二)制定规范性文件的基本条件尚不成熟的;

(三)有关部门对规范性文件送审稿规定的主要制度存在较大争议,起草单位未与有关部门、机构协商的。

第十七条　审查机构审查规范性文件送审稿,应当将规范性文件送审稿或者规范性文件送审稿涉及的主要问题发送有关单位征求意见。

第十八条　审查机构应当就规范性文件送审稿涉及的主要问题,深入基层进行实地调查研究,听取基层有关单位和个人的意见。

第十九条　规范性文件送审稿涉及重大问题的,审查机构应当召开由有关单位、专家参加的座谈会、论证会,听取意见,研究论证。

第二十条　有关部门、机构对规范性文件送审稿涉及的主要措施、管理体制、权限分工等问题有不同意见的,审查机构应当进行协调,达成一致意见;不能达成一致意见的,应当将主要问题、有关部门、机构的意见和审查机构的意见上报本级人民政府或本部门决定。

第二十一条　审查机构应当认真研究各方面的意见,与起草单位协商后,对规范性文件送审稿进行修改,并直接向本级人民政府或本部门提出规范性文件草案和审查报告。

审查报告应当包括制定规范性文件拟解决的主要问题、拟采取的主要措施、依据的上位法以及与有关部门、机构的协调情况等。

第二十二条　部门规范性文件在印发前,有关部门应将规范性文件送同级政府法制部门进行合法性审查,并提交下列材料:

(一)提请审查的公函;

(二)规范性文件文本;

(三)规范性文件的说明;

(四)制定规范性文件所依据的法律、法规、规章、上级行政机关的命令和决定;

(五)制定规范性文件所依据的其他有关资料。

第二十三条　政府法制部门应在 10 个工作日内完成审查工作,并将审查意见书面通知制定规范性文件的政府部门。

第二十四条　制定规范性文件的部门收到政府法制部门的审查意见后,应当认真研究吸收其所提出的意见。对主要意见不能采纳的,应当书面告知政府法制部门。

第二十五条　部门规范性文件未经同级政府法制部门审查不得印发。政府法制部门发现未经其审查而印发的部门规范性文件,可以提请本级人民政府撤销该文件,并在公开发布文件的载体上公告。

政府法制部门可以对同级政府部门制发规范性文件情况进行检查。

第四章　决定和公布

第二十六条　省人民政府、省人民政府所在地的市人民政府、国务院批准的较大的市人民政府的规范性文件,可以经政府常务会议决定;其他政府规范性文件应当经政府常务会议决定。

部门规范性文件应当经部门办公会议决定。

第二十七条　会议审议通过的规范性文件草案,由审查机构按会议意见修改后,报本级人民政府或本部门负责人签署发布。

第二十八条　规范性文件一般应当自公开发布之日起 30 日后施行。但是公开发布后不立即施行将有碍规范性文件施行的,可以自公开发布之日起施行。

第二十九条　规范性文件依法备案后,由政府法制部门提供格式文本,文件制定机关通过法定载体公开发布。

公开发布规范性文件按《安徽省行政机关文件公开发布管理规定》执行。

第五章　附　则

第三十条　乡(镇)人民政府、县级以上人民政府依法设立的派出机关、法律法规授权的具有管理公共事务职能的组织制定规范性文件,参照本规定的有关程序规定执行。

第三十一条　县级以上人民政府及其部门,应当经常对规范性文件进行清理,发现与新公布的法律、法规或者规章的规定不一致的,或者与法律、法规或者规章的规定相抵触的,应当及时修改或者废止。

第三十二条　规范性文件备案按照《安徽省行政机关规范性文件备案监督办法》执行。

第三十三条　本规定自 2003 年 3 月 1 日起施行。

江苏省规范性文件制定和备案规定

（2009 年 4 月 7 日江苏省人民政府第 29 次常务会议审议通过

2009 年 4 月 12 日江苏省人民政府令第 54 号公布

自 2009 年 6 月 1 日起施行）

第一章 总 则

第一条 为规范制定规范性文件的活动,完善规范性文件的备案制度,加强对规范性文件的监督管理,维护社会主义法制的统一,根据《中华人民共和国地方各级人民代表大会和地方各级人民政府组织法》和国务院《规章制定程序条例》《法规规章备案条例》等法律、法规,制定本规定。

第二条 规范性文件的制定和备案,适用本规定。法律法规另有规定的,从其规定。

违反本规定制定的或者依照法律、法规规定应当公布但没有公布的规范性文件,不得作为实施行政管理的依据。

第三条 本规定所称规范性文件,是指除规章以外,由本省行政机关依照法定权限和规定程序制定,涉及公民、法人和其他组织权利义务,并具有普遍约束力的各类文件的总称,包括政府规范性文件和部门规范性文件。

前款所称本省行政机关(以下统称制定机关),包括:

(一)地方各级人民政府;

(二)县级以上地方人民政府所属工作部门;

(三)县级以上地方人民政府依法设立的派出机关;

(四)法律、法规授权的组织。

地方各级人民政府设立的非常设机构,以及行政机关的内设机构、下设机构,不得制定规范性文件。

第四条 规范性文件的制定和备案,应当遵循下列原则:

(一)符合法定的权限和程序,坚持依法行政,维护法制统一,保证政令

畅通;

（二）体现行政机关权力与责任相统一,促进政府职能转变和管理创新,提高行政效率;

（三）坚持以人为本,保障公民、法人和其他组织的合法权益;

（四）从实际出发,推动科学发展,促进社会和谐。

第五条　规范性文件制定和备案工作,纳入依法行政考核内容。

第二章　规范性文件的制定

第六条　行政机关可以就其职权范围内的事项,制定规范性文件,但应当本着精简、效能的原则予以控制。

依法可以制定规范性文件的行政机关,由同级人民政府法制机构向社会公布。

第七条　涉及两个以上行政机关职权范围的事项,需要制定规范性文件的,有关行政机关应当联合制定规范性文件。两个以上行政机关联合制定规范性文件,应当明确其中的一个行政机关为主办机关。

第八条　规范性文件的名称,可以根据需要称"决定"、"办法"、"规定"、"细则"、"意见"、"通告"等,但不得称"条例"。

规范性文件的用语应当准确、简洁,条文内容应当明确、具体,具有可操作性。

法律、法规、规章已经明确规定的内容,规范性文件原则上不作重复规定;上级规范性文件已经明确规定的内容,下级规范性文件也不再作重复规定。

除内容复杂的外,规范性文件一般不分章、节。

第九条　行政机关制定规范性文件以实施法律、法规、规章的相关规定为主,并不得创设下列事项:

（一）行政许可;

（二）行政处罚;

（三）行政强制;

（四）行政征收征用(法律、法规另有规定的除外);

（五）机构编制事项和其他应当由法律、法规、规章或者上级行政机关规定的事项。

规范性文件为实施法律、法规、规章作出具体规定的,不得违法增加公民、法人或者其他组织的义务或者限制公民、法人或者其他组织的权利。

第十条　行政机关制定规范性文件,应当根据实际需要进行立项审查或者编制年度计划。

规范性文件制定计划,应当明确负责起草规范性文件的部门、机构或者组织(以下统称起草单位)。

规范性文件制定计划,由制定机关负责法制工作的机构(以下统称制定机关的法制机构)负责拟订,经制定机关批准后组织实施。

因形势发展变化等原因,制定机关的法制机构可以对规范性文件制定计划提出进行相应调整的意见。

第十一条　起草规范性文件,应当广泛听取有关机关、组织和公民的意见。听取意见可以采取书面征求意见和座谈会、论证会、听证会等多种形式。

鼓励采用各种有利于扩大公众有序参与的方式起草规范性文件。

第十二条　起草政府规范性文件,起草单位应当将规范性文件草案送审稿及其说明和有关材料报送制定机关;起草部门规范性文件,起草单位应当将规范性文件草案送审稿及其说明和有关材料报送制定机关的法制机构。

前款所称的说明,包括制定的必要性、拟规定的主要制度和措施、征求意见的情况等内容;有关材料,包括制定依据、汇总的意见、听证会笔录、调研报告、有关参考资料等。

第十三条　规范性文件草案送审稿,由制定机关的法制机构负责审核。审核的主要内容包括:

(一)内容是否合法,与其他相关规范性文件是否协调一致;

(二)程序是否符合规定;

(三)主要制度和措施是否合理、可行;

(四)体例结构和文字表述是否规范。

第十四条　制定机关的法制机构对规范性文件草案送审稿的审核,按照下列程序进行:

(一)初步审查;

(二)征求和听取意见;

(三)调研;

(四)协调;

(五)送审。

因突发公共事件等特殊情况,需要立即制定规范性文件的,可以对前款规定的程序进行必要的调整。

第十五条　制定机关的法制机构经初步审查，发现报送规范性文件草案送审稿的相关材料不符合本规定第十二条要求的，可以缓办或者退回起草单位。

第十六条　对直接涉及公民、法人或者其他组织切身利益，或者存在重大意见分歧的规范性文件草案送审稿，制定机关的法制机构应当通过网络、报纸等媒体向社会公开征求意见，或者举行听证会。听证会的组织，参照国务院《规章制定程序条例》第十五条的规定执行。

第十七条　有关行政机关对政府规范性文件草案送审稿有不同意见的，由制定机关的法制机构进行协调；经协调，不能达成一致意见的，制定机关的法制机构应当将协调的有关情况和处理意见，报制定机关决定。

第十八条　制定机关的法制机构应当对规范性文件草案送审稿进行修改完善，审核工作完毕后形成书面审核意见，并将审核完成的规范性文件草案和书面审核意见提交制定机关，由制定机关常务会议或者办公会议集体审议、决定。

经制定机关常务会议或者办公会议集体审议通过的规范性文件，由制定机关主要负责人签署后，以制定机关文件形式发布，并按照有关政府信息公开的规定，向社会公布。

前款所称制定机关文件形式，不包含制定机关的批复、会议纪要等内部文种。

制定机关主要负责人签署之日，即为规范性文件发布之日。

第十九条　制定机关应当对规范性文件统一编排文号。两个以上行政机关联合制定的规范性文件，只标明主办机关文号。

第二十条　规范性文件应当明确施行日期。施行日期与公布日期的间隔期限，参照国务院《规章制定程序条例》第三十二条执行。

第二十一条　规范性文件不溯及既往，但法律、法规、规章另有规定的特殊情形除外。

第三章　规范性文件的备案

第二十二条　规范性文件发布后，应当自发布之日起 15 日内，由制定机关依照下列规定向上级行政机关（以下统称备案监督机关）报送备案：

（一）政府规范性文件报上一级人民政府备案；

（二）部门规范性文件报本级人民政府备案；

（三）县级以上地方人民政府依法设立的派出机关制定的规范性文件，报设立该派出机关的县级以上地方人民政府备案；

（四）作为部门管理机构的法律法规授权组织制定的规范性文件，报本级人民政府备案；

（五）实行垂直管理部门的下级机关制定的规范性文件，同时报本级人民政府和上一级行政主管部门备案。

两个以上行政机关联合制定的规范性文件，由主办机关报送备案。

规范性文件备案的具体监督关系，由政府法制机构按照本规定第六条第二款要求公布制定机关时，一并予以确定并公布。

第二十三条　备案监督机关的法制机构负责规范性文件备案审查工作，履行备案审查监督职责。

报送县级以上地方人民政府备案的规范性文件，径送该级人民政府的法制机构。

第二十四条　报送规范性文件备案，应当提交备案报告、规范性文件正式文本和制定说明（一式三份）。

规范性文件有法律、法规、规章以外制定依据的，报送备案时，应当同时附具该制定依据一份。

报送规范性文件备案，应当同时报送规范性文件的电子文本。

第二十五条　报送规范性文件备案，符合本规定第三条、第二十四条要求的，备案监督机关的法制机构予以备案登记；不符合本规定第三条要求的，不予备案登记；符合本规定第三条但不符合本规定第二十四条要求的，暂缓办理备案登记。

暂缓办理备案登记的，由备案监督机关的法制机构通知制定机关补充报送备案或者重新报送备案；补充或者重新报送备案符合规定的，予以备案登记。

第二十六条　制定机关应当在每年一月底之前，将本机关上一年度制定的规范性文件目录，报送备案监督机关的法制机构备查。

第二十七条　备案监督机关的法制机构对报送备案的规范性文件，就下列事项进行审查：

（一）是否超越权限；

（二）是否违反法律、法规、规章和政策规定，是否同其他规范性文件相矛盾；

（三）具体规定是否适当；

（四）是否违反制定程序；

（五）其他应当予以审查的事项。

第二十八条　备案监督机关的法制机构审查规范性文件时，认为需要有关部门或者地方人民政府提出意见的，有关机关应当在规定期限内回复；认为需要制定机关说明有关情况的，制定机关应当在规定期限内予以说明。

第二十九条　备案监督机关的法制机构经审查发现报送备案的规范性文件存在违法或者不当内容等问题的，按照下列规定予以处理：

（一）由备案监督机关的法制机构要求制定机关在规定时间内自行纠正，制定机关应当在规定期限内改正，并向备案监督机关的法制机构书面报告处理结果；制定机关无正当理由逾期未纠正的，由备案监督机关的法制机构制发《行政执法监督决定书》，责令制定机关限期纠正；仍拒不纠正的，由备案监督机关的法制机构提请备案监督机关决定撤销或者改变；

（二）继续执行可能造成严重后果的，在制定机关改正之前，备案监督机关的法制机构可以提请备案监督机关及时作出中止执行该规范性文件部分或者全部内容的决定。

第三十条　下级政府规范性文件与上一级部门规范性文件之间有矛盾或者同级部门规范性文件之间有矛盾的，由备案监督机关的法制机构进行协调，提出处理意见；涉及行政职责划分的，还应当会同机构编制部门一起进行协调。

备案监督机关的法制机构认为报送备案的规范性文件制定依据相互矛盾或者抵触，同级人民政府无权处理的，应当向上一级人民政府法制机构报告，由上一级人民政府法制机构依法处理，或者提请有权机关处理。

第三十一条　公民、法人或者其他组织认为规范性文件与法律、法规、规章相抵触的，可以向备案监督机关提出书面审查建议，由备案监督机关的法制机构予以核实、研究并提出处理意见，按照规定程序处理。

对公民、法人或者其他组织提出的审查建议，备案监督机关的法制机构认为需要制定机关说明有关情况的，制定机关应当在规定期限内予以说明；认为需要有关部门或者地方人民政府提出意见的，有关机关应当在规定期限内回复。

制定机关对公民、法人或者其他组织提出修改或者撤销其规范性文件的书面建议，应当予以核实；发现本机关制定的规范性文件确有问题的，应当予以修改或者撤销。

第三十二条　制定机关不按照本规定要求将规范性文件报送备案的，由备案监督机关的法制机构通知制定机关限期改正；情节严重的，由备案监督机关的法制机构给予通报批评。

对规范性文件存在的问题拒不纠正、拖延纠正的,由备案监督机关的法制机构给予通报批评;情节严重、造成不良后果的,备案监督机关的法制机构可以提出处理建议,由制定机关的上级行政机关或者监察机关对直接负责的主管人员和其他直接责任人员依法给予处分。

第四章　规范性文件的管理

第三十三条　制定机关应当每隔两年对规范性文件进行一次清理。对不符合法律、法规、规章规定,或者不适应经济社会发展要求的规范性文件,应当及时予以修改或者废止。清理后继续有效、废止和失效的规范性文件目录,应当向社会公布。

第三十四条　制定机关应当开展规范性文件制定后评估活动。规范性文件制定后评估的具体办法,按照国家和省有关规定执行。

第三十五条　制定机关应当定期对规范性文件进行汇总或者汇编,并将汇总及汇编的情况告知本级政府法制机构。

制定机关应当建立和完善规范性文件电子管理系统,便于公众免费查询、下载。

第三十六条　规范性文件的制定机关和备案监督机关应当加强队伍建设,保证机构设置、人员配备、经费安排、工作条件与工作任务相适应。

第五章　附　　则

第三十七条　规范性文件的解释,由制定机关负责,以规范性文件的形式发布。

规范性文件的解释,与规范性文件具有同等效力。

第三十八条　规范性文件的修改、废止和解释程序,参照制定程序执行。

第三十九条　本规定自 2009 年 6 月 1 日起施行。1997 年 10 月 29 日省人民政府印发的《江苏省规范性文件备案审查规定》同时废止。

江西省规范性文件备案办法（2010 年修正本）

(2003 年 4 月 9 日江西省人民政府第 2 次常务会议审议通过

2003 年 4 月 22 日江西省人民政府令第 119 号公布

根据 2010 年 11 月 1 日江西省人民政府第 42 次常务会议审议通过

2010 年 11 月 29 日江西省人民政府令第 186 号公布

自公布之日起施行的《江西省人民政府关于修改〈江西省实施

〈退伍义务兵安置条例〉细则〉等 20 件省政府规章的决定》修正)

第一条　为了维护社会主义法制的统一，加强对规范性文件的监督，根据国务院《法规规章备案条例》，结合本省实际，制定本办法。

第二条　本办法所称规范性文件，是指除政府规章以外的，本省各级行政机关制定的，涉及公民、法人或者其他组织权利、义务，具有普遍约束力的行政决定、命令等行政性文件。

第三条　规范性文件应当自公布之日起 15 日内，按照下列规定报送备案：

（一）人民政府制定的规范性文件，报送上一级人民政府备案；

（二）县级以上人民政府所属部门制定的规范性文件，报送本级人民政府备案；

（三）本省实行垂直领导的部门制定的规范性文件，报送上一级主管部门备案。

两个以上部门联合制定的规范性文件，由主办部门按照前款第二、三项的规定报送备案。

第四条　各级行政机关应当依照本办法履行规范性文件备案职责，加强对规范性文件备案工作的组织领导。

各级行政机关的法制机构或者负责法制工作的机构（以下统称法制机构），具体负责规范性文件备案工作。

第五条　按照本办法报送备案的规范性文件，径送负责备案工作的法制机构。

报送规范性文件备案,应当提交备案报告、规范性文件文本和说明,并按照规定的格式装订成册,一式 5 份。

报送规范性文件备案,具备条件的,应当同时报送规范性文件的电子文本。

规范性文件的备案格式,由省人民政府法制机构规定。

第六条　规范性文件的说明应当包括下列内容:

(一)制定的必要性、依据;

(二)规范的主要内容;

(三)其他需要说明的问题。

第七条　报送规范性文件备案,符合本办法第二条和第五条第二款规定的,由负责备案的法制机构予以备案登记;符合第二条规定但不符合第五条第二款规定的,暂缓办理备案登记;不符合第二条规定的,不予备案登记。

暂缓办理备案登记的,由负责备案的法制机构通知制定机关补充报送备案或者重新报送备案;补充或者重新报送备案符合规定的,予以备案登记。

不予备案登记的,负责备案的法制机构应当通知制定机关,并说明理由。

第八条　法制机构对报送备案的规范性文件,就下列事项进行审查:

(一)是否同法律、法规、规章相抵触;

(二)是否超越权限设定行政处罚、行政收费、行政许可、行政强制措施、减免税等事项;

(三)是否同上级行政决定、命令相抵触;

(四)不同规范性文件对同一事项的规定是否一致。

第九条　法制机构审查规范性文件时,认为需要有关机关提出意见的,有关机关应当在规定期限内回复;需要制定机关说明情况的,制定机关应在规定期限内予以说明。

第十条　经审查,规范性文件有本办法第八条第一至三项所列情形之一的,由法制机构建议制定机关在规定期限内自行纠正;制定机关逾期不纠正的,由法制机构提出处理意见报本级人民政府或者本部门决定,并通知制定机关。

第十一条　不同规范性文件对同一事项规定不一致的,按照下列规定处理:

(一)同级人民政府所属不同部门分别制定的,由同级人民政府法制机构协调;

(二)上、下级人民政府所属不同部门分别制定的,由上级人民政府法制机构协调;

（三）上级人民政府所属部门与下级人民政府分别制定的，由上级人民政府法制机构协调。

经法制机构协调取得一致意见的，由有关制定机关自行纠正；经协调不能取得一致意见的，由负责协调的法制机构提出处理意见报本级人民政府决定，并通知制定机关。

第十二条 规范性文件制定机关应当自接到本办法第十条、第十一条规定的通知之日起 30 日内，将处理情况报送负责审查的法制机构。

第十三条 国家机关、社会团体、企业事业组织、公民认为规范性文件同法律、法规、规章以及上级行政决定、命令相抵触，或者不同规范性文件对同一事项的规定不一致的，可以向备案机关书面提出审查建议，由其法制机构研究并提出处理意见，按照本办法规定的程序处理。

第十四条 规范性文件制定机关应当于每年 1 月底前将上一年所制定的规范性文件目录报送备案机关备查。

县级以上人民政府法制机构每年第一季度对上年度规范性文件备案情况进行一次通报，并根据实际情况进行督促检查。

第十五条 规范性文件制定机关不按本办法规定报送备案的，由负责备案的法制机构提请备案机关予以通报批评并限期改正；对造成不良后果的，建议有关部门对主管人员和责任人员依法作出处理。

第十六条 本办法自 2003 年 6 月 1 日起施行。

河北省规范性文件制定规定

(2010 年 12 月 14 日河北省人民政府第 76 次常务会议审议通过
2010 年 12 月 24 日河北省人民政府令〔2010〕第 14 号公布
自 2011 年 2 月 1 日起施行)

第一条 为贯彻《国务院关于加强法治政府建设的意见》,健全规范性文件制定程序,推进依法行政,维护法制统一和政令畅通,特制定本规定。

第二条 本规定所称规范性文件,是指除政府规章外,本省的行政机关或者具有管理公共事务职能的组织(以下统称制定机关)依据法定权限和程序制定公布的,涉及公民、法人或者其他组织权利义务,具有普遍约束力的行政管理性文件。

第三条 本省规范性文件的立项、起草、审查、决定、公布、备案和监督,适用本规定。

第四条 下列机关可以制定规范性文件:

(一)省、设区的市、县(市、区)人民政府及其办公厅(室),乡镇人民政府;

(二)县级以上人民政府工作部门;

(三)法律、法规授权的具有管理公共事务职能的组织。

县级以上人民政府为完成某项任务而设立的议事协调机构、临时机构以及政府工作部门的内设机构、派出机构、临时机构,不得制定规范性文件。

第五条 县级以上人民政府及其工作部门(含省以下实行垂直管理的部门和法律、法规授权具有管理公共事务职能的组织,下同)负责本级政府和本部门规范性文件的制定工作。

县级以上人民政府法制机构负责本级政府以及政府工作部门规范性文件的合法性审查工作和下级人民政府规范性文件备案审查工作。县级以上人民政府工作部门的法制机构负责本部门规范性文件的合法性初审工作。

第六条 规范性文件的制定应当遵循下列原则:

(一)依照法定职权和程序;

（二）体现法制统一和政令畅通；

（三）保障公民、法人或者其他组织的合法权益；

（四）坚持权力和责任相统一；

（五）精简、效能、规范、公开。

第七条 规范性文件不得规定下列内容：

（一）设定行政许可、非行政许可审批、行政处罚、行政强制措施、行政事业性收费和征收、减免税费等事项；

（二）设定涉及地方保护和行业保护的事项；

（三）增设公民、法人或者其他组织的义务，增加影响公民、法人或者其他组织权利的事项；

（四）其他违反法律、法规、规章规定的事项。

第八条 设区的市人民政府可以根据行政管理工作的需要，制定规范性文件立项工作计划，也可以根据实际需要即时立项。

第九条 规范性文件由制定机关组织起草，可以请有关专家参加或者委托有关专家负责起草工作。起草规范性文件应当广泛听取有关部门、组织和行政管理相对人及专家的意见。相关部门对规范性文件草案内容存有较大分歧意见的，起草部门应当进行协商，协商不成的，报本级人民政府协调或者裁定。

第十条 规范性文件涉及政府重大投资项目、重大公共基础设施、公用事业价格调整、企业改制、土地征用、房屋拆迁、环境保护、教育医疗、社会保障制度改革等公共利益或者与人民群众切身利益密切相关的事项，起草部门应当组织进行社会风险评估。

第十一条 制定规范性文件实行合法性审查制度。县级以上人民政府或者工作部门制定的规范性文件，应当在提交审议决定前，由本级政府法制机构或者本部门法制机构进行合法性审查。

县级以上人民政府工作部门制定规范性文件，应当在公布前报送本级政府法制机构进行合法性审查，公布后 15 日内报送备案。

县级以上人民政府和乡镇人民政府制定的规范性文件，应当在公布后 15 日内向上级人民政府报送备案。

设区的市人民政府列入立项工作计划的规范性文件，可以参照《河北省地方政府立法规定》规定的程序进行审查。

第十二条 政府工作部门报送政府法制机构对规范性文件进行合法性审查，应当提交下列材料：

（一）报送审查的公函和部门法制机构初审意见函；

（二）规范性文件草案的起草说明和纸质、电子文本；

（三）法律、法规和规章等依据；

（四）征求意见或者进行社会风险评估的有关材料及有关参考资料。

第十三条　规范性文件的起草说明应当包括下列内容：

（一）制定的必要性和可行性；

（二）法律、法规和规章的有关规定；

（三）拟解决的主要问题以及采取的主要措施；

（四）采纳有关部门、专家或者社会公众意见情况。

进行社会风险评估的，应当说明评估结果采纳情况。

第十四条　政府法制机构对部门报送的规范性文件草案进行合法性审查时，需要报送部门补充提供有关材料或者说明情况的，报送部门应当按要求提供；需要补充征求其他有关部门意见的，有关部门应当在规定时间内以书面形式向政府法制机构反馈意见。

第十五条　政府法制机构应当对规范性文件的下列内容进行合法性审查：

（一）是否超越制定机关的法定职权或者法律、法规、规章的授权范围；

（二）是否与法律、法规、规章相抵触；

（三）是否违反本规定第七条的规定；

（四）是否符合规范性文件制定程序；

（五）其他需要审查的内容。

第十六条　政府法制机构应当在收到符合本规定第十二条规定的材料之日起 15 个工作日内，完成对部门报送规范性文件的合法性审查工作。对有特殊情况不能在规定期限内审查完成的，经政府法制机构主管负责人批准，可以延长 10 个工作日，并将延长的理由告知起草部门。政府法制机构未在规定期限内提出书面审查意见的，视为审查通过。

规范性文件合法性审查需要进行调查研究、召开论证会、听证会或者退回部门修改的，所需时间不计算在本条规定的期限内。

对应对重大突发公共事件、执行上级行政机关的紧急命令或者立即施行临时性措施、保障公共安全和重大公共利益等紧急情况制定的规范性文件，应当在收到送审稿后立即进行审查。

除列入立项工作计划的规范性文件外，政府法制机构对于本级政府交付进行合法性审查的规范性文件，应当在 7 个工作日内完成审查工作。有具体时间要求的从其要求。

第十七条 政府法制机构完成对规范性文件合法性审查后,应当根据下列不同情况提出书面审查意见:

(一)对规范性文件的内容符合有关法律、法规、规章规定的,提出内容合法的意见;

(二)对规范性文件的主要内容违反有关法律、法规、规章规定的,提出不予制定的意见;

(三)对规范性文件制定条件尚不成熟或者相关部门对规定的主要制度存在重大分歧意见且经协调无法达成一致意见的,提出暂缓制定的意见;

(四)对违反第七条规定的,提出取消相关内容的意见;

(五)对语言不规范、存有法律常识性错误的,提出修改完善的意见。

第十八条 报送部门收到政府法制机构的书面审查意见后,应当根据审查意见对规范性文件进行修改。

报送部门对政府法制机构的审查意见有异议的,应当自收到审查意见之日起5个工作日内,以书面形式提出协商意见。协商不成的,报本级人民政府裁决。

第十九条 上级人民政府对下级人民政府报送备案审查的规范性文件,参照第十五条规定进行审查并予回复。

第二十条 政府规范性文件由本级人民政府常务会议审议通过或者经主管负责人、主要负责人决定。

部门规范性文件由部门办公会议审议通过或者经主管负责人、主要负责人决定。

第二十一条 规范性文件由制定机关主要负责人签署公布施行。

公布规范性文件,一般应当载明制定机关、文号、文件名称、发布日期、施行日期等内容。签署命令公布施行的规范性文件应当载明制定机关、序号、规范性文件名称、通过日期、施行日期、主要负责人署名和公布日期。

第二十二条 规范性文件应当自公布之日起30日后施行,但公告、通告以及其他公布后不立即施行将有碍法律、法规、规章执行或者不利于保障国家安全、重大公共利益的除外。

第二十三条 经政府法制机构合法性审查的政府工作部门规范性文件,由政府法制机构统一登记、统一编号、统一向社会公布。

未经登记、编号、公布的规范性文件不得作为行政管理的依据,公民、法人或者其他组织可以拒绝执行。

向社会公布规范性文件应当通过政府网站、政府公报或者新闻媒体等方式。

第二十四条　规范性文件应当规定有效期。有效期最长不超过 5 年;标注"暂行"、"试行"的,有效期不超过 2 年。有效期满后规范性文件自行失效。制定机关认为需要继续施行的或者需要修改后继续施行的,应当重新经过审查、决定和发布程序予以继续施行。

第二十五条　县级以上人民政府应当依照信息公开的有关规定,及时公开现行有效的规范性文件内容,有条件的应当建立规范性文件数据库,方便公民、法人或者其他组织查询。

第二十六条　县级人民政府法制机构应当于每年 1 月 15 日前,将上年度本级人民政府规范性文件的合法性审查工作情况报设区的市人民政府法制机构。

设区的市人民政府法制机构应当于每年 1 月 31 日前,将上年度本级人民政府和下级人民政府规范性文件的合法性审查工作情况汇总报省人民政府法制机构。

省人民政府法制机构应当于每年 2 月 15 日前总结通报上年度全省规范性文件合法性审查工作情况。

各级人民政府法制机构应当定期在政府公报、政府网站或者新闻媒体上公布备案登记的规范性文件目录。

第二十七条　县级以上人民政府应当对所属工作部门和下级人民政府的规范性文件进行监督管理。

县级以上人民政府法制机构可以通过调阅、抽查制定机关的发文登记簿和有关文件的方式,对规范性文件报送审查和备案情况进行监督检查,制定机关应当予以配合。

第二十八条　公民、法人或者其他组织认为公布的规范性文件有违法内容的,可以向制定机关提出审查建议。制定机关应当在 30 个工作日内进行审查并书面答复。对答复意见有异议的,应当在 15 日内提出复查申请,属于各级人民政府制定的规范性文件可以向上一级人民政府法制机构提出;属于政府工作部门制定的规范性文件可以向本级人民政府法制机构提出。接到复查申请的人民政府法制机构应当在 30 个工作日内进行复查并书面答复。

第二十九条　规范性文件制定机关有下列情形之一的,由政府法制机构责

令改正,给予通报批评,可以提请本级人民政府纠正或者撤销该规范性文件,并在政府网站上公告;情节严重的依法追究责任:

（一）未按规定报送合法性审查和备案的;

（二）未按审查意见修改的;

（三）未按规定向社会公布的。

第三十条 负责规范性文件审查的政府法制机构收到规范性文件不予审查或者对审查发现的违法问题不提出纠正意见的,由本级人民政府责令改正或者通报批评;情节严重的依法追究责任。

第三十一条 本规定自 2011 年 2 月 1 日起施行。2003 年 11 月 28 日省人民政府公布的《河北省规范性文件备案规定》同时废止。

山西省规范性文件制定与备案规定

（2003 年 12 月 5 日山西省人民政府第 14 次常务会议审议通过

2003 年 12 月 5 日山西省人民政府令第 168 号公布）

第一条 为了促进依法行政,规范规范性文件的制定和备案行为,维护法制的统一和尊严,保障法律、法规、规章的正确实施,根据《中华人民共和国地方各级人民代表大会和地方各级人民政府组织法》和《法规规章备案条例》的有关规定,制定本规定。

第二条 本规定所称规范性文件,是指各级人民政府及其派出机关、县级以上人民政府所属工作部门和法律、法规授权的具有管理公共事务职能的组织,在法定职权范围内依照法定程序制定、发布的针对不特定的多数人和特定事项,涉及或者影响公民、法人或者其他组织权利义务,在本行政区域或其管理范围内具有普遍约束力,能够反复适用的行政措施、决定、命令或者指示等行政规范。

第三条 本省行政区域内规范性文件的制定、备案工作,适用本规定。

第四条 制定规范性文件应当遵循下列原则:

（一）符合法律、法规、规章和国家政策;

（二）体现改革精神,科学规范行政行为,促进政府职能转变;

（三）符合精简、统一、效能的要求;

（四）语言准确、简明,符合国家行政机关公文格式。

第五条 制定规范性文件,应当按照立项规划、调研起草、征求意见、协调分歧、论证听证、法律审核、讨论决定、签署公布等程序进行。

因发生重大灾害事件、保障公共安全和公共利益、执行上级行政机关的紧急命令和决定等情况,需要立即制定规范性文件的,经制定机关的行政首长批准,可以简化制定程序。

第六条 规范性文件不得设定下列事项:

（一）行政处罚;

（二）行政许可；

（三）行政强制。

除省人民政府的规范性文件和省财政、物价部门的规范性文件外，其他规范性文件不得设定行政事业性收费。

各级人民政府所属工作部门制定的规范性文件，标题中不得冠以行政区域名称。

第七条 起草规范性文件应当深入调查研究，总结实践经验，广泛听取有关部门、专家和社会各界的意见。起草重要的规范性文件可采取书面征求意见、座谈会、论证会、听证会等多种形式进行。

第八条 规范性文件内容涉及两个以上部门职责的，相关部门应当共同制定规范性文件。

第九条 各级人民政府制定的规范性文件应当经政府常务会议或行政首长办公会议通过，并由行政首长签发。

县级以上人民政府所属工作部门制定的规范性文件，应当经部门行政首长办公会议通过，并由行政首长签发。

规范性文件通过前，起草机构应当征求本级人民政府法制工作机构或者本部门法制工作机构的意见。

第十条 规范性文件按下列规定向社会公布：

（一）省人民政府及其所属工作部门制定的规范性文件，应当在山西省人民政府公报刊登，同时在省级主要报刊公布或者发布消息；

（二）市、地人民政府及其所属工作部门制定的规范性文件，应当在市、地范围内公开发行的报刊刊登，同时在当地新闻媒体发布消息；

（三）县级人民政府及其所属工作部门，乡、镇人民政府和街道办事处制定的规范性文件，应当在其公告栏公布，同时在当地新闻媒体发布消息。

具备条件的，应当同时在本级人民政府网站公布。

未向社会公布的规范性文件无效。

第十一条 县、乡、镇人民政府和街道办事处应当在办公所在地和公共场所建立公告栏，公布县级人民政府及其所属工作部门和本行政机关制定的规范性文件及其他应当主动公开的信息。

在公告栏公布规范性文件，公布日期不少于 30 日。

第十二条 县级以上人民政府实行垂直领导市以上的工作部门为规范性文件的备案机关。

县级以上人民政府的法制工作机构,负责本级人民政府规范性文件的备案报送和本级人民政府所属工作部门以及下级人民政府规范性文件的备案审查工作。

各级人民政府所属工作部门的法制工作机构,负责本部门规范性文件的备案报送工作。

实行垂直领导工作部门的法制工作机构负责本部门规范性文件的备案报送和本系统下级机关规范性文件的备案审查工作。

第十三条 规范性文件的备案应坚持有件必备、有备必审、有错必纠的原则。

第十四条 省以下人民政府制定的规范性文件报上一级人民政府备案;县级以上人民政府派出机关制定的规范性文件,报设立该机关的人民政府备案。

县级以上人民政府所属工作部门制定的规范性文件报本级人民政府备案,同时抄送上一级行政主管部门。两个以上工作部门制定的规范性文件由主办机关报送备案。

实行垂直领导工作部门制定的规范性文件报上一级行政主管部门备案,同时抄送本级人民政府。实行省以下垂直领导工作部门制定的规范性文件报省人民政府备案。

第十五条 规范性文件的制定机关(以下简称制定机关)应当在规范性文件公布之日起 15 日内依照本规定第十四条的规定报送备案。

第十六条 规范性文件报送备案时应当提交下列材料:

(一)规范性文件备案报告一份;

(二)规范性文件正式文本二份;

(三)规范性文件的起草说明二份。

具备条件的,应当同时报送规范性文件的电子文本。

第十七条 规范性文件起草说明的内容应当包括:

(一)制定规范性文件的依据、必要性和制定过程;

(二)所要解决的主要问题;

(三)其他需要说明的问题。

第十八条 备案机关的法制工作机构应当对报送备案的规范性文件的下列内容进行审查:

(一)是否超越权限;

(二)是否与法律、法规、规章、政策或者上级规范性文件相抵触;

（三）是否与其他规范性文件对同一事项的规定相一致；

（四）内容是否适当，程序是否合法；

（五）其他应当审查的内容。

第十九条　备案机关的法制工作机构审查规范性文件时，可以采取征求意见、调查、要求制定机关说明情况等方式进行。要求制定机关说明情况的，制定机关应当在规定时间内予以说明。

第二十条　备案机关的法制工作机构对规范性文件进行审查后，根据不同情况分别作出如下处理：

（一）规范性文件与法律、法规、规章相抵触或者不适当的，责令制定机关停止执行并限期改正；制定机关在规定的期限内不修改或者不废止的，提出处理意见报请本级人民政府予以改变或者撤销，或者经本级人民政府授权后，直接予以改变或者撤销。

（二）规范性文件之间相互有冲突的，进行协调；协调不一致的，提出处理意见报本级人民政府决定。

（三）规范性文件制定程序、公布形式不规范或者存在技术性问题的，责令制定机关限期处理。

第二十一条　接受抄送的行政机关认为抄送的规范性文件与法律、法规、规章相抵触或者不适当以及规范性文件之间相互冲突的，可以向制定机关或者备案机关的法制工作机构提出书面建议。

制定机关或者备案机关的法制工作机构接到书面意见后应当核实，并在 15 日内予以答复；确有问题的，制定机关应当及时改正。

第二十二条　公民、法人或者其他组织发现规范性文件与法律、法规、规章相抵触或者不适当以及规范性文件之间相互冲突的，可以向备案机关的法制工作机构提出书面审查建议。备案机关的法制工作机构收到书面审查建议后予以审查；确有问题的，依照本规定第二十条的规定予以处理，并将审查或者处理情况书面答复提出建议的公民、法人或者其他组织。

第二十三条　公民、法人或者其他组织在申请行政复议时提出对规范性文件的审查申请，或者行政复议机关在复议审查时认为有关规范性文件不合法的，依照《中华人民共和国行政复议法》第二十六条、第二十七条的规定执行。

第二十四条　备案机关的法制工作机构发现报送备案的规范性文件与法律、法规、规章相抵触或者不适当的，应当自收到本规定第十六条所列材料之日起 30 日内，以责令改正通知书或者责令处理决定通知书通知制定机关。

对专业性特别强、情况特殊或者需要调研、协调、征询意见的,经备案机关的法制工作机构负责人同意可以延长审查期限,延长期限最长不得超过 30 日。

第二十五条　制定机关应当自收到有关责令改正通知书或者责令处理决定通知书之日起 30 日内对规范性文件进行修改或者废止。制定机关对审查意见有异议的,可以向备案机关的法制工作机构申请复核。备案机关的法制工作机构应当在收到复核申请之日起 15 日内作出书面答复。

第二十六条　制定机关应当依照本规定第十四条的规定,于每年 1 月 31 日前将本机关上一年度制定的规范性文件目录报送备案机关。

第二十七条　县级以上人民政府的法制工作机构应当于每年第一季度向本级人民政府报告上一年度规范性文件的备案审查情况,同时抄送上一级人民政府的法制工作机构。

第二十八条　行政机关应当定期对本机关制定的规范性文件进行清理。规范性文件与法律、法规、规章相抵触或者不适当的,应当及时修改或者废止。规范性文件修改和废止按制定程序执行。

第二十九条　县级以上人民政府应当加强对规范性文件备案情况的检查,监督制定机关和备案机关履行本规定的职责。

备案机关的法制工作机构应当加强对制定机关落实备案审查处理意见的监督。

第三十条　制定机关违反本规定第十五条、第十六条、第二十五条、第二十六条、第二十八条规定的,由备案机关的法制工作机构或者主管部门责令限期改正;对拒不改正的,给予通报批评;情节严重造成侵权的,建议有关部门对直接负责的主管人员和其他直接责任人员依法给予行政处分。

第三十一条　本规定自 2004 年 1 月 1 日起施行。1991 年 7 月 11 日省人民政府办公厅印发的《山西省规章和规章性文件备案办法》(晋政办发〔1991〕93 号)同时废止。

民政部规范性文件制定与审查办法

(2011 年 6 月 10 日民政部令第 42 号公布
自 2011 年 8 月 1 日起施行)

第一章　总　则

第一条　为了全面推进依法行政,加强对民政部规范性文件(以下简称规范性文件)制定和审查工作的管理,根据有关规定,结合本部实际,制定本办法。

第二条　本办法所称规范性文件,是指民政部制定的规章以外的,涉及行政相对人权利义务,具有普遍约束力并且在法定期限内可以反复适用的文件。

第三条　规范性文件的起草、合法性审查、审议、发布、解释、清理、修改和废止等工作,适用本办法。

规范性文件的备案,依据国家有关规定执行。

第四条　制定规范性文件,应当符合法律、行政法规、规章以及国务院决定、命令的规定,应当坚持公开、效能和权责统一原则。

第五条　部办公厅负责规范性文件管理工作;部业务司(局)负责职责范围内的规范性文件的起草、清理等工作,并对规范性文件的解释、修改和废止提出建议;部政策法规司负责规范性文件的合法性审查、备案等工作。

第二章　起　草

第六条　规范性文件由相关业务司(局)负责起草。涉及部内多个司(局)业务的,由主办司(局)负责组织相关业务司(局)起草。

制定规范性文件需要事先请示国务院同意的,应当报请国务院批准后再起草。

第七条　规范性文件可以用条款形式表述,也可以用段落形式表述。

规范性文件名称可以使用"规定"、"办法"、"细则"、"规则"、"通知"、"意见"等,但不得使用"条例"、"批复"、"报告"。

第八条　起草规范性文件,应当根据内容需要,在规范性文件中明确制定目的和依据、适用范围、适用主体、主要措施、施行日期等内容。

对有特定含义或者特定适用范围的术语,应当在规范性文件中作出界定,指明其特定的、确切的含义。

第九条　规范性文件不得设定下列事项:

(一)与法律、行政法规、规章和国务院决定、命令相抵触的事项;

(二)行政处罚、行政许可、行政审批、行政强制、行政事业性收费、机构编制以及其他不得由规范性文件创设的事项;

(三)违法增加行政相对人义务或者限制行政相对人合法权益的事项;

(四)超越民政部职能职权范围的事项。

第十条　起草规范性文件,应当听取社会意见并进行社会风险评估。

听取社会意见可以采取书面征求意见、座谈会、论证会、听证会等形式。涉及公众切身利益,或者社会关注度高的规范性文件,应当向社会公开征求意见。

规范性文件内容涉及国务院其他部门职能范围的,应当征求相关部门意见。

第十一条　起草规范性文件,应当对需要废止的现行规范性文件或者相关条款作出明确规定。

第三章　合法性审查

第十二条　规范性文件起草工作完成后,在报请审议前,起草司(局)应当将规范性文件送审稿及其起草说明送政策法规司进行合法性审查。

起草说明,应当包括下列内容:

(一)制定该文件的必要性和可行性;

(二)所依据的法律、行政法规、规章和有关文件;

(三)拟解决的主要问题以及采取的主要措施;

(四)征求意见、对分歧意见的协调处理以及社会风险评估等情况;

(五)其他需要说明的问题。

第十三条　政策法规司收到规范性文件送审稿后,一般应当在7个工作日内提出审查意见。

合法性审查的内容包括:

(一)是否符合法定职权和程序;

(二)是否与法律、行政法规、规章和国务院决定、命令相抵触;

（三）是否有规范性文件不得创设的内容；

（四）是否与民政部现行规范性文件相衔接；

（五）其他需要审查的事项。

第十四条 经审查无异议，政策法规司应当作出合法性审查通过的审查意见。

规范性文件送审稿存在重大缺陷或者较大争议，不符合本办法要求的，政策法规司可以作出审查不予通过意见并说明理由和依据。

第四章 审议与公布

第十五条 规范性文件应当提交部长办公会议或者部务会议审议。

审议规范性文件，由起草司（局）作说明，政策法规司就合法性审查情况作说明。

第十六条 规范性文件经审议通过后，由起草司（局）正式行文，送政策法规司会签后，按照部公文办理程序报请部长或者部长委托的其他部领导签发。

规范性文件需要送国务院其他部门会签的，或者需要报请国务院批准的，按照相关规定办理。

第十七条 有下列情形之一的，经部长批准可以简化制定程序：

（一）依据法律、行政法规授权例行调整和发布标准的；

（二）执行国务院的紧急命令、决定，需要立即制定和实施规范性文件的；

（三）为应对和处置自然灾害等突发事件，需要立即制定和实施规范性文件的。

依照前款规定简化制定程序的，起草司（局）形成规范性文件送审稿，会签政策法规司后直接报请部长签发。

第十八条 规范性文件应当以民政部公告形式发布，经部长批准，也可以其他方式发布。

第十九条 规范性文件自公布之日起施行，也可以确定自公布之日起一定期间后施行。

第五章 解释、清理、修改和废止

第二十条 规范性文件的解释，由原起草司（局）负责起草，经政策法规司会签后按照部公文办理程序报请部长签发。

规范性文件解释事关重大的应当提交部长办公会议或者部务会议审议。

规范性文件的解释与规范性文件具有同等效力。

第二十一条　规范性文件的日常清理由起草司(局)负责,集中清理按照国务院的相关规定由部统一部署。

清理后继续有效、废止和失效的规范性文件目录,应当向社会公布。

第二十二条　修改或者废止规范性文件,由原起草司(局)提出,按照规范性文件的制定程序办理。

第二十三条　规范性文件有效期限一般不得超过 5 年。名称冠以"暂行"、"试行"的,有效期限不超过 2 年。

规范性文件在有效期届满后,需要继续实施的,应当在有效期届满前进行清理,并向社会公布继续有效的规范性文件目录。

第六章　附　则

第二十四条　本办法自 2011 年 8 月 1 日起施行。

徐州市规范性文件制定办法

（2015 年 2 月 16 日徐州市人民政府第 41 次常务会议通过

2015 年 3 月 20 日徐州市人民政府令第 139 号公布

自 2015 年 5 月 1 日起施行）

第一条 为规范本市规范性文件制定程序，维护国家法制统一，促进依法行政，根据《江苏省规范性文件制定和备案规定》等有关法律、法规，结合本市实际，制定本办法。

第二条 本办法所称规范性文件，是指由本市行政机关依照法定权限和规定程序制定的，涉及公民、法人和其他组织权利、义务，具有普遍约束力、能反复适用的除政府规章以外的文件。

第三条 本市行政机关制定规范性文件，应当遵守本办法。行政机关内部的工作制度和管理制度、向上级行政机关的请示和报告、对具体事项作出的行政处理决定等，不适用本办法。

第四条 市、县（市、区）人民政府（以下简称市、县人民政府）法制机构负责本级人民政府规范性文件的法律审核，市、县人民政府工作部门的法制机构负责本部门起草、制定的规范性文件的法律审核。

第五条 下列行政机关（以下称制定机关）可以制定规范性文件：

（一）市、县人民政府及其所属工作部门；

（二）镇人民政府；

（三）市、县人民政府依法设立的派出机关。

市、县人民政府设立的非常设机构，市、县人民政府办公室，行政机关内设机构和下设机构，不得制定规范性文件。

第六条 市、县人民政府所属工作部门以及依法设立的派出机关，镇人民政府，应当严格控制规范性文件制定。确需制定的，应经市、县人民政府同意。

第七条 制定规范性文件，应当遵循下列原则：

（一）符合法定的权限和程序，维护法制统一；

（二）保障行政机关依法行使职权，促进政府职能转变；

（三）保障公民、法人和其他组织的合法权益。

第八条　规范性文件应当根据内容使用"规定"、"办法"、"细则"、"规则"、"通告"、"命令"、"决定"、"意见"等名称。

规范性文件可以用条文或段落形式表述。名称为"规定"、"办法"、"细则"的，一般用条文形式表述。除内容复杂的外，一般不分章、节。

规范性文件的内容应明确、具体，具有可操作性；用语应准确、简洁；文字和标点符号应正确、规范。

第九条　规范性文件不得设定下列事项：

（一）行政许可；

（二）行政处罚；

（三）行政强制；

（四）行政收费；

（五）行政征收征用；

（六）机构编制事项和其他应当由法律、法规、规章或者上级行政机关规定的事项。

规范性文件为实施法律、法规、规章作出具体规定的，不得违法增加公民、法人或者其他组织的义务，不得违法限制公民、法人或者其他组织的权利。

第十条　法律、法规、规章或者上级规范性文件已经明确规定的内容，规范性文件原则上不作重复规定；没有增设内容的，不再制定。

第十一条　起草规范性文件，应当对制定规范性文件的必要性和可行性、需要解决的问题、拟确立的主要制度或者主要措施等内容进行调研论证。

第十二条　起草规范性文件，起草单位应当广泛听取有关机关、组织、行政相对人或者专家的意见。

听取意见一般采取书面征求有关单位意见、召开座谈会等方式，并可以根据实际需要采取论证会、听证会和公开征询社会公众意见等方式。

第十三条　起草规范性文件涉及重大公共利益，或者直接涉及辖区内大多数公民、法人、其他组织切身利益的，应当征询社会公众意见。公众意见有重大分歧、可能影响社会稳定或者法律、法规、规章规定应当听证的，起草单位应当组织听证。

规范性文件涉及重大行政决策的，适用重大行政决策程序的规定。

第十四条　起草单位应当对公民、法人或者其他组织提出的意见予以研究,合理意见应当采纳。

有关行政机关对规范性文件草案内容有重大分歧意见的,起草单位应当进行协调;经协调不能达成一致意见的,报上级行政机关协调或者决定。

第十五条 报请市、县人民政府发布规范性文件,起草单位应当报送下列材料:

(一)报请发布的请示;

(二)规范性文件草案送审稿;

(三)起草说明(包括制定的必要性、拟规定的主要制度和措施、征求意见情况和重大分歧意见的协调情况等);

(四)起草规范性文件的制定依据;

(五)其他有关材料(包括征求意见的有关材料、汇总的意见、听证会笔录、调研报告、相关参考资料等)。

第十六条 市、县人民政府办公室应当将本办法第十五条所规定的材料,交由政府法制机构进行法律审核。

法律审核主要包括下列内容:

(一)是否属于规范性文件;

(二)是否超越制定机关的权限;

(三)内容是否合法,程序是否符合规定;

(四)主要制度和措施是否合理、可行;

(五)体例结构和文字表述是否规范。

第十七条 法律审核中发现的问题,按照下列规定办理:

(一)起草单位报送的材料不符合本办法第十五条要求的,可以缓办、要求起草单位补充材料或者退回起草单位;

(二)规定的事项超越制定机关法定权限的,建议不制定该规范性文件;

(三)主要内容不合法的,退回起草单位或者要求起草单位研究修改;

(四)拟设立的主要制度和措施不具有可行性、合理性,体例结构和文字表述不规范的,提出修改建议。

第十八条 法制机构审核工作完毕后,将审核完成的规范性文件草案和书面审核意见提交制定机关。

第十九条 规范性文件草案由制定机关常务会议或者办公会议集体审议、决定。

规范性文件草案未经法律审核或者审核未通过的,不得提交制定机关常务会议或者办公会议审议。

经审议通过的规范性文件,由制定机关主要负责人签署;主要负责人签署之日,为规范性文件发布之日。

第二十条　有下列情形之一,需要立即制定和施行规范性文件的,可以直接提请市、县人民政府主要负责人或者其委托的负责人决定和签署:

(一)为预防、应对和处置自然灾害、事故灾难、公共卫生事件和社会安全事件等突发事件的;

(二)执行上级行政机关的紧急命令和决定的;

(三)需要立即施行的临时性措施;

(四)依据法律、法规、规章授权例行调整和发布标准的;

(五)法律、法规规定的其他情形。

第二十一条　规范性文件实行统一登记、统一编号、统一公布。两个以上行政机关联合制定的规范性文件,只标明主办机关文号。

第二十二条　规范性文件应当向社会公布,公布的方式应当方便公民、法人和其他组织查阅。

未向社会公布的规范性文件,不得作为实施行政管理的依据。

第二十三条　规范性文件应当自公布之日起三十日后施行。涉及国家安全、重大公共利益,以及公布后不立即施行将有碍规范性文件施行的,可以自公布之日起施行。

第二十四条　规范性文件公布后,应当按照规范性文件备案的规定,报送上一级行政机关备案。

第二十五条　规范性文件的解释,由制定机关负责,以规范性文件的形式发布。

规范性文件的解释,与规范性文件具有同等效力。

第二十六条　规范性文件的修改、废止和解释程序,参照制定程序执行。

第二十七条　规范性文件的有效期自施行之日起不超过五年。但规范性文件的名称为"通告"的,有效期自施行之日起不超过一年;名称为"暂行"、"试行"的,有效期自施行之日起不超过二年。

有效期届满,如确需继续执行的,执行机关应当自期限届满前六个月,报经制定机关重新确认后公开发布;未重新确认发布的,该规范性文件自动废止。

第二十八条　制定机关应当定期对规范性文件进行清理,并根据实际情况的变化,以及法律、法规、规章和国家方针、政策的调整情况,对已公布的规范性文件进行修订或者废止。

清理后继续有效、废止和失效的规范性文件目录，应当向社会公布。

第二十九条 制定机关违反本办法规定制定的规范性文件，上级行政机关可以予以撤销或者责令其自行撤销，并可以追究或者提请有权部门追究当事人（负责人）的行政责任。

第三十条 本办法自 2015 年 5 月 1 日起施行。2006 年 11 月 8 日市人民政府印发的《徐州市规范性文件制定程序规定》同时废止。

第五篇 行政执法程序

国务院关于进一步推进相对
集中行政处罚权工作的决定

国发〔2002〕17 号

各省、自治区、直辖市人民政府,国务院各部委、各直属机构:

《中华人民共和国行政处罚法》(以下简称行政处罚法)第 16 条规定:"国务院或者经国务院授权的省、自治区、直辖市人民政府可以决定一个行政机关行使有关行政机关的行政处罚权,但限制人身自由的行政处罚权只能由公安机关行使。"国务院对贯彻实施行政处罚法确立的相对集中行政处罚权制度十分重视,多次下发文件作出具体部署。自 1997 年以来,按照国务院有关文件的规定,23 个省、自治区的 79 个城市和 3 个直辖市经批准开展了相对集中行政处罚权试点工作,并取得了显著成效,对深化行政管理体制改革、加强行政执法队伍建设、改进行政执法状况、提高依法行政水平,起到了积极的作用。实践证明,国务院确定试点工作的阶段性目标已经实现,进一步在全国推进相对集中行政处罚权工作的时机基本成熟。为此,依照行政处罚法的规定,国务院授权省、自治区、直辖市人民政府可以决定在本行政区域内有计划、有步骤地开展相对集中行政处罚权工作。为了进一步推进这项工作,特作如下决定:

一、开展相对集中行政处罚权工作的指导思想

(一)要以"三个代表"重要思想为指导,做好相对集中行政处罚权工作。

"三个代表"重要思想,是对马克思列宁主义、毛泽东思想、邓小平理论的新的发展,是新时期党的建设的指导方针,也是全面推进建设有中国特色社会主义伟大事业的行动指南。全面贯彻"三个代表"重要思想,关键在坚持与时俱进,核心在保持党的先进性,本质在坚持执政为民。行政处罚法确立相对集中行政处罚权制度的目的,是要解决多头执法、职责交叉、重复处罚、执法扰民和行政执法机构膨胀等问题,深化行政管理体制改革,探索建立与社会主义市场经济体制相适应的行政管理体制和行政执法机制,提高行政执法的效率和水

平,保护公民、法人和其他组织的合法权益,保障和促进社会生产力的发展。要以"三个代表"重要思想为指导,做好相对集中行政处罚权工作。

各地区、各部门要从讲政治、讲大局的高度,按照"三个代表"重要思想的要求,进一步提高对做好相对集中行政处罚权工作重要性的认识,认真贯彻执行行政处罚法和国务院有关文件,研究解决相对集中行政处罚权工作中存在的问题,认真做好这项涉及广大人民群众切身利益的工作。

(二)严格依照行政处罚法的规定,开展相对集中行政处罚权工作。

相对集中行政处罚权是行政处罚法确立的一项重要制度。各省、自治区、直辖市人民政府开展相对集中行政处罚权工作,要严格执行行政处罚法的各项规定,保证全面、正确地实施行政处罚法,促进政府和政府各部门严格依法行政。

开展相对集中行政处罚权工作,要结合实施行政处罚法规定的行政处罚设定权制度、行政处罚主体资格制度、听证制度、罚款决定与罚款收缴相分离制度、政府对行政处罚的监督制度等,进一步规范行政执法行为,提高依法办事的能力和水平。

(三)把开展相对集中行政处罚权工作与继续深化行政管理体制改革有机地结合起来。

相对集中行政处罚权是深化行政管理体制改革的重要途径之一,最终目的是要建立符合社会主义市场经济发展要求的行政执法体制。必须把开展相对集中行政处罚权工作同继续深化行政管理体制改革紧密结合。要精简机构、精简人员,按照社会主义市场经济规律,进一步转变政府职能。要按照权力和利益彻底脱钩、权力和责任密切挂钩的原则,调整市、区政府有关执法部门的职责权限,明确划分有关部门之间的职能分工,推行行政执法责任制、评议考核制,防止政出多门、多头执法、执法扰民。

二、相对集中行政处罚权的范围

实行相对集中行政处罚权的领域,是多头执法、职责交叉、重复处罚、执法扰民等问题比较突出,严重影响执法效率和政府形象的领域,目前主要是城市管理领域。根据试点工作的经验,省、自治区、直辖市人民政府在城市管理领域可以集中行政处罚权的范围,主要包括:市容环境卫生管理方面法律、法规、规章规定的行政处罚权,强制拆除不符合城市容貌标准、环境卫生标准的建筑物或者设施;城市规划管理方面法律、法规、规章规定的全部或者部分行政处罚权;城市绿化管理方面法律、法规、规章规定的行政处罚权;市政管理方面法律、法规、规章规定的行政处罚权;环境保护管理方面法律、法规、规章规定的部分行政处罚权;工商行政管理方面法律、法规、规章规定的对无照商贩的行政处罚权;公安交通管理方面法律、法规、规章规定的对侵占城市道路行为的行政处罚权;省、自治区、直辖市人民政府决定调整的城市管理领域的其他行政处罚权。

需要在城市管理领域以外的其他行政管理领域相对集中行政处罚权的,省、自治区、直辖市人民政府依照行政处罚法第 16 条的规定,也可以决定在有条件的地方开展这项工作。

对省、自治区、直辖市人民政府决定依法开展的相对集中行政处罚权工作,国务院有关业务主管部门和省、自治区、直辖市人民政府有关业务主管部门都要按照《中共中央办公厅国务院办公厅关于市县乡人员编制精简的意见》(中办发〔2002〕30 号)和国务院有关文件的要求,切实予以支持,不得以任何借口进行干预、阻挠。

三、进一步做好相对集中行政处罚权工作的要求

(一)加强相对集中行政处罚权制度的宣传。

行政处罚法确立的相对集中行政处罚权制度,与行政机关关系重大,对行政管理体制改革和政府职能转变以及政府法制建设影响深远。各省、自治区、直辖市人民政府要按照本决定的要求,广泛、深入地宣传与相对集中行政处罚权工作有关的法律法规、方针政策、程序步骤,做到阶段性宣传和经常性宣传相结合,正面宣传和典型教育相结合,一般性宣传和疑难问题解答相结合,把思想认识真正统一到行政处罚法上来,统一到党和国家的有关方针政策上来,保证相对集中行政处罚权工作健康、有序进行。

各地区、各部门要加强宣传相对集中行政处罚权制度,各有关行政执法机关和执法人员要充分认识开展相对集中行政处罚权工作的重要性,熟悉相对集中行政处罚权制度和开展相对集中行政处罚权工作的原则、要求,特别要教育和督促被集中行政处罚权的有关部门增强政治意识、大局意识和责任意识,积极支持相对集中行政处罚权工作。

(二)抓紧建立省、自治区、直辖市人民政府决定开展相对集中行政处罚权工作的具体程序。

相对集中行政处罚权工作涉及有关部门行政处罚职权的调整和重新配置,各省、自治区、直辖市人民政府要抓紧建立决定开展相对集中行政处罚权工作

的具体程序。

省、自治区的有关城市人民政府在开展相对集中行政处罚权工作前，要深入研究本地区特定领域行政执法中的情况和问题，广泛听取各方面意见和建议，依法提出调整行政处罚权的具体方案（其中有关机构、编制方面的事宜，由编制部门按照国家有关法规的规定和程序办理）。相对集中行政处罚权工作方案必须由本级人民政府常务会议讨论决定，并形成会议纪要，以政府名义上报所在的省、自治区人民政府审批。有关城市政府法制工作机构要按照《国务院办公厅关于继续做好相对集中行政处罚权试点工作的通知》（国办发〔2002〕63号）的要求，发挥在法制工作方面的参谋和助手作用，协助本级人民政府依法积极稳妥地做好相对集中行政处罚权工作。省、自治区人民政府对有关城市人民政府报送的相对集中行政处罚权工作方案，要依照行政处罚法和本决定以及国务院其他有关文件的规定严格审查，对借机增设机构、增加行政编制或者有其他不符合规定情形的，一律不予批准。

直辖市人民政府决定开展相对集中行政处罚权工作，参照上述规定办理。

经省、自治区、直辖市人民政府批准的相对集中行政处罚权工作方案，自批准之日起 30 日内，由省、自治区、直辖市人民政府报送国务院法制办公室备案。

（三）总结经验，不断完善开展相对集中行政处罚权工作的配套制度。

省、自治区、直辖市人民政府开展相对集中行政处罚权工作，要注意总结本地区实行相对集中行政处罚权制度的经验，加强配套制度建设，巩固行政管理体制改革的成果。省、自治区、直辖市和有立法权的其他地方政府，可以按照规定程序适时制定地方政府规章；没有立法权的地方政府根据需要可以制定规范性文件。要通过各层次的配套制度建设，明确集中行使行政处罚权的行政机关与其他有关部门之间的职责权限，完善集中行使行政处罚权的行政机关与其他有关部门之间的协调配合机制。要结合相对集中行使行政处罚权的实践，推进电子政务的制度建设，实现集中行使行政处罚权的行政机关与有关部门之间行政管理信息的互通与共享，促进行政执法手段的现代化。

要明确市、区两级集中行使行政处罚权的行政机关的职能和责任，探索同一系统上下级部门之间合理分工、协调运作的新机制，解决目前行政执法中同一件事多头管理和各级执法部门职权大体相同，多层执法、重复管理问题。要按照行政职能配置科学化的要求，从制度上重新配置上下级部门职能，原则上层级较高的部门主要侧重于政策研究、监督指导和重大执法活动的协调，具体的执法活动主要由基层执法队伍承担。

在开展相对集中行政处罚权工作的同时,有关地方人民政府对原由有关行政机关行使的管理权,要根据需要进行调整和重新配置,防止职责重叠、权力交叉,实现政企分开、政事分开;对有关行政机关行使的审批权,要按照国务院行政审批制度改革的要求,该取消的要坚决取消,该归并的要坚决归并,以方便基层、方便群众。要理顺行政机关与专业服务组织的关系,对于目前行政机关内设或者下设的各类技术检测、检验、检疫机构,要创造条件将这类机构从有关行政机关中逐步剥离出来,面向社会广泛提供技术服务,成为依法独立从事技术检测、检验、检疫活动,并对其技术结论独立承担法律责任的专业服务组织。

(四)加强行政执法队伍建设。

各省、自治区、直辖市人民政府要按照《国务院办公厅关于继续做好相对集中行政处罚权试点工作的通知》的规定,规范集中行使行政处罚权的行政机关的设置,不得将集中行使行政处罚权的行政机关作为政府一个部门的内设机构或者下设机构,也不得将某个部门的上级业务主管部门确定为集中行使行政处罚权的行政机关的上级主管部门。集中行使行政处罚权的行政机关应作为本级政府直接领导的一个独立的行政执法部门,依法独立履行规定的职权,并承担相应的法律责任。行政处罚权相对集中后,有关部门如果仍然行使已被调整出的行政处罚权,所作出的行政处罚决定一律无效,还要依法追究该部门直接负责的主管人员和其他直接责任人员的法律责任。集中行使行政处罚权的行政机关所需经费,一律由财政予以保障,所有收费、罚没收入全部上缴财政,不得作为经费来源。对以暴力、威胁方法阻碍集中行使行政处罚权的执法人员依法执行职务的行为,公安机关要及时依法作出处理,直至依法追究刑事责任,不得作为民事纠纷进行处理。

集中行使行政处罚权的行政机关履行原由多个部门行使的职权,权力大、责任重,必须加强队伍建设,加强监督管理。集中行使行政处罚权的行政机关的执法人员,要按照《国家公务员暂行条例》和其他有关规定,采取考试、考核等办法从有关部门和社会符合条件的人员中择优录用。有关地方人民政府要采取有效措施,加强对集中行使行政处罚权的行政机关的领导和管理,推行执法责任制和评议考核制,强化对有关行政执法人员的政治教育和法律培训,努力提高依法行政水平。要健全对集中行使行政处罚权的行政机关以及执法人员的检查监督机制和纪律约束制度,教育、督促集中行使行政处罚权的行政机关自觉接受权力机关的监督、人民法院的司法监督以及行政机关的层级监督。对集中行使行政处罚权的行政机关作出的具体行政行为不服提出的行政复议申请,由本级人民政府依法受理;上一级人民政府设立集中行使行政处罚权的行政机关的,申请人也可以选择向上一级人民政府设立的集中行使行政处罚权的行政机关提出行政复议申请,由该行政机关依法受理。

各级行政执法机关和执法人员要高度重视作风建设,按照党的十五届六中全会的精神,切实加强和改进执法作风,确保严格执法、秉公执法、文明执法。

(五)切实加强对相对集中行政处罚权工作的组织领导。

相对集中行政处罚权,必然要求对有关部门的行政处罚权进行重新配置,涉及现行行政管理体制的改革。从试点工作的情况看,多数部门对相对集中行政处罚权制度认识明确,积极支持。但是有的部门原则上赞成相对集中行政处罚权,到涉及本部门的职权调整时就以种种理由表示反对;有的部门对集中行使行政处罚权的行政机关的执法活动不支持、不配合,甚至设置障碍,这是不符合行政处罚法规定和国务院文件要求的。各省、自治区、直辖市人民政府都要切实负起责任,加强对相对集中行政处罚权工作的领导,主要领导同志要亲自抓,把这项工作列入重要议事日程。各省、自治区、直辖市人民政府法制工作机构要按照《国务院关于贯彻实施〈中华人民共和国行政处罚法〉的通知》(国发〔1996〕13号)和《国务院办公厅关于继续做好相对集中行政处罚权试点工作的通知》的规定,继续加强对相对集中行政处罚权工作的协调和监督,密切关注开展相对集中行政处罚权工作的情况和问题,及时研究提出依法解决问题的意见和建议,协助本级人民政府做好相关工作,保证相对集中行政处罚权制度的顺利实施。国务院法制办公室要按照本决定的要求,加强对各省、自治区、直辖市开展相对集中行政处罚权工作的指导和监督,进一步加强和完善相对集中行政处罚权的制度建设,积极推进行政管理体制的改革。

各地区、各部门要按照本决定的规定,结合本地区、本部门的实际情况,认真研究、落实。有关开展相对集中行政处罚权工作的重要情况和问题,请及时报告国务院法制办公室,由国务院法制办公室汇总向国务院报告。

国务院
二○○二年八月二十二日

中华人民共和国治安管理处罚法

中华人民共和国主席令第 38 号

《中华人民共和国治安管理处罚法》已由中华人民共和国第十届全国人民代表大会常务委员会第十七次会议于 2005 年 8 月 28 日通过,现予公布,自 2006 年 3 月 1 日起施行。

中华人民共和国主席　胡锦涛

2005 年 8 月 28 日

中华人民共和国治安管理处罚法

（2005 年 8 月 28 日第十届全国人民代表大会常务委员会第十七次会议通过）

第一章　总　　则

第一条　为维护社会治安秩序,保障公共安全,保护公民、法人和其他组织的合法权益,规范和保障公安机关及其人民警察依法履行治安管理职责,制定本法。

第二条　扰乱公共秩序,妨害公共安全,侵犯人身权利、财产权利,妨害社会管理,具有社会危害性,依照《中华人民共和国刑法》的规定构成犯罪的,依法追究刑事责任;尚不够刑事处罚的,由公安机关依照本法给予治安管理处罚。

第三条　治安管理处罚的程序,适用本法的规定;本法没有规定的,适用《中华人民共和国行政处罚法》的有关规定。

第四条　在中华人民共和国领域内发生的违反治安管理行为,除法律有特别规定的外,适用本法。

在中华人民共和国船舶和航空器内发生的违反治安管理行为,除法律有特别规定的外,适用本法。

第五条　治安管理处罚必须以事实为依据,与违反治安管理行为的性质、情节以及社会危害程度相当。

实施治安管理处罚,应当公开、公正,尊重和保障人权,保护公民的人格尊严。

办理治安案件应当坚持教育与处罚相结合的原则。

第六条 各级人民政府应当加强社会治安综合治理,采取有效措施,化解社会矛盾,增进社会和谐,维护社会稳定。

第七条 国务院公安部门负责全国的治安管理工作。县级以上地方各级人民政府公安机关负责本行政区域内的治安管理工作。

治安案件的管辖由国务院公安部门规定。

第八条 违反治安管理的行为对他人造成损害的,行为人或者其监护人应当依法承担民事责任。

第九条 对于因民间纠纷引起的打架斗殴或者损毁他人财物等违反治安管理行为,情节较轻的,公安机关可以调解处理。经公安机关调解,当事人达成协议的,不予处罚。经调解未达成协议或者达成协议后不履行的,公安机关应当依照本法的规定对违反治安管理行为人给予处罚,并告知当事人可以就民事争议依法向人民法院提起民事诉讼。

第二章　处罚的种类和适用

第十条 治安管理处罚的种类分为:

(一)警告;

(二)罚款;

(三)行政拘留;

(四)吊销公安机关发放的许可证。

对违反治安管理的外国人,可以附加适用限期出境或者驱逐出境。

第十一条 办理治安案件所查获的毒品、淫秽物品等违禁品,赌具、赌资,吸食、注射毒品的用具以及直接用于实施违反治安管理行为的本人所有的工具,应当收缴,按照规定处理。

违反治安管理所得的财物,追缴退还被侵害人;没有被侵害人的,登记造册,公开拍卖或者按照国家有关规定处理,所得款项上缴国库。

第十二条 已满十四周岁不满十八周岁的人违反治安管理的,从轻或者减轻处罚;不满十四周岁的人违反治安管理的,不予处罚,但是应当责令其监护人严加管教。

　　第十三条　精神病人在不能辨认或者不能控制自己行为的时候违反治安管理的,不予处罚,但是应当责令其监护人严加看管和治疗。间歇性的精神病人在精神正常的时候违反治安管理的,应当给予处罚。

　　第十四条　盲人或者又聋又哑的人违反治安管理的,可以从轻、减轻或者不予处罚。

　　第十五条　醉酒的人违反治安管理的,应当给予处罚。

　　醉酒的人在醉酒状态中,对本人有危险或者对他人的人身、财产或者公共安全有威胁的,应当对其采取保护性措施约束至酒醒。

　　第十六条　有两种以上违反治安管理行为的,分别决定,合并执行。行政拘留处罚合并执行的,最长不超过二十日。

　　第十七条　共同违反治安管理的,根据违反治安管理行为人在违反治安管理行为中所起的作用,分别处罚。

　　教唆、胁迫、诱骗他人违反治安管理的,按照其教唆、胁迫、诱骗的行为处罚。

　　第十八条　单位违反治安管理的,对其直接负责的主管人员和其他直接责任人员依照本法的规定处罚。其他法律、行政法规对同一行为规定给予单位处罚的,依照其规定处罚。

　　第十九条　违反治安管理有下列情形之一的,减轻处罚或者不予处罚:

　　(一)情节特别轻微的;

　　(二)主动消除或者减轻违法后果,并取得被侵害人谅解的;

　　(三)出于他人胁迫或者诱骗的;

　　(四)主动投案,向公安机关如实陈述自己的违法行为的;

　　(五)有立功表现的。

　　第二十条　违反治安管理有下列情形之一的,从重处罚:

　　(一)有较严重后果的;

　　(二)教唆、胁迫、诱骗他人违反治安管理的;

　　(三)对报案人、控告人、举报人、证人打击报复的;

　　(四)六个月内曾受过治安管理处罚的。

　　第二十一条　违反治安管理行为人有下列情形之一,依照本法应当给予行政拘留处罚的,不执行行政拘留处罚:

　　(一)已满十四周岁不满十六周岁的;

　　(二)已满十六周岁不满十八周岁,初次违反治安管理的;

（三）七十周岁以上的；

（四）怀孕或者哺乳自己不满一周岁婴儿的。

第二十二条 违反治安管理行为在六个月内没有被公安机关发现的，不再处罚。

前款规定的期限，从违反治安管理行为发生之日起计算；违反治安管理行为有连续或者继续状态的，从行为终了之日起计算。

第三章 违反治安管理的行为和处罚

第一节 扰乱公共秩序的行为和处罚

第二十三条 有下列行为之一的，处警告或者二百元以下罚款；情节较重的，处五日以上十日以下拘留，可以并处五百元以下罚款：

（一）扰乱机关、团体、企业、事业单位秩序，致使工作、生产、营业、医疗、教学、科研不能正常进行，尚未造成严重损失的；

（二）扰乱车站、港口、码头、机场、商场、公园、展览馆或者其他公共场所秩序的；

（三）扰乱公共汽车、电车、火车、船舶、航空器或者其他公共交通工具上的秩序的；

（四）非法拦截或者强登、扒乘机动车、船舶、航空器以及其他交通工具，影响交通工具正常行驶的；

（五）破坏依法进行的选举秩序的。

聚众实施前款行为的，对首要分子处十日以上十五日以下拘留，可以并处一千元以下罚款。

第二十四条 有下列行为之一，扰乱文化、体育等大型群众性活动秩序的，处警告或者二百元以下罚款；情节严重的，处五日以上十日以下拘留，可以并处五百元以下罚款：

（一）强行进入场内的；

（二）违反规定，在场内燃放烟花爆竹或者其他物品的；

（三）展示侮辱性标语、条幅等物品的；

（四）围攻裁判员、运动员或者其他工作人员的；

（五）向场内投掷杂物，不听制止的；

（六）扰乱大型群众性活动秩序的其他行为。

因扰乱体育比赛秩序被处以拘留处罚的,可以同时责令其十二个月内不得进入体育场馆观看同类比赛;违反规定进入体育场馆的,强行带离现场。

第二十五条　有下列行为之一的,处五日以上十日以下拘留,可以并处五百元以下罚款;情节较轻的,处五日以下拘留或者五百元以下罚款:

(一)散布谣言,谎报险情、疫情、警情或者以其他方法故意扰乱公共秩序的;

(二)投放虚假的爆炸性、毒害性、放射性、腐蚀性物质或者传染病病原体等危险物质扰乱公共秩序的;

(三)扬言实施放火、爆炸、投放危险物质扰乱公共秩序的。

第二十六条　有下列行为之一的,处五日以上十日以下拘留,可以并处五百元以下罚款;情节较重的,处十日以上十五日以下拘留,可以并处一千元以下罚款:

(一)结伙斗殴的;

(二)追逐、拦截他人的;

(三)强拿硬要或者任意损毁、占用公私财物的;

(四)其他寻衅滋事行为。

第二十七条　有下列行为之一的,处十日以上十五日以下拘留,可以并处一千元以下罚款;情节较轻的,处五日以上十日以下拘留,可以并处五百元以下罚款:

(一)组织、教唆、胁迫、诱骗、煽动他人从事邪教、会道门活动或者利用邪教、会道门、迷信活动,扰乱社会秩序、损害他人身体健康的;

(二)冒用宗教、气功名义进行扰乱社会秩序、损害他人身体健康活动的。

第二十八条　违反国家规定,故意干扰无线电业务正常进行的,或者对正常运行的无线电台(站)产生有害干扰,经有关主管部门指出后,拒不采取有效措施消除的,处五日以上十日以下拘留;情节严重的,处十日以上十五日以下拘留。

第二十九条　有下列行为之一的,处五日以下拘留;情节较重的,处五日以上十日以下拘留:

(一)违反国家规定,侵入计算机信息系统,造成危害的;

(二)违反国家规定,对计算机信息系统功能进行删除、修改、增加、干扰,造成计算机信息系统不能正常运行的;

(三)违反国家规定,对计算机信息系统中存储、处理、传输的数据和应用程

序进行删除、修改、增加的;

（四）故意制作、传播计算机病毒等破坏性程序,影响计算机信息系统正常运行的。

第二节　妨害公共安全的行为和处罚

第三十条　违反国家规定,制造、买卖、储存、运输、邮寄、携带、使用、提供、处置爆炸性、毒害性、放射性、腐蚀性物质或者传染病病原体等危险物质的,处十日以上十五日以下拘留;情节较轻的,处五日以上十日以下拘留。

第三十一条　爆炸性、毒害性、放射性、腐蚀性物质或者传染病病原体等危险物质被盗、被抢或者丢失,未按规定报告的,处五日以下拘留;故意隐瞒不报的,处五日以上十日以下拘留。

第三十二条　非法携带枪支、弹药或者弩、匕首等国家规定的管制器具的,处五日以下拘留,可以并处五百元以下罚款;情节较轻的,处警告或者二百元以下罚款。

非法携带枪支、弹药或者弩、匕首等国家规定的管制器具进入公共场所或者公共交通工具的,处五日以上十日以下拘留,可以并处五百元以下罚款。

第三十三条　有下列行为之一的,处十日以上十五日以下拘留:

（一）盗窃、损毁油气管道设施、电力电信设施、广播电视设施、水利防汛工程设施或者水文监测、测量、气象测报、环境监测、地质监测、地震监测等公共设施的;

（二）移动、损毁国家边境的界碑、界桩以及其他边境标志、边境设施或者领土、领海标志设施的;

（三）非法进行影响国（边）界线走向的活动或者修建有碍国（边）境管理的设施的。

第三十四条　盗窃、损坏、擅自移动使用中的航空设施,或者强行进入航空器驾驶舱的,处十日以上十五日以下拘留。

在使用中的航空器上使用可能影响导航系统正常功能的器具、工具,不听劝阻的,处五日以下拘留或者五百元以下罚款。

第三十五条　有下列行为之一的,处五日以上十日以下拘留,可以并处五百元以下罚款;情节较轻的,处五日以下拘留或者五百元以下罚款:

（一）盗窃、损毁或者擅自移动铁路设施、设备、机车车辆配件或者安全标志的;

（二）在铁路线路上放置障碍物，或者故意向列车投掷物品的；

（三）在铁路线路、桥梁、涵洞处挖掘坑穴、采石取沙的；

（四）在铁路线路上私设道口或者平交过道的。

第三十六条　擅自进入铁路防护网或者火车来临时在铁路线路上行走坐卧、抢越铁路，影响行车安全的，处警告或者二百元以下罚款。

第三十七条　有下列行为之一的，处五日以下拘留或者五百元以下罚款；情节严重的，处五日以上十日以下拘留，可以并处五百元以下罚款：

（一）未经批准，安装、使用电网的，或者安装、使用电网不符合安全规定的；

（二）在车辆、行人通行的地方施工，对沟井坎穴不设覆盖物、防围和警示标志的，或者故意损毁、移动覆盖物、防围和警示标志的；

（三）盗窃、损毁路面井盖、照明等公共设施的。

第三十八条　举办文化、体育等大型群众性活动，违反有关规定，有发生安全事故危险的，责令停止活动，立即疏散；对组织者处五日以上十日以下拘留，并处二百元以上五百元以下罚款；情节较轻的，处五日以下拘留或者五百元以下罚款。

第三十九条　旅馆、饭店、影剧院、娱乐场、运动场、展览馆或者其他供社会公众活动的场所的经营管理人员，违反安全规定，致使该场所有发生安全事故危险，经公安机关责令改正，拒不改正的，处五日以下拘留。

第三节　侵犯人身权利、财产权利的行为和处罚

第四十条　有下列行为之一的，处十日以上十五日以下拘留，并处五百元以上一千元以下罚款；情节较轻的，处五日以上十日以下拘留，并处二百元以上五百元以下罚款：

（一）组织、胁迫、诱骗不满十六周岁的人或者残疾人进行恐怖、残忍表演的；

（二）以暴力、威胁或者其他手段强迫他人劳动的；

（三）非法限制他人人身自由、非法侵入他人住宅或者非法搜查他人身体的。

第四十一条　胁迫、诱骗或者利用他人乞讨的，处十日以上十五日以下拘留，可以并处一千元以下罚款。

反复纠缠、强行讨要或者以其他滋扰他人的方式乞讨的，处五日以下拘留或者警告。

第四十二条　有下列行为之一的,处五日以下拘留或者五百元以下罚款;情节较重的,处五日以上十日以下拘留,可以并处五百元以下罚款:

(一)写恐吓信或者以其他方法威胁他人人身安全的;

(二)公然侮辱他人或者捏造事实诽谤他人的;

(三)捏造事实诬告陷害他人,企图使他人受到刑事追究或者受到治安管理处罚的;

(四)对证人及其近亲属进行威胁、侮辱、殴打或者打击报复的;

(五)多次发送淫秽、侮辱、恐吓或者其他信息,干扰他人正常生活的;

(六)偷窥、偷拍、窃听、散布他人隐私的。

第四十三条　殴打他人的,或者故意伤害他人身体的,处五日以上十日以下拘留,并处二百元以上五百元以下罚款;情节较轻的,处五日以下拘留或者五百元以下罚款。

有下列情形之一的,处十日以上十五日以下拘留,并处五百元以上一千元以下罚款:

(一)结伙殴打、伤害他人的;

(二)殴打、伤害残疾人、孕妇、不满十四周岁的人或者六十周岁以上的人的;

(三)多次殴打、伤害他人或者一次殴打、伤害多人的。

第四十四条　猥亵他人的,或者在公共场所故意裸露身体,情节恶劣的,处五日以上十日以下拘留;猥亵智力残疾人、精神病人、不满十四周岁的人或者有其他严重情节的,处十日以上十五日以下拘留。

第四十五条　有下列行为之一的,处五日以下拘留或者警告:

(一)虐待家庭成员,被虐待人要求处理的;

(二)遗弃没有独立生活能力的被扶养人的。

第四十六条　强买强卖商品,强迫他人提供服务或者强迫他人接受服务的,处五日以上十日以下拘留,并处二百元以上五百元以下罚款;情节较轻的,处五日以下拘留或者五百元以下罚款。

第四十七条　煽动民族仇恨、民族歧视,或者在出版物、计算机信息网络中刊载民族歧视、侮辱内容的,处十日以上十五日以下拘留,可以并处一千元以下罚款。

第四十八条　冒领、隐匿、毁弃、私自开拆或者非法检查他人邮件的,处五日以下拘留或者五百元以下罚款。

第四十九条　盗窃、诈骗、哄抢、抢夺、敲诈勒索或者故意损毁公私财物的，处五日以上十日以下拘留，可以并处五百元以下罚款；情节较重的，处十日以上十五日以下拘留，可以并处一千元以下罚款。

第四节　妨害社会管理的行为和处罚

第五十条　有下列行为之一的，处警告或者二百元以下罚款；情节严重的，处五日以上十日以下拘留，可以并处五百元以下罚款：

（一）拒不执行人民政府在紧急状态情况下依法发布的决定、命令的；

（二）阻碍国家机关工作人员依法执行职务的；

（三）阻碍执行紧急任务的消防车、救护车、工程抢险车、警车等车辆通行的；

（四）强行冲闯公安机关设置的警戒带、警戒区的。

阻碍人民警察依法执行职务的，从重处罚。

第五十一条　冒充国家机关工作人员或者以其他虚假身份招摇撞骗的，处五日以上十日以下拘留，可以并处五百元以下罚款；情节较轻的，处五日以下拘留或者五百元以下罚款。

冒充军警人员招摇撞骗的，从重处罚。

第五十二条　有下列行为之一的，处十日以上十五日以下拘留，可以并处一千元以下罚款；情节较轻的，处五日以上十日以下拘留，可以并处五百元以下罚款：

（一）伪造、变造或者买卖国家机关、人民团体、企业、事业单位或者其他组织的公文、证件、证明文件、印章的；

（二）买卖或者使用伪造、变造的国家机关、人民团体、企业、事业单位或者其他组织的公文、证件、证明文件的；

（三）伪造、变造、倒卖车票、船票、航空客票、文艺演出票、体育比赛入场券或者其他有价票证、凭证的；

（四）伪造、变造船舶户牌，买卖或者使用伪造、变造的船舶户牌，或者涂改船舶发动机号码的。

第五十三条　船舶擅自进入、停靠国家禁止、限制进入的水域或者岛屿的，对船舶负责人及有关责任人员处五百元以上一千元以下罚款；情节严重的，处五日以下拘留，并处五百元以上一千元以下罚款。

第五十四条　有下列行为之一的，处十日以上十五日以下拘留，并处五百元以上一千元以下罚款；情节较轻的，处五日以下拘留或者五百元以下罚款：

（一）违反国家规定，未经注册登记，以社会团体名义进行活动，被取缔后，仍进行活动的；

（二）被依法撤销登记的社会团体，仍以社会团体名义进行活动的；

（三）未经许可，擅自经营按照国家规定需要由公安机关许可的行业的。

有前款第三项行为的，予以取缔。

取得公安机关许可的经营者，违反国家有关管理规定，情节严重的，公安机关可以吊销许可证。

第五十五条 煽动、策划非法集会、游行、示威，不听劝阻的，处十日以上十五日以下拘留。

第五十六条 旅馆业的工作人员对住宿的旅客不按规定登记姓名、身份证件种类和号码的，或者明知住宿的旅客将危险物质带入旅馆，不予制止的，处二百元以上五百元以下罚款。

旅馆业的工作人员明知住宿的旅客是犯罪嫌疑人员或者被公安机关通缉的人员，不向公安机关报告的，处二百元以上五百元以下罚款；情节严重的，处五日以下拘留，可以并处五百元以下罚款。

第五十七条 房屋出租人将房屋出租给无身份证件的人居住的，或者不按规定登记承租人姓名、身份证件种类和号码的，处二百元以上五百元以下罚款。

房屋出租人明知承租人利用出租房屋进行犯罪活动，不向公安机关报告的，处二百元以上五百元以下罚款；情节严重的，处五日以下拘留，可以并处五百元以下罚款。

第五十八条 违反关于社会生活噪声污染防治的法律规定，制造噪声干扰他人正常生活的，处警告；警告后不改正的，处二百元以上五百元以下罚款。

第五十九条 有下列行为之一的，处五百元以上一千元以下罚款；情节严重的，处五日以上十日以下拘留，并处五百元以上一千元以下罚款：

（一）典当业工作人员承接典当的物品，不查验有关证明、不履行登记手续，或者明知是违法犯罪嫌疑人、赃物，不向公安机关报告的；

（二）违反国家规定，收购铁路、油田、供电、电信、矿山、水利、测量和城市公用设施等废旧专用器材的；

（三）收购公安机关通报寻查的赃物或者有赃物嫌疑的物品的；

（四）收购国家禁止收购的其他物品的。

第六十条 有下列行为之一的，处五日以上十日以下拘留，并处二百元以上五百元以下罚款：

（一）隐藏、转移、变卖或者损毁行政执法机关依法扣押、查封、冻结的财物的；

（二）伪造、隐匿、毁灭证据或者提供虚假证言、谎报案情，影响行政执法机关依法办案的；

（三）明知是赃物而窝藏、转移或者代为销售的；

（四）被依法执行管制、剥夺政治权利或者在缓刑、保外就医等监外执行中的罪犯或者被依法采取刑事强制措施的人，有违反法律、行政法规和国务院公安部门有关监督管理规定的行为。

第六十一条　协助组织或者运送他人偷越国（边）境的，处十日以上十五日以下拘留，并处一千元以上五千元以下罚款。

第六十二条　为偷越国（边）境人员提供条件的，处五日以上十日以下拘留，并处五百元以上二千元以下罚款。

偷越国（边）境的，处五日以下拘留或者五百元以下罚款。

第六十三条　有下列行为之一的，处警告或者二百元以下罚款；情节较重的，处五日以上十日以下拘留，并处二百元以上五百元以下罚款：

（一）刻划、涂污或者以其他方式故意损坏国家保护的文物、名胜古迹的；

（二）违反国家规定，在文物保护单位附近进行爆破、挖掘等活动，危及文物安全的。

第六十四条　有下列行为之一的，处五百元以上一千元以下罚款；情节严重的，处十日以上十五日以下拘留，并处五百元以上一千元以下罚款：

（一）偷开他人机动车的；

（二）未取得驾驶证驾驶或者偷开他人航空器、机动船舶的。

第六十五条　有下列行为之一的，处五日以上十日以下拘留；情节严重的，处十日以上十五日以下拘留，可以并处一千元以下罚款：

（一）故意破坏、污损他人坟墓或者毁坏、丢弃他人尸骨、骨灰的；

（二）在公共场所停放尸体或者因停放尸体影响他人正常生活、工作秩序，不听劝阻的。

第六十六条　卖淫、嫖娼的，处十日以上十五日以下拘留，可以并处五千元以下罚款；情节较轻的，处五日以下拘留或者五百元以下罚款。

在公共场所拉客招嫖的，处五日以下拘留或者五百元以下罚款。

第六十七条　引诱、容留、介绍他人卖淫的，处十日以上十五日以下拘留，可以并处五千元以下罚款；情节较轻的，处五日以下拘留或者五百元以下罚款。

第六十八条 制作、运输、复制、出售、出租淫秽的书刊、图片、影片、音像制品等淫秽物品或者利用计算机信息网络、电话以及其他通讯工具传播淫秽信息的，处十日以上十五日以下拘留，可以并处三千元以下罚款；情节较轻的，处五日以下拘留或者五百元以下罚款。

第六十九条 有下列行为之一的，处十日以上十五日以下拘留，并处五百元以上一千元以下罚款：

（一）组织播放淫秽音像的；

（二）组织或者进行淫秽表演的；

（三）参与聚众淫乱活动的。

明知他人从事前款活动，为其提供条件的，依照前款的规定处罚。

第七十条 以营利为目的，为赌博提供条件的，或者参与赌博赌资较大的，处五日以下拘留或者五百元以下罚款；情节严重的，处十日以上十五日以下拘留，并处五百元以上三千元以下罚款。

第七十一条 有下列行为之一的，处十日以上十五日以下拘留，可以并处三千元以下罚款；情节较轻的，处五日以下拘留或者五百元以下罚款：

（一）非法种植罂粟不满五百株或者其他少量毒品原植物的；

（二）非法买卖、运输、携带、持有少量未经灭活的罂粟等毒品原植物种子或者幼苗的；

（三）非法运输、买卖、储存、使用少量罂粟壳的。

有前款第一项行为，在成熟前自行铲除的，不予处罚。

第七十二条 有下列行为之一的，处十日以上十五日以下拘留，可以并处二千元以下罚款；情节较轻的，处五日以下拘留或者五百元以下罚款：

（一）非法持有鸦片不满二百克、海洛因或者甲基苯丙胺不满十克或者其他少量毒品的；

（二）向他人提供毒品的；

（三）吸食、注射毒品的；

（四）胁迫、欺骗医务人员开具麻醉药品、精神药品的。

第七十三条 教唆、引诱、欺骗他人吸食、注射毒品的，处十日以上十五日以下拘留，并处五百元以上二千元以下罚款。

第七十四条 旅馆业、饮食服务业、文化娱乐业、出租汽车业等单位的人员，在公安机关查处吸毒、赌博、卖淫、嫖娼活动时，为违法犯罪行为人通风报信的,处十日以上十五日以下拘留。

第七十五条　饲养动物,干扰他人正常生活的,处警告;警告后不改正的,或者放任动物恐吓他人的,处二百元以上五百元以下罚款。

驱使动物伤害他人的,依照本法第四十三条第一款的规定处罚。

第七十六条　有本法第六十七条、第六十八条、第七十条的行为,屡教不改的,可以按照国家规定采取强制性教育措施。

第四章　处罚程序

第一节　调　查

第七十七条　公安机关对报案、控告、举报或者违反治安管理行为人主动投案,以及其他行政主管部门、司法机关移送的违反治安管理案件,应当及时受理,并进行登记。

第七十八条　公安机关受理报案、控告、举报、投案后,认为属于违反治安管理行为的,应当立即进行调查;认为不属于违反治安管理行为的,应当告知报案人、控告人、举报人、投案人,并说明理由。

第七十九条　公安机关及其人民警察对治安案件的调查,应当依法进行。严禁刑讯逼供或者采用威胁、引诱、欺骗等非法手段收集证据。

以非法手段收集的证据不得作为处罚的根据。

第八十条　公安机关及其人民警察在办理治安案件时,对涉及的国家秘密、商业秘密或者个人隐私,应当予以保密。

第八十一条　人民警察在办理治安案件过程中,遇有下列情形之一的,应当回避;违反治安管理行为人、被侵害人或者其法定代理人也有权要求他们回避:

(一)是本案当事人或者当事人的近亲属的;

(二)本人或者其近亲属与本案有利害关系的;

(三)与本案当事人有其他关系,可能影响案件公正处理的。

人民警察的回避,由其所属的公安机关决定;公安机关负责人的回避,由上一级公安机关决定。

第八十二条　需要传唤违反治安管理行为人接受调查的,经公安机关办案部门负责人批准,使用传唤证传唤。对现场发现的违反治安管理行为人,人民警察经出示工作证件,可以口头传唤,但应当在询问笔录中注明。

公安机关应当将传唤的原因和依据告知被传唤人。对无正当理由不接受传唤或者逃避传唤的人,可以强制传唤。

第八十三条　对违反治安管理行为人,公安机关传唤后应当及时询问查证,询问查证的时间不得超过八小时;情况复杂,依照本法规定可能适用行政拘留处罚的,询问查证的时间不得超过二十四小时。

公安机关应当及时将传唤的原因和处所通知被传唤人家属。

第八十四条　询问笔录应当交被询问人核对;对没有阅读能力的,应当向其宣读。记载有遗漏或者差错的,被询问人可以提出补充或者更正。被询问人确认笔录无误后,应当签名或者盖章,询问的人民警察也应当在笔录上签名。

被询问人要求就被询问事项自行提供书面材料的,应当准许;必要时,人民警察也可以要求被询问人自行书写。

询问不满十六周岁的违反治安管理行为人,应当通知其父母或者其他监护人到场。

第八十五条　人民警察询问被侵害人或者其他证人,可以到其所在单位或者住处进行;必要时,也可以通知其到公安机关提供证言。

人民警察在公安机关以外询问被侵害人或者其他证人,应当出示工作证件。

询问被侵害人或者其他证人,同时适用本法第八十四条的规定。

第八十六条　询问聋哑的违反治安管理行为人、被侵害人或者其他证人,应当有通晓手语的人提供帮助,并在笔录上注明。

询问不通晓当地通用的语言文字的违反治安管理行为人、被侵害人或者其他证人,应当配备翻译人员,并在笔录上注明。

第八十七条　公安机关对与违反治安管理行为有关的场所、物品、人身可以进行检查。检查时,人民警察不得少于二人,并应当出示工作证件和县级以上人民政府公安机关开具的检查证明文件。对确有必要立即进行检查的,人民警察经出示工作证件,可以当场检查,但检查公民住所应当出示县级以上人民政府公安机关开具的检查证明文件。

检查妇女的身体,应当由女性工作人员进行。

第八十八条　检查的情况应当制作检查笔录,由检查人、被检查人和见证人签名或者盖章;被检查人拒绝签名的,人民警察应当在笔录上注明。

第八十九条　公安机关办理治安案件,对与案件有关的需要作为证据的物品,可以扣押;对被侵害人或者善意第三人合法占有的财产,不得扣押,应当予以登记。对与案件无关的物品,不得扣押。

对扣押的物品,应当会同在场见证人和被扣押物品持有人查点清楚,当场开列清单一式二份,由调查人员、见证人和持有人签名或者盖章,一份交给持有人,另一份附卷备查。

对扣押的物品,应当妥善保管,不得挪作他用;对不宜长期保存的物品,按照有关规定处理。经查明与案件无关的,应当及时退还;经核实属于他人合法财产的,应当登记后立即退还;满六个月无人对该财产主张权利或者无法查清权利人的,应当公开拍卖或者按照国家有关规定处理,所得款项上缴国库。

第九十条　为了查明案情,需要解决案件中有争议的专门性问题的,应当指派或者聘请具有专门知识的人员进行鉴定;鉴定人鉴定后,应当写出鉴定意见,并且签名。

第二节　决　定

第九十一条　治安管理处罚由县级以上人民政府公安机关决定;其中警告、五百元以下的罚款可以由公安派出所决定。

第九十二条　对决定给予行政拘留处罚的人,在处罚前已经采取强制措施限制人身自由的时间,应当折抵。限制人身自由一日,折抵行政拘留一日。

第九十三条　公安机关查处治安案件,对没有本人陈述,但其他证据能够证明案件事实的,可以作出治安管理处罚决定。但是,只有本人陈述,没有其他证据证明的,不能作出治安管理处罚决定。

第九十四条　公安机关作出治安管理处罚决定前,应当告知违反治安管理行为人作出治安管理处罚的事实、理由及依据,并告知违反治安管理行为人依法享有的权利。

违反治安管理行为人有权陈述和申辩。公安机关必须充分听取违反治安管理行为人的意见,对违反治安管理行为人提出的事实、理由和证据,应当进行复核;违反治安管理行为人提出的事实、理由或者证据成立的,公安机关应当采纳。

公安机关不得因违反治安管理行为人的陈述、申辩而加重处罚。

第九十五条　治安案件调查结束后,公安机关应当根据不同情况,分别作出以下处理:

(一)确有依法应当给予治安管理处罚的违法行为的,根据情节轻重及具体情况,作出处罚决定;

（二）依法不予处罚的，或者违法事实不能成立的，作出不予处罚决定；

（三）违法行为已涉嫌犯罪的，移送主管机关依法追究刑事责任；

（四）发现违反治安管理行为人有其他违法行为的，在对违反治安管理行为作出处罚决定的同时，通知有关行政主管部门处理。

第九十六条 公安机关作出治安管理处罚决定的，应当制作治安管理处罚决定书。决定书应当载明下列内容：

（一）被处罚人的姓名、性别、年龄、身份证件的名称和号码、住址；

（二）违法事实和证据；

（三）处罚的种类和依据；

（四）处罚的执行方式和期限；

（五）对处罚决定不服，申请行政复议、提起行政诉讼的途径和期限；

（六）作出处罚决定的公安机关的名称和作出决定的日期。

决定书应当由作出处罚决定的公安机关加盖印章。

第九十七条 公安机关应当向被处罚人宣告治安管理处罚决定书，并当场交付被处罚人；无法当场向被处罚人宣告的，应当在二日内送达被处罚人。决定给予行政拘留处罚的，应当及时通知被处罚人的家属。

有被侵害人的，公安机关应当将决定书副本抄送被侵害人。

第九十八条 公安机关作出吊销许可证以及处二千元以上罚款的治安管理处罚决定前，应当告知违反治安管理行为人有权要求举行听证；违反治安管理行为人要求听证的，公安机关应当及时依法举行听证。

第九十九条 公安机关办理治安案件的期限，自受理之日起不得超过三十日；案情重大、复杂的，经上一级公安机关批准，可以延长三十日。

为了查明案情进行鉴定的期间，不计入办理治安案件的期限。

第一百条 违反治安管理行为事实清楚，证据确凿，处警告或者二百元以下罚款的，可以当场作出治安管理处罚决定。

第一百零一条 当场作出治安管理处罚决定的，人民警察应当向违反治安管理行为人出示工作证件，并填写处罚决定书。处罚决定书应当当场交付被处罚人；有被侵害人的，并将决定书副本抄送被侵害人。

前款规定的处罚决定书，应当载明被处罚人的姓名、违法行为、处罚依据、罚款数额、时间、地点以及公安机关名称，并由经办的人民警察签名或者盖章。

当场作出治安管理处罚决定的，经办的人民警察应当在二十四小时内报所属公安机关备案。

第一百零二条　被处罚人对治安管理处罚决定不服的,可以依法申请行政复议或者提起行政诉讼。

第三节　执　行

第一百零三条　对被决定给予行政拘留处罚的人,由作出决定的公安机关送达拘留所执行。

第一百零四条　受到罚款处罚的人应当自收到处罚决定书之日起十五日内,到指定的银行缴纳罚款。但是,有下列情形之一的,人民警察可以当场收缴罚款:

(一)被处五十元以下罚款,被处罚人对罚款无异议的;

(二)在边远、水上、交通不便地区,公安机关及其人民警察依照本法的规定作出罚款决定后,被处罚人向指定的银行缴纳罚款确有困难,经被处罚人提出的;

(三)被处罚人在当地没有固定住所,不当场收缴事后难以执行的。

第一百零五条　人民警察当场收缴的罚款,应当自收缴罚款之日起二日内,交至所属的公安机关;在水上、旅客列车上当场收缴的罚款,应当自抵岸或者到站之日起二日内,交至所属的公安机关;公安机关应当自收到罚款之日起二日内将罚款缴付指定的银行。

第一百零六条　人民警察当场收缴罚款的,应当向被处罚人出具省、自治区、直辖市人民政府财政部门统一制发的罚款收据;不出具统一制发的罚款收据的,被处罚人有权拒绝缴纳罚款。

第一百零七条　被处罚人不服行政拘留处罚决定,申请行政复议、提起行政诉讼的,可以向公安机关提出暂缓执行行政拘留的申请。公安机关认为暂缓执行行政拘留不致发生社会危险的,由被处罚人或者其近亲属提出符合本法第一百零八条规定条件的担保人,或者按每日行政拘留二百元的标准交纳保证金,行政拘留的处罚决定暂缓执行。

第一百零八条　担保人应当符合下列条件:

(一)与本案无牵连;

(二)享有政治权利,人身自由未受到限制;

(三)在当地有常住户口和固定住所;

(四)有能力履行担保义务。

第一百零九条　担保人应当保证被担保人不逃避行政拘留处罚的执行。

担保人不履行担保义务,致使被担保人逃避行政拘留处罚的执行的,由公安机关对其处三千元以下罚款。

第一百一十条 被决定给予行政拘留处罚的人交纳保证金,暂缓行政拘留后,逃避行政拘留处罚的执行的,保证金予以没收并上缴国库,已经作出的行政拘留决定仍应执行。

第一百一十一条 行政拘留的处罚决定被撤销,或者行政拘留处罚开始执行的,公安机关收取的保证金应当及时退还交纳人。

第五章 执法监督

第一百一十二条 公安机关及其人民警察应当依法、公正、严格、高效办理治安案件,文明执法,不得徇私舞弊。

第一百一十三条 公安机关及其人民警察办理治安案件,禁止对违反治安管理行为人打骂、虐待或者侮辱。

第一百一十四条 公安机关及其人民警察办理治安案件,应当自觉接受社会和公民的监督。

公安机关及其人民警察办理治安案件,不严格执法或者有违法违纪行为的,任何单位和个人都有权向公安机关或者人民检察院、行政监察机关检举、控告;收到检举、控告的机关,应当依据职责及时处理。

第一百一十五条 公安机关依法实施罚款处罚,应当依照有关法律、行政法规的规定,实行罚款决定与罚款收缴分离;收缴的罚款应当全部上缴国库。

第一百一十六条 人民警察办理治安案件,有下列行为之一的,依法给予行政处分;构成犯罪的,依法追究刑事责任:

(一)刑讯逼供、体罚、虐待、侮辱他人的;

(二)超过询问查证的时间限制人身自由的;

(三)不执行罚款决定与罚款收缴分离制度或者不按规定将罚没的财物上缴国库或者依法处理的;

(四)私分、侵占、挪用、故意损毁收缴、扣押的财物的;

(五)违反规定使用或者不及时返还被侵害人财物的;

(六)违反规定不及时退还保证金的;

(七)利用职务上的便利收受他人财物或者谋取其他利益的;

(八)当场收缴罚款不出具罚款收据或者不如实填写罚款数额的;

(九)接到要求制止违反治安管理行为的报警后,不及时出警的;

（十）在查处违反治安管理活动时,为违法犯罪行为人通风报信的;

（十一）有徇私舞弊、滥用职权,不依法履行法定职责的其他情形的。

办理治安案件的公安机关有前款所列行为的,对直接负责的主管人员和其他直接责任人员给予相应的行政处分。

第一百一十七条　公安机关及其人民警察违法行使职权,侵犯公民、法人和其他组织合法权益的,应当赔礼道歉;造成损害的,应当依法承担赔偿责任。

第六章　附　则

第一百一十八条　本法所称以上、以下、以内,包括本数。

第一百一十九条　本法自 2006 年 3 月 1 日起施行。1986 年 9 月 5 日公布、1994 年 5 月 12 日修订公布的《中华人民共和国治安管理处罚条例》同时废止。

中华人民共和国海关行政处罚实施条例

（2004 年 9 月 1 日国务院第 62 次常务会议通过

2004 年 9 月 19 日中华人民共和国国务院令第 420 号公布

自 2004 年 11 月 1 日起施行）

第一章　总　则

第一条　为了规范海关行政处罚,保障海关依法行使职权,保护公民、法人或者其他组织的合法权益,根据《中华人民共和国海关法》(以下简称海关法)及其他有关法律的规定,制定本实施条例。

第二条　依法不追究刑事责任的走私行为和违反海关监管规定的行为,以及法律、行政法规规定由海关实施行政处罚的行为的处理,适用本实施条例。

第三条　海关行政处罚由发现违法行为的海关管辖,也可以由违法行为发生地海关管辖。

2 个以上海关都有管辖权的案件,由最先发现违法行为的海关管辖。

管辖不明确的案件,由有关海关协商确定管辖,协商不成的,报请共同的上级海关指定管辖。

重大、复杂的案件,可以由海关总署指定管辖。

第四条　海关发现的依法应当由其他行政机关处理的违法行为,应当移送有关行政机关处理;违法行为涉嫌犯罪的,应当移送海关侦查走私犯罪公安机构、地方公安机关依法办理。

第五条　依照本实施条例处以警告、罚款等行政处罚,但不没收进出境货物、物品、运输工具的,不免除有关当事人依法缴纳税款、提交进出口许可证件、办理有关海关手续的义务。

第六条　抗拒、阻碍海关侦查走私犯罪公安机构依法执行职务的,由设在直属海关、隶属海关的海关侦查走私犯罪公安机构依照治安管理处罚的有关规定给予处罚。

抗拒、阻碍其他海关工作人员依法执行职务的,应当报告地方公安机关依法处理。

第二章 走私行为及其处罚

第七条 违反海关法及其他有关法律、行政法规,逃避海关监管,偷逃应纳税款、逃避国家有关进出境的禁止性或者限制性管理,有下列情形之一的,是走私行为:

(一)未经国务院或者国务院授权的机关批准,从未设立海关的地点运输、携带国家禁止或者限制进出境的货物、物品或者依法应当缴纳税款的货物、物品进出境的;

(二)经过设立海关的地点,以藏匿、伪装、瞒报、伪报或者其他方式逃避海关监管,运输、携带、邮寄国家禁止或者限制进出境的货物、物品或者依法应当缴纳税款的货物、物品进出境的;

(三)使用伪造、变造的手册、单证、印章、账册、电子数据或者以其他方式逃避海关监管,擅自将海关监管货物、物品、进境的境外运输工具,在境内销售的;

(四)使用伪造、变造的手册、单证、印章、账册、电子数据或者以伪报加工贸易制成品单位耗料量等方式,致使海关监管货物、物品脱离监管的;

(五)以藏匿、伪装、瞒报、伪报或者其他方式逃避海关监管,擅自将保税区、出口加工区等海关特殊监管区域内的海关监管货物、物品,运出区外的;

(六)有逃避海关监管,构成走私的其他行为的。

第八条 有下列行为之一的,按走私行为论处:

(一)明知是走私进口的货物、物品,直接向走私人非法收购的;

(二)在内海、领海、界河、界湖,船舶及所载人员运输、收购、贩卖国家禁止或者限制进出境的货物、物品,或者运输、收购、贩卖依法应当缴纳税款的货物,没有合法证明的。

第九条 有本实施条例第七条、第八条所列行为之一的,依照下列规定处罚:

(一)走私国家禁止进出口的货物的,没收走私货物及违法所得,可以并处100万元以下罚款;走私国家禁止进出境的物品的,没收走私物品及违法所得,可以并处10万元以下罚款;

(二)应当提交许可证件而未提交但未偷逃税款,走私国家限制进出境的货物、物品的,没收走私货物、物品及违法所得,可以并处走私货物、物品等值以下罚款；

（三）偷逃应纳税款但未逃避许可证件管理，走私依法应当缴纳税款的货物、物品的，没收走私货物、物品及违法所得，可以并处偷逃应纳税款3倍以下罚款。

专门用于走私的运输工具或者用于掩护走私的货物、物品，2年内3次以上用于走私的运输工具或者用于掩护走私的货物、物品，应当予以没收。藏匿走私货物、物品的特制设备、夹层、暗格，应当予以没收或者责令拆毁。使用特制设备、夹层、暗格实施走私的，应当从重处罚。

第十条 与走私人通谋为走私人提供贷款、资金、账号、发票、证明、海关单证的，与走私人通谋为走私人提供走私货物、物品的提取、发运、运输、保管、邮寄或者其他方便的，以走私的共同当事人论处，没收违法所得，并依照本实施条例第九条的规定予以处罚。

第十一条 报关企业、报关人员和海关准予从事海关监管货物的运输、储存、加工、装配、寄售、展示等业务的企业，构成走私犯罪或者1年内有2次以上走私行为的，海关可以撤销其注册登记、取消其报关从业资格。

第三章 违反海关监管规定的行为及其处罚

第十二条 违反海关法及其他有关法律、行政法规和规章但不构成走私行为的，是违反海关监管规定的行为。

第十三条 违反国家进出口管理规定，进出口国家禁止进出口的货物的，责令退运，处100万元以下罚款。

第十四条 违反国家进出口管理规定，进出口国家限制进出口的货物，进出口货物的收发货人向海关申报时不能提交许可证件的，进出口货物不予放行，处货物价值30%以下罚款。

违反国家进出口管理规定，进出口属于自动进出口许可管理的货物，进出口货物的收发货人向海关申报时不能提交自动许可证明的，进出口货物不予放行。

第十五条 进出口货物的品名、税则号列、数量、规格、价格、贸易方式、原产地、启运地、运抵地、最终目的地或者其他应当申报的项目未申报或者申报不实的，分别依照下列规定予以处罚，有违法所得的，没收违法所得：

（一）影响海关统计准确性的，予以警告或者处1000元以上1万元以下罚款；

（二）影响海关监管秩序的,予以警告或者处 1000 元以上 3 万元以下罚款;

（三）影响国家许可证件管理的,处货物价值 5% 以上 30% 以下罚款;

（四）影响国家税款征收的,处漏缴税款 30% 以上 2 倍以下罚款;

（五）影响国家外汇、出口退税管理的,处申报价格 10% 以上 50% 以下罚款。

第十六条　进出口货物收发货人未按照规定向报关企业提供所委托报关事项的真实情况,致使发生本实施条例第十五条规定情形的,对委托人依照本实施条例第十五条的规定予以处罚。

第十七条　报关企业、报关人员对委托人所提供情况的真实性未进行合理审查,或者因工作疏忽致使发生本实施条例第十五条规定情形的,可以对报关企业处货物价值 10% 以下罚款,暂停其 6 个月以内从事报关业务或者执业;情节严重的,撤销其报关注册登记、取消其报关从业资格。

第十八条　有下列行为之一的,处货物价值 5% 以上 30% 以下罚款,有违法所得的,没收违法所得:

（一）未经海关许可,擅自将海关监管货物开拆、提取、交付、发运、调换、改装、抵押、质押、留置、转让、更换标记、移作他用或者进行其他处置的;

（二）未经海关许可,在海关监管区以外存放海关监管货物的;

（三）经营海关监管货物的运输、储存、加工、装配、寄售、展示等业务,有关货物灭失、数量短少或者记录不真实,不能提供正当理由的;

（四）经营保税货物的运输、储存、加工、装配、寄售、展示等业务,不依照规定办理收存、交付、结转、核销等手续,或者中止、延长、变更、转让有关合同不依照规定向海关办理手续的;

（五）未如实向海关申报加工贸易制成品单位耗料量的;

（六）未按照规定期限将过境、转运、通运货物运输出境,擅自留在境内的;

（七）未按照规定期限将暂时进出口货物复运出境或者复运进境,擅自留在境内或者境外的;

（八）有违反海关监管规定的其他行为,致使海关不能或者中断对进出口货物实施监管的。

前款规定所涉货物属于国家限制进出口需要提交许可证件,当事人在规定期限内不能提交许可证件的,另处货物价值 30% 以下罚款;漏缴税款的,可以另处漏缴税款 1 倍以下罚款。

第十九条　有下列行为之一的,予以警告,可以处物品价值 20% 以下罚款,有违法所得的，没收违法所得：

（一）未经海关许可，擅自将海关尚未放行的进出境物品开拆、交付、投递、转移或者进行其他处置的；

（二）个人运输、携带、邮寄超过合理数量的自用物品进出境未向海关申报的；

（三）个人运输、携带、邮寄超过规定数量但仍属自用的国家限制进出境物品进出境，未向海关申报但没有以藏匿、伪装等方式逃避海关监管的；

（四）个人运输、携带、邮寄物品进出境，申报不实的；

（五）经海关登记准予暂时免税进境或者暂时免税出境的物品，未按照规定复带出境或者复带进境的；

（六）未经海关批准，过境人员将其所带物品留在境内的。

第二十条　运输、携带、邮寄国家禁止进出境的物品进出境，未向海关申报但没有以藏匿、伪装等方式逃避海关监管的，予以没收，或者责令退回，或者在海关监管下予以销毁或者进行技术处理。

第二十一条　有下列行为之一的，予以警告，可以处 10 万元以下罚款，有违法所得的，没收违法所得：

（一）运输工具不经设立海关的地点进出境的；

（二）在海关监管区停留的进出境运输工具，未经海关同意擅自驶离的；

（三）进出境运输工具从一个设立海关的地点驶往另一个设立海关的地点，尚未办结海关手续又未经海关批准，中途改驶境外或者境内未设立海关的地点的；

（四）进出境运输工具到达或者驶离设立海关的地点，未按照规定向海关申报、交验有关单证或者交验的单证不真实的。

第二十二条　有下列行为之一的，予以警告，可以处 5 万元以下罚款，有违法所得的，没收违法所得：

（一）未经海关同意，进出境运输工具擅自装卸进出境货物、物品或者上下进出境旅客的；

（二）未经海关同意，进出境运输工具擅自兼营境内客货运输或者用于进出境运输以外的其他用途的；

（三）未按照规定办理海关手续，进出境运输工具擅自改营境内运输的；

（四）未按照规定期限向海关传输舱单等电子数据、传输的电子数据不准确或者未按照规定期限保存相关电子数据，影响海关监管的；

（五）进境运输工具在进境以后向海关申报以前，出境运输工具在办结海关手续以后出境以前，不按照交通主管部门或者海关指定的路线行进的；

（六）载运海关监管货物的船舶、汽车不按照海关指定的路线行进的；

（七）进出境船舶和航空器，由于不可抗力被迫在未设立海关的地点停泊、降落或者在境内抛掷、起卸货物、物品，无正当理由不向附近海关报告的；

（八）无特殊原因，未将进出境船舶、火车、航空器到达的时间、停留的地点或者更换的时间、地点事先通知海关的；

（九）不按照规定接受海关对进出境运输工具、货物、物品进行检查、查验的。

第二十三条　有下列行为之一的，予以警告，可以处3万元以下罚款：

（一）擅自开启或者损毁海关封志的；

（二）遗失海关制发的监管单证、手册等凭证，妨碍海关监管的；（三）有违反海关监管规定的其他行为，致使海关不能或者中断对进出境运输工具、物品实施监管的。

第二十四条　伪造、变造、买卖海关单证的，处5万元以上50万元以下罚款，有违法所得的，没收违法所得；构成犯罪的，依法追究刑事责任。

第二十五条　进出口侵犯中华人民共和国法律、行政法规保护的知识产权的货物的，没收侵权货物，并处货物价值30%以下罚款；构成犯罪的，依法追究刑事责任。

需要向海关申报知识产权状况，进出口货物收发货人及其代理人未按照规定向海关如实申报有关知识产权状况，或者未提交合法使用有关知识产权的证明文件的，可以处5万元以下罚款。

第二十六条　报关企业、报关人员和海关准予从事海关监管货物的运输、储存、加工、装配、寄售、展示等业务的企业，有下列情形之一的，责令改正，给予警告，可以暂停其6个月以内从事有关业务或者执业：

（一）拖欠税款或者不履行纳税义务的；

（二）报关企业出让其名义供他人办理进出口货物报关纳税事宜的；

（三）损坏或者丢失海关监管货物，不能提供正当理由的；

（四）有需要暂停其从事有关业务或者执业的其他违法行为的。

第二十七条　报关企业、报关人员和海关准予从事海关监管货物的运输、储存、加工、装配、寄售、展示等业务的企业，有下列情形之一的，海关可以撤销其注册登记、取消其报关从业资格：

（一）1年内3人次以上被海关暂停执业的；

（二）被海关暂停从事有关业务或者执业,恢复从事有关业务或者执业后1年内再次发生本实施条例第二十六条规定情形的；

（三）有需要撤销其注册登记或者取消其报关从业资格的其他违法行为的。

第二十八条　报关企业、报关人员非法代理他人报关或者超出海关准予的从业范围进行报关活动的,责令改正,处5万元以下罚款,暂停其6个月以内从事报关业务或者执业；情节严重的,撤销其报关注册登记、取消其报关从业资格。

第二十九条　进出口货物收发货人、报关企业、报关人员向海关工作人员行贿的,撤销其报关注册登记、取消其报关从业资格,并处10万元以下罚款；构成犯罪的,依法追究刑事责任,并不得重新注册登记为报关企业和取得报关从业资格。

第三十条　未经海关注册登记和未取得报关从业资格从事报关业务的,予以取缔,没收违法所得,可以并处10万元以下罚款。

第三十一条　提供虚假资料骗取海关注册登记、报关从业资格的,撤销其注册登记、取消其报关从业资格,并处30万元以下罚款。

第三十二条　法人或者其他组织有违反海关法的行为,除处罚该法人或者组织外,对其主管人员和直接责任人员予以警告,可以处5万元以下罚款,有违法所得的,没收违法所得。

第四章　对违反海关法行为的调查

第三十三条　海关发现公民、法人或者其他组织有依法应当由海关给予行政处罚的行为的,应当立案调查。

第三十四条　海关立案后,应当全面、客观、公正、及时地进行调查、收集证据。

海关调查、收集证据,应当按照法律、行政法规及其他有关规定的要求办理。

海关调查、收集证据时,海关工作人员不得少于2人,并应当向被调查人出示证件。

调查、收集的证据涉及国家秘密、商业秘密或者个人隐私的,海关应当保守秘密。

第三十五条　海关依法检查走私嫌疑人的身体,应当在隐蔽的场所或者非检查人员的视线之外,由 2 名以上与被检查人同性别的海关工作人员执行。

走私嫌疑人应当接受检查,不得阻挠。

第三十六条　海关依法检查运输工具和场所,查验货物、物品,应当制作检查、查验记录。

第三十七条　海关依法扣留走私犯罪嫌疑人,应当制发扣留走私犯罪嫌疑人决定书。对走私犯罪嫌疑人,扣留时间不超过 24 小时,在特殊情况下可以延长至 48 小时。

海关应当在法定扣留期限内对被扣留人进行审查。排除犯罪嫌疑或者法定扣留期限届满的,应当立即解除扣留,并制发解除扣留决定书。

第三十八条　下列货物、物品、运输工具及有关账册、单据等资料,海关可以依法扣留:

(一)有走私嫌疑的货物、物品、运输工具;

(二)违反海关法或者其他有关法律、行政法规的货物、物品、运输工具;

(三)与违反海关法或者其他有关法律、行政法规的货物、物品、运输工具有牵连的账册、单据等资料;

(四)法律、行政法规规定可以扣留的其他货物、物品、运输工具及有关账册、单据等资料。

第三十九条　有违法嫌疑的货物、物品、运输工具无法或者不便扣留的,当事人或者运输工具负责人应当向海关提供等值的担保,未提供等值担保的,海关可以扣留当事人等值的其他财产。

第四十条　海关扣留货物、物品、运输工具以及账册、单据等资料的期限不得超过 1 年。因案件调查需要,经直属海关关长或者其授权的隶属海关关长批准,可以延长,延长期限不得超过 1 年。但复议、诉讼期间不计算在内。

第四十一条　有下列情形之一的,海关应当及时解除扣留:

(一)排除违法嫌疑的;

(二)扣留期限、延长期限届满的;

(三)已经履行海关行政处罚决定的;

(四)法律、行政法规规定应当解除扣留的其他情形。

第四十二条　海关依法扣留货物、物品、运输工具、其他财产以及账册、单据等资料,应当制发海关扣留凭单,由海关工作人员、当事人或者其代理人、保管人、见证人签字或者盖章,并可以加施海关封志。加施海关封志的,当事人或者其代理人、保管人应当妥善保管。

海关解除对货物、物品、运输工具、其他财产以及账册、单据等资料的扣留，或者发还等值的担保，应当制发海关解除扣留通知书、海关解除担保通知书，并由海关工作人员、当事人或者其代理人、保管人、见证人签字或者盖章。

第四十三条 海关查问违法嫌疑人或者询问证人，应当个别进行，并告知其权利和作伪证应当承担的法律责任。违法嫌疑人、证人必须如实陈述、提供证据。

海关查问违法嫌疑人或者询问证人应当制作笔录，并当场交其辨认，没有异议的，立即签字确认；有异议的，予以更正后签字确认。

严禁刑讯逼供或者以威胁、引诱、欺骗等非法手段收集证据。

海关查问违法嫌疑人，可以到违法嫌疑人的所在单位或者住处进行，也可以要求其到海关或者海关指定的地点进行。

第四十四条 海关收集的物证、书证应当是原物、原件。收集原物、原件确有困难的，可以拍摄、复制，并可以指定或者委托有关单位或者个人对原物、原件予以妥善保管。

海关收集物证、书证，应当开列清单，注明收集的日期，由有关单位或者个人确认后签字或者盖章。

海关收集电子数据或者录音、录像等视听资料，应当收集原始载体。收集原始载体确有困难的，可以收集复制件，注明制作方法、制作时间、制作人等，并由有关单位或者个人确认后签字或者盖章。

第四十五条 根据案件调查需要，海关可以对有关货物、物品进行取样化验、鉴定。

海关提取样品时，当事人或者其代理人应当到场；当事人或者其代理人未到场的，海关应当邀请见证人到场。提取的样品，海关应当予以加封，并由海关工作人员及当事人或者其代理人、见证人确认后签字或者盖章。

化验、鉴定应当交由海关化验鉴定机构或者委托国家认可的其他机构进行。

化验人、鉴定人进行化验、鉴定后，应当出具化验报告、鉴定结论，并签字或者盖章。

第四十六条 根据海关法有关规定，海关可以查询案件涉嫌单位和涉嫌人员在金融机构、邮政企业的存款、汇款。

海关查询案件涉嫌单位和涉嫌人员在金融机构、邮政企业的存款、汇款，应当出示海关协助查询通知书。

第四十七条　海关依法扣留的货物、物品、运输工具,在人民法院判决或者海关行政处罚决定作出之前,不得处理。但是,危险品或者鲜活、易腐、易烂、易失效、易变质等不宜长期保存的货物、物品以及所有人申请先行变卖的货物、物品、运输工具,经直属海关关长或者其授权的隶属海关关长批准,可以先行依法变卖,变卖所得价款由海关保存,并通知其所有人。

第四十八条　当事人有权根据海关法的规定要求海关工作人员回避。

第五章　海关行政处罚的决定和执行

第四十九条　海关作出暂停从事有关业务、暂停报关执业、撤销海关注册登记、取消报关从业资格、对公民处 1 万元以上罚款、对法人或者其他组织处 10 万元以上罚款、没收有关货物、物品、走私运输工具等行政处罚决定之前,应当告知当事人有要求举行听证的权利;当事人要求听证的,海关应当组织听证。

海关行政处罚听证办法由海关总署制定。

第五十条　案件调查终结,海关关长应当对调查结果进行审查,根据不同情况,依法作出决定。

对情节复杂或者重大违法行为给予较重的行政处罚,应当由海关案件审理委员会集体讨论决定。

第五十一条　同一当事人实施了走私和违反海关监管规定的行为且二者之间有因果关系的,依照本实施条例对走私行为的规定从重处罚,对其违反海关监管规定的行为不再另行处罚。

同一当事人就同一批货物、物品分别实施了 2 个以上违反海关监管规定的行为且二者之间有因果关系的,依照本实施条例分别规定的处罚幅度,择其重者处罚。

第五十二条　对 2 个以上当事人共同实施的违法行为,应当区别情节及责任,分别给予处罚。

第五十三条　有下列情形之一的,应当从重处罚:

(一)因走私被判处刑罚或者被海关行政处罚后在 2 年内又实施走私行为的;

(二)因违反海关监管规定被海关行政处罚后在 1 年内又实施同一违反海关监管规定的行为的;

(三)有其他依法应当从重处罚的情形的。

第五十四条　海关对当事人违反海关法的行为依法给予行政处罚的,应当制作行政处罚决定书。

对同一当事人实施的 2 个以上违反海关法的行为,可以制发 1 份行政处罚决定书。

对 2 个以上当事人分别实施的违反海关法的行为,应当分别制发行政处罚决定书。

对 2 个以上当事人共同实施的违反海关法的行为,应当制发 1 份行政处罚决定书,区别情况对各当事人分别予以处罚,但需另案处理的除外。

第五十五条 行政处罚决定书应当依照有关法律规定送达当事人。

依法予以公告送达的,海关应当将行政处罚决定书的正本张贴在海关公告栏内,并在报纸上刊登公告。

第五十六条 海关作出没收货物、物品、走私运输工具的行政处罚决定,有关货物、物品、走私运输工具无法或者不便没收的,海关应当追缴上述货物、物品、走私运输工具的等值价款。

第五十七条 法人或者其他组织实施违反海关法的行为后,有合并、分立或者其他资产重组情形的,海关应当以原法人、组织作为当事人。

对原法人、组织处以罚款、没收违法所得或者依法追缴货物、物品、走私运输工具的等值价款的,应当以承受其权利义务的法人、组织作为被执行人。

第五十八条 罚款、违法所得和依法追缴的货物、物品、走私运输工具的等值价款,应当在海关行政处罚决定规定的期限内缴清。

当事人按期履行行政处罚决定、办结海关手续的,海关应当及时解除其担保。

第五十九条 受海关处罚的当事人或者其法定代表人、主要负责人应当在出境前缴清罚款、违法所得和依法追缴的货物、物品、走私运输工具的等值价款。在出境前未缴清上述款项的,应当向海关提供相当于上述款项的担保。未提供担保,当事人是自然人的,海关可以通知出境管理机关阻止其出境;当事人是法人或者其他组织的,海关可以通知出境管理机关阻止其法定代表人或者主要负责人出境。

第六十条 当事人逾期不履行行政处罚决定的,海关可以采取下列措施:

(一)到期不缴纳罚款的,每日按罚款数额的3%加处罚款;

(二)根据海关法规定,将扣留的货物、物品、运输工具变价抵缴,或者以当事人提供的担保抵缴;

(三)申请人民法院强制执行。

第六十一条　当事人确有经济困难,申请延期或者分期缴纳罚款的,经海关批准,可以暂缓或者分期缴纳罚款。

当事人申请延期或者分期缴纳罚款的,应当以书面形式提出,海关收到申请后,应当在10个工作日内作出决定,并通知申请人。海关同意当事人暂缓或者分期缴纳的,应当及时通知收缴罚款的机构。

第六十二条　有下列情形之一的,有关货物、物品、违法所得、运输工具、特制设备由海关予以收缴:

(一)依照《中华人民共和国行政处罚法》第二十五条、第二十六条规定不予行政处罚的当事人携带、邮寄国家禁止进出境的货物、物品进出境的;

(二)散发性邮寄国家禁止、限制进出境的物品进出境或者携带数量零星的国家禁止进出境的物品进出境,依法可以不予行政处罚的;

(三)依法应当没收的货物、物品、违法所得、走私运输工具、特制设备,在海关作出行政处罚决定前,作为当事人的自然人死亡或者作为当事人的法人、其他组织终止,且无权利义务承受人的;

(四)走私违法事实基本清楚,但当事人无法查清,自海关公告之日起满3个月的;

(五)有违反法律、行政法规,应当予以收缴的其他情形的。

海关收缴前款规定的货物、物品、违法所得、运输工具、特制设备,应当制发清单,由被收缴人或者其代理人、见证人签字或者盖章。被收缴人无法查清且无见证人的,应当予以公告。

第六十三条　人民法院判决没收的走私货物、物品、违法所得、走私运输工具、特制设备,或者海关决定没收、收缴的货物、物品、违法所得、走私运输工具、特制设备,由海关依法统一处理,所得价款和海关收缴的罚款,全部上缴中央国库。

第六章　附　则

第六十四条　本实施条例下列用语的含义是:

"设立海关的地点",指海关在港口、车站、机场、国界孔道、国际邮件互换局(交换站)等海关监管区设立的卡口,海关在保税区、出口加工区等海关特殊监管区域设立的卡口,以及海关在海上设立的中途监管站。

"许可证件",指依照国家有关规定,当事人应当事先申领,并由国家有关主管部门颁发的准予进口或者出口的证明、文件。

"合法证明"，指船舶及所载人员依照国家有关规定或者依照国际运输惯例所必须持有的证明其运输、携带、收购、贩卖所载货物、物品真实、合法、有效的商业单证、运输单证及其他有关证明、文件。

"物品"，指个人以运输、携带等方式进出境的行李物品、邮寄进出境的物品，包括货币、金银等。超出自用、合理数量的，视为货物。

"自用"，指旅 客或者收件人本人自用、馈赠亲友而非为出售或者出租。

"合理数量"，指海关根据旅客或者收件人的情况、旅行目的和居留时间所确定的正常数量。

"货物价值"，指进出口货物的完税价格、关税、进口环节海关代征税之和。

"物品价值"，指进出境物品的完税价格、进口税之和。

"应纳税款"，指进出口货物、物品应当缴纳的进出口关税、进口环节海关代征税之和。

"专门用于走私的运输工具"，指专为走私而制造、改造、购买的运输工具。

"以上"、"以下"、"以内"、"届满"，均包括本数在内。

第六十五条 海关对外国人、无国籍人、外国企业或者其他组织给予行政处罚的，适用本实施条例。

第六十六条 国家禁止或者限制进出口的货物目录，由国务院对外贸易主管部门依照《中华人民共和国对外贸易法》的规定办理；国家禁止或者限制进出境的物品目录，由海关总署公布。

第六十七条 依照海关规章给予行政处罚的，应当遵守本实施条例规定的程序。

第六十八条 本实施条例自 2004 年 11 月 1 日起施行。1993 年 2 月 17 日国务院批准修订、1993 年 4 月 1 日海关总署发布的《中华人民共和国海关法行政处罚实施细则》同时废止。

中华人民共和国人民警察使用警械和武器条例

中华人民共和国国务院令第 191 号

李 鹏

《中华人民共和国人民警察使用警械和武器条例》已经 1996 年 1 月 8 日国务院第四十一次常务会议通过,现予发布施行。

总 理 李 鹏
1996 年 1 月 16 日

第一章

第一条 为了保障人民警察依法履行职责,正确使用警械和武器,及时有效地制止违法犯罪行为,维护公共安全和社会秩序,保护公民的人身安全和合法财产,保护公共财产,根据《中华人民共和国人民警察法》和其他有关法律的规定,制定本条例。

第二条 人民警察制止违法犯罪行为,可以采取强制手段;根据需要,可以依照本条例的规定使用警械;使用警械不能制止,或者不使用武器制止,可能发生严重危害后果的,可以依照本条例的规定使用武器。

第三条 本条例所称警械,是指人民警察按照规定装备的警棍、催泪弹、高压水枪、特种防暴枪、手铐、脚镣、警绳等警用器械;所称武器,是指人民警察按照规定装备的枪支、弹药等致命性警用武器。

第四条 人民警察使用警械和武器,应当以制止违法犯罪行为,尽量减少人员伤亡、财产损失为原则。

第五条 人民警察依法使用警械和武器的行为,受法律保护。

人民警察不得违反本条例的规定使用警械和武器。

第六条 人民警察使用警械和武器前,应当命令在场无关人员躲避;在场无关人员应当服从人民警察的命令,避免受到伤害或者其他损失。

第二章　警械的使用

第七条　人民警察遇有下列情形之一，经警告无效的，可以使用警棍、催泪弹、高压水枪、特种防暴枪等驱逐性、制服性警械：

（一）结伙斗殴、殴打他人、寻衅滋事、侮辱妇女或者进行其他流氓活动的；

（二）聚众扰乱车站、码头、民用航空站、运动场等公共场所秩序的；

（三）非法举行集会、游行、示威的；

（四）强行冲越人民警察为履行职责设置的警戒线的；

（五）以暴力方法抗拒或者阻碍人民警察依法履行职责的；

（六）袭击人民警察的；

（七）危害公共安全、社会秩序和公民人身安全的其他行为，需要当场制止的；

（八）法律、行政法规规定可以使用警械的其他情形。

人民警察依照前款规定使用警械，应当以制止违法犯罪行为为限度；当违法犯罪行为得到制止时，应当立即停止使用。

第八条　人民警察依法执行下列任务，遇有违法犯罪分子可能脱逃、行凶、自杀、自伤或者有其他危险行为的，可以使用手铐、脚镣、警绳等约束性警械：

（一）抓获违法犯罪分子或者犯罪重大嫌疑人的；

（二）执行逮捕、拘留、看押、押解、审讯、拘传、强制传唤的；

（三）法律、行政法规规定可以使用警械的其他情形。

人民警察依照前款规定使用警械，不得故意造成人身伤害。

第三章　武器的使用

第九条　人民警察判明有下列暴力犯罪行为的紧急情形之一，经警告无效的，可以使用武器：

（一）放火、决水、爆炸等严重危害公共安全的；

（二）劫持航空器、船舰、火车、机动车或者驾驶车、船等机动交通工具，故意危害公共安全的；

（三）抢夺、抢劫枪支弹药、爆炸、剧毒等危险物品，严重危害公共安全的；

（四）使用枪支、爆炸、剧毒等危险物品实施犯罪或者以使用枪支、爆炸、剧毒等危险物品相威胁实施犯罪的；

（五）破坏军事、通讯、交通、能源、防险等重要设施，足以对公共安全造成严

重、紧迫危险的;

（六）实施凶杀、劫持人质等暴力行为,危及公民生命安全的;

（七）国家规定的警卫、守卫、警戒的对象和目标受到暴力袭击、破坏或者有受到暴力袭击、破坏的紧迫危险的;

（八）结伙抢劫或者持械抢劫公私财物的;

（九）聚众械斗、暴乱等严重破坏社会治安秩序,用其他方法不能制止的;

（十）以暴力方法抗拒或者阻碍人民警察依法履行职责或者暴力袭击人民警察,危及人民警察生命安全的;

（十一）在押人犯、罪犯聚众骚乱、暴乱、行凶或者脱逃的;

（十二）劫夺在押人犯、罪犯的;

（十三）实施放火、决水、爆炸、凶杀、抢劫或者其他严重暴力犯罪行为后拒捕、逃跑的;

（十四）犯罪分子携带枪支、爆炸、剧毒等危险物品拒捕、逃跑的;

（十五）法律、行政法规规定可以使用武器的其他情形。

人民警察依照前款规定使用武器,来不及警告或者警告后可能导致更为严重危害后果的,可以直接使用武器。

第十条 人民警察遇有下列情形之一的,不得使用武器:

（一）发现实施犯罪的人为怀孕妇女、儿童的,但是使用枪支、爆炸、剧毒等危险物品实施暴力犯罪的除外;

（二）犯罪分子处于群众聚集的场所或者存放大量易燃、易爆、剧毒、放射性等危险物品的场所的,但是不使用武器予以制止,将发生更为严重危害后果的除外。

第十一条 人民警察遇有下列情形之一的,应当立即停止使用武器:

（一）犯罪分子停止实施犯罪,服从人民警察命令的;

（二）犯罪分子失去继续实施犯罪能力的。

第十二条 人民警察使用武器造成犯罪分子或者无辜人员伤亡的,应当及时抢救受伤人员,保护现场,并立即向当地公安机关或者该人民警察所属机关报告。

当地公安机关或者该人民警察所属机关接到报告后,应当及时进行勘验、调查,并及时通知当地人民检察院。

当地公安机关或者该人民警察所属机关应当将犯罪分子或者无辜人员的伤亡情况,及时通知其家属或者其所在单位。

第十三条　人民警察使用武器的,应当将使用武器的情况如实向所属机关书面报告。

第四章　法律责任

第十四条　人民警察违法使用警械、武器,造成不应有的人员伤亡、财产损失,构成犯罪的,依法追究刑事责任;尚不构成犯罪的,依法给予行政处分;对受到伤亡或者财产损失的人员,由该人民警察所属机关依照《中华人民共和国国家赔偿法》的有关规定给予赔偿。

第十五条　人民警察依法使用警械、武器,造成无辜人员伤亡或者财产损失的,由该人民警察所属机关参照《中华人民共和国国家赔偿法》的有关规定给予补偿。

第五章　附　则

第十六条　中国人民武装警察部队执行国家赋予的安全保卫任务时使用警械和武器,适用本条例的有关规定。

第十七条　本条例自发布之日起施行。1980 年 7 月 5 日公布施行的《人民警察使用武器和警械的规定》同时废止。

侵害消费者权益行为处罚办法

国家工商行政管理总局

国家工商行政管理总局令第 73 号

《侵害消费者权益行为处罚办法》已经中华人民共和国国家工商行政管理总局局务会审议通过,现予公布,自 2015 年 3 月 15 日起施行。

2015 年 1 月 5 日

侵害消费者权益行为处罚办法

第一条 为依法制止侵害消费者权益行为,保护消费者的合法权益,维护社会经济秩序,根据《消费者权益保护法》等法律法规,制定本办法。

第二条 工商行政管理部门依照《消费者权益保护法》等法律法规和本办法的规定,保护消费者为生活消费需要购买、使用商品或者接受服务的权益,对经营者侵害消费者权益的行为实施行政处罚。

第三条 工商行政管理部门依法对侵害消费者权益行为实施行政处罚,应当依照公正、公开、及时的原则,坚持处罚与教育相结合,综合运用建议、约谈、示范等方式实施行政指导,督促和指导经营者履行法定义务。

第四条 经营者为消费者提供商品或者服务,应当遵循自愿、平等、公平、诚实信用的原则,依照《消费者权益保护法》等法律法规的规定和与消费者的约定履行义务,不得侵害消费者合法权益。

第五条 经营者提供商品或者服务不得有下列行为:

(一)销售的商品或者提供的服务不符合保障人身、财产安全要求;

(二)销售失效、变质的商品;

(三)销售伪造产地、伪造或者冒用他人的厂名、厂址、篡改生产日期的商品;

(四)销售伪造或者冒用认证标志等质量标志的商品;

（五）销售的商品或者提供的服务侵犯他人注册商标专用权；

（六）销售伪造或者冒用知名商品特有的名称、包装、装潢的商品；

（七）在销售的商品中掺杂、掺假，以假充真，以次充好，以不合格商品冒充合格商品；

（八）销售国家明令淘汰并停止销售的商品；

（九）提供商品或者服务中故意使用不合格的计量器具或者破坏计量器具准确度；

（十）骗取消费者价款或者费用而不提供或者不按照约定提供商品或者服务。

第六条　经营者向消费者提供有关商品或者服务的信息应当真实、全面、准确，不得有下列虚假或者引人误解的宣传行为：

（一）不以真实名称和标记提供商品或者服务；

（二）以虚假或者引人误解的商品说明、商品标准、实物样品等方式销售商品或者服务；

（三）作虚假或者引人误解的现场说明和演示；

（四）采用虚构交易、虚标成交量、虚假评论或者雇佣他人等方式进行欺骗性销售诱导；

（五）以虚假的"清仓价"、"甩卖价"、"最低价"、"优惠价"或者其他欺骗性价格表示销售商品或者服务；

（六）以虚假的"有奖销售"、"还本销售"、"体验销售"等方式销售商品或者服务；

（七）谎称正品销售"处理品"、"残次品"、"等外品"等商品；

（八）夸大或隐瞒所提供的商品或者服务的数量、质量、性能等与消费者有重大利害关系的信息误导消费者；

（九）以其他虚假或者引人误解的宣传方式误导消费者。

第七条　经营者对工商行政管理部门责令其对提供的缺陷商品或者服务采取停止销售或者服务等措施，不得拒绝或者拖延。经营者未按照责令停止销售或者服务通知、公告要求采取措施的，视为拒绝或者拖延。

第八条　经营者提供商品或者服务，应当依照法律规定或者当事人约定承担修理、重作、更换、退货、补足商品数量、退还货款和服务费用或者赔偿损失等民事责任，不得故意拖延或者无理拒绝消费者的合法要求。经营者有下列情形之一并超过十五日的，视为故意拖延或者无理拒绝：

（一）经有关行政部门依法认定为不合格商品，自消费者提出退货要求之日起未退货的；

（二）自国家规定、当事人约定期满之日起或者不符合质量要求的自消费者提出要求之日起，无正当理由拒不履行修理、重作、更换、退货、补足商品数量、退还货款和服务费用或者赔偿损失等义务的。

第九条　经营者采用网络、电视、电话、邮购等方式销售商品，应当依照法律规定承担无理由退货义务，不得故意拖延或者无理拒绝。经营者有下列情形之一并超过十五日的，视为故意拖延或者无理拒绝：

（一）对于适用无理由退货的商品，自收到消费者退货要求之日起未办理退货手续；

（二）未经消费者确认，以自行规定该商品不适用无理由退货为由拒绝退货；

（三）以消费者已拆封、查验影响商品完好为由拒绝退货；

（四）自收到退回商品之日起无正当理由未返还消费者支付的商品价款。

第十条　经营者以预收款方式提供商品或者服务，应当与消费者明确约定商品或者服务的数量和质量、价款或者费用、履行期限和方式、安全注意事项和风险警示、售后服务、民事责任等内容。未按约定提供商品或者服务的，应当按照消费者的要求履行约定或者退回预付款，并应当承担预付款的利息、消费者必须支付的合理费用。对退款无约定的，按照有利于消费者的计算方式折算退款金额。

经营者对消费者提出的合理退款要求，明确表示不予退款，或者自约定期满之日起、无约定期限的自消费者提出退款要求之日起超过十五日未退款的，视为故意拖延或者无理拒绝。

第十一条　经营者收集、使用消费者个人信息，应当遵循合法、正当、必要的原则，明示收集、使用信息的目的、方式和范围，并经消费者同意。经营者不得有下列行为：

（一）未经消费者同意，收集、使用消费者个人信息；

（二）泄露、出售或者非法向他人提供所收集的消费者个人信息；

（三）未经消费者同意或者请求，或者消费者明确表示拒绝，向其发送商业性信息。

前款中的消费者个人信息是指经营者在提供商品或者服务活动中收集的消费者姓名、性别、职业、出生日期、身份证件号码、住址、联系方式、收入和财产状况、健康状况、消费情况等能够单独或者与其他信息结合识别消费者的信息。

第十二条　经营者向消费者提供商品或者服务使用格式条款、通知、声明、店堂告示等的,应当以显著方式提请消费者注意与消费者有重大利害关系的内容,并按照消费者的要求予以说明,不得作出含有下列内容的规定:

(一)免除或者部分免除经营者对其所提供的商品或者服务应当承担的修理、重作、更换、退货、补足商品数量、退还货款和服务费用、赔偿损失等责任;

(二)排除或者限制消费者提出修理、更换、退货、赔偿损失以及获得违约金和其他合理赔偿的权利;

(三)排除或者限制消费者依法投诉、举报、提起诉讼的权利;

(四)强制或者变相强制消费者购买和使用其提供的或者其指定的经营者提供的商品或者服务,对不接受其不合理条件的消费者拒绝提供相应商品或者服务,或者提高收费标准;

(五)规定经营者有权任意变更或者解除合同,限制消费者依法变更或者解除合同权利;

(六)规定经营者单方享有解释权或者最终解释权;

(七)其他对消费者不公平、不合理的规定。

第十三条　从事服务业的经营者不得有下列行为:

(一)从事为消费者提供修理、加工、安装、装饰装修等服务的经营者谎报用工用料,故意损坏、偷换零部件或材料,使用不符合国家质量标准或者与约定不相符的零部件或材料,更换不需要更换的零部件,或者偷工减料、加收费用,损害消费者权益的;

(二)从事房屋租赁、家政服务等中介服务的经营者提供虚假信息或者采取欺骗、恶意串通等手段损害消费者权益的。

第十四条　经营者有本办法第五条至第十一条规定的情形之一,其他法律、法规有规定的,依照法律、法规的规定执行;法律、法规未作规定的,由工商行政管理部门依照《消费者权益保护法》第五十六条予以处罚。

第十五条　经营者违反本办法第十二条、第十三条规定,其他法律、法规有规定的,依照法律、法规的规定执行;法律、法规未作规定的,由工商行政管理部门责令改正,可以单处或者并处警告、违法所得三倍以下、但最高不超过三万元的罚款,没有违法所得的,处以一万元以下的罚款。

第十六条　经营者有本办法第五条第(一)项至第(六)项规定行为之一且不能证明自己并非欺骗、误导消费者而实施此种行为的,属于欺诈行为。

经营者有本办法第五条第(七)项至第(十)项、第六条和第十三条规定行为之一的,属于欺诈行为。

第十七条　经营者对工商行政管理部门作出的行政处罚决定不服的,可以依法申请行政复议或者提起行政诉讼。

第十八条　侵害消费者权益违法行为涉嫌犯罪的,工商行政管理部门应当按照有关规定,移送司法机关追究其刑事责任。

第十九条　工商行政管理部门依照法律法规及本办法规定对经营者予以行政处罚的,应当记入经营者的信用档案,并通过企业信用信息公示系统等及时向社会公布。

企业应当依据《企业信息公示暂行条例》的规定,通过企业信用信息公示系统及时向社会公布相关行政处罚信息。

第二十条　工商行政管理执法人员玩忽职守或者包庇经营者侵害消费者合法权益的行为的,应当依法给予行政处分;涉嫌犯罪的,依法移送司法机关。

第二十一条　本办法由国家工商行政管理总局负责解释。

第二十二条　本办法自 2015 年 3 月 15 日起施行。1996 年 3 月 15 日国家工商行政管理局发布的《欺诈消费者行为处罚办法》(国家工商行政管理局令第 50 号)同时废止。

国家行政机关工作人员回避暂行规定

发文单位:人事部

文 号:人调发[1991]第 1 号

发布日期:1991 - 1 - 13

执行日期:1991 - 1 - 13

第一条 为了健全干部人事管理制度,促进国家行政机关的廉政建设,消除亲属聚集所带来的危害,保证国家行政机关工作人员公正廉洁,依法执行公务,特制定本规定。

第二条 国家行政机关工作人员应回避的亲属关系为:夫妻关系;直系血亲(包括拟制血亲)关系;三代以内旁系血亲及其配偶关系;近姻亲关系(即配偶的父母、兄弟姐妹,儿女的配偶及儿女配偶的父母)。

第三条 国家行政机关工作人员之间凡有本规定第二条所列亲属关系的,不得担任双方直接隶属于同一行政首长的职务或有上下级领导关系的职务;也不得在其中一方从事人事、监察、审计、财务工作的单位中任职。

第四条 国家行政机关工作人员的职务回避按以下原则进行:

职务级别不同的,由职务较低的一方回避,个别因工作特殊需要的,经人事部门批准,也可由职务较高的一方回避;职务级别相同的,由人事部门根据工作需要和当事人的情况决定其中一方回避。

第五条 国家行政机关工作人员在录用、晋升、调配过程中有义务如实向主管的干部或人事部门申报应回避的亲属情况;各级干部、人事部门在人员录用、晋升、调配过程中应对当事人进行严格的审查;对因联姻等新形成的亲属关系,也应进行经常性检查,确定有无需要回避的情况,并及时作出处理。

第六条 国家行政机关工作人员在办理人员的录用、考核、奖惩、任免、晋升、调配、出国审批、专业技术职务评定及监察、审计等公务活动中,凡涉及本人或与本人有本规定第二条所列亲属关系的,应自行申请回避,不得参加有关调查、讨论、审核、决定，也不得以任何形式施加影响。

第七条　应回避的国家行政机关工作人员，如拒不服从合理安排，经批评教育无效的，除采取必要的行政措施予以纠正外，有关部门还应给予其必要的行政处分。

第八条　在特殊部门和特殊岗位任职的国家行政机关工作人员，经同级政府人事部门批准，可暂不实行回避。

第九条　各级政府人事部门应对本规定执行的情况进行监督、检查，对违犯本规定的，应及时采取行政措施加以纠正。

第十条　本规定适用于各级政府工作部门及其直属事业单位。

第十一条　本规定自公布之日起施行。

湖北省行政执法条例

湖北省人大常委会

湖北省行政执法条例

湖北省人民代表大会常务委员会

《湖北省行政执法条例》已由湖北省第九届人民代表大会常务委员会第 7 次会议于 1999 年 1 月 22 日通过,现予公布,自 1999 年 3 月 1 日起施行。

第一章 总 则

第一条 为了规范行政执法行为,促进依法行政,保障公民、法人或者其他组织的合法权益,根据宪法和有关法律、法规,结合本省实际,制定本条例。

第二条 本条例所称行政执法,是指各级行政机关以及经合法授权或者依法受委托的组织(以下统称行政执法机关),依照法律、法规或者规章授予的职权所作出的行政行为。

第三条 本省行政区域内的行政执法机关及其执法人员的执法行为,适用本条例。

第四条 行政执法必须遵循合法、公正、公开和效率的原则。

第五条 县级以上(含县级,下同)地方人民政府统一领导本行政区域内的行政执法工作,并负责组织本级行政执法机关实施本条例。

行政执法机关对负责实施的法律、法规或者规章必须准确、全面地组织实施。

第六条 行政执法机关及其执法人员在法律、法规或者规章确定的职权范围内行使职权的活动受法律保护。

第七条 行政执法实行执法责任制度、评议考核制度和过错责任追究制度。

第八条 行政执法机关及其执法人员在执法工作中作出优异成绩的,由本级人民政府或者上级执法机关给予表彰和奖励。

第九条　县级以上地方行政执法机关的执法工作受本级人民代表大会及其常务委员会(以下简称人大及其常委会)的监督。

乡、民族乡、镇人民政府应当向本级人民代表大会报告行政执法工作并接受其监督。

第二章　行政执法主体

第十条　行政执法主体是指行政机关和法律、法规授权的具有管理公共事务职能的组织。

第十一条　建立行政执法主体资格登记制度。县级以上地方人民政府负责本行政区域内行政执法主体资格的登记审核工作,并将审核合格的执法主体名单向社会公告。

第十二条　县级以上地方人民政府及其工作部门要严格依法委托执法。委托机关必须以书面形式明确委托事项、权限和期限;受委托的组织必须符合法定条件。

委托机关对受委托的组织的执法行为负责监督、指导,并承担其法律责任。

第十三条　行政执法人员必须具备以下条件:

(一)行政执法机关的国家工作人员;

(二)具有高中以上文化程度;

(三)经过专业法律培训并取得执法资格;

(四)有良好的政治、业务素质和良好的品行。

未按规定取得执法资格者,不得上岗执法。

第十四条　在行政执法工作中,执法机关之间应当在法定的职权范围内相互协助。

行政执法机关之间因执法管辖发生争议的,报请共同的上一级执法机关或者本级人民政府指定管辖。

第三章　行政执法行为

第十五条　行政执法的依据:

(一)宪法、法律、行政法规、地方性法规和地方民族法规;

(二)国务院各部委和国务院授权的直属机构制定、发布的部委规章;

(三)省人民政府以及省会市的人民政府制定、发布的政府规章。

第十六条　行政执法应当严格遵循法定程序。法律、法规或者规章对有关执法程序没有规定或者规定不具体的,省人民政府工作部门应当根据本部门执法工作的实际,制定相应的执法程序,并报省人民政府备案。

第十七条 行政执法人员应当持证上岗。法律、法规或者规章对有关执法机关的执法证件已作统一规定的,该机关应当到本级人民政府备案;法律、法规或者规章对执法证件未作统一规定的,执法人员执行公务,均应持有省人民政府统一制发的执法证件。

第十八条 行政执法人员执行公务时,应当主动向当事人出示执法证件,说明执法依据,听取当事人的陈述。对不按规定出示证件、说明执法依据的,当事人有权拒绝,执法人员不得因此对当事人进行刁难或者加重处罚。

第十九条 行政执法机关及其执法人员,对公民、法人或者其他组织的违法行为,应当依法查处,不得放弃职责或者滥用职权。

行政执法人员与当事人有直接利害关系的,应当回避。

第二十条 行政执法机关应当将办理有关许可的条件、程序、期限等规定予以公开。对符合法定条件的申请,应当及时办理;对不予办理的,应当说明理由。

第二十一条 对公民、法人或者其他组织询问行政执法中的问题,执法机关及其执法人员应当依据法律、法规或者规章予以答复。

第二十二条 行政执法机关依法受理请求保护人身权、财产权或者其他权益的申请后,应当及时采取保护措施。

对不采取保护措施的,除必须即时答复的以外,行政执法机关应当在 15 日以内书面答复申请人并告之理由和相关权利。法律、法规另有规定的,从其规定。

第二十三条 行政执法机关及其执法人员对公民、法人或者其他组织的违法行为予以行政处罚,必须依据《中华人民共和国行政处罚法》和有关法律、法规的规定。

作出罚款决定的执法机关应当与收缴罚款的机构分离。

第二十四条 行政执法机关向公民、法人或者其他组织收费,必须有法律、法规或者规章依据;对没有合法依据的,本级人民政府应当予以制止,公民、法人或者其他组织有权拒绝。

第二十五条 行政执法机关依法跨行政区域或者管辖区域执法时,当地有关执法机关应当配合;不予配合或者利用职权保护本地区、本部门不正当利益的,其上级机关应当责令改正。

第四章　行政执法监督

第二十六条　行政执法监督的范围：

（一）县级以上地方人大及其常委会、乡镇人民代表大会对本级执法机关的监督；

（二）上级执法机关对下级执法机关的监督。

法律、法规对执法监督另有规定的，从其规定。

第二十七条　行政执法监督的内容：

（一）法律、法规或者规章的贯彻执行情况；

（二）有关执法的规范性文件的合法性；

（三）执法主体的合法性及具体行政行为的合法性、适当性；

（四）执法责任制及过错责任追究制的执行情况；

（五）行政复议情况；

（六）其他需要监督的事项。

第二十八条　县级以上地方人民政府及其工作部门制定的有关行政执法的规范性文件，应当报本级人大常委会备案。地方人民政府制定的有关行政执法的规范性文件，应当报上一级人民政府备案；地方人民政府工作部门制定的规范性文件，应当报本级人民政府和上一级主管部门备案。

第二十九条　县级以上地方人大常委会发现本级人民政府及其工作部门制定的有关行政执法的规范性文件违法或者不适当，应当依法作出撤销或者部分撤销的决定，也可以责成本级人民政府自行纠正。

县级以上地方人民政府发现其工作部门、上级执法机关发现下级执法机关制定的有关行政执法的规范性文件违法或者不适当，可以责令该文件制定机关自行纠正，也可以直接予以撤销。

第三十条　县级以上地方人大常委会对本级人民政府及其工作部门的行政执法情况应当适时听取报告，进行审议、质询或者组织评议。

第三十一条　县级以上地方人大常委会对本级人民政府及其工作部门违法的具体行政行为，应当责成本级人民政府依法予以纠正，对重点问题可以实施个案监督，被监督机关应当依法纠正其违法行为，并在规定的时间内向监督机关报告处理结果。

人大常委会对行政执法中的重大问题，可以依法组织关于特定问题的调查委员会，并根据调查情况作出决定。

第三十二条　县级以上地方行政执法机关应当建立执法监督检查制度。各级人民政府应当有计划地对法律、法规或者规章的执行情况进行检查；上级执法机关对下级执法机关的执法情况应当有重点地组织抽查或专项检查。

第三十三条　各级行政执法机关应当根据工作需要确定或者聘请执法监督检查员，负责经常性的监督检查工作。行政执法监督检查员在履行职责时，有权要求被检查的执法机关及其执法人员介绍执法情况，提供有关资料，有权列席有关会议，有权对执法工作提出意见和建议。被监督的执法机关及其执法人员应当接受监督。

第三十四条　各级行政执法机关应当建立受理申诉、控告和检举制度，接受社会的监督。

公民、法人或者其他组织对行政执法机关及其执法人员的违法行为，有权向有关执法机关控告和检举，受理机关应当查清事实，依法处理。

第三十五条　建立重大行政处罚备案制度。各级行政执法机关作出本行业所规定的属于重大行政处罚的决定，应当报本级人民政府和上一级主管部门备案。

第三十六条　公民、法人或者其他组织对执法机关作出的具体行政行为不服的，可以依法申请行政复议或者提起行政诉讼。

行政机关应当按照有关法律、法规的规定建立复议机构和复议制度，依法受理公民、法人或者其他组织的复议申请。

第五章　法律责任

第三十七条　行政执法机关违反本条例，有下列情形之一的，由其上级执法机关或者本级人民政府责令改正，并可根据具体情况，给予通报批评，对其法定代表人或者负有主管责任的人员给予行政处分；地方各级人大及其常委会对属于自己选举、任命的国家机关工作人员，可以依法作出罢免或者撤销职务的决定：

（一）制定、发布有关行政执法的规范性文件或者作出具体行政行为违法，严重侵害公民、法人或者其他组织的合法权益或者社会影响恶劣的；

（二）越权执法、放弃法定职责或违法委托，造成某一方面行政管理秩序混乱的；

（三）拒绝接受国家权力机关、上级行政执法机关监督检查或者拒不按第二十八条规定报送备案文件的；

（四）法律、法规或者规章规定应当追究行政责任的其他行为。

第三十八条　行政执法人员违反本条例,有下列行为之一的,由其所在单位视情节轻重,责令其检讨,或者给予行政处分;情节严重构成犯罪的,依法追究刑事责任:

（一）对依法应当办理的有关申请拖延、拒绝办理,或者弄虚作假,对依法不应当办理的有关申请擅自办理的;

（二）越权或者违法实施行政处罚、滥用行政强制的;

（三）擅自脱岗、失职或者玩忽职守的;

（四）对公民、法人或者其他组织刁难、勒索或者对抵制、检举、控告其违法行为的当事人打击报复的;

（五）拒绝、阻挠行政执法监督检查员执行公务的;

（六）其他依法应当追究责任的行为。

第三十九条　法律、法规对行政机关及其执法人员追究违法责任另有规定的,从其规定。

第四十条　因行政机关负责人干预而导致执法错误的,由本级人民政府或者上级行政机关追究该负责人的责任。

第四十一条　行政执法机关对报请的执法管辖争议协调不力或者裁定错误,造成某一方面管理混乱,或者造成严重不良社会影响的,由本级人民政府或者上级行政机关追究有关执法机关主要负责人的责任。

第四十二条　行政执法机关及其执法人员违法行使职权,侵犯公民、法人或者其他组织的合法权益,造成损害的,有赔偿义务的机关应当依法承担赔偿责任。

行政执法机关赔偿损失后,应当责令有故意或者重大过失的执法人员承担部分或者全部赔偿费用。

第六章　附　则

第四十三条　省人民政府可以根据本条例制定具体的实施办法。

本条例由省人大常委会负责解释。

第四十四条　本条例自 1999 年 3 月 1 日起施行。

上海市城市管理行政执法条例

(2012 年 4 月 19 日上海市第十三届人民代表大会常
务委员会第三十三次会议通过根据 2015 年 6 月 18 日
上海市第十四届人民代表大会常务委员会第二十一次会议
《关于修改〈上海市城市管理行政执法条例〉的决定》修正)

第一章 总 则

第一条 为加强城市管理行政执法工作,规范行政执法行为,提高行政执法效率和水平,保护公民、法人和其他组织的合法权益,根据《中华人民共和国行政处罚法》《中华人民共和国行政强制法》等有关法律、行政法规的规定,结合本市实际,制定本条例。

第二条 本条例适用于本市行政区域内的城市管理行政执法活动。

前款所称的城市管理行政执法是指市和区、县城市管理行政执法部门(以下简称城管执法部门)以及乡、镇人民政府依法相对集中行使有关行政管理部门在城市管理领域的全部或部分行政处罚权及相关的行政检查权和行政强制权的行为。

第三条 市和区、县人民政府应当加强对城市管理行政执法工作的领导。

市和区、县以及乡、镇人民政府应当根据区域面积、人口数量、管理需求等状况,合理配置城市管理行政执法人员(以下简称城管执法人员)和执法装备,并将城市管理行政执法工作所需经费纳入同级财政预算,保障城市管理行政执法部门依法履行职责。

第四条 市城管执法部门是本市城市管理行政执法工作的行政主管部门,负责本条例的组织实施。

区、县城管执法部门负责本辖区内城市管理行政执法工作,并接受市城管执法部门的业务指导和监督。

区、县城管执法部门应当在街道派驻城管执法机构,以区、县城管执法部门的名义,具体负责本区域内的城市管理行政执法工作。街道办事处应当组织协调城管执法机构在辖区内开展城市管理行政执法活动。

乡、镇人民政府负责本辖区内城市管理行政执法工作,其所属城管执法机构以乡、镇人民政府名义,具体承担本辖区内的城市管理行政执法工作,并接受区、县城管执法部门的业务指导和监督。

市和区、县城管执法部门根据需要可以在特定区域派驻城管执法机构,以市或区、县城管执法部门的名义,具体负责本区域内的城市管理行政执法工作。

第五条 建设、交通、绿化市容、水务、环保、工商、房屋管理、规划国土资源、公安、财政等行政管理部门按照各自职责,协同做好城市管理行政执法的相关工作。

第六条 城市管理行政执法工作遵循合法、公正、公开的原则,坚持以人为本,执法与教育、疏导、服务相结合,文明执法、规范执法,注重法律效果与社会效果的统一。

第七条 本市应当加强城市管理行政执法队伍建设,完善执法制度和监督机制,促进执法水平的提高。

第八条 各级人民政府和相关行政管理部门以及广播电台、电视台、报刊和互联网站等新闻媒体应当加强城市管理法律法规的宣传,增强市民自觉遵守城市管理规定的意识,营造社会共同维护城市管理秩序的氛围。

第九条 城管执法人员依法执行职务,受法律保护。

公民、法人或者其他组织应当支持城管执法部门以及乡、镇人民政府的工作,协助城管执法人员依法行使职权。

城管执法部门以及乡、镇人民政府应当听取公民、法人或者其他组织的意见,不断改进和完善执法方式和方法。

第十条 对在实施城市管理行政执法活动中作出突出贡献或者取得显著成绩的单位和个人,市和区、县人民政府及有关部门可以予以表彰奖励。

第二章 执法权限

第十一条 市和区、县城管执法部门以及乡、镇人民政府实施城市管理行政执法的范围包括:

(一)依据市容环境卫生管理方面法律、法规和规章的规定,对违反市容环境卫生管理的违法行为实施行政处罚。

(二)依据市政工程管理方面法律、法规和规章的规定,对违反非市管城市道路(含城镇范围内的公路)、桥梁及其附属设施管理的违法行为实施行政处罚。

（三）依据绿化管理方面法律、法规和规章的规定，对除绿化建设外的违反绿化管理的违法行为实施行政处罚。

（四）依据水务管理方面法律、法规和规章的规定，对倾倒工业、农业、建筑等废弃物及生活垃圾、粪便；清洗装贮过油类或者有毒有害污染物的车辆、容器；以及擅自搭建房屋、棚舍等建筑物或者构筑物等违反河道管理的违法行为实施行政处罚。

（五）依据环境保护管理方面法律、法规和规章的规定，对道路运输、堆场作业、露天仓库等产生扬尘，污染环境；单位未按照规定对裸露土地进行绿化或者铺装；任意倾倒或者在装载、运输过程中散落工业废渣或者其他固体废物；违反安装空调器、冷却设施的有关规定，影响环境和他人生活；未经批准或者未按批准要求从事夜间建筑施工，造成噪声污染；露天焚烧秸秆、枯枝落叶等产生烟尘的物质，以及露天焚烧沥青、油毡、橡胶、塑料、垃圾、皮革等产生有毒有害、恶臭或强烈异味气体的物质等不需要经过仪器测试即可判定的违法行为实施行政处罚。

（六）依据工商管理方面法律、法规和规章的规定，对占用道路无照经营或者非法散发、张贴印刷品广告的违法行为实施行政处罚。

（七）依据建设管理方面法律、法规和规章的规定，对损坏、擅自占用无障碍设施或者改变无障碍设施用途的违法行为实施行政处罚。

（八）依据城乡规划和物业管理方面的法律、法规和规章的规定，按照市人民政府确定的职责分工，对擅自搭建建筑物、构筑物的违法行为和物业管理区域内破坏房屋外貌的违法行为实施行政处罚。

（九）本市地方性法规和市政府规章规定由城管执法部门实施的其他行政处罚。

城管执法部门以及乡、镇人民政府按照前款规定实施行政执法的具体事项由市人民政府确定，并向社会公布。

第十二条　本市地方性法规或者政府规章可以对城市管理行政执法的范围进行调整。

除前款规定外，其他任何单位和个人不得擅自变更城市管理行政执法的范围。

第十三条　已由市和区、县城管执法部门以及乡、镇人民政府依法行使的城市管理相对集中行政处罚权及相关的行政检查权和行政强制权,有关行政管理部门不得再行使;有关行政管理部门履行的其他行政管理和监督职责,应当依法继续履行。

第十四条　区、县城管执法部门以及乡、镇人民政府负责本辖区内违法行为的查处。

管辖区域相邻的区、县城管执法部门对行政辖区接壤地区流动性违法行为的查处,可以约定共同管辖。共同管辖区域内发生的违法行为,由首先发现的城管执法部门查处。管辖权发生争议的,由市城管执法部门指定管辖。

第十五条　市城管执法部门对区、县城管执法部门未予查处的违法行为,应当责令其查处,也可以直接查处。

区、县城管执法部门对乡、镇城管执法机构未予查处的违法行为,应当责令其查处,也可以直接查处。

市城管执法部门可以对社会影响重大的违法行为直接进行查处;必要时,也可以组织相关区、县城管执法部门共同进行查处。

区、县城管执法部门在开展重大执法行动时,可以对街道、乡、镇城管执法机构进行调动指挥。

第三章　执法规范

第十六条　城管执法人员实行全市统一招录制度,公开考试、严格考察、择优录取。城管执法人员经法律知识和业务知识的统一培训并考试合格具备行政执法资格的,方可取得行政执法证件。未取得行政执法证件的人员,不得从事行政执法活动。

城管执法人员从事行政执法活动,应当着统一识别服装,佩带统一标志标识,做到仪容严整、举止端庄、语言文明、行为规范。

城管执法人员从事行政执法活动时,应当向当事人出示行政执法证件;除法律另有规定外,必须两人以上共同进行。

第十七条　城管执法部门以及乡、镇人民政府应当建立和完善城管执法巡查机制,并可以利用城市网格化管理系统,及时发现、制止和查处违反城市管理法律、法规和规章规定的行为。

本市举办重大活动时,市城管执法部门可以组织区、县城管执法部门进行集中巡查。

第十八条　城管执法部门以及乡、镇人民政府可以根据违法行为的性质和危害后果,采取不同的行政执法方式。

城管执法部门以及乡、镇人民政府查处违法行为时,对情节较轻或者危害后果能够及时消除的,除法律、法规、规章规定直接给予行政处罚外,城管执法部门以及乡、镇人民政府应当先对当事人进行教育、告诫、引导,并责令其改正;对拒不改正的,依法给予行政处罚。违法行为轻微并及时纠正,没有造成危害后果的,不予行政处罚。

第十九条 城管执法人员在查处违法行为时,可以采取以下措施:

(一)依法进入发生违法行为的场所实施现场检查,并制作检查笔录;

(二)以勘验、拍照、录音、摄像等方式进行现场取证;

(三)询问案件当事人、证人,并制作询问笔录;

(四)查阅、调取、复印与违法行为有关的文件资料;

(五)法律、法规规定的其他措施。

城管执法人员、当事人、证人应当在笔录上签名或者盖章。当事人拒绝签名、盖章或者不在现场的,应当由无利害关系的见证人签名或者盖章;无见证人的,城管执法人员应当注明情况。

第二十条 城管执法人员调查取证时,应当全面、客观、公正,符合法定程序,不得以利诱、欺诈、胁迫、暴力等非法手段收集证据,不得伪造、隐匿证据。

通过非法手段获取的证据不能作为认定违法事实的依据。

第二十一条 城管执法部门以及乡、镇人民政府查处违法行为时,可以依法扣押与违法行为有关的物品。

城管执法部门以及乡、镇人民政府实施扣押措施,应当遵守法律、法规规定的条件、程序和期限。

城管执法部门以及乡、镇人民政府实施扣押措施后,应当及时查清事实,在法定期限内作出处理决定。对于经调查核实没有违法行为或者不再需要扣押的,应当解除扣押,返还物品。

城管执法部门以及乡、镇人民政府查处违法行为时,对违法事实清楚的,依法应当没收的非法物品,予以没收。城管执法部门以及乡、镇人民政府对依法没收的非法物品,除依法应当予以销毁的外,应当按照国家规定公开拍卖或者按照国家有关规定处理,所得款项应当依照规定上缴国库。

第二十二条 城管执法部门以及乡、镇人民政府应当妥善保管扣押物品,不得使用或者损毁,属非法物品的,移送有关部门处理。

被扣押的物品易腐烂、变质的,城管执法部门以及乡、镇人民政府应当通知当事人在二日内到指定地点接受处理;逾期不接受处理的,可以在登记后拍卖、变卖;无法拍卖、变卖的,可以在留存证据后销毁。

解除扣押后,城管执法部门以及乡、镇人民政府应当通知当事人及时认领。当事人逾期不认领或者当事人难以查明的,城管执法部门以及乡、镇人民政府应当及时发布认领公告,自公告发布之日起六十日内无人认领的,城管执法部门以及乡、镇人民政府可以采取拍卖、变卖等方式妥善处置,拍卖、变卖所得款项应当依照规定上缴国库。

第二十三条　城管执法部门以及乡、镇人民政府在行政执法活动中,对当事人弃留现场的物品,应当按照本条例第二十二条的规定处理。

第二十四条　城管执法部门以及乡、镇人民政府作出具体行政行为,应当告知当事人作出具体行政行为的事实、理由、依据,并告知当事人依法享有陈述、申辩、要求听证以及申请行政复议或者提起行政诉讼的权利。

当事人进行陈述和申辩时提出的事实、理由或者证据成立的,城管执法部门以及乡、镇人民政府应当采纳,不得因当事人申辩而加重处罚。对符合听证条件的,城管执法部门以及乡、镇人民政府应当组织听证。

第二十五条　城管执法部门以及乡、镇人民政府应当依照法律规定采用直接送达、留置送达、邮寄送达和公告送达等方式送达法律文书。采用公告送达的,城管执法部门以及乡、镇人民政府可以通过其政府网站和公告栏进行。自发出公告之日起,经过六十日,即视为送达。

城管执法部门以及乡、镇人民政府应当向社会公布其网址和公告栏地址。

第二十六条　城管执法部门以及乡、镇人民政府应当建立违法行为举报制度,并向社会公布全市统一的举报电话及其他联系方式。

城管执法部门以及乡、镇人民政府收到举报后,应当及时核查,并在五个工作日内将核查情况告知举报人;对不属于本单位职责范围的,应当向举报人说明情况,并在三个工作日内移送有关部门处理。

城管执法部门以及乡、镇人民政府应当为举报人保密。

第四章　执法协作

第二十七条　有关行政管理部门应当履行管理职责,与城管执法部门以及乡、镇人民政府加强协作,采取疏导措施,从源头上预防和减少违法行为的发生。

第二十八条　城管执法部门以及乡、镇人民政府在执法活动中发现应当由有关行政管理部门处理的违法行为的,应当及时移送有关行政管理部门处理。有关行政管理部门在执法活动中发现应当由城管执法部门以及乡、镇人民政府处理的违法行为的,应当及时移送城管执法部门以及乡、镇人民政府处理。移送案件涉及的非法物品等相关物品应当一并移送。

城管执法部门以及乡、镇人民政府和有关行政管理部门无正当理由,不得拒绝接受移送的案件和相关物品,并应当在作出处理决定后,及时通报移送部门。

第二十九条　城管执法部门以及乡、镇人民政府查处违法行为需要向有关行政管理部门查询有关资料的,有关行政管理部门应当依照相关法律、法规规定予以配合。

城管执法部门以及乡、镇人民政府查处违法行为时,需要有关行政管理部门认定违法行为和非法物品的,应当出具协助通知书。有关行政管理部门应当自收到协助通知书之日起十日内出具书面意见;如情况复杂需要延期的,应当以书面形式向城管执法部门以及乡、镇人民政府说明理由并明确答复期限。

第三十条　在城市管理中开展重大专项执法行动时,城管执法部门以及乡、镇人民政府需要有关行政管理部门协助的,有关行政管理部门应当在职责范围内依法协助;有关行政管理部门需要城管执法部门以及乡、镇人民政府协助的,城管执法部门以及乡、镇人民政府应当在职责范围内依法协助。

第三十一条　公安机关与城管执法部门以及乡、镇人民政府应当建立协调配合机制。

公安机关应当依法保障城管执法部门以及乡、镇人民政府的行政执法活动,对阻碍城管执法人员依法执行职务的行为,应当及时制止;对违反《中华人民共和国治安管理处罚法》的行为,依法予以处罚;使用暴力、威胁等方法构成犯罪的,依法追究刑事责任。

区、县公安机关应当确定专门力量、明确工作职责、完善联勤联动机制,在信息共享、联合执法和案件移送等方面配合本区域内城管执法机构开展行政执法工作。

第三十二条　市和区、县人民政府应当采取措施推动城管执法部门以及乡、镇人民政府和有关行政管理部门建立健全城市管理与执法信息共享机制,促进信息交流和资源共享。

城管执法部门以及乡、镇人民政府应当将实施行政处罚的情况和发现的问题通报有关行政管理部门,提出管理建议;有关行政管理部门应当将与城市管理行政执法有关的行政许可和监督管理信息及时通报城管执法部门以及乡、镇人民政府,保障城市管理行政执法工作的有效开展。

第三十三条　市和区、县人民政府应当不断加大城市管理行政执法科学技术的研发投入,推广先进科学技术手段在调查取证、检查检测等方面的普及运用。

第五章　执法监督

第三十四条　市和区、县人民政府应当加强对城市管理行政执法工作的监督,对城管执法部门以及乡、镇人民政府不依法履行职责的行为,应当责令其改正并追究行政责任。

第三十五条　市城管执法部门应当建立全市统一的执法培训、岗位交流、督察考核、责任追究和评议考核等制度。

市和区、县城管执法部门以及乡、镇人民政府应当落实行政执法责任制,加强执法队伍规范化、制度化的建设和管理。评议考核不合格的城管执法人员,不得从事行政执法工作。

市城管执法部门对区、县城管执法部门及其执法人员发生的情节严重、社会影响较大的违法违纪行为,可以向区、县人民政府提出查处建议。

区、县城管执法部门对乡、镇城管执法机构及其执法人员发生的情节严重、社会影响较大的违法违纪行为,可以向乡、镇人民政府提出查处建议。

第三十六条　有关行政管理部门发现城管执法部门以及乡、镇人民政府有违法执法行为的,可以向其提出书面建议。城管执法部门以及乡、镇人民政府收到书面建议后,应当及时调查核实;情况属实的,应当予以纠正并告知有关行政管理部门。

第三十七条　城管执法部门以及乡、镇人民政府应当将城管执法职责范围、执法依据、执法程序以及监督电话等事项向社会公开,接受社会监督。

公民、法人和其他组织发现城管执法人员有违法执法行为或者行政不作为的,可以向城管执法人员所在单位、上级主管部门或者监察部门检举、控告。接到检举、控告的部门应当按照法定权限及时核实处理,并及时反馈处理意见。

第三十八条　市和区、县城管执法部门以及乡、镇人民政府应当定期对本单位的行政执法情况组织社会评议;有关部门对城管执法部门以及乡、镇人民政府的行政执法情况组织社会评议的,城管执法部门以及乡、镇人民政府应当予以配合。评议结果应当向社会公开。

区、县城管执法部门应当加强对街道、乡、镇城管执法工作的监督检查,组织评议,并将评议结果报告区、县人民政府,作为街道办事处和乡、镇人民政府绩效考核的依据。

第六章　法律责任

第三十九条　城管执法部门以及乡、镇人民政府及其执法人员有下列情形之一的,对直接负责的主管人员和其他直接责任人员,由其所在单位、上级主管部门或者监察部门依法给予行政处分;构成犯罪的,依法追究刑事责任:

(一)对发现的违法行为不依法查处,情节严重的;

(二)超越职权或者违反法定程序执法,情节严重的;

(三)擅自变更已经作出的行政处罚决定的;

(四)使用暴力、威胁等手段执法的;

(五)故意损坏或者擅自销毁当事人财物的;

(六)截留、私分罚款或者扣押的财物的,以及使用扣押的财物的;

(七)索取或者收受他人财物的;

(八)其他玩忽职守、滥用职权、徇私舞弊的行为。

第四十条　有关行政管理部门违反本条例的规定,拒不履行执法协作职责的,由本级人民政府或者上级主管部门责令改正,通报批评;情节严重的,对直接负责的主管人员和其他直接责任人员依法给予行政处分。

第四十一条　城管执法部门以及乡、镇人民政府及其执法人员违法行使职权,对公民、法人或者其他组织的合法权益造成损害的,应当依法承担赔偿责任。

第七章　附　　则

第四十二条　本条例自 2012 年 7 月 15 日起施行。

河南省行政执法条例

2016 年 06 月 08 日　发布

河南省人民代表大会常务委员会公告

第 50 号

《河南省行政执法条例》已经河南省第十二届人民代表大会常务委员会第二十次会议于 2016 年 3 月 29 日审议通过,现予公布,自 2016 年 6 月 1 日起施行。

河南省人民代表大会常务委员会

二〇一六年三月二十九日

河南省行政执法条例

(2016 年 3 月 29 日河南省第十二届人民代表
大会常务委员会第二十次会议通过)

第一章　总　　则

第一条　为了规范行政执法行为,加强行政执法监督,保护公民、法人和其他组织的合法权益,推进依法行政,建设法治政府,根据有关法律、法规,结合本省实际,制定本条例。

第二条　本省行政区域内行政执法及行政执法监督活动,适用本条例。法律、法规另有规定的,从其规定。

第三条　本条例所称行政执法,是指行政执法机关在对公民、法人和其他组织实施行政管理活动中,执行法律、法规、规章的行为。

本条例所称行政执法机关,是指依法行使行政执法职权的行政机关和法律、法规授予行政执法职权的具有管理公共事务职能的组织。

本条例所称行政执法人员,是指行政执法机关、受委托执法的行政机关或者组织中,依法履行行政执法职责的工作人员。

第四条 县级以上人民政府统一领导本行政区域内行政执法和行政执法监督工作。

县级以上人民政府法制机构在本级人民政府领导下,具体负责本行政区域内行政执法的指导、协调、监督工作。

县级以上人民政府所属工作部门指导、监督本系统的行政执法工作。

第五条 行政执法机关应当严格规范公正文明执法,遵循职权法定、公平公正、程序合法、高效便民、权责统一的原则。

第六条 行政执法机关应当将执法依据、执法权限、执法程序、执法结果、监督方式等事项依法公开。但涉及国家秘密、商业秘密和个人隐私的除外。

第七条 行政执法机关应当建立健全行政裁量权基准制度,细化、量化行政裁量标准,规范行政裁量权适用的范围、种类和幅度,并向社会公开。

第八条 行政执法机关应当树立服务理念,完善服务机制,创新服务方式,推行服务型行政执法。

第九条 行政执法机关应当实行行政执法责任制,明确行政执法职权,落实行政执法责任,加强执法监督和评议考核,严格行政执法责任追究。

第十条 行政执法机关及其行政执法人员依法行使行政执法权受法律保护,任何单位和个人不得干预、拒绝或者阻碍。

第十一条 行政执法经费应当纳入财政预算,予以保障。

实行罚缴分离和收支两条线管理制度,严禁收费罚没收入同部门利益直接或者变相挂钩。行政执法机关不得下达或者变相下达行政处罚指标,不得损毁、使用、截留、坐支、私分罚没财物。

第十二条 县级以上人民政府应当加强行政执法信息化建设,实现信息共享,推进网上执法办案系统建设,提高执法效率和规范化水平。

第二章 行政执法机关和行政执法人员

第十三条 实行行政执法主体公告制度。行政执法机关的行政执法主体资格由本级人民政府依法确认,并向社会公告。省垂直领导的行政执法机关的行政执法主体资格由省人民政府依法确认,并向社会公告。

第十四条 行政机关在其法定职权范围内,依照法律、法规、规章的规定,可以委托其他行政机关或者组织行使行政执法权。受委托的行政机关或者组织应当具备履行相应职责的条件,并在委托的范围内,以委托行政机关的名义行使行政执法权,不得将受委托的行政执法权再委托给其他行政机关、组织或者个人。

委托行政机关应当将受委托的行政机关或者组织和受委托的事项向社会公布,对受委托行政机关或者组织行使行政执法权的行为进行指导、监督,并对该行为的后果承担法律责任。

第十五条 根据国务院授权,省人民政府可以决定一个行政机关行使有关行政机关的行政处罚权,但限制人身自由的行政处罚权只能由公安机关行使。依法设立的集中行使行政处罚权的行政机关应当是本级人民政府直接领导的行政执法机关,具有行政执法主体资格。

依据《中华人民共和国行政处罚法》的规定行使相对集中行政处罚权的行政机关,可以实施法律、法规规定的与行政处罚权有关的行政强制措施。

经国务院批准,省人民政府可以决定一个行政机关行使有关行政机关的行政许可权。

第十六条 县级以上人民政府根据行政管理需要,可以组织相关行政执法机关联合执法。

联合执法中的行政执法决定,由参加联合执法的行政执法机关在各自职权范围内依法作出,并承担相应的法律责任。

第十七条 有下列情形之一的,行政执法机关可以书面请求相关行政执法机关协助:

(一)独立行使行政执法权不能实现行政管理目的的;

(二)不能通过自行调查取得所需资料的;

(三)所需要的文书、资料、信息为其他行政执法机关所掌握,自行收集难以取得的;

(四)可以请求行政执法协助的其他情形。

被请求协助的行政执法机关应当履行协助义务,不得推诿或者拒绝。不能提供协助的,应当以书面形式及时告知请求机关并说明理由。

第十八条 行政执法事项需要行政执法机关内设的多个机构办理的,该行政执法机关应当确定一个机构统一受理公民、法人或者其他组织的申请,统一送达行政执法决定。

对涉及两个以上行政执法机关共同办理的行政执法事项,县级以上人民政府可以确定一个行政执法机关受理并转告有关行政执法机关分别提出意见后统一办理,或者组织有关行政执法机关联合办理、集中办理。

第十九条 行政执法机关之间发生行政执法争议的,应当依法协商解决;协商不一致的,应当提请本级或者共同的上一级人民政府法制机构协调解决;协调无法达成一致的,由政府法制机构提出意见,报本级人民政府决定。

第二十条 行政执法机关中符合下列条件的人员,可以申请取得行政执法资格:

(一)在编在职;

(二)年满十八周岁且具有正常履行职责的身体条件;

(三)具有符合职位要求的文化程度和工作能力;

(四)熟悉相关法律、法规、规章;

(五)法律、法规、规章规定的其他条件。

工勤人员、劳动合同工、临时工不得申请取得行政执法资格。

第二十一条 申请取得行政执法资格的人员应当按照规定参加公共法律知识、专业法律知识等培训。经考试合格,取得行政执法证后,方可上岗执法。禁止无行政执法资格的人员上岗执法。

行政执法人员应当使用省人民政府统一制作的《河南省行政执法证》。法律、行政法规对行政执法证另有规定的除外。

第三章 行政执法程序

第二十二条 行政执法程序由行政执法机关依职权启动,或者依公民、法人和其他组织的申请启动。

公民、法人和其他组织申请启动行政执法程序应当采取书面形式(包括数据电文形式)。申请人书写确有困难或者情况紧急的,可以口头申请,行政执法机关应当当场如实记录,经申请人确认内容无误后由其签名或者盖章。

第二十三条 行政执法人员在行政执法过程中,有下列情形之一的,应当自行申请回避;本人未申请回避的,行政执法机关应当责令回避;公民、法人和其他组织也可以申请其回避:

(一)系当事人或者当事人的近亲属;

(二)行政执法事项与本人或者本人近亲属有利害关系;

(三)可能影响公正执法的其他情形。

行政执法人员的回避,由行政执法机关负责人决定;行政执法机关负责人的回避,由同级人民政府或者上级行政执法机关决定。

第二十四条 行政执法机关在调查、检查或者核查时,行政执法人员不得少于两人,并应当主动向当事人或者相关人员出示行政执法证。未出示行政执法证的,当事人或者相关人员有权拒绝。

第二十五条　行政执法机关应当依照法定程序,全面、客观、公正、及时地收集证据。

行政执法证据包括:

(一)书证;

(二)物证;

(三)视听资料;

(四)电子数据;

(五)证人证言;

(六)当事人的陈述;

(七)鉴定意见;

(八)勘验笔录、现场笔录。

第二十六条　行政执法机关在作出行政执法决定之前,应当依法告知当事人作出行政执法决定的事实、理由和依据,并告知当事人享有陈述和申辩的权利。

对当事人的陈述和申辩,行政执法机关应当记录在案并进行审查,采纳其合理意见。

行政执法机关不得因当事人提出申辩而作出对其加重处理的决定。

第二十七条　具有下列情形之一的,行政执法机关在作出行政执法决定之前应当举行听证:

(一)法律、法规、规章规定应当举行听证的;

(二)行政执法机关依法告知听证权利后,当事人、利害关系人申请听证的;

(三)行政执法机关认为有必要听证的其他情形。

当事人、利害关系人不承担行政执法机关组织听证的费用。

第二十八条　一般行政执法决定的作出应当由行政执法机关负责人决定。

重大行政执法决定应当经行政执法机关法制机构审核后,由行政执法机关负责人集体讨论决定。其中,专业性、技术性较强的涉及经济社会发展全局、影响公共利益的重大行政执法事项,应当经过专家论证。

重大行政执法决定的范围由本行政执法机关依据本地区、本部门的执法实际确定并公开;法律、法规、规章另有规定的,从其规定。

第二十九条　行政执法决定应当以书面形式作出。行政执法决定主要载

明下列事项:

(一)当事人基本情况;

(二)事实和证据;

(三)适用依据;

(四)决定内容;

(五)履行方式和时间;

(六)救济途径和期限;

(七)行政执法机关印章和决定日期;

(八)需要载明的其他事项。

第三十条 行政执法决定自送达之日起生效。

行政执法决定附条件或者附期限生效的,应当载明生效的条件或者期限。

第三十一条 直接送达行政执法决定,应当由受送达人在送达回证或者附卷的决定书上注明收到日期,签名或者盖章。

受送达人在送达回证或者附卷的决定书上的签收日期为送达日期。

无法直接送达的,送达程序依照《中华人民共和国民事诉讼法》有关规定执行。

第三十二条 非因法定事由、未经法定程序,行政执法机关不得撤销、变更已生效的行政执法决定;因国家利益、公共利益或者其他法定事由必须撤回或者变更的,应当依照法定权限和程序进行,并对公民、法人或者其他组织因此而受到的财产损失依法予以补偿。

第三十三条 行政执法机关所使用的行政执法文书由省人民政府法制机构统一规范。国务院有关部门另有规定的除外。

行政执法机关应当建立行政执法案卷,将办理完毕的行政执法事项的有关材料编目装订、立卷归档。

第三十四条 法律、法规、规章对行政执法事项有明确期限规定的,行政执法机关必须在法定期限内办结。

第三十五条 行政执法机关应当建立执法全过程记录制度,对行政执法活动的全过程进行记录保存,规范行政执法行为。

第三十六条 行政执法机关在行政执法过程中,发现违法行为涉嫌构成犯罪的,应当按照国家有关规定及时将案件移送司法机关处理。

第四章　行政执法监督

第三十七条　上级人民政府对下级人民政府、人民政府对其工作部门、县级以上人民政府工作部门对下级人民政府工作部门的行政执法工作应当依法实施监督。

第三十八条　行政执法监督主要包括下列内容：

（一）行政执法主体和执法程序的合法性；

（二）行政执法决定的合法性和适当性；

（三）法律、法规、规章的实施情况；

（四）行政裁量权基准制度实施情况；

（五）行政执法责任制落实情况；

（六）罚缴分离和收支两条线管理制度的执行情况；

（七）行政执法人员资格管理和持证上岗情况；

（八）重大行政执法决定法制审核制度的执行情况；

（九）违法或者不当行政执法行为的处理情况；

（十）依法应当监督的其他事项。

第三十九条　行政执法监督检查应当采取日常检查、专项检查、综合检查等方式进行，也可以采取抽查或者暗访等方式对行政执法行为实施检查。

第四十条　县级以上人民政府应当每年组织评查所属工作部门和下级人民政府的行政执法案卷。发现行政执法行为违法、不当或者案卷制作不规范的，应当责令其纠正。

第四十一条　县级以上人民政府及其工作部门行政执法监督人员及聘请的行政执法监督员依法执行公务，应当出示《河南省行政执法监督证》，对行政执法违法行为有权当场予以制止。被监督的行政执法机关及其行政执法人员应当主动接受监督，如实提供情况，予以配合。

《河南省行政执法监督证》由省人民政府统一制作。

第四十二条　行政执法监督机关实施行政执法监督时，可以采取下列措施：

（一）查阅、复制、调取行政执法案卷和其他有关材料；

（二）询问行政执法人员、当事人和其他相关人员，并制作询问笔录；

（三）组织实地调查、勘验，或者进行必要的录音、录像、拍照、抽样等；

（四）委托符合法定条件的社会组织进行鉴定、评估、检测、勘验；

（五）组织召开听证会、专家论证会；

（六）暂扣行政执法证；

（七）法律、法规、规章规定的其他措施。

第四十三条 行政执法监督机关在监督检查或者在受理公民、法人和其他组织的举报中发现行政执法行为违法或者不当的，应当发出《行政执法监督意见书》。行政执法机关应当在《行政执法监督意见书》规定的期限内依法处理并报告处理情况；在规定期限内未自行处理的，由行政执法监督机关发出《行政执法监督决定书》，依法予以撤销或者纠正。

第五章　责任追究

第四十四条 行政执法机关有下列行为之一的，责令限期改正；逾期不改正的，给予通报批评、取消评比先进资格等处理；情节严重的，对直接负责的主管人员和其他直接责任人员依法给予处分；构成犯罪的，依法追究刑事责任：

（一）不履行行政执法职责的；

（二）违反法定程序的；

（三）未实施行政裁量权基准制度的；

（四）未落实行政执法责任制的；

（五）未执行罚缴分离和收支两条线管理制度的；

（六）下达或者变相下达行政处罚指标的；

（七）损毁、使用、截留、坐支、私分罚没财物的；

（八）被请求协助的行政执法机关无正当理由不履行协助义务的；

（九）不执行行政执法争议协调意见和决定的；

（十）未执行行政执法人员资格管理和持证上岗制度的；

（十一）未执行重大行政执法决定法制审核制度的；

（十二）拒绝或者阻碍行政执法监督人员依法履行监督职责的；

（十三）不执行《行政执法监督意见书》或者不报告《行政执法监督意见书》执行情况的；

（十四）不执行《行政执法监督决定书》的；

（十五）法律、法规、规章规定的其他情形。

第四十五条 行政执法人员有下列行为之一的，视情节轻重给予批评教育、离岗培训、调离执法岗位、取消行政执法资格等处理或者依法给予处分；构成犯罪的，依法追究刑事责任：

（一）在调查、检查或者核查时,未依法出示行政执法证的;

（二）不履行行政执法职责的;

（三）违反法定程序的;

（四）在执法过程中有不文明行为的;

（五）超越职权或者滥用职权的;

（六）对申诉、控告、检举者打击报复的;

（七）拒绝或者阻碍行政执法监督人员依法履行监督职责的;

（八）有其他违法失职行为的。

第四十六条　追究行政执法机关及其行政执法人员的责任,按照下列规定进行:

（一）对行政执法机关的行政处理,由本级人民政府、监察机关或者上级行政执法机关决定;

（二）对行政执法人员的行政处理,由本行政执法机关或者任免机关决定,取消行政执法资格的处理由本级人民政府或者上级人民政府的法制机构决定;

（三）对行政执法人员的处分,由任免机关或者监察机关决定。

第四十七条　行政执法监督人员在行政执法监督工作中有下列行为之一的,由发证机关暂扣或者收缴其《河南省行政执法监督证》;情节严重的,依法给予处分;构成犯罪的,依法追究刑事责任:

（一）不依法履行行政执法监督职责的;

（二）利用行政执法监督职权谋取私利的;

（三）涂改、转借《河南省行政执法监督证》的;

（四）有其他滥用职权、玩忽职守、徇私舞弊行为的。

第六章　附　则

第四十八条　本条例自 2016 年 6 月 1 日起施行。1993 年 12 月 21 日河南省第八届人民代表大会常务委员会第五次会议通过的《河南省行政机关执法条例》同时废止。

广州市城市管理综合执法细则

(2011 年 9 月 9 日广州市人民政府令第 58 号公布
根据 2015 年 9 月 30 日广州市人民政府令第 132 号
《广州市人民政府关于因行政区划调整修改
〈广州市扩大区县级市管理权限规定〉等 93 件政府规章的决定》修正)

第一条 为明确城市管理综合执法范围,规范行政执法行为,促进依法行政,维护公民、法人和其他组织的合法权益,根据《中华人民共和国行政处罚法》和《广州市城市管理综合执法条例》等法律、法规,结合本市实际,制定本细则。

第二条 本市城市管理综合执法工作适用本细则。

第三条 城市管理综合执法机关依据市容环境卫生管理方面法律、法规、规章的规定,对下列违法行为行使行政处罚权:

(一)违反建筑废弃物和建筑散体物料运输管理的;

(二)违反生活垃圾清扫、投放、收集、运输、处置管理的;

(三)违反户外广告和招牌设施设置管理的;

(四)在公共场所或者公共设施擅自张贴、设置横额等宣传品,或者吊挂、晾晒和堆放影响市容的物品等违反市容管理相关规定的;

(五)违反水域市容环境卫生管理的;

(六)其他违反市容环境卫生管理的行为。

第四条 城市管理综合执法机关依据城乡规划管理方面法律、法规、规章的规定,对下列违法行为行使处罚权:

(一)未取得建设工程规划许可证或者未按照建设工程规划许可证的规定进行建设的;

(二)未取得乡村建设规划许可证或者未按照乡村建设规划许可证的规定进行建设的;

(三)未经批准进行临时建设或者未按照批准内容进行临时建设的;

(四)临时建筑物、构筑物超过批准期限不拆除的。

对非法占用农用地、未利用地或者擅自将农用地、未利用地改为建设用地进行建设的违法行为,由土地行政主管部门会同城市管理综合执法机关依照各自职责共同查处;需要强制拆除违法建(构)筑物的,由属地政府组织土地行政主管部门、城市管理综合执法机关等部门按照法定程序予以强制拆除。

第五条　城市管理综合执法机关依据环境保护管理方面法律、法规、规章的规定,对下列违法行为行使行政处罚权:

(一)在临街门口、道路等公共场地使用发电机,排放的噪声不符合城市区域环境噪声标准的;

(二)除抢修和抢险工程外,超出规定时间,在市区行政街和城镇噪声控制范围内的建筑、装饰、市政工程、清拆施工场地,使用各种施工机械造成环境噪声污染的;

(三)因混凝土浇灌不宜留施工缝的作业和为保证工程质量、技术需要的桩基冲孔、钻孔桩成型等作业或者市政工程,未经建设行政主管部门出具证明,擅自夜间连续施工、延长作业时间的;

(四)工地周边未设置符合规范的围蔽设施,致使大气环境受到污染的;

(五)在建的三层以上的建筑物未设置楼体围障致使大气环境受到污染的;

(六)施工工地场地未实行硬地化致使大气环境受到污染的;

(七)施工期间每天未定时对施工工地洒水、未清除余泥渣土致使大气环境受到污染的;

(八)未在施工工地设置沙石、灰土、水泥等建筑材料专用堆放场地致使大气环境受到污染的;

(九)市政道路、管线敷设工程施工或者工程竣工后不按时清理余泥渣土,致使大气环境受到污染的;

(十)驾驶未冲洗干净的运输车辆驶离余泥排放场所或者施工工地,致使大气环境受到污染的;

(十一)拆除建筑物未采取喷淋除尘措施并设置立体式遮挡尘土垢防护设施,致使大气环境受到污染的;

(十二)在市区焚烧沥青、油毡、橡胶、皮革和垃圾、布碎等会产生有毒有害气体、烟尘、臭气的物质的。

第六条　城市管理综合执法机关依据市政管理方面法律、法规、规章的规定,对下列违法行为行使行政处罚权:

(一)污染、损坏、擅自占用和开挖城市道路以及城市广场等相关公共场地

的,但污染、损坏、擅自占用和开挖城市道路车行道的由交通行政管理部门行使行政处罚权;

(二)违反井盖设施管理规定,拒不改正的;

(三)违反城市路灯照明管理规定的。

第七条 城市管理综合执法机关依据工商行政管理方面法律、法规、规章的规定,对占用城市道路、广场等公共场所进行违法经营行为行使行政处罚权。

第八条 城市管理综合执法机关依据燃气管理方面法律、法规、规章的规定,对下列违法行为行使行政处罚权:

(一)违反燃气经营管理的;

(二)违反燃气器具生产、安装和维修管理的;

(三)违反燃气使用管理的;

(四)其他违反燃气管理的行为。

第九条 城市管理综合执法机关依据水务管理方面法律、法规、规章的规定,对下列违法行为行使行政处罚权:

(一)向排水设施倾倒垃圾、废渣、施工泥浆水、污水处理后的污泥等废弃物的;

(二)在公共供水管道及其附属设施保护范围内修筑建筑物或者堆放重物危及供水设施安全的;

(三)妨碍消火栓安全使用或者违法开启消防栓用水的。

第十条 城市管理综合执法机关依据建设工程管理方面法律、法规、规章的规定,对下列违法行为行使行政处罚权:

(一)未取得建筑工程施工许可证施工的;

(二)不按规定使用散装水泥、预拌砂浆和预拌混凝土的;

(三)在建筑物、构筑物中使用禁止使用的墙体材料的。

第十一条 城市管理综合执法机关依据人民防空工程管理方面法律、法规、规章的规定,对下列违法行为行使行政处罚权:

(一)城市新建民用建筑,违反国家有关规定不修战时可用于防空的地下室的;

(二)侵占人民防空工程的;

(三)不按国家规定的防护标准和质量标准修建人民防空工程的;

(四)违反国家有关规定,改变人民防空工程主体结构、拆除人民防空工程设备设施或者采用其他方法危害人民防空工程的安全和使用效能的;

（五）拆除人民防空工程后拒不补建的；

（六）阻挠安装人民防空通信、警报设施，拒不改正的；

（七）向人民防空工程内排入废水、废气或者倾倒废物的；

（八）在人民防空工程安全保护范围内进行爆破、采石、取土、伐木、打桩、挖洞的；

（九）占用、堵塞和毁坏人民防空工程及其出入口、连接通道的；

（十）在战时用于疏散居民的人民防空工程内生产或者储存爆炸、剧毒、易燃、放射性和腐蚀性等有害物品的；

（十一）破坏防护门、密闭门等设备和供电、供水、排风、排水系统等人民防空设施，使其不能正常工作的；

（十二）其他危害人民防空工程和设施安全或者降低防护能力和使用效能的行为。

第十二条　城市管理综合执法机关依据《广州市白云山风景名胜区保护条例》的规定，对发生在白云山风景名胜区保护范围内的下列违法行为行使行政处罚权：

（一）在白云山风景名胜区内进行违法建设的；

（二）在外围保护地带内，建设影响或者破坏景观景物、污染环境、阻塞交通、破坏生态环境和危及防火安全的建设工程项目的；

（三）在白云山风景名胜区内，因建设工程项目对周围环境及其中的林木、植被、水体、岩石造成破坏的，以及在工程竣工后 10 日内，没有清理施工现场、恢复原貌或者原有功能的；

（四）在白云山风景名胜区保护范围内擅自砍伐林木的；

（五）在白云山风景名胜区保护范围内，擅自挖山采石、采砂、取土和开垦土地的；

（六）在白云山风景名胜区内围填水体的；

（七）在白云山风景名胜区内占道经营的。

第十三条　城市管理综合执法机关依据《广州市养犬管理条例》的规定，对下列违法行为行使行政处罚权：

（一）对犬只的粪便未即时清理的；

（二）随意抛弃犬只尸体的；

（三）占用道路、桥梁、人行天桥、地下通道等公共场所饲养、经营犬只的；

（四）设置坟墓埋葬犬只尸体的。

第十四条 市人民政府可以根据城市管理的需要,按照法律、法规、规章的规定,增加城市管理综合执法机关行使的行政处罚权,扩大城市管理综合执法的内容。

城市管理综合执法机关行使其他法律、法规、规章规定的由城市管理综合执法机关行使的其他行政处罚权。

第十五条 市城市管理综合执法机关应当向社会公布行使的行政处罚权事项和适用的法律依据。

第十六条 城市管理综合执法机关应当依照法律、法规规定的条件、程序,行使与行政处罚权相应的行政检查权和行政强制权。

需要进入建筑物查处违法行为,当事人拒不合作的,城市管理综合执法机关应当提请公安机关协助,公安机关应当予以配合。

第十七条 下列违法行为经责令改正后又实施的,属于不同时间段发生的新违法行为:

(一)占用公共场所设摊经营、兜售物品;

(二)超出门窗和外墙设摊经营;

(三)超出规定时间施工。

城市管理综合执法机关在查处前款规定的第(一)、(二)项违法行为时,对登记保存或者扣押的工具和物品当场难以清点的,可以直接封存入证据箱(袋)等证据收集容器予以保存或者扣押。

第十八条 城市管理综合执法机关送达执法文书时应当以直接送达和邮寄送达为主,以留置送达、委托送达和公告送达等其他方式为补充。

在调查取证时,当事人应当按照城市管理综合执法机关的要求提供执法文书送达地址并填写送达地址确认书。

当事人填写的送达地址等信息不准确、变更送达地址未及时告知、受送达人或者其所指定的代收人拒绝签收,导致当事人逾期或者未能收到执法文书的,视为送达。

第十九条 城市管理综合执法机关应当建立综合执法日志档案,如实记录日常巡查时间、地点、执法人员、发现及处理违法行为情况等内容,作为日常巡查制度考核的主要依据。

相关行政主管部门应当建立行政许可监督检查情况和处理结果登记制度,发现属于城市管理综合执法范围的违法行为,应当及时制止并在 3 个工作日内告知城市管理综合执法机关。

第二十条 城市管理综合执法机关应当建立综合执法门户网站;城市管理综合执法机关及其派出机构,应当在其办公场所外明显位置设置专门公告栏。

综合执法门户网站和公告栏是城市管理综合执法机关发布信息和公告送达执法文书的载体。

第二十一条 城市管理综合执法机关应当加强业务培训,建立岗前培训和轮训制度。

各级人民政府应当为城市管理综合执法机关的业务培训提供保障。

第二十二条 街道办事处、镇人民政府负责街(镇)城市管理综合执法队的日常管理、指挥、调度和考核,并承担相应的行政责任。

街道办事处、镇人民政府应当按照市城市管理综合执法机关制定的基层执法队硬件建设标准,实施街(镇)城市管理综合执法队的标准化建设。

街道办事处、镇人民政府应当协调公安派出所、国土所、规划所、工商所、司法所等基层单位,配合街(镇)城市管理综合执法队进行城市管理综合执法。

第二十三条 上级城市管理综合执法机关发现下级城市管理综合执法机关或者派出机构有不当或者违法的具体行政行为,应当责令改正或者撤销;发现其不履行执法职责的,应当责令改正或者直接查处,并可以书面告知其所属区人民政府、街道办事处或者镇人民政府督促其履行职责。下级城市管理综合执法机关或者派出机构经责令履行执法职责而拒不改正的,上级城市管理综合执法机关也可以直接查处。

城市管理综合执法机关不履行前款规定职责的,依据《广州市城市管理综合执法条例》《广州市行政执法责任追究办法》等相关规定追究相关责任人的责任。

第二十四条 区人民政府不督促区城市管理综合执法机关履行执法职责或者督促不力,造成重大损失或者恶劣影响的,市城市管理综合执法机关可以提请市人民政府或者市监察机关根据有关规定追究区人民政府相关责任人的责任。

街道办事处、镇人民政府不督促街(镇)城市管理综合执法队履行执法职责或者督促不力,造成重大损失或者恶劣影响的,区城市管理综合执法机关可以提请区人民政府或者区监察机关根据有关规定追究街道办事处、镇人民政府相关责任人的责任。

第二十五条 公安派出所、国土所、规划所、工商所、司法所等基层单位不依法履行协助街(镇)城市管理综合执法工作职责的,区城市管理综合执法机关或者街道办事处、镇人民政府可以提请任免机关或者监察机关追究相关责任人的责任。

第二十六条　本细则自 2011 年 10 月 9 日起实施。1999 年 8 月 1 日起施行的《广州市城市管理综合执法细则》同时废止。

第六篇 行政程序拟制

汕头市行政机关合同管理规定

(2014 年 2 月 8 日汕头市人民政府第十三届 43 次常务会议通过

2014 年 2 月 20 日汕头市人民政府令第 152 号公布

自 2014 年 5 月 1 日起施行)

第一章 总 则

第一条 为了规范行政机关合同管理,防范行政机关合同风险,维护国家利益、公共利益及合同各方当事人合法权益,根据有关法律、法规的规定,结合本市实际,制定本规定。

第二条 市政府及其工作部门订立、履行合同的管理活动,适用本规定。

因应对突发事件而采取应急措施,订立行政机关合同的,不适用本规定。

第三条 本规定所称行政机关合同,是指市政府及其工作部门为了实现行政管理和公共服务目的,作为一方当事人与公民、法人或者其他组织之间所达成的书面协议及其他合意性法律文件,包括但不限于以下类型:

(一)土地、森林、荒地、水流、海域、滩涂、矿藏等国有自然资源使用权出让、转让、出租、承包合同;

(二)国有资产(包括无形资产)承包经营、出售或者出租合同;

(三)经过投资主体招投标、工程建设招投标、政府采购等程序后签订的合同;

(四)行政征收、征用、收购储备合同;

(五)行政委托、奖励合同;

(六)政策信贷合同;

(七)行政机关与企业的战略合作合同。

第四条 行政机关合同管理应当遵循权责明确、程序规范、内容合法、处理及时的原则。

第五条 市政府法制部门(以下简称市法制部门)负责组织实施本规定,具体事务性工作可以委托市政府法律顾问机构承担。

第六条 市法制部门应当制定行政机关合同审查规则、行政机关合同示范文本规定等涉及全市性的行政机关合同管理制度规范。

市政府工作部门应当制定本部门的行政机关合同管理制度,加强对本部门及其下属单位订立和履行合同的管理,具体工作由该部门的法制机构负责。

第七条 行政机关订立合同应当确定承办部门。以市政府为一方当事人的行政机关合同由履行职责部门或者市政府指定部门作为承办部门;以市政府工作部门为一方当事人的行政机关合同由各部门自行承办。

合同承办部门负责合同的前期准备、起草、履行、争议解决、档案管理等事宜。

第八条 行政机关订立合同,不得有下列行为:

(一)违反法律法规规定的条件和程序;

(二)临时机构和内设机构作为一方当事人;

(三)违反法律法规规定作为担保人;

(四)承诺对方当事人或者第三人提出的不合法要求;

(五)其他违反法律法规的行为。

第九条 行政机关合同的示范文本制定与发布、法律审查(含合法性审查和适当性审查,下同)、制度配套以及委托中介机构开展调查、论证等合同管理工作所需经费纳入部门年度财政预算。

第二章　行政机关合同示范文本的制定

第十条 本市推行行政机关合同示范文本制度。行政机关合同示范文本包括以下类型:

(一)国家、省制定的行政机关合同示范文本;

(二)国家、省没有制定示范文本,本市针对常用、同类型的行政机关合同制定的示范文本;

(三)确需变更国家、省合同示范文本而另行制定的示范文本。

第十一条 行政机关合同示范文本及其使用说明(以下统称示范文本)由市法制部门组织制定。

以市政府为一方当事人的行政机关合同示范文本由市法制部门会同合同承办部门起草。以市政府工作部门为一方当事人的行政机关合同示范文本由各部门自行起草;涉及两个或者两个以上部门为一方当事人的行政机关合同示范文本,由市法制部门确定一个部门会同相关部门起草。

第十二条　制定行政机关合同示范文本应当严格遵守相关法律法规的规定,以防范合同法律风险,保障国有资产、财政资金的安全和自然资源、公共资源的有效利用为原则。

第十三条　市政府工作部门起草行政机关合同示范文本,应当提请市法制部门进行法律审查,同时提供下列材料:

(一)送审函;

(二)行政机关合同示范文本草拟稿;

(三)与行政机关合同示范文本有关的情况说明和材料;

(四)部门法制机构或者专门机构提出的审查意见;

(五)其他需要提供的材料。

提交的材料不符合前款规定的,市法制部门可以要求其当场或者在指定的期限内补正;逾期不补正的,市法制部门可以将送审材料退回。

第十四条　起草和审查行政机关合同示范文本,应当根据需要征求有关方面的意见,开展调查、评估和论证;涉及专业技术领域的,可以邀请专家学者、专业机构参与或者委托其承办。

第十五条　本规定第十条第(二)、(三)项所指的行政机关合同示范文本由市法制局统一对外发布;未经发布,不得使用。

行政机关合同示范文本发布后确需变更的,按照本规定有关示范文本制定的程序执行。

第三章　行政机关合同的订立

第十六条　行政机关应当按照法律法规规定的程序和条件确定合同对方当事人。

采用政府采购或者招标方式确定行政机关合同对方当事人的,应当遵守《中华人民共和国政府采购法》《中华人民共和国招标投标法》等法律法规的规定。

第十七条　起草行政机关合同时,应当使用行政机关合同示范文本。

以市政府为一方当事人签订或者需经市政府批准签订的行政机关合同(以下统称市政府行政机关合同)由合同承办部门负责起草。市政府工作部门行政机关合同由各部门自行起草。

第十八条　行政机关合同订立前,合同承办部门应当对合同项目进行可行性审查论证,调查合同对方当事人资质、资产、信用、履约能力等情况,并收集、整理有关资料。

行政机关合同项目涉及其他部门职能的,合同承办部门应当在合同订立前征求其他相关部门的意见。

第十九条 行政机关合同订立过程中,各方当事人应当根据需要进行磋商。有行政机关合同示范文本的,应当在示范文本的基础上进行磋商。

就合同条款进行磋商、谈判时,合同承办部门应当根据项目复杂程度,所涉标的金额大小等因素,指定专人负责或者组织成立谈判小组,并就磋商范围作出明确授权。

市政府行政机关合同项目需要组织成立谈判小组的,合同承办部门应当函告市法制部门派员参加。

第二十条 行政机关合同有下列情形之一的,合同承办部门应当在不迟于签订之前 10 个工作日,将合同草拟稿提请市政府交由市法制部门进行法律审查:

(一)国家、省、市尚未制定行政机关合同示范文本的;

(二)对行政机关合同示范文本进行主体、标的、权利义务、违约责任等实质性变更的;

(三)市政府要求市法制部门法律审查的。

除前款规定外的行政机关合同由合同承办部门的法制机构负责法律审查。

第二十一条 市法制部门对行政机关合同法律审查的内容主要包括:

(一)主体是否适格;

(二)所涉事项能否以合同形式约定,是否侵害法定行政管理权限;

(三)内容是否显失公平,是否产生法律风险;

(四)是否约定了争议解决条款、违约责任条款及保密条款;

(五)是否符合合同订立的法定程序;

(六)是否违反相关法律、法规规定。

第二十二条 市法制部门就行政机关合同有关问题向合同承办部门提出询问的,合同承办部门应当在 3 个工作日内书面答复。

第二十三条 法律审查意见涉及合法性内容的,合同承办部门应当根据法律审查意见对行政机关合同草拟稿进行修改,属市政府行政机关合同,报市政府批准后,形成合同正式文本。

法律审查意见涉及适当性内容的,属市政府行政机关合同,合同承办部门应当充分说明理由和依据,并提请市政府根据实际情况综合平衡作出决定;属市政府工作部门行政机关合同,是否采纳,由各部门自行研究决定,再形成合同正式文本。

行政机关合同未经法律审查或者未通过合法性审查的,不得签订。

第二十四条 法律审查意见仅限于行政机关内部工作使用,市政府有关工作部门及知情人员不得对外泄露相关内容。

第二十五条 行政机关合同正式文本由行政机关法定代表人或者经法定代表人书面授权的代表人签字,并加盖单位公章或者合同专用章。

法律、法规、规章规定应当报经有关部门批准、登记、备案的行政机关合同,依照法定程序办理。

第四章 行政机关合同的履行

第二十六条 行政机关合同签订后,合同承办部门应当及时处理履行过程中的问题,及时主张权利。

行政机关合同的履行涉及市政府其他工作部门的,合同承办部门应当及时协调相关部门;相关部门应当按照职责分工,及时履行合同的有关约定。

第二十七条 行政机关合同履行过程中出现下列情形的,合同承办部门应当及时主张权利,采取措施预防和应对合同风险的发生:

(一)合同依据的法律法规或者政策修改、废止,可能影响合同正常履行;

(二)订立合同时的客观情况发生重大变化,可能影响合同正常履行;

(三)对方当事人财产状况恶化导致丧失或者可能丧失履约能力;

(四)出现不可抗力,可能影响合同正常履行;

(五)对方当事人明确表示或者以自己的行为表明不履行合同义务;

(六)其他影响或者可能影响合同履行的情形。

市政府行政机关合同在履行过程中出现前款情形的,合同承办部门应当及时向市政府提交预警报告,并抄送市法制部门。

第二十八条 预警报告应当包括以下内容:

(一)争议行政机关合同文本及相关补充合同;

(二)行政机关合同订立和履行情况的说明;

(三)行政机关合同风险的主要内容及初步处理预案;

(四)需要论证的问题明细;

(五)证据材料及清单;

（六）需要提交的其他资料。

第二十九条 行政机关合同履行过程中产生纠纷的,合同承办部门应当采取协商、调解方式解决。

经协商或者调解达成一致意见的,应当签订书面协议;经协商或者调解不能达成一致意见的,合同承办部门应当依法处理,必要时可以外聘律师或者提请市法制部门协助处理。

行政机关合同因纠纷被提起诉讼、被提请仲裁或者被申请行政复议的,合同承办部门应当做好应对工作。

第三十条 市政府行政机关合同产生纠纷的,合同承办部门应当及时收集证据材料,并提出应对方案报市政府同意后处理。

市法制部门负责组织市政府行政机关合同纠纷的应对和处理。

第三十一条 行政机关合同在纠纷处理过程中,未经市政府或者其工作部门同意,任何机构和个人不得放弃属于市政府或者其工作部门一方享有的合法权益。

第三十二条 行政机关合同订立后或者履行过程中需要订立补充合同或者变更、解除合同的,按照本规定有关行政机关合同订立的程序执行。

第三十三条 行政机关合同订立、履行过程中形成的下列档案材料,合同承办部门应当及时予以编号、登记、保管和归档:

（一）正式、补充合同文本;

（二）合同对方当事人的资产、信用、履约能力等情况的调查材料;

（三）合同谈判、协商材料;

（四）合同订立的依据、批准文件;

（五）法律审查意见;

（六）法院裁判文书、仲裁机构裁决文书、调解文书等合同纠纷处理过程中形成的材料;

（七）其他需要归档的材料。

第五章 法律责任

第三十四条 行政机关及其工作人员违反本规定,有下列行为之一的,由主管机关责令改正;造成较大经济损失的,由任免机关、监察机关或者其他有权机关依法追究行政责任;构成犯罪的,依法追究刑事责任:

（一）违反规定使用合同示范文本的;

（二）未经法律审查或者未通过合法性审查即擅自对外签订合同的；

（三）在合同订立、审查、履行过程中与他人恶意串通、损害行政机关合法权益的；

（四）在合同订立、审查、履行过程中玩忽职守、滥用职权、收受贿赂的；

（五）违反本规定第八条的禁止性规定订立合同的；

（六）未按规定保守秘密的；

（七）擅自放弃行政机关享有的合法权益的；

（八）未妥善保管合同资料、档案材料的。

第三十五条　市法制部门及其工作人员在法律审查中出现重大过错，造成较大经济损失的，由任免机关、监察机关或者其他有权机关依法追究行政责任；构成犯罪的，依法追究刑事责任。

第三十六条　行政机关违法订立、变更、解除行政机关合同，给公民、法人或者其他组织造成损害的，应当依法予以赔偿。

第六章　附　则

第三十七条　市政府授权高新区管理委员会、保税区管理委员会、区（县）政府签订的行政机关合同，按照本规定市政府行政机关合同管理的有关规定执行。

第三十八条　高新区管理委员会、保税区管理委员会、各区（县）政府及其工作部门对本级或者下属单位的行政机关合同管理工作，参照本规定执行。

以市属国有公司（企业）、融资平台公司为一方当事人，标的额人民币1亿元以上的政府性债务合同，应当报市法制部门审查，审查程序和要求参照本规定执行。

第三十九条　市政府行政决策中涉及的行政机关合同依照行政决策法律审查的程序执行，同时其内容应当符合本规定的要求。

第四十条　本规定自2014年5月1日起施行。

中华人民共和国政府采购法

（2002 年 6 月 29 日第九届全国人民代表大会常务委员会
第二十八次会议通过 2002 年 6 月 29 日中华人民共和国主席令
第 68 号公布自 2003 年 1 月 1 日起施行 根据 2014 年 8 月 31 日
第十二届全国人民代表大会常务委员会第 10 次会议通过
2014 年 8 月 31 日中华人民共和国主席令第 14 号公布
自公布之日起施行的《全国人民代表大会常务委员会
关于修改〈中华人民共和国保险法〉等五部法律的决定)》第一次修正)

第一章 总 则

第一条 为了规范政府采购行为,提高政府采购资金的使用效益,维护国家利益和社会公共利益,保护政府采购当事人的合法权益,促进廉政建设,制定本法。

第二条 在中华人民共和国境内进行的政府采购适用本法。

本法所称政府采购,是指各级国家机关、事业单位和团体组织,使用财政性资金采购依法制定的集中采购目录以内的或者采购限额标准以上的货物、工程和服务的行为。

政府集中采购目录和采购限额标准依照本法规定的权限制定。

本法所称采购,是指以合同方式有偿取得货物、工程和服务的行为,包括购买、租赁、委托、雇用等。

本法所称货物,是指各种形态和种类的物品,包括原材料、燃料、设备、产品等。

本法所称工程,是指建设工程,包括建筑物和构筑物的新建、改建、扩建、装修、拆除、修缮等。

本法所称服务,是指除货物和工程以外的其他政府采购对象。

第三条 政府采购应当遵循公开透明原则、公平竞争原则、公正原则和诚实信用原则。

第四条　政府采购工程进行招标投标的,适用招标投标法。

第五条　任何单位和个人不得采用任何方式,阻挠和限制供应商自由进入本地区和本行业的政府采购市场。

第六条　政府采购应当严格按照批准的预算执行。

第七条　政府采购实行集中采购和分散采购相结合。集中采购的范围由省级以上人民政府公布的集中采购目录确定。

属于中央预算的政府采购项目,其集中采购目录由国务院确定并公布;属于地方预算的政府采购项目,其集中采购目录由省、自治区、直辖市人民政府或者其授权的机构确定并公布。

纳入集中采购目录的政府采购项目,应当实行集中采购。

第八条　政府采购限额标准,属于中央预算的政府采购项目,由国务院确定并公布;属于地方预算的政府采购项目,由省、自治区、直辖市人民政府或者其授权的机构确定并公布。

第九条　政府采购应当有助于实现国家的经济和社会发展政策目标,包括保护环境,扶持不发达地区和少数民族地区,促进中小企业发展等。

第十条　政府采购应当采购本国货物、工程和服务。但有下列情形之一的除外:

(一)需要采购的货物、工程或者服务在中国境内无法获取或者无法以合理的商业条件获取的;

(二)为在中国境外使用而进行采购的;

(三)其他法律、行政法规另有规定的。

前款所称本国货物、工程和服务的界定,依照国务院有关规定执行。

第十一条　政府采购的信息应当在政府采购监督管理部门指定的媒体上及时向社会公开发布,但涉及商业秘密的除外。

第十二条　在政府采购活动中,采购人员及相关人员与供应商有利害关系的,必须回避。供应商认为采购人员及相关人员与其他供应商有利害关系的,可以申请其回避。

前款所称相关人员,包括招标采购中评标委员会的组成人员,竞争性谈判采购中谈判小组的组成人员,询价采购中询价小组的组成人员等。

第十三条　各级人民政府财政部门是负责政府采购监督管理的部门,依法履行对政府采购活动的监督管理职责。

各级人民政府其他有关部门依法履行与政府采购活动有关的监督管理职责。

第二章 政府采购当事人

第十四条 政府采购当事人是指在政府采购活动中享有权利和承担义务的各类主体，包括采购人、供应商和采购代理机构等。

第十五条 采购人是指依法进行政府采购的国家机关、事业单位、团体组织。

第十六条 集中采购机构为采购代理机构。设区的市、自治州以上人民政府根据本级政府采购项目组织集中采购的需要设立集中采购机构。

集中采购机构是非营利事业法人，根据采购人的委托办理采购事宜。

第十七条 集中采购机构进行政府采购活动，应当符合采购价格低于市场平均价格、采购效率更高、采购质量优良和服务良好的要求。

第十八条 采购人采购纳入集中采购目录的政府采购项目，必须委托集中采购机构代理采购；采购未纳入集中采购目录的政府采购项目，可以自行采购，也可以委托集中采购机构在委托的范围内代理采购。

纳入集中采购目录属于通用的政府采购项目的，应当委托集中采购机构代理采购；属于本部门、本系统有特殊要求的项目，应当实行部门集中采购；属于本单位有特殊要求的项目，经省级以上人民政府批准，可以自行采购。

第十九条 采购人可以委托集中采购机构以外的采购代理机构，在委托的范围内办理政府采购事宜。

采购人有权自行选择采购代理机构，任何单位和个人不得以任何方式为采购人指定采购代理机构。

第二十条 采购人依法委托采购代理机构办理采购事宜的，应当由采购人与采购代理机构签订委托代理协议，依法确定委托代理的事项，约定双方的权利义务。

第二十一条 供应商是指向采购人提供货物、工程或者服务的法人、其他组织或者自然人。

第二十二条 供应商参加政府采购活动应当具备下列条件：

（一）具有独立承担民事责任的能力；

（二）具有良好的商业信誉和健全的财务会计制度；

（三）具有履行合同所必需的设备和专业技术能力；

（四）有依法缴纳税收和社会保障资金的良好记录；

（五）参加政府采购活动前三年内，在经营活动中没有重大违法记录；

（六）法律、行政法规规定的其他条件。

采购人可以根据采购项目的特殊要求，规定供应商的特定条件，但不得以不合理的条件对供应商实行差别待遇或者歧视待遇。

第二十三条 采购人可以要求参加政府采购的供应商提供有关资质证明文件和业绩情况，并根据本法规定的供应商条件和采购项目对供应商的特定要求，对供应商的资格进行审查。

第二十四条 两个以上的自然人、法人或者其他组织可以组成一个联合体，以一个供应商的身份共同参加政府采购。

以联合体形式进行政府采购的，参加联合体的供应商均应当具备本法第二十二条规定的条件，并应当向采购人提交联合协议，载明联合体各方承担的工作和义务。联合体各方应当共同与采购人签订采购合同，就采购合同约定的事项对采购人承担连带责任。

第二十五条 政府采购当事人不得相互串通损害国家利益、社会公共利益和其他当事人的合法权益；不得以任何手段排斥其他供应商参与竞争。

供应商不得以向采购人、采购代理机构、评标委员会的组成人员、竞争性谈判小组的组成人员、询价小组的组成人员行贿或者采取其他不正当手段谋取中标或者成交。

采购代理机构不得以向采购人行贿或者采取其他不正当手段谋取非法利益。

第三章 政府采购方式

第二十六条 政府采购采用以下方式：

（一）公开招标；

（二）邀请招标；

（三）竞争性谈判；

（四）单一来源采购；

（五）询价；

（六）国务院政府采购监督管理部门认定的其他采购方式。

公开招标应作为政府采购的主要采购方式。

第二十七条 采购人采购货物或者服务应当采用公开招标方式的，其具体数额标准,属于中央预算的政府采购项目,由国务院规定;属于地方预算的政府采购项目,由省、自治区、直辖市人民政府规定;因特殊情况需要采用公开招标以外的采购方式的,应当在采购活动开始前获得设区的市、自治州以上人民政府采购监督管理部门的批准。

第二十八条 采购人不得将应当以公开招标方式采购的货物或者服务化整为零或者以其他任何方式规避公开招标采购。

第二十九条 符合下列情形之一的货物或者服务,可以依照本法采用邀请招标方式采购:

(一)具有特殊性,只能从有限范围的供应商处采购的;

(二)采用公开招标方式的费用占政府采购项目总价值的比例过大的。

第三十条 符合下列情形之一的货物或者服务,可以依照本法采用竞争性谈判方式采购:

(一)招标后没有供应商投标或者没有合格标的或者重新招标未能成立的;

(二)技术复杂或者性质特殊,不能确定详细规格或者具体要求的;

(三)采用招标所需时间不能满足用户紧急需要的;

(四)不能事先计算出价格总额的。

第三十一条 符合下列情形之一的货物或者服务,可以依照本法采用单一来源方式采购:

(一)只能从唯一供应商处采购的;

(二)发生了不可预见的紧急情况不能从其他供应商处采购的;

(三)必须保证原有采购项目一致性或者服务配套的要求,需要继续从原供应商处添购,且添购资金总额不超过原合同采购金额百分之十的。

第三十二条 采购的货物规格、标准统一、现货货源充足且价格变化幅度小的政府采购项目,可以依照本法采用询价方式采购。

第四章 政府采购程序

第三十三条 负有编制部门预算职责的部门在编制下一财政年度部门预算时,应当将该财政年度政府采购的项目及资金预算列出,报本级财政部门汇总。部门预算的审批,按预算管理权限和程序进行。

第三十四条 货物或者服务项目采取邀请招标方式采购的,采购人应当从符合相应资格条件的供应商中,通过随机方式选择三家以上的供应商,并向其发出投标邀请书。

第三十五条 货物和服务项目实行招标方式采购的,自招标文件开始发出之日起至投标人提交投标文件截止之日止,不得少于二十日。

第三十六条 在招标采购中,出现下列情形之一的,应予废标:

(一)符合专业条件的供应商或者对招标文件作实质响应的供应商不足三家的;

(二)出现影响采购公正的违法、违规行为的;

(三)投标人的报价均超过了采购预算,采购人不能支付的;

(四)因重大变故,采购任务取消的。

废标后,采购人应当将废标理由通知所有投标人。

第三十七条 废标后,除采购任务取消情形外,应当重新组织招标;需要采取其他方式采购的,应当在采购活动开始前获得设区的市、自治州以上人民政府采购监督管理部门或者政府有关部门批准。

第三十八条 采用竞争性谈判方式采购的,应当遵循下列程序:

(一)成立谈判小组。谈判小组由采购人的代表和有关专家共三人以上的单数组成,其中专家的人数不得少于成员总数的三分之二。

(二)制定谈判文件。谈判文件应当明确谈判程序、谈判内容、合同草案的条款以及评定成交的标准等事项。

(三)确定邀请参加谈判的供应商名单。谈判小组从符合相应资格条件的供应商名单中确定不少于三家的供应商参加谈判,并向其提供谈判文件。

(四)谈判。谈判小组所有成员集中与单一供应商分别进行谈判。在谈判中,谈判的任何一方不得透露与谈判有关的其他供应商的技术资料、价格和其他信息。谈判文件有实质性变动的,谈判小组应当以书面形式通知所有参加谈判的供应商。

(五)确定成交供应商。谈判结束后,谈判小组应当要求所有参加谈判的供应商在规定时间内进行最后报价,采购人从谈判小组提出的成交候选人中根据符合采购需求、质量和服务相等且报价最低的原则确定成交供应商,并将结果通知所有参加谈判的未成交的供应商。

第三十九条 采取单一来源方式采购的,采购人与供应商应当遵循本法规定的原则,在保证采购项目质量和双方商定合理价格的基础上进行采购。

第四十条 采取询价方式采购的,应当遵循下列程序:

(一)成立询价小组。询价小组由采购人的代表和有关专家共三人以上的单数组成,其中专家的人数不得少于成员总数的三分之二。询价小组应当对采购项目的价格构成和评定成交的标准等事项作出规定。

（二）确定被询价的供应商名单。询价小组根据采购需求，从符合相应资格条件的供应商名单中确定不少于三家的供应商，并向其发出询价通知书让其报价。

（三）询价。询价小组要求被询价的供应商一次报出不得更改的价格。

（四）确定成交供应商。采购人根据符合采购需求、质量和服务相等且报价最低的原则确定成交供应商，并将结果通知所有被询价的未成交的供应商。

第四十一条 采购人或者其委托的采购代理机构应当组织对供应商履约的验收。大型或者复杂的政府采购项目，应当邀请国家认可的质量检测机构参加验收工作。验收方成员应当在验收书上签字，并承担相应的法律责任。

第四十二条 采购人、采购代理机构对政府采购项目每项采购活动的采购文件应当妥善保存，不得伪造、变造、隐匿或者销毁。采购文件的保存期限为从采购结束之日起至少保存十五年。

采购文件包括采购活动记录、采购预算、招标文件、投标文件、评标标准、评估报告、定标文件、合同文本、验收证明、质疑答复、投诉处理决定及其他有关文件、资料。

采购活动记录至少应当包括下列内容：

（一）采购项目类别、名称；

（二）采购项目预算、资金构成和合同价格；

（三）采购方式，采用公开招标以外的采购方式的，应当载明原因；

（四）邀请和选择供应商的条件及原因；

（五）评标标准及确定中标人的原因；

（六）废标的原因；

（七）采用招标以外采购方式的相应记载。

第五章　政府采购合同

第四十三条 政府采购合同适用合同法。采购人和供应商之间的权利和义务，应当按照平等、自愿的原则以合同方式约定。

采购人可以委托采购代理机构代表其与供应商签订政府采购合同。由采购代理机构以采购人名义签订合同的，应当提交采购人的授权委托书，作为合同附件。

第四十四条 政府采购合同应当采用书面形式。

第四十五条　国务院政府采购监督管理部门应当会同国务院有关部门,规定政府采购合同必须具备的条款。

第四十六条　采购人与中标、成交供应商应当在中标、成交通知书发出之日起三十日内,按照采购文件确定的事项签订政府采购合同。

中标、成交通知书对采购人和中标、成交供应商均具有法律效力。中标、成交通知书发出后,采购人改变中标、成交结果的,或者中标、成交供应商放弃中标、成交项目的,应当依法承担法律责任。

第四十七条　政府采购项目的采购合同自签订之日起七个工作日内,采购人应当将合同副本报同级政府采购监督管理部门和有关部门备案。

第四十八条　经采购人同意,中标、成交供应商可以依法采取分包方式履行合同。

政府采购合同分包履行的,中标、成交供应商就采购项目和分包项目向采购人负责,分包供应商就分包项目承担责任。

第四十九条　政府采购合同履行中,采购人需追加与合同标的相同的货物、工程或者服务的,在不改变合同其他条款的前提下,可以与供应商协商签订补充合同,但所有补充合同的采购金额不得超过原合同采购金额的百分之十。

第五十条　政府采购合同的双方当事人不得擅自变更、中止或者终止合同。

政府采购合同继续履行将损害国家利益和社会公共利益的,双方当事人应当变更、中止或者终止合同。有过错的一方应当承担赔偿责任,双方都有过错的,各自承担相应的责任。

第六章　质疑与投诉

第五十一条　供应商对政府采购活动事项有疑问的,可以向采购人提出询问,采购人应当及时作出答复,但答复的内容不得涉及商业秘密。

第五十二条　供应商认为采购文件、采购过程和中标、成交结果使自己的权益受到损害的,可以在知道或者应知其权益受到损害之日起七个工作日内,以书面形式向采购人提出质疑。

第五十三条　采购人应当在收到供应商的书面质疑后七个工作日内作出答复,并以书面形式通知质疑供应商和其他有关供应商,但答复的内容不得涉及商业秘密。

第五十四条　采购人委托采购代理机构采购的,供应商可以向采购代理机构提出询问或者质疑,采购代理机构应当依照本法第五十一条、第五十三条的规定就采购人委托授权范围内的事项作出答复。

第五十五条　质疑供应商对采购人、采购代理机构的答复不满意或者采购人、采购代理机构未在规定的时间内作出答复的,可以在答复期满后十五个工作日内向同级政府采购监督管理部门投诉。

第五十六条　政府采购监督管理部门应当在收到投诉后三十个工作日内,对投诉事项作出处理决定,并以书面形式通知投诉人和与投诉事项有关的当事人。

第五十七条　政府采购监督管理部门在处理投诉事项期间,可以视具体情况书面通知采购人暂停采购活动,但暂停时间最长不得超过三十日。

第五十八条　投诉人对政府采购监督管理部门的投诉处理决定不服或者政府采购监督管理部门逾期未作处理的,可以依法申请行政复议或者向人民法院提起行政诉讼。

第七章　监督检查

第五十九条　政府采购监督管理部门应当加强对政府采购活动及集中采购机构的监督检查。

监督检查的主要内容是:

（一）有关政府采购的法律、行政法规和规章的执行情况;

（二）采购范围、采购方式和采购程序的执行情况;

（三）政府采购人员的职业素质和专业技能。

第六十条　政府采购监督管理部门不得设置集中采购机构,不得参与政府采购项目的采购活动。

采购代理机构与行政机关不得存在隶属关系或者其他利益关系。

第六十一条　集中采购机构应当建立健全内部监督管理制度。采购活动的决策和执行程序应当明确,并相互监督、相互制约。经办采购的人员与负责采购合同审核、验收人员的职责权限应当明确,并相互分离。

第六十二条　集中采购机构的采购人员应当具有相关职业素质和专业技能,符合政府采购监督管理部门规定的专业岗位任职要求。

集中采购机构对其工作人员应当加强教育和培训;对采购人员的专业水平、工作实绩和职业道德状况定期进行考核。采购人员经考核不合格的,不得继续任职。

第六十三条　政府采购项目的采购标准应当公开。

采用本法规定的采购方式的,采购人在采购活动完成后,应当将采购结果予以公布。

第六十四条　采购人必须按照本法规定的采购方式和采购程序进行采购。

任何单位和个人不得违反本法规定,要求采购人或者采购工作人员向其指定的供应商进行采购。

第六十五条　政府采购监督管理部门应当对政府采购项目的采购活动进行检查,政府采购当事人应当如实反映情况,提供有关材料。

第六十六条　政府采购监督管理部门应当对集中采购机构的采购价格、节约资金效果、服务质量、信誉状况、有无违法行为等事项进行考核,并定期如实公布考核结果。

第六十七条　依照法律、行政法规的规定对政府采购负有行政监督职责的政府有关部门,应当按照其职责分工,加强对政府采购活动的监督。

第六十八条　审计机关应当对政府采购进行审计监督。政府采购监督管理部门、政府采购各当事人有关政府采购活动,应当接受审计机关的审计监督。

第六十九条　监察机关应当加强对参与政府采购活动的国家机关、国家公务员和国家行政机关任命的其他人员实施监察。

第七十条　任何单位和个人对政府采购活动中的违法行为,有权控告和检举,有关部门、机关应当依照各自职责及时处理。

第八章　法律责任

第七十一条　采购人、采购代理机构有下列情形之一的,责令限期改正,给予警告,可以并处罚款,对直接负责的主管人员和其他直接责任人员,由其行政主管部门或者有关机关给予处分,并予通报:

(一)应当采用公开招标方式而擅自采用其他方式采购的;

(二)擅自提高采购标准的;

(四)以不合理的条件对供应商实行差别待遇或者歧视待遇的;

(五)在招标采购过程中与投标人进行协商谈判的;

(六)中标、成交通知书发出后不与中标、成交供应商签订采购合同的;

(七)拒绝有关部门依法实施监督检查的。

第七十二条　采购人、采购代理机构及其工作人员有下列情形之一,构成犯罪的,依法追究刑事责任;尚不构成犯罪的,处以罚款,有违法所得的,并处没

收违法所得,属于国家机关工作人员的,依法给予行政处分:

(一)与供应商或者采购代理机构恶意串通的;

(二)在采购过程中接受贿赂或者获取其他不正当利益的;

(三)在有关部门依法实施的监督检查中提供虚假情况的;

(四)开标前泄露标底的。

第七十三条 有前两条违法行为之一影响中标、成交结果或者可能影响中标、成交结果的,按下列情况分别处理:

(一)未确定中标、成交供应商的,终止采购活动;

(二)中标、成交供应商已经确定但采购合同尚未履行的,撤销合同,从合格的中标、成交候选人中另行确定中标、成交供应商;

(三)采购合同已经履行的,给采购人、供应商造成损失的,由责任人承担赔偿责任。

第七十四条 采购人对应当实行集中采购的政府采购项目,不委托集中采购机构实行集中采购的,由政府采购监督管理部门责令改正;拒不改正的,停止按预算向其支付资金,由其上级行政主管部门或者有关机关依法给予其直接负责的主管人员和其他直接责任人员处分。

第七十五条 采购人未依法公布政府采购项目的采购标准和采购结果的,责令改正,对直接负责的主管人员依法给予处分。

第七十六条 采购人、采购代理机构违反本法规定隐匿、销毁应当保存的采购文件或者伪造、变造采购文件的,由政府采购监督管理部门处以二万元以上十万元以下的罚款,对其直接负责的主管人员和其他直接责任人员依法给予处分;构成犯罪的,依法追究刑事责任。

第七十七条 供应商有下列情形之一的,处以采购金额千分之五以上千分之十以下的罚款,列入不良行为记录名单,在一至三年内禁止参加政府采购活动,有违法所得的,并处没收违法所得,情节严重的,由工商行政管理机关吊销营业执照;构成犯罪的,依法追究刑事责任:

(一)提供虚假材料谋取中标、成交的;

(二)采取不正当手段诋毁、排挤其他供应商的;

(三)与采购人、其他供应商或者采购代理机构恶意串通的;

(四)向采购人、采购代理机构行贿或者提供其他不正当利益的;

(五)在招标采购过程中与采购人进行协商谈判的;

(六)拒绝有关部门监督检查或者提供虚假情况的。

供应商有前款第(一)至(五)项情形之一的,中标、成交无效。

第七十八条 采购代理机构在代理政府采购业务中有违法行为的,按照有关法律规定处以罚款,可以在一至三年内禁止其代理政府采购业务,构成犯罪的,依法追究刑事责任。

第七十九条 政府采购当事人有本法第七十一条、第七十二条、第七十七条违法行为之一,给他人造成损失的,并应依照有关民事法律规定承担民事责任。

第八十条 政府采购监督管理部门的工作人员在实施监督检查中违反本法规定滥用职权,玩忽职守,徇私舞弊的,依法给予行政处分;构成犯罪的,依法追究刑事责任。

第八十一条 政府采购监督管理部门对供应商的投诉逾期未作处理的,给予直接负责的主管人员和其他直接责任人员行政处分。

第八十二条 政府采购监督管理部门对集中采购机构业绩的考核,有虚假陈述,隐瞒真实情况的,或者不作定期考核和公布考核结果的,应当及时纠正,由其上级机关或者监察机关对其负责人进行通报,并对直接负责的人员依法给予行政处分。

集中采购机构在政府采购监督管理部门考核中,虚报业绩,隐瞒真实情况的,处以二万元以上二十万元以下的罚款,并予以通报;情节严重的,取消其代理采购的资格。

第八十三条 任何单位或者个人阻挠和限制供应商进入本地区或者本行业政府采购市场的,责令限期改正;拒不改正的,由该单位、个人的上级行政主管部门或者有关机关给予单位责任人或者个人处分。

第九章 附 则

第八十四条 使用国际组织和外国政府贷款进行的政府采购,贷款方、资金提供方与中方达成的协议对采购的具体条件另有规定的,可以适用其规定,但不得损害国家利益和社会公共利益。

第八十五条 对因严重自然灾害和其他不可抗力事件所实施的紧急采购和涉及国家安全和秘密的采购,不适用本法。

第八十六条 军事采购法规由中央军事委员会另行制定。

第八十七条 本法实施的具体步骤和办法由国务院规定。

第八十八条 本法自 2003 年 1 月 1 日起施行。

宁波市政府服务外包暂行办法

（2009 年 11 月 24 日宁波市人民政府第 67 次常务会议审议通过
2009 年 12 月 1 日宁波市人民政府令第 169 号公布
自 2010 年 1 月 1 日起施行）

第一章 总 则

第一条 为发展政府服务外包,创新公共服务的体制机制,提高公共服务的效率和品质,建设服务型政府,加快现代服务业发展,制定本办法。

第二条 本市行政区域内各行政机关以及法律、法规授权或者法律、法规、规章委托执法的组织(以下统称行政机关)政府服务外包,适用本办法。

第三条 本办法所称政府服务外包(以下简称服务外包),是指行政机关将社会管理、公共服务、后勤服务等技术性劳务类事务,委托给具备条件的企业、科研机构、高等院校或其他组织(以下统称承包商)履行,并支付相应报酬的民事法律行为。

第四条 行政机关服务外包,应当遵守民法通则、政府采购法、合同法等法律规定,坚持公开透明原则、公平竞争原则、公正原则、诚实信用原则。

第五条 任何符合条件的承包商都可以参加服务外包,任何单位和个人不得采用任何方式,阻挠和限制承包商进入服务外包市场,也不得对承包商实行差别待遇或者歧视待遇。

第六条 在服务外包活动中,行政机关有关工作人员与承包商有利害关系的,必须回避。承包商认为行政机关有关工作人员与其他承包商有利害关系的,也可以申请其回避。

第七条 鼓励成立服务外包行业协会,开展业务培训,培养专门人才,制定服务项目标准和行为规则,指导和规范服务外包项目管理活动,推动服务外包行业和市场的健康发展。

第二章　服务外包范围

第八条　下列事项可以实行服务外包：

（一）电子设备、网络、软件开发和维护管理；

（二）培训教育；

（三）专业技术鉴定、检验、检测；

（四）统计、论证、咨询、课题调查研究；

（五）规划编制、法规规章等文件的起草；

（六）代履行等行政执行的辅助性工作；

（七）政府法律顾问事务；

（八）居家养老等社会公共服务；

（九）公务活动的组织、服务；

（十）后勤服务；

（十一）其他依法可以外包的事项。

第九条　行政处罚、行政许可、行政检查、行政收费、行政确认、行政征收征用、行政强制执行等政务行为，不得实行服务外包。

对服务外包事项涉及政务行为的界定不够明确的，行政机关应按事项内容报同级编制、政府法制、财政、监察等相应管理部门进行合法性和可行性审查，在确定后按本办法执行。

第三章　服务外包程序

第十条　行政机关应当加强社会调查，通过各种方式听取基层群众意见，了解群众需求，实现服务外包的民主、科学决策。

第十一条　行政机关服务外包，应当事先制定有关方案。

服务外包方案应当包括以下内容：

（一）服务外包事项和依据；

（二）对承包商的资质、条件等要求；

（三）经费及其来源；

（四）工作业务业绩及服务质量要求、评价程序和方法；

（五）监督方式；

（六）争议解决办法；

（七）其他有关内容。

第十二条　服务外包信息应当在宁波市政府采购网等公众媒体上发布,但涉及国家秘密、商业秘密的除外。

第十三条　服务外包采用以下方式:

(一)公开招标;

(二)邀请招标;

(二)竞争性谈判;

(四)单一来源采购;

(五)询价;

(六)国家有关部门认定的其他方式。

第十四条　公开招标应作为服务外包的主要方式。

对应当公开招标的事项,行政机关不得以任何方式规避。

第十五条　行政机关可依法自行组织服务外包,也可委托集中采购机构或具备资格的中介机构代理。

第十六条　承包商申请参加服务外包,应当符合下列条件:

(一)具有独立承担民事责任的能力;

(二)具有良好的商业信誉和健全的财务会计制度;

(三)具有履行合同所必需的设备和专业技术能力;

(四)有依法缴纳税收和社会保障资金的良好记录;

(五)参加服务外包活动前三年内,在经营活动中没有重大违法记录;

(六)法律、行政法规规定的其他条件。

对有特殊要求的服务外包项目,经政府采购监督管理部门牵头论证并报同级政府批准,行政机关可以规定承包商的特定条件。

第十七条　行政机关可以要求承包商提供有关资质证明文件和业绩情况,并根据前条规定的条件和服务外包项目的特殊要求,对承包商的资格进行审查。

第十八条　两个及以上的承包商可以组成一个联合体,以一个承包商的身份参加服务外包。

以联合体形式参加服务外包的,各承包商均应当具备本办法第十六条规定的条件,并提交联合协议,载明各方承担的工作和义务。联合体各方应当共同与行政机关签订合同,就合同约定的事项承担连带责任。

第十九条　服务外包项目通过招标方式进行的,自招标文件开始发出之日起至提交投标文件截止之日止,不得少于20日。

第二十条 在招标过程中出现下列情形之一的,应予废标:

(一)符合专业条件的承包商或者对招标文件作实质响应的承包商不足三家的;

(二)出现影响采购公正的违法、违规行为的;

(三)报价均超过了预算而不能支付的;

(四)因重大变故,采购任务取消的。

废标后,行政机关应当将废标理由通知所有投标人。

第二十一条 废标后,除服务外包事项被取消情形外,应当重新组织招标;需要采取其他方式进行的,应当在服务外包活动开始前获得有关部门批准。

第二十二条 行政机关或者其委托的代理机构应当组织对承包商履约的验收。大型或者复杂的项目,应当邀请国家认可的质量检测机构参加验收工作。验收方成员应当在验收书上签字,并承担相应的法律责任。

第二十三条 行政机关、代理机构对服务外包项目的有关文件应当妥善保存,不得伪造、变造、隐匿或者销毁。文件的保存期限为从服务外包结束之日起至少十五年。

前款所指的文件包括服务外包活动记录、预算、招标文件、投标文件、评标标准、评估报告、定标文件、合同文本、验收证明、质疑答复、投诉处理决定及其他有关文件、资料。

第二十四条 服务外包中标、成交通知书对行政机关和中标、成交承包商均具有法律效力。中标、成交通知书发出后,行政机关改变中标、成交结果,或者中标、成交承包商放弃中标、成交项目的,应当依法承担法律责任。

第二十五条 行政机关与中标、成交供应商应当在中标、成交通知书发出之日起三十日内签订合同,合同内容按照服务外包有关文件所记载的事项确定。

行政机关可以委托代理机构代表其与承包商签订合同。由代理机构以行政机关名义签订合同的,应当提交行政机关的授权委托书并作为合同附件。

第二十六条 服务外包合同自签订之日起七个工作日内,行政机关应当将合同副本报同级政府采购监督管理部门等有关部门备案。

第四章 服务外包实施制度

第二十七条 服务外包项目实行项目经理负责制。

承包商应当在服务外包有关材料中,说明承担业务管理职责的项目经理情况,接受行政机关审查。

第二十八条 承包商应当按合同约定,选派符合条件的人员担任项目经理,组建项目管理机构,履行服务外包合同。

承包商不得擅自变更已经确认的项目经理。

第二十九条 项目经理应当具备以下条件:

(一)遵守法律、法规、规章;

(二)身体健康,能够完成工作任务;

(三)个人信用记录良好,没有因故意犯罪被刑事处罚的记录;

(四)具有和履行职责相适应的学历、工作经历或从业资格;

(五)法律、法规、规章规定的其他条件。

第三十条 承包商建立以项目经理为首的管理制度,项目经理应当与本组织的法定代表人签订协议,在授权范围内对项目负有全面管理责任。

第三十一条 项目经理履行下列职责:

(一)贯彻执行有关法律、法规、规章和各项管理制度;

(二)严格财经制度,加强财经管理,正确处理各方的利益关系;

(三)对服务外包项目的进程进行有效控制,执行有关规范、标准和程序,全面履行合同规定;

(四)其他由项目经理负责履行的职责。

第五章 政府监管与服务

第三十二条 承包商、行政机关对服务外包范围、程序等有疑问的,可以向政府法制机构或政府采购监督管理部门咨询。

双方在履行合同过程中发生争议的,可根据仲裁条款或者协议申请仲裁,仲裁机构应当依法处理。

第三十三条 监督管理部门应当加强对服务外包活动的监督检查,对有违反规定的行为,应当及时责令整改。

监督检查的主要内容包括:

(一)有关法律、法规、规章的执行情况;

(二)服务外包范围、方式和程序的执行情况;

(三)服务外包有关工作人员的职业素质和职业技能。

第三十四条 服务外包后,行政机关应当对工作经费和工作人员的岗位进行相应调整,加强调查研究、日常监管、行政指导,及时发现和解决行政管理中产生的各种问题。

第三十五条　行政机关服务外包,不得向承包商指定购买商品或接受服务的渠道,不得索取或者收受财物,不得谋取其他不正当利益。

第三十六条　新开展或新增加财政拨款的公共服务项目具备服务外包条件的,一般应当通过服务外包的方式进行。

第三十七条　各部门应当加快政府服务管理模式的创新,促进服务外包发展,规范市场秩序。

各部门应当加强服务外包发展现状和趋势的分析研究,为政府决策和服务外包企业服务。

第三十八条　对涉及群众切身利益或者重大的服务外包事项,审计机关应当对服务外包的有关情况进行审计监督。

第三十九条　政府采购监督管理部门应当建立服务外包评价制度,委托有资质的专业社会统计调查机构评价,结合社会公众和服务对象意见,对服务质量、社会满意度等进行绩效考核。

对考核优秀的承包商,在以后的服务外包中应当优先。

第六章　附　　则

第四十条　行政机关、承包商违反本办法规定的,按照政府采购法等有关法律、法规、规章规定处罚。

第四十一条　本市行政区域内其他国家机关、群众组织、社会团体服务外包,可参照本办法执行。

第四十二条　对金额较小、需要保密、情况紧急等服务外包事项,可以简化相应程序,但不得违反国家和本办法的禁止性规定。

第四十三条　国家、省政府对服务外包另有规定的,从其规定。

第四十四条　本办法自 2010 年 1 月 1 日起施行。

杭州市服务外包知识产权保护若干规定

（2009 年 9 月 4 日杭州市人民政府第 46 次常务会议审议通过

2009 年 9 月 23 日杭州市人民政府令第 256 号公布

自 2009 年 11 月 1 日起施行）

第一章　总　则

第一条　为加强本市服务外包知识产权保护工作,优化服务外包产业投资和发展环境,促进服务外包产业发展,根据有关法律法规,结合本市实际,制定本规定。

第二条　本市行政区域内的企业承接服务外包业务的,其知识产权保护工作适用本规定。

第三条　本规定所称的服务外包业务,是指企业以信息技术为依托,通过签订合同向其他企业、机构、组织、个人提供信息技术外包服务、技术性业务流程外包服务等服务的行为。

本规定所称的服务外包企业,是指根据其与服务外包发包方签订的合同提供外包服务的承包方。

第四条　服务外包知识产权保护坚持激励创造、科学管理、诚信高效、平等保护的基本原则。

第五条　市人民政府设立知识产权工作领导小组,负责制订服务外包知识产权保护工作规则,研究服务外包知识产权保护基本政策,并协调本市服务外包知识产权保护中的重大事项。

市知识产权工作领导小组由市科技(知识产权)、公安、工商、文广新闻出版、外经贸、财政、质监、政府法制、信息化等行政管理部门组成。

第六条　市知识产权工作领导小组下设办公室(设在市知识产权局),负责开展下列服务外包知识产权保护工作:

(一)统筹协调、组织实施全市服务外包行业知识产权保护工作;

（二）组织服务外包企业开展知识产权宣传培训,指导服务外包企业建立、健全知识产权保护制度;

（三）受理服务外包知识产权侵权投诉和违法举报,在有关部门间建立信息共享和案件线索传递机制;

（四）建立、维护服务外包知识产权执法综合信息库;

（五）协调执法案件移送,组织开展对重大案件的联合调查;

（六）市知识产权工作领导小组交办的其他工作。

第七条　服务外包行业协会应当发挥行业代表、行业自律、行业服务和行业协调作用,规范服务外包企业的经营活动,维护服务外包企业的合法权益,促进行业健康发展。服务外包行业协会在知识产权保护方面要具体开展下列工作:

（一）指导服务外包企业建立、健全知识产权保护制度;

（二）调解服务外包行业发生的知识产权纠纷;

（三）建立服务外包企业及相关个人的知识产权诚信档案;

（四）对侵犯知识产权的会员按照章程进行惩戒,并将惩戒情况载入诚信档案。

第二章　企业保护措施

第八条　服务外包发包方和承包方应当建立、健全知识产权保护制度,建立知识产权管理机构,配备专职或者兼职工作人员负责知识产权保护工作。

第九条　服务外包发包方和承包方应当对服务外包过程中涉及的知识产权归属、保护等问题作出明确约定,并履行各自承担的知识产权保护义务。

第十条　服务外包发包方与承包方在合同缔结阶段、履行阶段以及合同终止后,都应当遵循诚实信用原则,对所知悉的商业秘密承担保密义务。一方泄露或者不正当使用商业秘密给对方造成损失的,应当依法承担相应的法律责任。

第十一条　由市、区、县(市)人民政府及其部门委托开发的项目,其知识产权的归属在项目合同中约定。未作明确约定的,由接受委托的企业享有。

第十二条　服务外包企业可以通过下列途径保护其知识产权:

（一）依照著作权保护管理的有关规定对其独创性的作品进行作品登记;

（二）依照计算机软件保护及计算机软件著作权登记的有关规定对其开发的软件进行著作权登记;

（三）依照浙江省企业商号保护和管理的有关规定向浙江省工商行政管理部门申请认定浙江省知名商号；

（四）依照驰名商标、浙江省著名商标认定和保护有关规定以及本市的有关规定，申请认定驰名商标、浙江省著名商标或者杭州市著名商标；

（五）根据国家和浙江省有关规定，申请认定中国名牌产品或者浙江名牌产品；

（六）依照有关法律法规的规定对发明、实用新型和外观设计申请专利，并依照浙江省、杭州市有关专利专项资金管理规定，申请使用专利专项资金；

（七）依照其他法律法规的规定，保护其知识产权。

第十三条 服务外包企业应当明确保密岗位，落实保密责任制，对计算机、网络、服务器及相关设备采取访问及存取控制、密钥管理、权限设置、使用正版软件及安全防护软件等安全防护措施。

服务外包企业应当加强对商业秘密的保护，制订并实施商业秘密档案归档、保存、借阅、复制、销毁等各项制度，采取技术性保密防范措施，加强对涉及商业秘密场所的管理。

第十四条 服务外包企业应当建立保密制度，加强保密纪律宣传教育，对相关人员进行必要的培训，并通过签订保密协议等方式要求员工或者业务相关人保守商业秘密。

保密协议可以约定保密期限、保密费数额及其支付方式等内容。在保密期限内，员工和业务相关人负有保密义务，但该商业秘密已经公开的除外。保密协议未约定保密期限的，保密期限为商业秘密的存续期。

第十五条 服务外包企业可以与知悉商业秘密的员工签订竞业限制协议。竞业限制协议包括以下主要内容：

（一）竞业限制的行业范围、地域范围、期限；

（二）补偿费的数额及支付方法；

（三）违约责任；

（四）其他需要约定的事项。

第十六条 发生服务外包知识产权纠纷的，当事人可以协商解决，或者请求相关行政管理部门依法处理，也可以直接向有管辖权的人民法院起诉。事先或者事后达成仲裁协议的，当事人应当向仲裁机构申请仲裁。

第三章 行政执法措施

第十七条 服务外包业务中侵犯商业秘密的,权利人可以请求有管辖权的工商行政管理部门查处。工商行政管理部门依照《中华人民共和国反不正当竞争法》等法律法规进行处理。

第十八条 服务外包业务中侵犯商标权的,权利人可以请求有管辖权的工商行政管理部门查处。工商行政管理部门依照《中华人民共和国商标法》《商标法实施条例》等法律法规进行处理。

第十九条 服务外包业务中驰名商标所有人认为他人将其驰名商标作为企业名称登记,可能欺骗公众或者对公众造成误解的,可以向企业名称登记主管部门申请撤销该企业名称登记。企业名称登记主管部门应当依照有关企业名称登记的法律法规进行处理。

第二十条 服务外包业务中侵犯专利权或假冒专利的,权利人或者利害关系人可以请求有管辖权的专利工作管理部门处理。专利工作管理部门应当依照有关专利保护的法律法规进行处理。

第二十一条 服务外包业务中侵犯著作权并损害公共利益的,权利人可以请求有管辖权的著作权行政管理部门处理。有管辖权的著作权行政管理部门依照《中华人民共和国著作权法》《计算机软件保护条例》等法律法规进行处理。

第二十二条 负责知识产权行政执法的行政管理部门应当将各自的管辖范围、立案标准、执法程序、执法时限等信息向社会公开。

第二十三条 市知识产权工作领导小组办公室建立服务外包知识产权侵权投诉和违法举报统一受理机制,并在受理后三个工作日内,将受理的投诉或者举报内容移交有管辖权的行政管理部门。

负责知识产权行政执法的行政管理部门应当建立健全各自的知识产权侵权投诉和违法举报受理机制,定期将投诉或者举报内容通报市知识产权工作领导小组办公室。

第二十四条 负责知识产权行政执法的行政管理部门应当加强配合,发现有属于其他行政管理部门管辖的知识产权执法案件线索时,应当在三个工作日内通报有管辖权的行政管理部门。

第二十五条 有管辖权的行政管理部门应当在发现知识产权违法行为或者接到投诉、举报以及其他行政管理部门提供的案件线索后七个工作日内决定是否立案。有特殊情况的,应当在十五个工作日内决定是否立案。

行政管理部门立案后,发现案件属于其他行政管理部门管辖的,应当将案件移送其他行政管理部门,接受移送的行政管理部门应当依法进行处理。

第二十六条 适用一般程序处理的服务外包知识产权执法案件,行政管理部门应当自立案之日起九十日内作出处理决定;案情复杂,不能在规定期限内作出处理决定的,经有管辖权的行政管理部门负责人批准,可以延长三十日。

案件处理过程中的听证、公告和鉴定等时间不计入前款所指的案件办理期限。

第二十七条 对于依法应当移送公安机关、涉嫌服务外包知识产权犯罪的案件,行政管理部门应当及时移交公安机关。公安机关应当按照规定进行处理,并将处理结果向移送部门反馈。行政管理部门对公安机关决定不予立案的案件,应当依法作出处理。

公安机关发现受理的服务外包知识产权侵权案件属于其他行政管理部门管辖的,应当及时移送并提供相关材料。其他行政管理部门应当将处理结果向公安机关反馈。

第二十八条 行政管理部门应当在知识产权执法案件结案之日起七日内,将有关案件信息纳入知识产权执法综合信息库。

第二十九条 公安机关应当建立服务外包知识产权警企联络制度,在案件查处、法律咨询、宣传培训、预警防范等方面为服务外包企业提供服务。

第三十条 行政管理部门工作人员滥用职权、玩忽职守、徇私舞弊的,由其所在单位或者上级行政主管部门、监察机关依法追究其行政责任;构成犯罪的,由司法机关依法追究其刑事责任。

第四章 奖励和惩戒

第三十一条 对于知识产权管理体制完善、在知识产权保护方面成效突出或者通过有关国际认证的服务外包企业,市人民政府按照有关规定予以奖励,并将符合条件的服务外包企业列为知识产权保护点、示范企业,给予相应的支持。

第三十二条 政府鼓励服务外包企业拥有自主知识产权。对服务外包企业取得专利权、其他知识产权或者实现技术成果产业化的项目,按市政府相关规定给予资助,并将服务外包业务中取得重大社会效益或者经济效益的知识产权项目列入政府奖励范畴。

第三十三条 政府鼓励服务外包企业实施品牌战略。对服务外包企业开展自主品牌建设、培育发展出口名牌,符合国家及本市有关规定的,可享受外贸发展基金中安排的出口品牌发展资金的优惠政策。

第三十四条 服务外包企业有下列情形之一的,市、区、县(市)人民政府及其部门不得向其发包投资项目,不得给予奖励、资助或者授予荣誉称号:

(一)侵犯知识产权构成犯罪的;

(二)侵犯知识产权受到行政处罚的;

(三)拒不执行已经生效的知识产权司法裁判、仲裁裁决或者行政处理决定的;

(四)其他侵犯知识产权的行为造成重大社会影响的。

第五章 附 则

第三十五条 本规定自 2009 年 11 月 1 日起施行。

中华人民共和国突发事件应对法

中华人民共和国主席令第 69 号

《中华人民共和国突发事件应对法》已由中华人民共和国第十届全国人民代表大会常务委员会第二十九次会议于 2007 年 8 月 30 日通过,现予公布,自 2007 年 11 月 1 日起施行。

中华人民共和国主席　胡锦涛

2007 年 8 月 30 日

中华人民共和国突发事件应对法

（2007 年 8 月 30 日第十届全国人民代表大会常务委员会第二十九次会议通过）

第一章　总　则

第一条　为了预防和减少突发事件的发生,控制、减轻和消除突发事件引起的严重社会危害,规范突发事件应对活动,保护人民生命财产安全,维护国家安全、公共安全、环境安全和社会秩序,制定本法。

第二条　突发事件的预防与应急准备、监测与预警、应急处置与救援、事后恢复与重建等应对活动,适用本法。

第三条　本法所称突发事件,是指突然发生,造成或者可能造成严重社会危害,需要采取应急处置措施予以应对的自然灾害、事故灾难、公共卫生事件和社会安全事件。

按照社会危害程度、影响范围等因素,自然灾害、事故灾难、公共卫生事件分为特别重大、重大、较大和一般四级。法律、行政法规或者国务院另有规定的,从其规定。

突发事件的分级标准由国务院或者国务院确定的部门制定。

第四条　国家建立统一领导、综合协调、分类管理、分级负责、属地管理为主的应急管理体制。

第五条　突发事件应对工作实行预防为主、预防与应急相结合的原则。国家建立重大突发事件风险评估体系,对可能发生的突发事件进行综合性评估,减少重大突发事件的发生,最大限度地减轻重大突发事件的影响。

第六条　国家建立有效的社会动员机制,增强全民的公共安全和防范风险的意识,提高全社会的避险救助能力。

第七条　县级人民政府对本行政区域内突发事件的应对工作负责;涉及两个以上行政区域的,由有关行政区域共同的上一级人民政府负责,或者由各有关行政区域的上一级人民政府共同负责。

突发事件发生后,发生地县级人民政府应当立即采取措施控制事态发展,组织开展应急救援和处置工作,并立即向上一级人民政府报告,必要时可以越级上报。

突发事件发生地县级人民政府不能消除或者不能有效控制突发事件引起的严重社会危害的,应当及时向上级人民政府报告。上级人民政府应当及时采取措施,统一领导应急处置工作。

法律、行政法规规定由国务院有关部门对突发事件的应对工作负责的,从其规定;地方人民政府应当积极配合并提供必要的支持。

第八条　国务院在总理领导下研究、决定和部署特别重大突发事件的应对工作;根据实际需要,设立国家突发事件应急指挥机构,负责突发事件应对工作;必要时,国务院可以派出工作组指导有关工作。

县级以上地方各级人民政府设立由本级人民政府主要负责人、相关部门负责人、驻当地中国人民解放军和中国人民武装警察部队有关负责人组成的突发事件应急指挥机构,统一领导、协调本级人民政府各有关部门和下级人民政府开展突发事件应对工作;根据实际需要,设立相关类别突发事件应急指挥机构,组织、协调、指挥突发事件应对工作。

上级人民政府主管部门应当在各自职责范围内,指导、协助下级人民政府及其相应部门做好有关突发事件的应对工作。

第九条　国务院和县级以上地方各级人民政府是突发事件应对工作的行政领导机关,其办事机构及具体职责由国务院规定。

第十条　有关人民政府及其部门作出的应对突发事件的决定、命令,应当及时公布。

第十一条　有关人民政府及其部门采取的应对突发事件的措施,应当与突发事件可能造成的社会危害的性质、程度和范围相适应;有多种措施可供选择的,应当选择有利于最大程度地保护公民、法人和其他组织权益的措施。

公民、法人和其他组织有义务参与突发事件应对工作。

第十二条　有关人民政府及其部门为应对突发事件,可以征用单位和个人的财产。被征用的财产在使用完毕或者突发事件应急处置工作结束后,应当及时返还。财产被征用或者征用后毁损、灭失的,应当给予补偿。

第十三条　因采取突发事件应对措施,诉讼、行政复议、仲裁活动不能正常进行的,适用有关时效中止和程序中止的规定,但法律另有规定的除外。

第十四条　中国人民解放军、中国人民武装警察部队和民兵组织依照本法和其他有关法律、行政法规、军事法规的规定以及国务院、中央军事委员会的命令,参加突发事件的应急救援和处置工作。

第十五条　中华人民共和国政府在突发事件的预防、监测与预警、应急处置与救援、事后恢复与重建等方面,同外国政府和有关国际组织开展合作与交流。

第十六条　县级以上人民政府作出应对突发事件的决定、命令,应当报本级人民代表大会常务委员会备案;突发事件应急处置工作结束后,应当向本级人民代表大会常务委员会作出专项工作报告。

第二章　预防与应急准备

第十七条　国家建立健全突发事件应急预案体系。

国务院制定国家突发事件总体应急预案,组织制定国家突发事件专项应急预案;国务院有关部门根据各自的职责和国务院相关应急预案,制定国家突发事件部门应急预案。

地方各级人民政府和县级以上地方各级人民政府有关部门根据有关法律、法规、规章、上级人民政府及其有关部门的应急预案以及本地区的实际情况,制定相应的突发事件应急预案。

应急预案制定机关应当根据实际需要和情势变化,适时修订应急预案。应急预案的制定、修订程序由国务院规定。

第十八条　应急预案应当根据本法和其他有关法律、法规的规定,针对突发事件的性质、特点和可能造成的社会危害,具体规定突发事件应急管理工作的组织指挥体系与职责和突发事件的预防与预警机制、处置程序、应急保障措施以及事后恢复与重建措施等内容。

第十九条　城乡规划应当符合预防、处置突发事件的需要,统筹安排应对突发事件所必需的设备和基础设施建设,合理确定应急避难场所。

第二十条　县级人民政府应当对本行政区域内容易引发自然灾害、事故灾难和公共卫生事件的危险源、危险区域进行调查、登记、风险评估,定期进行检查、监控,并责令有关单位采取安全防范措施。

省级和设区的市级人民政府应当对本行政区域内容易引发特别重大、重大突发事件的危险源、危险区域进行调查、登记、风险评估,组织进行检查、监控,并责令有关单位采取安全防范措施。

县级以上地方各级人民政府按照本法规定登记的危险源、危险区域,应当按照国家规定及时向社会公布。

第二十一条　县级人民政府及其有关部门、乡级人民政府、街道办事处、居民委员会、村民委员会应当及时调解处理可能引发社会安全事件的矛盾纠纷。

第二十二条　所有单位应当建立健全安全管理制度,定期检查本单位各项安全防范措施的落实情况,及时消除事故隐患;掌握并及时处理本单位存在的可能引发社会安全事件的问题,防止矛盾激化和事态扩大;对本单位可能发生的突发事件和采取安全防范措施的情况,应当按照规定及时向所在地人民政府或者人民政府有关部门报告。

第二十三条　矿山、建筑施工单位和易燃易爆物品、危险化学品、放射性物品等危险物品的生产、经营、储运、使用单位,应当制定具体应急预案,并对生产经营场所、有危险物品的建筑物、构筑物及周边环境开展隐患排查,及时采取措施消除隐患,防止发生突发事件。

第二十四条　公共交通工具、公共场所和其他人员密集场所的经营单位或者管理单位应当制定具体应急预案,为交通工具和有关场所配备报警装置和必要的应急救援设备、设施,注明其使用方法,并显著标明安全撤离的通道、路线,保证安全通道、出口的畅通。

有关单位应当定期检测、维护其报警装置和应急救援设备、设施,使其处于良好状态,确保正常使用。

第二十五条　县级以上人民政府应当建立健全突发事件应急管理培训制度,对人民政府及其有关部门负有处置突发事件职责的工作人员定期进行培训。

第二十六条　县级以上人民政府应当整合应急资源,建立或者确定综合性应急救援队伍。人民政府有关部门可以根据实际需要设立专业应急救援队伍。

县级以上人民政府及其有关部门可以建立由成年志愿者组成的应急救援队伍。单位应当建立由本单位职工组成的专职或者兼职应急救援队伍。

县级以上人民政府应当加强专业应急救援队伍与非专业应急救援队伍的合作,联合培训、联合演练,提高合成应急、协同应急的能力。

第二十七条 国务院有关部门、县级以上地方各级人民政府及其有关部门、有关单位应当为专业应急救援人员购买人身意外伤害保险,配备必要的防护装备和器材,减少应急救援人员的人身风险。

第二十八条 中国人民解放军、中国人民武装警察部队和民兵组织应当有计划地组织开展应急救援的专门训练。

第二十九条 县级人民政府及其有关部门、乡级人民政府、街道办事处应当组织开展应急知识的宣传普及活动和必要的应急演练。

居民委员会、村民委员会、企业事业单位应当根据所在地人民政府的要求,结合各自的实际情况,开展有关突发事件应急知识的宣传普及活动和必要的应急演练。

新闻媒体应当无偿开展突发事件预防与应急、自救与互救知识的公益宣传。

第三十条 各级各类学校应当把应急知识教育纳入教学内容,对学生进行应急知识教育,培养学生的安全意识和自救与互救能力。

教育主管部门应当对学校开展应急知识教育进行指导和监督。

第三十一条 国务院和县级以上地方各级人民政府应当采取财政措施,保障突发事件应对工作所需经费。

第三十二条 国家建立健全应急物资储备保障制度,完善重要应急物资的监管、生产、储备、调拨和紧急配送体系。

设区的市级以上人民政府和突发事件易发、多发地区的县级人民政府应当建立应急救援物资、生活必需品和应急处置装备的储备制度。

县级以上地方各级人民政府应当根据本地区的实际情况,与有关企业签订协议,保障应急救援物资、生活必需品和应急处置装备的生产、供给。

第三十三条 国家建立健全应急通信保障体系,完善公用通信网,建立有线与无线相结合、基础电信网络与机动通信系统相配套的应急通信系统,确保突发事件应对工作的通信畅通。

第三十四条 国家鼓励公民、法人和其他组织为人民政府应对突发事件工作提供物资、资金、技术支持和捐赠。

第三十五条　国家发展保险事业,建立国家财政支持的巨灾风险保险体系,并鼓励单位和公民参加保险。

第三十六条　国家鼓励、扶持具备相应条件的教学科研机构培养应急管理专门人才,鼓励、扶持教学科研机构和有关企业研究开发用于突发事件预防、监测、预警、应急处置与救援的新技术、新设备和新工具。

第三章　监测与预警

第三十七条　国务院建立全国统一的突发事件信息系统。

县级以上地方各级人民政府应当建立或者确定本地区统一的突发事件信息系统,汇集、储存、分析、传输有关突发事件的信息,并与上级人民政府及其有关部门、下级人民政府及其有关部门、专业机构和监测网点的突发事件信息系统实现互联互通,加强跨部门、跨地区的信息交流与情报合作。

第三十八条　县级以上人民政府及其有关部门、专业机构应当通过多种途径收集突发事件信息。

县级人民政府应当在居民委员会、村民委员会和有关单位建立专职或者兼职信息报告员制度。

获悉突发事件信息的公民、法人或者其他组织,应当立即向所在地人民政府、有关主管部门或者指定的专业机构报告。

第三十九条　地方各级人民政府应当按照国家有关规定向上级人民政府报送突发事件信息。县级以上人民政府有关主管部门应当向本级人民政府相关部门通报突发事件信息。专业机构、监测网点和信息报告员应当及时向所在地人民政府及其有关主管部门报告突发事件信息。

有关单位和人员报送、报告突发事件信息,应当做到及时、客观、真实,不得迟报、谎报、瞒报、漏报。

第四十条　县级以上地方各级人民政府应当及时汇总分析突发事件隐患和预警信息,必要时组织相关部门、专业技术人员、专家学者进行会商,对发生突发事件的可能性及其可能造成的影响进行评估;认为可能发生重大或者特别重大突发事件的,应当立即向上级人民政府报告,并向上级人民政府有关部门、当地驻军和可能受到危害的毗邻或者相关地区的人民政府通报。

第四十一条　国家建立健全突发事件监测制度。

县级以上人民政府及其有关部门应当根据自然灾害、事故灾难和公共卫生事件的种类和特点,建立健全基础信息数据库,完善监测网络,划分监测区域,确定监测点,明确监测项目,提供必要的设备、设施,配备专职或者兼职人员,对可能发生的突发事件进行监测。

第四十二条 国家建立健全突发事件预警制度。

可以预警的自然灾害、事故灾难和公共卫生事件的预警级别,按照突发事件发生的紧急程度、发展势态和可能造成的危害程度分为一级、二级、三级和四级,分别用红色、橙色、黄色和蓝色标示,一级为最高级别。

预警级别的划分标准由国务院或者国务院确定的部门制定。

第四十三条 可以预警的自然灾害、事故灾难或者公共卫生事件即将发生或者发生的可能性增大时,县级以上地方各级人民政府应当根据有关法律、行政法规和国务院规定的权限和程序,发布相应级别的警报,决定并宣布有关地区进入预警期,同时向上一级人民政府报告,必要时可以越级上报,并向当地驻军和可能受到危害的毗邻或者相关地区的人民政府通报。

第四十四条 发布三级、四级警报,宣布进入预警期后,县级以上地方各级人民政府应当根据即将发生的突发事件的特点和可能造成的危害,采取下列措施:

(一)启动应急预案;

(二)责令有关部门、专业机构、监测网点和负有特定职责的人员及时收集、报告有关信息,向社会公布反映突发事件信息的渠道,加强对突发事件发生、发展情况的监测、预报和预警工作;

(三)组织有关部门和机构、专业技术人员、有关专家学者,随时对突发事件信息进行分析评估,预测发生突发事件可能性的大小、影响范围和强度以及可能发生的突发事件的级别;

(四)定时向社会发布与公众有关的突发事件预测信息和分析评估结果,并对相关信息的报道工作进行管理;

(五)及时按照有关规定向社会发布可能受到突发事件危害的警告,宣传避免、减轻危害的常识,公布咨询电话。

第四十五条 发布一级、二级警报,宣布进入预警期后,县级以上地方各级人民政府除采取本法第四十四条规定的措施外,还应当针对即将发生的突发事件的特点和可能造成的危害,采取下列一项或者多项措施:

(一)责令应急救援队伍、负有特定职责的人员进入待命状态,并动员后备人员做好参加应急救援和处置工作的准备;

（二）调集应急救援所需物资、设备、工具，准备应急设施和避难场所，并确保其处于良好状态、随时可以投入正常使用；

（三）加强对重点单位、重要部位和重要基础设施的安全保卫，维护社会治安秩序；

（四）采取必要措施，确保交通、通信、供水、排水、供电、供气、供热等公共设施的安全和正常运行；

（五）及时向社会发布有关采取特定措施避免或者减轻危害的建议、劝告；

（六）转移、疏散或者撤离易受突发事件危害的人员并予以妥善安置，转移重要财产；

（七）关闭或者限制使用易受突发事件危害的场所，控制或者限制容易导致危害扩大的公共场所的活动；

（八）法律、法规、规章规定的其他必要的防范性、保护性措施。

第四十六条　对即将发生或者已经发生的社会安全事件，县级以上地方各级人民政府及其有关主管部门应当按照规定向上一级人民政府及其有关主管部门报告，必要时可以越级上报。

第四十七条　发布突发事件警报的人民政府应当根据事态的发展，按照有关规定适时调整预警级别并重新发布。

有事实证明不可能发生突发事件或者危险已经解除的，发布警报的人民政府应当立即宣布解除警报，终止预警期，并解除已经采取的有关措施。

第四章　应急处置与救援

第四十八条　突发事件发生后，履行统一领导职责或者组织处置突发事件的人民政府应当针对其性质、特点和危害程度，立即组织有关部门，调动应急救援队伍和社会力量，依照本章的规定和有关法律、法规、规章的规定采取应急处置措施。

第四十九条　自然灾害、事故灾难或者公共卫生事件发生后，履行统一领导职责的人民政府可以采取下列一项或者多项应急处置措施：

（一）组织营救和救治受害人员，疏散、撤离并妥善安置受到威胁的人员以及采取其他救助措施；

（二）迅速控制危险源，标明危险区域，封锁危险场所，划定警戒区，实行交通管制以及其他控制措施；

（三）立即抢修被损坏的交通、通信、供水、排水、供电、供气、供热等公共设

施,向受到危害的人员提供避难场所和生活必需品,实施医疗救护和卫生防疫以及其他保障措施;

（四）禁止或者限制使用有关设备、设施,关闭或者限制使用有关场所,中止人员密集的活动或者可能导致危害扩大的生产经营活动以及采取其他保护措施;

（五）启用本级人民政府设置的财政预备费和储备的应急救援物资,必要时调用其他急需物资、设备、设施、工具;

（六）组织公民参加应急救援和处置工作,要求具有特定专长的人员提供服务;

（七）保障食品、饮用水、燃料等基本生活必需品的供应;

（八）依法从严惩处囤积居奇、哄抬物价、制假售假等扰乱市场秩序的行为,稳定市场价格,维护市场秩序;

（九）依法从严惩处哄抢财物、干扰破坏应急处置工作等扰乱社会秩序的行为,维护社会治安;

（十）采取防止发生次生、衍生事件的必要措施。

第五十条　社会安全事件发生后,组织处置工作的人民政府应当立即组织有关部门并由公安机关针对事件的性质和特点,依照有关法律、行政法规和国家其他有关规定,采取下列一项或者多项应急处置措施:

（一）强制隔离使用器械相互对抗或者以暴力行为参与冲突的当事人,妥善解决现场纠纷和争端,控制事态发展;

（二）对特定区域内的建筑物、交通工具、设备、设施以及燃料、燃气、电力、水的供应进行控制;

（三）封锁有关场所、道路,查验现场人员的身份证件,限制有关公共场所内的活动;

（四）加强对易受冲击的核心机关和单位的警卫,在国家机关、军事机关、国家通讯社、广播电台、电视台、外国驻华使领馆等单位附近设置临时警戒线;

（五）法律、行政法规和国务院规定的其他必要措施。

严重危害社会治安秩序的事件发生时,公安机关应当立即依法出动警力,根据现场情况依法采取相应的强制性措施,尽快使社会秩序恢复正常。

第五十一条　发生突发事件,严重影响国民经济正常运行时,国务院或者国务院授权的有关主管部门可以采取保障、控制等必要的应急措施,保障人民群众的基本生活需要,最大限度地减轻突发事件的影响。

第五十二条　履行统一领导职责或者组织处置突发事件的人民政府,必要时可以向单位和个人征用应急救援所需设备、设施、场地、交通工具和其他物资,请求其他地方人民政府提供人力、物力、财力或者技术支援,要求生产、供应生活必需品和应急救援物资的企业组织生产、保证供给,要求提供医疗、交通等公共服务的组织提供相应的服务。

履行统一领导职责或者组织处置突发事件的人民政府,应当组织协调运输经营单位,优先运送处置突发事件所需物资、设备、工具、应急救援人员和受到突发事件危害的人员。

第五十三条　履行统一领导职责或者组织处置突发事件的人民政府,应当按照有关规定统一、准确、及时发布有关突发事件事态发展和应急处置工作的信息。

第五十四条　任何单位和个人不得编造、传播有关突发事件事态发展或者应急处置工作的虚假信息。

第五十五条　突发事件发生地的居民委员会、村民委员会和其他组织应当按照当地人民政府的决定、命令,进行宣传动员,组织群众开展自救和互救,协助维护社会秩序。

第五十六条　受到自然灾害危害或者发生事故灾难、公共卫生事件的单位,应当立即组织本单位应急救援队伍和工作人员营救受害人员,疏散、撤离、安置受到威胁的人员,控制危险源,标明危险区域,封锁危险场所,并采取其他防止危害扩大的必要措施,同时向所在地县级人民政府报告;对因本单位的问题引发的或者主体是本单位人员的社会安全事件,有关单位应当按照规定上报情况,并迅速派出负责人赶赴现场开展劝解、疏导工作。

突发事件发生地的其他单位应当服从人民政府发布的决定、命令,配合人民政府采取的应急处置措施,做好本单位的应急救援工作,并积极组织人员参加所在地的应急救援和处置工作。

第五十七条　突发事件发生地的公民应当服从人民政府、居民委员会、村民委员会或者所属单位的指挥和安排,配合人民政府采取的应急处置措施,积极参加应急救援工作,协助维护社会秩序。

第五章　事后恢复与重建

第五十八条　突发事件的威胁和危害得到控制或者消除后,履行统一领导职责或者组织处置突发事件的人民政府应当停止执行依照本法规定采取的应急处置措施,同时采取或者继续实施必要措施,防止发生自然灾害、事故灾难、公共卫生事件的次生、衍生事件或者重新引发社会安全事件。

第五十九条 突发事件应急处置工作结束后,履行统一领导职责的人民政府应当立即组织对突发事件造成的损失进行评估,组织受影响地区尽快恢复生产、生活、工作和社会秩序,制定恢复重建计划,并向上一级人民政府报告。

受突发事件影响地区的人民政府应当及时组织和协调公安、交通、铁路、民航、邮电、建设等有关部门恢复社会治安秩序,尽快修复被损坏的交通、通信、供水、排水、供电、供气、供热等公共设施。

第六十条 受突发事件影响地区的人民政府开展恢复重建工作需要上一级人民政府支持的,可以向上一级人民政府提出请求。上一级人民政府应当根据受影响地区遭受的损失和实际情况,提供资金、物资支持和技术指导,组织其他地区提供资金、物资和人力支援。

第六十一条 国务院根据受突发事件影响地区遭受损失的情况,制定扶持该地区有关行业发展的优惠政策。

受突发事件影响地区的人民政府应当根据本地区遭受损失的情况,制定救助、补偿、抚慰、抚恤、安置等善后工作计划并组织实施,妥善解决因处置突发事件引发的矛盾和纠纷。

公民参加应急救援工作或者协助维护社会秩序期间,其在本单位的工资待遇和福利不变;表现突出、成绩显著的,由县级以上人民政府给予表彰或者奖励。

县级以上人民政府对在应急救援工作中伤亡的人员依法给予抚恤。

第六十二条 履行统一领导职责的人民政府应当及时查明突发事件的发生经过和原因,总结突发事件应急处置工作的经验教训,制定改进措施,并向上一级人民政府提出报告。

第六章 法律责任

第六十三条 地方各级人民政府和县级以上各级人民政府有关部门违反本法规定,不履行法定职责的,由其上级行政机关或者监察机关责令改正;有下列情形之一的,根据情节对直接负责的主管人员和其他直接责任人员依法给予处分:

(一)未按规定采取预防措施,导致发生突发事件,或者未采取必要的防范措施,导致发生次生、衍生事件的;

（二）迟报、谎报、瞒报、漏报有关突发事件的信息，或者通报、报送、公布虚假信息，造成后果的；

（三）未按规定及时发布突发事件警报、采取预警期的措施，导致损害发生的；

（四）未按规定及时采取措施处置突发事件或者处置不当，造成后果的；

（五）不服从上级人民政府对突发事件应急处置工作的统一领导、指挥和协调的；

（六）未及时组织开展生产自救、恢复重建等善后工作的；

（七）截留、挪用、私分或者变相私分应急救援资金、物资的；

（八）不及时归还征用的单位和个人的财产，或者对被征用财产的单位和个人不按规定给予补偿的。

第六十四条 有关单位有下列情形之一的，由所在地履行统一领导职责的人民政府责令停产停业，暂扣或者吊销许可证或者营业执照，并处五万元以上二十万元以下的罚款；构成违反治安管理行为的，由公安机关依法给予处罚：

（一）未按规定采取预防措施，导致发生严重突发事件的；

（二）未及时消除已发现的可能引发突发事件的隐患，导致发生严重突发事件的；

（三）未做好应急设备、设施日常维护、检测工作，导致发生严重突发事件或者突发事件危害扩大的；

（四）突发事件发生后，不及时组织开展应急救援工作，造成严重后果的。

前款规定的行为，其他法律、行政法规规定由人民政府有关部门依法决定处罚的，从其规定。

第六十五条 违反本法规定，编造并传播有关突发事件事态发展或者应急处置工作的虚假信息，或者明知是有关突发事件事态发展或者应急处置工作的虚假信息而进行传播的，责令改正，给予警告；造成严重后果的，依法暂停其业务活动或者吊销其执业许可证；负有直接责任的人员是国家工作人员的，还应当对其依法给予处分；构成违反治安管理行为的，由公安机关依法给予处罚。

第六十六条 单位或者个人违反本法规定，不服从所在地人民政府及其有关部门发布的决定、命令或者不配合其依法采取的措施，构成违反治安管理行为的，由公安机关依法给予处罚。

第六十七条 单位或者个人违反本法规定，导致突发事件发生或者危害扩大，给他人人身、财产造成损害的，应当依法承担民事责任。

第六十八条　违反本法规定,构成犯罪的,依法追究刑事责任。

第七章　附　则

第六十九条　发生特别重大突发事件,对人民生命财产安全、国家安全、公共安全、环境安全或者社会秩序构成重大威胁,采取本法和其他有关法律、法规、规章规定的应急处置措施不能消除或者有效控制、减轻其严重社会危害,需要进入紧急状态的,由全国人民代表大会常务委员会或者国务院依照宪法和其他有关法律规定的权限和程序决定。

紧急状态期间采取的非常措施,依照有关法律规定执行或者由全国人民代表大会常务委员会另行规定。

第七十条　本法自 2007 年 11 月 1 日起施行。

突发公共卫生事件应急条例

(2003 年 5 月 7 日国务院第 7 次常务会议通过
根据 2010 年 12 月 29 日国务院第 138 次常务会议通过的
《国务院关于废止和修改部分行政法规的决定》修正)

第一章 总 则

第一条 为了有效预防、及时控制和消除突发公共卫生事件的危害,保障公众身体健康与生命安全,维护正常的社会秩序,制定本条例。

第二条 本条例所称突发公共卫生事件(以下简称突发事件),是指突然发生,造成或者可能造成社会公众健康严重损害的重大传染病疫情、群体性不明原因疾病、重大食物和职业中毒以及其他严重影响公众健康的事件。

第三条 突发事件发生后,国务院设立全国突发事件应急处理指挥部,由国务院有关部门和军队有关部门组成,国务院主管领导人担任总指挥,负责对全国突发事件应急处理的统一领导、统一指挥。

国务院卫生行政主管部门和其他有关部门,在各自的职责范围内做好突发事件应急处理的有关工作。

第四条 突发事件发生后,省、自治区、直辖市人民政府成立地方突发事件应急处理指挥部,省、自治区、直辖市人民政府主要领导人担任总指挥,负责领导、指挥本行政区域内突发事件应急处理工作。

县级以上地方人民政府卫生行政主管部门,具体负责组织突发事件的调查、控制和医疗救治工作。

县级以上地方人民政府有关部门,在各自的职责范围内做好突发事件应急处理的有关工作。

第五条 突发事件应急工作,应当遵循预防为主、常备不懈的方针,贯彻统一领导、分级负责、反应及时、措施果断、依靠科学、加强合作的原则。

第六条 县级以上各级人民政府应当组织开展防治突发事件相关科学研

究,建立突发事件应急流行病学调查、传染源隔离、医疗救护、现场处置、监督检查、监测检验、卫生防护等有关物资、设备、设施、技术与人才资源储备,所需经费列入本级政府财政预算。

国家对边远贫困地区突发事件应急工作给予财政支持。

第七条　国家鼓励、支持开展突发事件监测、预警、反应处理有关技术的国际交流与合作。

第八条　国务院有关部门和县级以上地方人民政府及其有关部门,应当建立严格的突发事件防范和应急处理责任制,切实履行各自的职责,保证突发事件应急处理工作的正常进行。

第九条　县级以上各级人民政府及其卫生行政主管部门,应当对参加突发事件应急处理的医疗卫生人员,给予适当补助和保健津贴;对参加突发事件应急处理作出贡献的人员,给予表彰和奖励;对因参与应急处理工作致病、致残、死亡的人员,按照国家有关规定,给予相应的补助和抚恤。

第二章　预防与应急准备

第十条　国务院卫生行政主管部门按照分类指导、快速反应的要求,制定全国突发事件应急预案,报请国务院批准。

省、自治区、直辖市人民政府根据全国突发事件应急预案,结合本地实际情况,制定本行政区域的突发事件应急预案。

第十一条　全国突发事件应急预案应当包括以下主要内容:

(一)突发事件应急处理指挥部的组成和相关部门的职责;

(二)突发事件的监测与预警;

(三)突发事件信息的收集、分析、报告、通报制度;

(四)突发事件应急处理技术和监测机构及其任务;

(五)突发事件的分级和应急处理工作方案;

(六)突发事件预防、现场控制,应急设施、设备、救治药品和医疗器械以及其他物资和技术的储备与调度;

(七)突发事件应急处理专业队伍的建设和培训。

第十二条　突发事件应急预案应当根据突发事件的变化和实施中发现的问题及时进行修订、补充。

第十三条　地方各级人民政府应当依照法律、行政法规的规定,做好传染病预防和其他公共卫生工作,防范突发事件的发生。

县级以上各级人民政府卫生行政主管部门和其他有关部门,应当对公众开展突发事件应急知识的专门教育,增强全社会对突发事件的防范意识和应对能力。

第十四条　国家建立统一的突发事件预防控制体系。

县级以上地方人民政府应当建立和完善突发事件监测与预警系统。

县级以上各级人民政府卫生行政主管部门,应当指定机构负责开展突发事件的日常监测,并确保监测与预警系统的正常运行。

第十五条　监测与预警工作应当根据突发事件的类别,制定监测计划,科学分析、综合评价监测数据。对早期发现的潜在隐患以及可能发生的突发事件,应当依照本条例规定的报告程序和时限及时报告。

第十六条　国务院有关部门和县级以上地方人民政府及其有关部门,应当根据突发事件应急预案的要求,保证应急设施、设备、救治药品和医疗器械等物资储备。

第十七条　县级以上各级人民政府应当加强急救医疗服务网络的建设,配备相应的医疗救治药物、技术、设备和人员,提高医疗卫生机构应对各类突发事件的救治能力。

设区的市级以上地方人民政府应当设置与传染病防治工作需要相适应的传染病专科医院,或者指定具备传染病防治条件和能力的医疗机构承担传染病防治任务。

第十八条　县级以上地方人民政府卫生行政主管部门,应当定期对医疗卫生机构和人员开展突发事件应急处理相关知识、技能的培训,定期组织医疗卫生机构进行突发事件应急演练,推广最新知识和先进技术。

第三章　报告与信息发布

第十九条　国家建立突发事件应急报告制度。

国务院卫生行政主管部门制定突发事件应急报告规范,建立重大、紧急疫情信息报告系统。

有下列情形之一的,省、自治区、直辖市人民政府应当在接到报告 1 小时内,向国务院卫生行政主管部门报告:

(一)发生或者可能发生传染病暴发、流行的;

(二)发生或者发现不明原因的群体性疾病的;

(三)发生传染病菌种、毒种丢失的;

（四）发生或者可能发生重大食物和职业中毒事件的。

国务院卫生行政主管部门对可能造成重大社会影响的突发事件，应当立即向国务院报告。

第二十条 突发事件监测机构、医疗卫生机构和有关单位发现有本条例第十九条规定情形之一的，应当在 2 小时内向所在地县级人民政府卫生行政主管部门报告；接到报告的卫生行政主管部门应当在 2 小时内向本级人民政府报告，并同时向上级人民政府卫生行政主管部门和国务院卫生行政主管部门报告。

县级人民政府应当在接到报告后 2 小时内向设区的市级人民政府或者上一级人民政府报告；设区的市级人民政府应当在接到报告后 2 小时内向省、自治区、直辖市人民政府报告。

第二十一条 任何单位和个人对突发事件，不得隐瞒、缓报、谎报或者授意他人隐瞒、缓报、谎报。

第二十二条 接到报告的地方人民政府、卫生行政主管部门依照本条例规定报告的同时，应当立即组织力量对报告事项调查核实、确证，采取必要的控制措施，并及时报告调查情况。

第二十三条 国务院卫生行政主管部门应当根据发生突发事件的情况，及时向国务院有关部门和各省、自治区、直辖市人民政府卫生行政主管部门以及军队有关部门通报。

突发事件发生地的省、自治区、直辖市人民政府卫生行政主管部门，应当及时向毗邻省、自治区、直辖市人民政府卫生行政主管部门通报。

接到通报的省、自治区、直辖市人民政府卫生行政主管部门，必要时应当及时通知本行政区域内的医疗卫生机构。

县级以上地方人民政府有关部门，已经发生或者发现可能引起突发事件的情形时，应当及时向同级人民政府卫生行政主管部门通报。

第二十四条 国家建立突发事件举报制度，公布统一的突发事件报告、举报电话。

任何单位和个人有权向人民政府及其有关部门报告突发事件隐患，有权向上级人民政府及其有关部门举报地方人民政府及其有关部门不履行突发事件应急处理职责，或者不按照规定履行职责的情况。接到报告、举报的有关人民政府及其有关部门，应当立即组织对突发事件隐患、不履行或者不按照规定履行突发事件应急处理职责的情况进行调查处理。

对举报突发事件有功的单位和个人,县级以上各级人民政府及其有关部门应当予以奖励。

第二十五条　国家建立突发事件的信息发布制度。

国务院卫生行政主管部门负责向社会发布突发事件的信息。必要时,可以授权省、自治区、直辖市人民政府卫生行政主管部门向社会发布本行政区域内突发事件的信息。

信息发布应当及时、准确、全面。

第四章　应急处理

第二十六条　突发事件发生后,卫生行政主管部门应当组织专家对突发事件进行综合评估,初步判断突发事件的类型,提出是否启动突发事件应急预案的建议。

第二十七条　在全国范围内或者跨省、自治区、直辖市范围内启动全国突发事件应急预案,由国务院卫生行政主管部门报国务院批准后实施。省、自治区、直辖市启动突发事件应急预案,由省、自治区、直辖市人民政府决定,并向国务院报告。

第二十八条　全国突发事件应急处理指挥部对突发事件应急处理工作进行督察和指导,地方各级人民政府及其有关部门应当予以配合。

省、自治区、直辖市突发事件应急处理指挥部对本行政区域内突发事件应急处理工作进行督察和指导。

第二十九条　省级以上人民政府卫生行政主管部门或者其他有关部门指定的突发事件应急处理专业技术机构,负责突发事件的技术调查、确证、处置、控制和评价工作。

第三十条　国务院卫生行政主管部门对新发现的突发传染病,根据危害程度、流行强度,依照《中华人民共和国传染病防治法》的规定及时宣布为法定传染病;宣布为甲类传染病的,由国务院决定。

第三十一条　应急预案启动前,县级以上各级人民政府有关部门应当根据突发事件的实际情况,做好应急处理准备,采取必要的应急措施。

应急预案启动后,突发事件发生地的人民政府有关部门,应当根据预案规定的职责要求,服从突发事件应急处理指挥部的统一指挥,立即到达规定岗位,采取有关的控制措施。

医疗卫生机构、监测机构和科学研究机构,应当服从突发事件应急处理指挥部的统一指挥,相互配合、协作,集中力量开展相关的科学研究工作。

第三十二条 突发事件发生后,国务院有关部门和县级以上地方人民政府及其有关部门,应当保证突发事件应急处理所需的医疗救护设备、救治药品、医疗器械等物资的生产、供应;铁路、交通、民用航空行政主管部门应当保证及时运送。

第三十三条 根据突发事件应急处理的需要,突发事件应急处理指挥部有权紧急调集人员、储备的物资、交通工具以及相关设施、设备;必要时,对人员进行疏散或者隔离,并可以依法对传染病疫区实行封锁。

第三十四条 突发事件应急处理指挥部根据突发事件应急处理的需要,可以对食物和水源采取控制措施。

县级以上地方人民政府卫生行政主管部门应当对突发事件现场等采取控制措施,宣传突发事件防治知识,及时对易受感染的人群和其他易受损害的人群采取应急接种、预防性投药、群体防护等措施。

第三十五条 参加突发事件应急处理的工作人员,应当按照预案的规定,采取卫生防护措施,并在专业人员的指导下进行工作。

第三十六条 国务院卫生行政主管部门或者其他有关部门指定的专业技术机构,有权进入突发事件现场进行调查、采样、技术分析和检验,对地方突发事件的应急处理工作进行技术指导,有关单位和个人应当予以配合;任何单位和个人不得以任何理由予以拒绝。

第三十七条 对新发现的突发传染病、不明原因的群体性疾病、重大食物和职业中毒事件,国务院卫生行政主管部门应当尽快组织力量制定相关的技术标准、规范和控制措施。

第三十八条 交通工具上发现根据国务院卫生行政主管部门的规定需要采取应急控制措施的传染病病人、疑似传染病病人,其负责人应当以最快的方式通知前方停靠点,并向交通工具的营运单位报告。交通工具的前方停靠点和营运单位应当立即向交通工具营运单位行政主管部门和县级以上地方人民政府卫生行政主管部门报告。卫生行政主管部门接到报告后,应当立即组织有关人员采取相应的医学处置措施。

交通工具上的传染病病人密切接触者,由交通工具停靠点的县级以上各级人民政府卫生行政主管部门或者铁路、交通、民用航空行政主管部门,根据各自的职责,依照传染病防治法律、行政法规的规定,采取控制措施。

涉及国境口岸和入出境的人员、交通工具、货物、集装箱、行李、邮包等需要采取传染病应急控制措施的,依照国境卫生检疫法律、行政法规的规定办理。

第三十九条 医疗卫生机构应当对因突发事件致病的人员提供医疗救护和现场救援,对就诊病人必须接诊治疗,并书写详细、完整的病历记录;对需要转送的病人,应当按照规定将病人及其病历记录的复印件转送至接诊的或者指定的医疗机构。

医疗卫生机构内应当采取卫生防护措施,防止交叉感染和污染。

医疗卫生机构应当对传染病病人密切接触者采取医学观察措施,传染病病人密切接触者应当予以配合。

医疗机构收治传染病病人、疑似传染病病人,应当依法报告所在地的疾病预防控制机构。接到报告的疾病预防控制机构应当立即对可能受到危害的人员进行调查,根据需要采取必要的控制措施。

第四十条 传染病暴发、流行时,街道、乡镇以及居民委员会、村民委员会应当组织力量,团结协作,群防群治,协助卫生行政主管部门和其他有关部门、医疗卫生机构做好疫情信息的收集和报告、人员的分散隔离、公共卫生措施的落实工作,向居民、村民宣传传染病防治的相关知识。

第四十一条 对传染病暴发、流行区域内流动人口,突发事件发生地的县级以上地方人民政府应当做好预防工作,落实有关卫生控制措施;对传染病病人和疑似传染病病人,应当采取就地隔离、就地观察、就地治疗的措施。对需要治疗和转诊的,应当依照本条例第三十九条第一款的规定执行。

第四十二条 有关部门、医疗卫生机构应当对传染病做到早发现、早报告、早隔离、早治疗,切断传播途径,防止扩散。

第四十三条 县级以上各级人民政府应当提供必要资金,保障因突发事件致病、致残的人员得到及时、有效的救治。具体办法由国务院财政部门、卫生行政主管部门和劳动保障行政主管部门制定。

第四十四条 在突发事件中需要接受隔离治疗、医学观察措施的病人、疑似病人和传染病病人密切接触者在卫生行政主管部门或者有关机构采取医学措施时应当予以配合;拒绝配合的,由公安机关依法协助强制执行。

第五章　法律责任

第四十五条 县级以上地方人民政府及其卫生行政主管部门未依照本条例的规定履行报告职责,对突发事件隐瞒、缓报、谎报或者授意他人隐瞒、缓报、谎报的,对政府主要领导人及其卫生行政主管部门主要负责人,依法给予降级或者撤职的行政处分;造成传染病传播、流行或者对社会公众健康造成其他严重危害后果的,依法给予开除的行政处分;构成犯罪的,依法追究刑事责任。

第四十六条　国务院有关部门、县级以上地方人民政府及其有关部门未依照本条例的规定,完成突发事件应急处理所需要的设施、设备、药品和医疗器械等物资的生产、供应、运输和储备的,对政府主要领导人和政府部门主要负责人依法给予降级或者撤职的行政处分;造成传染病传播、流行或者对社会公众健康造成其他严重危害后果的,依法给予开除的行政处分;构成犯罪的,依法追究刑事责任。

第四十七条　突发事件发生后,县级以上地方人民政府及其有关部门对上级人民政府有关部门的调查不予配合,或者采取其他方式阻碍、干涉调查的,对政府主要领导人和政府部门主要负责人依法给予降级或者撤职的行政处分;构成犯罪的,依法追究刑事责任。

第四十八条　县级以上各级人民政府卫生行政主管部门和其他有关部门在突发事件调查、控制、医疗救治工作中玩忽职守、失职、渎职的,由本级人民政府或者上级人民政府有关部门责令改正、通报批评、给予警告;对主要负责人、负有责任的主管人员和其他责任人员依法给予降级、撤职的行政处分;造成传染病传播、流行或者对社会公众健康造成其他严重危害后果的,依法给予开除的行政处分;构成犯罪的,依法追究刑事责任。

第四十九条　县级以上各级人民政府有关部门拒不履行应急处理职责的,由同级人民政府或者上级人民政府有关部门责令改正、通报批评、给予警告;对主要负责人、负有责任的主管人员和其他责任人员依法给予降级、撤职的行政处分;造成传染病传播、流行或者对社会公众健康造成其他严重危害后果的,依法给予开除的行政处分;构成犯罪的,依法追究刑事责任。

第五十条　医疗卫生机构有下列行为之一的,由卫生行政主管部门责令改正、通报批评、给予警告;情节严重的,吊销《医疗机构执业许可证》;对主要负责人、负有责任的主管人员和其他直接责任人员依法给予降级或者撤职的纪律处分;造成传染病传播、流行或者对社会公众健康造成其他严重危害后果,构成犯罪的,依法追究刑事责任:

(一)未依照本条例的规定履行报告职责,隐瞒、缓报或者谎报的;

(二)未依照本条例的规定及时采取控制措施的;

(三)未依照本条例的规定履行突发事件监测职责的;

(四)拒绝接诊病人的;

（五）拒不服从突发事件应急处理指挥部调度的。

第五十一条　在突发事件应急处理工作中,有关单位和个人未依照本条例的规定履行报告职责,隐瞒、缓报或者谎报,阻碍突发事件应急处理工作人员执行职务,拒绝国务院卫生行政主管部门或者其他有关部门指定的专业技术机构进入突发事件现场,或者不配合调查、采样、技术分析和检验的,对有关责任人员依法给予行政处分或者纪律处分;触犯《中华人民共和国治安管理处罚法》,构成违反治安管理行为的,由公安机关依法予以处罚;构成犯罪的,依法追究刑事责任。

第五十二条　在突发事件发生期间,散布谣言、哄抬物价、欺骗消费者,扰乱社会秩序、市场秩序的,由公安机关或者工商行政管理部门依法给予行政处罚;构成犯罪的,依法追究刑事责任。

第六章　附　　则

第五十三条　中国人民解放军、武装警察部队医疗卫生机构参与突发事件应急处理的,依照本条例的规定和军队的相关规定执行。

第五十四条　本条例自公布之日起施行。

破坏性地震应急条例

(1995 年 2 月 11 日中华人民共和国国务院令第 172 号发布)

第一章 总 则

第一条 为了加强对破坏性地震应急活动的管理,减轻地震灾害损失,保障国家财产和公民人身、财产安全,维护社会秩序,制定本条例。

第二条 在中华人民共和国境内从事破坏性地震应急活动,必须遵守本条例。

第三条 地震应急工作实行政府领导、统一管理和分级、分部门负责的原则。

第四条 各级人民政府应当加强地震应急的宣传、教育工作,提高社会防震减灾意识。

第五条 任何组织和个人都有参加地震应急活动的义务。

中国人民解放军和中国人民武装警察部队是地震应急工作的重要力量。

第二章 应急机构

第六条 国务院防震减灾工作主管部门指导和监督全国地震应急工作。国务院有关部门按照各自的职责,具体负责本部门的地震应急工作。

第七条 造成特大损失的严重破坏性地震发生后,国务院设立抗震救灾指挥部,国务院防震减灾工作主管部门为其办事机构;国务院有关部门设立本部门的地震应急机构。

第八条 县级以上地方人民政府防震减灾工作主管部门指导和监督本行政区域内的地震应急工作。

破坏性地震发生后,有关县级以上地方人民政府应当设立抗震救灾指挥部,对本行政区域内的地震应急工作实行集中领导,其办事机构设在本级人民政府防震减灾工作主管部门或者本级人民政府指定的其他部门;国务院另有规定的,从其规定。

第三章　应急预案

第九条　国家的破坏性地震应急预案,由国务院防震减灾工作主管部门会同国务院有关部门制定,报国务院批准。

第十条　国务院有关部门应当根据国家的破坏性地震应急预案,制定本部门的破坏性地震应急预案,并报国务院防震减灾工作主管部门备案。

第十一条　根据地震灾害预测,可能发生破坏性地震地区的县级以上地方人民政府防震减灾工作主管部门应当会同同级有关部门以及有关单位,参照国家的破坏性地震应急预案,制定本行政区域内的破坏性地震应急预案,报本级人民政府批准;省、自治区和人口在 100 万以上的城市的破坏性地震应急预案,还应当报国务院防震减灾工作主管部门备案。

第十二条　部门和地方制定破坏性地震应急预案,应当从本部门或者本地区的实际情况出发,做到切实可行。

第十三条　破坏性地震应急预案应当包括下列主要内容:

(一)应急机构的组成和职责;

(二)应急通信保障;

(三)抢险救援的人员、资金、物资准备;

(四)灾害评估准备;

(五)应急行动方案。

第十四条　制定破坏性地震应急预案的部门和地方,应当根据震情的变化以及实施中发现的问题,及时对其制定的破坏性地震应急预案进行修订、补充;涉及重大事项调整的,应当报经原批准机关同意。

第四章　临震应急

第十五条　地震临震预报,由省、自治区、直辖市人民政府依照国务院有关发布地震预报的规定统一发布,其他任何组织或者个人不得发布地震预报。

任何组织或者个人都不得传播有关地震的谣言。发生地震谣传时,防震减灾工作主管部门应当协助人民政府迅速予以平息和澄清。

第十六条　破坏性地震临震预报发布后,有关省、自治区、直辖市人民政府可以宣布预报区进入临震应急期,并指明临震应急期的起止时间。

临震应急期一般为 10 日;必要时,可以延长 10 日。

第十七条　在临震应急期,有关地方人民政府应当根据震情,统一部署破坏性地震应急预案的实施工作,并对临震应急活动中发生的争议采取紧急处理措施。

第十八条　在临震应急期,各级防震减灾工作主管部门应当协助本级人民政府对实施破坏性地震应急预案工作进行检查。

第十九条　在临震应急期,有关地方人民政府应当根据实际情况,向预报区的居民以及其他人员提出避震撤离的劝告;情况紧急时,应当有组织地进行避震疏散。

第二十条　在临震应急期,有关地方人民政府有权在本行政区域内紧急调用物资、设备、人员和占用场地,任何组织或者个人都不得阻拦;调用物资、设备或者占用场地的,事后应当及时归还或者给予补偿。

第二十一条　在临震应急期,有关部门应当对生命线工程和次生灾害源采取紧急防护措施。

第五章　震后应急

第二十二条　破坏性地震发生后,有关的省、自治区、直辖市人民政府应当宣布灾区进入震后应急期,并指明震后应急期的起止时间。

震后应急期一般为 10 日;必要时,可以延长 20 日。

第二十三条　破坏性地震发生后,抗震救灾指挥部应当及时组织实施破坏性地震应急预案,及时将震情、灾情及其发展趋势等信息报告上一级人民政府。

第二十四条　防震减灾工作主管部门应当加强现场地震监测预报工作,并及时会同有关部门评估地震灾害损失;灾情调查结果,应当及时报告本级人民政府抗震救灾指挥部和上一级防震减灾工作主管部门。

第二十五条　交通、铁路、民航等部门应当尽快恢复被损毁的道路、铁路、水港、空港和有关设施,并优先保证抢险救援人员、物资的运输和灾民的疏散。其他部门有交通运输工具的,应当无条件服从抗震救灾指挥部的征用或者调用。

第二十六条　通信部门应当尽快恢复被破坏的通信设施,保证抗震救灾通信畅通。其他部门有通信设施的,应当优先为破坏性地震应急工作服务。

第二十七条　供水、供电部门应当尽快恢复被破坏的供水、供电设施,保证灾区用水、用电。

第二十八条　卫生部门应当立即组织急救队伍,利用各种医疗设施或者建立临时治疗点,抢救伤员,及时检查、监测灾区的饮用水源、食品等,采取有效措施防止和控制传染病的暴发流行,并向受灾人员提供精神、心理卫生方面的帮助。医药部门应当及时提供救灾所需药品。其他部门应当配合卫生、医药部门,做好卫生防疫以及伤亡人员的抢救、处理工作。

第二十九条　民政部门应当迅速设置避难场所和救济物资供应点,提供救济物品等,保障灾民的基本生活,做好灾民的转移和安置工作。其他部门应当支持、配合民政部门妥善安置灾民。

第三十条　公安部门应当加强灾区的治安管理和安全保卫工作,预防和制止各种破坏活动,维护社会治安,保证抢险救灾工作顺利进行,尽快恢复社会秩序。

第三十一条　石油、化工、水利、电力、建设等部门和单位以及危险品生产、储运等单位,应当按照各自的职责,对可能发生或者已经发生次生灾害的地点和设施采取紧急处置措施,并加强监视、控制,防止灾害扩展。

公安消防机构应当严密监视灾区火灾的发生;出现火灾时,应当组织力量抢救人员和物资,并采取有效防范措施,防止火势扩大、蔓延。

第三十二条　广播电台、电视台等新闻单位应当根据抗震救灾指挥部提供的情况,按照规定及时向公众发布震情、灾情等有关信息,并做好宣传、报道工作。

第三十三条　抗震救灾指挥部可以请求非灾区的人民政府接受并妥善安置灾民和提供其他救援。

第三十四条　破坏性地震发生后,国内非灾区提供的紧急救援,由抗震救灾指挥部负责接受和安排;国际社会提供的紧急救援,由国务院民政部门负责接受和安排;国外红十字会和国际社会通过中国红十字会提供的紧急救援,由中国红十字会负责接受和安排。

第三十五条　因严重破坏性地震应急的需要,可以在灾区实行特别管制措施。省、自治区、直辖市行政区域内的特别管制措施,由省、自治区、直辖市人民政府决定;跨省、自治区、直辖市的特别管制措施,由有关省、自治区、直辖市人民政府共同决定或者由国务院决定;中断干线交通或者封锁国境的特别管制措施,由国务院决定。

特别管制措施的解除,由原决定机关宣布。

第六章　奖励和处罚

第三十六条　在破坏性地震应急活动中有下列事迹之一的,由其所在单位、上级机关或者防震减灾工作主管部门给予表彰或者奖励:

(一)出色完成破坏性地震应急任务的;

(二)保护国家、集体和公民的财产或者抢救人员有功的;

(三)及时排除险情,防止灾害扩大,成绩显著的;

(四)对地震应急工作提出重大建议,实施效果显著的;

(五)因震情、灾情测报准确和信息传递及时而减轻灾害损失的;

(六)及时供应用于应急救灾的物资和工具或者节约经费开支,成绩显著的;

(七)有其他特殊贡献的。

第三十七条　有下列行为之一的,对负有直接责任的主管人员和其他直接责任人员依法给予行政处分;属于违反治安管理行为的,依照治安管理处罚法的规定给予处罚;构成犯罪的,依法追究刑事责任:

(一)不按照本条例规定制定破坏性地震应急预案的;

(二)不按照破坏性地震应急预案的规定和抗震救灾指挥部的要求实施破坏性地震应急预案的;

(三)违抗抗震救灾指挥部命令,拒不承担地震应急任务的;

(四)阻挠抗震救灾指挥部紧急调用物资、人员或者占用场地的;

(五)贪污、挪用、盗窃地震应急工作经费或者物资的;

(六)有特定责任的国家工作人员在临震应急期或者震后应急期不坚守岗位,不及时掌握震情、灾情,临阵脱逃或者玩忽职守的;

(七)在临震应急期或者震后应急期哄抢国家、集体或者公民的财产的;

(八)阻碍抗震救灾人员执行职务或者进行破坏活动的;

(九)不按照规定和实际情况报告灾情的;

(十)散布谣言,扰乱社会秩序,影响破坏性地震应急工作的;

(十一)有对破坏性地震应急工作造成危害的其他行为的。

第七章　附　则

第三十八条　本条例下列用语的含义:

(一)"地震应急",是指为了减轻地震灾害而采取的不同于正常工作程序的紧急防灾和抢险行动；

（二）"破坏性地震"，是指造成一定数量的人员伤亡和经济损失的地震事件；

（三）"严重破坏性地震"，是指造成严重的人员伤亡和经济损失，使灾区丧失或者部分丧失自我恢复能力，需要国家采取对抗行动的地震事件；

（四）"生命线工程"，是指对社会生活、生产有重大影响的交通、通信、供水、排水、供电、供气、输油等工程系统；

（五）"次生灾害源"，是指因地震而可能引发水灾、火灾、爆炸等灾害的易燃易爆物品、有毒物质贮存设施、水坝、堤岸等。

第三十九条　本条例自 1995 年 4 月 1 日起施行。

山西省地震应急救援规定

（2008 年 5 月 20 日山西省人民政府第 9 次常务会议审议通过
2008 年 5 月 20 日山西省人民政府令第 222 号公布
自公布之日起施行）

第一章 总 则

第一条 为及时、高效应对地震灾害事件，减轻地震灾害损失，保护人民生命财产安全，维护公共安全、环境安全和社会秩序，规范地震应急与救援，根据《中华人民共和国突发事件应对法》《中华人民共和国防震减灾法》《破坏性地震应急条例》和《山西省防震减灾条例》等法律法规，结合本省实际，制定本规定。

第二条 本省境内地震灾害事件的应急准备、预警、处置、救援等活动，适用本规定。

第三条 县级以上人民政府抗震救灾指挥部负责领导本行政区域内的地震应急救援与抗震救灾工作。

县级以上人民政府应当建立地震应急与救援社会动员机制和省、市、县之间，相邻省、市、县之间，有关部门之间的应急协作联动机制。

第四条 地震应急与救援遵循"以人为本、防救并重，政府统一领导、分级、分部门负责，协调行动、属地管理为主"的原则。

第五条 根据发生地震的震级，地震事件及其响应分级如下：

特别重大地震灾害事件，震级 7.0 级以上，实施 I 级响应；

重大地震灾害事件，震级 6.5 ~ 6.9 级，实施 II 级响应；

较大地震灾害事件，震级 6.0 ~ 6.4 级，实施 III 级响应；

一般地震灾害事件，震级 5.0 ~ 5.9 级，实施 IV 级响应；

较轻地震灾害事件，震级 4.0 ~ 4.9 级，实施 V 级响应；

其他地震事件是指强有感地震（含省外发生地震本省强有感）、地震谣传。

震区各级人民政府抗震救灾指挥部可视本行政区域内的震情、灾情、灾害严重程度和社会影响调整应急响应级别。

第六条 特别重大地震灾害事件的应急与救援,在国务院抗震救灾指挥部领导下,由省人民政府抗震救灾指挥部统一指挥,震区各级人民政府抗震救灾指挥部组织实施。

重大地震灾害事件的应急与救援,在省人民政府抗震救灾指挥部统一领导下,由震区各级人民政府抗震救灾指挥部组织实施。

较大地震灾害事件的应急与救援,在震区市级人民政府抗震救灾指挥部统一领导下,由震区县级人民政府抗震救灾指挥部组织实施。

一般地震灾害事件的应急与救援,由震区县级人民政府抗震救灾指挥部统一领导并组织实施。

较轻地震灾害事件、其他地震事件的应急处置,由震区或发生地县级人民政府抗震救灾指挥部统一领导并组织实施。

涉及两个以上行政区域的地震灾害事件的应急与救援,由共同的上一级人民政府抗震救灾指挥部负责;若某级人民政府所在地遭受毁灭性破坏,由其上一级人民政府抗震救灾指挥部派出现场抗震救灾指挥部,负责组织实施该行政区域的应急与救援。

第七条 县级以上人民政府及其各部门、各企事业单位应当按照有关法律法规和本级政府地震应急预案规定的职责,负责相应的地震应急与救援工作。

第八条 震区人民政府抗震救灾指挥部、有关部门应对地震灾害事件作出的决定、命令,应当及时公布。

震区人民政府抗震救灾指挥部、有关部门、有关单位采取应对地震灾害事件的措施,应当与地震灾害事件已造成或者可能造成的社会危害的性质、程度和范围相适应,有多种措施可供选择的,应当选择有利于最大程度地保护公民、法人和其他组织权益的措施。

震区公民、法人和其他组织必须服从本地人民政府及其基层组织的部署、调动和安排。

第九条 驻晋中国人民解放军、中国人民武装警察部队和民兵是地震应急与救援的突击力量。

公民、法人和其他组织有义务参加地震应急与救援活动。

第十条 县级以上人民政府应当依法保障地震应急与救援所需的经费。

第二章　组织机构

第十一条　县级以上人民政府应当建立抗震救灾指挥部,平时负责检查、督促应急与救援准备,指导、协调应急与救援工作;进入地震预警期或者发生地震灾害事件后,领导地震应急与救援。

第十二条　省人民政府组建山西省地震灾害紧急救援队。

市、县级人民政府应整合资源,组建本级地震灾害综合救援队。

县级人民政府组织成年人,组建各类地震救助志愿者队伍。

大中型企业单位应当组建本单位专职或兼职地震应急、抢险、抢修、救护、救援队。

县级以上人民政府应当为本级救援队和志愿者队配备必要的装备,建立管理和联动、协调机制,组织培训与演练。

第十三条　各地震灾害救援队有义务参加地震及其他自然灾害或重大事故的救援;在执行任务时有权要求有关单位、人员协助,有关单位、人员有义务协助;根据救援行动的需要,可以占用场地、征用必需的物资、装备,使用完毕及时归还,若有毁损、灭失的,按照国家有关规定给予补偿。

地震灾害救援队员应当经过专业技能培训,并在本级地震工作主管部门确认、备案。

第十四条　省、市级地震工作主管部门应当组建地震现场指挥部。按不同响应级别,由省或市级地震工作主管部门派出地震现场指挥部,在负责本次地震灾害事件的人民政府抗震救灾指挥部领导下,组织震区的地震工作人员开展地震现场应急工作。

第十五条　县级以上人民政府要建立健全地震灾害预警、灾情信息报告体系和制度;组建本辖区的地震灾害预警网、地震灾情速报网和防震减灾宣传网,各村、社区和企事业单位要确定一名地震灾情速报员。乡(镇)人民政府、街道办事处应当确定一名防震减灾助理员,负责日常管理。本级地震工作主管部门负责业务指导和培训。

第三章　应急准备

第十六条　县级以上人民政府及其各部门、各单位应当建立地震应急与救援责任制和检查制度。

第十七条　各级人民政府及其各部门、各单位应当制订地震应急预案,按照规定进行审批、备案,适时组织地震应急、救援培训、演练。

第十八条　县级以上人民政府应当建立抗震救灾指挥中心,完善应急指挥技术系统和地震应急基础数据库。同级人民政府各部门、各单位有义务提供地震应急基础数据,每年定期更新。

县级以上人民政府应当确定备用指挥场所。

第十九条　县级以上人民政府应当规划、建设适量的紧急避难场所和紧急疏散通道。紧急避难场所应当具备安全避险、医疗救护、基本生存保障等功能。

紧急避难场所、紧急疏散通道应当保持完好、畅通,并设置明显标志,确保功能完好。本级人民政府应当组织规划、建设、地震、卫生、民政、公安等有关部门进行检查。

第二十条　县级以上人民政府及其各部门、各单位应当组织开展防震避险、自救互救、应急与救援等地震安全知识的宣传。

新闻媒体应当免费进行地震监测与预防、应急与救援、抗震与救灾等公益宣传。

各级教育主管部门和各类学校应当把地震应急、避险、自救、互救知识纳入教学内容,对学生进行地震安全教育,组织适当的地震应急避险和救助演练。

第二十一条　县级以上人民政府应当制订地震灾害事件新闻发布制度。地震灾害事件发生后,震区各级人民政府抗震救灾指挥部应当及时向社会公告震情与灾情、应急与救援等动态信息。

地震灾害事件发生后,震区的各电视台、广播电台、报社、网站等媒体应当及时向社会公告地震参数;各移动通信运营商应当及时向用户免费发布地震参数公告;发布的地震参数必须由本级地震工作主管部门提供。

第二十二条　影剧院、歌舞厅、网吧、商场、医院、学校、酒店、旅店、体育场馆、候车、候机等公众聚集的场所要配置必要的救生避险设备、救援工具;紧急疏散通道沿途要有发光、反光标志、应急照明灯,保证完好、安全畅通。

县级以上地震工作主管部门要定期检查,确保正常使用;凡检查不达标的,不得经营或使用。

第二十三条　企事业单位应当安装与本单位设施、设备配套的地震紧急处置系统和报警装置,定期检测、维护,使其处于良好状态,确保正常使用,并报当地县级以上地震工作主管部门备案。

县级以上地震工作主管部门应当会同有关部门对需要安装地震紧急处置系统、报警装置的企事业单位每年进行检查。凡未安装或不能正常使用的不得使用该设施、设备。

第二十四条 地震重点监视防御区、重点防御城市的县级以上人民政府应当对本辖区的生命线系统工程、地震次生灾害源的重点设施、设备进行检查。存在隐患的，责令其进行抗震性能鉴定，及时消除隐患，采取防控措施，并向本级人民政府和地震工作主管部门报告整改情况。

第二十五条 有实时监控图像的单位应当与本级防震减灾指挥中心保持联系，地震发生后有义务提供有关影像资料，确保地震应急指挥时随时调用。

第二十六条 县级以上人民政府应当建立地震应急与救援通信保障系统。在震后应急期，震区人民政府抗震救灾指挥部可启动、调用一切通信资源，保障通信畅通。

第二十七条 县级以上人民政府应当储备抗震救灾和应急救援物资，建立健全物资储备、监管、调拨、紧急配送体系和储备信息库，并制定相应的保障制度和紧急调用方案。

第二十八条 县级以上人民政府及其有关部门、有关单位应当为参加地震应急与救援的人员购买人身意外伤害保险。

对在执行地震应急、救援任务中因公死亡或者致残的人员，应当按照国家有关规定给予抚恤优待。

第四章　预警与处置

第二十九条 省人民政府发布临震预报后，宣布预报区进入地震预警期和预警级别，指明预警期的起止时间。

预警期一般为 10 日；必要时可以延长 10 日。

根据预报地震级别和预测未来地震灾害的严重程度，预警分为四级：

7.0 级以上地震为 Ⅰ 级预警，红色；

6.5～6.9 级地震为 Ⅱ 级预警，橙色；

6.0～6.4 级地震为 Ⅲ 级预警，黄色；

5.0～5.9 级地震为 Ⅳ 级预警，蓝色。

省人民政府可视震情变化，适时调整预警级别、预警期或解除预警。

第三十条 预警区各级人民政府抗震救灾指挥部应当根据预警级别，结合当地实际，做好以下一项或者多项应急工作：

（一）召开抗震救灾指挥部会议，部署、检查应急准备；

（二）及时向社会发布地震预警的动态信息，公布咨询电话；

（三）承担地震应急与救援任务的单位和人员进入待命状态；

（四）做好抗震救灾资金、物资和应急、救援物资的准备；

（五）做好启用紧急避难场所的准备，并根据需要设置临时避难场所，必要时组织撤离和疏散危险区的人员；

（六）组织各部门、各单位做好防震避险、自救互救知识宣传。发生谣言、谣传时，及时采取措施，安定民心；

（七）法律法规规定的其他措施。

预警区各级人民政府的各部门、各单位按照地震应急预案规定的职责和承担的地震应急救援任务，做好应急准备。

第三十一条　预警区生命线系统工程、易引发次生灾害的单位，应当对危险源和重点设施、设备采取防控措施，做好抢修、抢险的应急准备。

第三十二条　预警区的各级人民政府及其地震工作主管部门应当通过各种途径收集、汇总、上报地震前兆异常信息。

预警区的地震灾害预警网应当按照职责开展工作。加强观测与异常信息收集工作，按规定及时上报。

预警区任何单位和个人在获悉地震前兆异常信息后，均应当立即向所在地乡（镇）人民政府、街道办事处或者县级地震工作主管部门报告。收到信息报告的地震工作主管部门应当迅速核查、落实，并及时报告同级人民政府和上级地震工作主管部门。

第三十三条　各级地震工作主管部门在法定节假日、大型活动或者地震预警期等特殊时期应当加强震情监视、会商和短临预报跟踪，做好应急准备，发现或者收到异常信息及时核实上报。

第五章　应急响应与救援

第三十四条　地震灾害事件发生后，负责领导本次地震灾害事件的人民政府宣布震区进入震后应急期和应急响应级别，指明起止时间。

一般震后应急期为 10 日，必要时可以延长至 20 日。

震区各县级以上人民政府，根据本次地震灾害事件对当地造成破坏的实际，向社会公告，组织实施本级政府地震应急预案，领导本辖区的地震应急与救援，采取下列一项或者多项应急处置措施：

（一）立即召开本级政府抗震救灾指挥部会议，部署地震应急与救援；组织各种救援力量开展抢险、救援；

（二）组织营救和救治受困、受伤人员，疏散、撤离并妥善安置受威胁人员以及其他救助措施；

（三）迅速收集、汇总灾情和发展趋势等信息，及时报告上一级人民政府和地震工作主管部门；

（四）划定次生灾害、标明危险区域、封锁危险场所、划定警戒区、设置明显标志，采取紧急防控措施；

（五）关闭或者限制使用有关场所、设施、设备，中止人员密集的活动、易引发次生灾害的生产经营活动；

（六）开启紧急避难场所或者根据需要设置临时避难场所，保障灾民食宿、饮用水、燃料等基本生活必需品供应，实施医疗救护和卫生防疫等其他保障措施；

（七）组织有专长的公民参加应急与救援；

（八）启用本级人民政府的救灾准备金、物资，视震情、灾情需要向社会征用物资、装备、工具、占用场所等；

（九）适时向社会公告震情、灾情、应急与救援的动态信息。

（十）法律法规规定的其他措施。

第三十五条 地震灾害事件发生后，震区各级人民政府的各部门、各单位和其他组织，根据本级人民政府确定的应急响应级别，立即组织实施各自的地震应急预案，按照职责开展应急与救援，并做好自救、互救。

第三十六条 地震灾害事件发生后，震区重点生命线工程、易引发次生灾害的单位，应当立即控制危险源、划定危险区域、隔离危险场所、疏散、撤离有关人员；已发生灾害的立即组织抢险、扑救，采取必要措施防止危害扩大，并及时报告当地人民政府。

第三十七条 地震灾害事件发生后，震区县级以上地震工作主管部门应当立即派出专业人员赴地震现场开展灾情的收集汇总、震情趋势判定和灾害损失预评估工作，及时上报、通报。

省内发生 6 级以上地震时，省地震工作主管部门派出地震现场指挥部和地震现场工作队；发生 4～5.9 级地震时，省地震工作主管部门派出地震现场工作队，震区市级地震工作主管部门派出地震现场指挥部。负责现场震情监视、震情趋势判定、地震科学考察工作、审查有关震情的新闻报道文稿；会同有关部门进行地震灾害损失评估和震区建筑物安全鉴定等工作。

第三十八条 地震灾害事件发生后，震区各级人民政府及各部门、各单位应当通过各种途径收集、汇总地震灾情,并及时报告本级人民政府及其地震工作主管部门,各级人民政府及其地震工作主管部门应当报告上一级人民政府和地震工作主管部门。

获悉地震灾情的公民、法人或者其他组织应当向所在地县级以上地震工作主管部门报告。

震区地震灾情速报员应当迅速收集、汇总本地震情、灾情、社情,按规定上报;地震灾情实行零报告制度。

一般按规定上报震情、灾情,必要时可越级上报。

第三十九条　地震灾害事件发生后,震区的居民委员会、村民委员会和其他组织应当按照当地人民政府的决定、命令,进行宣传动员,组织群众开展自救、互救,协助维护社会秩序;当需要疏散、撤离时,要组织群众到就近的紧急疏散避难场所或者未遭破坏的场馆、公园、绿地、空地、学校等场所避险、避难。

场馆、公园、绿地、空地、学校等的产权单位或者经营管理者有义务接纳,并及时开放。

第四十条　地震灾害发生后,震区的各救援队伍应当按照地震应急预案的规定,立即赶赴震区。

到达震区的各救援队伍,应当在负责本次地震灾害事件的人民政府抗震救灾指挥部统一领导下进行抢险、救援。

救援应当坚持"救人第一、先易后难、先轻后重、安全救援"的原则。

第四十一条　到达震区的各行业抢险、抢修、救护等队,在当地县级以上人民政府抗震救灾指挥部统一领导下,应当先采取控制措施,防止灾害蔓延扩大,排除险情,消除灾害,尽快恢复各种生活、生产设施、设备功能,确保供应、畅通。

第四十二条　震区市级以上人民政府抗震救灾指挥部,视灾情需要可指令本辖区非震区下级人民政府安置灾民、伤员,提供其他支援。

震区县级以上人民政府抗震救灾指挥部根据灾情需要可请求上级人民政府或非震区人民政府安置灾民、伤员,提供其他支援。

第四十三条　震区发生危害,社会秩序的严重事件时,公安部门应当依法立即采取相应强制措施,尽快恢复正常社会秩序,并及时报告当地人民政府抗震救灾指挥部。

第四十四条　负责领导或者组织处置本次地震灾害事件的人民政府抗震救灾指挥部,应当组织协调运输经营单位,优先运送地震应急、救援、抗震救灾所需物资、设备工具、应急与救援人员和受到危害人员。

交通部门应当准许运送地震应急、救援、抗震救灾人员、物资的车辆在收费公路上免费通行。

地震应急、救援车在执行紧急任务时优先通行;若遇交通管制时,公安交管部门、交通部门应当准许通行;若车辆发生故障时,公安部门应当协助就地征用车辆,保证地震应急、救援人员、物资的运送。

第四十五条 震区县级以上人民政府抗震救灾指挥部负责在震区的地震应急、救援队伍的后勤保障。

各地震应急、救援队完成在震区的各自任务后,向负责本次地震灾害事件的人民政府抗震救灾指挥部申请撤离。

第四十六条 其他地震事件由发生地县级以上人民政府抗震救灾指挥部组织地震、公安、新闻等有关部门做好安定民心、稳定社会工作。必要时可请求上级地震工作主管部门派员协助。

第四十七条 符合下列条件的,由负责本次地震灾害事件的人民政府抗震救灾指挥部宣布震后应急期结束。

(一)地震应急与救援工作基本完成;

(二)地震引发的次生灾害基本消除或者得到控制;

(三)经震情趋势判定,近期无发生比本次地震更大地震的可能;

(四)震区生产、生活和社会秩序基本稳定。

第四十八条 县级以上人民政府作出地震应急、救援、抗震救灾的决定、命令,应当报本级人民代表大会常务委员会备案;地震应急与救援、抗震救灾工作结束后,应当向本级人民代表大会常务委员会作出报告。

各级人民政府的各部门、各单位在地震应急与救援工作结束后应当向本级政府和上级主管部门报告。省地震工作主管部门在地震灾害损失评估工作结束后,应当向负责本次地震事件的人民政府抗震救灾指挥部、省人民政府和中国地震局提交地震灾害损失评估报告。

第六章 奖励和处罚

第四十九条 县级以上人民政府对在地震应急与救援工作中,具有下列情形之一的单位或个人,给予表彰、奖励:

(一)完成地震应急与救援任务成绩突出的;

(二)保护国家、法人、公民的财产或者抢救人员有突出贡献的;

(三)及时排除险情,防止危害扩大成绩显著的;

（四）及时报告地震预警信息、地震异常信息、地震灾情的,对地震预报或者地震应急救援贡献突出的;

（五）对地震应急与救援工作提出重大建议,实施效果显著的;

（六）及时供应地震应急、救援、抗震救灾物资、设备工具或者节约经费开支成绩显著的;

（七）法律法规规定应当予表彰和奖励的。

县级以上人民政府对在地震应急、救援、抗震救灾活动中成绩卓著、贡献重大的单位或者个人给予记功奖励。

第五十条 县级以上人民政府对有下列行为之一的,负有直接责任的主管人员和其他直接责任人员给予行政处分;构成犯罪的,依法追究刑事责任:

（一）负有特定地震应急、救援责任的单位或者国家公职人员,违抗抗震救灾指挥部命令,拒不承担应急、救援任务的,有意拖延应急、救援行动造成严重后果的,有失职、渎职行为的;

（二）未采取必要的紧急处置或者防控措施,造成危害扩大,损失严重的;

（三）未按规定及时上报灾情,迟报、虚报、漏报灾情的;

（四）截留、挪用、私分地震应急与救援或者抗震救灾资金、物资的;

（五）擅自发布震情信息的;

（六）不履行地震应急、救援法定职责的。

第五十一条 违反本规章第十九条、第二十二条、第二十三条、第二十四条规定的,由县级以上地震工作主管部门责令改正,处一万元以上三万元以下的罚款。

第七章 附 则

第五十二条 省外地震应急协作联动应当按地震应急协作联动方案,由省人民政府派出应急与救援力量,并提供其他支援。

第五十三条 本规定所指震区包括地震发生地和造成破坏影响强烈的区域。

第五十四条 本规定自发布之日起施行。

广州市规范行政执法自由裁量权规定

（2009 年 5 月 27 日广州市人民政府令第 18 号公布

根据 2015 年 9 月 30 日广州市人民政府令第 132 号《广州市人民

政府关于因行政区划调整修改〈广州市扩大区县级市管理

权限规定〉等 93 件政府规章的决定》修正）

第一条 为规范行政执法主体行使行政执法自由裁量权，促进合理行政，保护公民、法人和其他组织的合法权益，依据《中华人民共和国行政处罚法》《中华人民共和国行政许可法》等规定，结合本市实际，制定本规定。

第二条 本市行政区域内行政执法自由裁量权的规范和监督适用本规定。

第三条 本规定所称行政执法自由裁量权是指行政执法主体在法律、法规、规章规定的范围和幅度内，依照法律、法规、规章所确定的立法目的和公正合理原则，在行政执法过程中，结合具体情形自行判断并作出处理的权力。本规定所称行政执法是指行政执法主体实施的行政处罚、行政许可、非行政许可审批、行政征收、行政给付、行政强制、行政裁决、行政确认等行为。本规定所称行政执法主体是指市、区人民政府及其下属的具有行政执法权的行政机关和法律、法规授权的具有管理公共事务职能的组织。

第四条 市人民政府法制机构负责本市行政执法主体行使行政执法自由裁量权的监督，组织实施本规定。区人民政府法制机构负责本区行政执法主体行使行政执法自由裁量权的监督。市、区人民政府监察机关配合本级人民政府法制机构监督行政执法主体行使行政执法自由裁量权。

第五条 行使行政执法自由裁量权，应当在法律、法规、规章规定的范围内进行，符合立法目的，并遵循合理性原则。

第六条 行政执法主体应当平等对待行政管理相对人，在事实、性质、情节及社会危害程度等因素基本相同或者相似的情况下，给予基本相同的处理。

第七条 行政执法主体可以采用多种方式实现行政管理目的的，应当尽量采用对行政管理相对人没有损害或损害较小的方式。

第八条 行使行政执法自由裁量权应当坚持公开原则,自由裁量标准应当向社会公开,自由裁量结果除涉及国家秘密、工作秘密、商业秘密或者个人隐私外,允许社会公众查阅。

第九条 市行政执法主体应当以行政规范性文件的形式对行政执法自由裁量权的标准、条件、种类、幅度、方式、时限予以合理细化、量化,报送市人民政府法制机构审查后公布实施。

第十条 法律、法规、规章对立案、受理或者其他需要作出行政执法行为的标准只作原则性规定的,市行政执法主体应当列出立案、受理或者其他需要作出行政执法行为的具体标准。

第十一条 规范行政处罚自由裁量权,应当遵守下列规定:

(一)同一种违法行为,法律、法规、规章规定可以选择处罚种类的,应当列出选择处罚种类的具体情形;

(二)同一种违法行为,法律、法规、规章规定有处罚幅度的,应当根据违法行为的情节、性质、事实、社会危害后果列出行政处罚的具体标准;

(三)法律、法规、规章对从轻处罚只作原则性规定的,应当列出从轻处罚的具体情形;

(四)法律、法规、规章对从重处罚只作原则性规定的,应当列出从重处罚的具体情形;

(五)法律、法规、规章对减轻处罚只作原则性规定的,应当列出减轻处罚的具体情形;

(六)法律、法规、规章对不予处罚只作原则性规定的,应当列出不予处罚的具体情形;

(七)法律、法规、规章对行政处罚停止执行只作原则性规定的,应当列出行政处罚停止执行的具体情形。

第十二条 规范行政许可自由裁量权,应当遵守下列规定:

(一)法律、法规、规章对许可条件或者对变更、撤回、撤销许可的条件只作原则性规定的,应当列出许可或者变更、撤回、撤销许可的具体条件;

(二)法律、法规、规章规定的许可条件存在一定幅度的,应当列出各种幅度对应的具体情形;

(三)法律、法规、规章对作出许可决定的方式没有明确规定或者规定可以选择的,应当列出作出许可决定的具体方式;

(四)法律、法规、规章对注销许可的条件只作原则性规定的,应当列出注销许可的具体条件。

第十三条 规范非行政许可审批自由裁量权，应当遵守下列规定：

（一）法律、法规、规章对审批条件或者对变更、撤回、撤销审批的条件只作原则性规定的，应当列出审批或者变更、撤回、撤销审批的具体条件；

（二）法律、法规、规章规定的审批条件存在一定幅度的，应当列出各种幅度对应的具体情形；

（三）法律、法规、规章对审批决定方式没有明确规定或者规定可以选择的，应当列出审批决定的具体方式；

（四）法律、法规、规章对注销审批的条件只作原则性规定的，应当列出注销审批的具体条件。

第十四条 规范行政征收自由裁量权，应当遵守下列规定：

（一）法律、法规、规章规定的征收数额存在一定幅度的，应当列出各种幅度对应的具体情形；

（二）法律、法规、规章规定征收数额的计算方法可以选择的，应当列出各种征收数额计算方法适用的具体情形；

（三）法律、法规、规章对减免征收的条件只作原则性规定的，应当列出减免征收的具体条件；

（四）法律、法规、规章规定的减征数额存在一定幅度的，应当列出各种幅度对应的具体情形。

第十五条 规范行政给付自由裁量权，应当遵守下列规定：

（一）法律、法规、规章对给付条件只作原则性规定的，应当列出给付的具体条件；

（二）法律、法规、规章对给付方式只作原则性规定的，应当列出给付的具体方式；

（三）法律、法规、规章规定的给付数额存在一定幅度的，应当列出给付数额的具体标准。

第十六条 法律、法规、规章对行政强制的种类、方式、程序等只作原则性规定的，市行政执法主体应当列出确定行政强制种类、方式的具体情形和具体程序。

第十七条 法律、法规、规章对行政裁决的程序、标准等只作原则性规定的，市行政执法主体应当列出具体程序和各种标准对应的具体情形。

第十八条 法律、法规、规章对行政确认的程序、需提交的材料等只作原则性规定的,市行政执法主体应当列出行政确认的具体程序、需提交的具体材料。

第十九条　法律、法规和规章没有明确行政执法主体履行职责期限的,市行政执法主体应当予以明确。

第二十条　法律、法规、规章对行政执法主体作出具体行政行为前应当听取行政管理相对人或者利害关系人意见只作原则性规定的,市行政执法主体应当列出听取意见的具体程序和方式。

第二十一条　行政执法主体行使自由裁量权作出具体行政行为前,应当向行政管理相对人书面告知所认定的事实、理由和依据。

第二十二条　行政执法主体具备条件的,应当将行政执法的立案(或者受理)、调查取证(或者审查)、听证、作出决定等职能分离,由不同的内设执法机构或执法人员行使。

第二十三条　行政执法主体应当建立对本单位及其下属单位和受委托组织行使行政执法自由裁量权的监督机制。行政执法主体应当将行使行政执法自由裁量权的行为纳入行政执法评议考核和行政执法责任追究的范围。

第二十四条　各级人民政府法制机构应当通过行政执法检查、行政执法评议考核、办理行政执法投诉案件等形式对行政执法主体行使行政执法自由裁量权情况进行监督。

第二十五条　行政执法主体违反本规定的,由本级人民政府法制机构建议改正;拒不改正的,由本级人民政府给予通报批评;情节严重的,由监察机关依法追究有关负责人和直接责任人的责任。

第二十六条　本规定自2009年7月4日起施行。

甘肃省规范行政处罚自由裁量权规定

（2012 年 10 月 25 日甘肃省人民政府第 116 次常务会议审议通过
2012 年 10 月 30 日甘肃省人民政府令第 94 号公布
自 2013 年 1 月 1 日起施行）

第一条　为了规范行政处罚自由裁量权的行使,确保依法、合理行政,维护公民、法人和其他组织的合法权益,根据《中华人民共和国行政处罚法》《甘肃省行政执法监督条例》及其他相关规定,结合本省实际,制定本规定。

第二条　本规定适用于本省行政区域内行政处罚实施机关行使行政处罚自由裁量权的规范和监督。

第三条　本规定所称行政处罚实施机关,是指本省具有行政处罚权的行政机关和法律、法规授权实施行政处罚的组织。

本规定所称行政处罚自由裁量权,是指行政处罚实施机关在法律、法规、规章规定的行政处罚权限范围内,对公民、法人或者其他组织违反行政管理秩序的行为决定是否给予行政处罚、给予何种行政处罚和给予何种幅度行政处罚进行裁量的权限。

第四条　行政处罚实施机关行使行政处罚自由裁量权应当遵守下列原则:

(一)合法性原则。行使行政处罚自由裁量权,应当具有法律、法规、规章的依据。在法定权限、种类和幅度范围内行使。行政处罚阶次的划分,不得超出法定幅度。

(二)合理性原则。行使行政处罚自由裁量权,应当以事实为依据,符合法律目的,排除不相关因素的干扰。对于违法事实、性质、情节及社会危害后果相同或相近的违法行为,适用法律依据及处罚种类、幅度应当基本相同。所适用的措施和手段应当必要、适当。行政执法机关可以采取多种方式实现行政管理目的的,应当尽量采用对行政管理相对人没有损失或损失较小的方式。

(三)公开性原则。行使行政处罚自由裁量权的依据、理由、适用规则、裁量基准以及结果应当公开。行使行政处罚自由裁量权应当注意听取行政管理相对人的意见,依法保障行政管理相对人或利害关系人的知情权、参与权和救济权。

（四）处罚与教育相结合原则。行使行政处罚自由裁量权,应当教育为先、先教后罚,坚持处罚与教育相结合,教育公民、法人或者其他组织自觉守法。

第五条　县级以上人民政府及其执法部门应当依照法律、法规的规定和行政执法的基本原则,制定本地、本系统行使行政处罚自由裁量权适用规则。

适用规则应当包括行使行政处罚裁量权的基本原则、适用范围、适用程序、保障机制以及规定裁量基准的制度安排等。

第六条　规范行政处罚自由裁量权实行行政处罚自由裁量基准制度。

行政机关实施行政处罚应当将法律、法规、规章规定的可裁量的处罚种类和幅度,依照过罚相当原则,细化为若干裁量阶次,每个阶次规定一定的量罚标准,以确保处罚与违法行为的事实、性质、情节及社会危害程度相适应。

第七条　省级行政处罚实施机关应当在法律、法规、规章规定的行政处罚范围、种类、幅度内,结合工作实际,根据本规定综合考虑法定裁量因素和酌定裁量因素,明确行政处罚自由裁量的阶次、具体标准和适用条件,作为行使行政处罚自由裁量权的依据。

县级以上人民政府及其执法部门可以结合本地、本部门实际,以省级行政处罚实施机关规定的行政处罚自由裁量基准为基础,进一步细化裁量标准。

第八条　制定行使行政处罚自由裁量权适用规则和制定、变更或者废止行政处罚自由裁量基准,应当由行政机关领导班子集体讨论决定,向社会公布,并按规范性文件管理规定的程序予以备案。

受委托实施行政处罚的组织,其行政处罚自由裁量基准的制定、变更、废止由委托行政机关决定。

第九条　行政处罚实施机关应当根据法律、法规、规章的变化或者执法工作的实际情况,及时补充、修订或者完善本部门的行政处罚自由裁量基准制度。补充、修订或完善后的文本应及时向社会重新公布。

第十条　当事人有下列情形之一的,依法不予行政处罚：

（一）违法行为人年龄不满 14 周岁的；

（二）精神病人在不能辨认或者不能控制自己行为时有违法行为的；

（三）违法行为轻微并及时纠正,没有造成危害后果的；

（四）违法行为超过法定追究时效的；

（五）其他依法不予行政处罚的。

第十一条　有下列情形之一的,应当依法从轻或者减轻行政处罚:

(一)违法行为人年满 14 周岁不满 18 周岁的;

(二)受他人胁迫、诱骗实施违法行为的;

(三)涉案财物或者违法所得较少的;

(四)主动消除或者减轻违法行为危害后果的;

(五)配合行政执法机关查处违法行为有立功表现的;

(六)其他依法应当从轻或者减轻处罚的。

第十二条　有下列情形之一的,应当依法从重行政处罚:

(一)隐匿、销毁证据的;

(二)妨碍执法人员查处违法行为、暴力抗法等尚未构成犯罪的;

(三)不听劝阻,继续实施违法行为的;

(四)涉及人身安全、财产安全、公共安全、社会稳定、环境保护、经济秩序等造成危害后果,违法情节恶劣的;

(五)胁迫、诱骗他人或者教唆未成年人实施违法行为的;

(六)在共同实施违法行为中起主要作用的;

(七)多次实施违法行为,屡教不改的;

(八)在发生突发公共事件时实施违法行为的;

(九)对举报人、证人打击报复的;

(十)其他依法应当给予从重处罚的。

第十三条　行政处罚实施机关作出不予、从轻、减轻或者从重行政处罚决定的,应当在案卷讨论记录和行政处罚决定书中说明理由。并将听取当事人陈述、申辩的情况记录在案。

第十四条　县级以上人民政府及其法制工作机构、行政处罚实施机关应当依照《甘肃省行政执法监督条例》相关规定,通过行政执法监督检查、行政执法责任制评议考核、规范性文件备案审查、行政执法案卷评查、行政执法举报投诉、行政复议等形式对规范行政处罚自由裁量权工作进行监督检查。

第十五条　县级以上人民政府及其法制工作机构、行政处罚实施机关应当把规范行政处罚自由裁量权工作纳入行政执法责任制评议考核和行政执法责任追究的范围。

第十六条　行政处罚实施机关对于决定适用听证程序的行政处罚或者对具有本规定第十二条的情形决定从重行政处罚的,应当由行政处罚实施机关领导班子集体讨论决定,并在作出决定之日起 30 日内将处罚决定书和主要证据材料报送本级政府法制工作机构备案。

　　第十七条　行政处罚实施机关不严格执行本规定,行政执法人员滥用行政处罚自由裁量权的,县级以上人民政府及其法制工作机构、行政处罚实施机关依照《甘肃省行政执法监督条例》相关规定,作出给予通报批评,责令限期改正、暂扣或者收回执法证件等处理;情节严重的,由有关部门依据《甘肃省行政过错责任追究办法》等有关规定追究责任;涉嫌犯罪的移交司法机关依法处理。

　　第十八条　本规定自 2013 年 1 月 1 日起施行。

湖南省规范行政裁量权办法

（2009 年 10 月 27 日湖南省人民政府第 40 次常务会议审议通过
2009 年 11 月 12 日湖南省人民政府令第 244 号公布
自 2010 年 4 月 17 日起施行）

第一章　总　则

第一条　为了保障行政机关合理行政，保护公民、法人或者其他组织的合法权益，根据有关法律、法规，结合本省实际，制定本办法。

第二条　本省行政机关行使行政裁量权应当遵守本办法。

法律、法规对行政裁量权的行使另有规定的，从其规定。

第三条　行政机关行使行政裁量权，应当遵循公平、公正、公开的原则。

第四条　采取控制源头、建立规则、完善程序、制定基准、发布案例等多种方式，对行政裁量权的行使实行综合控制。

第五条　县级以上人民政府应当加强对本行政区域内规范行政裁量权工作的组织领导。

县级以上人民政府法制部门具体负责组织、指导、协调、监督本行政区域内的规范行政裁量权工作。各级监察机关依法对行政裁量权的行使实施行政监督。

县级以上人民政府所属工作部门应当加强对下级人民政府相应工作部门规范行政裁量权工作的指导。省以下实行垂直管理的行政机关，应当加强对下级行政机关规范行政裁量权工作的领导。

第二章　一般规定

第六条　实行行政裁量权源头控制制度。

除法律另有规定外，行政机关在法定权限内起草地方性法规草案、制定政府规章和规范性文件，不得将下列事项列入行政管理范围：

（一）公民、法人或者其他组织能够自主解决的；

（二）市场竞争机制能够调节的；

（三）行业组织或者中介机构通过自律能够解决的。

第七条　行政机关在法定权限内起草地方性法规草案、制定政府规章和规范性文件，应当严格控制和合理设定行政审批、行政确认、行政处罚、行政强制、行政检查、行政征收等行政管理措施；对已经设定且不合理的，行政机关应当依照法定权限和程序进行清理，及时修改或者废止。

第八条　行政机关在法定权限内起草地方性法规草案、制定政府规章和规范性文件，应当对行政权力的行使主体、条件、种类、幅度等要素作出具体、明确规定，尽可能减少行政裁量权空间。

第九条　实行行政裁量权行使规则制度。

行政机关行使行政裁量权应当遵守下列一般规则：

（一）符合法律目的；

（二）平等对待公民、法人或者其他组织，不偏私、不歧视；

（三）考虑相关事实因素和法律因素，排除不相关因素的干扰；

（四）所采取的措施和手段必要，可以采取多种方式实现行政目的的，应当选择对当事人权益损害最小的方式，对当事人造成的损害不得与所保护的法定利益显失均衡；

（五）除法律依据和客观情况变化以外，处理相同行政事务的决定应当与以往依法作出的决定基本相同。

第十条　除遵守一般规则外，行政机关行使行政裁量权还应当遵守本办法规定的行政审批、行政确认、行政处罚、行政强制、行政检查、行政征收、行政给付、行政奖励的特别规则。

第十一条　实行行政裁量权程序控制制度。

行政机关行使行政裁量权应当执行有关法律、法规、规章和《湖南省行政程序规定》规定的回避、公开、告知、听证、证据、期限、说明理由等程序制度。

行政机关应当建立健全内部工作程序，实施行政行为应当明确由不同的内设机构分别负责立案（受理）、调查、审查、决定等职责。实施重大行政行为的，应当由本机关负责人集体讨论决定。

第十二条　实行行政裁量权基准制度。

县级以上人民政府应当组织本行政区域内享有行政裁量权的行政机关，对法律、法规、规章和规范性文件中可以量化和细化的行政裁量权的内容进行梳理,并制定行政裁量权基准。

下级行政机关制定行政裁量权基准,应当参照上级行政机关制定的适用范围相同的行政裁量权基准。

制定行政裁量权基准适用规范性文件管理规定。

第十三条 制定行政裁量权基准应当根据具体情况划分裁量阶次,裁量阶次一般不得少于3个。

第十四条 实行行政裁量权案例指导制度。

县级以上人民政府应当选择本行政区域内行政机关行使行政裁量权的典型案例向社会公开发布,指导行政机关行使行政裁量权。

行政机关处理相同的行政事务,除法律依据和客观情况变化外,应当参照本级人民政府发布的典型案例。

第十五条 县级以上人民政府应当每年至少组织一次典型案例发布。典型案例发布应当遵守政府信息公开的有关规定。

县级以上人民政府工作部门应当按照要求及时向本级人民政府报送案例。

第十六条 与人民群众日常生活、生产直接相关的行政行为,一般由市州、县市区行政机关实施。

法律、法规、规章规定由上级行政机关实施的行政行为,上级行政机关可以委托下级行政机关实施。

第三章 行政审批

第十七条 县级以上人民政府应当积极推进行政审批制度改革,严格执行国务院和省人民政府取消和调整行政审批项目的决定,并对行政审批项目实行目录管理。

行政机关不得继续或者变相实施已经取消的行政审批项目。

第十八条 县级以上人民政府应当积极创新行政审批机制,通过建立健全政务中心、发展电子政务等方式,推行行政审批的统一办理、联合办理、集中办理。

第十九条 行政机关实施非行政许可审批,应当参照《中华人民共和国行政许可法》规定的招标、拍卖、考试、考核等审批方式办理。

第二十条 县级以上人民政府应当组织所属工作部门,对法律、法规、规章规定的行政审批期限进行压缩,提高行政审批效率。

第二十一条 法律、法规、规章对行政审批条件有明确规定的,行政机关不得增加行政审批条件;对行政审批条件未作明确规定的,行政机关应当按照便民的原则确定行政审批条件。

第二十二条　行政机关实施行政审批,不得要求申请人接受无法律、法规、规章依据的中介服务;法律、法规、规章规定需要中介服务的,行政机关不得指定中介服务机构。

第四章　行政确认

第二十三条　本办法所称行政确认,是指行政机关依法对公民、法人或者其他组织的法律地位、法律关系、法律事实进行确定和认可的具体行政行为。包括:

(一)自然资源的所有权和使用权、房屋产权以及专利权、商标权等事项的确定;

(二)学历、学位、居民身份、货物原产地等事项的证明;

(三)户口、婚姻等事项的登记;

(四)事故责任、工伤等事项的认定;

(五)产品质量等事项的认证;

(六)法律、法规、规章规定的其他行政确认。

第二十四条　行政机关实施行政确认应当遵循依法、客观、公正的原则。

行政机关不得对违法、虚假的法律地位、法律关系和法律事实实施行政确认。

第二十五条　行政机关实施行政确认,应当对申请人提供的申请材料进行审查。

申请人提交的申请材料齐全、符合法定形式的,行政机关应当及时作出书面的行政确认决定。根据法定条件和程序,需要对申请材料实质内容进行核实的,行政机关应当指派两名以上工作人员进行核查。

第二十六条　行政机关对行政确认申请进行审查时,发现行政确认事项直接关系他人重大利益的,应当告知该利害关系人。申请人、利害关系人有权进行陈述和申辩。行政机关应当听取申请人、利害关系人的意见。

第二十七条　法律、法规、规章规定申请人必须亲自到场的行政确认,行政机关应当严格核实申请人的身份。申请人未亲自到场的,不得进行行政确认,已确认的无效。

第五章　行政处罚

第二十八条　实施行政处罚必须以事实为依据,与违法行为的事实、性质、情节以及社会危害程度相当。当事人有法定的从轻、减轻或者不予行政处罚情形的,应当从轻、减轻或者不予处罚。

第二十九条　实施行政处罚应当坚持处罚与教育相结合,教育公民、法人或者其他组织自觉守法。违法行为轻微并及时改正,没有造成危害后果的,不予行政处罚。

第三十条　行政机关应当采取发布信息、提醒、建议、引导等行政指导方式,预防公民、法人或者其他组织可能出现的违法行为。

严禁行政机关采取利诱、欺诈、胁迫、暴力等不正当方式,致使公民、法人或者其他组织违法并对其实施行政处罚。

第三十一条　行政机关对违法行为应当及时采取措施予以纠正,不得先放任违法行为,再实施行政处罚;不得因已实施行政处罚而放任违法行为持续存在。

第三十二条　当事人的同一个违法行为,同时违反由一个行政机关实施的不同法律、法规、规章,行政机关实施行政处罚,对同一种类的行政处罚不得合并处罚。

第三十三条　县级以上人民政府对法律、法规、规章规定的罚款幅度,可以根据本地区经济、社会、文化等客观情况,作出控制罚款上限的决定。但是,涉及危害国家安全、公共安全、人身健康、生命财产安全、环境保护等违法行为除外。

第六章　行政强制

第三十四条　行政机关依法实施行政强制,应当选择适当的方式,以最大保护当事人的权益为原则。

第三十五条　实施非强制性管理措施可以达到行政目的的,行政机关不得实施行政强制措施。

当事人违法行为显著轻微,没有明显社会危害,涉案财物数额较小的,行政机关不得对其实施行政强制措施。

第三十六条　对查封、扣押、冻结的财物,行政机关应当妥善保管,不得使用或者损毁。因保管不善或者使用造成财产损毁的,行政机关应当依法承担赔偿责任。

行政机关在实施查封、扣押、冻结的行政强制措施后,应当及时查清事实,在法定期限内作出处理决定。

第三十七条 　行政机关依法实施行政强制执行,应当事先进行督促催告,当事人在指定期限内全部履行行政决定的,不再实施行政强制执行。

第三十八条 　行政机关依法作出金钱给付义务的行政决定,当事人逾期不履行,行政机关依法加处罚款或者加收滞纳金的数额,不得超出当事人金钱给付义务的数额。

第三十九条 　实施行政强制执行,行政机关可以在不损害公共利益和他人利益的情况下,与当事人依法达成执行和解。

第七章　行政检查

第四十条 　行政机关应当严格控制和规范对公民、法人或者其他组织的一般性行政检查。

行政机关应当加强对涉及国家安全、公共安全、人身健康、生命财产安全、环境保护等重要和特殊事项的行政检查。

第四十一条 　行政机关实施一般性行政检查,应当合理确定检查范围和检查周期,公平、公正地选择检查对象。

第四十二条 　县级以上人民政府工作部门应当在每年年初制定一般性行政检查计划,并报送同级人民政府备案。

第四十三条 　对同一单位由几个政府工作部门实施的一般性检查,由县级以上人民政府组织有关部门或者由一个政府工作部门牵头实行联合检查。

不同层级的相同政府工作部门对同一单位同一事项的一般性行政检查,应当由一级政府工作部门进行检查或者由上一级政府工作部门组织合并检查。

政府工作部门多个内设机构和下属机构实施一般性行政检查的,应当在本部门的组织领导下实行综合检查。

第四十四条 　行政执法人员对单位实施行政检查,应当出示加盖本机关印章的有关文书;未出示的,单位可以拒绝检查。

第四十五条 　行政机关依法对行政许可证件以及其他证件进行定期检验,法律、法规、规章对定期检验的间隔时间未作明确规定的,其间隔时间不得少于5 年。

第四十六条 　行政机关根据法律、行政法规的规定,对直接关系公共安全、人身健康、生命财产安全的重要设备、设施进行定期检验。

法律、行政法规对定期检验的间隔时间未作明确规定的，有关行政机关应当根据设备、设施的客观属性和安全要求确定定期检验的间隔时间，并向社会公布。

第八章　行政征收

第四十七条　税务机关依照法律、行政法规的规定征收税款，不得违反法律、行政法规的规定开征、停征、多征、少征、提前征收、延缓征收或者摊派税款。

第四十八条　税务机关决定延期缴纳税款、减税、免税必须符合法定条件和范围，并遵守法定权限和程序。

第四十九条　行政机关应当逐步减少行政事业性收费项目。对不合法、不合理的收费项目应当予以取消，对重复收费的项目应当予以取消或者合并。

未经依法批准，不得擅自设立行政事业性收费项目。

第五十条　新增行政事业性收费项目和提高行政事业性收费标准，应当遵守有关法律、法规、规章规定的权限和程序，并举行听证。

第五十一条　行政机关不得将职责范围内的行政事务交由其他单位和个人以有偿服务名义进行服务性收费。

禁止行业协会、中介组织通过依托政府部门或者代行政府部门职能，进行服务性收费。

第九章　行政给付

第五十二条　本办法所称行政给付，是指行政机关对公民给予物质帮助和服务的行政行为，包括救助、补助、扶贫、优待、抚恤等。

第五十三条　行政机关实施行政给付，应当遵循公平、公正、公开、及时的原则，并与经济社会发展水平相适应。

第五十四条　行政机关实施行政给付，应当向社会公开适用依据、条件、范围和标准。

第五十五条　行政机关确定行政给付对象，应当组织对拟给付对象情况进行调查，可以采取民主评议等方式听取意见，必要时可以举行听证会。

行政机关应当将确定的行政给付对象在一定范围内公示。

行政机关决定不予行政给付的，应当充分听取当事人的意见，并说明理由。

第五十六条　应对突发事件和其他紧急情况，行政机关可以采取简易程序,及时作出行政给付决定。

第五十七条　行政机关应当定期对行政给付的实施情况进行评估。经评估,行政给付不合理的,应当及时作出调整。

第十章　行政奖励

第五十八条　行政机关对公民、法人或者其他组织实施行政奖励,应当符合法律、法规、规章和国务院、省人民政府的有关规定。

第五十九条　行政机关应当保障公民、法人或者其他组织在同等条件下,享有同等的获得行政奖励的机会和权利。

行政机关实施行政奖励应当遵循奖励与贡献相适应的原则。

第六十条　行政机关应当将行政奖励的依据、条件、范围和标准向社会公布。

法律、法规、规章对行政奖励的条件、范围和标准没有明确的,行政机关应当予以明确并公布。

第六十一条　行政机关实施行政奖励应当成立评审委员会进行评审。实施专业性、技术性行政奖励,评审委员会多数成员应当由专家组成。

第六十二条　行政机关应当在适当范围内公示拟奖励对象的名单和事迹,听取意见,并向社会公布奖励结果。但是,公开奖励事项可能涉及国家秘密、商业秘密、个人隐私以及对当事人产生不利影响的除外。

第六十三条　行政机关实施行政奖励,不得向奖励对象收取或者变相收取费用。

第十一章　监　督

第六十四条　县级以上人民政府应当加强对所属工作部门和下级人民政府行使行政裁量权的层级监督。

上级人民政府工作部门应当加强对下级人民政府工作部门行使行政裁量权的层级监督。

第六十五条　公民、法人或者其他组织认为行政机关违法行使行政裁量权的,可以向本级人民政府监察机关、法制部门和上级行政机关投诉、举报,要求调查和处理。

接受投诉、举报的行政机关对受理的投诉、举报应当进行调查,依照职权在60日内作出处理决定,并将处理结果告知投诉人、举报人。

第六十六条　行政机关发现违法行使行政裁量权,应当主动、及时自行纠正。

县级以上人民政府监察机关、法制部门对行政机关违法行使行政裁量权的行为,应当向有关行政机关发出通知书,责令停止执行,建议自行纠正,有关行政机关应当在 30 日内将处理结果函告监察机关、政府法制部门。

第六十七条　行政机关不自行纠正违法行政裁量行为的,由有监督权的机关按照有关法律、法规和《湖南省行政程序规定》分别作出责令履行、撤销、责令补正或者更正、确认违法的处理。

责令履行、责令补正或者更正、确认违法由县级以上人民政府监察机关、法制部门决定,或者提请本级人民政府决定;撤销由本级人民政府或者上级行政机关决定。

第六十八条　违法行使行政裁量权,有下列情形之一的,应当予以撤销:

(一)严重违反行使行政裁量权的一般规则和特别规则的;

(二)违反法定程序的,但是可以补正的除外;

(三)无正当理由,不适用行政裁量权基准的;

(四)无正当理由,不参照本级人民政府发布的典型案例的。

第六十九条　行政机关违法行使行政裁量权,有下列情形之一的,对行政机关及其工作人员按照有关法律、法规、规章和《湖南省行政程序规定》给予行政处理和处分:

(一)行政裁量行为被撤销的;

(二)不制定行政裁量权基准的;

(三)不发布典型案例的;

(四)其他严重违反本办法的。

第七十条　公民、法人或者其他组织认为行政机关违法行使行政裁量权,侵犯其合法权益的,可以依法申请行政复议或者提起行政诉讼。

第十二章　附　则

第七十一条　法律、法规授权的组织和依法接受委托的组织行使行政裁量权,适用本办法有关行政机关的规定。

第七十二条　本办法自 2010 年 4 月 17 日起施行。

第七篇 行政监督程序

中华人民共和国各级人民代表大会
常务委员会监督法

全国人民代表大会常务委员会
中华人民共和国主席令第 53 号

《中华人民共和国各级人民代表大会常务委员会监督法》已由中华人民共和国第十届全国人民代表大会常务委员会第二十三次会议于 2006 年 8 月 27 日通过,现予公布,自 2007 年 1 月 1 日起施行。

中华人民共和国主席　胡锦涛
2006 年 8 月 27 日

中华人民共和国各级人民代表大会
常务委员会监督法

(2006 年 8 月 27 日第十届全国人民代表大会
常务委员会第二十三次会议通过)

第一章　总　则

第一条　为保障全国人民代表大会常务委员会和县级以上地方各级人民代表大会常务委员会依法行使监督职权,发展社会主义民主,推进依法治国,根据宪法,制定本法。

第二条　各级人民代表大会常务委员会依据宪法和有关法律的规定,行使监督职权。

各级人民代表大会常务委员会行使监督职权的程序,适用本法;本法没有规定的,适用有关法律的规定。

第三条　各级人民代表大会常务委员会行使监督职权,应当围绕国家工作大局,以经济建设为中心,坚持中国共产党的领导,坚持马克思列宁主义、毛泽东思想、邓小平理论和"三个代表"重要思想,坚持人民民主专政,坚持社会主义道路,坚持改革开放。

第四条 各级人民代表大会常务委员会按照民主集中制的原则,集体行使监督职权。

第五条 各级人民代表大会常务委员会对本级人民政府、人民法院和人民检察院的工作实施监督,促进依法行政、公正司法。

第六条 各级人民代表大会常务委员会行使监督职权的情况,应当向本级人民代表大会报告,接受监督。

第七条 各级人民代表大会常务委员会行使监督职权的情况,向社会公开。

第二章 听取和审议人民政府、人民法院和人民检察院的专项工作报告

第八条 各级人民代表大会常务委员会每年选择若干关系改革发展稳定大局和群众切身利益、社会普遍关注的重大问题,有计划地安排听取和审议本级人民政府、人民法院和人民检察院的专项工作报告。

常务委员会听取和审议专项工作报告的年度计划,经委员长会议或者主任会议通过,印发常务委员会组成人员并向社会公布。

第九条 常务委员会听取和审议本级人民政府、人民法院和人民检察院的专项工作报告的议题,根据下列途径反映的问题确定:

(一)本级人民代表大会常务委员会在执法检查中发现的突出问题;

(二)本级人民代表大会代表对人民政府、人民法院和人民检察院工作提出的建议、批评和意见集中反映的问题;

(三)本级人民代表大会常务委员会组成人员提出的比较集中的问题;

(四)本级人民代表大会专门委员会、常务委员会工作机构在调查研究中发现的突出问题;

(五)人民来信来访集中反映的问题;

(六)社会普遍关注的其他问题。

人民政府、人民法院和人民检察院可以向本级人民代表大会常务委员会要求报告专项工作。

第十条 常务委员会听取和审议专项工作报告前,委员长会议或者主任会议可以组织本级人民代表大会常务委员会组成人员和本级人民代表大会代表,对有关工作进行视察或者专题调查研究。

常务委员会可以安排参加视察或者专题调查研究的代表列席常务委员会会议,听取专项工作报告,提出意见。

第十一条　常务委员会听取和审议专项工作报告前,常务委员会办事机构应当将各方面对该项工作的意见汇总,交由本级人民政府、人民法院或者人民检察院研究并在专项工作报告中作出回应。

第十二条　人民政府、人民法院或者人民检察院应当在常务委员会举行会议的二十日前,由其办事机构将专项工作报告送交本级人民代表大会有关专门委员会或者常务委员会有关工作机构征求意见;人民政府、人民法院或者人民检察院对报告修改后,在常务委员会举行会议的十日前送交常务委员会。

常务委员会办事机构应当在常务委员会举行会议的七日前,将专项工作报告发给常务委员会组成人员。

第十三条　专项工作报告由人民政府、人民法院或者人民检察院的负责人向本级人民代表大会常务委员会报告,人民政府也可以委托有关部门负责人向本级人民代表大会常务委员会报告。

第十四条　常务委员会组成人员对专项工作报告的审议意见交由本级人民政府、人民法院或者人民检察院研究处理。人民政府、人民法院或者人民检察院应当将研究处理情况由其办事机构送交本级人民代表大会有关专门委员会或者常务委员会有关工作机构征求意见后,向常务委员会提出书面报告。常务委员会认为必要时,可以对专项工作报告作出决议;本级人民政府、人民法院或者人民检察院应当在决议规定的期限内,将执行决议的情况向常务委员会报告。

常务委员会听取的专项工作报告及审议意见,人民政府、人民法院或者人民检察院对审议意见研究处理情况或者执行决议情况的报告,向本级人民代表大会代表通报并向社会公布。

第三章　审查和批准决算,听取和审议国民经济和社会发展计划、预算的执行情况报告,听取和审议审计工作报告

第十五条　国务院应当在每年六月,将上一年度的中央决算草案提请全国人民代表大会常务委员会审查和批准。

县级以上地方各级人民政府应当在每年六月至九月期间,将上一年度的本级决算草案提请本级人民代表大会常务委员会审查和批准。

决算草案应当按照本级人民代表大会批准的预算所列科目编制,按预算

数、调整数或者变更数以及实际执行数分别列出,并作出说明。

第十六条　国务院和县级以上地方各级人民政府应当在每年六月至九月期间,向本级人民代表大会常务委员会报告本年度上一阶段国民经济和社会发展计划、预算的执行情况。

第十七条　国民经济和社会发展计划、预算经人民代表大会批准后,在执行过程中需要作部分调整的,国务院和县级以上地方各级人民政府应当将调整方案提请本级人民代表大会常务委员会审查和批准。

严格控制不同预算科目之间的资金调整。预算安排的农业、教育、科技、文化、卫生、社会保障等资金需要调减的,国务院和县级以上地方各级人民政府应当提请本级人民代表大会常务委员会审查和批准。

国务院和县级以上地方各级人民政府有关主管部门应当在本级人民代表大会常务委员会举行会议审查和批准预算调整方案的一个月前,将预算调整初步方案送交本级人民代表大会财政经济委员会进行初步审查,或者送交常务委员会有关工作机构征求意见。

第十八条　常务委员会对决算草案和预算执行情况报告,重点审查下列内容:

(一)预算收支平衡情况;

(二)重点支出的安排和资金到位情况;

(三)预算超收收入的安排和使用情况;

(四)部门预算制度建立和执行情况;

(五)向下级财政转移支付情况;

(六)本级人民代表大会关于批准预算的决议的执行情况。

除前款规定外,全国人民代表大会常务委员会还应当重点审查国债余额情况;县级以上地方各级人民代表大会常务委员会还应当重点审查上级财政补助资金的安排和使用情况。

第十九条　常务委员会每年审查和批准决算的同时,听取和审议本级人民政府提出的审计机关关于上一年度预算执行和其他财政收支的审计工作报告。

第二十条　常务委员会组成人员对国民经济和社会发展计划执行情况报告、预算执行情况报告和审计工作报告的审议意见交由本级人民政府研究处理。人民政府应当将研究处理情况向常务委员会提出书面报告。常务委员会认为必要时,可以对审计工作报告作出决议;本级人民政府应当在决议规定的期限内,将执行决议的情况向常务委员会报告。

常务委员会听取的国民经济和社会发展计划执行情况报告、预算执行情况报告和审计工作报告及审议意见，人民政府对审议意见研究处理情况或者执行决议情况的报告，向本级人民代表大会代表通报并向社会公布。

第二十一条　国民经济和社会发展五年规划经人民代表大会批准后，在实施的中期阶段，人民政府应当将规划实施情况的中期评估报告提请本级人民代表大会常务委员会审议。规划经中期评估需要调整的，人民政府应当将调整方案提请本级人民代表大会常务委员会审查和批准。

第四章　法律法规实施情况的检查

第二十二条　各级人民代表大会常务委员会参照本法第九条规定的途径，每年选择若干关系改革发展稳定大局和群众切身利益、社会普遍关注的重大问题，有计划地对有关法律、法规实施情况组织执法检查。

第二十三条　常务委员会年度执法检查计划，经委员长会议或者主任会议通过，印发常务委员会组成人员并向社会公布。

常务委员会执法检查工作由本级人民代表大会有关专门委员会或者常务委员会有关工作机构具体组织实施。

第二十四条　常务委员会根据年度执法检查计划，按照精干、效能的原则，组织执法检查组。

执法检查组的组成人员，从本级人民代表大会常务委员会组成人员以及本级人民代表大会有关专门委员会组成人员中确定，并可以邀请本级人民代表大会代表参加。

第二十五条　全国人民代表大会常务委员会和省、自治区、直辖市的人民代表大会常务委员会根据需要，可以委托下一级人民代表大会常务委员会对有关法律、法规在本行政区域内的实施情况进行检查。受委托的人民代表大会常务委员会应当将检查情况书面报送上一级人民代表大会常务委员会。

第二十六条　执法检查结束后，执法检查组应当及时提出执法检查报告，由委员长会议或者主任会议决定提请常务委员会审议。

执法检查报告包括下列内容：

（一）对所检查的法律、法规实施情况进行评价，提出执法中存在的问题和改进执法工作的建议；

（二）对有关法律、法规提出修改完善的建议。

第二十七条　常务委员会组成人员对执法检查报告的审议意见连同执法

检查报告,一并交由本级人民政府、人民法院或者人民检察院研究处理。人民政府、人民法院或者人民检察院应当将研究处理情况由其办事机构送交本级人民代表大会有关专门委员会或者常务委员会有关工作机构征求意见后,向常务委员会提出报告。必要时,由委员长会议或者主任会议决定提请常务委员会审议,或者由常务委员会组织跟踪检查;常务委员会也可以委托本级人民代表大会有关专门委员会或者常务委员会有关工作机构组织跟踪检查。

常务委员会的执法检查报告及审议意见,人民政府、人民法院或者人民检察院对其研究处理情况的报告,向本级人民代表大会代表通报并向社会公布。

第五章　规范性文件的备案审查

第二十八条　行政法规、地方性法规、自治条例和单行条例、规章的备案、审查和撤销,依照立法法的有关规定办理。

第二十九条　县级以上地方各级人民代表大会常务委员会审查、撤销下一级人民代表大会及其常务委员会作出的不适当的决议、决定和本级人民政府发布的不适当的决定、命令的程序,由省、自治区、直辖市的人民代表大会常务委员会参照立法法的有关规定,作出具体规定。

第三十条　县级以上地方各级人民代表大会常务委员会对下一级人民代表大会及其常务委员会作出的决议、决定和本级人民政府发布的决定、命令,经审查,认为有下列不适当的情形之一的,有权予以撤销:

(一)超越法定权限,限制或者剥夺公民、法人和其他组织的合法权利,或者增加公民、法人和其他组织的义务的;

(二)同法律、法规规定相抵触的;

(三)有其他不适当的情形,应当予以撤销的。

第三十一条　最高人民法院、最高人民检察院作出的属于审判、检察工作中具体应用法律的解释,应当自公布之日起三十日内报全国人民代表大会常务委员会备案。

第三十二条　国务院、中央军事委员会和省、自治区、直辖市的人民代表大会常务委员会认为最高人民法院、最高人民检察院作出的具体应用法律的解释同法律规定相抵触的,最高人民法院、最高人民检察院之间认为对方作出的具体应用法律的解释同法律规定相抵触的,可以向全国人民代表大会常务委员会书面提出进行审查的要求,由常务委员会工作机构送有关专门委员会进行审查、提出意见。

前款规定以外的其他国家机关和社会团体、企业事业组织以及公民认为最高人民法院、最高人民检察院作出的具体应用法律的解释同法律规定相抵触的,可以向全国人民代表大会常务委员会书面提出进行审查的建议,由常务委员会工作机构进行研究,必要时,送有关专门委员会进行审查、提出意见。

第三十三条　全国人民代表大会法律委员会和有关专门委员会经审查认为最高人民法院或者最高人民检察院作出的具体应用法律的解释同法律规定相抵触,而最高人民法院或者最高人民检察院不予修改或者废止的,可以提出要求最高人民法院或者最高人民检察院予以修改、废止的议案,或者提出由全国人民代表大会常务委员会作出法律解释的议案,由委员长会议决定提请常务委员会审议。

第六章　询问和质询

第三十四条　各级人民代表大会常务委员会会议审议议案和有关报告时,本级人民政府或者有关部门、人民法院或者人民检察院应当派有关负责人员到会,听取意见,回答询问。

第三十五条　全国人民代表大会常务委员会组成人员十人以上联名,省、自治区、直辖市、自治州、设区的市人民代表大会常务委员会组成人员五人以上联名,县级人民代表大会常务委员会组成人员三人以上联名,可以向常务委员会书面提出对本级人民政府及其部门和人民法院、人民检察院的质询案。

质询案应当写明质询对象、质询的问题和内容。

第三十六条　质询案由委员长会议或者主任会议决定交由受质询的机关答复。

委员长会议或者主任会议可以决定由受质询机关在常务委员会会议上或者有关专门委员会会议上口头答复,或者由受质询机关书面答复。在专门委员会会议上答复的,提质询案的常务委员会组成人员有权列席会议,发表意见。委员长会议或者主任会议认为必要时,可以将答复质询案的情况报告印发常务委员会会议。

第三十七条　提质询案的常务委员会组成人员的过半数对受质询机关的答复不满意的,可以提出要求,经委员长会议或者主任会议决定,由受质询机关再作答复。

第三十八条　质询案以口头答复的,由受质询机关的负责人到会答复。质询案以书面答复的,由受质询机关的负责人签署。

第七章　特定问题调查

第三十九条　各级人民代表大会常务委员会对属于其职权范围内的事项，需要作出决议、决定，但有关重大事实不清的，可以组织关于特定问题的调查委员会。

第四十条　委员长会议或者主任会议可以向本级人民代表大会常务委员会提议组织关于特定问题的调查委员会，提请常务委员会审议。

五分之一以上常务委员会组成人员书面联名，可以向本级人民代表大会常务委员会提议组织关于特定问题的调查委员会，由委员长会议或者主任会议决定提请常务委员会审议，或者先交有关的专门委员会审议、提出报告，再决定提请常务委员会审议。

第四十一条　调查委员会由主任委员、副主任委员和委员组成，由委员长会议或者主任会议在本级人民代表大会常务委员会组成人员和本级人民代表大会代表中提名，提请常务委员会审议通过。调查委员会可以聘请有关专家参加调查工作。

与调查的问题有利害关系的常务委员会组成人员和其他人员不得参加调查委员会。

第四十二条　调查委员会进行调查时，有关的国家机关、社会团体、企业事业组织和公民都有义务向其提供必要的材料。

提供材料的公民要求对材料来源保密的，调查委员会应当予以保密。

调查委员会在调查过程中，可以不公布调查的情况和材料。

第四十三条　调查委员会应当向产生它的常务委员会提出调查报告。常务委员会根据报告，可以作出相应的决议、决定。

第八章　撤职案的审议和决定

第四十四条　县级以上地方各级人民代表大会常务委员会在本级人民代表大会闭会期间，可以决定撤销本级人民政府个别副省长、自治区副主席、副市长、副州长、副县长、副区长的职务；可以撤销由它任命的本级人民政府其他组成人员和人民法院副院长、庭长、副庭长、审判委员会委员、审判员，人民检察院副检察长、检察委员会委员、检察员，中级人民法院院长，人民检察院分院检察长的职务。

第四十五条　县级以上地方各级人民政府、人民法院和人民检察院，可以向本级人民代表大会常务委员会提出对本法第四十四条所列国家机关工作人员的撤职案。

县级以上地方各级人民代表大会常务委员会主任会议,可以向常务委员会提出对本法第四十四条所列国家机关工作人员的撤职案。

县级以上地方各级人民代表大会常务委员会五分之一以上的组成人员书面联名,可以向常务委员会提出对本法第四十四条所列国家机关工作人员的撤职案,由主任会议决定是否提请常务委员会会议审议;或者由主任会议提议,经全体会议决定,组织调查委员会,由以后的常务委员会会议根据调查委员会的报告审议决定。

第四十六条　撤职案应当写明撤职的对象和理由,并提供有关的材料。

撤职案在提请表决前,被提出撤职的人员有权在常务委员会会议上提出申辩意见,或者书面提出申辩意见,由主任会议决定印发常务委员会会议。

撤职案的表决采用无记名投票的方式,由常务委员会全体组成人员的过半数通过。

第九章　附　则

第四十七条　省、自治区、直辖市的人民代表大会常务委员会可以根据本法和有关法律,结合本地实际情况,制定实施办法。

第四十八条　本法自 2007 年 1 月 1 日起施行。

深圳市行政监督工作规定

（2009 年 9 月 3 日深圳市人民政府令第 208 号公布
自 2009 年 11 月 1 日起施行）

第一章 总 则

第一条 为规范对行政行为的监督，协调行政监督工作，加强对行政权力的约束，提高行政执行力，推动依法行政，建设法治政府，根据有关法律、法规，结合本市实际，制定本规定。

第二条 本规定适用于本市市、区行政机关和法律法规授权的具有管理公共事务职能的组织以及市、区行政机关委托的组织（以下简称行政机关）及其工作人员。

第三条 本规定所称行政监督，是指政府内部行政监督主体依法对行政机关及其主要负责人和其他工作人员的行政行为是否合法、合理，实施的监察、督促、检查和纠正的活动。

第四条 行政监督包括以下主要内容：

（一）对行政机关及其工作人员制定规范性文件等行政行为实施监督；

（二）对行政机关及其工作人员实施行政处罚、行政审批、行政征收、行政征用、行政给付、行政确认、行政奖励、行政裁决、行政强制等行政行为实施监督；

（三）对行政机关及其工作人员财政资金管理和使用情况实施监督；

（四）对行政机关及其工作人员人事任免、内部管理等行政行为实施监督；

（五）对行政机关及其工作人员的廉政勤政行为实施监督；

（六）对行政机关及其工作人员其他履职行为实施监督。

第五条 行政监督工作应当遵循依法、公平、公正、公开原则，实行监督检查与改进工作相结合。

第六条 行政监督应当与外部监督相结合。行政机关及其工作人员，应当依法接受党的监督、人大监督、政协民主监督、司法监督和社会监督等外部监督。

第二章　行政监督主体

第七条　市人民政府领导并组织实施全市的行政监督工作。

监察机关负责协调和督促政府内部行政监督工作,并负责履行专门监督职责。

财政、编制、审计、公务员主管部门、政府法制机构和政府督查机构等政府内部行使监督职能的机关(以下简称行政监督机关)及其他行政机关在各自职能范围内依法履行层级监督、职能监督或者专门监督职责。

第八条　层级监督包括:

(一)市人民政府对区人民政府的监督;

(二)市、区人民政府对所属行政机关的监督;

(三)市、区行政机关对其下级行政机关的监督;

(四)行政机关内部上级对下级的监督。

第九条　市、区人民政府除自身履行层级监督职责外,可由政府法制机构、政府督查机构等机构具体履行其层级监督职责。

第十条　财政、编制、公务员主管部门等机关依法对职责范围内的事项开展职能监督。

监察、审计等专门监督机关应当依法履行职责,独立开展专门监督。

第十一条　行政监督机关应当建立健全监督制度,完善监督工作程序,依法履行监督职责,相互配合,开展政府内部行政监督工作。

第十二条　行政机关应当建立健全工作制度和内部监督制度,加强内部监督,及时发现和纠正本机关及其工作人员违法或者不当行政行为。

第十三条　行政监督机关中从事行政监督的工作人员应当具备与其从事的监督工作相适应的专业知识和业务能力。

第十四条　行政机关及其工作人员实施行政监督,应当遵守下列规定:

(一)不得超越监督职权或者监督范围;

(二)不得滥用职权;

(三)不得利用职务之便谋取私利;

(四)不得泄露国家秘密、工作秘密或者因履行职责掌握的商业秘密、个人隐私;

(五)与监督对象或者监督事项有利害关系可能影响行政监督工作的,应当回避；

（六）行政监督中依法应当遵守的其他规定。

第三章　行政监督的协调机制

第十五条　行政监督机关应当建立联系和协调机制，整合监督力量，加强行政监督。

行政监督机关应当建立健全与外部监督的协调、沟通、配合机制。

第十六条　实行行政监督联席会议制度。

行政监督联席会议由监察机关负责召集，每半年一次。遇紧急或者重大工作事项，经行政监督机关提议，可召开临时联席会议。

行政监督联席会议研究行政监督工作的重大事项，通报工作情况，交换工作信息，分析工作动态，协调行政监督工作。

第十七条　实行行政监督信息抄告制度。

行政监督机关应当将其开展行政监督工作的重要情况，及时抄送相关行政监督机关。

第十八条　实行行政违法违规问题移送处理制度。

行政监督机关在开展监督工作中，发现涉嫌违法违规问题的，应当依法作出处理，需要移送其他行政监督机关处理的，应当及时移送。对于移送的违法违规问题，受移送部门应当及时作出处理，不得推诿，并将处理结果书面告知移送部门。

第十九条　实行联合监督检查制度。

行政监督机关可以开展联合监督检查，对监督检查工作中发现的问题，按各自职责作出处理，并可研究制定解决办法及防范措施。

第二十条　实行市区行政监督机关联动制度。

市级行政监督机关应当加强对各区行政监督机关的行政监督工作的指导，各区行政监督机关应当定期向相应的市级行政监督机关报告开展行政监督工作情况。

各区行政监督机关应当配合市级行政监督机关对实行垂直管理的市级行政机关驻区机构开展监督，对驻区机构出现的问题应当及时向相应的市级行政监督机关报告。

第二十一条　对人大、政协交办以及司法机关移送的行政监督事项，承办的行政监督机关应当依法及时调查处理，并按规定程序将处理结果书面告知人大、政协或司法机关。

第二十二条　鼓励、支持和保护公民、法人和其他组织在行政监督中的作用,行政监督机关应当依法保障公民、法人和其他组织对行政机关及其工作人员检举、控告、批评、建议的权利。

第二十三条　行政监督机关应当建立健全对新闻曝光事件的调查处理制度和监督查处结果的公开制度。对新闻媒体披露和反映的行政机关及其工作人员存在的重大问题,行政监督机关应当进行调查、核实,或者督促有关行政机关进行调查、核实,及时作出处理,并将处理结果向社会公布。

第四章　行政监督方式

第二十四条　行政监督机关应当不断创新行政监督方式,主动开展监督工作。

第二十五条　行政监督包括以下方式:

(一)检查或者调查;

(二)行政电子监察;

(三)政府绩效评估;

(四)考核;

(五)法治政府建设工作考评;

(六)办理行政复议案件;

(七)行政制度审查;

(八)行政问责;

(九)法律、法规、规章规定的其他方式。

第二十六条　检查或者调查包括以下方式:

(一)开展对行政行为的检查;

(二)专项督查;

(三)重大问题调查或者专项调查;

(四)违法或者不当行政行为的调查;

(五)法律、法规、规章规定的其他方式。

第二十七条　市政府建立和完善网上审批系统、网上执法反馈系统、网上公共服务系统、网上公共资源交易系统、网上监督系统,实现实时电子监察和督查督办。

第二十八条　市政府加强政府绩效管理,优化政府绩效评估指标体系,完善政府绩效评估方法,强化对政府绩效评估结果的运用,促进政府绩效持续改进。

第二十九条 考核主要包括:

(一)公务员年度考核和平时考核;

(二)行政执法评议考核。

第三十条 行政制度审查主要包括:

(一)规范性文件备案和审查;

(二)行政机关工作制度和工作程序审查。

第三十一条 行政监督机关应当做好监督中发现问题的综合与分析工作,发现共性问题、分析产生原因及提出解决办法,对行政管理工作进行指导和规范。

第五章 对违法或者不当行政行为的处理

第三十二条 行政机关行政行为违法或者不当的,应当依法自行纠正。

行政监督机关监督中发现行政机关行政行为违法或者不当,经查证属实的,按本规定第三十三条规定的方式作出处理决定,处理决定要求有关行政机关履行职责的,有关行政机关应当及时履行并将履行结果报行政监督机关。

第三十三条 对违法或者不当行政行为的处理,包括以下方式:

(一)责令限期履行;

(二)责令改正;

(三)变更;

(四)撤销;

(五)确认违法;

(六)确认无效;

(七)法律、法规、规章规定的其他方式。

第三十四条 行政监督机关应当建立违法或者不当行政行为统计制度,对行政机关的违法或者不当行政行为予以统计,作为开展考核、评议等监督工作的依据。

第三十五条 行政监督机关对监督过程中发现的制度不健全、管理不完善等问题,应当及时向存在问题的行政机关提出整改建议,并对整改情况跟踪监督。接受整改建议的行政机关无正当理由应当采纳。

第六章 责任追究

第三十六条 行政机关及其工作人员实施违法或者不当行政行为应当追究行政责任的,依照《行政机关公务员处分条例》《深圳市行政过错责任追究办法》《深圳市人民政府部门行政首长问责暂行办法》等规定追究行政责任。

第三十七条 接受监督的行政机关及其工作人员有下列情形之一的,依法追究行政责任:

(一)拒绝、阻挠监督检查的;

(二)拒不执行行政监督机关处理决定的;

(三)无正当理由不落实整改建议的;

(四)其他违反监督规定应当追究责任的情形。

第三十八条 行政监督机关及其工作人员在行政监督中有下列情形之一的,依法追究行政责任:

(一)应当履行行政监督职责而拒绝履行或者无故拖延履行的;

(二)未按规定的权限、方式或者程序履行监督职责的;

(三)不按规定执行行政监督联席会议制度、行政监督信息抄告制度、行政违法违规问题移送处理制度及其他行政监督协调制度,造成严重后果的;

(四)超越监督职权或者监督范围实施监督的;

(五)行政监督中利用职务之便谋取私利的;

(六)在监督过程中,徇私舞弊或者有其他失职、渎职行为的;

(七)泄露国家秘密、工作秘密或者监督对象商业秘密、个人隐私的;

(八)其他违反监督规定应当追究责任的情形。

第三十九条 行政机关及其工作人员对责任追究决定不服的,可以依法定程序申诉。

第四十条 行政机关工作人员因违法或者不当行政行为,涉嫌犯罪的,移送司法机关处理。

第七章 附 则

第四十一条 法律、法规、规章对行政监督另有规定的,从其规定。

第四十二条 企业、事业单位、社会团体中由本市行政机关任命的人员参照本规定执行。

第四十三条 本规定自 2009 年 11 月 1 日起实施。

中央预算执行情况审计监督暂行办法

(1995 年 7 月 19 日中华人民共和国国务院令第 181 号发布)

第一条 为了做好对中央预算执行和其他财政收支的审计监督工作,根据《中华人民共和国审计法》(以下简称《审计法》),制定本办法。

第二条 审计署在国务院总理领导下,对中央预算执行情况进行审计监督,维护中央预算的法律严肃性,促进中央各部门(含直属单位,下同)严格执行预算法,发挥中央预算在国家宏观调控中的作用,保障经济和社会的健康发展。

第三条 对中央预算执行情况进行审计,应当有利于国务院对中央财政收支的管理和全国人民代表大会常务委员会对中央预算执行和其他财政收支的监督;有利于促进国务院财政税务部门和中央其他部门依法有效地行使预算管理职权;有利于实现中央预算执行和其他财政收支审计监督工作的法制化。

第四条 审计署依法对中央预算执行情况,省级预算执行情况和决算,以及中央级其他财政收支的真实、合法和效益,进行审计监督。

第五条 对中央预算执行情况进行审计监督的主要内容:

(一)财政部按照全国人民代表大会批准的中央预算向中央各部门批复预算的情况、中央预算执行中调整情况和预算收支变化情况;

(二)财政部、国家税务总局、海关总署等征收部门,依照有关法律、行政法规和国务院财政税务部门的有关规定,及时、足额征收应征的中央各项税收收入、中央企业上缴利润、专项收入和退库拨补企业计划亏损补贴等中央预算收入情况;

(三)财政部按照批准的年度预算和用款计划、预算级次和程序、用款单位的实际用款进度,拨付中央本级预算支出资金情况;

(四)财政部依照有关法律、行政法规和财政管理体制,拨付补助地方支出资金和办理结算情况;

(五)财政部依照有关法律、行政法规和财政部的有关规定,管理国内外债务还本付息情况;

（六）中央各部门执行年度支出预算和财政、财务制度，以及相关的经济建设和事业发展情况；有预算收入上缴任务的部门和单位预算收入上缴情况；

（七）中央国库按照国家有关规定，办理中央预算收入的收纳和预算支出的拨付情况；

（八）国务院总理授权审计的按照有关规定实行专项管理的中央级财政收支情况。

第六条　对中央级其他财政收支进行审计监督的主要内容：

（一）财政部依照有法律、行政法规和财政部的有关规定，管理和使用预算外资金和财政有偿使用资金的情况；

（二）中央各部门依照有关法律、行政法规和财政部的有关规定，管理和使用预算外资金的情况。

第七条　为了做好中央预算执行情况审计监督工作，对省级政府预算执行和决算中，执行预算和税收法律、行政法规，分配使用中央财政补助地方支出资金和省级预算外资金管理和使用情况等关系国家财政工作全局的问题，进行审计或者审计调查。

第八条　根据《审计法》有关审计工作报告制度的规定，审计署应当在每年第一季度对上一年度国家税务总局、海关总署所属机构和中央有关部门实施中央预算情况和其他财政收支，进行就地审计；第二季度对上一年度中央预算执行情况进行审计。审计署对预算执行中的特定事项，应当及时组织专项审计调查。

审计署每年第二季度应当向国务院总理提出对上一年度中央预算执行和其他财政收支的审计结果报告。

审计署应当按照全国人民代表大会常务委员会的安排，受国务院委托，每年向全国人民代表大会常务委员会提出对上一年度中央预算执行和其他财政收支的审计工作报告。

第九条　国务院财政税务部门和中央其他部门应当向审计署报送以下资料：

（一）全国人民代表大会批准的中央预算和财政部向中央各部门批复的预算，税务、海关征收部门的年度收入计划，以及中央各部门向所属各单位批复的预算；

（二）中央预算收支执行和税务、海关收入计划完成情况月报、决算和年报，以及预算外资金收支决算和财政有偿使用资金收支情况；

（三）综合性财政税务工作统计年报,情况简报,财政、预算、税务、财务和会计等规章制度;

（四）中央各部门汇总编制的本部门决算草案。

第十条　对国务院财政税务部门和中央其他部门在组织中央预算执行和其他财政收支中,违反预算的行为或者其他违反国家规定的财政收支行为,审计署在法定职权范围内,依照有关法律、行政法规的规定,出具审计意见书或者作出审计决定,重大问题向国务院提出处理建议。

第十一条　国务院财政税务部门和中央其他部门发布的财政规章、制度和办法有同有关法律、行政法规相抵触或者有不适当之处,应当纠正或者完善的,审计署可以提出处理建议,报国务院审查决定。

第十二条　违反《审计法》的规定,拒绝或者阻碍审计检查的,由审计署责令改正,可以通报批评,给予警告;拒不改正的,依法追究责任。

第十三条　中国人民解放军审计署对中国人民解放军预算执行和其他财政收支的审计结果报告,报中央军事委员会的同时,并报审计署。

第十四条　省、自治区、直辖市审计机关,可以参照本办法,结合本地方的实际情况,制定地方预算执行情况审计监督实施办法,报同级人民政府批准,并报审计署备案。

第十五条　本办法自发布之日起施行。

中华人民共和国行政监察法

全国人民代表大会常务委员会

中华人民共和国主席令第 31 号

《全国人民代表大会常务委员会关于修改〈中华人民共和国行政监察法〉的决定》已由中华人民共和国第十一届全国人民代表大会常务委员会第十五次会议于 2010 年 6 月 25 日通过,现予公布,自 2010 年 10 月 1 日起施行。

中华人民共和国主席　胡锦涛

2010 年 6 月 25 日

中华人民共和国行政监察法

(1997 年 5 月 9 日第八届全国人民代表大会常务委员会第二十五次会议通过根据 2010 年 6 月 25 日第十一届全国人民代表大会常务委员会第十五次会议《关于修改〈中华人民共和国行政监察法〉的决定》修正)

第一章　总　则

第一条　为了加强监察工作,保证政令畅通,维护行政纪律,促进廉政建设,改善行政管理,提高行政效能,根据宪法,制定本法。

第二条　监察机关是人民政府行使监察职能的机关,依照本法对国家行政机关及其公务员和国家行政机关任命的其他人员实施监察。

第三条　监察机关依法行使职权,不受其他行政部门、社会团体和个人的干涉。

第四条　监察工作必须坚持实事求是,重证据、重调查研究,在适用法律和行政纪律上人人平等。

第五条　监察工作应当实行教育与惩处相结合、监督检查与制度建设相结合。

第六条　监察工作应当依靠群众。监察机关建立举报制度,公民、法人或者其他组织对于任何国家行政机关及其公务员和国家行政机关任命的其他人员的违反行政纪律行为,有权向监察机关提出控告或者检举。监察机关应当受理举报并依法调查处理;对实名举报的,应当将处理结果等情况予以回复。

监察机关应当对举报事项、举报受理情况以及与举报人相关的信息予以保密,保护举报人的合法权益,具体办法由国务院规定。

第二章　监察机关和监察人员

第七条　国务院监察机关主管全国的监察工作。

县级以上地方各级人民政府监察机关负责本行政区域内的监察工作,对本级人民政府和上一级监察机关负责并报告工作,监察业务以上级监察机关领导为主。

第八条　县级以上各级人民政府监察机关根据工作需要,经本级人民政府批准,可以向政府所属部门派出监察机构或者监察人员。

监察机关派出的监察机构或者监察人员,对监察机关负责并报告工作。监察机关对派出的监察机构和监察人员实行统一管理,对派出的监察人员实行交流制度。

第九条　监察人员必须遵纪守法,忠于职守,秉公执法,清正廉洁,保守秘密。

第十条　监察人员必须熟悉监察业务,具备相应的文化水平和专业知识。

第十一条　县级以上地方各级人民政府监察机关正职、副职领导人员的任命或者免职,在提请决定前,必须经上一级监察机关同意。

第十二条　监察机关对监察人员执行职务和遵守纪律实行监督的制度。

第十三条　监察人员依法执行职务,受法律保护。

任何组织和个人不得拒绝、阻碍监察人员依法执行职务,不得打击报复监察人员。

第十四条　监察人员办理的监察事项与本人或者其近亲属有利害关系的,应当回避。

第三章　监察机关的职责

第十五条　国务院监察机关对下列机关和人员实施监察:

(一)国务院各部门及其公务员;

（二）国务院及国务院各部门任命的其他人员；

（三）省、自治区、直辖市人民政府及其领导人员。

第十六条　县级以上地方各级人民政府监察机关对下列机关和人员实施监察：

（一）本级人民政府各部门及其公务员；

（二）本级人民政府及本级人民政府各部门任命的其他人员；

（三）下一级人民政府及其领导人员。

县、自治县、不设区的市、市辖区人民政府监察机关还对本辖区所属的乡、民族乡、镇人民政府的公务员以及乡、民族乡、镇人民政府任命的其他人员实施监察。

第十七条　上级监察机关可以办理下一级监察机关管辖范围内的监察事项；必要时也可以办理所辖各级监察机关管辖范围内的监察事项。

监察机关之间对管辖范围有争议的，由其共同的上级监察机关确定。

第十八条　监察机关对监察对象执法、廉政、效能情况进行监察，履行下列职责：

（一）检查国家行政机关在遵守和执行法律、法规和人民政府的决定、命令中的问题；

（二）受理对国家行政机关及其公务员和国家行政机关任命的其他人员违反行政纪律行为的控告、检举；

（三）调查处理国家行政机关及其公务员和国家行政机关任命的其他人员违反行政纪律的行为；

（四）受理国家行政机关公务员和国家行政机关任命的其他人员不服主管行政机关给予处分决定的申诉，以及法律、行政法规规定的其他由监察机关受理的申诉；

（五）法律、行政法规规定由监察机关履行的其他职责。

监察机关按照国务院的规定，组织协调、检查指导政务公开工作和纠正损害群众利益的不正之风工作。

第四章　监察机关的权限

第十九条　监察机关履行职责，有权采取下列措施：

（一）要求被监察的部门和人员提供与监察事项有关的文件、资料、财务帐目及其他有关的材料，进行查阅或者予以复制；

（二）要求被监察的部门和人员就监察事项涉及的问题作出解释和说明；

（三）责令被监察的部门和人员停止违反法律、法规和行政纪律的行为。

第二十条 监察机关在调查违反行政纪律行为时，可以根据实际情况和需要采取下列措施：

（一）暂予扣留、封存可以证明违反行政纪律行为的文件、资料、财务帐目及其他有关的材料；

（二）责令案件涉嫌单位和涉嫌人员在调查期间不得变卖、转移与案件有关的财物；

（三）责令有违反行政纪律嫌疑的人员在指定的时间、地点就调查事项涉及的问题作出解释和说明，但是不得对其实行拘禁或者变相拘禁；

（四）建议有关机关暂停有严重违反行政纪律嫌疑的人员执行职务。

第二十一条 监察机关在调查贪污、贿赂、挪用公款等违反行政纪律的行为时，经县级以上监察机关领导人员批准，可以查询案件涉嫌单位和涉嫌人员在银行或者其他金融机构的存款；必要时，可以提请人民法院采取保全措施，依法冻结涉嫌人员在银行或者其他金融机构的存款。

第二十二条 监察机关在办理违反行政纪律案件中，可以提请有关行政部门、机构予以协助。

被提请协助的行政部门、机构应当根据监察机关提请协助办理的事项和要求，在职权范围内予以协助。

第二十三条 监察机关根据检查、调查结果，遇有下列情形之一的，可以提出监察建议：

（一）拒不执行法律、法规或者违反法律、法规以及人民政府的决定、命令，应当予以纠正的；

（二）本级人民政府所属部门和下级人民政府作出的决定、命令、指示违反法律、法规或者国家政策，应当予以纠正或者撤销的；

（三）给国家利益、集体利益和公民合法权益造成损害，需要采取补救措施的；

（四）录用、任免、奖惩决定明显不适当，应当予以纠正的；

（五）依照有关法律、法规的规定，应当给予行政处罚的；

（六）需要给予责令公开道歉、停职检查、引咎辞职、责令辞职、免职等问责处理的；

（七）需要完善廉政、勤政制度的；

（八）其他需要提出监察建议的。

第二十四条　监察机关根据检查、调查结果，遇有下列情形之一的，可以作出监察决定或者提出监察建议：

（一）违反行政纪律，依法应当给予警告、记过、记大过、降级、撤职、开除处分的；

（二）违反行政纪律取得的财物，依法应当没收、追缴或者责令退赔的。

对前款第（一）项所列情形作出监察决定或者提出监察建议的，应当按照国家有关人事管理权限和处理程序的规定办理。

第二十五条　监察机关依法作出的监察决定，有关部门和人员应当执行。监察机关依法提出的监察建议，有关部门无正当理由的，应当采纳。

第二十六条　监察机关对监察事项涉及的单位和个人有权进行查询。

第二十七条　监察机关应当依法公开监察工作信息。

第二十八条　监察机关的领导人员可以列席本级人民政府的有关会议，监察人员可以列席被监察部门的与监察事项有关的会议。

第二十九条　监察机关对控告、检举重大违法违纪行为的有功人员，可以依照有关规定给予奖励。

第五章　监察程序

第三十条　监察机关按照下列程序进行检查：

（一）对需要检查的事项予以立项；

（二）制定检查方案并组织实施；

（三）向本级人民政府或者上级监察机关提出检查情况报告；

（四）根据检查结果，作出监察决定或者提出监察建议。

重要检查事项的立项，应当报本级人民政府和上一级监察机关备案。

第三十一条　监察机关按照下列程序对违反行政纪律的行为进行调查处理：

（一）对需要调查处理的事项进行初步审查；认为有违反行政纪律的事实，需要追究行政纪律责任的，予以立案；

（二）组织实施调查，收集有关证据；

（三）有证据证明违反行政纪律，需要给予处分或者作出其他处理的，进行审理；

（四）作出监察决定或者提出监察建议。

重要、复杂案件的立案,应当报本级人民政府和上一级监察机关备案。

第三十二条 监察机关对于立案调查的案件,经调查认定不存在违反行政纪律事实的,或者不需要追究行政纪律责任的,应当予以撤销,并告知被调查单位及其上级部门或者被调查人员及其所在单位。

重要、复杂案件的撤销,应当报本级人民政府和上一级监察机关备案。

第三十三条 监察机关立案调查的案件,应当自立案之日起六个月内结案;因特殊原因需要延长办案期限的,可以适当延长,但是最长不得超过一年,并应当报上一级监察机关备案。

第三十四条 监察机关在检查、调查中应当听取被监察的部门和人员的陈述和申辩。

第三十五条 监察机关作出的重要监察决定和提出的重要监察建议,应当报经本级人民政府和上一级监察机关同意。国务院监察机关作出的重要监察决定和提出的重要监察建议,应当报经国务院同意。

第三十六条 监察决定、监察建议应当以书面形式送达有关单位、人员。

监察机关对违反行政纪律的人员作出给予处分的监察决定,由人民政府人事部门或者有关部门按照人事管理权限执行。

人民政府人事部门或者有关部门应当将监察机关作出的给予处分的监察决定及其执行的有关材料归入受处分人员的档案。

第三十七条 有关单位和人员应当自收到监察决定或者监察建议之日起三十日内将执行监察决定或者采纳监察建议的情况通报监察机关。

第三十八条 国家行政机关公务员和国家行政机关任命的其他人员对主管行政机关作出的处分决定不服的,可以自收到处分决定之日起三十日内向监察机关提出申诉,监察机关应当自收到申诉之日起三十日内作出复查决定;对复查决定仍不服的,可以自收到复查决定之日起三十日内向上一级监察机关申请复核,上一级监察机关应当自收到复核申请之日起六十日内作出复核决定。

复查、复核期间,不停止原决定的执行。

第三十九条 监察机关对受理的不服主管行政机关处分决定的申诉,经复查认为原决定不适当的,可以建议原决定机关予以变更或者撤销;监察机关在职权范围内,也可以直接作出变更或者撤销的决定。

法律、行政法规规定由监察机关受理的其他申诉,依照有关法律、行政法规的规定办理。

第四十条 对监察决定不服的,可以自收到监察决定之日起三十日内向作出决定的监察机关申请复审,监察机关应当自收到复审申请之日起三十日内作出复审决定;对复审决定仍不服的,可以自收到复审决定之日起三十日内向上一级监察机关申请复核,上一级监察机关应当自收到复核申请之日起六十日内作出复核决定。

复审、复核期间,不停止原决定的执行。

第四十一条　上一级监察机关认为下一级监察机关的监察决定不适当的,可以责成下一级监察机关予以变更或者撤销,必要时也可以直接作出变更或者撤销的决定。

第四十二条　上一级监察机关的复核决定和国务院监察机关的复查决定或者复审决定为最终决定。

第四十三条　对监察建议有异议的,可以自收到监察建议之日起三十日内向作出监察建议的监察机关提出,监察机关应当自收到异议之日起三十日内回复;对回复仍有异议的,由监察机关提请本级人民政府或者上一级监察机关裁决。

第四十四条　监察机关在办理监察事项中,发现所调查的事项不属于监察机关职责范围内的,应当移送有处理权的单位处理;涉嫌犯罪的,应当移送司法机关依法处理。

接受移送的单位或者机关应当将处理结果告知监察机关。

第六章　法律责任

第四十五条　被监察的部门和人员违反本法规定,有下列行为之一的,由主管机关或者监察机关责令改正,对部门给予通报批评;对负有直接责任的主管人员和其他直接责任人员依法给予处分:

(一)隐瞒事实真相、出具伪证或者隐匿、转移、篡改、毁灭证据的;

(二)故意拖延或者拒绝提供与监察事项有关的文件、资料、财务帐目及其他有关材料和其他必要情况的;

(三)在调查期间变卖、转移涉嫌财物的;

(四)拒绝就监察机关所提问题作出解释和说明的;

(五)拒不执行监察决定或者无正当理由拒不采纳监察建议的;

(六)有其他违反本法规定的行为,情节严重的。

第四十六条　泄露举报事项、举报受理情况以及与举报人相关的信息的,依法给予处分;构成犯罪的,依法追究刑事责任。

第四十七条 对申诉人、控告人、检举人或者监察人员进行报复陷害的,依法给予处分;构成犯罪的,依法追究刑事责任。

第四十八条 监察人员滥用职权、徇私舞弊、玩忽职守、泄露秘密的,依法给予处分;构成犯罪的,依法追究刑事责任。

第四十九条 监察机关和监察人员违法行使职权,侵犯公民、法人和其他组织的合法权益,造成损害的,应当依法赔偿。

第七章 附 则

第五十条 监察机关对法律、法规授权的具有公共事务管理职能的组织及其从事公务的人员和国家行政机关依法委托从事公共事务管理活动的组织及其从事公务的人员实施监察,适用本法。

第五十一条 本法自公布之日起施行。1990 年 12 月 9 日国务院发布的《中华人民共和国行政监察条例》同时废止。

劳动保障监察条例

（2004 年 10 月 26 日国务院第 68 次常务会议通过

2004 年 11 月 1 日中华人民共和国国务院令第 423 号公布

自 2004 年 12 月 1 日起施行）

第一章 总 则

第一条 为了贯彻实施劳动和社会保障（以下称劳动保障）法律、法规和规章，规范劳动保障监察工作，维护劳动者的合法权益，根据劳动法和有关法律，制定本条例。

第二条 对企业和个体工商户（以下称用人单位）进行劳动保障监察，适用本条例。

对职业介绍机构、职业技能培训机构和职业技能考核鉴定机构进行劳动保障监察，依照本条例执行。

第三条 国务院劳动保障行政部门主管全国的劳动保障监察工作。县级以上地方各级人民政府劳动保障行政部门主管本行政区域内的劳动保障监察工作。

县级以上各级人民政府有关部门根据各自职责，支持、协助劳动保障行政部门的劳动保障监察工作。

第四条 县级、设区的市级人民政府劳动保障行政部门可以委托符合监察执法条件的组织实施劳动保障监察。

劳动保障行政部门和受委托实施劳动保障监察的组织中的劳动保障监察员应当经过相应的考核或者考试录用。

劳动保障监察证件由国务院劳动保障行政部门监制。

第五条 县级以上地方各级人民政府应当加强劳动保障监察工作。劳动保障监察所需经费列入本级财政预算。

第六条 用人单位应当遵守劳动保障法律、法规和规章，接受并配合劳动保障监察。

第七条　各级工会依法维护劳动者的合法权益,对用人单位遵守劳动保障法律、法规和规章的情况进行监督。

劳动保障行政部门在劳动保障监察工作中应当注意听取工会组织的意见和建议。

第八条　劳动保障监察遵循公正、公开、高效、便民的原则。

实施劳动保障监察,坚持教育与处罚相结合,接受社会监督。

第九条　任何组织或者个人对违反劳动保障法律、法规或者规章的行为,有权向劳动保障行政部门举报。

劳动者认为用人单位侵犯其劳动保障合法权益的,有权向劳动保障行政部门投诉。

劳动保障行政部门应当为举报人保密;对举报属实,为查处重大违反劳动保障法律、法规或者规章的行为提供主要线索和证据的举报人,给予奖励。

第二章　劳动保障监察职责

第十条　劳动保障行政部门实施劳动保障监察,履行下列职责:

(一)宣传劳动保障法律、法规和规章,督促用人单位贯彻执行;

(二)检查用人单位遵守劳动保障法律、法规和规章的情况;

(三)受理对违反劳动保障法律、法规或者规章的行为的举报、投诉;

(四)依法纠正和查处违反劳动保障法律、法规或者规章的行为。

第十一条　劳动保障行政部门对下列事项实施劳动保障监察:

(一)用人单位制定内部劳动保障规章制度的情况;

(二)用人单位与劳动者订立劳动合同的情况;

(三)用人单位遵守禁止使用童工规定的情况;

(四)用人单位遵守女职工和未成年工特殊劳动保护规定的情况;

(五)用人单位遵守工作时间和休息休假规定的情况;

(六)用人单位支付劳动者工资和执行最低工资标准的情况;

(七)用人单位参加各项社会保险和缴纳社会保险费的情况;

(八)职业介绍机构、职业技能培训机构和职业技能考核鉴定机构遵守国家有关职业介绍、职业技能培训和职业技能考核鉴定的规定的情况;

(九)法律、法规规定的其他劳动保障监察事项。

第十二条　劳动保障监察员依法履行劳动保障监察职责,受法律保护。

劳动保障监察员应当忠于职守,秉公执法,勤政廉洁,保守秘密。

任何组织或者个人对劳动保障监察员的违法违纪行为,有权向劳动保障行政部门或者有关机关检举、控告。

第三章　劳动保障监察的实施

第十三条　对用人单位的劳动保障监察,由用人单位用工所在地的县级或者设区的市级劳动保障行政部门管辖。

上级劳动保障行政部门根据工作需要,可以调查处理下级劳动保障行政部门管辖的案件。劳动保障行政部门对劳动保障监察管辖发生争议的,报请共同的上一级劳动保障行政部门指定管辖。

省、自治区、直辖市人民政府可以对劳动保障监察的管辖制定具体办法。

第十四条　劳动保障监察以日常巡视检查、审查用人单位按照要求报送的书面材料以及接受举报投诉等形式进行。

劳动保障行政部门认为用人单位有违反劳动保障法律、法规或者规章的行为,需要进行调查处理的,应当及时立案。

劳动保障行政部门或者受委托实施劳动保障监察的组织应当设立举报、投诉信箱和电话。

对因违反劳动保障法律、法规或者规章的行为引起的群体性事件,劳动保障行政部门应当根据应急预案,迅速会同有关部门处理。

第十五条　劳动保障行政部门实施劳动保障监察,有权采取下列调查、检查措施:

(一)进入用人单位的劳动场所进行检查;

(二)就调查、检查事项询问有关人员;

(三)要求用人单位提供与调查、检查事项相关的文件资料,并作出解释和说明,必要时可以发出调查询问书;

(四)采取记录、录音、录像、照相或者复制等方式收集有关情况和资料;

(五)委托会计师事务所对用人单位工资支付、缴纳社会保险费的情况进行审计;

(六)法律、法规规定可以由劳动保障行政部门采取的其他调查、检查措施。

劳动保障行政部门对事实清楚、证据确凿、可以当场处理的违反劳动保障法律、法规或者规章的行为有权当场予以纠正。

第十六条　劳动保障监察员进行调查、检查,不得少于2人,并应当佩戴劳动保障监察标志、出示劳动保障监察证件。

劳动保障监察员办理的劳动保障监察事项与本人或者其近亲属有直接利害关系的，应当回避。

第十七条 劳动保障行政部门对违反劳动保障法律、法规或者规章的行为的调查，应当自立案之日起 60 个工作日内完成；对情况复杂的，经劳动保障行政部门负责人批准，可以延长 30 个工作日。

第十八条 劳动保障行政部门对违反劳动保障法律、法规或者规章的行为，根据调查、检查的结果，作出以下处理：

（一）对依法应当受到行政处罚的，依法作出行政处罚决定；

（二）对应当改正未改正的，依法责令改正或者作出相应的行政处理决定；

（三）对情节轻微且已改正的，撤销立案。

发现违法案件不属于劳动保障监察事项的，应当及时移送有关部门处理；涉嫌犯罪的，应当依法移送司法机关。

第十九条 劳动保障行政部门对违反劳动保障法律、法规或者规章的行为作出行政处罚或者行政处理决定前，应当听取用人单位的陈述、申辩；作出行政处罚或者行政处理决定，应当告知用人单位依法享有申请行政复议或者提起行政诉讼的权利。

第二十条 违反劳动保障法律、法规或者规章的行为在 2 年内未被劳动保障行政部门发现，也未被举报、投诉的，劳动保障行政部门不再查处。

前款规定的期限，自违反劳动保障法律、法规或者规章的行为发生之日起计算；违反劳动保障法律、法规或者规章的行为有连续或者继续状态的，自行为终了之日起计算。

第二十一条 用人单位违反劳动保障法律、法规或者规章，对劳动者造成损害的，依法承担赔偿责任。劳动者与用人单位就赔偿发生争议的，依照国家有关劳动争议处理的规定处理。

对应当通过劳动争议处理程序解决的事项或者已经按照劳动争议处理程序申请调解、仲裁或者已经提起诉讼的事项，劳动保障行政部门应当告知投诉人依照劳动争议处理或者诉讼的程序办理。

第二十二条 劳动保障行政部门应当建立用人单位劳动保障守法诚信档案。用人单位有重大违反劳动保障法律、法规或者规章的行为的，由有关的劳动保障行政部门向社会公布。

第四章 法律责任

第二十三条 用人单位有下列行为之一的,由劳动保障行政部门责令改正,按照受侵害的劳动者每人 1000 元以上 5000 元以下的标准计算,处以罚款:

(一)安排女职工从事矿山井下劳动、国家规定的第四级体力劳动强度的劳动或者其他禁忌从事的劳动的;

(二)安排女职工在经期从事高处、低温、冷水作业或者国家规定的第三级体力劳动强度的劳动的;

(三)安排女职工在怀孕期间从事国家规定的第三级体力劳动强度的劳动或者孕期禁忌从事的劳动的;

(四)安排怀孕 7 个月以上的女职工夜班劳动或者延长其工作时间的;

(五)女职工生育享受产假少于 90 天的;

(六)安排女职工在哺乳未满 1 周岁的婴儿期间从事国家规定的第三级体力劳动强度的劳动或者哺乳期禁忌从事的其他劳动,以及延长其工作时间或者安排其夜班劳动的;

(七)安排未成年工从事矿山井下、有毒有害、国家规定的第四级体力劳动强度的劳动或者其他禁忌从事的劳动的;

(八)未对未成年工定期进行健康检查的。

第二十四条 用人单位与劳动者建立劳动关系不依法订立劳动合同的,由劳动保障行政部门责令改正。

第二十五条 用人单位违反劳动保障法律、法规或者规章延长劳动者工作时间的,由劳动保障行政部门给予警告,责令限期改正,并可以按照受侵害的劳动者每人 100 元以上 500 元以下的标准计算,处以罚款。

第二十六条 用人单位有下列行为之一的,由劳动保障行政部门分别责令限期支付劳动者的工资报酬、劳动者工资低于当地最低工资标准的差额或者解除劳动合同的经济补偿;逾期不支付的,责令用人单位按照应付金额 50% 以上 1 倍以下的标准计算,向劳动者加付赔偿金:

(一)克扣或者无故拖欠劳动者工资报酬的;

(二)支付劳动者的工资低于当地最低工资标准的;

(三)解除劳动合同未依法给予劳动者经济补偿的。

第二十七条 用人单位向社会保险经办机构申报应缴纳的社会保险费数额时,瞒报工资总额或者职工人数的,由劳动保障行政部门责令改正,并处瞒报工资数额 1 倍以上 3 倍以下的罚款。

骗取社会保险待遇或者骗取社会保险基金支出的,由劳动保障行政部门责令退还,并处骗取金额 1 倍以上 3 倍以下的罚款;构成犯罪的,依法追究刑事责任。

第二十八条 职业介绍机构、职业技能培训机构或者职业技能考核鉴定机构违反国家有关职业介绍、职业技能培训或者职业技能考核鉴定的规定的,由劳动保障行政部门责令改正,没收违法所得,并处 1 万元以上 5 万元以下的罚款;情节严重的,吊销许可证。

未经劳动保障行政部门许可,从事职业介绍、职业技能培训或者职业技能考核鉴定的组织或者个人,由劳动保障行政部门、工商行政管理部门依照国家有关无照经营查处取缔的规定查处取缔。

第二十九条 用人单位违反《中华人民共和国工会法》,有下列行为之一的,由劳动保障行政部门责令改正:

(一)阻挠劳动者依法参加和组织工会,或者阻挠上级工会帮助、指导劳动者筹建工会的;

(二)无正当理由调动依法履行职责的工会工作人员的工作岗位,进行打击报复的;

(三)劳动者因参加工会活动而被解除劳动合同的;

(四)工会工作人员因依法履行职责被解除劳动合同的。

第三十条 有下列行为之一的,由劳动保障行政部门责令改正;对有第(一)项、第(二)项或者第(三)项规定的行为的,处 2000 元以上 2 万元以下的罚款:

(一)无理抗拒、阻挠劳动保障行政部门依照本条例的规定实施劳动保障监察的;

(二)不按照劳动保障行政部门的要求报送书面材料,隐瞒事实真相,出具伪证或者隐匿、毁灭证据的;

(三)经劳动保障行政部门责令改正拒不改正,或者拒不履行劳动保障行政部门的行政处理决定的;

(四)打击报复举报人、投诉人的。

违反前款规定,构成违反治安管理行为的,由公安机关依法给予治安管理处罚;构成犯罪的,依法追究刑事责任。

第三十一条 劳动保障监察员滥用职权、玩忽职守、徇私舞弊或者泄露在履行职责过程中知悉的商业秘密的,依法给予行政处分;构成犯罪的,依法追究刑事责任。

劳动保障行政部门和劳动保障监察员违法行使职权,侵犯用人单位或者劳动者的合法权益的,依法承担赔偿责任。

第三十二条　属于本条例规定的劳动保障监察事项,法律、其他行政法规对处罚另有规定的,从其规定。

第五章　附　则

第三十三条　对无营业执照或者已被依法吊销营业执照,有劳动用工行为的,由劳动保障行政部门依照本条例实施劳动保障监察,并及时通报工商行政管理部门予以查处取缔。

第三十四条　国家机关、事业单位、社会团体执行劳动保障法律、法规和规章的情况,由劳动保障行政部门根据其职责,依照本条例实施劳动保障监察。

第三十五条　劳动安全卫生的监督检查,由卫生部门、安全生产监督管理部门、特种设备安全监督管理部门等有关部门依照有关法律、行政法规的规定执行。

第三十六条　本条例自 2004 年 12 月 1 日起施行。

青岛市行政监察机关执法监察工作办法

(1999 年 4 月 28 日青岛市人民政府文件青政发〔1999〕88 号发布

自发布之日起施行)

第一章 总 则

第一条 为保证行政监察机关执法监察工作的顺利开展,使执法监察工作制度化、规范化,根据《中华人民共和国行政监察法》等有关法律、法规的规定,结合本市实际情况,制定本办法。

第二条 本办法所称执法监察,是指行政监察机关依照《中华人民共和国行政监察法》赋予的职权,对国家行政机关、国家公务员和国家行政机关任命的其他人员遵守和执行法律、法规和人民政府的决定、命令的情况进行的监督检查。

第三条 市、区(市)行政监察机关按照法定职责对本级人民政府各部门及其国家公务员和本级人民政府任命的其他人员、下一级人民政府及其领导人员实施执法监察。

上级行政监察机关必要时可以直接办理下级行政监察机关管辖范围内的执法监察事项。

市、区(市)行政监察机关的派出机构,应当按照监察机关的要求开展执法监察工作。

第四条 行政监察机关在执法监察中依法行使职权,不受其他行政部门、社会团体和个人的干涉。

第五条 执法监察人员必须遵纪守法,忠于职守,秉公执法,清正廉洁,保守秘密。

第六条 执法监察人员办理的执法监察事项与本人及其近亲属有利害关系,应当按照有关规定回避。

第二章　内容和程序

第七条　行政监察机关执法监察的内容：

（一）对市、区（市）两级行政机关、国家公务员和行政机关任命的其他人员执行法律、法规和本级人民政府决定、命令的情况进行监督检查；

（二）对妨碍或可能妨碍法律、法规的正确实施和本级人民政府决定、命令贯彻执行的重点问题进行监督检查；

（三）对政府交办或群众反映强烈的、属于执法监察范围内的问题进行监督检查；

（四）其他依法应当进行执法监察的事项。

第八条　执法监察可以采取下列方式承办：

（一）行政监察机关独立承办；

（二）政府统一组织，行政监察机关主办；

（三）政府统一组织或由其他执法监督机关和部门主办，行政监察机关参与协办。

第九条　行政监察机关应当根据下列来源确立执法监察项目：

（一）上级行政监察机关部署的；

（二）本级政府统一组织和部署的；

（三）本级政府其他部门提请或要求行政监察机关参与的；

（四）本级行政监察机关认为需要立项的。

上级行政监察机关统一立项的，下级行政监察机关不再立项。

第十条　行政监察机关确立执法监察项目应当提交立项报告。立项报告包括立项目的、依据、任务、方法步骤，时间安排、人员组织及有关要求等内容。

第十一条　立项报告按照以下规定报批：

（一）行政监察机关独立承办或主办的，由行政监察机关办理立项手续；

（二）有关执法监督机关或部门主办，行政监察机关参与协办的，由主办的执法监督机关或部门立项，并应当在征求监察机关的意见后，按规定程序报批。

重要执法监察事项的立项，应当报本级人民政府和上一级行政监察机关备案。

第十二条　执法监察应当制定实施方案，其内容包括：

（一）执法监察的目的、内容、范围、时间和方法；

（二）法律依据及有关规定；

（三）人员组织、保证措施和具体要求；

（四）其他需要明确的事项。

第十三条　属行政监察机关立项的，由行政监察机关制定执法监察实施方案；其中，行政监察机关主办、有关执法监督机关和部门参与协办的，并应当征求有关执法监督机关和部门的意见。

有关执法监督机关或部门主办，行政监察机关参与协办立项的，由主办的执法监督机关或部门制定执法监察实施方案，并征求行政监察机关的意见。

第十四条　行政监察机关根据执法监察的需要，可以组织廉政询问员、特邀监察员以及聘请有关部门的人员和具有专门知识、专业技术的人员参加执法监察。

第十五条　执法监察实施前，行政监察机关应当将执法监察的有关内容、时间和具体要求，以书面形式通知被监察单位。被监察单位应当配合执法监察人员的工作，并提供必要的工作条件。

第十六条　执法监察可以采用的主要方法：要求被监察单位自查，行政监察机关进行全面检查或抽查；事前检查；跟踪检查。

第十七条　行政监察机关在执法监察中，有权采取下列措施：

（一）召集与执法监察事项有关的会议，列席被监察单位的有关会议；

（二）要求被监察单位和人员提供与执法监察事项有关的文件、资料，并有权查阅或复制；

（三）听取有关人员的汇报，要求被监察单位和人员就执法监察事项涉及的问题作出解释和说明；

（四）责令被监察单位和人员停止违反法律、法规和行政纪律的行为。

第十八条　执法监察终结，行政监察机关应当依法对被监察单位和人员进行评议；对执法监察中发现的问题作出结论，提出改进的意见和建议。

第十九条　在执法检查中发现违法违纪案件线索，应当及时报告，重要问题应当及时报经监察局长办公会议决定进一步处理意见；需由案件检查部门办理的，应当及时办理移交手续；构成犯罪的，按照规定向司法机关办理移送手续。

第二十条　行政监察机关根据执法监察结果，遇有下列情形之一的，可以提出监察建议：

（一）拒不执行法律、法规或者违反法律、法规以及政府决定、命令的；

（二）作出违反法律、法规和政府决定、命令的决议、规定的；

（三）对执法人员管理不善、执法制度不健全，造成不良后果的；

（四）给国家利益和公民、法人的合法权益造成损害的。

第二十一条　行政监察机关根据执法监察结果，遇有违反行政纪律取得的财物，依法应当没收、追缴或者责令退赔的，可以作出监察决定或者提出监察建议。

第二十二条　监察决定和监察建议须经监察局长办公会议审议、监察局长批准后，以书面形式送达被监察单位和有关部门。重要的监察决定或监察建议，行政监察机关应当报经本级人民政府或上一级行政监察机关同意后下达。行政监察机关可以对被监察单位和人员执行监察决定和采纳监察建议的情况进行跟踪检查，督促其落实。

第二十三条　行政监察机关依法作出的监察决定或提出的监察建议，有关单位无正当理由的，应当执行或采纳。被监察单位和个人应当自收到监察决定或监察建议之日起 30 日内，将执行监察决定或采纳监察建议的情况书面报告行政监察机关。

第二十四条　被监察单位和人员对监察决定不服的，可以自收到监察决定之日起 30 日内向作出监察决定的行政监察机关申请复审；行政监察机关应当自收到复审申请之日起 30 日内作出复审决定。对复审决定仍不服的，可以自收到复审决定之日起 30 日内向上一级行政监察机关申请复核，上一级行政监察机关应当自收到复核申请之日起 60 日内作出复核决定。

复审、复核期间，不停止原监察决定的执行。

第二十五条　被监察单位和人员对监察建议有异议的，可以自收到监察建议之日起 30 日内向作出监察建议的行政监察机关提出，行政监察机关应当自收到之日起 30 日内回复；对回复仍有异议的，由行政监察机关提请本级人民政府或者上一级行政监察机关裁决。

第二十六条　行政监察机关对已完成的每项执法监察，应当及时进行工作总结，写出总结报告。

第二十七条　行政监察机关应当在每项执法监察工作结束后，建立执法监察档案。

第三章　法律责任

第二十八条　有下列行为之一的被监察单位和人员，由行政监察机关直接或建议其主管部门责令改正，对单位给予通报批评；对负有直接责任的主管人

员和其他直接责任人员,按照有关规定给予行政处分;构成犯罪的,依法追究刑事责任:

(一)拒绝就行政监察机关所提问题作出解释和说明的;

(二)故意拖延或者拒绝提供与执法监察事项有关的文件、资料和其他必要情况的;

(三)隐瞒事实真相、出具伪证或者隐匿、转移、篡改、毁灭证据的;

(四)无正当理由拒不执行监察决定或拒不采纳监察建议的;

(五)有其他违反本办法的行为,情节严重的。

第二十九条 执法监察人员在执法监察中,滥用职权、徇私舞弊、玩忽职守、泄露秘密、纵容包庇违法违纪人员,或者借机打击报复被监察单位和人员,以及有其他违法违纪行为的,视情节轻重按照有关规定,分别给予批评教育或行政处分;构成犯罪的,依法追究刑事责任。

第四章 附 则

第三十条 市、区(市)两级政府部门中设有行政监察机构的,开展执法监察时可以参照本办法执行。

第三十一条 本办法具体执行中的问题,由青岛市监察局负责解释。

第三十二条 本办法自发布之日起施行。

中华人民共和国审计法

(1994 年 8 月 31 日第八届全国人民代表大会常务委员会第九次会议通过
根据 2006 年 2 月 28 日第十届全国人民代表大会常务委员会第二十次
会议《关于修改〈中华人民共和国审计法〉的决定》修正)

第一章 总 则

第一条 为了加强国家的审计监督,维护国家财政经济秩序,提高财政资金使用效益,促进廉政建设,保障国民经济和社会健康发展,根据宪法,制定本法。

第二条 国家实行审计监督制度。国务院和县级以上地方人民政府设立审计机关。

国务院各部门和地方各级人民政府及其各部门的财政收支,国有的金融机构和企业事业组织的财务收支,以及其他依照本法规定应当接受审计的财政收支、财务收支,依照本法规定接受审计监督。

审计机关对前款所列财政收支或者财务收支的真实、合法和效益,依法进行审计监督。

第三条 审计机关依照法律规定的职权和程序,进行审计监督。

审计机关依据有关财政收支、财务收支的法律、法规和国家其他有关规定进行审计评价,在法定职权范围内作出审计决定。

第四条 国务院和县级以上地方人民政府应当每年向本级人民代表大会常务委员会提出审计机关对预算执行和其他财政收支的审计工作报告。审计工作报告应当重点报告对预算执行的审计情况。必要时,人民代表大会常务委员会可以对审计工作报告作出决议。

国务院和县级以上地方人民政府应当将审计工作报告中指出的问题的纠正情况和处理结果向本级人民代表大会常务委员会报告。

第五条 审计机关依照法律规定独立行使审计监督权,不受其他行政机关、社会团体和个人的干涉。

第六条　审计机关和审计人员办理审计事项,应当客观公正,实事求是,廉洁奉公,保守秘密。

第二章　审计机关和审计人员

第七条　国务院设立审计署,在国务院总理领导下,主管全国的审计工作。审计长是审计署的行政首长。

第八条　省、自治区、直辖市、设区的市、自治州、县、自治县、不设区的市、市辖区的人民政府的审计机关,分别在省长、自治区主席、市长、州长、县长、区长和上一级审计机关的领导下,负责本行政区域内的审计工作。

第九条　地方各级审计机关对本级人民政府和上一级审计机关负责并报告工作,审计业务以上级审计机关领导为主。

第十条　审计机关根据工作需要,经本级人民政府批准,可以在其审计管辖范围内设立派出机构。

派出机构根据审计机关的授权,依法进行审计工作。

第十一条　审计机关履行职责所必需的经费,应当列入财政预算,由本级人民政府予以保证。

第十二条　审计人员应当具备与其从事的审计工作相适应的专业知识和业务能力。

第十三条　审计人员办理审计事项,与被审计单位或者审计事项有利害关系的,应当回避。

第十四条　审计人员对其在执行职务中知悉的国家秘密和被审计单位的商业秘密,负有保密的义务。

第十五条　审计人员依法执行职务,受法律保护。

任何组织和个人不得拒绝、阻碍审计人员依法执行职务,不得打击报复审计人员。

审计机关负责人依照法定程序任免。审计机关负责人没有违法失职或者其他不符合任职条件的情况的,不得随意撤换。

地方各级审计机关负责人的任免,应当事先征求上一级审计机关的意见。

第三章　审计机关职责

第十六条　审计机关对本级各部门(含直属单位)和下级政府预算的执行

情况和决算以及其他财政收支情况,进行审计监督。

第十七条　审计署在国务院总理领导下,对中央预算执行情况和其他财政收支情况进行审计监督,向国务院总理提出审计结果报告。

地方各级审计机关分别在省长、自治区主席、市长、州长、县长、区长和上一级审计机关的领导下,对本级预算执行情况和其他财政收支情况进行审计监督,向本级人民政府和上一级审计机关提出审计结果报告。

第十八条　审计署对中央银行的财务收支,进行审计监督。

审计机关对国有金融机构的资产、负债、损益,进行审计监督。

第十九条　审计机关对国家的事业组织和使用财政资金的其他事业组织的财务收支,进行审计监督。

第二十条　审计机关对国有企业的资产、负债、损益,进行审计监督。

第二十一条　对国有资本占控股地位或者主导地位的企业、金融机构的审计监督,由国务院规定。

第二十二条　审计机关对政府投资和以政府投资为主的建设项目的预算执行情况和决算,进行审计监督。

第二十三条　审计机关对政府部门管理的和其他单位受政府委托管理的社会保障基金、社会捐赠资金以及其他有关基金、资金的财务收支,进行审计监督。

第二十四条　审计机关对国际组织和外国政府援助、贷款项目的财务收支,进行审计监督。

第二十五条　审计机关按照国家有关规定,对国家机关和依法属于审计机关审计监督对象的其他单位的主要负责人,在任职期间对本地区、本部门或者本单位的财政收支、财务收支以及有关经济活动应负经济责任的履行情况,进行审计监督。

第二十六条　除本法规定的审计事项外,审计机关对其他法律、行政法规规定应当由审计机关进行审计的事项,依照本法和有关法律、行政法规的规定进行审计监督。

第二十七条　审计机关有权对与国家财政收支有关的特定事项,向有关地方、部门、单位进行专项审计调查,并向本级人民政府和上一级审计机关报告审计调查结果。

第二十八条　审计机关根据被审计单位的财政、财务隶属关系或者国有资产监督管理关系,确定审计管辖范围。

审计机关之间对审计管辖范围有争议的，由其共同的上级审计机关确定。

上级审计机关可以将其审计管辖范围内的本法第十八条第二款至第二十五条规定的审计事项，授权下级审计机关进行审计；上级审计机关对下级审计机关审计管辖范围内的重大审计事项，可以直接进行审计，但是应当防止不必要的重复审计。

第二十九条　依法属于审计机关审计监督对象的单位，应当按照国家有关规定建立健全内部审计制度；其内部审计工作应当接受审计机关的业务指导和监督。

第三十条　社会审计机构审计的单位依法属于审计机关审计监督对象的，审计机关按照国务院的规定，有权对该社会审计机构出具的相关审计报告进行核查。

第四章　审计机关权限

第三十一条　审计机关有权要求被审计单位按照审计机关的规定提供预算或者财务收支计划、预算执行情况、决算、财务会计报告，运用电子计算机储存、处理的财政收支、财务收支电子数据和必要的电子计算机技术文档，在金融机构开立账户的情况，社会审计机构出具的审计报告，以及其他与财政收支或者财务收支有关的资料，被审计单位不得拒绝、拖延、谎报。

被审计单位负责人对本单位提供的财务会计资料的真实性和完整性负责。

第三十二条　审计机关进行审计时，有权检查被审计单位的会计凭证、会计账簿、财务会计报告和运用电子计算机管理财政收支、财务收支电子数据的系统，以及其他与财政收支、财务收支有关的资料和资产，被审计单位不得拒绝。

第三十三条　审计机关进行审计时，有权就审计事项的有关问题向有关单位和个人进行调查，并取得有关证明材料。有关单位和个人应当支持、协助审计机关工作，如实向审计机关反映情况，提供有关证明材料。

审计机关经县级以上人民政府审计机关负责人批准，有权查询被审计单位在金融机构的账户。

审计机关有证据证明被审计单位以个人名义存储公款的，经县级以上人民政府审计机关主要负责人批准，有权查询被审计单位以个人名义在金融机构的存款。

第三十四条　审计机关进行审计时,被审计单位不得转移、隐匿、篡改、毁弃会计凭证、会计账簿、财务会计报告以及其他与财政收支或者财务收支有关的资料,不得转移、隐匿所持有的违反国家规定取得的资产。

审计机关对被审计单位违反前款规定的行为,有权予以制止;必要时,经县级以上人民政府审计机关负责人批准,有权封存有关资料和违反国家规定取得的资产;对其中在金融机构的有关存款需要予以冻结的,应当向人民法院提出申请。

审计机关对被审计单位正在进行的违反国家规定的财政收支、财务收支行为,有权予以制止;制止无效的,经县级以上人民政府审计机关负责人批准,通知财政部门和有关主管部门暂停拨付与违反国家规定的财政收支、财务收支行为直接有关的款项,已经拨付的,暂停使用。

审计机关采取前两款规定的措施不得影响被审计单位合法的业务活动和生产经营活动。

第三十五条　审计机关认为被审计单位所执行的上级主管部门有关财政收支、财务收支的规定与法律、行政法规相抵触的,应当建议有关主管部门纠正;有关主管部门不予纠正的,审计机关应当提请有权处理的机关依法处理。

第三十六条　审计机关可以向政府有关部门通报或者向社会公布审计结果。

审计机关通报或者公布审计结果,应当依法保守国家秘密和被审计单位的商业秘密,遵守国务院的有关规定。

第三十七条　审计机关履行审计监督职责,可以提请公安、监察、财政、税务、海关、价格、工商行政管理等机关予以协助。

第五章　审计程序

第三十八条　审计机关根据审计项目计划确定的审计事项组成审计组,并应当在实施审计三日前,向被审计单位送达审计通知书;遇有特殊情况,经本级人民政府批准,审计机关可以直接持审计通知书实施审计。

被审计单位应当配合审计机关的工作,并提供必要的工作条件。

审计机关应当提高审计工作效率。

第三十九条　审计人员通过审查会计凭证、会计账簿、财务会计报告,查阅与审计事项有关的文件、资料,检查现金、实物、有价证券,向有关单位和个人调查等方式进行审计,并取得证明材料。

审计人员向有关单位和个人进行调查时,应当出示审计人员的工作证件和审计通知书副本。

第四十条 审计组对审计事项实施审计后,应当向审计机关提出审计组的审计报告。审计组的审计报告报送审计机关前,应当征求被审计对象的意见。被审计对象应当自接到审计组的审计报告之日起十日内,将其书面意见送交审计组。审计组应当将被审计对象的书面意见一并报送审计机关。

第四十一条 审计机关按照审计署规定的程序对审计组的审计报告进行审议,并对被审计对象对审计组的审计报告提出的意见一并研究后,提出审计机关的审计报告;对违反国家规定的财政收支、财务收支行为,依法应当给予处理、处罚的,在法定职权范围内作出审计决定或者向有关主管机关提出处理、处罚的意见。

审计机关应当将审计机关的审计报告和审计决定送达被审计单位和有关主管机关、单位。审计决定自送达之日起生效。

第四十二条 上级审计机关认为下级审计机关作出的审计决定违反国家有关规定的,可以责成下级审计机关予以变更或者撤销,必要时也可以直接作出变更或者撤销的决定。

第六章 法律责任

第四十三条 被审计单位违反本法规定,拒绝或者拖延提供与审计事项有关的资料的,或者提供的资料不真实、不完整的,或者拒绝、阻碍检查的,由审计机关责令改正,可以通报批评,给予警告;拒不改正的,依法追究责任。

第四十四条 被审计单位违反本法规定,转移、隐匿、篡改、毁弃会计凭证、会计账簿、财务会计报告以及其他与财政收支、财务收支有关的资料,或者转移、隐匿所持有的违反国家规定取得的资产,审计机关认为对直接负责的主管人员和其他直接责任人员依法应当给予处分的,应当提出给予处分的建议,被审计单位或者其上级机关、监察机关应当依法及时作出决定,并将结果书面通知审计机关;构成犯罪的,依法追究刑事责任。

第四十五条 对本级各部门(含直属单位)和下级政府违反预算的行为或者其他违反国家规定的财政收支行为,审计机关、人民政府或者有关主

管部门在法定职权范围内,依照法律、行政法规的规定,区别情况采取下列处理措施:

(一)责令限期缴纳应当上缴的款项;

(二)责令限期退还被侵占的国有资产;

(三)责令限期退还违法所得;

(四)责令按照国家统一的会计制度的有关规定进行处理;

(五)其他处理措施。

第四十六条 对被审计单位违反国家规定的财务收支行为,审计机关、人民政府或者有关主管部门在法定职权范围内,依照法律、行政法规的规定,区别情况采取前条规定的处理措施,并可以依法给予处罚。

第四十七条 审计机关在法定职权范围内作出的审计决定,被审计单位应当执行。

审计机关依法责令被审计单位上缴应当上缴的款项,被审计单位拒不执行的,审计机关应当通报有关主管部门,有关主管部门应当依照有关法律、行政法规的规定予以扣缴或者采取其他处理措施,并将结果书面通知审计机关。

第四十八条 被审计单位对审计机关作出的有关财务收支的审计决定不服的,可以依法申请行政复议或者提起行政诉讼。

被审计单位对审计机关作出的有关财政收支的审计决定不服的,可以提请审计机关的本级人民政府裁决,本级人民政府的裁决为最终决定。

第四十九条 被审计单位的财政收支、财务收支违反国家规定,审计机关认为对直接负责的主管人员和其他直接责任人员依法应当给予处分的,应当提出给予处分的建议,被审计单位或者其上级机关、监察机关应当依法及时作出决定,并将结果书面通知审计机关。

第五十条 被审计单位的财政收支、财务收支违反法律、行政法规的规定,构成犯罪的,依法追究刑事责任。

第五十一条 报复陷害审计人员的,依法给予处分;构成犯罪的,依法追究刑事责任。

第五十二条 审计人员滥用职权、徇私舞弊、玩忽职守或者泄露所知悉的国家秘密、商业秘密的,依法给予处分;构成犯罪的,依法追究刑事责任。

第七章 附 则

第五十三条 中国人民解放军审计工作的规定,由中央军事委员会根据本法制定。

第五十四条 本法自 1995 年 1 月 1 日起施行。1988 年 11 月 30 日国务院发布的《中华人民共和国审计条例》同时废止。

安徽省社会保障资金审计监督办法

(2002 年 11 月 20 日安徽省人民政府第 122 次常务会议审议通过
2002 年 12 月 24 日安徽省人民政府令第 152 号公布
自 2003 年 2 月 1 日起施行)

第一条 为了加强对社会保障资金的审计监督,保证社会保障资金的安全、完整和保值增值,维护社会公共利益和公民的合法权益,根据《中华人民共和国审计法》《中华人民共和国审计法实施条例》等有关法律、法规的规定,结合本省实际,制定本办法。

第二条 本办法所称社会保障资金审计监督,是指审计机关依法对政府部门管理的和事业单位、社会团体受政府委托管理的社会保障资金财务收支的真实、合法和效益进行的审计监督。

第三条 接受审计监督的社会保障资金,包括:

(一)养老、失业、医疗、工伤、生育等社会保险基金;

(二)救济、救灾、扶贫等社会救济基金;

(三)发展社会福利事业的社会福利基金;

(四)住房公积金、廉租住房资金;

(五)法律、法规和规章规定的其他社会保障资金。

第四条 省人民政府审计机关主管本省行政区域内社会保障资金的审计监督工作。

县级以上地方人民政府审计机关依照审计管辖范围或者根据上一级审计机关的授权,实施社会保障资金的审计监督工作。

财政、地方税务、劳动保障、民政、房改、卫生等部门,应当按照各自职责,配合审计机关做好社会保障资金的审计监督工作。

第五条 管理社会保障资金的政府部门和事业单位、社会团体应当建立健全内部审计制度,根据需要可以委托社会审计组织进行审计查证。

内部审计机构和受委托的社会审计组织开展社会保障资金审计工作,应当接受审计机关的业务指导和监督,并将审计报告报送审计机关备案。

第六条 审计机关应当定期对社会保障资金年度财务收支预算执行情况及决算进行审计。

审计机关依法对企业、事业单位领导人任期经济责任进行审计时,应当对其任期内所在企业、事业单位社会保障资金缴纳情况进行审计。

第七条 社会保障资金审计的内容包括:

(一)社会保障资金预算执行情况和决算的真实性、合法性;预算调整的真实性、合法性;

(二)征收、管理社会保障资金的政府部门和事业单位、社会团体依法征收社会保障资金项目、标准的准确性和完整性;

(三)社会保障资金缴纳义务人是否按照规定标准,及时、足额地缴纳社会保障资金;

(四)管理社会保障资金的政府部门和事业单位、社会团体是否依法及时、足额地支付社会保障资金;

(五)社会保障资金的管理和营运是否安全、合法,增值是否合规、有效;

(六)社会保障资金结余和专户储存情况;

(七)管理社会保障资金的政府部门和事业单位、社会团体内部审计制度的健全性、有效性;

(八)法律、法规和规章规定需要审计的其他内容。

第八条 审计机关要求被审计单位报送社会保障资金预算执行情况和决算报告以及相关资料,被审计单位不得拒绝、拖延、谎报。

第九条 审计机关应当在实施审计的 3 日前,向被审计单位送达审计通知书。审计通知书应当载明审计依据、审计范围、审计时限、审计人员的组成等。

第十条 审计机关进行审计时,检查被审计单位的会计凭证、会计账簿、会计报表以及与审计事项有关的文件、资料,检查现金、实物、有价证券,被审计单位不得拒绝。

审计机关进行审计时,有权就审计事项的有关问题向有关单位和个人进行调查,并取得有关证明材料。

第十一条 审计机关有根据认为被审计单位可能转移、隐匿、篡改、毁弃会计凭证、会计账簿、会计报表以及其他与社会保障资金有关的资料的,有权采取复制、拍照等取证措施;必要时,经审计机关负责人批准,暂时封存被审计单位违反社会保障资金管理规定的有关账册资料。

第十二条　审计机关对被审计单位正在进行的违反社会保障资金管理规定的行为,应当予以制止。制止无效的,经审计机关负责人批准,通知财政部门和有关主管部门暂停拨付与违反社会保障资金管理规定的行为直接有关的款项;已经拨付的,责令暂停使用。

采取前款规定的措施,不得影响被审计单位合法的业务活动。

第十三条　审计机关对被审计单位进行审计后,应当对审计事项作出评价,出具审计意见书。对违反社会保障资金管理规定的行为,需要依法给予处理、处罚的,审计机关应当在法定职权范围内作出审计决定或者向有关主管机关提出处理、处罚意见。

第十四条　社会保障资金审计终结后,审计机关应当向本级人民政府或者上一级审计机关提交审计结果报告;必要时,可以向政府有关部门通报或者向社会公布审计结果。

第十五条　被审计单位应当自审计决定生效之日起 30 日内,将审计决定的执行情况书面报告审计机关。

审计机关应当自审计决定生效之日起 3 个月内,检查审计决定的执行情况。被审计单位未按规定期限和要求执行审计决定的,审计机关应当责令执行;仍不执行的,申请人民法院强制执行。

第十六条　被审计单位违反本办法规定,拒绝或者拖延提供与审计事项有关资料的,或者拒绝、阻碍检查的,由审计机关责令改正,可以通报批评,给予警告;拒不改正的,按照下列规定追究责任:

(一)对被审计单位负有直接责任的主管人员和其他直接责任人员,审计机关认为依法应当给予行政处分或者纪律处分的,提出给予行政处分或者纪律处分的建议,被审计单位或者其上级机关、监察机关应当依法及时作出决定,并书面通知审计机关;

(二)构成犯罪的,移送司法机关依法追究刑事责任。

第十七条　对被审计单位违反社会保障资金管理规定的财务收支行为,由审计机关在法定职权范围内,按照下列规定处理:

(一)责令限期缴纳、上缴应当缴纳或者上缴的社会保障资金;

(二)责令限期退还被侵占、挪用的社会保障资金;

(三)责令限期退还违法所得;

(四)责令冲转或者调整有关会计账目;

(五)采取其他纠正措施。

第十八条　对被审计单位违反社会保障资金管理规定的财务收支行为负有直接责任的主管人员和其他直接责任人员，审计机关认为依法应当给予行政处分或者纪律处分的，提出给予行政处分或者纪律处分的建议，被审计单位或者其上级机关、监察机关应当依法及时作出决定，并书面通知审计机关。

审计机关在依法查处违法行为过程中，发现违法行为涉嫌构成犯罪，需要依法追究刑事责任的，应当及时将案件移送司法机关。

第十九条　审计人员在社会保障资金审计中，滥用职权、徇私舞弊、玩忽职守的，依法给予行政处分；构成犯罪的，依法追究刑事责任。

审计人员违法、违纪取得的财物，依法予以追缴、没收或者责令退赔。

第二十条　本办法自 2003 年 2 月 1 日起施行。

江苏省安全生产条例

《江苏省安全生产条例》已由江苏省第十二届人民代表大会常务委员会第二十四次会议于 2016 年 7 月 29 日通过,现予公布,自 2016 年 10 月 1 日起施行。

江苏省人民代表大会常务委员会

2016 年 7 月 29 日

江苏省安全生产条例

(2016 年 7 月 29 日江苏省第十二届人民代表大会常务委员会第二十四次会议通过)

第一章 总 则

第一条 为了加强安全生产工作,防止和减少生产安全事故,保障人民群众生命和财产安全,促进经济社会持续健康发展,根据《中华人民共和国安全生产法》等法律、行政法规,结合本省实际,制定本条例。

第二条 在本省行政区域内从事生产经营活动的单位(以下统称生产经营单位)的安全生产及其相关监督管理,适用本条例;有关法律、法规对消防安全和道路交通安全、铁路交通安全、水上交通安全、民用航空安全以及核与辐射安全、特种设备安全另有规定的,适用其规定。

第三条 安全生产工作应当坚持安全第一、预防为主、综合治理的方针,按照管行业、管业务、管生产必须同时管安全和谁主管、谁负责的原则,落实生产经营单位的主体责任,加大政府监管力度,强化生产安全事故责任追究,确保安全生产。

第四条 生产经营单位是安全生产的责任主体,必须遵守本条例和有关安全生产法律、法规,加强安全生产管理,建立健全安全生产责任制和安全生产规章制度,加大安全生产投入,改善安全生产条件,推进安全生产标准化建设,落实安全生产保障措施,提高安全生产水平,确保安全生产。

生产经营单位的主要负责人对本单位的安全生产工作全面负责,分管安全生产的负责人直接监督管理安全生产工作,其他负责人在各自分管业务范围内履行安全生产工作职责。

生产经营单位的从业人员有依法获得安全生产保障的权利,并应当依法履行安全生产方面的义务。

第五条 县级以上地方人民政府应当加强对安全生产工作的领导,根据国民经济和社会发展规划制定并组织实施安全生产规划,确定有关部门的安全生产监督管理职责,建立健全安全生产保障体系,实行安全生产目标责任制、责任考核制和事故责任追究制,加强对有关部门和下级人民政府安全生产管理工作落实情况的监督检查。

地方各级人民政府应当每季度至少召开一次会议,听取安全生产工作情况汇报,研究部署本地区安全生产工作的重大事项,及时解决安全生产工作中的重大问题。

乡镇人民政府以及街道办事处、开发区(包括工业园区、产业园区等)管理委员会等地方人民政府的派出机构应当按照职责,加强对本区域内生产经营单位安全生产状况的监督检查,协助上级人民政府有关部门依法履行安全生产监督管理职责。

第六条 县级以上地方人民政府安全生产监督管理部门依法对本行政区域内安全生产工作实施综合监督管理,其他有关部门依法对有关行业、领域的安全生产工作实施监督管理。

安全生产监督管理部门和对有关行业、领域的安全生产工作实施监督管理的部门,统称负有安全生产监督管理职责的部门。

第七条 地方各级人民政府和有关部门的主要负责人对本地区、本部门主管行业领域的安全生产工作负全面领导责任;分管安全生产的负责人对安全生产工作负综合监管领导责任;其他负责人对各自分管工作范围内的安全生产工作负直接领导责任。

第八条 工会依法对安全生产工作进行监督,参与生产安全事故调查,提出保障安全生产的建议,督促纠正违法行为、整改事故隐患,维护从业人员的合法权益。

生产经营单位的工会依法组织职工参加本单位安全生产工作的民主管理

和民主监督,维护职工在安全生产方面的合法权益。生产经营单位制定或者修改安全生产规章制度、作出有关安全生产的决定,应当听取工会的意见。

第九条　省标准化行政主管部门会同省有关部门按照保障安全生产的要求,依法及时制定有关地方标准,并根据科技进步和经济社会发展情况适时修订。

生产经营单位应当执行保障安全生产的国家标准、行业标准和地方标准。

第十条　地方各级人民政府和有关部门、生产经营单位应当采取多种形式,加强安全生产法律、法规和安全生产知识的宣传教育,增强全社会的安全生产意识,提高防范生产安全事故的能力。

职业学校、职业培训机构、地方行政学院应当将安全生产教育纳入教学计划。设区的市应当设立安全生产教育实践基地,创新安全生产教育形式。

广播、电视、报刊、互联网等媒体应当开展安全生产公益性宣传教育,报道安全生产情况,加强对安全生产工作的舆论监督。

第十一条　地方各级人民政府和有关部门、生产经营单位应当加强安全文化建设,开展形式多样的群众性安全文化活动。

第十二条　县级以上地方人民政府及其有关部门对在改善安全生产条件、防止或者减少生产安全事故、参加抢险救护、报告重大事故隐患、举报安全生产违法行为、研究和推广安全生产科学技术与先进管理经验等方面作出显著成绩的单位和个人,应当给予奖励。

第二章　生产经营单位的安全生产保障

第十三条　生产经营单位应当建立健全安全生产责任制,明确各岗位的责任人员、责任范围和考核标准,形成包括全体人员和全部生产经营活动的责任体系,加强对安全生产责任制落实情况的监督考核,保证安全生产责任制的落实。

生产经营单位应当根据本单位实际,建立安全生产投入保障、宣传教育培训、隐患排查治理、应急管理、发包(出租)管理等安全生产规章制度。

第十四条　生产经营单位的主要负责人除应当履行《中华人民共和国安全生产法》规定的安全生产职责外,还应当履行下列职责:

(一)每季度至少组织一次安全生产全面检查,研究分析安全生产存在问题;

(二)每年至少组织并参与一次事故应急救援演练;

（三）发生事故时迅速组织抢救,并及时、如实向负有安全生产监督管理职责的部门报告事故情况,做好善后处理工作,配合调查处理;

（四）每年向职工大会或者职工代表大会、股东会或者股东大会报告安全生产工作和个人履行安全生产管理职责的情况,接受工会、从业人员、股东对安全生产工作的监督。

第十五条　矿山、金属冶炼、建筑施工、船舶修造、船舶拆解、道路运输单位和危险物品的生产、经营、储存单位,应当按照下列规定设置安全生产管理机构或者配备专职安全生产管理人员:

（一）从业人员不足三十人的,配备一名以上专职安全生产管理人员;

（二）从业人员三十人以上不足一百人的,设置专门的安全生产管理机构,并配备两名以上专职安全生产管理人员;

（三）从业人员一百人以上不足三百人的,设置专门的安全生产管理机构,并配备三名以上专职安全生产管理人员;

（四）从业人员三百人以上的,设置专门的安全生产管理机构,并按不低于从业人员百分之一的比例配备专职安全生产管理人员。

前款规定以外的其他生产经营单位,从业人员一百人以上的,应当设置安全生产管理机构或者配备专职安全生产管理人员;从业人员不足一百人的,应当配备专职或者兼职的安全生产管理人员。

第十六条　生产经营单位的安全生产管理机构和安全生产管理人员除应当履行《中华人民共和国安全生产法》规定的安全生产职责外,还应当履行下列职责:

（一）组织安全生产日常检查、岗位检查和专业性检查,并每月至少组织一次安全生产全面检查;

（二）督促各部门、各岗位履行安全生产职责,并组织考核、提出奖惩意见;

（三）参与所在单位事故的应急救援和调查处理。

第十七条　矿山、金属冶炼、建筑施工、船舶修造、船舶拆解、道路运输、危险化学品、粉尘涉爆、涉氨制冷等行业和领域内达到一定规模的生产经营单位推行安全总监制度。

安全总监应当具有工程师以上专业技术职称或者取得注册安全工程师资格,熟悉安全生产法律、法规、标准和规范。安全总监负责综合协调管理本单位的安全生产工作。

安全总监制度的具体实施办法由省人民政府制定。

第十八条　生产经营单位的决策机构、主要负责人或者个人经营的投资人应当保证安全生产条件所必需的资金投入，并对因资金投入不足而导致的后果承担责任。

有关生产经营单位应当按照国家规定提取和使用安全生产费用。安全生产费用应当在成本中据实列支，专项用于保障和改善安全生产条件。

按照国家规定不需要预先提取安全生产费用的生产经营单位，其实际发生的安全生产资金投入在成本中列支。

第十九条　生产经营单位应当依法对从业人员、被派遣劳动者、实习学生进行安全生产教育和培训。

生产经营单位可以自主组织培训，也可以委托具备安全生产培训条件的机构进行培训。生产经营单位委托培训的，应当对培训工作进行监督，保证培训质量。

第二十条　矿山、金属冶炼、建筑施工、船舶修造、船舶拆解、道路运输单位和危险物品的生产、经营、储存单位的主要负责人和安全生产管理人员，应当由主管的负有安全生产监督管理职责的部门对其安全生产知识和管理能力考核合格。

生产经营单位的特种作业人员，应当按照有关法律、法规的规定接受专门的安全培训，经考核合格取得相应资格，方可上岗作业。

第二十一条　生产经营单位应当建立健全生产安全事故隐患排查治理制度，定期组织安全生产管理人员、工程技术人员和其他相关人员排查本单位的事故隐患。对排查出的事故隐患，应当进行风险评估和登记，实行分级管理；发现重大事故隐患的，生产经营单位应当向负有安全生产监督管理职责的部门报告，同时录入事故隐患信息系统。

一般事故隐患，生产经营单位应当立即组织整改；重大事故隐患，生产经营单位应当制定和落实治理方案及时排除，并根据需要停用相关设备或者停产停业。重大事故隐患治理结束后，生产经营单位应当组织对治理情况进行评估，并将评估情况向负有安全生产监督管理职责的部门报告。事故隐患排查治理情况应当向从业人员通报。

生产经营单位在事故隐患治理过程中，应当采取相应的安全防范措施，防止事故发生。事故隐患排除前和排除过程中无法保证安全的，应当从危险区域内撤出人员，疏散周边可能危及的其他人员，并设置警戒标志。

第二十二条　生产经营单位应当建立健全重大危险源安全监测监控系统，

并与负有安全生产监督管理职责的部门监控设备联网。生产经营单位应当对安全监测监控系统进行经常性维护,保证系统正常运行。

第二十三条 生产经营单位的生产区域、生活区域、储存区域之间的安全距离以及周边防护安全距离,应当符合国家标准或者行业标准。

居民区(楼)、学校、医院、集贸市场及其他人员密集场所的安全距离内,城乡规划、安全生产监督管理等具有审批职能的部门不得批准设置危险化学品、放射性物品、烟花爆竹、民用爆炸物品等危险物品的生产、经营和储存场所;违法批准设置的,原批准机关或者其上一级机关应当依法撤销批准,限期迁出。

危险化学品、放射性物品、烟花爆竹、民用爆炸物品等危险物品的生产区域、储存区域的安全距离内和矿山、尾矿库危及区域内,不得建设居民区(楼)、学校、医院、集贸市场及其他人员密集场所;确需建设的,应当依法先行拆除原有危险区域或者将危险物品撤出;已经建成的,县级以上地方人民政府应当采取措施,消除危害。

高压输电线、油气输送管道、重大危险源的安全距离内,不得新建、改建、扩建建筑物和构筑物。对不符合安全距离要求的建筑物、构筑物,县级以上地方人民政府应当依法予以拆除或者采取保障安全的措施。

第二十四条 生产经营单位进行爆破、吊装、危险场所动火作业、高处作业、有限空间作业、临近高压输电线路作业、建筑物和构筑物拆除、大型检修等危险作业,应当执行有关危险作业管理制度,并履行下列职责:

(一)根据危害风险制定作业方案、安全防范措施和应急处置方案;

(二)确认现场作业条件符合安全作业要求;

(三)确认作业单位的作业资质、作业人员的上岗资格以及配备的劳动防护用品符合安全作业要求;

(四)配备相应的安全设施,采取安全防范措施,设置作业现场的安全区域,确定专人现场统一指挥和监督;

(五)在危险作业前向作业人员说明危险因素、作业安全要求和应急措施,并经双方签字确认;

(六)发现直接危及人身安全的紧急情况时,采取应急措施,停止作业,撤出人员。

生产经营单位委托其他有专业资质的单位进行危险作业的,应当在作业前与受托方签订安全生产管理协议,并对受托方安全生产工作统一协调管理。安全生产管理协议应当明确各自的安全生产职责。

从事危险作业时,作业人员应当服从现场的统一指挥和调度,并严格遵守作业方案、操作规程和安全防范措施。

第二十五条　生产经营单位不得将生产经营项目、场所、设备发包或者出租给不具备安全生产条件或者相应资质的单位或者个人。

生产经营单位发包生产经营项目、出租场所的,应当履行下列安全生产责任:

(一)签订安全生产管理协议,明确各自安全生产责任;

(二)向承包方、承租方书面告知发包项目、出租场所以及相关设备的基本情况、安全生产要求;

(三)协调解决承包方、承租方提出的安全生产问题;

(四)定期进行安全检查,发现承包方、承租方有安全问题的,及时督促整改。

承包方、承租方应当服从发包方、出租方对其安全生产工作的统一协调管理,并依法负责本单位安全生产工作;发生生产安全事故时,应当及时报告安全生产监督管理部门和有关部门,并告知发包方、出租方。

第二十六条　同一建筑物内有两个以上生产经营单位的,生产经营单位之间应当签订安全生产管理协议,明确建筑物公共区域内各自的安全生产管理责任,并配合产权单位或者其委托的物业服务单位对建筑物公共区域和消防设施、电梯等共有设施设备进行安全管理。

第二十七条　生产经营场所的安全设施、安全通道、安全标志等必须符合国家标准、行业标准、地方标准,生产经营单位应当进行经常性维护、保养,定期检测安全防护效果。

第二十八条　宾馆、饭店、商场、集贸市场、客运车站、客运码头、民用机场、体育场馆、旅游景区、公共娱乐场所等公众聚集场所的生产经营单位,应当遵守下列规定:

(一)不得改变经营场所建筑的主体和承重结构;

(二)在经营场所设置标志明显的安全出口和符合疏散要求的疏散通道并确保畅通;

(三)按照国家和省有关规定在经营场所配备安全设施,安装必要的安全监控系统,并确保完好、有效;

(四)从业人员能够熟练使用安全设施,了解安全通道的位置及本岗位的应急救援职责;

（五）经营场所实际容纳的人员超过核定人数或者设施的承载负荷时,应当及时采取控制人员进入和疏散等有效措施;

（六）法律、法规有关安全生产的其他规定。

第二十九条 禁止生产经营单位接受中小学生从事接触易燃、易爆、放射性、有毒、有害等危险物品的劳动或者其他危险性劳动。

禁止生产经营单位利用学校、幼儿园场所从事易燃、易爆、放射性、有毒、有害等危险物品的生产、经营、储存活动或者作为机动车停车场。

第三十条 生产经营单位应当制定本单位生产安全事故应急救援预案,与所在地县级以上地方人民政府组织制定的生产安全事故应急救援预案相衔接,并定期组织演练。

生产经营单位应当在重点岗位制定应急处置卡,开展从业人员岗位应急知识教育和自救互救、避险逃生技能培训,配备必要的应急救援器材、设备和物资,并进行经常性维护、保养,保证正常使用。

矿山、金属冶炼、建筑施工、船舶修造、船舶拆解、城市轨道交通运营单位和危险物品的生产、经营、储存单位,应当建立应急救援组织;生产经营规模较小的,可以不建立应急救援组织,但应当指定兼职的应急救援人员。

第三十一条 生产经营单位应当加快应用有利于提高安全生产条件的新工艺、新技术、新材料、新设备,运用现代科学技术实现生产过程智能化控制和生产安全事故预警,提高安全生产技术水平。

第三十二条 矿山、建筑施工、道路运输和危险化学品、烟花爆竹等行业和领域的生产经营单位,按照国家规定实行安全生产风险抵押金制度。生产经营单位发生生产安全事故的,安全生产风险抵押金转作事故抢险救灾和善后处理所需资金。

矿山、金属冶炼、建筑施工、船舶修造、船舶拆解、道路运输、海洋捕捞和危险物品的生产、经营、储存等行业的生产经营单位推行安全生产责任保险。生产经营单位参加安全生产责任保险的,不再缴存安全生产风险抵押金。

鼓励保险公司根据市场需求,开发安全生产责任保险产品,引导生产经营单位投保安全生产责任保险。

第三十三条 承担安全评价、认证、检测、检验工作的安全生产技术服务机构,应当依照法律、行政法规的规定取得相应的资质证书,按照资质证书规定的业务范围从事安全生产技术服务活动,作出的安全评价、认证、检测、检验的结果应当客观、真实。

安全生产技术服务机构应当加强自律管理,开展诚信服务,建立、完善从业人员管理制度,加强对从业人员的监督,不得与负有安全生产监督管理职责的部门存在利益关联。

第三章　安全生产的监督管理

第三十四条　地方各级人民政府的安全生产委员会负责研究部署、指导协调本地区安全生产工作,研究提出本地区安全生产工作的政策措施,分析本地区安全生产形势,研究解决安全生产工作中的重大问题。

安全生产委员会办公室设在本级人民政府安全生产监督管理部门,承担安全生产委员会的日常工作,组织落实本级人民政府有关安全生产工作的决策部署,组织开展本地区安全生产联合检查和专项督查。

第三十五条　负有安全生产监督管理职责的部门应当明确安全生产监督管理机构和人员,依法对生产经营单位执行有关安全生产法律、法规和国家标准、行业标准或者地方标准的情况进行监督管理,并履行下列职责:

(一)建立安全生产监督管理和行政执法责任制;

(二)对生产经营单位有关安全生产责任制、事故隐患排查治理以及重大危险源辨识、评估、监控等制度的建立落实情况进行指导和监督检查;

(三)对生产经营单位的安全生产情况组织检查,并根据检查情况分析安全生产形势,制定并落实有针对性的监督管理措施;

(四)建立健全重大事故隐患挂牌督办制度,督促生产经营单位及时消除重大事故隐患;

(五)按照规定报告事故情况,依法组织或者参与由本级人民政府负责的事故调查处理,指导、协调有关应急救援工作,协助做好事故善后工作,督促落实事故处理的有关决定;

(六)法律、法规规定的其他安全生产监督管理职责。

安全生产监督管理部门履行前款职责的同时,依法指导协调同级人民政府有关部门和下级人民政府的安全生产工作,监督事故查处和责任追究落实情况。

第三十六条　乡镇人民政府以及街道办事处、开发区管理委员会应当设立或者明确安全生产监督管理机构,配备专职人员,监督、检查本区域内生产经营单位的安全生产状况,报告和协助处理生产安全事故,并指导本区域内村民委员会、居民委员会做好安全生产工作。

乡镇人民政府以及街道办事处、开发区管理委员会在监督检查中发现安全生产违法行为或者生产安全事故隐患的,应当责令生产经营单位改正或者排除,并及时向负有安全生产监督管理职责的部门报告。

第三十七条 纳入省人民政府行政管理体制改革和综合行政执法体制改革试点范围的乡镇人民政府、街道办事处,按照省人民政府的相关规定,履行安全生产执法职责。

开发区安全生产监督管理机构可以受本级人民政府安全生产监督管理部门的委托,或者按照省人民政府的规定,履行安全生产执法职责。

第三十八条 村民委员会、居民委员会应当协助做好安全生产监督检查和事故善后处理工作,发现安全生产违法行为和事故隐患的,应当及时向当地人民政府或者有关部门报告。

第三十九条 省人民政府安全生产监督管理部门应当根据本地区实际,结合生产经营单位的隶属关系、规模划分、风险等级等因素,制定本地区安全监管分类分级和属地监督管理的规定。

设区的市、县(市、区)人民政府安全生产监督管理部门应当按照分类分级和属地监督管理的要求,依照法律、法规和本级人民政府、上级安全生产监督管理部门规定的职责,根据监督管理权限、生产经营单位状况、执法人员数量、技术装备和经费保障等实际情况,制定年度安全生产监督检查计划,报本级人民政府批准后实施。

设区的市、县(市、区)人民政府安全生产监督管理部门应当根据安全生产监督检查计划编制现场检查方案,明确监督检查区域、内容和重点,对生产经营单位执行有关安全生产法律、法规和国家标准、行业标准或者地方标准的情况进行监督检查。

第四十条 县级以上地方人民政府安全生产监督管理部门应当配备符合安全生产执法要求的监督管理人员和装备,统一执法标识,定期对执法人员开展安全生产技术知识、法律、法规等方面的培训和考核,依法开展执法检查工作。

县级以上地方人民政府安全生产监督管理部门可以邀请专业技术人员和专家参与安全生产的监督检查、事故调查等工作。

第四十一条 县级以上地方人民政府应当制定本行政区域内生产安全事故应急救援预案,并报上一级人民政府备案;组织有关部门和重点生产经营单位建立单位自救、区域互救、政府救援的应急救援体系,增强应急救援处置能力。

县级以上地方人民政府制定的生产安全事故应急救援预案应当包括下列内容：

（一）应急救援的指挥和协调机构；

（二）有关部门和组织在应急救援中的职责和分工；

（三）危险目标的确定和潜在危险性评估；

（四）应急救援组织及其人员、装备；

（五）紧急处置、人员疏散、工程抢险、医疗急救等措施方案；

（六）社会支持救助方案；

（七）应急救援组织的训练和演习；

（八）应急救援物资储备；

（九）经费保障。

第四十二条　下级人民政府每年应当向上一级人民政府书面报告辖区内的安全生产工作。

有关部门应当定期分析生产安全事故发生的情况，按月通报同级安全生产监督管理部门。安全生产监督管理部门应当定期统计分析本行政区域内发生的生产安全事故情况，及时向上一级安全生产监督管理部门、本级人民政府报告，并通报有关部门。

第四十三条　县级以上地方人民政府应当加大安全生产投入，设立安全生产专项资金，用于安全生产宣传教育、科技创新引导、应急救援、事故调查处理、危及公共安全的重大事故隐患整改以及配备必要的安全生产监督管理装备设施等。安全生产专项资金列入同级财政预算。

第四十四条　县级以上地方人民政府应当统筹推进安全生产信息化建设，建立健全包括生产安全事故隐患排查、重大危险源监控、应急救援、监管执法等内容的监督管理信息系统，实行信息互联互通，加强重特大事故预警，提高安全生产监督管理的信息化水平。

第四十五条　县级以上地方人民政府及其有关部门应当将安全生产科技发展纳入科技发展规划，引导生产经营单位推进安全生产技术进步，逐步淘汰落后的工艺、设备，实现安全生产标准化，提升安全生产科学化水平。

第四十六条　负有安全生产监督管理职责的部门对安全生产工作中存在严重违法行为记录的生产经营单位，应当向社会公告，纳入信用信息系统，并实施重点监督检查。

第四章　法律责任

第四十七条　生产经营单位的主要负责人违反本条例第十四条规定,未履行安全生产职责的,责令限期改正;逾期未改正的,责令生产经营单位停产停业整顿,处二万元以上五万元以下的罚款。

生产经营单位的主要负责人有前款违法行为,导致发生生产安全事故的,给予撤职处分;构成犯罪的,依法追究刑事责任。

生产经营单位的主要负责人依照前款规定受到刑事处罚或者撤职处分的,自刑罚执行完毕或者受撤职处分之日起,五年内不得担任任何生产经营单位的主要负责人;对重大、特别重大生产安全事故负有责任的,终身不得担任本行业生产经营单位的主要负责人。

第四十八条　生产经营单位违反本条例第十五条规定,未按照规定设置安全生产管理机构或者配备安全生产管理人员的,责令限期改正,可以处五万元以下的罚款;逾期未改正的,责令停产停业整顿,并处五万元以上十万元以下的罚款,对其直接负责的主管人员和其他直接责任人员处一万元以上二万元以下的罚款。

第四十九条　生产经营单位的安全生产管理人员违反本条例第十六条规定,未履行安全生产管理职责的,责令限期改正;导致发生生产安全事故的,暂停或者撤销其与安全生产有关的资格;构成犯罪的,依法追究刑事责任。

第五十条　矿山、金属冶炼、建筑施工、船舶修造、船舶拆解、道路运输单位和危险物品的生产、经营、储存单位的主要负责人或者安全生产管理人员违反本条例第二十条第一款规定,未按照规定经考核合格的,责令生产经营单位限期改正,可以处一万元以上五万元以下罚款;逾期未改正的,责令停产停业整顿,并处五万元以上十万元以下罚款,对其直接负责的主管人员和其他直接责任人员处一万元以上二万元以下罚款。

第五十一条　生产经营单位违反本条例第二十四条第一款规定,进行危险作业未按照规定履行职责的,责令限期改正,可以处二万元以上十万元以下罚款;逾期未改正的,责令停产停业整顿,并处十万元以上二十万元以下罚款,对其直接负责的主管人员和其他直接责任人员处二万元以上五万元以下罚款;构成犯罪的,依法追究刑事责任。

第五十二条　生产经营单位违反本条例第二十九条第一款规定,接受中小学生从事接触易燃、易爆、放射性、有毒、有害等危险物品的劳动或者其他危险性劳动的,责令停止违法行为,并处一万元以上五万元以下罚款。

生产经营单位违反本条例第二十九条第二款规定,利用学校、幼儿园场所从事易燃、易爆、放射性、有毒、有害等危险物品的生产、经营、储存活动或者作为机动车停车场的,责令停止违法行为,限期迁出,并处一万元以上五万元以下罚款。

第五十三条　矿山、建筑施工、道路运输和危险化学品、烟花爆竹等行业和领域的生产经营单位违反本条例第三十二条规定,未按照国家规定缴存安全生产风险抵押金且未投保安全生产责任保险的,责令限期改正,可以处一万元以上三万元以下罚款,对其主要负责人处五千元以上一万元以下罚款;逾期未改正的,责令停产停业整顿。

第五十四条　本条例规定的行政处罚由负有安全生产监督管理职责的部门按照职责分工决定。有关法律、法规对行政处罚的决定机关另有规定的,依照其规定。

安全生产监督管理部门可以委托符合《中华人民共和国行政处罚法》规定条件的安全生产监察执法机构或者乡镇人民政府、街道办事处的安全生产监督管理机构实施行政处罚。

第五十五条　地方各级人民政府和负有安全生产监督管理职责的部门的工作人员,在安全生产监督管理工作中滥用职权、玩忽职守、徇私舞弊的,依法给予处分;构成犯罪的,依法追究刑事责任。

第五章　附　则

第五十六条　本条例自 2016 年 10 月 1 日起施行。2005 年 3 月 31 日江苏省第十届人民代表大会常务委员会第十五次会议通过的《江苏省安全生产条例》同时废止。

中华人民共和国安全生产法

(2002 年 6 月 29 日第九届全国人民代表大会常务委员会第二十八次
会议通过 2002 年 6 月 29 日中华人民共和国主席令第七十号
公布 自 2002 年 11 月 1 日起施行 根据 2009 年 8 月 27 日第十一
届全国人民代表大会常务委员会第十次会议通过 2009 年 8 月 27 日
中华人民共和国主席令第十八号公布 自公布之日起施行的《全国
人民代表大会常务委员会关于修改部分法律的决定》第一次修正
根据 2014 年 8 月 31 日第十二届全国人民代表大会常务委员会第 10 次
会议通过 2014 年 8 月 31 日中华人民共和国主席令第 13 号公布
自 2014 年 12 月 1 日起施行的《全国人民代表大会常务委员会关于
修改〈中华人民共和国安全生产法〉的决定》第二次修正)

第一章 总 则

第一条 为了加强安全生产工作,防止和减少生产安全事故,保障人民群众生命和财产安全,促进经济社会持续健康发展,制定本法。

第二条 在中华人民共和国领域内从事生产经营活动的单位(以下统称生产经营单位)的安全生产,适用本法;有关法律、行政法规对消防安全和道路交通安全、铁路交通安全、水上交通安全、民用航空安全以及核与辐射安全、特种设备安全另有规定的,适用其规定。

第三条 安全生产工作应当以人为本,坚持安全发展,坚持安全第一、预防为主、综合治理的方针,强化和落实生产经营单位的主体责任,建立生产经营单位负责、职工参与、政府监管、行业自律和社会监督的机制。

第四条 生产经营单位必须遵守本法和其他有关安全生产的法律、法规,加强安全生产管理,建立、健全安全生产责任制和安全生产规章制度,改善安全生产条件,推进安全生产标准化建设,提高安全生产水平,确保安全生产。

第五条 生产经营单位的主要负责人对本单位的安全生产工作全面负责。

第六条 生产经营单位的从业人员有依法获得安全生产保障的权利,并应当依法履行安全生产方面的义务。

第七条 工会依法对安全生产工作进行监督。

生产经营单位的工会依法组织职工参加本单位安全生产工作的民主管理和民主监督,维护职工在安全生产方面的合法权益。生产经营单位制定或者修改有关安全生产的规章制度,应当听取工会的意见。

第八条 国务院和县级以上地方各级人民政府应当根据国民经济和社会发展规划制定安全生产规划,并组织实施。安全生产规划应当与城乡规划相衔接。

国务院和县级以上地方各级人民政府应当加强对安全生产工作的领导,支持、督促各有关部门依法履行安全生产监督管理职责,建立健全安全生产工作协调机制,及时协调、解决安全生产监督管理中存在的重大问题。

乡、镇人民政府以及街道办事处、开发区管理机构等地方人民政府的派出机关应当按照职责,加强对本行政区域内生产经营单位安全生产状况的监督检查,协助上级人民政府有关部门依法履行安全生产监督管理职责。

第九条 国务院安全生产监督管理部门依照本法,对全国安全生产工作实施综合监督管理;县级以上地方各级人民政府安全生产监督管理部门依照本法,对本行政区域内安全生产工作实施综合监督管理。

国务院有关部门依照本法和其他有关法律、行政法规的规定,在各自的职责范围内对有关行业、领域的安全生产工作实施监督管理;县级以上地方各级人民政府有关部门依照本法和其他有关法律、法规的规定,在各自的职责范围内对有关行业、领域的安全生产工作实施监督管理。

安全生产监督管理部门和对有关行业、领域的安全生产工作实施监督管理的部门,统称负有安全生产监督管理职责的部门。

第十条 国务院有关部门应当按照保障安全生产的要求,依法及时制定有关的国家标准或者行业标准,并根据科技进步和经济发展适时修订。

生产经营单位必须执行依法制定的保障安全生产的国家标准或者行业标准。

第十一条 各级人民政府及其有关部门应当采取多种形式,加强对有关安全生产的法律、法规和安全生产知识的宣传,增强全社会的安全生产意识。

第十二条 有关协会组织依照法律、行政法规和章程,为生产经营单位提供安全生产方面的信息、培训等服务,发挥自律作用,促进生产经营单位加强安全生产管理。

第十三条 依法设立的为安全生产提供技术、管理服务的机构，依照法律、行政法规和执业准则，接受生产经营单位的委托为其安全生产工作提供技术、管理服务。

生产经营单位委托前款规定的机构提供安全生产技术、管理服务的，保证安全生产的责任仍由本单位负责。

第十四条 国家实行生产安全事故责任追究制度，依照本法和有关法律、法规的规定，追究生产安全事故责任人员的法律责任。

第十五条 国家鼓励和支持安全生产科学技术研究和安全生产先进技术的推广应用，提高安全生产水平。

第十六条 国家对在改善安全生产条件、防止生产安全事故、参加抢险救护等方面取得显著成绩的单位和个人，给予奖励。

第二章 生产经营单位的安全生产保障

第十七条 生产经营单位应当具备本法和有关法律、行政法规和国家标准或者行业标准规定的安全生产条件；不具备安全生产条件的，不得从事生产经营活动。

第十八条 生产经营单位的主要负责人对本单位安全生产工作负有下列职责：

（一）建立、健全本单位安全生产责任制；

（二）组织制定本单位安全生产规章制度和操作规程；

（三）组织制定并实施本单位安全生产教育和培训计划；

（四）保证本单位安全生产投入的有效实施；

（五）督促、检查本单位的安全生产工作，及时消除生产安全事故隐患；

（六）组织制定并实施本单位的生产安全事故应急救援预案；

（七）及时、如实报告生产安全事故。

第十九条 生产经营单位的安全生产责任制应当明确各岗位的责任人员、责任范围和考核标准等内容。

生产经营单位应当建立相应的机制，加强对安全生产责任制落实情况的监督考核，保证安全生产责任制的落实。

第二十条 生产经营单位应当具备的安全生产条件所必需的资金投入，由生产经营单位的决策机构、主要负责人或者个人经营的投资人予以保证，并对由于安全生产所必需的资金投入不足导致的后果承担责任。

有关生产经营单位应当按照规定提取和使用安全生产费用,专门用于改善安全生产条件。安全生产费用在成本中据实列支。安全生产费用提取、使用和监督管理的具体办法由国务院财政部门会同国务院安全生产监督管理部门征求国务院有关部门意见后制定。

第二十一条　矿山、金属冶炼、建筑施工、道路运输单位和危险物品的生产、经营、储存单位,应当设置安全生产管理机构或者配备专职安全生产管理人员。

前款规定以外的其他生产经营单位,从业人员超过一百人的,应当设置安全生产管理机构或者配备专职安全生产管理人员;从业人员在一百人以下的,应当配备专职或者兼职的安全生产管理人员。

第二十二条　生产经营单位的安全生产管理机构以及安全生产管理人员履行下列职责:

(一)组织或者参与拟订本单位安全生产规章制度、操作规程和生产安全事故应急救援预案;

(二)组织或者参与本单位安全生产教育和培训,如实记录安全生产教育和培训情况;

(三)督促落实本单位重大危险源的安全管理措施;

(四)组织或者参与本单位应急救援演练;

(五)检查本单位的安全生产状况,及时排查生产安全事故隐患,提出改进安全生产管理的建议;

(六)制止和纠正违章指挥、强令冒险作业、违反操作规程的行为;

(七)督促落实本单位安全生产整改措施。

第二十三条　生产经营单位的安全生产管理机构以及安全生产管理人员应当恪尽职守,依法履行职责。

生产经营单位作出涉及安全生产的经营决策,应当听取安全生产管理机构以及安全生产管理人员的意见。

生产经营单位不得因安全生产管理人员依法履行职责而降低其工资、福利等待遇或者解除与其订立的劳动合同。

危险物品的生产、储存单位以及矿山、金属冶炼单位的安全生产管理人员的任免,应当告知主管的负有安全生产监督管理职责的部门。

第二十四条　生产经营单位的主要负责人和安全生产管理人员必须具备

与本单位所从事的生产经营活动相应的安全生产知识和管理能力。

危险物品的生产、经营、储存单位以及矿山、金属冶炼、建筑施工、道路运输单位的主要负责人和安全生产管理人员，应当由主管的负有安全生产监督管理职责的部门对其安全生产知识和管理能力考核合格。考核不得收费。

危险物品的生产、储存单位以及矿山、金属冶炼单位应当有注册安全工程师从事安全生产管理工作。鼓励其他生产经营单位聘用注册安全工程师从事安全生产管理工作。注册安全工程师按专业分类管理，具体办法由国务院人力资源和社会保障部门、国务院安全生产监督管理部门会同国务院有关部门制定。

第二十五条 生产经营单位应当对从业人员进行安全生产教育和培训，保证从业人员具备必要的安全生产知识，熟悉有关的安全生产规章制度和安全操作规程，掌握本岗位的安全操作技能，了解事故应急处理措施，知悉自身在安全生产方面的权利和义务。未经安全生产教育和培训合格的从业人员，不得上岗作业。

生产经营单位使用被派遣劳动者的，应当将被派遣劳动者纳入本单位从业人员统一管理，对被派遣劳动者进行岗位安全操作规程和安全操作技能的教育和培训。劳务派遣单位应当对被派遣劳动者进行必要的安全生产教育和培训。

生产经营单位接收中等职业学校、高等学校学生实习的，应当对实习学生进行相应的安全生产教育和培训，提供必要的劳动防护用品。学校应当协助生产经营单位对实习学生进行安全生产教育和培训。

生产经营单位应当建立安全生产教育和培训档案，如实记录安全生产教育和培训的时间、内容、参加人员以及考核结果等情况。

第二十六条 生产经营单位采用新工艺、新技术、新材料或者使用新设备，必须了解、掌握其安全技术特性，采取有效的安全防护措施，并对从业人员进行专门的安全生产教育和培训。

第二十七条 生产经营单位的特种作业人员必须按照国家有关规定经专门的安全作业培训，取得相应资格，方可上岗作业。

特种作业人员的范围由国务院安全生产监督管理部门会同国务院有关部门确定。

第二十八条 生产经营单位新建、改建、扩建工程项目（以下统称建设项目）的安全设施，必须与主体工程同时设计、同时施工、同时投入生产和使用。安全设施投资应当纳入建设项目概算。

第二十九条 矿山、金属冶炼建设项目和用于生产、储存、装卸危险物品的建设项目,应当按照国家有关规定进行安全评价。

第三十条 建设项目安全设施的设计人、设计单位应当对安全设施设计负责。

矿山、金属冶炼建设项目和用于生产、储存、装卸危险物品的建设项目的安全设施设计应当按照国家有关规定报经有关部门审查,审查部门及其负责审查的人员对审查结果负责。

第三十一条 矿山、金属冶炼建设项目和用于生产、储存、装卸危险物品的建设项目的施工单位必须按照批准的安全设施设计施工,并对安全设施的工程质量负责。

矿山、金属冶炼建设项目和用于生产、储存危险物品的建设项目竣工投入生产或者使用前,应当由建设单位负责组织对安全设施进行验收;验收合格后,方可投入生产和使用。安全生产监督管理部门应当加强对建设单位验收活动和验收结果的监督核查。

第三十二条 生产经营单位应当在有较大危险因素的生产经营场所和有关设施、设备上,设置明显的安全警示标志。

第三十三条 安全设备的设计、制造、安装、使用、检测、维修、改造和报废,应当符合国家标准或者行业标准。

生产经营单位必须对安全设备进行经常性维护、保养,并定期检测,保证正常运转。维护、保养、检测应当作好记录,并由有关人员签字。

第三十四条 生产经营单位使用的危险物品的容器、运输工具,以及涉及人身安全、危险性较大的海洋石油开采特种设备和矿山井下特种设备,必须按照国家有关规定,由专业生产单位生产,并经具有专业资质的检测、检验机构检测、检验合格,取得安全使用证或者安全标志,方可投入使用。检测、检验机构对检测、检验结果负责。

第三十五条 国家对严重危及生产安全的工艺、设备实行淘汰制度,具体目录由国务院安全生产监督管理部门会同国务院有关部门制定并公布。法律、行政法规对目录的制定另有规定的,适用其规定。

省、自治区、直辖市人民政府可以根据本地区实际情况制定并公布具体目录,对前款规定以外的危及生产安全的工艺、设备予以淘汰。

生产经营单位不得使用应当淘汰的危及生产安全的工艺、设备。

第三十六条 生产、经营、运输、储存、使用危险物品或者处置废弃危险物品的，由有关主管部门依照有关法律、法规的规定和国家标准或者行业标准审批并实施监督管理。

生产经营单位生产、经营、运输、储存、使用危险物品或者处置废弃危险物品，必须执行有关法律、法规和国家标准或者行业标准，建立专门的安全管理制度，采取可靠的安全措施，接受有关主管部门依法实施的监督管理。

第三十七条 生产经营单位对重大危险源应当登记建档，进行定期检测、评估、监控，并制定应急预案，告知从业人员和相关人员在紧急情况下应当采取的应急措施。

生产经营单位应当按照国家有关规定将本单位重大危险源及有关安全措施、应急措施报有关地方人民政府安全生产监督管理部门和有关部门备案。

第三十八条 生产经营单位应当建立健全生产安全事故隐患排查治理制度，采取技术、管理措施，及时发现并消除事故隐患。事故隐患排查治理情况应当如实记录，并向从业人员通报。

县级以上地方各级人民政府负有安全生产监督管理职责的部门应当建立健全重大事故隐患治理督办制度，督促生产经营单位消除重大事故隐患。

第三十九条 生产、经营、储存、使用危险物品的车间、商店、仓库不得与员工宿舍在同一座建筑物内，并应当与员工宿舍保持安全距离。

生产经营场所和员工宿舍应当设有符合紧急疏散要求、标志明显、保持畅通的出口。禁止锁闭、封堵生产经营场所或者员工宿舍的出口。

第四十条 生产经营单位进行爆破、吊装以及国务院安全生产监督管理部门会同国务院有关部门规定的其他危险作业，应当安排专门人员进行现场安全管理，确保操作规程的遵守和安全措施的落实。

第四十一条 生产经营单位应当教育和督促从业人员严格执行本单位的安全生产规章制度和安全操作规程；并向从业人员如实告知作业场所和工作岗位存在的危险因素、防范措施以及事故应急措施。

第四十二条 生产经营单位必须为从业人员提供符合国家标准或者行业标准的劳动防护用品，并监督、教育从业人员按照使用规则佩戴、使用。

第四十三条 生产经营单位的安全生产管理人员应当根据本单位的生产经营特点，对安全生产状况进行经常性检查；对检查中发现的安全问题，应当立即处理；不能处理的，应当及时报告本单位有关负责人，有关负责人应当及时处理。检查及处理情况应当如实记录在案。

生产经营单位的安全生产管理人员在检查中发现重大事故隐患，依照前款规定向本单位有关负责人报告,有关负责人不及时处理的,安全生产管理人员可以向主管的负有安全生产监督管理职责的部门报告,接到报告的部门应当依法及时处理。

第四十四条 生产经营单位应当安排用于配备劳动防护用品、进行安全生产培训的经费。

第四十五条 两个以上生产经营单位在同一作业区域内进行生产经营活动,可能危及对方生产安全的,应当签订安全生产管理协议,明确各自的安全生产管理职责和应当采取的安全措施,并指定专职安全生产管理人员进行安全检查与协调。

第四十六条 生产经营单位不得将生产经营项目、场所、设备发包或者出租给不具备安全生产条件或者相应资质的单位或者个人。

生产经营项目、场所发包或者出租给其他单位的,生产经营单位应当与承包单位、承租单位签订专门的安全生产管理协议,或者在承包合同、租赁合同中约定各自的安全生产管理职责;生产经营单位对承包单位、承租单位的安全生产工作统一协调、管理,定期进行安全检查,发现安全问题的,应当及时督促整改。

第四十七条 生产经营单位发生生产安全事故时,单位的主要负责人应当立即组织抢救,并不得在事故调查处理期间擅离职守。

第四十八条 生产经营单位必须依法参加工伤保险,为从业人员缴纳保险费。

国家鼓励生产经营单位投保安全生产责任保险。

第三章 从业人员的安全生产权利义务

第四十九条 生产经营单位与从业人员订立的劳动合同,应当载明有关保障从业人员劳动安全、防止职业危害的事项,以及依法为从业人员办理工伤保险的事项。

生产经营单位不得以任何形式与从业人员订立协议,免除或者减轻其对从业人员因生产安全事故伤亡依法应承担的责任。

第五十条 生产经营单位的从业人员有权了解其作业场所和工作岗位存在的危险因素、防范措施及事故应急措施,有权对本单位的安全生产工作提出建议。

第五十一条 从业人员有权对本单位安全生产工作中存在的问题提出批

评、检举、控告；有权拒绝违章指挥和强令冒险作业。

生产经营单位不得因从业人员对本单位安全生产工作提出批评、检举、控告或者拒绝违章指挥、强令冒险作业而降低其工资、福利等待遇或者解除与其订立的劳动合同。

第五十二条 从业人员发现直接危及人身安全的紧急情况时，有权停止作业或者在采取可能的应急措施后撤离作业场所。

生产经营单位不得因从业人员在前款紧急情况下停止作业或者采取紧急撤离措施而降低其工资、福利等待遇或者解除与其订立的劳动合同。

第五十三条 因生产安全事故受到损害的从业人员，除依法享有工伤保险外，依照有关民事法律尚有获得赔偿的权利的，有权向本单位提出赔偿要求。

第五十四条 从业人员在作业过程中，应当严格遵守本单位的安全生产规章制度和操作规程，服从管理，正确佩戴和使用劳动防护用品。

第五十五条 从业人员应当接受安全生产教育和培训，掌握本职工作所需的安全生产知识，提高安全生产技能，增强事故预防和应急处理能力。

第五十六条 从业人员发现事故隐患或者其他不安全因素，应当立即向现场安全生产管理人员或者本单位负责人报告；接到报告的人员应当及时予以处理。

第五十七条 工会有权对建设项目的安全设施与主体工程同时设计、同时施工、同时投入生产和使用进行监督，提出意见。

工会对生产经营单位违反安全生产法律、法规，侵犯从业人员合法权益的行为，有权要求纠正；发现生产经营单位违章指挥、强令冒险作业或者发现事故隐患时，有权提出解决的建议，生产经营单位应当及时研究答复；发现危及从业人员生命安全的情况时，有权向生产经营单位建议组织从业人员撤离危险场所，生产经营单位必须立即作出处理。

工会有权依法参加事故调查，向有关部门提出处理意见，并要求追究有关人员的责任。

第五十八条 生产经营单位使用被派遣劳动者的，被派遣劳动者享有本法规定的从业人员的权利，并应当履行本法规定的从业人员的义务。

第四章 安全生产的监督管理

第五十九条 县级以上地方各级人民政府应当根据本行政区域内的安全生产状况，组织有关部门按照职责分工，对本行政区域内容易发生重大生产安全事故的生产经营单位进行严格检查。

安全生产监督管理部门应当按照分类分级监督管理的要求,制定安全生产年度监督检查计划,并按照年度监督检查计划进行监督检查,发现事故隐患,应当及时处理。

第六十条 负有安全生产监督管理职责的部门依照有关法律、法规的规定,对涉及安全生产的事项需要审查批准(包括批准、核准、许可、注册、认证、颁发证照等,下同)或者验收的,必须严格依照有关法律、法规和国家标准或者行业标准规定的安全生产条件和程序进行审查;不符合有关法律、法规和国家标准或者行业标准规定的安全生产条件的,不得批准或者验收通过。对未依法取得批准或者验收合格的单位擅自从事有关活动的,负责行政审批的部门发现或者接到举报后应当立即予以取缔,并依法予以处理。对已经依法取得批准的单位,负责行政审批的部门发现其不再具备安全生产条件的,应当撤销原批准。

第六十一条 负有安全生产监督管理职责的部门对涉及安全生产的事项进行审查、验收,不得收取费用;不得要求接受审查、验收的单位购买其指定品牌或者指定生产、销售单位的安全设备、器材或者其他产品。

第六十二条 安全生产监督管理部门和其他负有安全生产监督管理职责的部门依法开展安全生产行政执法工作,对生产经营单位执行有关安全生产的法律、法规和国家标准或者行业标准的情况进行监督检查,行使以下职权:

(一)进入生产经营单位进行检查,调阅有关资料,向有关单位和人员了解情况;

(二)对检查中发现的安全生产违法行为,当场予以纠正或者要求限期改正;对依法应当给予行政处罚的行为,依照本法和其他有关法律、行政法规的规定作出行政处罚决定;

(三)对检查中发现的事故隐患,应当责令立即排除;重大事故隐患排除前或者排除过程中无法保证安全的,应当责令从危险区域内撤出作业人员,责令暂时停产停业或者停止使用相关设施、设备;重大事故隐患排除后,经审查同意,方可恢复生产经营和使用;

(四)对有根据认为不符合保障安全生产的国家标准或者行业标准的设施、设备、器材以及违法生产、储存、使用、经营、运输的危险物品予以查封或者扣押,对违法生产、储存、使用、经营危险物品的作业场所予以查封,并依法作出处理决定。

监督检查不得影响被检查单位的正常生产经营活动。

第六十三条　生产经营单位对负有安全生产监督管理职责的部门的监督检查人员（以下统称安全生产监督检查人员）依法履行监督检查职责，应当予以配合，不得拒绝、阻挠。

第六十四条　安全生产监督检查人员应当忠于职守，坚持原则，秉公执法。

安全生产监督检查人员执行监督检查任务时，必须出示有效的监督执法证件；对涉及被检查单位的技术秘密和业务秘密，应当为其保密。

第六十五条　安全生产监督检查人员应当将检查的时间、地点、内容、发现的问题及其处理情况，作出书面记录，并由检查人员和被检查单位的负责人签字；被检查单位的负责人拒绝签字的，检查人员应当将情况记录在案，并向负有安全生产监督管理职责的部门报告。

第六十六条　负有安全生产监督管理职责的部门在监督检查中，应当互相配合，实行联合检查；确需分别进行检查的，应当互通情况，发现存在的安全问题应当由其他有关部门进行处理的，应当及时移送其他有关部门并形成记录备查，接受移送的部门应当及时进行处理。

第六十七条　负有安全生产监督管理职责的部门依法对存在重大事故隐患的生产经营单位作出停产停业、停止施工、停止使用相关设施或者设备的决定，生产经营单位应当依法执行，及时消除事故隐患。生产经营单位拒不执行，有发生生产安全事故的现实危险的，在保证安全的前提下，经本部门主要负责人批准，负有安全生产监督管理职责的部门可以采取通知有关单位停止供电、停止供应民用爆炸物品等措施，强制生产经营单位履行决定。通知应当采用书面形式，有关单位应当予以配合。

负有安全生产监督管理职责的部门依照前款规定采取停止供电措施，除有危及生产安全的紧急情形外，应当提前二十四小时通知生产经营单位。生产经营单位依法履行行政决定、采取相应措施消除事故隐患的，负有安全生产监督管理职责的部门应当及时解除前款规定的措施。

第六十八条　监察机关依照行政监察法的规定，对负有安全生产监督管理职责的部门及其工作人员履行安全生产监督管理职责实施监察。

第六十九条　承担安全评价、认证、检测、检验的机构应当具备国家规定的资质条件，并对其作出的安全评价、认证、检测、检验的结果负责。

第七十条　负有安全生产监督管理职责的部门应当建立举报制度，公开举报电话、信箱或者电子邮件地址，受理有关安全生产的举报；受理的举报事项经调查核实后，应当形成书面材料；需要落实整改措施的，报经有关负责人签字并督促落实。

第七十一条　任何单位或者个人对事故隐患或者安全生产违法行为,均有权向负有安全生产监督管理职责的部门报告或者举报。

第七十二条　居民委员会、村民委员会发现其所在区域内的生产经营单位存在事故隐患或者安全生产违法行为时,应当向当地人民政府或者有关部门报告。

第七十三条　县级以上各级人民政府及其有关部门对报告重大事故隐患或者举报安全生产违法行为的有功人员,给予奖励。具体奖励办法由国务院安全生产监督管理部门会同国务院财政部门制定。

第七十四条　新闻、出版、广播、电影、电视等单位有进行安全生产公益宣传教育的义务,有对违反安全生产法律、法规的行为进行舆论监督的权利。

第七十五条　负有安全生产监督管理职责的部门应当建立安全生产违法行为信息库,如实记录生产经营单位的安全生产违法行为信息;对违法行为情节严重的生产经营单位,应当向社会公告,并通报行业主管部门、投资主管部门、国土资源主管部门、证券监督管理机构以及有关金融机构。

第五章　生产安全事故的应急救援与调查处理

第七十六条　国家加强生产安全事故应急能力建设,在重点行业、领域建立应急救援基地和应急救援队伍,鼓励生产经营单位和其他社会力量建立应急救援队伍,配备相应的应急救援装备和物资,提高应急救援的专业化水平。

国务院安全生产监督管理部门建立全国统一的生产安全事故应急救援信息系统,国务院有关部门建立健全相关行业、领域的生产安全事故应急救援信息系统。

第七十七条　县级以上地方各级人民政府应当组织有关部门制定本行政区域内生产安全事故应急救援预案,建立应急救援体系。

第七十八条　生产经营单位应当制定本单位生产安全事故应急救援预案,与所在地县级以上地方人民政府组织制定的生产安全事故应急救援预案相衔接,并定期组织演练。

第七十九条　危险物品的生产、经营、储存单位以及矿山、金属冶炼、城市轨道交通运营、建筑施工单位应当建立应急救援组织;生产经营规模较小的,可以不建立应急救援组织,但应当指定兼职的应急救援人员。

危险物品的生产、经营、储存、运输单位以及矿山、金属冶炼、城市轨道交通运营、建筑施工单位应当配备必要的应急救援器材、设备和物资，并进行经常性维护、保养，保证正常运转。

第八十条　生产经营单位发生生产安全事故后，事故现场有关人员应当立即报告本单位负责人。

单位负责人接到事故报告后，应当迅速采取有效措施，组织抢救，防止事故扩大，减少人员伤亡和财产损失，并按照国家有关规定立即如实报告当地负有安全生产监督管理职责的部门，不得隐瞒不报、谎报或者迟报，不得故意破坏事故现场、毁灭有关证据。

第八十一条　负有安全生产监督管理职责的部门接到事故报告后，应当立即按照国家有关规定上报事故情况。负有安全生产监督管理职责的部门和有关地方人民政府对事故情况不得隐瞒不报、谎报或者迟报。

第八十二条　有关地方人民政府和负有安全生产监督管理职责的部门的负责人接到生产安全事故报告后，应当按照生产安全事故应急救援预案的要求立即赶到事故现场，组织事故抢救。

参与事故抢救的部门和单位应当服从统一指挥，加强协同联动，采取有效的应急救援措施，并根据事故救援的需要采取警戒、疏散等措施，防止事故扩大和次生灾害的发生，减少人员伤亡和财产损失。

事故抢救过程中应当采取必要措施，避免或者减少对环境造成的危害。

任何单位和个人都应当支持、配合事故抢救，并提供一切便利条件。

第八十三条　事故调查处理应当按照科学严谨、依法依规、实事求是、注重实效的原则，及时、准确地查清事故原因，查明事故性质和责任，总结事故教训，提出整改措施，并对事故责任者提出处理意见。事故调查报告应当依法及时向社会公布。事故调查和处理的具体办法由国务院制定。

事故发生单位应当及时全面落实整改措施，负有安全生产监督管理职责的部门应当加强监督检查。

第八十四条　生产经营单位发生生产安全事故，经调查确定为责任事故的，除了应当查明事故单位的责任并依法予以追究外，还应当查明对安全生产的有关事项负有审查批准和监督职责的行政部门的责任，对有失职、渎职行为的，依照本法第八十七条的规定追究法律责任。

第八十五条　任何单位和个人不得阻挠和干涉对事故的依法调查处理。

第八十六条　县级以上地方各级人民政府安全生产监督管理部门应当定期统计分析本行政区域内发生生产安全事故的情况，并定期向社会公布。

第六章　法律责任

第八十七条　负有安全生产监督管理职责的部门的工作人员,有下列行为之一的,给予降级或者撤职的处分;构成犯罪的,依照刑法有关规定追究刑事责任:

(一)对不符合法定安全生产条件的涉及安全生产的事项予以批准或者验收通过的;

(二)发现未依法取得批准、验收的单位擅自从事有关活动或者接到举报后不予取缔或者不依法予以处理的;

(三)对已经依法取得批准的单位不履行监督管理职责,发现其不再具备安全生产条件而不撤销原批准或者发现安全生产违法行为不予查处的;

(四)在监督检查中发现重大事故隐患,不依法及时处理的。

负有安全生产监督管理职责的部门的工作人员有前款规定以外的滥用职权、玩忽职守、徇私舞弊行为的,依法给予处分;构成犯罪的,依照刑法有关规定追究刑事责任。

第八十八条　负有安全生产监督管理职责的部门,要求被审查、验收的单位购买其指定的安全设备、器材或者其他产品的,在对安全生产事项的审查、验收中收取费用的,由其上级机关或者监察机关责令改正,责令退还收取的费用;情节严重的,对直接负责的主管人员和其他直接责任人员依法给予处分。

第八十九条　承担安全评价、认证、检测、检验工作的机构,出具虚假证明的,没收违法所得;违法所得在十万元以上的,并处违法所得二倍以上五倍以下的罚款;没有违法所得或者违法所得不足十万元的,单处或者并处十万元以上二十万元以下的罚款;对其直接负责的主管人员和其他直接责任人员处二万元以上五万元以下的罚款;给他人造成损害的,与生产经营单位承担连带赔偿责任;构成犯罪的,依照刑法有关规定追究刑事责任。

对有前款违法行为的机构,吊销其相应资质。

第九十条　生产经营单位的决策机构、主要负责人或者个人经营的投资人不依照本法规定保证安全生产所必需的资金投入,致使生产经营单位不具备安全生产条件的,责令限期改正,提供必需的资金;逾期未改正的,责令生产经营单位停产停业整顿。

有前款违法行为,导致发生生产安全事故的,对生产经营单位的主要负责人给予撤职处分,对个人经营的投资人处二万元以上二十万元以下的罚款;构成犯罪的,依照刑法有关规定追究刑事责任。

第九十一条 生产经营单位的主要负责人未履行本法规定的安全生产管理职责的,责令限期改正;逾期未改正的,处二万元以上五万元以下的罚款,责令生产经营单位停产停业整顿。

生产经营单位的主要负责人有前款违法行为,导致发生生产安全事故的,给予撤职处分;构成犯罪的,依照刑法有关规定追究刑事责任。

生产经营单位的主要负责人依照前款规定受刑事处罚或者撤职处分的,自刑罚执行完毕或者受处分之日起,五年内不得担任任何生产经营单位的主要负责人;对重大、特别重大生产安全事故负有责任的,终身不得担任本行业生产经营单位的主要负责人。

第九十二条 生产经营单位的主要负责人未履行本法规定的安全生产管理职责,导致发生生产安全事故的,由安全生产监督管理部门依照下列规定处以罚款:

(一)发生一般事故的,处上一年年收入百分之三十的罚款;

(二)发生较大事故的,处上一年年收入百分之四十的罚款;

(三)发生重大事故的,处上一年年收入百分之六十的罚款;

(四)发生特别重大事故的,处上一年年收入百分之八十的罚款。

第九十三条 生产经营单位的安全生产管理人员未履行本法规定的安全生产管理职责的,责令限期改正;导致发生生产安全事故的,暂停或者撤销其与安全生产有关的资格;构成犯罪的,依照刑法有关规定追究刑事责任。

第九十四条 生产经营单位有下列行为之一的,责令限期改正,可以处五万元以下的罚款;逾期未改正的,责令停产停业整顿,并处五万元以上十万元以下的罚款,对其直接负责的主管人员和其他直接责任人员处一万元以上二万元以下的罚款:

(一)未按照规定设置安全生产管理机构或者配备安全生产管理人员的;

(二)危险物品的生产、经营、储存单位以及矿山、金属冶炼、建筑施工、道路运输单位的主要负责人和安全生产管理人员未按照规定经考核合格的;

(三)未按照规定对从业人员、被派遣劳动者、实习学生进行安全生产教育和培训,或者未按照规定如实告知有关的安全生产事项的;

(四)未如实记录安全生产教育和培训情况的;

(五)未将事故隐患排查治理情况如实记录或者未向从业人员通报的;

(六)未按照规定制定生产安全事故应急救援预案或者未定期组织演练的;

（七）特种作业人员未按照规定经专门的安全作业培训并取得相应资格，上岗作业的。

第九十五条　生产经营单位有下列行为之一的，责令停止建设或者停产停业整顿，限期改正；逾期未改正的，处五十万元以上一百万元以下的罚款，对其直接负责的主管人员和其他直接责任人员处二万元以上五万元以下的罚款；构成犯罪的，依照刑法有关规定追究刑事责任：

（一）未按照规定对矿山、金属冶炼建设项目或者用于生产、储存、装卸危险物品的建设项目进行安全评价的；

（二）矿山、金属冶炼建设项目或者用于生产、储存、装卸危险物品的建设项目没有安全设施设计或者安全设施设计未按照规定报经有关部门审查同意的；

（三）矿山、金属冶炼建设项目或者用于生产、储存、装卸危险物品的建设项目的施工单位未按照批准的安全设施设计施工的；

（四）矿山、金属冶炼建设项目或者用于生产、储存危险物品的建设项目竣工投入生产或者使用前，安全设施未经验收合格的。

第九十六条　生产经营单位有下列行为之一的，责令限期改正，可以处五万元以下的罚款；逾期未改正的，处五万元以上二十万元以下的罚款，对其直接负责的主管人员和其他直接责任人员处一万元以上二万元以下的罚款；情节严重的，责令停产停业整顿；构成犯罪的，依照刑法有关规定追究刑事责任：

（一）未在有较大危险因素的生产经营场所和有关设施、设备上设置明显的安全警示标志的；

（二）安全设备的安装、使用、检测、改造和报废不符合国家标准或者行业标准的；

（三）未对安全设备进行经常性维护、保养和定期检测的；

（四）未为从业人员提供符合国家标准或者行业标准的劳动防护用品的；

（五）危险物品的容器、运输工具，以及涉及人身安全、危险性较大的海洋石油开采特种设备和矿山井下特种设备未经具有专业资质的机构检测、检验合格，取得安全使用证或者安全标志，投入使用的；

（六）使用应当淘汰的危及生产安全的工艺、设备的。

第九十七条　未经依法批准，擅自生产、经营、运输、储存、使用危险物品或者处置废弃危险物品的，依照有关危险物品安全管理的法律、行政法规的规定予以处罚；构成犯罪的，依照刑法有关规定追究刑事责任。

第九十八条　生产经营单位有下列行为之一的，责令限期改正，可以处十万元以下的罚款;逾期未改正的,责令停产停业整顿,并处十万元以上二十万元以下的罚款,对其直接负责的主管人员和其他直接责任人员处二万元以上五万元以下的罚款;构成犯罪的,依照刑法有关规定追究刑事责任:

（一）生产、经营、运输、储存、使用危险物品或者处置废弃危险物品,未建立专门安全管理制度、未采取可靠的安全措施的;

（二）对重大危险源未登记建档,或者未进行评估、监控,或者未制定应急预案的;

（三）进行爆破、吊装以及国务院安全生产监督管理部门会同国务院有关部门规定的其他危险作业,未安排专门人员进行现场安全管理的;

（四）未建立事故隐患排查治理制度的。

第九十九条 生产经营单位未采取措施消除事故隐患的,责令立即消除或者限期消除;生产经营单位拒不执行的,责令停产停业整顿,并处十万元以上五十万元以下的罚款,对其直接负责的主管人员和其他直接责任人员处二万元以上五万元以下的罚款。

第一百条 生产经营单位将生产经营项目、场所、设备发包或者出租给不具备安全生产条件或者相应资质的单位或者个人的,责令限期改正,没收违法所得;违法所得十万元以上的,并处违法所得二倍以上五倍以下的罚款;没有违法所得或者违法所得不足十万元的,单处或者并处十万元以上二十万元以下的罚款;对其直接负责的主管人员和其他直接责任人员处一万元以上二万元以下的罚款;导致发生生产安全事故给他人造成损害的,与承包方、承租方承担连带赔偿责任。

生产经营单位未与承包单位、承租单位签订专门的安全生产管理协议或者未在承包合同、租赁合同中明确各自的安全生产管理职责,或者未对承包单位、承租单位的安全生产统一协调、管理的,责令限期改正,可以处五万元以下的罚款,对其直接负责的主管人员和其他直接责任人员可以处一万元以下的罚款;逾期未改正的,责令停产停业整顿。

第一百零一条 两个以上生产经营单位在同一作业区域内进行可能危及对方安全生产的生产经营活动,未签订安全生产管理协议或者未指定专职安全生产管理人员进行安全检查与协调的,责令限期改正,可以处五万元以下的罚款,对其直接负责的主管人员和其他直接责任人员可以处一万元以下的罚款;逾期未改正的,责令停产停业。

第一百零二条 生产经营单位有下列行为之一的,责令限期改正,可以处五万元以下的罚款,对其直接负责的主管人员和其他直接责任人员可以处一万元以下的罚款;逾期未改正的,责令停产停业整顿;构成犯罪的,依照刑法有关规定追究刑事责任:

(一)生产、经营、储存、使用危险物品的车间、商店、仓库与员工宿舍在同一座建筑内,或者与员工宿舍的距离不符合安全要求的;

(二)生产经营场所和员工宿舍未设有符合紧急疏散需要、标志明显、保持畅通的出口,或者锁闭、封堵生产经营场所或者员工宿舍出口的。

第一百零三条　生产经营单位与从业人员订立协议,免除或者减轻其对从业人员因生产安全事故伤亡依法应承担的责任的,该协议无效;对生产经营单位的主要负责人、个人经营的投资人处二万元以上十万元以下的罚款。

第一百零四条　生产经营单位的从业人员不服从管理,违反安全生产规章制度或者操作规程的,由生产经营单位给予批评教育,依照有关规章制度给予处分;构成犯罪的,依照刑法有关规定追究刑事责任。

第一百零五条　违反本法规定,生产经营单位拒绝、阻碍负有安全生产监督管理职责的部门依法实施监督检查的,责令改正;拒不改正的,处二万元以上二十万元以下的罚款;对其直接负责的主管人员和其他直接责任人员处一万元以上二万元以下的罚款;构成犯罪的,依照刑法有关规定追究刑事责任。

第一百零六条　生产经营单位的主要负责人在本单位发生生产安全事故时,不立即组织抢救或者在事故调查处理期间擅离职守或者逃匿的,给予降级、撤职的处分,并由安全生产监督管理部门处上一年年收入百分之六十至百分之一百的罚款;对逃匿的处十五日以下拘留;构成犯罪的,依照刑法有关规定追究刑事责任。

生产经营单位的主要负责人对生产安全事故隐瞒不报、谎报或者迟报的,依照前款规定处罚。

第一百零七条　有关地方人民政府、负有安全生产监督管理职责的部门,对生产安全事故隐瞒不报、谎报或者迟报的,对直接负责的主管人员和其他直接责任人员依法给予处分;构成犯罪的,依照刑法有关规定追究刑事责任。

第一百零八条　生产经营单位不具备本法和其他有关法律、行政法规和国家标准或者行业标准规定的安全生产条件,经停产停业整顿仍不具备安全生产条件的,予以关闭;有关部门应当依法吊销其有关证照。

第一百零九条　发生生产安全事故,对负有责任的生产经营单位除要求其依法承担相应的赔偿等责任外,由安全生产监督管理部门依照下列规定处以罚款：

（一）发生一般事故的，处二十万元以上五十万元以下的罚款；

（二）发生较大事故的，处五十万元以上一百万元以下的罚款；

（三）发生重大事故的，处一百万元以上五百万元以下的罚款；

（四）发生特别重大事故的，处五百万元以上一千万元以下的罚款；情节特别严重的，处一千万元以上二千万元以下的罚款。

第一百一十条 本法规定的行政处罚，由安全生产监督管理部门和其他负有安全生产监督管理职责的部门按照职责分工决定。予以关闭的行政处罚由负有安全生产监督管理职责的部门报请县级以上人民政府按照国务院规定的权限决定；给予拘留的行政处罚由公安机关依照治安管理处罚法的规定决定。

第一百一十一条 生产经营单位发生生产安全事故造成人员伤亡、他人财产损失的，应当依法承担赔偿责任；拒不承担或者其负责人逃匿的，由人民法院依法强制执行。

生产安全事故的责任人未依法承担赔偿责任，经人民法院依法采取执行措施后，仍不能对受害人给予足额赔偿的，应当继续履行赔偿义务；受害人发现责任人有其他财产的，可以随时请求人民法院执行。

第七章 附 则

第一百一十二条 本法下列用语的含义：

危险物品，是指易燃易爆物品、危险化学品、放射性物品等能够危及人身安全和财产安全的物品。

重大危险源，是指长期地或者临时地生产、搬运、使用或者储存危险物品，且危险物品的数量等于或者超过临界量的单元(包括场所和设施)。

第一百一十三条 本法规定的生产安全一般事故、较大事故、重大事故、特别重大事故的划分标准由国务院规定。

国务院安全生产监督管理部门和其他负有安全生产监督管理职责的部门应当根据各自的职责分工，制定相关行业、领域重大事故隐患的判定标准。

第一百一十四条 本法自 2002 年 11 月 1 日起施行。

中华人民共和国产品质量法

(1993 年 2 月 22 日第七届全国人民代表大会常务委员会第三十次会议通过
根据 2000 年 7 月 8 日第九届全国人民代表大会常务委员会第十六次会议
《关于修改〈中华人民共和国产品质量法〉的决定》修正)

第一章 总 则

第一条 为了加强对产品质量的监督管理,提高产品质量水平,明确产品质量责任,保护消费者的合法权益,维护社会经济秩序,制定本法。

第二条 在中华人民共和国境内从事产品生产、销售活动,必须遵守本法。

本法所称产品是指经过加工、制作,用于销售的产品。

建设工程不适用本法规定;但是,建设工程使用的建筑材料、建筑构配件和设备,属于前款规定的产品范围的,适用本法规定。

第三条 生产者、销售者应当建立健全内部产品质量管理制度,严格实施岗位质量规范、质量责任以及相应的考核办法。

第四条 生产者、销售者依照本法规定承担产品质量责任。

第五条 禁止伪造或者冒用认证标志等质量标志;禁止伪造产品的产地,伪造或者冒用他人的厂名、厂址;禁止在生产、销售的产品中掺杂、掺假,以假充真,以次充好。

第六条 国家鼓励推行科学的质量管理方法,采用先进的科学技术,鼓励企业产品质量达到并且超过行业标准、国家标准和国际标准。

对产品质量管理先进和产品质量达到国际先进水平、成绩显著的单位和个人,给予奖励。

第七条 各级人民政府应当把提高产品质量纳入国民经济和社会发展规划,加强对产品质量工作的统筹规划和组织领导,引导、督促生产者、销售者加强产品质量管理,提高产品质量,组织各有关部门依法采取措施,制止产品生产、销售中违反本法规定的行为,保障本法的施行。

第八条　国务院产品质量监督部门主管全国产品质量监督工作。国务院有关部门在各自的职责范围内负责产品质量监督工作。

县级以上地方产品质量监督部门主管本行政区域内的产品质量监督工作。县级以上地方人民政府有关部门在各自的职责范围内负责产品质量监督工作。

法律对产品质量的监督部门另有规定的，依照有关法律的规定执行。

第九条　各级人民政府工作人员和其他国家机关工作人员不得滥用职权、玩忽职守或者徇私舞弊，包庇、放纵本地区、本系统发生的产品生产、销售中违反本法规定的行为，或者阻挠、干预依法对产品生产、销售中违反本法规定的行为进行查处。

各级地方人民政府和其他国家机关有包庇、放纵产品生产、销售中违反本法规定的行为的，依法追究其主要负责人的法律责任。

第十条　任何单位和个人有权对违反本法规定的行为，向产品质量监督部门或者其他有关部门检举。

产品质量监督部门和有关部门应当为检举人保密，并按照省、自治区、直辖市人民政府的规定给予奖励。

第十一条　任何单位和个人不得排斥非本地区或者非本系统企业生产的质量合格产品进入本地区、本系统。

第二章　产品质量的监督

第十二条　产品质量应当检验合格，不得以不合格产品冒充合格产品。

第十三条　可能危及人体健康和人身、财产安全的工业产品，必须符合保障人体健康和人身、财产安全的国家标准、行业标准；未制定国家标准、行业标准的，必须符合保障人体健康和人身、财产安全的要求。

禁止生产、销售不符合保障人体健康和人身、财产安全的标准和要求的工业产品。具体管理办法由国务院规定。

第十四条　国家根据国际通用的质量管理标准，推行企业质量体系认证制度。企业根据自愿原则可以向国务院产品质量监督部门认可的或者国务院产品质量监督部门授权的部门认可的认证机构申请企业质量体系认证。经认证合格的，由认证机构颁发企业质量体系认证证书。

国家参照国际先进的产品标准和技术要求，推行产品质量认证制度。企业根据自愿原则可以向国务院产品质量监督部门认可的或者国务院产品质量监督部门授权的部门认可的认证机构申请产品质量认证。经认证合格的，由认证机构颁发产品质量认证证书,准许企业在产品或者其包装上使用产品质量认证标志。

第十五条　国家对产品质量实行以抽查为主要方式的监督检查制度,对可能危及人体健康和人身、财产安全的产品,影响国计民生的重要工业产品以及消费者、有关组织反映有质量问题的产品进行抽查。抽查的样品应当在市场上或者企业成品仓库内的待销产品中随机抽取。监督抽查工作由国务院产品质量监督部门规划和组织。县级以上地方产品质量监督部门在本行政区域内也可以组织监督抽查。法律对产品质量的监督检查另有规定的,依照有关法律的规定执行。

国家监督抽查的产品,地方不得另行重复抽查;上级监督抽查的产品,下级不得另行重复抽查。

根据监督抽查的需要,可以对产品进行检验。检验抽取样品的数量不得超过检验的合理需要,并不得向被检查人收取检验费用。监督抽查所需检验费用按照国务院规定列支。

生产者、销售者对抽查检验的结果有异议的,可以自收到检验结果之日起十五日内向实施监督抽查的产品质量监督部门或者其上级产品质量监督部门申请复检,由受理复检的产品质量监督部门作出复检结论。

第十六条　对依法进行的产品质量监督检查,生产者、销售者不得拒绝。

第十七条　依照本法规定进行监督抽查的产品质量不合格的,由实施监督抽查的产品质量监督部门责令其生产者、销售者限期改正。逾期不改正的,由省级以上人民政府产品质量监督部门予以公告;公告后经复查仍不合格的,责令停业,限期整顿;整顿期满后经复查产品质量仍不合格的,吊销营业执照。

监督抽查的产品有严重质量问题的,依照本法第五章的有关规定处罚。

第十八条　县级以上产品质量监督部门根据已经取得的违法嫌疑证据或者举报,对涉嫌违反本法规定的行为进行查处时,可以行使下列职权:

(一)对当事人涉嫌从事违反本法的生产、销售活动的场所实施现场检查;

(二)向当事人的法定代表人、主要负责人和其他有关人员调查、了解与涉嫌从事违反本法的生产、销售活动有关的情况;

(三)查阅、复制当事人有关的合同、发票、帐簿以及其他有关资料;

(四)对有根据认为不符合保障人体健康和人身、财产安全的国家标准、行业标准的产品或者有其他严重质量问题的产品,以及直接用于生产、销售该项产品的原辅材料、包装物、生产工具,予以查封或者扣押。

县级以上工商行政管理部门按照国务院规定的职责范围,对涉嫌违反本法规定的行为进行查处时,可以行使前款规定的职权。

第十九条 产品质量检验机构必须具备相应的检测条件和能力,经省级以上人民政府产品质量监督部门或者其授权的部门考核合格后,方可承担产品质量检验工作。法律、行政法规对产品质量检验机构另有规定的,依照有关法律、行政法规的规定执行。

第二十条 从事产品质量检验、认证的社会中介机构必须依法设立,不得与行政机关和其他国家机关存在隶属关系或者其他利益关系。

第二十一条 产品质量检验机构、认证机构必须依法按照有关标准,客观、公正地出具检验结果或者认证证明。

产品质量认证机构应当依照国家规定对准许使用认证标志的产品进行认证后的跟踪检查;对不符合认证标准而使用认证标志的,要求其改正;情节严重的,取消其使用认证标志的资格。

第二十二条 消费者有权就产品质量问题,向产品的生产者、销售者查询;向产品质量监督部门、工商行政管理部门及有关部门申诉,接受申诉的部门应当负责处理。

第二十三条 保护消费者权益的社会组织可以就消费者反映的产品质量问题建议有关部门负责处理,支持消费者对因产品质量造成的损害向人民法院起诉。

第二十四条 国务院和省、自治区、直辖市人民政府的产品质量监督部门应当定期发布其监督抽查的产品的质量状况公告。

第二十五条 产品质量监督部门或者其他国家机关以及产品质量检验机构不得向社会推荐生产者的产品;不得以对产品进行监制、监销等方式参与产品经营活动。

第三章 生产者、销售者的产品质量责任和义务

第一节 生产者的产品质量责任和义务

第二十六条 生产者应当对其生产的产品质量负责。

产品质量应当符合下列要求:

(一)不存在危及人身、财产安全的不合理的危险,有保障人体健康和人身、财产安全的国家标准、行业标准的,应当符合该标准;

（二）具备产品应当具备的使用性能，但是，对产品存在使用性能的瑕疵作出说明的除外；

（三）符合在产品或者其包装上注明采用的产品标准，符合以产品说明、实物样品等方式表明的质量状况。

第二十七条　产品或者其包装上的标识必须真实，并符合下列要求：

（一）有产品质量检验合格证明；

（二）有中文标明的产品名称、生产厂厂名和厂址；

（三）根据产品的特点和使用要求，需要标明产品规格、等级、所含主要成份的名称和含量的，用中文相应予以标明；需要事先让消费者知晓的，应当在外包装上标明，或者预先向消费者提供有关资料；

（四）限期使用的产品，应当在显著位置清晰地标明生产日期和安全使用期或者失效日期；

（五）使用不当，容易造成产品本身损坏或者可能危及人身、财产安全的产品，应当有警示标志或者中文警示说明。

裸装的食品和其他根据产品的特点难以附加标识的裸装产品，可以不附加产品标识。

第二十八条　易碎、易燃、易爆、有毒、有腐蚀性、有放射性等危险物品以及储运中不能倒置和其他有特殊要求的产品，其包装质量必须符合相应要求，依照国家有关规定作出警示标志或者中文警示说明，标明储运注意事项。

第二十九条　生产者不得生产国家明令淘汰的产品。

第三十条　生产者不得伪造产地，不得伪造或者冒用他人的厂名、厂址。

第三十一条　生产者不得伪造或者冒用认证标志等质量标志。

第三十二条　生产者生产产品，不得掺杂、掺假，不得以假充真、以次充好，不得以不合格产品冒充合格产品。

第二节　销售者的产品质量责任和义务

第三十三条　销售者应当建立并执行进货检查验收制度，验明产品合格证明和其他标识。

第三十四条　销售者应当采取措施，保持销售产品的质量。

第三十五条　销售者不得销售国家明令淘汰并停止销售的产品和失效、变质的产品。

第三十六条　销售者销售的产品的标识应当符合本法第二十七条的规定。

第三十七条 销售者不得伪造产地，不得伪造或者冒用他人的厂名、厂址。

第三十八条 销售者不得伪造或者冒用认证标志等质量标志。

第三十九条 销售者销售产品，不得掺杂、掺假，不得以假充真、以次充好，不得以不合格产品冒充合格产品。

第四章　损害赔偿

第四十条 售出的产品有下列情形之一的，销售者应当负责修理、更换、退货；给购买产品的消费者造成损失的，销售者应当赔偿损失：

（一）不具备产品应当具备的使用性能而事先未作说明的；

（二）不符合在产品或者其包装上注明采用的产品标准的；

（三）不符合以产品说明、实物样品等方式表明的质量状况的。

销售者依照前款规定负责修理、更换、退货、赔偿损失后，属于生产者的责任或者属于向销售者提供产品的其他销售者（以下简称供货者）的责任的，销售者有权向生产者、供货者追偿。

销售者未按照第一款规定给予修理、更换、退货或者赔偿损失的，由产品质量监督部门或者工商行政管理部门责令改正。

生产者之间，销售者之间，生产者与销售者之间订立的买卖合同、承揽合同有不同约定的，合同当事人按照合同约定执行。

第四十一条 因产品存在缺陷造成人身、缺陷产品以外的其他财产（以下简称他人财产）损害的，生产者应当承担赔偿责任。

生产者能够证明有下列情形之一的，不承担赔偿责任：

（一）未将产品投入流通的；

（二）产品投入流通时，引起损害的缺陷尚不存在的；

（三）将产品投入流通时的科学技术水平尚不能发现缺陷的存在的。

第四十二条 由于销售者的过错使产品存在缺陷，造成人身、他人财产损害的，销售者应当承担赔偿责任。

销售者不能指明缺陷产品的生产者也不能指明缺陷产品的供货者的，销售者应当承担赔偿责任。

第四十三条 因产品存在缺陷造成人身、他人财产损害的，受害人可以向产品的生产者要求赔偿，也可以向产品的销售者要求赔偿。属于产品的生产者的责任，产品的销售者赔偿的，产品的销售者有权向产品的生产者追偿。属于产品的销售者的责任，产品的生产者赔偿的，产品的生产者有权向产品的销售者追偿。

第四十四条　因产品存在缺陷造成受害人人身伤害的,侵害人应当赔偿医疗费、治疗期间的护理费、因误工减少的收入等费用;造成残疾的,还应当支付残疾者生活自助具费、生活补助费、残疾赔偿金以及由其扶养的人所必需的生活费等费用;造成受害人死亡的,并应当支付丧葬费、死亡赔偿金以及由死者生前扶养的人所必需的生活费等费用。

因产品存在缺陷造成受害人财产损失的,侵害人应当恢复原状或者折价赔偿。受害人因此遭受其他重大损失的,侵害人应当赔偿损失。

第四十五条　因产品存在缺陷造成损害要求赔偿的诉讼时效期间为二年,自当事人知道或者应当知道其权益受到损害时起计算。

因产品存在缺陷造成损害要求赔偿的请求权,在造成损害的缺陷产品交付最初消费者满十年丧失;但是,尚未超过明示的安全使用期的除外。

第四十六条　本法所称缺陷,是指产品存在危及人身、他人财产安全的不合理的危险;产品有保障人体健康和人身、财产安全的国家标准、行业标准的,是指不符合该标准。

第四十七条　因产品质量发生民事纠纷时,当事人可以通过协商或者调解解决。当事人不愿通过协商、调解解决或者协商、调解不成的,可以根据当事人各方的协议向仲裁机构申请仲裁;当事人各方没有达成仲裁协议或者仲裁协议无效的,可以直接向人民法院起诉。

第四十八条　仲裁机构或者人民法院可以委托本法第十九条规定的产品质量检验机构,对有关产品质量进行检验。

第五章　罚　则

第四十九条　生产、销售不符合保障人体健康和人身、财产安全的国家标准、行业标准的产品的,责令停止生产、销售,没收违法生产、销售的产品,并处违法生产、销售产品(包括已售出和未售出的产品,下同)货值金额等值以上三倍以下的罚款;有违法所得的,并处没收违法所得;情节严重的,吊销营业执照;构成犯罪的,依法追究刑事责任。

第五十条　在产品中掺杂、掺假,以假充真,以次充好,或者以不合格产品冒充合格产品的,责令停止生产、销售,没收违法生产、销售的产品,并处违法生产、销售产品货值金额百分之五十以上三倍以下的罚款;有违法所得的,并处没收违法所得;情节严重的,吊销营业执照;构成犯罪的,依法追究刑事责任。

第五十一条 生产国家明令淘汰的产品的,销售国家明令淘汰并停止销售的产品的,责令停止生产、销售,没收违法生产、销售的产品,并处违法生产、销售产品货值金额等值以下的罚款;有违法所得的,并处没收违法所得;情节严重的,吊销营业执照。

第五十二条 销售失效、变质的产品的,责令停止销售,没收违法销售的产品,并处违法销售产品货值金额二倍以下的罚款;有违法所得的,并处没收违法所得;情节严重的,吊销营业执照;构成犯罪的,依法追究刑事责任。

第五十三条 伪造产品产地的,伪造或者冒用他人厂名、厂址的,伪造或者冒用认证标志等质量标志的,责令改正,没收违法生产、销售的产品,并处违法生产、销售产品货值金额等值以下的罚款;有违法所得的,并处没收违法所得;情节严重的,吊销营业执照。

第五十四条 产品标识不符合本法第二十七条规定的,责令改正;有包装的产品标识不符合本法第二十七条第(四)项、第(五)项规定,情节严重的,责令停止生产、销售,并处违法生产、销售产品货值金额百分之三十以下的罚款;有违法所得的,并处没收违法所得。

第五十五条 销售者销售本法第四十九条至第五十三条规定禁止销售的产品,有充分证据证明其不知道该产品为禁止销售的产品并如实说明其进货来源的,可以从轻或者减轻处罚。

第五十六条 拒绝接受依法进行的产品质量监督检查的,给予警告,责令改正;拒不改正的,责令停业整顿;情节特别严重的,吊销营业执照。

第五十七条 产品质量检验机构、认证机构伪造检验结果或者出具虚假证明的,责令改正,对单位处五万元以上十万元以下的罚款,对直接负责的主管人员和其他直接责任人员处一万元以上五万元以下的罚款;有违法所得的,并处没收违法所得;情节严重的,取消其检验资格、认证资格;构成犯罪的,依法追究刑事责任。

产品质量检验机构、认证机构出具的检验结果或者证明不实,造成损失的,应当承担相应的赔偿责任;造成重大损失的,撤销其检验资格、认证资格。

产品质量认证机构违反本法第二十一条第二款的规定,对不符合认证标准而使用认证标志的产品,未依法要求其改正或者取消其使用认证标志资格的,对因产品不符合认证标准给消费者造成的损失,与产品的生产者、销售者承担连带责任;情节严重的,撤销其认证资格。

第五十八条 社会团体、社会中介机构对产品质量作出承诺、保证,而该产品又不符合其承诺、保证的质量要求,给消费者造成损失的,与产品的生产者、销售者承担连带责任。

第五十九条　在广告中对产品质量作虚假宣传,欺骗和误导消费者的,依照《中华人民共和国广告法》的规定追究法律责任。

第六十条　对生产者专门用于生产本法第四十九条、第五十一条所列的产品或者以假充真的产品的原辅材料、包装物、生产工具,应当予以没收。

第六十一条　知道或者应当知道属于本法规定禁止生产、销售的产品而为其提供运输、保管、仓储等便利条件的,或者为以假充真的产品提供制假生产技术的,没收全部运输、保管、仓储或者提供制假生产技术的收入,并处违法收入百分之五十以上三倍以下的罚款;构成犯罪的,依法追究刑事责任。

第六十二条　服务业的经营者将本法第四十九条至第五十二条规定禁止销售的产品用于经营性服务的,责令停止使用;对知道或者应当知道所使用的产品属于本法规定禁止销售的产品的,按照违法使用的产品(包括已使用和尚未使用的产品)的货值金额,依照本法对销售者的处罚规定处罚。

第六十三条　隐匿、转移、变卖、损毁被产品质量监督部门或者工商行政管理部门查封、扣押的物品的,处被隐匿、转移、变卖、损毁物品货值金额等值以上三倍以下的罚款;有违法所得的,并处没收违法所得。

第六十四条　违反本法规定,应当承担民事赔偿责任和缴纳罚款、罚金,其财产不足以同时支付时,先承担民事赔偿责任。

第六十五条　各级人民政府工作人员和其他国家机关工作人员有下列情形之一的,依法给予行政处分;构成犯罪的,依法追究刑事责任:

(一)包庇、放纵产品生产、销售中违反本法规定行为的;

(二)向从事违反本法规定的生产、销售活动的当事人通风报信,帮助其逃避查处的;

(三)阻挠、干预产品质量监督部门或者工商行政管理部门依法对产品生产、销售中违反本法规定的行为进行查处,造成严重后果的。

第六十六条　产品质量监督部门在产品质量监督抽查中超过规定的数量索取样品或者向被检查人收取检验费用的,由上级产品质量监督部门或者监察机关责令退还;情节严重的,对直接负责的主管人员和其他直接责任人员依法给予行政处分。

第六十七条　产品质量监督部门或者其他国家机关违反本法第二十五条的规定,向社会推荐生产者的产品或者以监制、监销等方式参与产品经营活动的,由其上级机关或者监察机关责令改正,消除影响,有违法收入的予以没收;情节严重的,对直接负责的主管人员和其他直接责任人员依法给予行政处分。

产品质量检验机构有前款所列违法行为的,由产品质量监督部门责令改正,消除影响,有违法收入的予以没收,可以并处违法收入一倍以下的罚款;情节严重的,撤销其质量检验资格。

第六十八条　产品质量监督部门或者工商行政管理部门的工作人员滥用职权、玩忽职守、徇私舞弊,构成犯罪的,依法追究刑事责任;尚不构成犯罪的,依法给予行政处分。

第六十九条　以暴力、威胁方法阻碍产品质量监督部门或者工商行政管理部门的工作人员依法执行职务的,依法追究刑事责任;拒绝、阻碍未使用暴力、威胁方法的,由公安机关依照治安管理处罚条例的规定处罚。

第七十条　本法规定的吊销营业执照的行政处罚由工商行政管理部门决定,本法第四十九条至第五十七条、第六十条至第六十三条规定的行政处罚由产品质量监督部门或者工商行政管理部门按照国务院规定的职权范围决定。法律、行政法规对行使行政处罚权的机关另有规定的,依照有关法律、行政法规的规定执行。

第七十一条　对依照本法规定没收的产品,依照国家有关规定进行销毁或者采取其他方式处理。

第七十二条　本法第四十九条至第五十四条、第六十二条、第六十三条所规定的货值金额以违法生产、销售产品的标价计算;没有标价的,按照同类产品的市场价格计算。

第六章　附　则

第七十三条　军工产品质量监督管理办法,由国务院、中央军事委员会另行制定。因核设施、核产品造成损害的赔偿责任,法律、行政法规另有规定的,依照其规定。

第七十四条　本法自 1993 年 9 月 1 日起施行。

中华人民共和国认证认可条例

（2003 年 8 月 20 日国务院第 18 次常务会议通过　2003 年 9 月 3 日
中华人民共和国国务院令第 390 号公布　自 2003 年 11 月 1 日起施行）

第一章　总　则

第一条　为了规范认证认可活动，提高产品、服务的质量和管理水平，促进经济和社会的发展，制定本条例。

第二条　本条例所称认证，是指由认证机构证明产品、服务、管理体系符合相关技术规范、相关技术规范的强制性要求或者标准的合格评定活动。

本条例所称认可，是指由认可机构对认证机构、检查机构、实验室以及从事评审、审核等认证活动人员的能力和执业资格，予以承认的合格评定活动。

第三条　在中华人民共和国境内从事认证认可活动，应当遵守本条例。

第四条　国家实行统一的认证认可监督管理制度。

国家对认证认可工作实行在国务院认证认可监督管理部门统一管理、监督和综合协调下，各有关方面共同实施的工作机制。

第五条　国务院认证认可监督管理部门应当依法对认证培训机构、认证咨询机构的活动加强监督管理。

第六条　认证认可活动应当遵循客观独立、公开公正、诚实信用的原则。

第七条　国家鼓励平等互利地开展认证认可国际互认活动。认证认可国际互认活动不得损害国家安全和社会公共利益。

第八条　从事认证认可活动的机构及其人员，对其所知悉的国家秘密和商业秘密负有保密义务。

第二章　认证机构

第九条　设立认证机构，应当经国务院认证认可监督管理部门批准，并依法取得法人资格后，方可从事批准范围内的认证活动。

未经批准,任何单位和个人不得从事认证活动。

第十条 设立认证机构,应当符合下列条件:

(一)有固定的场所和必要的设施;

(二)有符合认证认可要求的管理制度;

(三)注册资本不得少于人民币 300 万元;

(四)有 10 名以上相应领域的专职认证人员。

从事产品认证活动的认证机构,还应当具备与从事相关产品认证活动相适应的检测、检查等技术能力。

第十一条 设立外商投资的认证机构除应当符合本条例第十条规定的条件外,还应当符合下列条件:

(一)外方投资者取得其所在国家或者地区认可机构的认可;

(二)外方投资者具有 3 年以上从事认证活动的业务经历。

设立外商投资认证机构的申请、批准和登记,按照有关外商投资法律、行政法规和国家有关规定办理。

第十二条 设立认证机构的申请和批准程序:

(一)设立认证机构的申请人,应当向国务院认证认可监督管理部门提出书面申请,并提交符合本条例第十条规定条件的证明文件;

(二)国务院认证认可监督管理部门自受理认证机构设立申请之日起 90 日内,应当作出是否批准的决定。涉及国务院有关部门职责的,应当征求国务院有关部门的意见。决定批准的,向申请人出具批准文件,决定不予批准的,应当书面通知申请人,并说明理由;

(三)申请人凭国务院认证认可监督管理部门出具的批准文件,依法办理登记手续。

国务院认证认可监督管理部门应当公布依法设立的认证机构名录。

第十三条 境外认证机构在中华人民共和国境内设立代表机构,须经批准,并向工商行政管理部门依法办理登记手续后,方可从事与所从属机构的业务范围相关的推广活动,但不得从事认证活动。

境外认证机构在中华人民共和国境内设立代表机构的申请、批准和登记,按照有关外商投资法律、行政法规和国家有关规定办理。

第十四条 认证机构不得与行政机关存在利益关系。

认证机构不得接受任何可能对认证活动的客观公正产生影响的资助;不得从事任何可能对认证活动的客观公正产生影响的产品开发、营销等活动。

认证机构不得与认证委托人存在资产、管理方面的利益关系。

第十五条 认证人员从事认证活动,应当在一个认证机构执业,不得同时在两个以上认证机构执业。

第十六条 向社会出具具有证明作用的数据和结果的检查机构、实验室,应当具备有关法律、行政法规规定的基本条件和能力,并依法经认定后,方可从事相应活动,认定结果由国务院认证认可监督管理部门公布。

第三章 认 证

第十七条 国家根据经济和社会发展的需要,推行产品、服务、管理体系认证。

第十八条 认证机构应当按照认证基本规范、认证规则从事认证活动。认证基本规范、认证规则由国务院认证认可监督管理部门制定;涉及国务院有关部门职责的,国务院认证认可监督管理部门应当会同国务院有关部门制定。

属于认证新领域,前款规定的部门尚未制定认证规则的,认证机构可以自行制定认证规则,并报国务院认证认可监督管理部门备案。

第十九条 任何法人、组织和个人可以自愿委托依法设立的认证机构进行产品、服务、管理体系认证。

第二十条 认证机构不得以委托人未参加认证咨询或者认证培训等为理由,拒绝提供本认证机构业务范围内的认证服务,也不得向委托人提出与认证活动无关的要求或者限制条件。

第二十一条 认证机构应当公开认证基本规范、认证规则、收费标准等信息。

第二十二条 认证机构以及与认证有关的检查机构、实验室从事认证以及与认证有关的检查、检测活动,应当完成认证基本规范、认证规则规定的程序,确保认证、检查、检测的完整、客观、真实,不得增加、减少、遗漏程序。

认证机构以及与认证有关的检查机构、实验室应当对认证、检查、检测过程作出完整记录,归档留存。

第二十三条 认证机构及其认证人员应当及时作出认证结论,并保证认证结论的客观、真实。认证结论经认证人员签字后,由认证机构负责人签署。

认证机构及其认证人员对认证结果负责。

第二十四条 认证结论为产品、服务、管理体系符合认证要求的,认证机构应当及时向委托人出具认证证书。

第二十五条　获得认证证书的,应当在认证范围内使用认证证书和认证标志,不得利用产品、服务认证证书、认证标志和相关文字、符号,误导公众认为其管理体系已通过认证,也不得利用管理体系认证证书、认证标志和相关文字、符号,误导公众认为其产品、服务已通过认证。

第二十六条　认证机构可以自行制定认证标志,并报国务院认证认可监督管理部门备案。

认证机构自行制定的认证标志的式样、文字和名称,不得违反法律、行政法规的规定,不得与国家推行的认证标志相同或者近似,不得妨碍社会管理,不得有损社会道德风尚。

第二十七条　认证机构应当对其认证的产品、服务、管理体系实施有效的跟踪调查,认证的产品、服务、管理体系不能持续符合认证要求的,认证机构应当暂停其使用直至撤销认证证书,并予公布。

第二十八条　为了保护国家安全、防止欺诈行为、保护人体健康或者安全、保护动植物生命或者健康、保护环境,国家规定相关产品必须经过认证的,应当经过认证并标注认证标志后,方可出厂、销售、进口或者在其他经营活动中使用。

第二十九条　国家对必须经过认证的产品,统一产品目录,统一技术规范的强制性要求、标准和合格评定程序,统一标志,统一收费标准。

统一的产品目录(以下简称目录)由国务院认证认可监督管理部门会同国务院有关部门制定、调整,由国务院认证认可监督管理部门发布,并会同有关方面共同实施。

第三十条　列入目录的产品,必须经国务院认证认可监督管理部门指定的认证机构进行认证。

列入目录产品的认证标志,由国务院认证认可监督管理部门统一规定。

第三十一条　列入目录的产品,涉及进出口商品检验目录的,应当在进出口商品检验时简化检验手续。

第三十二条　国务院认证认可监督管理部门指定的从事列入目录产品认证活动的认证机构以及与认证有关的检查机构、实验室(以下简称指定的认证机构、检查机构、实验室),应当是长期从事相关业务、无不良记录,且已经依照本条例的规定取得认可、具备从事相关认证活动能力的机构。国务院认证认可监督管理部门指定从事列入目录产品认证活动的认证机构,应当确保在每一列入目录产品领域至少指定两家符合本条例规定条件的机构。

国务院认证认可监督管理部门指定前款规定的认证机构、检查机构、实验室,应当事先公布有关信息,并组织在相关领域公认的专家组成专家评审委员会,对符合前款规定要求的认证机构、检查机构、实验室进行评审;经评审并征求国务院有关部门意见后,按照资源合理利用、公平竞争和便利、有效的原则,在公布的时间内作出决定。

第三十三条 国务院认证认可监督管理部门应当公布指定的认证机构、检查机构、实验室名录及指定的业务范围。

未经指定,任何机构不得从事列入目录产品的认证以及与认证有关的检查、检测活动。

第三十四条 列入目录产品的生产者或者销售者、进口商,均可自行委托指定的认证机构进行认证。

第三十五条 指定的认证机构、检查机构、实验室应当在指定业务范围内,为委托人提供方便、及时的认证、检查、检测服务,不得拖延,不得歧视、刁难委托人,不得牟取不当利益。

指定的认证机构不得向其他机构转让指定的认证业务。

第三十六条 指定的认证机构、检查机构、实验室开展国际互认活动,应当在国务院认证认可监督管理部门或者经授权的国务院有关部门对外签署的国际互认协议框架内进行。

第四章 认 可

第三十七条 国务院认证认可监督管理部门确定的认可机构(以下简称认可机构),独立开展认可活动。

除国务院认证认可监督管理部门确定的认可机构外,其他任何单位不得直接或者变相从事认可活动。其他单位直接或者变相从事认可活动的,其认可结果无效。

第三十八条 认证机构、检查机构、实验室可以通过认可机构的认可,以保证其认证、检查、检测能力持续、稳定地符合认可条件。

第三十九条 从事评审、审核等认证活动的人员,应当经认可机构注册后,方可从事相应的认证活动。

第四十条 认可机构应当具有与其认可范围相适应的质量体系,并建立内部审核制度,保证质量体系的有效实施。

第四十一条 认可机构根据认可的需要,可以选聘从事认可评审活动的人员。从事认可评审活动的人员应当是相关领域公认的专家,熟悉有关法律、行政法规以及认可规则和程序,具有评审所需要的良好品德、专业知识和业务能力。

第四十二条　认可机构委托他人完成与认可有关的具体评审业务的,由认可机构对评审结论负责。

第四十三条　认可机构应当公开认可条件、认可程序、收费标准等信息。

认可机构受理认可申请,不得向申请人提出与认可活动无关的要求或者限制条件。

第四十四条　认可机构应当在公布的时间内,按照国家标准和国务院认证认可监督管理部门的规定,完成对认证机构、检查机构、实验室的评审,作出是否给予认可的决定,并对认可过程作出完整记录,归档留存。认可机构应当确保认可的客观公正和完整有效,并对认可结论负责。

认可机构应当向取得认可的认证机构、检查机构、实验室颁发认可证书,并公布取得认可的认证机构、检查机构、实验室名录。

第四十五条　认可机构应当按照国家标准和国务院认证认可监督管理部门的规定,对从事评审、审核等认证活动的人员进行考核,考核合格的,予以注册。

第四十六条　认可证书应当包括认可范围、认可标准、认可领域和有效期限。

认可证书的格式和认可标志的式样须经国务院认证认可监督管理部门批准。

第四十七条　取得认可的机构应当在取得认可的范围内使用认可证书和认可标志。取得认可的机构不当使用认可证书和认可标志的,认可机构应当暂停其使用直至撤销认可证书,并予公布。

第四十八条　认可机构应当对取得认可的机构和人员实施有效的跟踪监督,定期对取得认可的机构进行复评审,以验证其是否持续符合认可条件。取得认可的机构和人员不再符合认可条件的,认可机构应当撤销认可证书,并予公布。

取得认可的机构的从业人员和主要负责人、设施、自行制定的认证规则等与认可条件相关的情况发生变化的,应当及时告知认可机构。

第四十九条　认可机构不得接受任何可能对认可活动的客观公正产生影响的资助。

第五十条　境内的认证机构、检查机构、实验室取得境外认可机构认可的，应当向国务院认证认可监督管理部门备案。

第五章　监督管理

第五十一条　国务院认证认可监督管理部门可以采取组织同行评议，向被认证企业征求意见，对认证活动和认证结果进行抽查，要求认证机构以及与认证有关的检查机构、实验室报告业务活动情况的方式，对其遵守本条例的情况进行监督。发现有违反本条例行为的，应当及时查处，涉及国务院有关部门职责的，应当及时通报有关部门。

第五十二条　国务院认证认可监督管理部门应当重点对指定的认证机构、检查机构、实验室进行监督，对其认证、检查、检测活动进行定期或者不定期的检查。指定的认证机构、检查机构、实验室，应当定期向国务院认证认可监督管理部门提交报告，并对报告的真实性负责；报告应当对从事列入目录产品认证、检查、检测活动的情况作出说明。

第五十三条　认可机构应当定期向国务院认证认可监督管理部门提交报告，并对报告的真实性负责；报告应当对认可机构执行认可制度的情况、从事认可活动的情况、从业人员的工作情况作出说明。

国务院认证认可监督管理部门应当对认可机构的报告作出评价，并采取查阅认可活动档案资料、向有关人员了解情况等方式，对认可机构实施监督。

第五十四条　国务院认证认可监督管理部门可以根据认证认可监督管理的需要，就有关事项询问认可机构、认证机构、检查机构、实验室的主要负责人，调查了解情况，给予告诫，有关人员应当积极配合。

第五十五条　省、自治区、直辖市人民政府质量技术监督部门和国务院质量监督检验检疫部门设在地方的出入境检验检疫机构，在国务院认证认可监督管理部门的授权范围内，依照本条例的规定对认证活动实施监督管理。

国务院认证认可监督管理部门授权的省、自治区、直辖市人民政府质量技术监督部门和国务院质量监督检验检疫部门设在地方的出入境检验检疫机构，统称地方认证监督管理部门。

第五十六条　任何单位和个人对认证认可违法行为，有权向国务院认证认可监督管理部门和地方认证监督管理部门举报。国务院认证认可监督管理部门和地方认证监督管理部门应当及时调查处理，并为举报人保密。

第六章　法律责任

第五十七条　未经批准擅自从事认证活动的,予以取缔,处10万元以上50万元以下的罚款,有违法所得的,没收违法所得。

第五十八条　境外认证机构未经批准在中华人民共和国境内设立代表机构的,予以取缔,处5万元以上20万元以下的罚款。

经批准设立的境外认证机构代表机构在中华人民共和国境内从事认证活动的,责令改正,处10万元以上50万元以下的罚款,有违法所得的,没收违法所得;情节严重的,撤销批准文件,并予公布。

第五十九条　认证机构接受可能对认证活动的客观公正产生影响的资助,或者从事可能对认证活动的客观公正产生影响的产品开发、营销等活动,或者与认证委托人存在资产、管理方面的利益关系的,责令停业整顿;情节严重的,撤销批准文件,并予公布;有违法所得的,没收违法所得;构成犯罪的,依法追究刑事责任。

第六十条　认证机构有下列情形之一的,责令改正,处5万元以上20万元以下的罚款,有违法所得的,没收违法所得;情节严重的,责令停业整顿,直至撤销批准文件,并予公布:

(一)超出批准范围从事认证活动的;

(二)增加、减少、遗漏认证基本规范、认证规则规定的程序的;

(三)未对其认证的产品、服务、管理体系实施有效的跟踪调查,或者发现其认证的产品、服务、管理体系不能持续符合认证要求,不及时暂停其使用或者撤销认证证书并予公布的;

(四)聘用未经认可机构注册的人员从事认证活动的。

与认证有关的检查机构、实验室增加、减少、遗漏认证基本规范、认证规则规定的程序的,依照前款规定处罚。

第六十一条　认证机构有下列情形之一的,责令限期改正;逾期未改正的,处2万元以上10万元以下的罚款:

(一)以委托人未参加认证咨询或者认证培训等为理由,拒绝提供本认证机构业务范围内的认证服务,或者向委托人提出与认证活动无关的要求或者限制条件的;

(二)自行制定的认证标志的式样、文字和名称,与国家推行的认证标志相同或者近似,或者妨碍社会管理,或者有损社会道德风尚的;

（三）未公开认证基本规范、认证规则、收费标准等信息的；

（四）未对认证过程作出完整记录，归档留存的；

（五）未及时向其认证的委托人出具认证证书的。

与认证有关的检查机构、实验室未对与认证有关的检查、检测过程作出完整记录，归档留存的，依照前款规定处罚。

第六十二条 认证机构出具虚假的认证结论，或者出具的认证结论严重失实的，撤销批准文件，并予公布；对直接负责的主管人员和负有直接责任的认证人员，撤销其执业资格；构成犯罪的，依法追究刑事责任；造成损害的，认证机构应当承担相应的赔偿责任。

指定的认证机构有前款规定的违法行为的，同时撤销指定。

第六十三条 认证人员从事认证活动，不在认证机构执业或者同时在两个以上认证机构执业的，责令改正，给予停止执业6个月以上2年以下的处罚，仍不改正的，撤销其执业资格。

第六十四条 认证机构以及与认证有关的检查机构、实验室未经指定擅自从事列入目录产品的认证以及与认证有关的检查、检测活动的，责令改正，处10万元以上50万元以下的罚款，有违法所得的，没收违法所得。

认证机构未经指定擅自从事列入目录产品的认证活动的，撤销批准文件，并予公布。

第六十五条 指定的认证机构、检查机构、实验室超出指定的业务范围从事列入目录产品的认证以及与认证有关的检查、检测活动的，责令改正，处10万元以上50万元以下的罚款，有违法所得的，没收违法所得；情节严重的，撤销指定直至撤销批准文件，并予公布。

指定的认证机构转让指定的认证业务的，依照前款规定处罚。

第六十六条 认证机构、检查机构、实验室取得境外认可机构认可，未向国务院认证认可监督管理部门备案的，给予警告，并予公布。

第六十七条 列入目录的产品未经认证，擅自出厂、销售、进口或者在其他经营活动中使用的，责令改正，处5万元以上20万元以下的罚款，有违法所得的，没收违法所得。

第六十八条 认可机构有下列情形之一的，责令改正；情节严重的，对主要负责人和负有责任的人员撤职或者解聘：

（一）对不符合认可条件的机构和人员予以认可的；

（二）发现取得认可的机构和人员不符合认可条件，不及时撤销认可证书，并予公布的；

（三）接受可能对认可活动的客观公正产生影响的资助的。

被撤职或者解聘的认可机构主要负责人和负有责任的人员，自被撤职或者解聘之日起 5 年内不得从事认可活动。

第六十九条 认可机构有下列情形之一的，责令改正；对主要负责人和负有责任的人员给予警告：

（一）受理认可申请，向申请人提出与认可活动无关的要求或者限制条件的；

（二）未在公布的时间内完成认可活动，或者未公开认可条件、认可程序、收费标准等信息的；

（三）发现取得认可的机构不当使用认可证书和认可标志，不及时暂停其使用或者撤销认可证书并予公布的；

（四）未对认可过程作出完整记录，归档留存的。

第七十条 国务院认证认可监督管理部门和地方认证监督管理部门及其工作人员，滥用职权、徇私舞弊、玩忽职守，有下列行为之一的，对直接负责的主管人员和其他直接责任人员，依法给予降级或者撤职的行政处分；构成犯罪的，依法追究刑事责任：

（一）不按照本条例规定的条件和程序，实施批准和指定的；

（二）发现认证机构不再符合本条例规定的批准或者指定条件，不撤销批准文件或者指定的；

（三）发现指定的检查机构、实验室不再符合本条例规定的指定条件，不撤销指定的；

（四）发现认证机构以及与认证有关的检查机构、实验室出具虚假的认证以及与认证有关的检查、检测结论或者出具的认证以及与认证有关的检查、检测结论严重失实，不予查处的；

（五）发现本条例规定的其他认证认可违法行为，不予查处的。

第七十一条 伪造、冒用、买卖认证标志或者认证证书的，依照《中华人民共和国产品质量法》等法律的规定查处。

第七十二条 本条例规定的行政处罚，由国务院认证认可监督管理部门或者其授权的地方认证监督管理部门按照各自职责实施。法律、其他行政法规另有规定的，依照法律、其他行政法规的规定执行。

第七十三条 认证人员自被撤销执业资格之日起 5 年内，认可机构不再受理其注册申请。

第七十四条　认证机构未对其认证的产品实施有效的跟踪调查,或者发现其认证的产品不能持续符合认证要求,不及时暂停或者撤销认证证书和要求其停止使用认证标志给消费者造成损失的,与生产者、销售者承担连带责任。

第七章　附　则

第七十五条　药品生产、经营企业质量管理规范认证,实验动物质量合格认证,军工产品的认证,以及从事军工产品校准、检测的实验室及其人员的认可,不适用本条例。

依照本条例经批准的认证机构从事矿山、危险化学品、烟花爆竹生产经营单位管理体系认证,由国务院安全生产监督管理部门结合安全生产的特殊要求组织;从事矿山、危险化学品、烟花爆竹生产经营单位安全生产综合评价的认证机构,经国务院安全生产监督管理部门推荐,方可取得认可机构的认可。

第七十六条　认证认可收费,应当符合国家有关价格法律、行政法规的规定。

第七十七条　认证培训机构、认证咨询机构的管理办法由国务院认证认可监督管理部门制定。

第七十八条　本条例自 2003 年 11 月 1 日起施行。1991 年 5 月 7 日国务院发布的《中华人民共和国产品质量认证管理条例》同时废止。

中华人民共和国反不正当竞争法

（1993 年 9 月 2 日第八届全国人民代表大会常务委员会第三次会议通过
1993 年 9 月 2 日中华人民共和国主席令第 10 号公布）

第一章　总　则

第一条　为保障社会主义市场经济健康发展,鼓励和保护公平竞争,制止不正当竞争行为,保护经营者和消费者的合法权益,制定本法。

第二条　经营者在市场交易中,应当遵循自愿、平等、公平、诚实信用的原则,遵守公认的商业道德。

本法所称的不正当竞争,是指经营者违反本法规定,损害其他经营者的合法权益,扰乱社会经济秩序的行为。

本法所称的经营者,是指从事商品经营或者营利性服务（以下所称商品包括服务）的法人、其他经济组织和个人。

第三条　各级人民政府应当采取措施,制止不正当竞争行为,为公平竞争创造良好的环境和条件。

县级以上人民政府工商行政管理部门对不正当竞争行为进行监督检查;法律、行政法规规定由其他部门监督检查的,依照其规定。

第四条　国家鼓励、支持和保护一切组织和个人对不正当竞争行为进行社会监督。

国家机关工作人员不得支持、包庇不正当竞争行为。

第二章　不正当竞争行为

第五条　经营者不得采用下列不正当手段从事市场交易,损害竞争对手:

（一）假冒他人的注册商标;

（二）擅自使用知名商品特有的名称、包装、装潢,或者使用与知名商品近似的名称、包装、装潢,造成和他人的知名商品相混淆,使购买者误认为是该知名商品；

（三）擅自使用他人的企业名称或者姓名，引人误认为是他人的商品；

（四）在商品上伪造或者冒用认证标志、名优标志等质量标志，伪造产地，对商品质量作引人误解的虚假表示。

第六条 公用企业或者其他依法具有独占地位的经营者，不得限定他人购买其指定的经营者的商品，以排挤其他经营者的公平竞争。

第七条 政府及其所属部门不得滥用行政权力，限定他人购买其指定的经营者的商品，限制其他经营者正当的经营活动。

政府及其所属部门不得滥用行政权力，限制外地商品进入本地市场，或者本地商品流向外地市场。

第八条 经营者不得采用财物或者其他手段进行贿赂以销售或者购买商品。在帐外暗中给予对方单位或者个人回扣的，以行贿论处；对方单位或者个人在帐外暗中收受回扣的，以受贿论处。

经营者销售或者购买商品，可以以明示方式给对方折扣，可以给中间人佣金。经营者给对方折扣、给中间人佣金的，必须如实入帐。接受折扣、佣金的经营者必须如实入帐。

第九条 经营者不得利用广告或者其他方法，对商品的质量、制作成分、性能、用途、生产者、有效期限、产地等作引人误解的虚假宣传。

广告的经营者不得在明知或者应知的情况下，代理、设计、制作、发布虚假广告。

第十条 经营者不得采用下列手段侵犯商业秘密：

（一）以盗窃、利诱、胁迫或者其他不正当手段获取权利人的商业秘密；

（二）披露、使用或者允许他人使用以前项手段获取的权利人的商业秘密；

（三）违反约定或者违反权利人有关保守商业秘密的要求，披露、使用或者允许他人使用其所掌握的商业秘密。

第三人明知或者应知前款所列违法行为，获取、使用或者披露他人的商业秘密，视为侵犯商业秘密。

本条所称的商业秘密，是指不为公众所知悉、能为权利人带来经济利益、具有实用性并经权利人采取保密措施的技术信息和经营信息。

第十一条 经营者不得以排挤竞争对手为目的，以低于成本的价格销售商品。

有下列情形之一的，不属于不正当竞争行为：

（一）销售鲜活商品；

（二）处理有效期限即将到期的商品或者其他积压的商品；

（三）季节性降价；

（四）因清偿债务、转产、歇业降价销售商品。

第十二条　经营者销售商品，不得违背购买者的意愿搭售商品或者附加其他不合理的条件。

第十三条　经营者不得从事下列有奖销售：

（一）采用谎称有奖或者故意让内定人员中奖的欺骗方式进行有奖销售；

（二）利用有奖销售的手段推销质次价高的商品；

（三）抽奖式的有奖销售，最高奖的金额超过五千元。

第十四条　经营者不得捏造、散布虚伪事实，损害竞争对手的商业信誉、商品声誉。

第十五条　投标者不得串通投标，抬高标价或者压低标价。

投标者和招标者不得相互勾结，以排挤竞争对手的公平竞争。

第三章　监督检查

第十六条　县级以上监督检查部门对不正当竞争行为，可以进行监督检查。

第十七条　监督检查部门在监督检查不正当竞争行为时，有权行使下列职权：

（一）按照规定程序询问被检查的经营者、利害关系人、证明人，并要求提供证明材料或者与不正当竞争行为有关的其他资料；

（二）查询、复制与不正当竞争行为有关的协议、帐册、单据、文件、记录、业务函电和其他资料；

（三）检查与本法第五条规定的不正当竞争行为有关的财物，必要时可以责令被检查的经营者说明该商品的来源和数量，暂停销售，听候检查，不得转移、隐匿、销毁该财物。

第十八条　监督检查部门工作人员监督检查不正当竞争行为时，应当出示检查证件。

第十九条　监督检查部门在监督检查不正当竞争行为时，被检查的经营者、利害关系人和证明人应当如实提供有关资料或者情况。

第四章　法律责任

第二十条　经营者违反本法规定,给被侵害的经营者造成损害的,应当承担损害赔偿责任,被侵害的经营者的损失难以计算的,赔偿额为侵权人在侵权期间因侵权所获得的利润;并应当承担被侵害的经营者因调查该经营者侵害其合法权益的不正当竞争行为所支付的合理费用。

被侵害的经营者的合法权益受到不正当竞争行为损害的,可以向人民法院提起诉讼。

第二十一条　经营者假冒他人的注册商标,擅自使用他人的企业名称或者姓名,伪造或者冒用认证标志、名优标志等质量标志,伪造产地,对商品质量作引人误解的虚假表示的,依照《中华人民共和国商标法》《中华人民共和国产品质量法》的规定处罚。

经营者擅自使用知名商品特有的名称、包装、装潢,或者使用与知名商品近似的名称、包装、装潢,造成和他人的知名商品相混淆,使购买者误认为是该知名商品的,监督检查部门应当责令停止违法行为,没收违法所得,可以根据情节处以违法所得一倍以上三倍以下的罚款;情节严重的,可以吊销营业执照;销售伪劣商品,构成犯罪的,依法追究刑事责任。

第二十二条　经营者采用财物或者其他手段进行贿赂以销售或者购买商品,构成犯罪的,依法追究刑事责任;不构成犯罪的,监督检查部门可以根据情节处以一万元以上二十万元以下的罚款,有违法所得的,予以没收。

第二十三条　公用企业或者其他依法具有独占地位的经营者,限定他人购买其指定的经营者的商品,以排挤其他经营者的公平竞争的,省级或者设区的市的监督检查部门应当责令停止违法行为,可以根据情节处以五万元以上二十万元以下的罚款。被指定的经营者借此销售质次价高商品或者滥收费用的,监督检查部门应当没收违法所得,可以根据情节处以违法所得一倍以上三倍以下的罚款。

第二十四条　经营者利用广告或者其他方法,对商品作引人误解的虚假宣传的,监督检查部门应当责令停止违法行为,消除影响,可以根据情节处以一万元以上二十万元以下的罚款。

广告的经营者,在明知或者应知的情况下,代理、设计、制作、发布虚假广告的,监督检查部门应当责令停止违法行为,没收违法所得,并依法处以罚款。

第二十五条　违反本法第十条规定侵犯商业秘密的,监督检查部门应当责令停止违法行为,可以根据情节处以一万元以上二十万元以下的罚款。

第二十六条　经营者违反本法第十三条规定进行有奖销售的,监督检查部门应当责令停止违法行为,可以根据情节处以一万元以上十万元以下的罚款。

第二十七条　投标者串通投标,抬高标价或者压低标价;投标者和招标者相互勾结,以排挤竞争对手的公平竞争的,其中标无效。监督检查部门可以根据情节处以一万元以上二十万元以下的罚款。

第二十八条　经营者有违反被责令暂停销售,不得转移、隐匿、销毁与不正当竞争行为有关的财物的行为的,监督检查部门可以根据情节处以被销售、转移、隐匿、销毁财物的价款的一倍以上三倍以下的罚款。

第二十九条　当事人对监督检查部门作出的处罚决定不服的,可以自收到处罚决定之日起十五日内向上一级主管机关申请复议;对复议决定不服的,可以自收到复议决定书之日起十五日内向人民法院提起诉讼;也可以直接向人民法院提起诉讼。

第三十条　政府及其所属部门违反本法第七条规定,限定他人购买其指定的经营者的商品、限制其他经营者正当的经营活动,或者限制商品在地区之间正常流通的,由上级机关责令其改正;情节严重的,由同级或者上级机关对直接责任人员给予行政处分。被指定的经营者借此销售质次价高商品或者滥收费用的,监督检查部门应当没收违法所得,可以根据情节处以违法所得一倍以上三倍以下的罚款。

第三十一条　监督检查不正当竞争行为的国家机关工作人员滥用职权、玩忽职守,构成犯罪的,依法追究刑事责任;不构成犯罪的,给予行政处分。

第三十二条　监督检查不正当竞争行为的国家机关工作人员徇私舞弊,对明知有违反本法规定构成犯罪的经营者故意包庇不使他受追诉的,依法追究刑事责任。

第五章　附　则

第三十三条　本法自一九九三年十二月一日起施行。

中华人民共和国海洋环境保护法（修订）

（1982 年 8 月 23 日第五届全国人民代表大会常务委员会第二十四次会议通过
1999 年 12 月 25 日第九届全国人民代表大会常务委员会第十三次会议修订
1999 年 12 月 25 日中华人民共和国主席令第二十六号公布
自 2000 年 4 月 1 日起施行）

第一章　总　则

第一条　为了保护和改善海洋环境,保护海洋资源,防治污染损害,维护生态平衡,保障人体健康,促进经济和社会的可持续发展,制定本法。

第二条　本法适用于中华人民共和国内水、领海、毗连区、专属经济区、大陆架以及中华人民共和国管辖的其他海域。在中华人民共和国管辖海域内从事航行、勘探、开发、生产、旅游、科学研究及其他活动,或者在沿海陆域内从事影响海洋环境活动的任何单位和个人,都必须遵守本法。在中华人民共和国管辖海域以外,造成中华人民共和国管辖海域污染的,也适用本法。

第三条　国家建立并实施重点海域排污总量控制制度,确定主要污染物排海总量控制指标,并对主要污染源分配排放控制数量。具体办法由国务院制定。

第四条　一切单位和个人都有保护海洋环境的义务,并有权对污染损害海洋环境的单位和个人,以及海洋环境监督管理人员的违法失职行为进行监督和检举。

第五条　国务院环境保护行政主管部门作为对全国环境保护工作统一监督管理的部门,对全国海洋环境保护工作实施指导、协调和监督,并负责全国防治陆源污染物和海岸工程建设项目对海洋污染损害的环境保护工作。国家海洋行政主管部门负责海洋环境的监督管理,组织海洋环境的调查、监测、监视、评价和科学研究,负责全国防治海洋工程建设项目和海洋倾倒废弃物对海洋污染损害的环境保护工作。国家海事行政主管部门负责所辖港区水域内非军事船舶和港区水域外非渔业、非军事船舶污染海洋环境的监督管理，并负责污染事故的调查处理；对在中华人民共和国管辖海域航行、停泊和作业的外国籍船舶造成的污染事故登轮检查处理。船舶污染事故给渔业造成损害的，应当吸收渔业行政主管部门参与调查处理。国家渔业行政主管部门负责渔港水域内非军事船舶和渔港水域外渔业船舶污染海洋环境的监督管理，负责保护渔业水域生态环境工作，并调查处理前款规定的污染事故以外的渔业污染事故。军队环境保护部门负责军事船舶污染海洋环境的监督管理及污染事故的调查处理。沿海县级以上地方人民政府行使海洋环境监督管理权的部门的职责，由省、自治区、直辖市人民政府根据本法及国务院有关规定确定。

第二章　海洋环境监督管理

第六条　国家海洋行政主管部门会同国务院有关部门和沿海省、自治区、直辖市人民政府拟定全国海洋功能区划，报国务院批准。沿海地方各级人民政府应当根据全国和地方海洋功能区划，科学合理地使用海域。

第七条　国家根据海洋功能区划制定全国海洋环境保护规划和重点海域区域性海洋环境保护规划。毗邻重点海域的有关沿海省、自治区、直辖市人民政府及行使海洋环境监督管理权的部门，可以建立海洋环境保护区域合作组织，负责实施重点海域区域性海洋环境保护规划、海洋环境污染的防治和海洋生态保护工作。

第八条　跨区域的海洋环境保护工作，由有关沿海地方人民政府协商解决，或者由上级人民政府协调解决。跨部门的重大海洋环境保护工作，由国务院环境保护行政主管部门协调；协调未能解决的，由国务院作出决定。

第九条　国家根据海洋环境质量状况和国家经济、技术条件，制定国家海洋环境质量标准。沿海省、自治区、直辖市人民政府对国家海洋环境质量标准中未作规定的项目，可以制定地方海洋环境质量标准。沿海地方各级人民政府根据国家和地方海洋环境质量标准的规定和本行政区近岸海域环境质量状况，确定海洋环境保护的目标和任务，并纳入人民政府工作计划，按相应的海洋环境质量标准实施管理。

第十条　国家和地方水污染物排放标准的制定，应当将国家和地方海洋环境质量标准作为重要依据之一。在国家建立并实施排污总量控制制度的重点海域，水污染物排放标准的制定，还应当将主要污染物排海总量控制指标作为重要依据。

第十一条　直接向海洋排放污染物的单位和个人,必须按照国家规定缴纳排污费。向海洋倾倒废弃物,必须按照国家规定缴纳倾倒费。根据本法规定征收的排污费、倾倒费,必须用于海洋环境污染的整治,不得挪作他用。具体办法由国务院规定。

第十二条　对超过污染物排放标准的,或者在规定的期限内未完成污染物排放削减任务的,或者造成海洋环境严重污染损害的,应当限期治理。限期治理按照国务院规定的权限决定。

第十三条　国家加强防治海洋环境污染损害的科学技术的研究和开发,对严重污染海洋环境的落后生产工艺和落后设备,实行淘汰制度。企业应当优先使用清洁能源,采用资源利用率高、污染物排放量少的清洁生产工艺,防止对海洋环境的污染。

第十四条　国家海洋行政主管部门按照国家环境监测、监视规范和标准,管理全国海洋环境的调查、监测、监视,制定具体的实施办法,会同有关部门组织全国海洋环境监测、监视网络,定期评价海洋环境质量,发布海洋巡航监视通报。依照本法规定行使海洋环境监督管理权的部门分别负责各自所辖水域的监测、监视。其他有关部门根据全国海洋环境监测网的分工,分别负责对入海河口、主要排污口的监测。

第十五条　国务院有关部门应当向国务院环境保护行政主管部门提供编制全国环境质量公报所必需的海洋环境监测资料。环境保护行政主管部门应当向有关部门提供与海洋环境监督管理有关的资料。

第十六条　国家海洋行政主管部门按照国家制定的环境监测、监视信息管理制度,负责管理海洋综合信息系统,为海洋环境保护监督管理提供服务。

第十七条　因发生事故或者其他突发性事件,造成或者可能造成海洋环境污染事故的单位和个人,必须立即采取有效措施,及时向可能受到危害者通报,并向依照本法规定行使海洋环境监督管理权的部门报告,接受调查处理。沿海县级以上地方人民政府在本行政区域近岸海域的环境受到严重污染时,必须采取有效措施,解除或者减轻危害。

第十八条　国家根据防止海洋环境污染的需要,制定国家重大海上污染事故应急计划。国家海洋行政主管部门负责制定全国海洋石油勘探开发重大海上溢油应急计划,报国务院环境保护行政主管部门备案。国家海事行政主管部门负责制定全国船舶重大海上溢油污染事故应急计划,报国务院环境保护行政主管部门备案。沿海可能发生重大海洋环境污染事故的单位,应当依照国家的规定,制定污染事故应急计划,并向当地环境保护行政主管部门、海洋行政主管部门备案。沿海县级以上地方人民政府及其有关部门在发生重大海上污染事故时,必须按照应急计划解除或者减轻危害。

第十九条 依照本法规定行使海洋环境监督管理权的部门可以在海上实行联合执法,在巡航监视中发现海上污染事故或者违反本法规定的行为时,应当予以制止并调查取证,必要时有权采取有效措施,防止污染事态的扩大,并报告有关主管部门处理。依照本法规定行使海洋环境监督管理权的部门,有权对管辖范围内排放污染物的单位和个人进行现场检查。被检查者应当如实反映情况,提供必要的资料。检查机关应当为被检查者保守技术秘密和业务秘密。

第三章　海洋生态保护

第二十条 国务院和沿海地方各级人民政府应当采取有效措施,保护红树林、珊瑚礁、滨海湿地、海岛、海湾、入海河口、重要渔业水域等具有典型性、代表性的海洋生态系统,珍稀、濒危海洋生物的天然集中分布区,具有重要经济价值的海洋生物生存区域及有重大科学文化价值的海洋自然历史遗迹和自然景观。对具有重要经济、社会价值的已遭到破坏的海洋生态,应当进行整治和恢复。

第二十一条 国务院有关部门和沿海省级人民政府应当根据保护海洋生态的需要,选划、建立海洋自然保护区。国家级海洋自然保护区的建立,须经国务院批准。

第二十二条 凡具有下列条件之一的,应当建立海洋自然保护区:(一)典型的海洋自然地理区域、有代表性的自然生态区域,以及遭受破坏但经保护能恢复的海洋自然生态区域;(二)海洋生物物种高度丰富的区域,或者珍稀、濒危海洋生物物种的天然集中分布区域;(三)具有特殊保护价值的海域、海岸、岛屿、滨海湿地、入海河口和海湾等;(四)具有重大科学文化价值的海洋自然遗迹所在区域;(五)其他需要予以特殊保护的区域。

第二十三条 凡具有特殊地理条件、生态系统、生物与非生物资源及海洋开发利用特殊需要的区域,可以建立海洋特别保护区,采取有效的保护措施和科学的开发方式进行特殊管理。

第二十四条 开发利用海洋资源,应当根据海洋功能区划合理布局,不得造成海洋生态环境破坏。

第二十五条 引进海洋动植物物种,应当进行科学论证,避免对海洋生态系统造成危害。

第二十六条　开发海岛及周围海域的资源,应当采取严格的生态保护措施,不得造成海岛地形、岸滩、植被以及海岛周围海域生态环境的破坏。

第二十七条　沿海地方各级人民政府应当结合当地自然环境的特点,建设海岸防护设施、沿海防护林、沿海城镇园林和绿地,对海岸侵蚀和海水入侵地区进行综合治理。禁止毁坏海岸防护设施、沿海防护林、沿海城镇园林和绿地。

第二十八条　国家鼓励发展生态渔业建设,推广多种生态渔业生产方式,改善海洋生态状况。新建、改建、扩建海水养殖场,应当进行环境影响评价。海水养殖应当科学确定养殖密度,并应当合理投饵、施肥,正确使用药物,防止造成海洋环境的污染。

第四章　防治陆源污染物对海洋环境的污染损害

第二十九条　向海域排放陆源污染物,必须严格执行国家或者地方规定的标准和有关规定。

第三十条　入海排污口位置的选择,应当根据海洋功能区划、海水动力条件和有关规定,经科学论证后,报设区的市级以上人民政府环境保护行政主管部门审查批准。环境保护行政主管部门在批准设置入海排污口之前,必须征求海洋、海事、渔业行政主管部门和军队环境保护部门的意见。在海洋自然保护区、重要渔业水域、海滨风景名胜区和其他需要特别保护的区域,不得新建排污口。在有条件的地区,应当将排污口深海设置,实行离岸排放。设置陆源污染物深海离岸排放排污口,应当根据海洋功能区划、海水动力条件和海底工程设施的有关情况确定,具体办法由国务院规定。

第三十一条　省、自治区、直辖市人民政府环境保护行政主管部门和水行政主管部门应当按照水污染防治有关法律的规定,加强入海河流管理,防治污染,使入海河口的水质处于良好状态。

第三十二条　排放陆源污染物的单位,必须向环境保护行政主管部门申报拥有的陆源污染物排放设施、处理设施和在正常作业条件下排放陆源污染物的种类、数量和浓度,并提供防治海洋环境污染方面的有关技术和资料。排放陆源污染物的种类、数量和浓度有重大改变的,必须及时申报。拆除或者闲置陆源污染物处理设施的,必须事先征得环境保护行政主管部门的同意。

第三十三条　禁止向海域排放油类、酸液、碱液、剧毒废液和高、中水平放射性废水。严格限制向海域排放低水平放射性废水;确需排放的,必须严格执行国家辐射防护规定。严格控制向海域排放含有不易降解的有机物和重金属的废水。

第三十四条　含病原体的医疗污水、生活污水和工业废水必须经过处理,符合国家有关排放标准后,方能排入海域。

第三十五条　含有机物和营养物质的工业废水、生活污水,应当严格控制向海湾、半封闭海及其他自净能力较差的海域排放。

第三十六条　向海域排放含热废水,必须采取有效措施,保证邻近渔业水域的水温符合国家海洋环境质量标准,避免热污染对水产资源的危害。

第三十七条　沿海农田、林场施用化学农药,必须执行国家农药安全使用的规定和标准。沿海农田、林场应当合理使用化肥和植物生长调节剂。

第三十八条　在岸滩弃置、堆放和处理尾矿、矿渣、煤灰渣、垃圾和其他固体废物的,依照《中华人民共和国固体废物污染环境防治法》的有关规定执行。

第三十九条　禁止经中华人民共和国内水、领海转移危险废物。经中华人民共和国管辖的其他海域转移危险废物的,必须事先取得国务院环境保护行政主管部门的书面同意。

第四十条　沿海城市人民政府应当建设和完善城市排水管网,有计划地建设城市污水处理厂或者其他污水集中处理设施,加强城市污水的综合整治。建设污水海洋处置工程,必须符合国家有关规定。

第四十一条　国家采取必要措施,防止、减少和控制来自大气层或者通过大气层造成的海洋环境污染损害。

第五章　防治海岸工程建设项目对海洋环境的污染损害

第四十二条　新建、改建、扩建海岸工程建设项目,必须遵守国家有关建设项目环境保护管理的规定,并把防治污染所需资金纳入建设项目投资计划。在依法划定的海洋自然保护区、海滨风景名胜区、重要渔业水域及其他需要特别保护的区域,不得从事污染环境、破坏景观的海岸工程项目建设或者其他活动。

第四十三条　海岸工程建设项目的单位,必须在建设项目可行性研究阶段,对海洋环境进行科学调查,根据自然条件和社会条件,合理选址,编报环境影响报告书。环境影响报告书经海洋行政主管部门提出审核意见后,报环境保护行政主管部门审查批准。环境保护行政主管部门在批准环境影响报告书之前,必须征求海事、渔业行政主管部门和军队环境保护部门的意见。

第四十四条　海岸工程建设项目的环境保护设施,必须与主体工程同时设计、同时施工、同时投产使用。环境保护设施未经环境保护行政主管部门检查批准,建设项目不得试运行;环境保护设施未经环境保护行政主管部门验收,或者经验收不合格的,建设项目不得投入生产或者使用。

第四十五条 禁止在沿海陆域内新建不具备有效治理措施的化学制浆造纸、化工、印染、制革、电镀、酿造、炼油、岸边冲滩拆船以及其他严重污染海洋环境的工业生产项目。

第四十六条 兴建海岸工程建设项目,必须采取有效措施,保护国家和地方重点保护的野生动植物及其生存环境和海洋水产资源。严格限制在海岸采挖砂石。露天开采海滨砂矿和从岸上打井开采海底矿产资源,必须采取有效措施,防止污染海洋环境。

第六章 防治海洋工程建设项目对海洋环境的污染损害

第四十七条 海洋工程建设项目必须符合海洋功能区划、海洋环境保护规划和国家有关环境保护标准,在可行性研究阶段,编报海洋环境影响报告书,由海洋行政主管部门核准,并报环境保护行政主管部门备案,接受环境保护行政主管部门监督。海洋行政主管部门在核准海洋环境影响报告书之前,必须征求海事、渔业行政主管部门和军队环境保护部门的意见。

第四十八条 海洋工程建设项目的环境保护设施,必须与主体工程同时设计、同时施工、同时投产使用。环境保护设施未经海洋行政主管部门检查批准,建设项目不得试运行;环境保护设施未经海洋行政主管部门验收,或者经验收不合格的,建设项目不得投入生产或者使用。拆除或者闲置环境保护设施,必须事先征得海洋行政主管部门的同意。

第四十九条 海洋工程建设项目,不得使用含超标准放射性物质或者易溶出有毒有害物质的材料。

第五十条 海洋工程建设项目需要爆破作业时,必须采取有效措施,保护海洋资源。海洋石油勘探开发及输油过程中,必须采取有效措施,避免溢油事故的发生。

第五十一条 海洋石油钻井船、钻井平台和采油平台的含油污水和油性混合物,必须经过处理达标后排放;残油、废油必须予以回收,不得排放入海。经回收处理后排放的,其含油量不得超过国家规定的标准。钻井所使用的油基泥浆和其他有毒复合泥浆不得排放入海。水基泥浆和无毒复合泥浆及钻屑的排放,必须符合国家有关规定。

第五十二条 海洋石油钻井船、钻井平台和采油平台及其有关海上设施,不得向海域处置含油的工业垃圾。处置其他工业垃圾，不得造成海洋环境污染。

第五十三条 海上试油时，应当确保油气充分燃烧，油和油性混合物不得排放入海。

第五十四条 勘探开发海洋石油，必须按有关规定编制溢油应急计划，报国家海洋行政主管部门审查批准。

第七章 防治倾倒废弃物对海洋环境的污染损害

第五十五条 任何单位未经国家海洋行政主管部门批准，不得向中华人民共和国管辖海域倾倒任何废弃物。需要倾倒废弃物的单位，必须向国家海洋行政主管部门提出书面申请，经国家海洋行政主管部门审查批准，发给许可证后，方可倾倒。禁止中华人民共和国境外的废弃物在中华人民共和国管辖海域倾倒。

第五十六条 国家海洋行政主管部门根据废弃物的毒性、有毒物质含量和对海洋环境影响程度，制定海洋倾倒废弃物评价程序和标准。向海洋倾倒废弃物，应当按照废弃物的类别和数量实行分级管理。可以向海洋倾倒的废弃物名录，由国家海洋行政主管部门拟定，经国务院环境保护行政主管部门提出审核意见后，报国务院批准。

第五十七条 国家海洋行政主管部门按照科学、合理、经济、安全的原则选划海洋倾倒区，经国务院环境保护行政主管部门提出审核意见后，报国务院批准。临时性海洋倾倒区由国家海洋行政主管部门批准，并报国务院环境保护行政主管部门备案。国家海洋行政主管部门在选划海洋倾倒区和批准临时性海洋倾倒区之前，必须征求国家海事、渔业行政主管部门的意见。

第五十八条 国家海洋行政主管部门监督管理倾倒区的使用，组织倾倒区的环境监测。对经确认不宜继续使用的倾倒区，国家海洋行政主管部门应当予以封闭，终止在该倾倒区的一切倾倒活动，并报国务院备案。

第五十九条 获准倾倒废弃物的单位，必须按照许可证注明的期限及条件，到指定的区域进行倾倒。废弃物装载之后，批准部门应当予以核实。

第六十条 获准倾倒废弃物的单位，应当详细记录倾倒的情况，并在倾倒后向批准部门作出书面报告。倾倒废弃物的船舶必须向驶出港的海事行政主管部门作出书面报告。

第六十一条 禁止在海上焚烧废弃物。禁止在海上处置放射性废弃物或者其他放射性物质。废弃物中的放射性物质的豁免浓度由国务院制定。

第八章　防治船舶及有关作业活动对海洋环境的污染损害

第六十二条　在中华人民共和国管辖海域,任何船舶及相关作业不得违反本法规定向海洋排放污染物、废弃物和压载水、船舶垃圾及其他有害物质。从事船舶污染物、废弃物、船舶垃圾接收、船舶清舱、洗舱作业活动的,必须具备相应的接收处理能力。

第六十三条　船舶必须按照有关规定持有防止海洋环境污染的证书与文书,在进行涉及污染物排放及操作时,应当如实记录。

第六十四条　船舶必须配置相应的防污设备和器材。载运具有污染危害性货物的船舶,其结构与设备应当能够防止或者减轻所载货物对海洋环境的污染。

第六十五条　船舶应当遵守海上交通安全法律、法规的规定,防止因碰撞、触礁、搁浅、火灾或者爆炸等引起的海难事故,造成海洋环境的污染。

第六十六条　国家完善并实施船舶油污损害民事赔偿责任制度;按照船舶油污损害赔偿责任由船东和货主共同承担风险的原则,建立船舶油污保险、油污损害赔偿基金制度。实施船舶油污保险、油污损害赔偿基金制度的具体办法由国务院规定。

第六十七条　载运具有污染危害性货物进出港口的船舶,其承运人、货物所有人或者代理人,必须事先向海事行政主管部门申报。经批准后,方可进出港口、过境停留或者装卸作业。

第六十八条　交付船舶装运污染危害性货物的单证、包装、标志、数量限制等,必须符合对所装货物的有关规定。需要船舶装运污染危害性不明的货物,应当按照有关规定事先进行评估。装卸油类及有毒有害货物的作业,船岸双方必须遵守安全防污操作规程。

第六十九条　港口、码头、装卸站和船舶修造厂必须按照有关规定备有足够的用于处理船舶污染物、废弃物的接收设施,并使该设施处于良好状态。装卸油类的港口、码头、装卸站和船舶必须编制溢油污染应急计划,并配备相应的溢油污染应急设备和器材。

第七十条　进行下列活动,应当事先按照有关规定报经有关部门批准或者核准:(一)船舶在港区水域内使用焚烧炉;(二)船舶在港区水域内进行洗舱、清舱、驱气、排放压载水、残油、含油污水接收、舷外拷铲及油漆等作业;(三)船舶、码头、设施使用化学消油剂;(四)船舶冲洗沾有污染物、有毒有害物质的甲板;(五)船舶进行散装液体污染危害性货物的过驳作业;(六)从事船舶水上拆解、打捞、修造和其他水上、水下船舶施工作业。

第七十一条　船舶发生海难事故,造成或者可能造成海洋环境重大污染损害的,国家海事行政主管部门有权强制采取避免或者减少污染损害的措施。对在公海上因发生海难事故,造成中华人民共和国管辖海域重大污染损害后果或者具有污染威胁的船舶、海上设施,国家海事行政主管部门有权采取与实际的或者可能发生的损害相称的必要措施。

第七十二条　所有船舶均有监视海上污染的义务,在发现海上污染事故或者违反本法规定的行为时,必须立即向就近的依照本法规定行使海洋环境监督管理权的部门报告。民用航空器发现海上排污或者污染事件,必须及时向就近的民用航空空中交通管制单位报告。接到报告的单位,应当立即向依照本法规定行使海洋环境监督管理权的部门通报。

第九章　法律责任

第七十三条　违反本法有关规定,有下列行为之一的,由依照本法规定行使海洋环境监督管理权的部门责令限期改正,并处以罚款:(一)向海域排放本法禁止排放的污染物或者其他物质的;(二)不按照本法规定向海洋排放污染物,或者超过标准排放污染物的;(三)未取得海洋倾倒许可证,向海洋倾倒废弃物的;(四)因发生事故或者其他突发性事件,造成海洋环境污染事故,不立即采取处理措施的。有前款第(一)、(三)项行为之一的,处三万元以上二十万元以下的罚款;有前款第(二)、(四)项行为之一的,处二万元以上十万元以下的罚款。

第七十四条　违反本法有关规定,有下列行为之一的,由依照本法规定行使海洋环境监督管理权的部门予以警告,或者处以罚款:(一)不按照规定申报,甚至拒报污染物排放有关事项,或者在申报时弄虚作假的;(二)发生事故或者其他突发性事件不按照规定报告的;(三)不按照规定记录倾倒情况,或者不按照规定提交倾倒报告的;(四)拒报或者谎报船舶载运污染危害性货物申报事项的。有前款第(一)、(三)项行为之一的,处二万元以下的罚款;有前款第(二)、(四)项行为之一的,处五万元以下的罚款。

第七十五条　违反本法第十九条第二款的规定,拒绝现场检查,或者在被检查时弄虚作假的,由依照本法规定行使海洋环境监督管理权的部门予以警告,并处二万元以下的罚款。

第七十六条 违反本法规定,造成珊瑚礁、红树林等海洋生态系统及海洋水产资源、海洋保护区破坏的,由依照本法规定行使海洋环境监督管理权的部门责令限期改正和采取补救措施,并处一万元以上十万元以下的罚款;有违法所得的,没收其违法所得。

第七十七条 违反本法第三十条第一款、第三款规定设置入海排污口的,由县级以上地方人民政府环境保护行政主管部门责令其关闭,并处二万元以上十万元以下的罚款。

第七十八条 违反本法第三十二条第三款的规定,擅自拆除、闲置环境保护设施的,由县级以上地方人民政府环境保护行政主管部门责令重新安装使用,并处一万元以上十万元以下的罚款。

第七十九条 违反本法第三十九条第二款的规定,经中华人民共和国管辖海域,转移危险废物的,由国家海事行政主管部门责令非法运输该危险废物的船舶退出中华人民共和国管辖海域,并处五万元以上五十万元以下的罚款。

第八十条 违反本法第四十三条第一款的规定,未持有经审核和批准的环境影响报告书,兴建海岸工程建设项目的,由县级以上地方人民政府环境保护行政主管部门责令其停止违法行为和采取补救措施,并处五万元以上二十万元以下的罚款;或者按照管理权限,由县级以上地方人民政府责令其限期拆除。

第八十一条 违反本法第四十四条的规定,海岸工程建设项目未建成环境保护设施,或者环境保护设施未达到规定要求即投入生产、使用的,由环境保护行政主管部门责令其停止生产或者使用,并处二万元以上十万元以下的罚款。

第八十二条 违反本法第四十五条的规定,新建严重污染海洋环境的工业生产建设项目的,按照管理权限,由县级以上人民政府责令关闭。

第八十三条 违反本法第四十七条第一款、第四十八条的规定,进行海洋工程建设项目,或者海洋工程建设项目未建成环境保护设施、环境保护设施未达到规定要求即投入生产、使用的,由海洋行政主管部门责令其停止施工或者生产、使用,并处五万元以上二十万元以下的罚款。

第八十四条 违反本法第四十九条的规定,使用含超标准放射性物质或者易溶出有毒有害物质材料的,由海洋行政主管部门处五万元以下的罚款,并责令其停止该建设项目的运行,直到消除污染危害。

第八十五条 违反本法规定进行海洋石油勘探开发活动,造成海洋环境污染的,由国家海洋行政主管部门予以警告,并处二万元以上二十万元以下的罚款。

第八十六条　违反本法规定，不按照许可证的规定倾倒，或者向已经封闭的倾倒区倾倒废弃物的，由海洋行政主管部门予以警告，并处三万元以上二十万元以下的罚款；对情节严重的，可以暂扣或者吊销许可证。

第八十七条　违反本法第五十五条第三款的规定，将中华人民共和国境外废弃物运进中华人民共和国管辖海域倾倒的，由国家海洋行政主管部门予以警告，并根据造成或者可能造成的危害后果，处十万元以上一百万元以下的罚款。

第八十八条　违反本法规定，有下列行为之一的，由依照本法规定行使海洋环境监督管理权的部门予以警告，或者处以罚款：（一）港口、码头、装卸站及船舶未配备防污设施、器材的；（二）船舶未持有防污证书、防污文书，或者不按照规定记载排污记录的；（三）从事水上和港区水域拆船、旧船改装、打捞和其他水上、水下施工作业，造成海洋环境污染损害的；（四）船舶载运的货物不具备防污适运条件的。有前款第（一）、（四）项行为之一的，处二万元以上十万元以下的罚款；有前款第（二）项行为的，处二万元以下的罚款；有前款第（三）项行为的，处五万元以上二十万元以下的罚款。

第八十九条　违反本法规定，船舶、石油平台和装卸油类的港口、码头、装卸站不编制溢油应急计划的，由依照本法规定行使海洋环境监督管理权的部门予以警告，或者责令限期改正。

第九十条　造成海洋环境污染损害的责任者，应当排除危害，并赔偿损失；完全由于第三者的故意或者过失，造成海洋环境污染损害的，由第三者排除危害，并承担赔偿责任。对破坏海洋生态、海洋水产资源、海洋保护区，给国家造成重大损失的，由依照本法规定行使海洋环境监督管理权的部门代表国家对责任者提出损害赔偿要求。

第九十一条　对违反本法规定，造成海洋环境污染事故的单位，由依照本法规定行使海洋环境监督管理权的部门根据所造成的危害和损失处以罚款；负有直接责任的主管人员和其他直接责任人员属于国家工作人员的，依法给予行政处分。前款规定的罚款数额按照直接损失的百分之三十计算，但最高不得超过三十万元。对造成重大海洋环境污染事故，致使公私财产遭受重大损失或者人身伤亡严重后果的，依法追究刑事责任。

第九十二条　完全属于下列情形之一，经过及时采取合理措施，仍然不能避免对海洋环境造成污染损害的，造成污染损害的有关责任者免予承担责任：（一）战争；（二）不可抗拒的自然灾害；（三）负责灯塔或者其他助航设备的主管部门,在执行职责时的疏忽,或者其他过失行为。

第九十三条 对违反本法第十一条、第十二条有关缴纳排污费、倾倒费和限期治理规定的行政处罚,由国务院规定。

第九十四条 海洋环境监督管理人员滥用职权、玩忽职守、徇私舞弊,造成海洋环境污染损害的,依法给予行政处分;构成犯罪的,依法追究刑事责任。

第十章 附 则

第九十五条 本法中下列用语的含义是:(一)海洋环境污染损害,是指直接或者间接地把物质或者能量引入海洋环境,产生损害海洋生物资源、危害人体健康、妨害渔业和海上其他合法活动、损害海水使用素质和减损环境质量等有害影响。(二)内水,是指我国领海基线向内陆一侧的所有海域。(三)滨海湿地,是指低潮时水深浅于六米的水域及其沿岸浸湿地带,包括水深不超过六米的永久性水域、潮间带(或洪泛地带)和沿海低地等。(四)海洋功能区划,是指依据海洋自然属性和社会属性,以及自然资源和环境特定条件,界定海洋利用的主导功能和使用范畴。(五)渔业水域,是指鱼虾类的产卵场、索饵场、越冬场、洄游通道和鱼虾贝藻类的养殖场。(六)油类,是指任何类型的油及其炼制品。(七)油性混合物,是指任何含有油份的混合物。(八)排放,是指把污染物排入海洋的行为,包括泵出、溢出、泄出、喷出和倒出。(九)陆地污染源(简称陆源),是指从陆地向海域排放污染物,造成或者可能造成海洋环境污染的场所、设施等。(十)陆源污染物,是指由陆地污染源排放的污染物。(十一)倾倒,是指通过船舶、航空器、平台或者其他载运工具,向海洋处置废弃物和其他有害物质的行为,包括弃置船舶、航空器、平台及其辅助设施和其他浮动工具的行为。(十二)沿海陆域,是指与海岸相连,或者通过管道、沟渠、设施,直接或者间接向海洋排放污染物及其相关活动的一带区域。(十三)海上焚烧,是指以热摧毁为目的,在海上焚烧设施上,故意焚烧废弃物或者其他物质的行为,但船舶、平台或者其他人工构造物正常操作中,所附带发生的行为除外。

第九十六条 涉及海洋环境监督管理的有关部门的具体职权划分,本法未作规定的,由国务院规定。

第九十七条 中华人民共和国缔结或者参加的与海洋环境保护有关的国际条约与本法有不同规定的,适用国际条约的规定;但是,中华人民共和国声明保留的条款除外。

第九十八条 本法自 2000 年 4 月 1 日起施行。

中华人民共和国水污染防治法

(1984 年 5 月 11 日第六届全国人民代表大会常务委员会第五次会议通过
1984 年 5 月 11 日中华人民共和国主席令第 12 号公布
根据 1996 年 5 月 15 日第八届全国人民代表大会常务委员会第十九次会议通过
1996 年 5 月 15 日中华人民共和国主席令第 66 号发布
自公布之日起施行的《全国人民代表大会常务委员会关于
修改〈中华人民共和国水污染防治法〉的决定》第一次修正
2008 年 2 月 28 日第十届全国人民代表大会常务委员会第三十二次
会议第二次修订通过　2008 年 2 月 28 日中华人民共和国主席令
第 87 号公布　自 2008 年 6 月 1 日起施行)

第一章　总　则

第一条　为了防治水污染,保护和改善环境,保障饮用水安全,促进经济社会全面协调可持续发展,制定本法。

第二条　本法适用于中华人民共和国领域内的江河、湖泊、运河、渠道、水库等地表水体以及地下水体的污染防治。

海洋污染防治适用《中华人民共和国海洋环境保护法》。

第三条　水污染防治应当坚持预防为主、防治结合、综合治理的原则,优先保护饮用水水源,严格控制工业污染、城镇生活污染,防治农业面源污染,积极推进生态治理工程建设,预防、控制和减少水环境污染和生态破坏。

第四条　县级以上人民政府应当将水环境保护工作纳入国民经济和社会发展规划。

县级以上地方人民政府应当采取防治水污染的对策和措施,对本行政区域的水环境质量负责。

第五条　国家实行水环境保护目标责任制和考核评价制度,将水环境保护目标完成情况作为对地方人民政府及其负责人考核评价的内容。

第六条　国家鼓励、支持水污染防治的科学技术研究和先进适用技术的推广应用,加强水环境保护的宣传教育。

第七条　国家通过财政转移支付等方式,建立健全对位于饮用水水源保护区区域和江河、湖泊、水库上游地区的水环境生态保护补偿机制。

第八条　县级以上人民政府环境保护主管部门对水污染防治实施统一监督管理。

交通主管部门的海事管理机构对船舶污染水域的防治实施监督管理。

县级以上人民政府水行政、国土资源、卫生、建设、农业、渔业等部门以及重要江河、湖泊的流域水资源保护机构,在各自的职责范围内,对有关水污染防治实施监督管理。

第九条　排放水污染物,不得超过国家或者地方规定的水污染物排放标准和重点水污染物排放总量控制指标。

第十条　任何单位和个人都有义务保护水环境,并有权对污染损害水环境的行为进行检举。

县级以上人民政府及其有关主管部门对在水污染防治工作中作出显著成绩的单位和个人给予表彰和奖励。

第二章　水污染防治的标准和规划

第十一条　国务院环境保护主管部门制定国家水环境质量标准。

省、自治区、直辖市人民政府可以对国家水环境质量标准中未作规定的项目,制定地方标准,并报国务院环境保护主管部门备案。

第十二条　国务院环境保护主管部门会同国务院水行政主管部门和有关省、自治区、直辖市人民政府,可以根据国家确定的重要江河、湖泊流域水体的使用功能以及有关地区的经济、技术条件,确定该重要江河、湖泊流域的省界水体适用的水环境质量标准,报国务院批准后施行。

第十三条　国务院环境保护主管部门根据国家水环境质量标准和国家经济、技术条件,制定国家水污染物排放标准。

省、自治区、直辖市人民政府对国家水污染物排放标准中未作规定的项目,可以制定地方水污染物排放标准;对国家水污染物排放标准中已作规定的项目,可以制定严于国家水污染物排放标准的地方水污染物排放标准。地方水污染物排放标准须报国务院环境保护主管部门备案。

向已有地方水污染物排放标准的水体排放污染物的,应当执行地方水污染物排放标准。

第十四条 国务院环境保护主管部门和省、自治区、直辖市人民政府,应当根据水污染防治的要求和国家或者地方的经济、技术条件,适时修订水环境质量标准和水污染物排放标准。

第十五条 防治水污染应当按流域或者按区域进行统一规划。国家确定的重要江河、湖泊的流域水污染防治规划,由国务院环境保护主管部门会同国务院经济综合宏观调控、水行政等部门和有关省、自治区、直辖市人民政府编制,报国务院批准。

前款规定外的其他跨省、自治区、直辖市江河、湖泊的流域水污染防治规划,根据国家确定的重要江河、湖泊的流域水污染防治规划和本地实际情况,由有关省、自治区、直辖市人民政府环境保护主管部门会同同级水行政等部门和有关市、县人民政府编制,经有关省、自治区、直辖市人民政府审核,报国务院批准。

省、自治区、直辖市内跨县江河、湖泊的流域水污染防治规划,根据国家确定的重要江河、湖泊的流域水污染防治规划和本地实际情况,由省、自治区、直辖市人民政府环境保护主管部门会同同级水行政等部门编制,报省、自治区、直辖市人民政府批准,并报国务院备案。

经批准的水污染防治规划是防治水污染的基本依据,规划的修订须经原批准机关批准。

县级以上地方人民政府应当根据依法批准的江河、湖泊的流域水污染防治规划,组织制定本行政区域的水污染防治规划。

第十六条 国务院有关部门和县级以上地方人民政府开发、利用和调节、调度水资源时,应当统筹兼顾,维持江河的合理流量和湖泊、水库以及地下水体的合理水位,维护水体的生态功能。

第三章 水污染防治的监督管理

第十七条 新建、改建、扩建直接或者间接向水体排放污染物的建设项目和其他水上设施,应当依法进行环境影响评价。

建设单位在江河、湖泊新建、改建、扩建排污口的,应当取得水行政主管部门或者流域管理机构同意;涉及通航、渔业水域的,环境保护主管部门在审批环境影响评价文件时,应当征求交通、渔业主管部门的意见。

建设项目的水污染防治设施,应当与主体工程同时设计、同时施工、同时投入使用。水污染防治设施应当经过环境保护主管部门验收,验收不合格的,该建设项目不得投入生产或者使用。

第十八条　国家对重点水污染物排放实施总量控制制度。

省、自治区、直辖市人民政府应当按照国务院的规定削减和控制本行政区域的重点水污染物排放总量,并将重点水污染物排放总量控制指标分解落实到市、县人民政府。市、县人民政府根据本行政区域重点水污染物排放总量控制指标的要求,将重点水污染物排放总量控制指标分解落实到排污单位。具体办法和实施步骤由国务院规定。

省、自治区、直辖市人民政府可以根据本行政区域水环境质量状况和水污染防治工作的需要,确定本行政区域实施总量削减和控制的重点水污染物。

对超过重点水污染物排放总量控制指标的地区,有关人民政府环境保护主管部门应当暂停审批新增重点水污染物排放总量的建设项目的环境影响评价文件。

第十九条　国务院环境保护主管部门对未按照要求完成重点水污染物排放总量控制指标的省、自治区、直辖市予以公布。省、自治区、直辖市人民政府环境保护主管部门对未按照要求完成重点水污染物排放总量控制指标的市、县予以公布。

县级以上人民政府环境保护主管部门对违反本法规定、严重污染水环境的企业予以公布。

第二十条　国家实行排污许可制度。

直接或者间接向水体排放工业废水和医疗污水以及其他按照规定应当取得排污许可证方可排放的废水、污水的企业事业单位,应当取得排污许可证;城镇污水集中处理设施的运营单位,也应当取得排污许可证。排污许可的具体办法和实施步骤由国务院规定。

禁止企业事业单位无排污许可证或者违反排污许可证的规定向水体排放前款规定的废水、污水。

第二十一条　直接或者间接向水体排放污染物的企业事业单位和个体工商户,应当按照国务院环境保护主管部门的规定,向县级以上地方人民政府环境保护主管部门申报登记拥有的水污染物排放设施、处理设施和在正常作业条件下排放水污染物的种类、数量和浓度,并提供防治水污染方面的有关技术资料。

企业事业单位和个体工商户排放水污染物的种类、数量和浓度有重大改变的,应当及时申报登记;其水污染物处理设施应当保持正常使用;拆除或者闲置水污染物处理设施的,应当事先报县级以上地方人民政府环境保护主管部门批准。

第二十二条　向水体排放污染物的企业事业单位和个体工商户,应当按照法律、行政法规和国务院环境保护主管部门的规定设置排污口;在江河、湖泊设置排污口的,还应当遵守国务院水行政主管部门的规定。

禁止私设暗管或者采取其他规避监管的方式排放水污染物。

第二十三条　重点排污单位应当安装水污染物排放自动监测设备,与环境保护主管部门的监控设备联网,并保证监测设备正常运行。排放工业废水的企业,应当对其所排放的工业废水进行监测,并保存原始监测记录。具体办法由国务院环境保护主管部门规定。

应当安装水污染物排放自动监测设备的重点排污单位名录,由设区的市级以上地方人民政府环境保护主管部门根据本行政区域的环境容量、重点水污染物排放总量控制指标的要求以及排污单位排放水污染物的种类、数量和浓度等因素,商同级有关部门确定。

第二十四条　直接向水体排放污染物的企业事业单位和个体工商户,应当按照排放水污染物的种类、数量和排污费征收标准缴纳排污费。

排污费应当用于污染的防治,不得挪作他用。

第二十五条　国家建立水环境质量监测和水污染物排放监测制度。国务院环境保护主管部门负责制定水环境监测规范,统一发布国家水环境状况信息,会同国务院水行政等部门组织监测网络。

第二十六条　国家确定的重要江河、湖泊流域的水资源保护工作机构负责监测其所在流域的省界水体的水环境质量状况,并将监测结果及时报国务院环境保护主管部门和国务院水行政主管部门;有经国务院批准成立的流域水资源保护领导机构的,应当将监测结果及时报告流域水资源保护领导机构。

第二十七条　环境保护主管部门和其他依照本法规定行使监督管理权的部门,有权对管辖范围内的排污单位进行现场检查,被检查的单位应当如实反映情况,提供必要的资料。检查机关有义务为被检查的单位保守在检查中获取的商业秘密。

第二十八条　跨行政区域的水污染纠纷,由有关地方人民政府协商解决,或者由其共同的上级人民政府协调解决。

第四章　水污染防治措施

第一节　一般规定

第二十九条　禁止向水体排放油类、酸液、碱液或者剧毒废液。

禁止在水体清洗装贮过油类或者有毒污染物的车辆和容器。

第三十条　禁止向水体排放、倾倒放射性固体废物或者含有高放射性和中放射性物质的废水。

向水体排放含低放射性物质的废水,应当符合国家有关放射性污染防治的规定和标准。

第三十一条　向水体排放含热废水,应当采取措施,保证水体的水温符合水环境质量标准。

第三十二条　含病原体的污水应当经过消毒处理;符合国家有关标准后,方可排放。

第三十三条　禁止向水体排放、倾倒工业废渣、城镇垃圾和其他废弃物。

禁止将含有汞、镉、砷、铬、铅、氰化物、黄磷等的可溶性剧毒废渣向水体排放、倾倒或者直接埋入地下。

存放可溶性剧毒废渣的场所,应当采取防水、防渗漏、防流失的措施。

第三十四条　禁止在江河、湖泊、运河、渠道、水库最高水位线以下的滩地和岸坡堆放、存贮固体废弃物和其他污染物。

第三十五条　禁止利用渗井、渗坑、裂隙和溶洞排放、倾倒含有毒污染物的废水、含病原体的污水和其他废弃物。

第三十六条　禁止利用无防渗漏措施的沟渠、坑塘等输送或者存贮含有毒污染物的废水、含病原体的污水和其他废弃物。

第三十七条　多层地下水的含水层水质差异大的,应当分层开采;对已受污染的潜水和承压水,不得混合开采。

第三十八条　兴建地下工程设施或者进行地下勘探、采矿等活动,应当采取防护性措施,防止地下水污染。

第三十九条　人工回灌补给地下水,不得恶化地下水质。

第二节　工业水污染防治

第四十条　国务院有关部门和县级以上地方人民政府应当合理规划工业

布局,要求造成水污染的企业进行技术改造,采取综合防治措施,提高水的重复利用率,减少废水和污染物排放量。

第四十一条 国家对严重污染水环境的落后工艺和设备实行淘汰制度。

国务院经济综合宏观调控部门会同国务院有关部门,公布限期禁止采用的严重污染水环境的工艺名录和限期禁止生产、销售、进口、使用的严重污染水环境的设备名录。

生产者、销售者、进口者或者使用者应当在规定的期限内停止生产、销售、进口或者使用列入前款规定的设备名录中的设备。工艺的采用者应当在规定的期限内停止采用列入前款规定的工艺名录中的工艺。

依照本条第二款、第三款规定被淘汰的设备,不得转让给他人使用。

第四十二条 国家禁止新建不符合国家产业政策的小型造纸、制革、印染、染料、炼焦、炼硫、炼砷、炼汞、炼油、电镀、农药、石棉、水泥、玻璃、钢铁、火电以及其他严重污染水环境的生产项目。

第四十三条 企业应当采用原材料利用效率高、污染物排放量少的清洁工艺,并加强管理,减少水污染物的产生。

第三节 城镇水污染防治

第四十四条 城镇污水应当集中处理。

县级以上地方人民政府应当通过财政预算和其他渠道筹集资金,统筹安排建设城镇污水集中处理设施及配套管网,提高本行政区域城镇污水的收集率和处理率。

国务院建设主管部门应当会同国务院经济综合宏观调控、环境保护主管部门,根据城乡规划和水污染防治规划,组织编制全国城镇污水处理设施建设规划。县级以上地方人民政府组织建设、经济综合宏观调控、环境保护、水行政等部门编制本行政区域的城镇污水处理设施建设规划。县级以上地方人民政府建设主管部门应当按照城镇污水处理设施建设规划,组织建设城镇污水集中处理设施及配套管网,并加强对城镇污水集中处理设施运营的监督管理。

城镇污水集中处理设施的运营单位按照国家规定向排污者提供污水处理的有偿服务,收取污水处理费用,保证污水集中处理设施的正常运行。向城镇污水集中处理设施排放污水、缴纳污水处理费用的,不再缴纳排污费。收取的污水处理费用应当用于城镇污水集中处理设施的建设和运行,不得挪作他用。

城镇污水集中处理设施的污水处理收费、管理以及使用的具体办法,由国务院规定。

第四十五条　向城镇污水集中处理设施排放水污染物,应当符合国家或者地方规定的水污染物排放标准。

城镇污水集中处理设施的出水水质达到国家或者地方规定的水污染物排放标准的,可以按照国家有关规定免缴排污费。

城镇污水集中处理设施的运营单位,应当对城镇污水集中处理设施的出水水质负责。

环境保护主管部门应当对城镇污水集中处理设施的出水水质和水量进行监督检查。

第四十六条　建设生活垃圾填埋场,应当采取防渗漏等措施,防止造成水污染。

第四节　农业和农村水污染防治

第四十七条　使用农药,应当符合国家有关农药安全使用的规定和标准。

运输、存贮农药和处置过期失效农药,应当加强管理,防止造成水污染。

第四十八条　县级以上地方人民政府农业主管部门和其他有关部门,应当采取措施,指导农业生产者科学、合理地施用化肥和农药,控制化肥和农药的过量使用,防止造成水污染。

第四十九条　国家支持畜禽养殖场、养殖小区建设畜禽粪便、废水的综合利用或者无害化处理设施。

畜禽养殖场、养殖小区应当保证其畜禽粪便、废水的综合利用或者无害化处理设施正常运转,保证污水达标排放,防止污染水环境。

第五十条　从事水产养殖应当保护水域生态环境,科学确定养殖密度,合理投饵和使用药物,防止污染水环境。

第五十一条　向农田灌溉渠道排放工业废水和城镇污水,应当保证其下游最近的灌溉取水点的水质符合农田灌溉水质标准。

利用工业废水和城镇污水进行灌溉,应当防止污染土壤、地下水和农产品。

第五节　船舶水污染防治

第五十二条　船舶排放含油污水、生活污水,应当符合船舶污染物排放标准。从事海洋航运的船舶进入内河和港口的,应当遵守内河的船舶污染物排放标准。

船舶的残油、废油应当回收，禁止排入水体。

禁止向水体倾倒船舶垃圾。

船舶装载运输油类或者有毒货物，应当采取防止溢流和渗漏的措施，防止货物落水造成水污染。

第五十三条 船舶应当按照国家有关规定配置相应的防污设备和器材，并持有合法有效的防止水域环境污染的证书与文书。

船舶进行涉及污染物排放的作业，应当严格遵守操作规程，并在相应的记录簿上如实记载。

第五十四条 港口、码头、装卸站和船舶修造厂应当备有足够的船舶污染物、废弃物的接收设施。从事船舶污染物、废弃物接收作业，或者从事装载油类、污染危害性货物船舱清洗作业的单位，应当具备与其运营规模相适应的接收处理能力。

第五十五条 船舶进行下列活动，应当编制作业方案，采取有效的安全和防污染措施，并报作业地海事管理机构批准：

（一）进行残油、含油污水、污染危害性货物残留物的接收作业，或者进行装载油类、污染危害性货物船舱的清洗作业；

（二）进行散装液体污染危害性货物的过驳作业；

（三）进行船舶水上拆解、打捞或者其他水上、水下船舶施工作业。

在渔港水域进行渔业船舶水上拆解活动，应当报作业地渔业主管部门批准。

第五章　饮用水水源和其他特殊水体保护

第五十六条 国家建立饮用水水源保护区制度。饮用水水源保护区分为一级保护区和二级保护区；必要时，可以在饮用水水源保护区外围划定一定的区域作为准保护区。

饮用水水源保护区的划定，由有关市、县人民政府提出划定方案，报省、自治区、直辖市人民政府批准；跨市、县饮用水水源保护区的划定，由有关市、县人民政府协商提出划定方案，报省、自治区、直辖市人民政府批准；协商不成的，由省、自治区、直辖市人民政府环境保护主管部门会同同级水行政、国土资源、卫生、建设等部门提出划定方案，征求同级有关部门的意见后，报省、自治区、直辖市人民政府批准。

跨省、自治区、直辖市的饮用水水源保护区，由有关省、自治区、直辖市人民政府商有关流域管理机构划定;协商不成的,由国务院环境保护主管部门会同同级水行政、国土资源、卫生、建设等部门提出划定方案,征求国务院有关部门的意见后,报国务院批准。

国务院和省、自治区、直辖市人民政府可以根据保护饮用水水源的实际需要,调整饮用水水源保护区的范围,确保饮用水安全。有关地方人民政府应当在饮用水水源保护区的边界设立明确的地理界标和明显的警示标志。

第五十七条　在饮用水水源保护区内,禁止设置排污口。

第五十八条　禁止在饮用水水源一级保护区内新建、改建、扩建与供水设施和保护水源无关的建设项目;已建成的与供水设施和保护水源无关的建设项目,由县级以上人民政府责令拆除或者关闭。

禁止在饮用水水源一级保护区内从事网箱养殖、旅游、游泳、垂钓或者其他可能污染饮用水水体的活动。

第五十九条　禁止在饮用水水源二级保护区内新建、改建、扩建排放污染物的建设项目;已建成的排放污染物的建设项目,由县级以上人民政府责令拆除或者关闭。

在饮用水水源二级保护区内从事网箱养殖、旅游等活动的,应当按照规定采取措施,防止污染饮用水水体。

第六十条　禁止在饮用水水源准保护区内新建、扩建对水体污染严重的建设项目;改建建设项目,不得增加排污量。

第六十一条　县级以上地方人民政府应当根据保护饮用水水源的实际需要,在准保护区内采取工程措施或者建造湿地、水源涵养林等生态保护措施,防止水污染物直接排入饮用水水体,确保饮用水安全。

第六十二条　饮用水水源受到污染可能威胁供水安全的,环境保护主管部门应当责令有关企业事业单位采取停止或者减少排放水污染物等措施。

第六十三条　国务院和省、自治区、直辖市人民政府根据水环境保护的需要,可以规定在饮用水水源保护区内,采取禁止或者限制使用含磷洗涤剂、化肥、农药以及限制种植养殖等措施。

第六十四条　县级以上人民政府可以对风景名胜区水体、重要渔业水体和其他具有特殊经济文化价值的水体划定保护区,并采取措施,保证保护区的水质符合规定用途的水环境质量标准。

第六十五条　在风景名胜区水体、重要渔业水体和其他具有特殊经济文化价值的水体的保护区内,不得新建排污口。在保护区附近新建排污口,应当保证保护区水体不受污染。

第六章　水污染事故处置

第六十六条　各级人民政府及其有关部门,可能发生水污染事故的企业事业单位,应当依照《中华人民共和国突发事件应对法》的规定,做好突发水污染事故的应急准备、应急处置和事后恢复等工作。

第六十七条　可能发生水污染事故的企业事业单位,应当制定有关水污染事故的应急方案,做好应急准备,并定期进行演练。

生产、储存危险化学品的企业事业单位,应当采取措施,防止在处理安全生产事故过程中产生的可能严重污染水体的消防废水、废液直接排入水体。

第六十八条　企业事业单位发生事故或者其他突发性事件,造成或者可能造成水污染事故的,应当立即启动本单位的应急方案,采取应急措施,并向事故发生地的县级以上地方人民政府或者环境保护主管部门报告。环境保护主管部门接到报告后,应当及时向本级人民政府报告,并抄送有关部门。

造成渔业污染事故或者渔业船舶造成水污染事故的,应当向事故发生地的渔业主管部门报告,接受调查处理。其他船舶造成水污染事故的,应当向事故发生地的海事管理机构报告,接受调查处理;给渔业造成损害的,海事管理机构应当通知渔业主管部门参与调查处理。

第七章　法律责任

第六十九条　环境保护主管部门或者其他依照本法规定行使监督管理权的部门,不依法作出行政许可或者办理批准文件的,发现违法行为或者接到对违法行为的举报后不予查处的,或者有其他未依照本法规定履行职责的行为的,对直接负责的主管人员和其他直接责任人员依法给予处分。

第七十条　拒绝环境保护主管部门或者其他依照本法规定行使监督管理权的部门的监督检查,或者在接受监督检查时弄虚作假的,由县级以上人民政府环境保护主管部门或者其他依照本法规定行使监督管理权的部门责令改正,处一万元以上十万元以下的罚款。

第七十一条　违反本法规定,建设项目的水污染防治设施未建成、未经验收或者验收不合格,主体工程即投入生产或者使用的,由县级以上人民政府环境保护主管部门责令停止生产或者使用,直至验收合格,处五万元以上五十万元以下的罚款。

第七十二条 违反本法规定,有下列行为之一的,由县级以上人民政府环境保护主管部门责令限期改正;逾期不改正的,处一万元以上十万元以下的罚款:

(一)拒报或者谎报国务院环境保护主管部门规定的有关水污染物排放申报登记事项的;

(二)未按照规定安装水污染物排放自动监测设备或者未按照规定与环境保护主管部门的监控设备联网,并保证监测设备正常运行的;

(三)未按照规定对所排放的工业废水进行监测并保存原始监测记录的。

第七十三条 违反本法规定,不正常使用水污染物处理设施,或者未经环境保护主管部门批准拆除、闲置水污染物处理设施的,由县级以上人民政府环境保护主管部门责令限期改正,处应缴纳排污费数额一倍以上三倍以下的罚款。

第七十四条 违反本法规定,排放水污染物超过国家或者地方规定的水污染物排放标准,或者超过重点水污染物排放总量控制指标的,由县级以上人民政府环境保护主管部门按照权限责令限期治理,处应缴纳排污费数额二倍以上五倍以下的罚款。

限期治理期间,由环境保护主管部门责令限制生产、限制排放或者停产整治。限期治理的期限最长不超过一年;逾期未完成治理任务的,报经有批准权的人民政府批准,责令关闭。

第七十五条 在饮用水水源保护区内设置排污口的,由县级以上地方人民政府责令限期拆除,处十万元以上五十万元以下的罚款;逾期不拆除的,强制拆除,所需费用由违法者承担,处五十万元以上一百万元以下的罚款,并可以责令停产整顿。

除前款规定外,违反法律、行政法规和国务院环境保护主管部门的规定设置排污口或者私设暗管的,由县级以上地方人民政府环境保护主管部门责令限期拆除,处二万元以上十万元以下的罚款;逾期不拆除的,强制拆除,所需费用由违法者承担,处十万元以上五十万元以下的罚款;私设暗管或者有其他严重情节的,县级以上地方人民政府环境保护主管部门可以提请县级以上地方人民政府责令停产整顿。

未经水行政主管部门或者流域管理机构同意,在江河、湖泊新建、改建、扩建排污口的,由县级以上人民政府水行政主管部门或者流域管理机构依据职权,依照前款规定采取措施、给予处罚。

第七十六条　有下列行为之一的,由县级以上地方人民政府环境保护主管部门责令停止违法行为,限期采取治理措施,消除污染,处以罚款;逾期不采取治理措施的,环境保护主管部门可以指定有治理能力的单位代为治理,所需费用由违法者承担:

（一）向水体排放油类、酸液、碱液的;

（二）向水体排放剧毒废液,或者将含有汞、镉、砷、铬、铅、氰化物、黄磷等的可溶性剧毒废渣向水体排放、倾倒或者直接埋入地下的;

（三）在水体清洗装贮过油类、有毒污染物的车辆或者容器的;

（四）向水体排放、倾倒工业废渣、城镇垃圾或者其他废弃物,或者在江河、湖泊、运河、渠道、水库最高水位线以下的滩地、岸坡堆放、存贮固体废弃物或者其他污染物的;

（五）向水体排放、倾倒放射性固体废物或者含有高放射性、中放射性物质的废水的;

（六）违反国家有关规定或者标准,向水体排放含低放射性物质的废水、热废水或者含病原体的污水的;

（七）利用渗井、渗坑、裂隙或者溶洞排放、倾倒含有毒污染物的废水、含病原体的污水或者其他废弃物的;

（八）利用无防渗漏措施的沟渠、坑塘等输送或者存贮含有毒污染物的废水、含病原体的污水或者其他废弃物的。

有前款第三项、第六项行为之一的,处一万元以上十万元以下的罚款;有前款第一项、第四项、第八项行为之一的,处二万元以上二十万元以下的罚款;有前款第二项、第五项、第七项行为之一的,处五万元以上五十万元以下的罚款。

第七十七条　违反本法规定,生产、销售、进口或者使用列入禁止生产、销售、进口、使用的严重污染水环境的设备名录中的设备,或者采用列入禁止采用的严重污染水环境的工艺名录中的工艺的,由县级以上人民政府经济综合宏观调控部门责令改正,处五万元以上二十万元以下的罚款;情节严重的,由县级以上人民政府经济综合宏观调控部门提出意见,报请本级人民政府责令停业、关闭。

第七十八条　违反本法规定,建设不符合国家产业政策的小型造纸、制革、印染、染料、炼焦、炼硫、炼砷、炼汞、炼油、电镀、农药、石棉、水泥、玻璃、钢铁、火电以及其他严重污染水环境的生产项目的,由所在地的市、县人民政府责令关闭。

第七十九条 船舶未配置相应的防污染设备和器材,或者未持有合法有效的防止水域环境污染的证书与文书的,由海事管理机构、渔业主管部门按照职责分工责令限期改正,处二千元以上二万元以下的罚款;逾期不改正的,责令船舶临时停航。

船舶进行涉及污染物排放的作业,未遵守操作规程或者未在相应的记录簿上如实记载的,由海事管理机构、渔业主管部门按照职责分工责令改正,处二千元以上二万元以下的罚款。

第八十条 违反本法规定,有下列行为之一的,由海事管理机构、渔业主管部门按照职责分工责令停止违法行为,处以罚款;造成水污染的,责令限期采取治理措施,消除污染;逾期不采取治理措施的,海事管理机构、渔业主管部门按照职责分工可以指定有治理能力的单位代为治理,所需费用由船舶承担:

(一)向水体倾倒船舶垃圾或者排放船舶的残油、废油的;

(二)未经作业地海事管理机构批准,船舶进行残油、含油污水、污染危害性货物残留物的接收作业,或者进行装载油类、污染危害性货物船舱的清洗作业,或者进行散装液体污染危害性货物的过驳作业的;

(三)未经作业地海事管理机构批准,进行船舶水上拆解、打捞或者其他水上、水下船舶施工作业的;

(四)未经作业地渔业主管部门批准,在渔港水域进行渔业船舶水上拆解的。

有前款第一项、第二项、第四项行为之一的,处五千元以上五万元以下的罚款;有前款第三项行为的,处一万元以上十万元以下的罚款。

第八十一条 有下列行为之一的,由县级以上地方人民政府环境保护主管部门责令停止违法行为,处十万元以上五十万元以下的罚款;并报经有批准权的人民政府批准,责令拆除或者关闭:

(一)在饮用水水源一级保护区内新建、改建、扩建与供水设施和保护水源无关的建设项目的;

(二)在饮用水水源二级保护区内新建、改建、扩建排放污染物的建设项目的;

(三)在饮用水水源准保护区内新建、扩建对水体污染严重的建设项目,或者改建建设项目增加排污量的。

在饮用水水源一级保护区内从事网箱养殖或者组织进行旅游、垂钓或者其他可能污染饮用水水体的活动的,由县级以上地方人民政府环境保护主管部门责令停止违法行为,处二万元以上十万元以下的罚款。个人在饮用水水源一级保护区内游泳、垂钓或者从事其他可能污染饮用水水体的活动的,由县级以上地方人民政府环境保护主管部门责令停止违法行为,可以处五百元以下的罚款。

第八十二条 企业事业单位有下列行为之一的,由县级以上人民政府环境保护主管部门责令改正;情节严重的,处二万元以上十万元以下的罚款:

(一)不按照规定制定水污染事故的应急方案的;

(二)水污染事故发生后,未及时启动水污染事故的应急方案,采取有关应急措施的。

第八十三条 企业事业单位违反本法规定,造成水污染事故的,由县级以上人民政府环境保护主管部门依照本条第二款的规定处以罚款,责令限期采取治理措施,消除污染;不按要求采取治理措施或者不具备治理能力的,由环境保护主管部门指定有治理能力的单位代为治理,所需费用由违法者承担;对造成重大或者特大水污染事故的,可以报经有批准权的人民政府批准,责令关闭;对直接负责的主管人员和其他直接责任人员可以处上一年度从本单位取得的收入百分之五十以下的罚款。

对造成一般或者较大水污染事故的,按照水污染事故造成的直接损失的百分之二十计算罚款;对造成重大或者特大水污染事故的,按照水污染事故造成的直接损失的百分之三十计算罚款。

造成渔业污染事故或者渔业船舶造成水污染事故的,由渔业主管部门进行处罚;其他船舶造成水污染事故的,由海事管理机构进行处罚。

第八十四条 当事人对行政处罚决定不服的,可以申请行政复议,也可以在收到通知之日起十五日内向人民法院起诉;期满不申请行政复议或者起诉,又不履行行政处罚决定的,由作出行政处罚决定的机关申请人民法院强制执行。

第八十五条 因水污染受到损害的当事人,有权要求排污方排除危害和赔偿损失。

由于不可抗力造成水污染损害的,排污方不承担赔偿责任;法律另有规定的除外。

水污染损害是由受害人故意造成的,排污方不承担赔偿责任。水污染损害是由受害人重大过失造成的,可以减轻排污方的赔偿责任。

水污染损害是由第三人造成的,排污方承担赔偿责任后,有权向第三人追偿。

第八十六条　因水污染引起的损害赔偿责任和赔偿金额的纠纷,可以根据当事人的请求,由环境保护主管部门或者海事管理机构、渔业主管部门按照职责分工调解处理;调解不成的,当事人可以向人民法院提起诉讼。当事人也可以直接向人民法院提起诉讼。

第八十七条　因水污染引起的损害赔偿诉讼,由排污方就法律规定的免责事由及其行为与损害结果之间不存在因果关系承担举证责任。

第八十八条　因水污染受到损害的当事人人数众多的,可以依法由当事人推选代表人进行共同诉讼。

环境保护主管部门和有关社会团体可以依法支持因水污染受到损害的当事人向人民法院提起诉讼。

国家鼓励法律服务机构和律师为水污染损害诉讼中的受害人提供法律援助。

第八十九条　因水污染引起的损害赔偿责任和赔偿金额的纠纷,当事人可以委托环境监测机构提供监测数据。环境监测机构应当接受委托,如实提供有关监测数据。

第九十条　违反本法规定,构成违反治安管理行为的,依法给予治安管理处罚;构成犯罪的,依法追究刑事责任。

第八章　附　则

第九十一条　本法中下列用语的含义:

(一)水污染,是指水体因某种物质的介入,而导致其化学、物理、生物或者放射性等方面特性的改变,从而影响水的有效利用,危害人体健康或者破坏生态环境,造成水质恶化的现象。

(二)水污染物,是指直接或者间接向水体排放的,能导致水体污染的物质。

(三)有毒污染物,是指那些直接或者间接被生物摄入体内后,可能导致该生物或者其后代发病、行为反常、遗传异变、生理机能失常、机体变形或者死亡的污染物。

(四)渔业水体,是指划定的鱼虾类的产卵场、索饵场、越冬场、洄游通道和鱼虾贝藻类的养殖场的水体。

第九十二条　本法自 2008 年 6 月 1 日起施行。

中华人民共和国治安管理处罚法(2012 年修正本)

(2005 年 8 月 28 日第十届全国人民代表大会常务委员会第十七次会议通过 2005 年 8 月 28 日中华人民共和国主席令第三十八号公布 自 2006 年 3 月 1 日起施行 根据 2012 年 10 月 26 日第十一届全国人民代表大会常务委员会第二十九次会议通过 2012 年 10 月 26 日中华人民共和国主席令第 67 号公布 自 2013 年 1 月 1 日起施行的《全国人民代表大会常务委员会关于修改〈中华人民共和国治安管理处罚法〉的决定》修正)

第一章 总 则

第一条 为维护社会治安秩序,保障公共安全,保护公民、法人和其他组织的合法权益,规范和保障公安机关及其人民警察依法履行治安管理职责,制定本法。

第二条 扰乱公共秩序,妨害公共安全,侵犯人身权利、财产权利,妨害社会管理,具有社会危害性,依照《中华人民共和国刑法》的规定构成犯罪的,依法追究刑事责任;尚不够刑事处罚的,由公安机关依照本法给予治安管理处罚。

第三条 治安管理处罚的程序,适用本法的规定;本法没有规定的,适用《中华人民共和国行政处罚法》的有关规定。

第四条 在中华人民共和国领域内发生的违反治安管理行为,除法律有特别规定的外,适用本法。

在中华人民共和国船舶和航空器内发生的违反治安管理行为,除法律有特别规定的外,适用本法。

第五条 治安管理处罚必须以事实为依据,与违反治安管理行为的性质、情节以及社会危害程度相当。

实施治安管理处罚,应当公开、公正,尊重和保障人权,保护公民的人格尊严。

办理治安案件应当坚持教育与处罚相结合的原则。

第六条　各级人民政府应当加强社会治安综合治理,采取有效措施,化解社会矛盾,增进社会和谐,维护社会稳定。

第七条　国务院公安部门负责全国的治安管理工作。县级以上地方各级人民政府公安机关负责本行政区域内的治安管理工作。

治安案件的管辖由国务院公安部门规定。

第八条　违反治安管理的行为对他人造成损害的,行为人或者其监护人应当依法承担民事责任。

第九条　对于因民间纠纷引起的打架斗殴或者损毁他人财物等违反治安管理行为,情节较轻的,公安机关可以调解处理。经公安机关调解,当事人达成协议的,不予处罚。经调解未达成协议或者达成协议后不履行的,公安机关应当依照本法的规定对违反治安管理行为人给予处罚,并告知当事人可以就民事争议依法向人民法院提起民事诉讼。

第二章　处罚的种类和适用

第十条　治安管理处罚的种类分为:

(一)警告;

(二)罚款;

(三)行政拘留;

(四)吊销公安机关发放的许可证。

对违反治安管理的外国人,可以附加适用限期出境或者驱逐出境。

第十一条　办理治安案件所查获的毒品、淫秽物品等违禁品,赌具、赌资,吸食、注射毒品的用具以及直接用于实施违反治安管理行为的本人所有的工具,应当收缴,按照规定处理。

违反治安管理所得的财物,追缴退还被侵害人;没有被侵害人的,登记造册,公开拍卖或者按照国家有关规定处理,所得款项上缴国库。

第十二条　已满十四周岁不满十八周岁的人违反治安管理的,从轻或者减轻处罚;不满十四周岁的人违反治安管理的,不予处罚,但是应当责令其监护人严加管教。

第十三条　精神病人在不能辨认或者不能控制自己行为的时候违反治安管理的,不予处罚,但是应当责令其监护人严加看管和治疗。间歇性的精神病人在精神正常的时候违反治安管理的,应当给予处罚。

第十四条　盲人或者又聋又哑的人违反治安管理的,可以从轻、减轻或者不予处罚。

第十五条 醉酒的人违反治安管理的,应当给予处罚。

醉酒的人在醉酒状态中,对本人有危险或者对他人的人身、财产或者公共安全有威胁的,应当对其采取保护性措施约束至酒醒。

第十六条 有两种以上违反治安管理行为的,分别决定,合并执行。行政拘留处罚合并执行的,最长不超过二十日。

第十七条 共同违反治安管理的,根据违反治安管理行为人在违反治安管理行为中所起的作用,分别处罚。

教唆、胁迫、诱骗他人违反治安管理的,按照其教唆、胁迫、诱骗的行为处罚。

第十八条 单位违反治安管理的,对其直接负责的主管人员和其他直接责任人员依照本法的规定处罚。其他法律、行政法规对同一行为规定给予单位处罚的,依照其规定处罚。

第十九条 违反治安管理有下列情形之一的,减轻处罚或者不予处罚:

(一)情节特别轻微的;

(二)主动消除或者减轻违法后果,并取得被侵害人谅解的;

(三)出于他人胁迫或者诱骗的;

(四)主动投案,向公安机关如实陈述自己的违法行为的;

(五)有立功表现的。

第二十条 违反治安管理有下列情形之一的,从重处罚:

(一)有较严重后果的;

(二)教唆、胁迫、诱骗他人违反治安管理的;

(三)对报案人、控告人、举报人、证人打击报复的;

(四)六个月内曾受过治安管理处罚的。

第二十一条 违反治安管理行为人有下列情形之一,依照本法应当给予行政拘留处罚的,不执行行政拘留处罚:

(一)已满十四周岁不满十六周岁的;

(二)已满十六周岁不满十八周岁,初次违反治安管理的;

(三)七十周岁以上的;

(四)怀孕或者哺乳自己不满一周岁婴儿的。

第二十二条 违反治安管理行为在六个月内没有被公安机关发现的,不再处罚。

前款规定的期限,从违反治安管理行为发生之日起计算;违反治安管理行为有连续或者继续状态的,从行为终了之日起计算。

第三章　违反治安管理的行为和处罚

第一节　扰乱公共秩序的行为和处罚

第二十三条　有下列行为之一的,处警告或者二百元以下罚款;情节较重的,处五日以上十日以下拘留,可以并处五百元以下罚款:

(一)扰乱机关、团体、企业、事业单位秩序,致使工作、生产、营业、医疗、教学、科研不能正常进行,尚未造成严重损失的;

(二)扰乱车站、港口、码头、机场、商场、公园、展览馆或者其他公共场所秩序的;

(三)扰乱公共汽车、电车、火车、船舶、航空器或者其他公共交通工具上的秩序的;

(四)非法拦截或者强登、扒乘机动车、船舶、航空器以及其他交通工具,影响交通工具正常行驶的;

(五)破坏依法进行的选举秩序的。

聚众实施前款行为的,对首要分子处十日以上十五日以下拘留,可以并处一千元以下罚款。

第二十四条　有下列行为之一,扰乱文化、体育等大型群众性活动秩序的,处警告或者二百元以下罚款;情节严重的,处五日以上十日以下拘留,可以并处五百元以下罚款:

(一)强行进入场内的;

(二)违反规定,在场内燃放烟花爆竹或者其他物品的;

(三)展示侮辱性标语、条幅等物品的;

(四)围攻裁判员、运动员或者其他工作人员的;

(五)向场内投掷杂物,不听制止的;

(六)扰乱大型群众性活动秩序的其他行为。

因扰乱体育比赛秩序被处以拘留处罚的,可以同时责令其十二个月内不得进入体育场馆观看同类比赛;违反规定进入体育场馆的,强行带离现场。

第二十五条　有下列行为之一的,处五日以上十日以下拘留,可以并处五百元以下罚款;情节较轻的,处五日以下拘留或者五百元以下罚款:

（一）散布谣言，谎报险情、疫情、警情或者以其他方法故意扰乱公共秩序的；

（二）投放虚假的爆炸性、毒害性、放射性、腐蚀性物质或者传染病病原体等危险物质扰乱公共秩序的；

（三）扬言实施放火、爆炸、投放危险物质扰乱公共秩序的。

第二十六条 有下列行为之一的，处五日以上十日以下拘留，可以并处五百元以下罚款；情节较重的，处十日以上十五日以下拘留，可以并处一千元以下罚款：

（一）结伙斗殴的；

（二）追逐、拦截他人的；

（三）强拿硬要或者任意损毁、占用公私财物的；

（四）其他寻衅滋事行为。

第二十七条 有下列行为之一的，处十日以上十五日以下拘留，可以并处一千元以下罚款；情节较轻的，处五日以上十日以下拘留，可以并处五百元以下罚款：

（一）组织、教唆、胁迫、诱骗、煽动他人从事邪教、会道门活动或者利用邪教、会道门、迷信活动，扰乱社会秩序、损害他人身体健康的；

（二）冒用宗教、气功名义进行扰乱社会秩序、损害他人身体健康活动的。

第二十八条 违反国家规定，故意干扰无线电业务正常进行的，或者对正常运行的无线电台（站）产生有害干扰，经有关主管部门指出后，拒不采取有效措施消除的，处五日以上十日以下拘留；情节严重的，处十日以上十五日以下拘留。

第二十九条 有下列行为之一的，处五日以下拘留；情节较重的，处五日以上十日以下拘留：

（一）违反国家规定，侵入计算机信息系统，造成危害的；

（二）违反国家规定，对计算机信息系统功能进行删除、修改、增加、干扰，造成计算机信息系统不能正常运行的；

（三）违反国家规定，对计算机信息系统中存储、处理、传输的数据和应用程序进行删除、修改、增加的；

（四）故意制作、传播计算机病毒等破坏性程序，影响计算机信息系统正常运行的。

第二节　妨害公共安全的行为和处罚

第三十条　违反国家规定,制造、买卖、储存、运输、邮寄、携带、使用、提供、处置爆炸性、毒害性、放射性、腐蚀性物质或者传染病病原体等危险物质的,处十日以上十五日以下拘留;情节较轻的,处五日以上十日以下拘留。

第三十一条　爆炸性、毒害性、放射性、腐蚀性物质或者传染病病原体等危险物质被盗、被抢或者丢失,未按规定报告的,处五日以下拘留;故意隐瞒不报的,处五日以上十日以下拘留。

第三十二条　非法携带枪支、弹药或者弩、匕首等国家规定的管制器具的,处五日以下拘留,可以并处五百元以下罚款;情节较轻的,处警告或者二百元以下罚款。

非法携带枪支、弹药或者弩、匕首等国家规定的管制器具进入公共场所或者公共交通工具的,处五日以上十日以下拘留,可以并处五百元以下罚款。

第三十三条　有下列行为之一的,处十日以上十五日以下拘留:

(一)盗窃、损毁油气管道设施、电力电信设施、广播电视设施、水利防汛工程设施或者水文监测、测量、气象测报、环境监测、地质监测、地震监测等公共设施的;

(二)移动、损毁国家边境的界碑、界桩以及其他边境标志、边境设施或者领土、领海标志设施的;

(三)非法进行影响国(边)界线走向的活动或者修建有碍国(边)境管理的设施的。

第三十四条　盗窃、损坏、擅自移动使用中的航空设施,或者强行进入航空器驾驶舱的,处十日以上十五日以下拘留。

在使用中的航空器上使用可能影响导航系统正常功能的器具、工具,不听劝阻的,处五日以下拘留或者五百元以下罚款。

第三十五条　有下列行为之一的,处五日以上十日以下拘留,可以并处五百元以下罚款;情节较轻的,处五日以下拘留或者五百元以下罚款:

(一)盗窃、损毁或者擅自移动铁路设施、设备、机车车辆配件或者安全标志的;

(二)在铁路线路上放置障碍物,或者故意向列车投掷物品的;

(三)在铁路线路、桥梁、涵洞处挖掘坑穴、采石取沙的;

(四)在铁路线路上私设道口或者平交过道的。

第三十六条　擅自进入铁路防护网或者火车来临时在铁路线路上行走坐卧、抢越铁路，影响行车安全的，处警告或者二百元以下罚款。

第三十七条　有下列行为之一的，处五日以下拘留或者五百元以下罚款；情节严重的，处五日以上十日以下拘留，可以并处五百元以下罚款：

（一）未经批准，安装、使用电网的，或者安装、使用电网不符合安全规定的；

（二）在车辆、行人通行的地方施工，对沟井坎穴不设覆盖物、防围和警示标志的，或者故意损毁、移动覆盖物、防围和警示标志的；

（三）盗窃、损毁路面井盖、照明等公共设施的。

第三十八条　举办文化、体育等大型群众性活动，违反有关规定，有发生安全事故危险的，责令停止活动，立即疏散；对组织者处五日以上十日以下拘留，并处二百元以上五百元以下罚款；情节较轻的，处五日以下拘留或者五百元以下罚款。

第三十九条　旅馆、饭店、影剧院、娱乐场、运动场、展览馆或者其他供社会公众活动的场所的经营管理人员，违反安全规定，致使该场所有发生安全事故危险，经公安机关责令改正，拒不改正的，处五日以下拘留。

第三节　侵犯人身权利、财产权利的行为和处罚

第四十条　有下列行为之一的，处十日以上十五日以下拘留，并处五百元以上一千元以下罚款；情节较轻的，处五日以上十日以下拘留，并处二百元以上五百元以下罚款：

（一）组织、胁迫、诱骗不满十六周岁的人或者残疾人进行恐怖、残忍表演的；

（二）以暴力、威胁或者其他手段强迫他人劳动的；

（三）非法限制他人人身自由、非法侵入他人住宅或者非法搜查他人身体的。

第四十一条　胁迫、诱骗或者利用他人乞讨的，处十日以上十五日以下拘留，可以并处一千元以下罚款。

反复纠缠、强行讨要或者以其他滋扰他人的方式乞讨的，处五日以下拘留或者警告。

第四十二条　有下列行为之一的，处五日以下拘留或者五百元以下罚款；情节较重的，处五日以上十日以下拘留，可以并处五百元以下罚款：

（一）写恐吓信或者以其他方法威胁他人人身安全的；

（二）公然侮辱他人或者捏造事实诽谤他人的；

（三）捏造事实诬告陷害他人，企图使他人受到刑事追究或者受到治安管理处罚的；

（四）对证人及其近亲属进行威胁、侮辱、殴打或者打击报复的；

（五）多次发送淫秽、侮辱、恐吓或者其他信息，干扰他人正常生活的；

（六）偷窥、偷拍、窃听、散布他人隐私的。

第四十三条　殴打他人的，或者故意伤害他人身体的，处五日以上十日以下拘留，并处二百元以上五百元以下罚款；情节较轻的，处五日以下拘留或者五百元以下罚款。

有下列情形之一的，处十日以上十五日以下拘留，并处五百元以上一千元以下罚款：

（一）结伙殴打、伤害他人的；

（二）殴打、伤害残疾人、孕妇、不满十四周岁的人或者六十周岁以上的人的；

（三）多次殴打、伤害他人或者一次殴打、伤害多人的。

第四十四条　猥亵他人的，或者在公共场所故意裸露身体，情节恶劣的，处五日以上十日以下拘留；猥亵智力残疾人、精神病人、不满十四周岁的人或者有其他严重情节的，处十日以上十五日以下拘留。

第四十五条　有下列行为之一的，处五日以下拘留或者警告：

（一）虐待家庭成员，被虐待人要求处理的；

（二）遗弃没有独立生活能力的被扶养人的。

第四十六条　强买强卖商品，强迫他人提供服务或者强迫他人接受服务的，处五日以上十日以下拘留，并处二百元以上五百元以下罚款；情节较轻的，处五日以下拘留或者五百元以下罚款。

第四十七条　煽动民族仇恨、民族歧视，或者在出版物、计算机信息网络中刊载民族歧视、侮辱内容的，处十日以上十五日以下拘留，可以并处一千元以下罚款。

第四十八条　冒领、隐匿、毁弃、私自开拆或者非法检查他人邮件的，处五日以下拘留或者五百元以下罚款。

第四十九条　盗窃、诈骗、哄抢、抢夺、敲诈勒索或者故意损毁公私财物的，处五日以上十日以下拘留，可以并处五百元以下罚款；情节较重的，处十日以上十五日以下拘留，可以并处一千元以下罚款。

第四节　妨害社会管理的行为和处罚

第五十条　有下列行为之一的,处警告或者二百元以下罚款;情节严重的,处五日以上十日以下拘留,可以并处五百元以下罚款:

（一）拒不执行人民政府在紧急状态情况下依法发布的决定、命令的;

（二）阻碍国家机关工作人员依法执行职务的;

（三）阻碍执行紧急任务的消防车、救护车、工程抢险车、警车等车辆通行的;

（四）强行冲闯公安机关设置的警戒带、警戒区的。

阻碍人民警察依法执行职务的,从重处罚。

第五十一条　冒充国家机关工作人员或者以其他虚假身份招摇撞骗的,处五日以上十日以下拘留,可以并处五百元以下罚款;情节较轻的,处五日以下拘留或者五百元以下罚款。

冒充军警人员招摇撞骗的,从重处罚。

第五十二条　有下列行为之一的,处十日以上十五日以下拘留,可以并处一千元以下罚款;情节较轻的,处五日以上十日以下拘留,可以并处五百元以下罚款:

（一）伪造、变造或者买卖国家机关、人民团体、企业、事业单位或者其他组织的公文、证件、证明文件、印章的;

（二）买卖或者使用伪造、变造的国家机关、人民团体、企业、事业单位或者其他组织的公文、证件、证明文件的;

（三）伪造、变造、倒卖车票、船票、航空客票、文艺演出票、体育比赛入场券或者其他有价票证、凭证的;

（四）伪造、变造船舶户牌,买卖或者使用伪造、变造的船舶户牌,或者涂改船舶发动机号码的。

第五十三条　船舶擅自进入、停靠国家禁止、限制进入的水域或者岛屿的,对船舶负责人及有关责任人员处五百元以上一千元以下罚款;情节严重的,处五日以下拘留,并处五百元以上一千元以下罚款。

第五十四条　有下列行为之一的,处十日以上十五日以下拘留,并处五百元以上一千元以下罚款;情节较轻的,处五日以下拘留或者五百元以下罚款:

（一）违反国家规定,未经注册登记,以社会团体名义进行活动,被取缔后,仍进行活动的;

（二）被依法撤销登记的社会团体，仍以社会团体名义进行活动的；

（三）未经许可，擅自经营按照国家规定需要由公安机关许可的行业的。

有前款第三项行为的，予以取缔。

取得公安机关许可的经营者，违反国家有关管理规定，情节严重的，公安机关可以吊销许可证。

第五十五条　煽动、策划非法集会、游行、示威，不听劝阻的，处十日以上十五日以下拘留。

第五十六条　旅馆业的工作人员对住宿的旅客不按规定登记姓名、身份证件种类和号码的，或者明知住宿的旅客将危险物质带入旅馆，不予制止的，处二百元以上五百元以下罚款。

旅馆业的工作人员明知住宿的旅客是犯罪嫌疑人员或者被公安机关通缉的人员，不向公安机关报告的，处二百元以上五百元以下罚款；情节严重的，处五日以下拘留，可以并处五百元以下罚款。

第五十七条　房屋出租人将房屋出租给无身份证件的人居住的，或者不按规定登记承租人姓名、身份证件种类和号码的，处二百元以上五百元以下罚款。

房屋出租人明知承租人利用出租房屋进行犯罪活动，不向公安机关报告的，处二百元以上五百元以下罚款；情节严重的，处五日以下拘留，可以并处五百元以下罚款。

第五十八条　违反关于社会生活噪声污染防治的法律规定，制造噪声干扰他人正常生活的，处警告；警告后不改正的，处二百元以上五百元以下罚款。

第五十九条　有下列行为之一的，处五百元以上一千元以下罚款；情节严重的，处五日以上十日以下拘留，并处五百元以上一千元以下罚款：

（一）典当业工作人员承接典当的物品，不查验有关证明、不履行登记手续，或者明知是违法犯罪嫌疑人、赃物，不向公安机关报告的；

（二）违反国家规定，收购铁路、油田、供电、电信、矿山、水利、测量和城市公用设施等废旧专用器材的；

（三）收购公安机关通报寻查的赃物或者有赃物嫌疑的物品的；

（四）收购国家禁止收购的其他物品的。

第六十条　有下列行为之一的，处五日以上十日以下拘留，并处二百元以上五百元以下罚款：

（一）隐藏、转移、变卖或者损毁行政执法机关依法扣押、查封、冻结的财物的；

（二）伪造、隐匿、毁灭证据或者提供虚假证言、谎报案情，影响行政执法机关依法办案的；

（三）明知是赃物而窝藏、转移或者代为销售的；

（四）被依法执行管制、剥夺政治权利或者在缓刑、暂予监外执行中的罪犯或者被依法采取刑事强制措施的人，有违反法律、行政法规或者国务院有关部门的监督管理规定的行为。

第六十一条 协助组织或者运送他人偷越国（边）境的，处十日以上十五日以下拘留，并处一千元以上五千元以下罚款。

第六十二条 为偷越国（边）境人员提供条件的，处五日以上十日以下拘留，并处五百元以上二千元以下罚款。

偷越国（边）境的，处五日以下拘留或者五百元以下罚款。

第六十三条 有下列行为之一的，处警告或者二百元以下罚款；情节较重的，处五日以上十日以下拘留，并处二百元以上五百元以下罚款：

（一）刻划、涂污或者以其他方式故意损坏国家保护的文物、名胜古迹的；

（二）违反国家规定，在文物保护单位附近进行爆破、挖掘等活动，危及文物安全的。

第六十四条 有下列行为之一的，处五百元以上一千元以下罚款；情节严重的，处十日以上十五日以下拘留，并处五百元以上一千元以下罚款：

（一）偷开他人机动车的；

（二）未取得驾驶证驾驶或者偷开他人航空器、机动船舶的。

第六十五条 有下列行为之一的，处五日以上十日以下拘留；情节严重的，处十日以上十五日以下拘留，可以并处一千元以下罚款：

（一）故意破坏、污损他人坟墓或者毁坏、丢弃他人尸骨、骨灰的；

（二）在公共场所停放尸体或者因停放尸体影响他人正常生活、工作秩序，不听劝阻的。

第六十六条 卖淫、嫖娼的，处十日以上十五日以下拘留，可以并处五千元以下罚款；情节较轻的，处五日以下拘留或者五百元以下罚款。

在公共场所拉客招嫖的，处五日以下拘留或者五百元以下罚款。

第六十七条 引诱、容留、介绍他人卖淫的，处十日以上十五日以下拘留，可以并处五千元以下罚款；情节较轻的，处五日以下拘留或者五百元以下罚款。

第六十八条 制作、运输、复制、出售、出租淫秽的书刊、图片、影片、音像制品等淫秽物品或者利用计算机信息网络、电话以及其他通讯工具传播淫秽信息的,处十日以上十五日以下拘留,可以并处三千元以下罚款;情节较轻的,处五日以下拘留或者五百元以下罚款。

第六十九条　有下列行为之一的,处十日以上十五日以下拘留,并处五百元以上一千元以下罚款:

（一）组织播放淫秽音像的;

（二）组织或者进行淫秽表演的;

（三）参与聚众淫乱活动的。

明知他人从事前款活动,为其提供条件的,依照前款的规定处罚。

第七十条　以营利为目的,为赌博提供条件的,或者参与赌博赌资较大的,处五日以下拘留或者五百元以下罚款;情节严重的,处十日以上十五日以下拘留,并处五百元以上三千元以下罚款。

第七十一条　有下列行为之一的,处十日以上十五日以下拘留,可以并处三千元以下罚款;情节较轻的,处五日以下拘留或者五百元以下罚款:

（一）非法种植罂粟不满五百株或者其他少量毒品原植物的;

（二）非法买卖、运输、携带、持有少量未经灭活的罂粟等毒品原植物种子或者幼苗的;

（三）非法运输、买卖、储存、使用少量罂粟壳的。

有前款第一项行为,在成熟前自行铲除的,不予处罚。

第七十二条　有下列行为之一的,处十日以上十五日以下拘留,可以并处二千元以下罚款;情节较轻的,处五日以下拘留或者五百元以下罚款:

（一）非法持有鸦片不满二百克、海洛因或者甲基苯丙胺不满十克或者其他少量毒品的;

（二）向他人提供毒品的;

（三）吸食、注射毒品的;

（四）胁迫、欺骗医务人员开具麻醉药品、精神药品的。

第七十三条　教唆、引诱、欺骗他人吸食、注射毒品的,处十日以上十五日以下拘留,并处五百元以上二千元以下罚款。

第七十四条　旅馆业、饮食服务业、文化娱乐业、出租汽车业等单位的人员,在公安机关查处吸毒、赌博、卖淫、嫖娼活动时,为违法犯罪行为人通风报信的,处十日以上十五日以下拘留。

第七十五条　饲养动物,干扰他人正常生活的,处警告;警告后不改正的,或者放任动物恐吓他人的,处二百元以上五百元以下罚款。

驱使动物伤害他人的，依照本法第四十三条第一款的规定处罚。

第七十六条　有本法第六十七条、第六十八条、第七十条的行为，屡教不改的，可以按照国家规定采取强制性教育措施。

第四章　处罚程序

第一节　调　查

第七十七条　公安机关对报案、控告、举报或者违反治安管理行为人主动投案，以及其他行政主管部门、司法机关移送的违反治安管理案件，应当及时受理，并进行登记。

第七十八条　公安机关受理报案、控告、举报、投案后，认为属于违反治安管理行为的，应当立即进行调查；认为不属于违反治安管理行为的，应当告知报案人、控告人、举报人、投案人，并说明理由。

第七十九条　公安机关及其人民警察对治安案件的调查，应当依法进行。严禁刑讯逼供或者采用威胁、引诱、欺骗等非法手段收集证据。

以非法手段收集的证据不得作为处罚的根据。

第八十条　公安机关及其人民警察在办理治安案件时，对涉及的国家秘密、商业秘密或者个人隐私，应当予以保密。

第八十一条　人民警察在办理治安案件过程中，遇有下列情形之一的，应当回避；违反治安管理行为人、被侵害人或者其法定代理人也有权要求他们回避：

（一）是本案当事人或者当事人的近亲属的；

（二）本人或者其近亲属与本案有利害关系的；

（三）与本案当事人有其他关系，可能影响案件公正处理的。

人民警察的回避，由其所属的公安机关决定；公安机关负责人的回避，由上一级公安机关决定。

第八十二条　需要传唤违反治安管理行为人接受调查的，经公安机关办案部门负责人批准，使用传唤证传唤。对现场发现的违反治安管理行为人，人民警察经出示工作证件，可以口头传唤，但应当在询问笔录中注明。

公安机关应当将传唤的原因和依据告知被传唤人。对无正当理由不接受传唤或者逃避传唤的人，可以强制传唤。

第八十三条　对违反治安管理行为人，公安机关传唤后应当及时询问查证,询问查证的时间不得超过八小时;情况复杂,依照本法规定可能适用行政拘留处罚的,询问查证的时间不得超过二十四小时。

公安机关应当及时将传唤的原因和处所通知被传唤人家属。

第八十四条 询问笔录应当交被询问人核对;对没有阅读能力的,应当向其宣读。记载有遗漏或者差错的,被询问人可以提出补充或者更正。被询问人确认笔录无误后,应当签名或者盖章,询问的人民警察也应当在笔录上签名。

被询问人要求就被询问事项自行提供书面材料的,应当准许;必要时,人民警察也可以要求被询问人自行书写。

询问不满十六周岁的违反治安管理行为人,应当通知其父母或者其他监护人到场。

第八十五条 人民警察询问被侵害人或者其他证人,可以到其所在单位或者住处进行;必要时,也可以通知其到公安机关提供证言。

人民警察在公安机关以外询问被侵害人或者其他证人,应当出示工作证件。

询问被侵害人或者其他证人,同时适用本法第八十四条的规定。

第八十六条 询问聋哑的违反治安管理行为人、被侵害人或者其他证人,应当有通晓手语的人提供帮助,并在笔录上注明。

询问不通晓当地通用的语言文字的违反治安管理行为人、被侵害人或者其他证人,应当配备翻译人员,并在笔录上注明。

第八十七条 公安机关对与违反治安管理行为有关的场所、物品、人身可以进行检查。检查时,人民警察不得少于二人,并应当出示工作证件和县级以上人民政府公安机关开具的检查证明文件。对确有必要立即进行检查的,人民警察经出示工作证件,可以当场检查,但检查公民住所应当出示县级以上人民政府公安机关开具的检查证明文件。

检查妇女的身体,应当由女性工作人员进行。

第八十八条 检查的情况应当制作检查笔录,由检查人、被检查人和见证人签名或者盖章;被检查人拒绝签名的,人民警察应当在笔录上注明。

第八十九条 公安机关办理治安案件,对与案件有关的需要作为证据的物品,可以扣押;对被侵害人或者善意第三人合法占有的财产,不得扣押,应当予以登记。对与案件无关的物品,不得扣押。

对扣押的物品,应当会同在场见证人和被扣押物品持有人查点清楚,当场开列清单一式二份,由调查人员、见证人和持有人签名或者盖章,一份交给持有人,另一份附卷备查。

对扣押的物品,应当妥善保管,不得挪作他用;对不宜长期保存的物品,按照有关规定处理。经查明与案件无关的,应当及时退还;经核实属于他人合法财产的,应当登记后立即退还;满六个月无人对该财产主张权利或者无法查清权利人的,应当公开拍卖或者按照国家有关规定处理,所得款项上缴国库。

第九十条 为了查明案情,需要解决案件中有争议的专门性问题的,应当指派或者聘请具有专门知识的人员进行鉴定;鉴定人鉴定后,应当写出鉴定意见,并且签名。

第二节 决 定

第九十一条 治安管理处罚由县级以上人民政府公安机关决定;其中警告、五百元以下的罚款可以由公安派出所决定。

第九十二条 对决定给予行政拘留处罚的人,在处罚前已经采取强制措施限制人身自由的时间,应当折抵。限制人身自由一日,折抵行政拘留一日。

第九十三条 公安机关查处治安案件,对没有本人陈述,但其他证据能够证明案件事实的,可以作出治安管理处罚决定。但是,只有本人陈述,没有其他证据证明的,不能作出治安管理处罚决定。

第九十四条 公安机关作出治安管理处罚决定前,应当告知违反治安管理行为人作出治安管理处罚的事实、理由及依据,并告知违反治安管理行为人依法享有的权利。

违反治安管理行为人有权陈述和申辩。公安机关必须充分听取违反治安管理行为人的意见,对违反治安管理行为人提出的事实、理由和证据,应当进行复核;违反治安管理行为人提出的事实、理由或者证据成立的,公安机关应当采纳。

公安机关不得因违反治安管理行为人的陈述、申辩而加重处罚。

第九十五条 治安案件调查结束后,公安机关应当根据不同情况,分别作出以下处理:

(一)确有依法应当给予治安管理处罚的违法行为的,根据情节轻重及具体情况,作出处罚决定;

(二)依法不予处罚的,或者违法事实不能成立的,作出不予处罚决定;

(三)违法行为已涉嫌犯罪的,移送主管机关依法追究刑事责任;

(四)发现违反治安管理行为人有其他违法行为的,在对违反治安管理行为作出处罚决定的同时,通知有关行政主管部门处理。

第九十六条　公安机关作出治安管理处罚决定的,应当制作治安管理处罚决定书。决定书应当载明下列内容:

（一）被处罚人的姓名、性别、年龄、身份证件的名称和号码、住址;

（二）违法事实和证据;

（三）处罚的种类和依据;

（四）处罚的执行方式和期限;

（五）对处罚决定不服,申请行政复议、提起行政诉讼的途径和期限;

（六）作出处罚决定的公安机关的名称和作出决定的日期。

决定书应当由作出处罚决定的公安机关加盖印章。

第九十七条　公安机关应当向被处罚人宣告治安管理处罚决定书,并当场交付被处罚人;无法当场向被处罚人宣告的,应当在二日内送达被处罚人。决定给予行政拘留处罚的,应当及时通知被处罚人的家属。

有被侵害人的,公安机关应当将决定书副本抄送被侵害人。

第九十八条　公安机关作出吊销许可证以及处二千元以上罚款的治安管理处罚决定前,应当告知违反治安管理行为人有权要求举行听证;违反治安管理行为人要求听证的,公安机关应当及时依法举行听证。

第九十九条　公安机关办理治安案件的期限,自受理之日起不得超过三十日;案情重大、复杂的,经上一级公安机关批准,可以延长三十日。

为了查明案情进行鉴定的期间,不计入办理治安案件的期限。

第一百条　违反治安管理行为事实清楚,证据确凿,处警告或者二百元以下罚款的,可以当场作出治安管理处罚决定。

第一百零一条　当场作出治安管理处罚决定的,人民警察应当向违反治安管理行为人出示工作证件,并填写处罚决定书。处罚决定书应当当场交付被处罚人;有被侵害人的,并将决定书副本抄送被侵害人。

前款规定的处罚决定书,应当载明被处罚人的姓名、违法行为、处罚依据、罚款数额、时间、地点以及公安机关名称,并由经办的人民警察签名或者盖章。

当场作出治安管理处罚决定的,经办的人民警察应当在二十四小时内报所属公安机关备案。

第一百零二条　被处罚人对治安管理处罚决定不服的,可以依法申请行政复议或者提起行政诉讼。

第三节　执　行

第一百零三条　对被决定给予行政拘留处罚的人，由作出决定的公安机关送达拘留所执行。

第一百零四条　受到罚款处罚的人应当自收到处罚决定书之日起十五日内，到指定的银行缴纳罚款。但是，有下列情形之一的，人民警察可以当场收缴罚款：

（一）被处五十元以下罚款，被处罚人对罚款无异议的；

（二）在边远、水上、交通不便地区，公安机关及其人民警察依照本法的规定作出罚款决定后，被处罚人向指定的银行缴纳罚款确有困难，经被处罚人提出的；

（三）被处罚人在当地没有固定住所，不当场收缴事后难以执行的。

第一百零五条　人民警察当场收缴的罚款，应当自收缴罚款之日起二日内，交至所属的公安机关；在水上、旅客列车上当场收缴的罚款，应当自抵岸或者到站之日起二日内，交至所属的公安机关；公安机关应当自收到罚款之日起二日内将罚款缴付指定的银行。

第一百零六条　人民警察当场收缴罚款的，应当向被处罚人出具省、自治区、直辖市人民政府财政部门统一制发的罚款收据；不出具统一制发的罚款收据的，被处罚人有权拒绝缴纳罚款。

第一百零七条　被处罚人不服行政拘留处罚决定，申请行政复议、提起行政诉讼的，可以向公安机关提出暂缓执行行政拘留的申请。公安机关认为暂缓执行行政拘留不致发生社会危险的，由被处罚人或者其近亲属提出符合本法第一百零八条规定条件的担保人，或者按每日行政拘留二百元的标准交纳保证金，行政拘留的处罚决定暂缓执行。

第一百零八条　担保人应当符合下列条件：

（一）与本案无牵连；

（二）享有政治权利，人身自由未受到限制；

（三）在当地有常住户口和固定住所；

（四）有能力履行担保义务。

第一百零九条　担保人应当保证被担保人不逃避行政拘留处罚的执行。

担保人不履行担保义务，致使被担保人逃避行政拘留处罚的执行的，由公安机关对其处三千元以下罚款。

第一百一十条　被决定给予行政拘留处罚的人交纳保证金,暂缓行政拘留后,逃避行政拘留处罚的执行的,保证金予以没收并上缴国库,已经作出的行政拘留决定仍应执行。

第一百一十一条　行政拘留的处罚决定被撤销,或者行政拘留处罚开始执行的,公安机关收取的保证金应当及时退还交纳人。

第五章　执法监督

第一百一十二条　公安机关及其人民警察应当依法、公正、严格、高效办理治安案件,文明执法,不得徇私舞弊。

第一百一十三条　公安机关及其人民警察办理治安案件,禁止对违反治安管理行为人打骂、虐待或者侮辱。

第一百一十四条　公安机关及其人民警察办理治安案件,应当自觉接受社会和公民的监督。

公安机关及其人民警察办理治安案件,不严格执法或者有违法违纪行为的,任何单位和个人都有权向公安机关或者人民检察院、行政监察机关检举、控告;收到检举、控告的机关,应当依据职责及时处理。

第一百一十五条　公安机关依法实施罚款处罚,应当依照有关法律、行政法规的规定,实行罚款决定与罚款收缴分离;收缴的罚款应当全部上缴国库。

第一百一十六条　人民警察办理治安案件,有下列行为之一的,依法给予行政处分;构成犯罪的,依法追究刑事责任:

(一)刑讯逼供、体罚、虐待、侮辱他人的;

(二)超过询问查证的时间限制人身自由的;

(三)不执行罚款决定与罚款收缴分离制度或者不按规定将罚没的财物上缴国库或者依法处理的;

(四)私分、侵占、挪用、故意损毁收缴、扣押的财物的;

(五)违反规定使用或者不及时返还被侵害人财物的;

(六)违反规定不及时退还保证金的;

(七)利用职务上的便利收受他人财物或者谋取其他利益的;

(八)当场收缴罚款不出具罚款收据或者不如实填写罚款数额的;

(九)接到要求制止违反治安管理行为的报警后,不及时出警的;

(十)在查处违反治安管理活动时,为违法犯罪行为人通风报信的;

(十一)有徇私舞弊、滥用职权,不依法履行法定职责的其他情形的。

办理治安案件的公安机关有前款所列行为的,对直接负责的主管人员和其他直接责任人员给予相应的行政处分。

第一百一十七条 公安机关及其人民警察违法行使职权,侵犯公民、法人和其他组织合法权益的,应当赔礼道歉;造成损害的,应当依法承担赔偿责任。

第六章 附 则

第一百一十八条 本法所称以上、以下、以内,包括本数。

第一百一十九条 本法自 2006 年 3 月 1 日起施行。1986 年 9 月 5 日公布、1994 年 5 月 12 日修订公布的《中华人民共和国治安管理处罚条例》同时废止。

最高人民法院关于行政案件
管辖若干问题的规定

最高人民法院

中华人民共和国最高人民法院公告

《最高人民法院关于行政案件管辖若干问题的规定》已于 2007 年 12 月 17 日由最高人民法院审判委员会第 1441 次会议通过,现予公布,自 2008 年 2 月 1 日起施行。

最高人民法院

二○○八年一月十四日

最高人民法院关于行政案件管辖若干问题的规定

(2007 年 12 月 17 日最高人民法院审判委员会第 1441 次

会议讨论通过)法释〔2008〕1 号

为保证人民法院依法公正审理行政案件,切实保护公民、法人和其他组织的合法权益,维护和监督行政机关依法行使职权,根据《中华人民共和国行政诉讼法》制定本规定。

第一条 有下列情形之一的,属于行政诉讼法第十四条第(三)项规定的应当由中级人民法院管辖的第一审行政案件:

(一)被告为县级以上人民政府的案件,但以县级人民政府名义办理不动产物权登记的案件可以除外;

(二)社会影响重大的共同诉讼、集团诉讼案件;

(三)重大涉外或者涉及香港特别行政区、澳门特别行政区、台湾地区的案件;

(四)其他重大、复杂的案件。

第二条 当事人以案件重大复杂为由或者认为有管辖权的基层人民法院

不宜行使管辖权,直接向中级人民法院起诉,中级人民法院应当根据不同情况在 7 日内分别作出以下处理:

(一)指定本辖区其他基层人民法院管辖;

(二)决定自己审理;

(三)书面告知当事人向有管辖权的基层人民法院起诉。

第三条 当事人向有管辖权的基层人民法院起诉,受诉人民法院在 7 日内未立案也未作出裁定,当事人向中级人民法院起诉,中级人民法院应当根据不同情况在 7 日内分别作出以下处理:

(一)要求有管辖权的基层人民法院依法处理;

(二)指定本辖区其他基层人民法院管辖;

(三)决定自己审理。

第四条 基层人民法院对其管辖的第一审行政案件,认为需要由中级人民法院审理或者指定管辖的,可以报请中级人民法院决定。中级人民法院应当根据不同情况在 7 日内分别作出以下处理:

(一)决定自己审理;

(二)指定本辖区其他基层人民法院管辖;

(三)决定由报请的人民法院审理。

第五条 中级人民法院对基层人民法院管辖的第一审行政案件,根据案件情况,可以决定自己审理,也可以指定本辖区其他基层人民法院管辖。

第六条 指定管辖裁定应当分别送达被指定管辖的人民法院及案件当事人。本规定第四条的指定管辖裁定还应当送达报请的人民法院。

第七条 对指定管辖裁定有异议的,不适用管辖异议的规定。

第八条 执行本规定的审理期限,提级管辖从决定之日起计算;指定管辖或者决定由报请的人民法院审理的,从收到指定管辖裁定或者决定之日起计算。

第九条 中级人民法院和高级人民法院管辖的第一审行政案件需要由上一级人民法院审理或者指定管辖的,参照本规定。

第十条 本规定施行前已经立案的不适用本规定。本院以前所作的司法解释及规范性文件,凡与本规定不一致的,按本规定执行。

上海市法学高原学科项目

行政程序法典汇编
（上）

主　编　关保英
副主编　梁　玥　冯晓岗

山东人民出版社

国家一级出版社 全国百佳图书出版单位

图书在版编目（CIP）数据

行政程序法典汇编/关保英主编． —— 济南：山东
人民出版社，2017.5

ISBN 978-7-209-10797-6

Ⅰ．①行… Ⅱ．①关… Ⅲ．①行政程序法－汇编
－中国 Ⅳ．①D922.119

中国版本图书馆CIP数据核字(2017)第103197号

行政程序法典汇编

关保英　主编

主管部门　山东出版传媒股份有限公司
出版发行　山东人民出版社
社　　址　济南市胜利大街39号
邮　　编　250001
电　　话　总编室（0531）82098914
　　　　　市场部（0531）82098027
网　　址　http://www.sd-book.com.cn
印　　装　山东华立印务有限公司
经　　销　新华书店

规　　格　16开（169mm×239mm）
印　　张　53.25
字　　数　880千字
版　　次　2017年5月第1版
印　　次　2017年5月第1次
印　　数　1—700
ISBN 978-7-209-10797-6
定　　价　118.00元(上下)

如有印装质量问题，请与出版社总编室联系调换。

编写说明

    行政程序法是行政法律体系中的基本法。20世纪以来全球范围内出现了行政程序法典化的浪潮，西班牙、美国、德国、日本、韩国等国家以及我国台湾、澳门等地区都相继修改或者制定了行政程序法。在我国，一部统一的行政程序法尚未出台，但是《行政处罚法》《行政许可法》《行政强制法》等有关某一类具体行政行为的程序法已先后制定，各地方也陆续制定了地方行政程序规定。鉴于我国行政程序法的立法现状，上海政法学院行政法重点学科策划了《行政程序法典汇编》一书。本书精选了目前我国有关行政程序的重要法律、法规、规章，并按照行政程序法原理、行政决策程序、行政立法程序、行政规范性文件制定程序、行政执法程序、行政程序拟制、行政监督程序七大板块对上述法律规范进行了梳理和分类。

    本书的编辑出版主要有以下目的：第一，为法学专业学生及行政执法人员了解我国行政程序法典则提供一个全面指引；第二，为各位读者研究行政程序法提供参照；第三，为将来制定统一的行政程序法做分析研究的准备，期望能够推动中国行政程序法学的发展。

    本书由关保英教授整体设计，梁玥、冯晓岗负责全部内容的编核工作，朱宇凤、侯佳丽为全书资料搜集做了大量工作并参加了编校。

编　者

2017 年 4 月

目　录

第三篇　行政立法程序

第一篇

行政程序法原理

中华人民共和国主席令

第 7 号

《中华人民共和国行政许可法》已由中华人民共和国第十届全国人民代表大会常务委员会第四次会议于 2003 年 8 月 27 日通过,d 现予公布,自 2004 年 7 月 1 日起施行。

中华人民共和国主席　胡锦涛

2003 年 8 月 27 日

中华人民共和国行政许可法

（2003 年 8 月 27 日第十届全国人民代表大会常务委员会第四次会议通过）

第一章　总　则

第一条　为了规范行政许可的设定和实施,保护公民、法人和其他组织的合法权益,维护公共利益和社会秩序,保障和监督行政机关有效实施行政管理,根据宪法,制定本法。

第二条　本法所称行政许可,是指行政机关根据公民、法人或者其他组织的申请,经依法审查,准予其从事特定活动的行为。

第三条　行政许可的设定和实施,适用本法。

有关行政机关对其他机关或者对其直接管理的事业单位的人事、财务、外事等事项的审批,不适用本法。

第四条　设定和实施行政许可,应当依照法定的权限、范围、条件和程序。

第五条　设定和实施行政许可,应当遵循公开、公平、公正的原则。

有关行政许可的规定应当公布;未经公布的,不得作为实施行政许可的依据。行政许可的实施和结果,除涉及国家秘密、商业秘密或者个人隐私的外,应当公开。

符合法定条件、标准的，申请人有依法取得行政许可的平等权利，行政机关不得歧视。

第六条 实施行政许可，应当遵循便民的原则，提高办事效率，提供优质服务。

第七条 公民、法人或者其他组织对行政机关实施行政许可，享有陈述权、申辩权；有权依法申请行政复议或者提起行政诉讼；其合法权益因行政机关违法实施行政许可受到损害的，有权依法要求赔偿。

第八条 公民、法人或者其他组织依法取得的行政许可受法律保护，行政机关不得擅自改变已经生效的行政许可。

行政许可所依据的法律、法规、规章修改或者废止，或者准予行政许可所依据的客观情况发生重大变化的，为了公共利益的需要，行政机关可以依法变更或者撤回已经生效的行政许可。由此给公民、法人或者其他组织造成财产损失的，行政机关应当依法给予补偿。

第九条 依法取得的行政许可，除法律、法规规定依照法定条件和程序可以转让的外，不得转让。

第十条 县级以上人民政府应当建立健全对行政机关实施行政许可的监督制度，加强对行政机关实施行政许可的监督检查。

行政机关应当对公民、法人或者其他组织从事行政许可事项的活动实施有效监督。

第二章 行政许可的设定

第十一条 设定行政许可，应当遵循经济和社会发展规律，有利于发挥公民、法人或者其他组织的积极性、主动性，维护公共利益和社会秩序，促进经济、社会和生态环境协调发展。

第十二条 下列事项可以设定行政许可：

（一）直接涉及国家安全、公共安全、经济宏观调控、生态环境保护以及直接关系人身健康、生命财产安全等特定活动，需要按照法定条件予以批准的事项；

（二）有限自然资源开发利用、公共资源配置以及直接关系公共利益的特定行业的市场准入等，需要赋予特定权利的事项；

（三）提供公众服务并且直接关系公共利益的职业、行业，需要确定具备特殊信誉、特殊条件或者特殊技能等资格、资质的事项；

（四）直接关系公共安全、人身健康、生命财产安全的重要设备、设施、产品、

物品,需要按照技术标准、技术规范,通过检验、检测、检疫等方式进行审定的事项;

（五）企业或者其他组织的设立等,需要确定主体资格的事项;

（六）法律、行政法规规定可以设定行政许可的其他事项。

第十三条　本法第十二条所列事项,通过下列方式能够予以规范的,可以不设行政许可:

（一）公民、法人或者其他组织能够自主决定的;

（二）市场竞争机制能够有效调节的;

（三）行业组织或者中介机构能够自律管理的;

（四）行政机关采用事后监督等其他行政管理方式能够解决的。

第十四条　本法第十二条所列事项,法律可以设定行政许可。尚未制定法律的,行政法规可以设定行政许可。

必要时,国务院可以采用发布决定的方式设定行政许可。实施后,除临时性行政许可事项外,国务院应当及时提请全国人民代表大会及其常务委员会制定法律,或者自行制定行政法规。

第十五条　本法第十二条所列事项,尚未制定法律、行政法规的,地方性法规可以设定行政许可;尚未制定法律、行政法规和地方性法规的,因行政管理的需要,确需立即实施行政许可的,省、自治区、直辖市人民政府规章可以设定临时性的行政许可。临时性的行政许可实施满一年需要继续实施的,应当提请本级人民代表大会及其常务委员会制定地方性法规。

地方性法规和省、自治区、直辖市人民政府规章,不得设定应当由国家统一确定的公民、法人或者其他组织的资格、资质的行政许可;不得设定企业或者其他组织的设立登记及其前置性行政许可。其设定的行政许可,不得限制其他地区的个人或者企业到本地区从事生产经营和提供服务,不得限制其他地区的商品进入本地区市场。

第十六条　行政法规可以在法律设定的行政许可事项范围内,对实施该行政许可作出具体规定。

地方性法规可以在法律、行政法规设定的行政许可事项范围内,对实施该行政许可作出具体规定。

规章可以在上位法设定的行政许可事项范围内,对实施该行政许可作出具体规定。

法规、规章对实施上位法设定的行政许可作出的具体规定,不得增设行政许可;对行政许可条件作出的具体规定,不得增设违反上位法的其他条件。

第十七条　除本法第十四条、第十五条规定的外,其他规范性文件一律不得设定行政许可。

第十八条　设定行政许可,应当规定行政许可的实施机关、条件、程序、期限。

第十九条　起草法律草案、法规草案和省、自治区、直辖市人民政府规章草案,拟设定行政许可的,起草单位应当采取听证会、论证会等形式听取意见,并向制定机关说明设定该行政许可的必要性、对经济和社会可能产生的影响以及听取和采纳意见的情况。

第二十条　行政许可的设定机关应当定期对其设定的行政许可进行评价;对已设定的行政许可,认为通过本法第十三条所列方式能够解决的,应当对设定该行政许可的规定及时予以修改或者废止。

行政许可的实施机关可以对已设定的行政许可的实施情况及存在的必要性适时进行评价,并将意见报告该行政许可的设定机关。

公民、法人或者其他组织可以向行政许可的设定机关和实施机关就行政许可的设定和实施提出意见和建议。

第二十一条　省、自治区、直辖市人民政府对行政法规设定的有关经济事务的行政许可,根据本行政区域经济和社会发展情况,认为通过本法第十三条所列方式能够解决的,报国务院批准后,可以在本行政区域内停止实施该行政许可。

第三章　行政许可的实施机关

第二十二条　行政许可由具有行政许可权的行政机关在其法定职权范围内实施。

第二十三条　法律、法规授权的具有管理公共事务职能的组织,在法定授权范围内,以自己的名义实施行政许可。被授权的组织适用本法有关行政机关的规定。

第二十四条　行政机关在其法定职权范围内,依照法律、法规、规章的规定,可以委托其他行政机关实施行政许可。委托机关应当将受委托行政机关和受委托实施行政许可的内容予以公告。

委托行政机关对受委托行政机关实施行政许可的行为应当负责监督,并对该行为的后果承担法律责任。

受委托行政机关在委托范围内,以委托行政机关名义实施行政许可;不得再委托其他组织或者个人实施行政许可。

第二十五条　经国务院批准,省、自治区、直辖市人民政府根据精简、统一、效能的原则,可以决定一个行政机关行使有关行政机关的行政许可权。

第二十六条　行政许可需要行政机关内设的多个机构办理的,该行政机关应当确定一个机构统一受理行政许可申请,统一送达行政许可决定。

行政许可依法由地方人民政府两个以上部门分别实施的,本级人民政府可以确定一个部门受理行政许可申请并转告有关部门分别提出意见后统一办理,或者组织有关部门联合办理、集中办理。

第二十七条　行政机关实施行政许可,不得向申请人提出购买指定商品、接受有偿服务等不正当要求。

行政机关工作人员办理行政许可,不得索取或者收受申请人的财物,不得谋取其他利益。

第二十八条　对直接关系公共安全、人身健康、生命财产安全的设备、设施、产品、物品的检验、检测、检疫,除法律、行政法规规定由行政机关实施的外,应当逐步由符合法定条件的专业技术组织实施。专业技术组织及其有关人员对所实施的检验、检测、检疫结论承担法律责任。

第四章　行政许可的实施程序

第一节　申请与受理

第二十九条　公民、法人或者其他组织从事特定活动,依法需要取得行政许可的,应当向行政机关提出申请。申请书需要采用格式文本的,行政机关应当向申请人提供行政许可申请书格式文本。申请书格式文本中不得包含与申请行政许可事项没有直接关系的内容。

申请人可以委托代理人提出行政许可申请。但是,依法应当由申请人到行政机关办公场所提出行政许可申请的除外。

行政许可申请可以通过信函、电报、电传、传真、电子数据交换和电子邮件等方式提出。

第三十条　行政机关应当将法律、法规、规章规定的有关行政许可的事项、依据、条件、数量、程序、期限以及需要提交的全部材料的目录和申请书示范文本等在办公场所公示。

申请人要求行政机关对公示内容予以说明、解释的，行政机关应当说明、解释，提供准确、可靠的信息。

第三十一条 申请人申请行政许可，应当如实向行政机关提交有关材料和反映真实情况，并对其申请材料实质内容的真实性负责。行政机关不得要求申请人提交与其申请的行政许可事项无关的技术资料和其他材料。

第三十二条 行政机关对申请人提出的行政许可申请，应当根据下列情况分别作出处理：

（一）申请事项依法不需要取得行政许可的，应当即时告知申请人不受理；

（二）申请事项依法不属于本行政机关职权范围的，应当即时作出不予受理的决定，并告知申请人向有关行政机关申请；

（三）申请材料存在可以当场更正的错误的，应当允许申请人当场更正；

（四）申请材料不齐全或者不符合法定形式的，应当当场或者在五日内一次告知申请人需要补正的全部内容，逾期不告知的，自收到申请材料之日起即为受理；

（五）申请事项属于本行政机关职权范围，申请材料齐全、符合法定形式，或者申请人按照本行政机关的要求提交全部补正申请材料的，应当受理行政许可申请。

行政机关受理或者不予受理行政许可申请，应当出具加盖本行政机关专用印章和注明日期的书面凭证。

第三十三条 行政机关应当建立和完善有关制度，推行电子政务，在行政机关的网站上公布行政许可事项，方便申请人采取数据电文等方式提出行政许可申请；应当与其他行政机关共享有关行政许可信息，提高办事效率。

第二节　审查与决定

第三十四条 行政机关应当对申请人提交的申请材料进行审查。

申请人提交的申请材料齐全、符合法定形式，行政机关能够当场作出决定的，应当当场作出书面的行政许可决定。

根据法定条件和程序，需要对申请材料的实质内容进行核实的，行政机关应当指派两名以上工作人员进行核查。

第三十五条 依法应当先经下级行政机关审查后报上级行政机关决定的行政许可，下级行政机关应当在法定期限内将初步审查意见和全部申请材料直接报送上级行政机关。上级行政机关不得要求申请人重复提供申请材料。

　　第三十六条 行政机关对行政许可申请进行审查时,发现行政许可事项直接关系他人重大利益的,应当告知该利害关系人。申请人、利害关系人有权进行陈述和申辩。行政机关应当听取申请人、利害关系人的意见。

　　第三十七条 行政机关对行政许可申请进行审查后,除当场作出行政许可决定的外,应当在法定期限内按照规定程序作出行政许可决定。

　　第三十八条 申请人的申请符合法定条件、标准的,行政机关应当依法作出准予行政许可的书面决定。

　　行政机关依法作出不予行政许可的书面决定的,应当说明理由,并告知申请人享有依法申请行政复议或者提起行政诉讼的权利。

　　第三十九条 行政机关作出准予行政许可的决定,需要颁发行政许可证件的,应当向申请人颁发加盖本行政机关印章的下列行政许可证件:

　　(一)许可证、执照或者其他许可证书;

　　(二)资格证、资质证或者其他合格证书;

　　(三)行政机关的批准文件或者证明文件;

　　(四)法律、法规规定的其他行政许可证件。

　　行政机关实施检验、检测、检疫的,可以在检验、检测、检疫合格的设备、设施、产品、物品上加贴标签或者加盖检验、检测、检疫印章。

　　第四十条 行政机关作出的准予行政许可决定,应当予以公开,公众有权查阅。

　　第四十一条 法律、行政法规设定的行政许可,其适用范围没有地域限制的,申请人取得的行政许可在全国范围内有效。

第三节　期　限

　　第四十二条 除可以当场作出行政许可决定的外,行政机关应当自受理行政许可申请之日起二十日内作出行政许可决定。二十日内不能作出决定的,经本行政机关负责人批准,可以延长十日,并应当将延长期限的理由告知申请人。但是,法律、法规另有规定的,依照其规定。

　　依照本法第二十六条的规定,行政许可采取统一办理或者联合办理、集中办理的,办理的时间不得超过四十五日;四十五日内不能办结的,经本级人民政府负责人批准,可以延长十五日,并应当将延长期限的理由告知申请人。

　　第四十三条 依法应当先经下级行政机关审查后报上级行政机关决定的行政许可,下级行政机关应当自其受理行政许可申请之日起二十日内审查完毕。但是,法律、法规另有规定的,依照其规定。

第四十四条 行政机关作出准予行政许可的决定,应当自作出决定之日起十日内向申请人颁发、送达行政许可证件,或者加贴标签、加盖检验、检测、检疫印章。

第四十五条 行政机关作出行政许可决定,依法需要听证、招标、拍卖、检验、检测、检疫、鉴定和专家评审的,所需时间不计算在本节规定的期限内。行政机关应当将所需时间书面告知申请人。

第四节 听 证

第四十六条 法律、法规、规章规定实施行政许可应当听证的事项,或者行政机关认为需要听证的其他涉及公共利益的重大行政许可事项,行政机关应当向社会公告,并举行听证。

第四十七条 行政许可直接涉及申请人与他人之间重大利益关系的,行政机关在作出行政许可决定前,应当告知申请人、利害关系人享有要求听证的权利;申请人、利害关系人在被告知听证权利之日起五日内提出听证申请的,行政机关应当在二十日内组织听证。

申请人、利害关系人不承担行政机关组织听证的费用。

第四十八条 听证按照下列程序进行:

(一)行政机关应当于举行听证的七日前将举行听证的时间、地点通知申请人、利害关系人,必要时予以公告;

(二)听证应当公开举行;

(三)行政机关应当指定审查该行政许可申请的工作人员以外的人员为听证主持人,申请人、利害关系人认为主持人与该行政许可事项有直接利害关系的,有权申请回避;

(四)举行听证时,审查该行政许可申请的工作人员应当提供审查意见的证据、理由,申请人、利害关系人可以提出证据,并进行申辩和质证;

(五)听证应当制作笔录,听证笔录应当交听证参加人确认无误后签字或者盖章。

行政机关应当根据听证笔录,作出行政许可决定。

第五节 变更与延续

第四十九条 被许可人要求变更行政许可事项的,应当向作出行政许可决定的行政机关提出申请;符合法定条件、标准的,行政机关应当依法办理变更手续。

第五十条　被许可人需要延续依法取得的行政许可的有效期的,应当在该行政许可有效期届满三十日前向作出行政许可决定的行政机关提出申请。但是,法律、法规、规章另有规定的,依照其规定。

行政机关应当根据被许可人的申请,在该行政许可有效期届满前作出是否准予延续的决定;逾期未作决定的,视为准予延续。

第六节　特别规定

第五十一条　实施行政许可的程序,本节有规定的,适用本节规定;本节没有规定的,适用本章其他有关规定。

第五十二条　国务院实施行政许可的程序,适用有关法律、行政法规的规定。

第五十三条　实施本法第十二条第二项所列事项的行政许可的,行政机关应当通过招标、拍卖等公平竞争的方式作出决定。但是,法律、行政法规另有规定的,依照其规定。

行政机关通过招标、拍卖等方式作出行政许可决定的具体程序,依照有关法律、行政法规的规定。

行政机关按照招标、拍卖程序确定中标人、买受人后,应当作出准予行政许可的决定,并依法向中标人、买受人颁发行政许可证件。

行政机关违反本条规定,不采用招标、拍卖方式,或者违反招标、拍卖程序,损害申请人合法权益的,申请人可以依法申请行政复议或者提起行政诉讼。

第五十四条　实施本法第十二条第三项所列事项的行政许可,赋予公民特定资格,依法应当举行国家考试的,行政机关根据考试成绩和其他法定条件作出行政许可决定;赋予法人或者其他组织特定的资格、资质的,行政机关根据申请人的专业人员构成、技术条件、经营业绩和管理水平等的考核结果作出行政许可决定。但是,法律、行政法规另有规定的,依照其规定。

公民特定资格的考试依法由行政机关或者行业组织实施,公开举行。行政机关或者行业组织应当事先公布资格考试的报名条件、报考办法、考试科目以及考试大纲。但是,不得组织强制性的资格考试的考前培训,不得指定教材或者其他助考材料。

第五十五条　实施本法第十二条第四项所列事项的行政许可的,应当按照技术标准、技术规范依法进行检验、检测、检疫，行政机关根据检验、检测、检疫的结果作出行政许可决定。

行政机关实施检验、检测、检疫，应当自受理申请之日起五日内指派两名以上工作人员按照技术标准、技术规范进行检验、检测、检疫。不需要对检验、检测、检疫结果作进一步技术分析即可认定设备、设施、产品、物品是否符合技术标准、技术规范的，行政机关应当当场作出行政许可决定。

行政机关根据检验、检测、检疫结果，作出不予行政许可决定的，应当书面说明不予行政许可所依据的技术标准、技术规范。

第五十六条 实施本法第十二条第五项所列事项的行政许可，申请人提交的申请材料齐全、符合法定形式的，行政机关应当当场予以登记。需要对申请材料的实质内容进行核实的，行政机关依照本法第三十四条第三款的规定办理。

第五十七条 有数量限制的行政许可，两个或者两个以上申请人的申请均符合法定条件、标准的，行政机关应当根据受理行政许可申请的先后顺序作出准予行政许可的决定。但是，法律、行政法规另有规定的，依照其规定。

第五章 行政许可的费用

第五十八条 行政机关实施行政许可和对行政许可事项进行监督检查，不得收取任何费用。但是，法律、行政法规另有规定的，依照其规定。

行政机关提供行政许可申请书格式文本，不得收费。

行政机关实施行政许可所需经费应当列入本行政机关的预算，由本级财政予以保障，按照批准的预算予以核拨。

第五十九条 行政机关实施行政许可，依照法律、行政法规收取费用的，应当按照公布的法定项目和标准收费；所收取的费用必须全部上缴国库，任何机关或者个人不得以任何形式截留、挪用、私分或者变相私分。财政部门不得以任何形式向行政机关返还或者变相返还实施行政许可所收取的费用。

第六章 监督检查

第六十条 上级行政机关应当加强对下级行政机关实施行政许可的监督检查，及时纠正行政许可实施中的违法行为。

第六十一条 行政机关应当建立健全监督制度，通过核查反映被许可人从事行政许可事项活动情况的有关材料，履行监督责任。

行政机关依法对被许可人从事行政许可事项的活动进行监督检查时,应当将监督检查的情况和处理结果予以记录,由监督检查人员签字后归档。公众有权查阅行政机关监督检查记录。

行政机关应当创造条件,实现与被许可人、其他有关行政机关的计算机档案系统互联,核查被许可人从事行政许可事项活动情况。

第六十二条 行政机关可以对被许可人生产经营的产品依法进行抽样检查、检验、检测,对其生产经营场所依法进行实地检查。检查时,行政机关可以依法查阅或者要求被许可人报送有关材料;被许可人应当如实提供有关情况和材料。

行政机关根据法律、行政法规的规定,对直接关系公共安全、人身健康、生命财产安全的重要设备、设施进行定期检验。对检验合格的,行政机关应当发给相应的证明文件。

第六十三条 行政机关实施监督检查,不得妨碍被许可人正常的生产经营活动,不得索取或者收受被许可人的财物,不得谋取其他利益。

第六十四条 被许可人在作出行政许可决定的行政机关管辖区域外违法从事行政许可事项活动的,违法行为发生地的行政机关应当依法将被许可人的违法事实、处理结果抄告作出行政许可决定的行政机关。

第六十五条 个人和组织发现违法从事行政许可事项的活动,有权向行政机关举报,行政机关应当及时核实、处理。

第六十六条 被许可人未依法履行开发利用自然资源义务或者未依法履行利用公共资源义务的,行政机关应当责令限期改正;被许可人在规定期限内不改正的,行政机关应当依照有关法律、行政法规的规定予以处理。

第六十七条 取得直接关系公共利益的特定行业的市场准入行政许可的被许可人,应当按照国家规定的服务标准、资费标准和行政机关依法规定的条件,向用户提供安全、方便、稳定和价格合理的服务,并履行普遍服务的义务;未经作出行政许可决定的行政机关批准,不得擅自停业、歇业。

被许可人不履行前款规定的义务的,行政机关应当责令限期改正,或者依法采取有效措施督促其履行义务。

第六十八条 对直接关系公共安全、人身健康、生命财产安全的重要设备、设施,行政机关应当督促设计、建造、安装和使用单位建立相应的自检制度。

行政机关在监督检查时,发现直接关系公共安全、人身健康、生命财产安全的重要设备、设施存在安全隐患的,应当责令停止建造、安装和使用,并责令设计、建造、安装和使用单位立即改正。

第六十九条 有下列情形之一的,作出行政许可决定的行政机关或者其上级行政机关,根据利害关系人的请求或者依据职权,可以撤销行政许可:

（一）行政机关工作人员滥用职权、玩忽职守作出准予行政许可决定的;

（二）超越法定职权作出准予行政许可决定的;

（三）违反法定程序作出准予行政许可决定的;

（四）对不具备申请资格或者不符合法定条件的申请人准予行政许可的;

（五）依法可以撤销行政许可的其他情形。

被许可人以欺骗、贿赂等不正当手段取得行政许可的,应当予以撤销。

依照前两款的规定撤销行政许可,可能对公共利益造成重大损害的,不予撤销。

依照本条第一款的规定撤销行政许可,被许可人的合法权益受到损害的,行政机关应当依法给予赔偿。依照本条第二款的规定撤销行政许可的,被许可人基于行政许可取得的利益不受保护。

第七十条 有下列情形之一的,行政机关应当依法办理有关行政许可的注销手续:

（一）行政许可有效期届满未延续的;

（二）赋予公民特定资格的行政许可,该公民死亡或者丧失行为能力的;

（三）法人或者其他组织依法终止的;

（四）行政许可依法被撤销、撤回,或者行政许可证件依法被吊销的;

（五）因不可抗力导致行政许可事项无法实施的;

（六）法律、法规规定的应当注销行政许可的其他情形。

第七章　法律责任

第七十一条 违反本法第十七条规定设定的行政许可,有关机关应当责令设定该行政许可的机关改正,或者依法予以撤销。

第七十二条 行政机关及其工作人员违反本法的规定,有下列情形之一的,由其上级行政机关或者监察机关责令改正;情节严重的,对直接负责的主管人员和其他直接责任人员依法给予行政处分:

（一）对符合法定条件的行政许可申请不予受理的;

（二）不在办公场所公示依法应当公示的材料的;

（三）在受理、审查、决定行政许可过程中,未向申请人、利害关系人履行法定告知义务的；

（四）申请人提交的申请材料不齐全、不符合法定形式，不一次告知申请人必须补正的全部内容的；

（五）未依法说明不受理行政许可申请或者不予行政许可的理由的；

（六）依法应当举行听证而不举行听证的。

第七十三条　行政机关工作人员办理行政许可、实施监督检查，索取或者收受他人财物或者谋取其他利益，构成犯罪的，依法追究刑事责任；尚不构成犯罪的，依法给予行政处分。

第七十四条　行政机关实施行政许可，有下列情形之一的，由其上级行政机关或者监察机关责令改正，对直接负责的主管人员和其他直接责任人员依法给予行政处分；构成犯罪的，依法追究刑事责任：

（一）对不符合法定条件的申请人准予行政许可或者超越法定职权作出准予行政许可决定的；

（二）对符合法定条件的申请人不予行政许可或者不在法定期限内作出准予行政许可决定的；

（三）依法应当根据招标、拍卖结果或者考试成绩择优作出准予行政许可决定，未经招标、拍卖或者考试，或者不根据招标、拍卖结果或者考试成绩择优作出准予行政许可决定的。

第七十五条　行政机关实施行政许可，擅自收费或者不按照法定项目和标准收费的，由其上级行政机关或者监察机关责令退还非法收取的费用；对直接负责的主管人员和其他直接责任人员依法给予行政处分。

截留、挪用、私分或者变相私分实施行政许可依法收取的费用的，予以追缴；对直接负责的主管人员和其他直接责任人员依法给予行政处分；构成犯罪的，依法追究刑事责任。

第七十六条　行政机关违法实施行政许可，给当事人的合法权益造成损害的，应当依照国家赔偿法的规定给予赔偿。

第七十七条　行政机关不依法履行监督职责或者监督不力，造成严重后果的，由其上级行政机关或者监察机关责令改正，对直接负责的主管人员和其他直接责任人员依法给予行政处分；构成犯罪的，依法追究刑事责任。

第七十八条　行政许可申请人隐瞒有关情况或者提供虚假材料申请行政许可的，行政机关不予受理或者不予行政许可，并给予警告；行政许可申请属于直接关系公共安全、人身健康、生命财产安全事项的，申请人在一年内不得再次申请该行政许可。

第七十九条 被许可人以欺骗、贿赂等不正当手段取得行政许可的,行政机关应当依法给予行政处罚;取得的行政许可属于直接关系公共安全、人身健康、生命财产安全事项的,申请人在三年内不得再次申请该行政许可;构成犯罪的,依法追究刑事责任。

第八十条 被许可人有下列行为之一的,行政机关应当依法给予行政处罚;构成犯罪的,依法追究刑事责任:

(一)涂改、倒卖、出租、出借行政许可证件,或者以其他形式非法转让行政许可的;

(二)超越行政许可范围进行活动的;

(三)向负责监督检查的行政机关隐瞒有关情况、提供虚假材料或者拒绝提供反映其活动情况的真实材料的;

(四)法律、法规、规章规定的其他违法行为。

第八十一条 公民、法人或者其他组织未经行政许可,擅自从事依法应当取得行政许可的活动的,行政机关应当依法采取措施予以制止,并依法给予行政处罚;构成犯罪的,依法追究刑事责任。

第八章 附 则

第八十二条 本法规定的行政机关实施行政许可的期限以工作日计算,不含法定节假日。

第八十三条 本法自 2004 年 7 月 1 日起施行。

本法施行前有关行政许可的规定,制定机关应当依照本法规定予以清理;不符合本法规定的,自本法施行之日起停止执行。

中华人民共和国行政处罚法

1996 年 3 月 17 日第八届全国人民代表大会第四次会议通过

1996 年 3 月 17 日中华人民共和国主席令第六十三号公布

自 1996 年 10 月 1 日起施行

第一章 总 则

第一条 为了规范行政处罚的设定和实施,保障和监督行政机关有效实施行政管理,维护公共利益和社会秩序,保护公民、法人或者其他组织的合法权益,根据宪法,制定本法。

第二条 行政处罚的设定和实施,适用本法。

第三条 公民、法人或者其他组织违反行政管理秩序的行为,应当给予行政处罚的,依照本法由法律、法规或者规章规定,并由行政机关依照本法规定的程序实施。

没有法定依据或者不遵守法定程序的,行政处罚无效。

第四条 行政处罚遵循公正、公开的原则。

设定和实施行政处罚必须以事实为依据,与违法行为的事实、性质、情节以及社会危害程度相当。

对违法行为给予行政处罚的规定必须公布;未经公布的,不得作为行政处罚的依据。

第五条 实施行政处罚,纠正违法行为,应当坚持处罚与教育相结合,教育公民、法人或者其他组织自觉守法。

第六条 公民、法人或者其他组织对行政机关所给予的行政处罚,享有陈述权、申辩权;对行政处罚不服的,有权依法申请行政复议或者提起行政诉讼。

公民、法人或者其他组织因行政机关违法给予行政处罚受到损害的,有权依法提出赔偿要求。

第七条 公民、法人或者其他组织因违法受到行政处罚,其违法行为对他人造成损害的,应当依法承担民事责任。

违法行为构成犯罪,应当依法追究刑事责任,不得以行政处罚代替刑事处罚。

第二章　行政处罚的种类和设定

第八条　行政处罚的种类:

(一)警告;

(二)罚款;

(三)没收违法所得、没收非法财物;

(四)责令停产停业;

(五)暂扣或者吊销许可证、暂扣或者吊销执照;

(六)行政拘留;

(七)法律、行政法规规定的其他行政处罚。

第九条　法律可以设定各种行政处罚。

限制人身自由的行政处罚,只能由法律设定。

第十条　行政法规可以设定除限制人身自由以外的行政处罚。

法律对违法行为已经作出行政处罚规定,行政法规需要作出具体规定的,必须在法律规定的给予行政处罚的行为、种类和幅度的范围内规定。

第十一条　地方性法规可以设定除限制人身自由、吊销企业营业执照以外的行政处罚。

法律、行政法规对违法行为已经作出行政处罚规定,地方性法规需要作出具体规定的,必须在法律、行政法规规定的给予行政处罚的行为、种类和幅度的范围内规定。

第十二条　国务院部、委员会制定的规章可以在法律、行政法规规定的给予行政处罚的行为、种类和幅度的范围内作出具体规定。

尚未制定法律、行政法规的,前款规定的国务院部、委员会制定的规章对违反行政管理秩序的行为,可以设定警告或者一定数量罚款的行政处罚。罚款的限额由国务院规定。

国务院可以授权具有行政处罚权的直属机构依照本条第一款、第二款的规定,规定行政处罚。

第十三条　省、自治区、直辖市人民政府和省、自治区人民政府所在地的市人民政府以及经国务院批准的较大的市人民政府制定的规章可以在法律、法规规定的给予行政处罚的行为、种类和幅度的范围内作出具体规定。

尚未制定法律、法规的,前款规定的人民政府制定的规章对违反行政管理秩序的行为,可以设定警告或者一定数量罚款的行政处罚。罚款的限额由省、自治区、直辖市人民代表大会常务委员会规定。

第十四条　除本法第九条、第十条、第十一条、第十二条以及第十三条的规定外,其他规范性文件不得设定行政处罚。

第三章　行政处罚的实施机关

第十五条　行政处罚由具有行政处罚权的行政机关在法定职权范围内实施。

第十六条　国务院或者经国务院授权的省、自治区、直辖市人民政府可以决定一个行政机关行使有关行政机关的行政处罚权,但限制人身自由的行政处罚权只能由公安机关行使。

第十七条　法律、法规授权的具有管理公共事务职能的组织可以在法定授权范围内实施行政处罚。

第十八条　行政机关依照法律、法规或者规章的规定,可以在其法定权限内委托符合本法第十九条规定条件的组织实施行政处罚。行政机关不得委托其他组织或者个人实施行政处罚。

委托行政机关对受委托的组织实施行政处罚的行为应当负责监督,并对该行为的后果承担法律责任。

受委托组织在委托范围内,以委托行政机关名义实施行政处罚;不得再委托其他任何组织或者个人实施行政处罚。

第十九条　受委托组织必须符合以下条件:

(一)依法成立的管理公共事务的事业组织;

(二)具有熟悉有关法律、法规、规章和业务的工作人员;

(三)对违法行为需要进行技术检查或者技术鉴定的,应当有条件组织进行相应的技术检查或者技术鉴定。

第四章　行政处罚的管辖和适用

第二十条　行政处罚由违法行为发生地的县级以上地方人民政府具有行政处罚权的行政机关管辖。法律、行政法规另有规定的除外。

第二十一条　对管辖发生争议的,报请共同的上一级行政机关指定管辖。

第二十二条　违法行为构成犯罪的,行政机关必须将案件移送司法机关,依法追究刑事责任。

第二十三条　行政机关实施行政处罚时,应当责令当事人改正或者限期改正违法行为。

第二十四条　对当事人的同一个违法行为,不得给予两次以上罚款的行政处罚。

第二十五条　不满十四周岁的人有违法行为的,不予行政处罚,责令监护人加以管教;已满十四周岁不满十八周岁的人有违法行为的,从轻或者减轻行政处罚。

第二十六条　精神病人在不能辨认或者不能控制自己行为时有违法行为的,不予行政处罚,但应当责令其监护人严加看管和治疗。间歇性精神病人在精神正常时有违法行为的,应当给予行政处罚。

第二十七条　当事人有下列情形之一的,应当依法从轻或者减轻行政处罚:

（一）主动消除或者减轻违法行为危害后果的;

（二）受他人胁迫有违法行为的;

（三）配合行政机关查处违法行为有立功表现的;

（四）其他依法从轻或者减轻行政处罚的。

违法行为轻微并及时纠正,没有造成危害后果的,不予行政处罚。

第二十八条　违法行为构成犯罪,人民法院判处拘役或者有期徒刑时,行政机关已经给予当事人行政拘留的,应当依法折抵相应刑期。

违法行为构成犯罪,人民法院判处罚金时,行政机关已经给予当事人罚款的,应当折抵相应罚金。

第二十九条　违法行为在二年内未被发现的,不再给予行政处罚。法律另有规定的除外。

前款规定的期限,从违法行为发生之日起计算;违法行为有连续或者继续状态的,从行为终了之日起计算。

第五章　行政处罚的决定

第三十条　公民、法人或者其他组织违反行政管理秩序的行为,依法应当给予行政处罚的,行政机关必须查明事实;违法事实不清的,不得给予行政处罚。

第三十一条　行政机关在作出行政处罚决定之前,应当告知当事人作出行政处罚决定的事实、理由及依据,并告知当事人依法享有的权利。

第三十二条　当事人有权进行陈述和申辩。行政机关必须充分听取当事人的意见,对当事人提出的事实、理由和证据,应当进行复核;当事人提出的事实、理由或者证据成立的,行政机关应当采纳。

行政机关不得因当事人申辩而加重处罚。

第一节　简易程序

第三十三条　违法事实确凿并有法定依据,对公民处以五十元以下、对法人或者其他组织处以一千元以下罚款或者警告的行政处罚的,可以当场作出行政处罚决定。当事人应当依照本法第四十六条、第四十七条、第四十八条的规定履行行政处罚决定。

第三十四条　执法人员当场作出行政处罚决定的,应当向当事人出示执法身份证件,填写预定格式、编有号码的行政处罚决定书。行政处罚决定书应当当场交付当事人。

前款规定的行政处罚决定书应当载明当事人的违法行为、行政处罚依据、罚款数额、时间、地点以及行政机关名称,并由执法人员签名或者盖章。

执法人员当场作出的行政处罚决定,必须报所属行政机关备案。

第三十五条　当事人对当场作出的行政处罚决定不服的,可以依法申请行政复议或者提起行政诉讼。

第二节　一般程序

第三十六条　除本法第三十三条规定的可以当场作出的行政处罚外,行政机关发现公民、法人或者其他组织有依法应当给予行政处罚的行为的,必须全面、客观、公正地调查,收集有关证据;必要时,依照法律、法规的规定,可以进行检查。

第三十七条　行政机关在调查或者进行检查时,执法人员不得少于两人,并应当向当事人或者有关人员出示证件。当事人或者有关人员应当如实回答询问,并协助调查或者检查,不得阻挠。询问或者检查应当制作笔录。

行政机关在收集证据时,可以采取抽样取证的方法;在证据可能灭失或者以后难以取得的情况下,经行政机关负责人批准,可以先行登记保存,并应当在七日内及时作出处理决定,在此期间,当事人或者有关人员不得销毁或者转移证据。

执法人员与当事人有直接利害关系的,应当回避。

第三十八条 调查终结,行政机关负责人应当对调查结果进行审查,根据不同情况,分别作出如下决定:

(一)确有应受行政处罚的违法行为的,根据情节轻重及具体情况,作出行政处罚决定;

(二)违法行为轻微,依法可以不予行政处罚的,不予行政处罚;

(三)违法事实不能成立的,不得给予行政处罚;

(四)违法行为已构成犯罪的,移送司法机关。

对情节复杂或者重大违法行为给予较重的行政处罚,行政机关的负责人应当集体讨论决定。

第三十九条 行政机关依照本法第三十八条的规定给予行政处罚,应当制作行政处罚决定书。行政处罚决定书应当载明下列事项:

(一)当事人的姓名或者名称、地址;

(二)违反法律、法规或者规章的事实和证据;

(三)行政处罚的种类和依据;

(四)行政处罚的履行方式和期限;

(五)不服行政处罚决定,申请行政复议或者提起行政诉讼的途径和期限;

(六)作出行政处罚决定的行政机关名称和作出决定的日期。

行政处罚决定书必须盖有作出行政处罚决定的行政机关的印章。

第四十条 行政处罚决定书应当在宣告后当场交付当事人;当事人不在场的,行政机关应当在七日内依照民事诉讼法的有关规定,将行政处罚决定书送达当事人。

第四十一条 行政机关及其执法人员在作出行政处罚决定之前,不依照本法第三十一条、第三十二条的规定向当事人告知给予行政处罚的事实、理由和依据,或者拒绝听取当事人的陈述、申辩,行政处罚决定不能成立;当事人放弃陈述或者申辩权利的除外。

第三节 听证程序

第四十二条 行政机关作出责令停产停业、吊销许可证或者执照、较大数额罚款等行政处罚决定之前,应当告知当事人有要求举行听证的权利;当事人要求听证的,行政机关应当组织听证。当事人不承担行政机关组织听证的费用。听证依照以下程序组织：

（一）当事人要求听证的，应当在行政机关告知后三日内提出；

（二）行政机关应当在听证的七日前，通知当事人举行听证的时间、地点；

（三）除涉及国家秘密、商业秘密或者个人隐私外，听证公开举行；

（四）听证由行政机关指定的非本案调查人员主持；当事人认为主持人与本案有直接利害关系的，有权申请回避；

（五）当事人可以亲自参加听证，也可以委托一至二人代理；

（六）举行听证时，调查人员提出当事人违法的事实、证据和行政处罚建议；当事人进行申辩和质证；

（七）听证应当制作笔录；笔录应当交当事人审核无误后签字或者盖章。

当事人对限制人身自由的行政处罚有异议的，依照治安管理处罚条例有关规定执行。

第四十三条　听证结束后，行政机关依照本法第三十八条的规定，作出决定。

第六章　行政处罚的执行

第四十四条　行政处罚决定依法作出后，当事人应当在行政处罚决定的期限内，予以履行。

第四十五条　当事人对行政处罚决定不服申请行政复议或者提起行政诉讼的，行政处罚不停止执行，法律另有规定的除外。

第四十六条　作出罚款决定的行政机关应当与收缴罚款的机构分离。

除依照本法第四十七条、第四十八条的规定当场收缴的罚款外，作出行政处罚决定的行政机关及其执法人员不得自行收缴罚款。

当事人应当自收到行政处罚决定书之日起十五日内，到指定的银行缴纳罚款。银行应当收受罚款，并将罚款直接上缴国库。

第四十七条　依照本法第三十三条的规定当场作出行政处罚决定，有下列情形之一的，执法人员可以当场收缴罚款：

（一）依法给予二十元以下的罚款的；

（二）不当场收缴事后难以执行的。

第四十八条　在边远、水上、交通不便地区，行政机关及其执法人员依照本法第三十三条、第三十八条的规定作出罚款决定后，当事人向指定的银行缴纳罚款确有困难，经当事人提出，行政机关及其执法人员可以当场收缴罚款。

第四十九条 行政机关及其执法人员当场收缴罚款的,必须向当事人出具省、自治区、直辖市财政部门统一制发的罚款收据;不出具财政部门统一制发的罚款收据的,当事人有权拒绝缴纳罚款。

第五十条 执法人员当场收缴的罚款,应当自收缴罚款之日起二日内,交至行政机关;在水上当场收缴的罚款,应当自抵岸之日起二日内交至行政机关;行政机关应当在二日内将罚款缴付指定的银行。

第五十一条 当事人逾期不履行行政处罚决定的,作出行政处罚决定的行政机关可以采取下列措施:

(一)到期不缴纳罚款的,每日按罚款数额的百分之三加处罚款;

(二)根据法律规定,将查封、扣押的财物拍卖或者将冻结的存款划拨抵缴罚款;

(三)申请人民法院强制执行。

第五十二条 当事人确有经济困难,需要延期或者分期缴纳罚款的,经当事人申请和行政机关批准,可以暂缓或者分期缴纳。

第五十三条 除依法应当予以销毁的物品外,依法没收的非法财物必须按照国家规定公开拍卖或者按照国家有关规定处理。

罚款、没收违法所得或者没收非法财物拍卖的款项,必须全部上缴国库,任何行政机关或者个人不得以任何形式截留、私分或者变相私分;财政部门不得以任何形式向作出行政处罚决定的行政机关返还罚款、没收的违法所得或者返还没收非法财物的拍卖款项。

第五十四条 行政机关应当建立健全对行政处罚的监督制度。县级以上人民政府应当加强对行政处罚的监督检查。

公民、法人或者其他组织对行政机关作出的行政处罚,有权申诉或者检举;行政机关应当认真审查,发现行政处罚有错误的,应当主动改正。

第七章 法律责任

第五十五条 行政机关实施行政处罚,有下列情形之一的,由上级行政机关或者有关部门责令改正,可以对直接负责的主管人员和其他直接责任人员依法给予行政处分:

(一)没有法定的行政处罚依据的;

(二)擅自改变行政处罚种类、幅度的;

(三)违反法定的行政处罚程序的;

（四）违反本法第十八条关于委托处罚的规定的。

第五十六条 行政机关对当事人进行处罚不使用罚款、没收财物单据或者使用非法定部门制发的罚款、没收财物单据的,当事人有权拒绝处罚,并有权予以检举。上级行政机关或者有关部门对使用的非法单据予以收缴销毁,对直接负责的主管人员和其他直接责任人员依法给予行政处分。

第五十七条 行政机关违反本法第四十六条的规定自行收缴罚款的,财政部门违反本法第五十三条的规定向行政机关返还罚款或者拍卖款项的,由上级行政机关或者有关部门责令改正,对直接负责的主管人员和其他直接责任人员依法给予行政处分。

第五十八条 行政机关将罚款、没收的违法所得或者财物截留、私分或者变相私分的,由财政部门或者有关部门予以追缴,对直接负责的主管人员和其他直接责任人员依法给予行政处分;情节严重构成犯罪的,依法追究刑事责任。

执法人员利用职务上的便利,索取或者收受他人财物、收缴罚款据为己有,构成犯罪的,依法追究刑事责任;情节轻微不构成犯罪的,依法给予行政处分。

第五十九条 行政机关使用或者损毁扣押的财物,对当事人造成损失的,应当依法予以赔偿,对直接负责的主管人员和其他直接责任人员依法给予行政处分。

第六十条 行政机关违法实行检查措施或者执行措施,给公民人身或者财产造成损害、给法人或者其他组织造成损失的,应当依法予以赔偿,对直接负责的主管人员和其他直接责任人员依法给予行政处分;情节严重构成犯罪的,依法追究刑事责任。

第六十一条 行政机关为牟取本单位私利,对应当依法移交司法机关追究刑事责任的不移交,以行政处罚代替刑罚,由上级行政机关或者有关部门责令纠正;拒不纠正的,对直接负责的主管人员给予行政处分;徇私舞弊、包庇纵容违法行为的,比照刑法第一百八十八条的规定追究刑事责任。

第六十二条 执法人员玩忽职守,对应当予以制止和处罚的违法行为不予制止、处罚,致使公民、法人或者其他组织的合法权益、公共利益和社会秩序遭受损害的,对直接负责的主管人员和其他直接责任人员依法给予行政处分;情节严重构成犯罪的,依法追究刑事责任。

第八章　附　则

第六十三条 本法第四十六条罚款决定与罚款收缴分离的规定,由国务院制定具体实施办法。

第六十四条 本法自 1996 年 10 月 1 日起施行。

本法公布前制定的法规和规章关于行政处罚的规定与本法不符合的,应当自本法公布之日起,依照本法规定予以修订,在 1997 年 12 月 31 日前修订完毕。

附:刑法有关条文

第一百八十八条 司法工作人员徇私舞弊,对明知是无罪的人而使他受追诉、对明知是有罪的人而故意包庇不使他受追诉,或者故意颠倒黑白做枉法裁判的,处五年以下有期徒刑、拘役或者剥夺政治权利;情节特别严重的,处五年以上有期徒刑。

中华人民共和国主席令

第 49 号

《中华人民共和国行政强制法》已由中华人民共和国第十一届全国人民代表大会常务委员会第二十一次会议于 2011 年 6 月 30 日通过,现予公布,自 2012 年 1 月 1 日起施行。

中华人民共和国主席　胡锦涛

2011 年 6 月 30 日

中华人民共和国行政强制法

(2011 年 6 月 30 日第十一届全国人民代表大会
常务委员会第二十一次会议通过)

第一章　总　　则

第一条　为了规范行政强制的设定和实施,保障和监督行政机关依法履行职责,维护公共利益和社会秩序,保护公民、法人和其他组织的合法权益,根据宪法,制定本法。

第二条　本法所称行政强制,包括行政强制措施和行政强制执行。

行政强制措施,是指行政机关在行政管理过程中,为制止违法行为、防止证据损毁、避免危害发生、控制危险扩大等情形,依法对公民的人身自由实施暂时性限制,或者对公民、法人或者其他组织的财物实施暂时性控制的行为。

行政强制执行,是指行政机关或者行政机关申请人民法院,对不履行行政决定的公民、法人或者其他组织,依法强制履行义务的行为。

第三条　行政强制的设定和实施,适用本法。

发生或者即将发生自然灾害、事故灾难、公共卫生事件或者社会安全事件等突发事件,行政机关采取应急措施或者临时措施,依照有关法律、行政法规的规定执行。

行政机关采取金融业审慎监管措施、进出境货物强制性技术监控措施，依照有关法律、行政法规的规定执行。

第四条 行政强制的设定和实施，应当依照法定的权限、范围、条件和程序。

第五条 行政强制的设定和实施，应当适当。采用非强制手段可以达到行政管理目的的，不得设定和实施行政强制。

第六条 实施行政强制，应当坚持教育与强制相结合。

第七条 行政机关及其工作人员不得利用行政强制权为单位或者个人谋取利益。

第八条 公民、法人或者其他组织对行政机关实施行政强制，享有陈述权、申辩权；有权依法申请行政复议或者提起行政诉讼；因行政机关违法实施行政强制受到损害的，有权依法要求赔偿。

公民、法人或者其他组织因人民法院在强制执行中有违法行为或者扩大强制执行范围受到损害的，有权依法要求赔偿。

第二章 行政强制的种类和设定

第九条 行政强制措施的种类：

（一）限制公民人身自由；

（二）查封场所、设施或者财物；

（三）扣押财物；

（四）冻结存款、汇款；

（五）其他行政强制措施。

第十条 行政强制措施由法律设定。

尚未制定法律，且属于国务院行政管理职权事项的，行政法规可以设定除本法第九条第一项、第四项和应当由法律规定的行政强制措施以外的其他行政强制措施。

尚未制定法律、行政法规，且属于地方性事务的，地方性法规可以设定本法第九条第二项、第三项的行政强制措施。

法律、法规以外的其他规范性文件不得设定行政强制措施。

第十一条 法律对行政强制措施的对象、条件、种类作了规定的，行政法规、地方性法规不得作出扩大规定。

法律中未设定行政强制措施的,行政法规、地方性法规不得设定行政强制措施。但是,法律规定特定事项由行政法规规定具体管理措施的,行政法规可以设定除本法第九条第一项、第四项和应当由法律规定的行政强制措施以外的其他行政强制措施。

第十二条 行政强制执行的方式:

(一)加处罚款或者滞纳金;

(二)划拨存款、汇款;

(三)拍卖或者依法处理查封、扣押的场所、设施或者财物;

(四)排除妨碍、恢复原状;

(五)代履行;

(六)其他强制执行方式。

第十三条 行政强制执行由法律设定。

法律没有规定行政机关强制执行的,作出行政决定的行政机关应当申请人民法院强制执行。

第十四条 起草法律草案、法规草案,拟设定行政强制的,起草单位应当采取听证会、论证会等形式听取意见,并向制定机关说明设定该行政强制的必要性、可能产生的影响以及听取和采纳意见的情况。

第十五条 行政强制的设定机关应当定期对其设定的行政强制进行评价,并对不适当的行政强制及时予以修改或者废止。

行政强制的实施机关可以对已设定的行政强制的实施情况及存在的必要性适时进行评价,并将意见报告该行政强制的设定机关。

公民、法人或者其他组织可以向行政强制的设定机关和实施机关就行政强制的设定和实施提出意见和建议。有关机关应当认真研究论证,并以适当方式予以反馈。

第三章 行政强制措施实施程序

第一节 一般规定

第十六条 行政机关履行行政管理职责,依照法律、法规的规定,实施行政强制措施。

违法行为情节显著轻微或者没有明显社会危害的,可以不采取行政强制措施。

第十七条　行政强制措施由法律、法规规定的行政机关在法定职权范围内实施。行政强制措施权不得委托。

依据《中华人民共和国行政处罚法》的规定行使相对集中行政处罚权的行政机关，可以实施法律、法规规定的与行政处罚权有关的行政强制措施。

行政强制措施应当由行政机关具备资格的行政执法人员实施，其他人员不得实施。

第十八条　行政机关实施行政强制措施应当遵守下列规定：

（一）实施前须向行政机关负责人报告并经批准；

（二）由两名以上行政执法人员实施；

（三）出示执法身份证件；

（四）通知当事人到场；

（五）当场告知当事人采取行政强制措施的理由、依据以及当事人依法享有的权利、救济途径；

（六）听取当事人的陈述和申辩；

（七）制作现场笔录；

（八）现场笔录由当事人和行政执法人员签名或者盖章，当事人拒绝的，在笔录中予以注明；

（九）当事人不到场的，邀请见证人到场，由见证人和行政执法人员在现场笔录上签名或者盖章；

（十）法律、法规规定的其他程序。

第十九条　情况紧急，需要当场实施行政强制措施的，行政执法人员应当在二十四小时内向行政机关负责人报告，并补办批准手续。行政机关负责人认为不应当采取行政强制措施的，应当立即解除。

第二十条　依照法律规定实施限制公民人身自由的行政强制措施，除应当履行本法第十八条规定的程序外，还应当遵守下列规定：

（一）当场告知或者实施行政强制措施后立即通知当事人家属实施行政强制措施的行政机关、地点和期限；

（二）在紧急情况下当场实施行政强制措施的，在返回行政机关后，立即向行政机关负责人报告并补办批准手续；

（三）法律规定的其他程序。

实施限制人身自由的行政强制措施不得超过法定期限。实施行政强制措施的目的已经达到或者条件已经消失，应当立即解除。

第二十一条　违法行为涉嫌犯罪应当移送司法机关的,行政机关应当将查封、扣押、冻结的财物一并移送,并书面告知当事人。

第二节　查封、扣押

第二十二条　查封、扣押应当由法律、法规规定的行政机关实施,其他任何行政机关或者组织不得实施。

第二十三条　查封、扣押限于涉案的场所、设施或者财物,不得查封、扣押与违法行为无关的场所、设施或者财物;不得查封、扣押公民个人及其所扶养家属的生活必需品。

当事人的场所、设施或者财物已被其他国家机关依法查封的,不得重复查封。

第二十四条　行政机关决定实施查封、扣押的,应当履行本法第十八条规定的程序,制作并当场交付查封、扣押决定书和清单。

查封、扣押决定书应当载明下列事项:

(一)当事人的姓名或者名称、地址;

(二)查封、扣押的理由、依据和期限;

(三)查封、扣押场所、设施或者财物的名称、数量等;

(四)申请行政复议或者提起行政诉讼的途径和期限;

(五)行政机关的名称、印章和日期。

查封、扣押清单一式二份,由当事人和行政机关分别保存。

第二十五条　查封、扣押的期限不得超过三十日;情况复杂的,经行政机关负责人批准,可以延长,但是延长期限不得超过三十日。法律、行政法规另有规定的除外。

延长查封、扣押的决定应当及时书面告知当事人,并说明理由。

对物品需要进行检测、检验、检疫或者技术鉴定的,查封、扣押的期间不包括检测、检验、检疫或者技术鉴定的期间。检测、检验、检疫或者技术鉴定的期间应当明确,并书面告知当事人。检测、检验、检疫或者技术鉴定的费用由行政机关承担。

第二十六条　对查封、扣押的场所、设施或者财物,行政机关应当妥善保管,不得使用或者损毁;造成损失的,应当承担赔偿责任。

对查封的场所、设施或者财物,行政机关可以委托第三人保管,第三人不得损毁或者擅自转移、处置。因第三人的原因造成的损失,行政机关先行赔付后,有权向第三人追偿。

因查封、扣押发生的保管费用由行政机关承担。

第二十七条　行政机关采取查封、扣押措施后,应当及时查清事实,在本法第二十五条规定的期限内作出处理决定。对违法事实清楚,依法应当没收的非法财物予以没收;法律、行政法规规定应当销毁的,依法销毁;应当解除查封、扣押的,作出解除查封、扣押的决定。

第二十八条　有下列情形之一的,行政机关应当及时作出解除查封、扣押决定:

(一)当事人没有违法行为;

(二)查封、扣押的场所、设施或者财物与违法行为无关;

(三)行政机关对违法行为已经作出处理决定,不再需要查封、扣押;

(四)查封、扣押期限已经届满;

(五)其他不再需要采取查封、扣押措施的情形。

解除查封、扣押应当立即退还财物;已将鲜活物品或者其他不易保管的财物拍卖或者变卖的,退还拍卖或者变卖所得款项。变卖价格明显低于市场价格,给当事人造成损失的,应当给予补偿。

第三节　冻　结

第二十九条　冻结存款、汇款应当由法律规定的行政机关实施,不得委托给其他行政机关或者组织;其他任何行政机关或者组织不得冻结存款、汇款。

冻结存款、汇款的数额应当与违法行为涉及的金额相当;已被其他国家机关依法冻结的,不得重复冻结。

第三十条　行政机关依照法律规定决定实施冻结存款、汇款的,应当履行本法第十八条第一项、第二项、第三项、第七项规定的程序,并向金融机构交付冻结通知书。

金融机构接到行政机关依法作出的冻结通知书后,应当立即予以冻结,不得拖延,不得在冻结前向当事人泄露信息。

法律规定以外的行政机关或者组织要求冻结当事人存款、汇款的,金融机构应当拒绝。

第三十一条　依照法律规定冻结存款、汇款的,作出决定的行政机关应当在三日内向当事人交付冻结决定书。冻结决定书应当载明下列事项:

(一)当事人的姓名或者名称、地址;

（二）冻结的理由、依据和期限；

（三）冻结的账号和数额；

（四）申请行政复议或者提起行政诉讼的途径和期限；

（五）行政机关的名称、印章和日期。

第三十二条　自冻结存款、汇款之日起三十日内，行政机关应当作出处理决定或者作出解除冻结决定；情况复杂的，经行政机关负责人批准，可以延长，但是延长期限不得超过三十日。法律另有规定的除外。

延长冻结的决定应当及时书面告知当事人，并说明理由。

第三十三条　有下列情形之一的，行政机关应当及时作出解除冻结决定：

（一）当事人没有违法行为；

（二）冻结的存款、汇款与违法行为无关；

（三）行政机关对违法行为已经作出处理决定，不再需要冻结；

（四）冻结期限已经届满；

（五）其他不再需要采取冻结措施的情形。

行政机关作出解除冻结决定的，应当及时通知金融机构和当事人。金融机构接到通知后，应当立即解除冻结。

行政机关逾期未作出处理决定或者解除冻结决定的，金融机构应当自冻结期满之日起解除冻结。

第四章　行政机关强制执行程序

第一节　一般规定

第三十四条　行政机关依法作出行政决定后，当事人在行政机关决定的期限内不履行义务的，具有行政强制执行权的行政机关依照本章规定强制执行。

第三十五条　行政机关作出强制执行决定前，应当事先催告当事人履行义务。催告应当以书面形式作出，并载明下列事项：

（一）履行义务的期限；

（二）履行义务的方式；

（三）涉及金钱给付的，应当有明确的金额和给付方式；

（四）当事人依法享有的陈述权和申辩权。

第三十六条　当事人收到催告书后有权进行陈述和申辩。行政机关应当充分听取当事人的意见，对当事人提出的事实、理由和证据，应当进行记录、复核。当事人提出的事实、理由或者证据成立的,行政机关应当采纳。

第三十七条 经催告,当事人逾期仍不履行行政决定,且无正当理由的,行政机关可以作出强制执行决定。

强制执行决定应当以书面形式作出,并载明下列事项:

(一)当事人的姓名或者名称、地址;

(二)强制执行的理由和依据;

(三)强制执行的方式和时间;

(四)申请行政复议或者提起行政诉讼的途径和期限;

(五)行政机关的名称、印章和日期。

在催告期间,对有证据证明有转移或者隐匿财物迹象的,行政机关可以作出立即强制执行决定。

第三十八条 催告书、行政强制执行决定书应当直接送达当事人。当事人拒绝接收或者无法直接送达当事人的,应当依照《中华人民共和国民事诉讼法》的有关规定送达。

第三十九条 有下列情形之一的,中止执行:

(一)当事人履行行政决定确有困难或者暂无履行能力的;

(二)第三人对执行标的主张权利,确有理由的;

(三)执行可能造成难以弥补的损失,且中止执行不损害公共利益的;

(四)行政机关认为需要中止执行的其他情形。

中止执行的情形消失后,行政机关应当恢复执行。对没有明显社会危害,当事人确无能力履行,中止执行满三年未恢复执行的,行政机关不再执行。

第四十条 有下列情形之一的,终结执行:

(一)公民死亡,无遗产可供执行,又无义务承受人的;

(二)法人或者其他组织终止,无财产可供执行,又无义务承受人的;

(三)执行标的灭失的;

(四)据以执行的行政决定被撤销的;

(五)行政机关认为需要终结执行的其他情形。

第四十一条 在执行中或者执行完毕后,据以执行的行政决定被撤销、变更,或者执行错误的,应当恢复原状或者退还财物;不能恢复原状或者退还财物的,依法给予赔偿。

第四十二条 实施行政强制执行,行政机关可以在不损害公共利益和他人合法权益的情况下,与当事人达成执行协议。执行协议可以约定分阶段履行;

当事人采取补救措施的,可以减免加处的罚款或者滞纳金。

执行协议应当履行。当事人不履行执行协议的,行政机关应当恢复强制执行。

第四十三条　行政机关不得在夜间或者法定节假日实施行政强制执行。但是,情况紧急的除外。

行政机关不得对居民生活采取停止供水、供电、供热、供燃气等方式迫使当事人履行相关行政决定。

第四十四条　对违法的建筑物、构筑物、设施等需要强制拆除的,应当由行政机关予以公告,限期当事人自行拆除。当事人在法定期限内不申请行政复议或者提起行政诉讼,又不拆除的,行政机关可以依法强制拆除。

第二节　金钱给付义务的执行

第四十五条　行政机关依法作出金钱给付义务的行政决定,当事人逾期不履行的,行政机关可以依法加处罚款或者滞纳金。加处罚款或者滞纳金的标准应当告知当事人。

加处罚款或者滞纳金的数额不得超出金钱给付义务的数额。

第四十六条　行政机关依照本法第四十五条规定实施加处罚款或者滞纳金超过三十日,经催告当事人仍不履行的,具有行政强制执行权的行政机关可以强制执行。

行政机关实施强制执行前,需要采取查封、扣押、冻结措施的,依照本法第三章规定办理。

没有行政强制执行权的行政机关应当申请人民法院强制执行。但是,当事人在法定期限内不申请行政复议或者提起行政诉讼,经催告仍不履行的,在实施行政管理过程中已经采取查封、扣押措施的行政机关,可以将查封、扣押的财物依法拍卖抵缴罚款。

第四十七条　划拨存款、汇款应当由法律规定的行政机关决定,并书面通知金融机构。金融机构接到行政机关依法作出划拨存款、汇款的决定后,应当立即划拨。

法律规定以外的行政机关或者组织要求划拨当事人存款、汇款的,金融机构应当拒绝。

第四十八条　依法拍卖财物,由行政机关委托拍卖机构依照《中华人民共和国拍卖法》的规定办理。

第四十九条　划拨的存款、汇款以及拍卖和依法处理所得的款项应当上缴国库或者划入财政专户。任何行政机关或者个人不得以任何形式截留、私分或者变相私分。

第三节　代履行

第五十条　行政机关依法作出要求当事人履行排除妨碍、恢复原状等义务的行政决定，当事人逾期不履行，经催告仍不履行，其后果已经或者将危害交通安全、造成环境污染或者破坏自然资源的，行政机关可以代履行，或者委托没有利害关系的第三人代履行。

第五十一条　代履行应当遵守下列规定：

（一）代履行前送达决定书，代履行决定书应当载明当事人的姓名或者名称、地址，代履行的理由和依据、方式和时间、标的、费用预算以及代履行人；

（二）代履行三日前，催告当事人履行，当事人履行的，停止代履行；

（三）代履行时，作出决定的行政机关应当派员到场监督；

（四）代履行完毕，行政机关到场监督的工作人员、代履行人和当事人或者见证人应当在执行文书上签名或者盖章。

代履行的费用按照成本合理确定，由当事人承担。但是，法律另有规定的除外。

代履行不得采用暴力、胁迫以及其他非法方式。

第五十二条　需要立即清除道路、河道、航道或者公共场所的遗洒物、障碍物或者污染物，当事人不能清除的，行政机关可以决定立即实施代履行；当事人不在场的，行政机关应当在事后立即通知当事人，并依法作出处理。

第五章　申请人民法院强制执行

第五十三条　当事人在法定期限内不申请行政复议或者提起行政诉讼，又不履行行政决定的，没有行政强制执行权的行政机关可以自期限届满之日起三个月内，依照本章规定申请人民法院强制执行。

第五十四条　行政机关申请人民法院强制执行前，应当催告当事人履行义务。催告书送达十日后当事人仍未履行义务的，行政机关可以向所在地有管辖权的人民法院申请强制执行；执行对象是不动产的，向不动产所在地有管辖权的人民法院申请强制执行。

第五十五条　行政机关向人民法院申请强制执行，应当提供下列材料：

（一）强制执行申请书；

（二）行政决定书及作出决定的事实、理由和依据；

（三）当事人的意见及行政机关催告情况；

（四）申请强制执行标的情况；

（五）法律、行政法规规定的其他材料。

强制执行申请书应当由行政机关负责人签名，加盖行政机关的印章，并注明日期。

第五十六条　人民法院接到行政机关强制执行的申请，应当在五日内受理。

行政机关对人民法院不予受理的裁定有异议的，可以在十五日内向上一级人民法院申请复议，上一级人民法院应当自收到复议申请之日起十五日内作出是否受理的裁定。

第五十七条　人民法院对行政机关强制执行的申请进行书面审查，对符合本法第五十五条规定，且行政决定具备法定执行效力的，除本法第五十八条规定的情形外，人民法院应当自受理之日起七日内作出执行裁定。

第五十八条　人民法院发现有下列情形之一的，在作出裁定前可以听取被执行人和行政机关的意见：

（一）明显缺乏事实根据的；

（二）明显缺乏法律、法规依据的；

（三）其他明显违法并损害被执行人合法权益的。

人民法院应当自受理之日起三十日内作出是否执行的裁定。裁定不予执行的，应当说明理由，并在五日内将不予执行的裁定送达行政机关。

行政机关对人民法院不予执行的裁定有异议的，可以自收到裁定之日起十五日内向上一级人民法院申请复议，上一级人民法院应当自收到复议申请之日起三十日内作出是否执行的裁定。

第五十九条　因情况紧急，为保障公共安全，行政机关可以申请人民法院立即执行。经人民法院院长批准，人民法院应当自作出执行裁定之日起五日内执行。

第六十条　行政机关申请人民法院强制执行，不缴纳申请费。强制执行的费用由被执行人承担。

人民法院以划拨、拍卖方式强制执行的，可以在划拨、拍卖后将强制执行的费用扣除。

依法拍卖财物，由人民法院委托拍卖机构依照《中华人民共和国拍卖法》的规定办理。

划拨的存款、汇款以及拍卖和依法处理所得的款项应当上缴国库或者划入财政专户，不得以任何形式截留、私分或者变相私分。

第六章　法律责任

第六十一条　行政机关实施行政强制，有下列情形之一的，由上级行政机关或者有关部门责令改正，对直接负责的主管人员和其他直接责任人员依法给予处分：

（一）没有法律、法规依据的；

（二）改变行政强制对象、条件、方式的；

（三）违反法定程序实施行政强制的；

（四）违反本法规定，在夜间或者法定节假日实施行政强制执行的；

（五）对居民生活采取停止供水、供电、供热、供燃气等方式迫使当事人履行相关行政决定的；

（六）有其他违法实施行政强制情形的。

第六十二条　违反本法规定，行政机关有下列情形之一的，由上级行政机关或者有关部门责令改正，对直接负责的主管人员和其他直接责任人员依法给予处分：

（一）扩大查封、扣押、冻结范围的；

（二）使用或者损毁查封、扣押场所、设施或者财物的；

（三）在查封、扣押法定期间不作出处理决定或者未依法及时解除查封、扣押的；

（四）在冻结存款、汇款法定期间不作出处理决定或者未依法及时解除冻结的。

第六十三条　行政机关将查封、扣押的财物或者划拨的存款、汇款以及拍卖和依法处理所得的款项，截留、私分或者变相私分的，由财政部门或者有关部门予以追缴；对直接负责的主管人员和其他直接责任人员依法给予记大过、降级、撤职或者开除的处分。

行政机关工作人员利用职务上的便利，将查封、扣押的场所、设施或者财物据为己有的，由上级行政机关或者有关部门责令改正，依法给予记大过、降级、撤职或者开除的处分。

第六十四条　行政机关及其工作人员利用行政强制权为单位或者个人谋取利益的,由上级行政机关或者有关部门责令改正,对直接负责的主管人员和其他直接责任人员依法给予处分。

第六十五条　违反本法规定,金融机构有下列行为之一的,由金融业监督管理机构责令改正,对直接负责的主管人员和其他直接责任人员依法给予处分:

(一)在冻结前向当事人泄露信息的;

(二)对应当立即冻结、划拨的存款、汇款不冻结或者不划拨,致使存款、汇款转移的;

(三)将不应当冻结、划拨的存款、汇款予以冻结或者划拨的;

(四)未及时解除冻结存款、汇款的。

第六十六条　违反本法规定,金融机构将款项划入国库或者财政专户以外的其他账户的,由金融业监督管理机构责令改正,并处以违法划拨款项二倍的罚款;对直接负责的主管人员和其他直接责任人员依法给予处分。

违反本法规定,行政机关、人民法院指令金融机构将款项划入国库或者财政专户以外的其他账户的,对直接负责的主管人员和其他直接责任人员依法给予处分。

第六十七条　人民法院及其工作人员在强制执行中有违法行为或者扩大强制执行范围的,对直接负责的主管人员和其他直接责任人员依法给予处分。

第六十八条　违反本法规定,给公民、法人或者其他组织造成损失的,依法给予赔偿。

违反本法规定,构成犯罪的,依法追究刑事责任。

第七章　附　则

第六十九条　本法中十日以内期限的规定是指工作日,不含法定节假日。

第七十条　法律、行政法规授权的具有管理公共事务职能的组织在法定授权范围内,以自己的名义实施行政强制,适用本法有关行政机关的规定。

第七十一条　本法自 2012 年 1 月 1 日起施行。

湖南省行政程序规定

《湖南省行政程序规定》已经2008年4月9日省人民政府第4次常务会议通过,现予公布,自2008年10月1日起施行。

省长　周　强

2008年4月17日

第一章　总　则

第一条　为了规范行政行为,促进行政机关合法、公正、高效行使行政职权,保障公民、法人或者其他组织的合法权益,推进依法行政,建设法治政府,根据宪法和有关法律法规,结合本省实际,制定本规定。

第二条　本省行政机关,法律、法规授权的组织和依法受委托的组织行使行政职权,应当遵守本规定。

法律、法规对行政程序另有规定的,从其规定。

第三条　行政机关应当依照法律、法规、规章,在法定权限内,按照法定程序实施行政行为。

第四条　行政机关应当平等对待公民、法人或者其他组织,不得歧视。

行政机关行使裁量权应当符合立法目的和原则,采取的措施应当必要、适当;行政机关实施行政管理可以采用多种措施实现行政目的的,应当选择有利于最大程度地保护公民、法人或者其他组织权益的措施。

第五条　行政机关应当将行使行政职权的依据、过程和结果向公民、法人或者其他组织公开,涉及国家秘密和依法受到保护的商业秘密、个人隐私的除外。

第六条　公民、法人或者其他组织有权依法参与行政管理,提出行政管理的意见和建议。

行政机关应当为公民、法人或者其他组织参与行政管理提供必要的条件,采纳其合理意见和建议。

第七条　行政机关行使行政职权,应当遵守法定时限,积极履行法定职责,提高办事效率,为公民、法人或者其他组织提供优质服务。

第八条　非因法定事由并经法定程序,行政机关不得撤销、变更已生效的行政决定;因国家利益、公共利益或者其他法定事由必须撤销或者变更的,应当依照法定权限和程序进行,并对公民、法人或者其他组织遭受的财产损失依法予以补偿。

第九条　县级以上人民政府负责本规定在本行政区域内的实施工作。

县级以上人民政府法制部门和部门法制机构负责本规定实施的具体工作。

县级以上人民政府办公厅(室)、监察、人事、编制、财政等部门按照各自的职责分工,做好本规定实施的相关工作。

第二章　行政程序中的主体

第一节　行政机关

第十条　本规定所称行政机关是指各级人民政府及其工作部门和县级以上人民政府的派出机关。

第十一条　行政机关的职权和管辖依照法律、法规、规章规定。

行政机关应当按决策权、执行权和监督权既相互制约又相互协调的原则,设定权力结构和运行机制。

上级行政机关可以根据《中华人民共和国地方各级人民代表大会和地方各级人民政府组织法》和其他有关法律、法规、规章,具体确定与下级行政机关之间的职权和管辖划分。

县级以上人民政府可以根据《中华人民共和国地方各级人民代表大会和地方各级人民政府组织法》和其他有关法律、法规、规章,具体规定所属工作部门的任务和职责,确定所属工作部门之间的管辖划分。

第十二条　法律、法规、规章对上下级行政机关之间的行政职责分工未作明确规定的,上级行政机关应当按照有利于发挥行政效能、财权与事权相匹配、权力与责任相一致、管理重心适当下移等原则确定。

下级行政机关能够自行决定和处理的行政事务,应当由下级行政机关自行决定和处理。

第十三条　法律、法规、规章对地域管辖未作明确规定的,按照下列原则确定:

（一）涉及公民身份事务的，由其住所地行政机关管辖；住所地与经常居住地不一致的，由经常居住地行政机关管辖；住所地与经常居住地都不明的，由其最后居住地行政机关管辖；

（二）涉及法人或者其他组织主体资格事务的，由其主要营业地或者主要办事机构所在地行政机关管辖；

（三）涉及不动产的，由不动产所在地行政机关管辖；

（四）不属于本款第（一）至第（三）项所列行政事务的，由行政事务发生地的行政机关管辖。

第十四条 行政机关之间发生职权和管辖权争议的，由争议各方协商解决，协商不成的，按照下列规定处理：

（一）涉及职权划分的，由有管辖权的编制管理部门提出协调意见，报本级人民政府决定；

（二）涉及执行法律、法规、规章发生争议的，由有管辖权的政府法制部门协调处理；对需要政府作出决定的重大问题，由政府法制部门依法提出意见，报本级人民政府决定。

第十五条 各级人民政府之间为促进经济社会发展，有效实施行政管理，可以按照合法、平等、互利的原则开展跨行政区域的合作。

区域合作可以采取签订合作协议、建立行政首长联席会议制度、成立专项工作小组、推进区域经济一体化等方式进行。

上级人民政府应当加强对下级人民政府之间区域合作的组织、指导、协调和监督。

第十六条 行政管理涉及多个政府工作部门的，可以建立由主要部门牵头、其他相关部门参加的部门联席会议制度。

部门联席会议制度应当明确牵头部门、参加部门、工作职责、工作规则等事项。

部门联席会议协商不成的事项，由牵头部门将有关部门的意见、理由和依据列明并提出意见，报本级人民政府决定。

第十七条 有下列情形之一的，行政机关应当请求相关行政机关协助：

（一）独自行使职权不能实现行政目的的；

（二）不能自行调查执行公务需要的事实资料的；

（三）执行公务所必需的文书、资料、信息为其他行政机关所掌握，自行收集难以获得的；

（四）其他必须请求行政协助的情形。

被请求协助的行政机关应当及时履行协助义务，不得推诿或者拒绝协助。不能提供行政协助的，应当以书面形式及时告知请求机关并说明理由。

因行政协助发生争议的，由请求机关与协助机关的共同上一级行政机关决定。

实施行政协助的，由协助机关承担责任；根据行政协助作出的行政行为，由请求机关承担责任。

第十八条　行政机关工作人员执行公务时，有下列情形之一的，本人应当申请回避；本人未申请回避的，行政机关应当指令回避，公民、法人或者其他组织也可以提出回避申请：

（一）涉及本人利害关系的；

（二）涉及与本人有夫妻关系、直系血亲关系、三代以内旁系血亲关系以及近姻亲关系的亲属有利害关系的；

（三）其他可能影响公正执行公务的。

行政机关工作人员的回避由该行政机关主要负责人或者分管负责人决定。行政机关主要负责人的回避由本级人民政府或者其上一级主管部门决定。

第二节　其他行使行政职权的组织

第十九条　其他行使行政职权的组织包括法律、法规授权的组织和依法受委托的组织。

法律、法规授权的组织在法定授权范围内以自己的名义行使行政职权，并承担相应的法律责任。

依法受委托的组织在委托的范围内，以委托行政机关的名义行使行政职权，由此所产生的后果由委托行政机关承担法律责任。

行政机关的内设机构和派出机构对外行使行政职权时，应当以其隶属的行政机关的名义作出行政决定，由此所产生的后果由行政机关承担法律责任。法律、法规另有规定的除外。

第二十条　法律、法规、规章规定行政机关可以委托其他组织行使行政职权的，受委托的组织应当具备履行相应职责的条件。

第二十一条　委托行政机关与受委托的组织之间应当签订书面委托协议，并报同级人民政府法制部门备案。委托协议应当载明委托事项、权限、期限、双方权利和义务、法律责任等。

委托行政机关应当将受委托的组织和受委托的事项向社会公布。

第二十二条 受委托的组织应当自行完成受委托的事项,不得将受委托事项再委托给其他组织或者个人。

第三节 当事人和其他参与人

第二十三条 本规定所称当事人是指与行政行为有法律上的利害关系,以自己名义参与行政程序的公民、法人或者其他组织。

第二十四条 与行政行为的结果有法律上的利害关系的公民、法人或者其他组织,是利害关系人,行政机关应当通知其参与行政程序。

第二十五条 限制行为能力人可以参与与他的年龄、智力相适应的行政程序;其他行政程序由他的法定代理人代理,或者征得他的法定代理人的同意。

无行为能力人由他的法定代理人代为参与行政程序。

当事人、利害关系人可以委托1至2名代理人参与行政程序,法律、法规、规章明确规定当事人、利害关系人必须亲自参与行政程序的,还应当亲自参加行政程序。

第二十六条 当事人、利害关系人人数众多,没有委托共同代理人的,应当推选代表人参与行政程序。代表人代表全体当事人、利害关系人参与行政程序。

代表人的选定、增减、更换,应当以书面形式告知行政机关。

第二十七条 公众、专家、咨询机构等依照本规定参与行政程序。

第二十八条 行政程序参与人在行政程序中,依法享有知情权、参与权、表达权、监督权。

第三章 行政决策程序

第一节 重大行政决策

第二十九条 县级以上人民政府作出重大行政决策,适用本节规定。

县级以上人民政府工作部门和乡镇人民政府的重大行政决策程序参照本节规定执行。

重要紧急情况必须由政府立即决策的,可以由政府行政首长或者分管副职按职权临机决定,并及时在政府常务会议上通报或者向行政首长报告。

起草地方性法规草案和制定规章,适用《中华人民共和国立法法》《规章制定程序条例》和《湖南省人民政府制定地方性法规草案和规章办法》等有关法律、法规、规章的规定,涉及重大行政决策事项的,还应当适用重大行政决策程序。

第三十条 行政决策必须坚持中国共产党的领导,实行依法决策、科学决策和民主决策。

第三十一条 本规定所称的重大行政决策是指县级以上人民政府作出的涉及本地区经济社会发展全局、社会涉及面广、专业性强、与人民群众利益密切相关的下列行政决策事项:

（一）制定经济和社会发展重大政策措施,编制国民经济和社会发展规划、年度计划;

（二）编制各类总体规划、重要的区域规划和专项规划;

（三）编制财政预决算,重大财政资金安排;

（四）重大政府投资项目;

（五）重大国有资产处置;

（六）资源开发利用、环境保护、劳动就业、社会保障、人口和计划生育、教育、医疗卫生、食品药品、住宅建设、安全生产、交通管理等方面的重大措施;

（七）重要的行政事业性收费以及政府定价的重要商品、服务价格的确定和调整;

（八）行政管理体制改革的重大措施;

（九）其他需由政府决策的重大事项。

重大行政决策的具体事项和量化标准,由县级以上人民政府在前款规定的范围内依法确定,并向社会公布。

第三十二条 政府行政首长代表本级政府对重大行政事项行使决策权。

政府分管负责人、政府秘书长或者政府办公室主任协助行政首长决策。

政府工作部门、下级人民政府以及公民、法人或者其他组织认为重大事项需要提请政府决策的,可以提出决策建议。

县级以上人民政府应当建立健全行政决策咨询机制,完善行政决策的智力和信息支持系统。

决策承办单位依照法定职权确定或者由政府行政首长指定。

第三十三条 政府行政首长提出的重大行政决策事项,由行政首长交承办单位承办,启动决策程序。

政府分管负责人、政府工作部门和下一级人民政府提出的重大行政决策事项的建议,由政府行政首长确定是否进入决策程序。

第三十四条 决策承办单位对拟决策事项应当深入调查研究,全面、准确掌握决策所需信息,结合实际拟定决策方案,并按照决策事项涉及的范围征求有关方面意见,充分协商协调,形成决策方案草案。

对需要进行多方案比较研究或者争议较大的事项,应当拟定两个以上可供选择的决策方案。

决策承办单位应当对重大行政决策方案草案进行合法性论证。

决策承办单位可以委托专家、专业服务机构或者其他有相应能力的组织完成专业性工作。

决策承办单位可以对重大行政决策方案进行成本效益分析。

第三十五条 除依法不得公开的事项外,决策承办单位应当向社会公布重大行政决策方案草案,征求公众意见。公布的事项包括:

(一)重大行政决策方案草案及其说明;

(二)公众提交意见的途径、方式和起止时间;

(三)联系部门和联系方式,包括通信地址、电话、传真和电子邮箱等。

决策承办单位公布重大行政决策方案草案征求公众意见的时间不得少于20日。

第三十六条 决策承办单位应当组织3名以上专家或者研究咨询机构对重大行政决策方案草案进行必要性、可行性、科学性论证。

决策承办单位应当从与重大行政决策相关的专家中随机确定或者选定参加论证的专家,保证参加论证的专家具有代表性和均衡性。

专家进行论证后,应当出具书面论证意见,由专家签名确认。专家对论证意见的科学性负责。

决策承办单位应当对专家论证意见归类整理,对合理意见应当予以采纳;未予采纳的,应当说明理由。专家论证意见及采纳情况应当向社会公布。

第三十七条 重大行政决策方案草案公布后,决策承办单位应当根据重大行政决策对公众影响的范围、程度等采用座谈会、协商会、开放式听取意见等方式,广泛听取公众和社会各界的意见和建议。公众参与的范围、代表的选择应当保障受影响公众的意见能够获得公平的表达。

决策承办单位应当将公众对重大行政决策的意见和建议进行归类整理,对公众提出的合理意见应当采纳;未予采纳的,应当说明理由。公众意见及采纳情况应向社会公布。

第三十八条 重大行政决策有下列情形之一的,应当举行听证会:

(一)涉及公众重大利益的;(二)公众对决策方案有重大分歧的;(三)可能影响社会稳定的;(四)法律、法规、规章规定应当听证的。

第三十九条 重大行政决策方案草案经政府分管负责人审核后,由行政首长决定提交政府常务会议或者政府全体会议讨论。

政府常务会议或者政府全体会议审议重大行政决策方案草案,应遵循下列程序:

(一)决策承办单位作决策方案草案说明;

(二)政府法制部门作合法性审查或者论证说明;

(三)会议其他组成人员发表意见;

(四)决策事项的分管负责人发表意见;

(五)行政首长最后发表意见。

第四十条 重大行政决策在集体审议的基础上由行政首长作出决定。

行政首长可以对审议的事项作出同意、不同意、修改、暂缓或者再次审议的决定。

作出暂缓决定超过1年的,方案草案退出重大决策程序。

行政首长的决定与会议组成人员多数人的意见不一致的,应当说明理由。

政府常务会议或者政府全体会议,应当记录重大行政决策方案的讨论情况及决定,对不同意见应当特别载明。

第四十一条 重大行政决策事项依法需要报上级人民政府批准或者依法应当提请同级人民代表大会及其常务委员会审议决定的,县级以上人民政府提出决策意见后,按程序报上级人民政府批准或者依法提请同级人民代表大会及其常务委员会审议决定。

第四十二条 由行政机关作出决定的重大行政决策,决策机关应当在作出决定之日起20日内,向社会公布重大行政决策结果。

第四十三条 决策机关应当通过跟踪调查、考核等措施对重大行政决策的执行情况进行督促检查。决策执行机关应当根据各自职责,全面、及时、正确地贯彻执行重大行政决策。监督机关应当加强对重大行政决策执行的监督。

决策执行机关、监督机关及公民、法人或者其他组织认为重大行政决策及执行有违法或者不适当的,可以向决策机关提出。决策机关应当认真研究,并根据实际情况作出继续执行、停止执行、暂缓执行或者修订决策方案的决定。

第四十四条 决策机关应当定期对重大行政决策执行情况组织评估,并将评估结果向社会公开。

第二节 制定规范性文件

第四十五条 本规定所称规范性文件是指除政府规章以外,行政机关和法律、法规授权的组织制定的,涉及公民、法人和其他组织权利义务,在一定时期内反复适用,具有普遍约束力的行政公文。

第四十六条 涉及两个以上政府工作部门职权范围内的事项,应当由本级人民政府制定规范性文件,或者由有关部门联合制定规范性文件。

政府工作部门制定规范性文件涉及群众切身利益、社会关注度高的事项及重要涉外事项,应当事先请示本级人民政府;政府工作部门联合制定的重要规范性文件发布前应当经本级人民政府批准。

议事协调机构、部门派出机构、部门内设机构不得制定规范性文件。

第四十七条 规范性文件不得创设行政许可、行政处罚、行政强制、行政收费等事项。

规范性文件对实施法律、法规、规章作出的具体规定,不得与所依据的规定相抵触;没有法律、法规、规章依据,规范性文件不得作出限制或者剥夺公民、法人或者其他组织合法权利或者增加公民、法人和其他组织义务的规定。

第四十八条 制定规范性文件应当采取多种形式广泛听取意见,并经制定机关负责法制工作的机构进行合法性审查,由制定机关负责人集体审议决定。

规范性文件涉及重大行政决策的,还应当适用重大行政决策程序。

第四十九条 实行规范性文件登记制度。对县级以上人民政府及其工作部门制定的规范性文件,实行统一登记、统一编号、统一公布。具体办法由省人民政府另行制定。

第五十条 规范性文件应当自公布之日起 30 日后施行;但是公布后不立即施行将有碍规范性文件施行的,可以自公布之日起施行。

第五十一条 规范性文件有效期为 5 年。标注"暂行"、"试行"的,有效期为 2 年。有效期满的,规范性文件自动失效。制定机关应当在规范性文件有效期届满前 6 个月内进行评估,认为需要继续施行的,应当重新公布;需要修订的,按制定程序办理。

第五十二条 县级以上人民政府法制部门应当建立规范性文件数据库和网上检索系统,及时公布经登记的现行有效的规范性文件和已经失效的规范性文件目录,方便公民、法人或者其他组织查询、下载。

第五十三条　公民、法人或者其他组织认为规范性文件违法的，可以向有关人民政府法制部门提出审查申请。接到申请的政府法制部门应当受理，并在收到申请之日起 30 日内作出处理，并将处理结果书面告知申请人。

第四章　行政执法程序

第一节　一般规定

第五十四条　本规定所称行政执法，是指行政机关依据法律、法规和规章，作出的行政许可、行政处罚、行政强制、行政给付、行政征收、行政确认等影响公民、法人或者其他组织权利和义务的具体行政行为。

第五十五条　行政执法依据包括法律、行政法规、地方性法规、规章。

行政执法依据应当向社会公开。未经公开的，不得作为行政执法依据。

第五十六条　县级以上人民政府法制部门应当对本行政区域内行政执法主体的资格依法向社会公告。

行政执法人员应当按照省人民政府规定参加行政执法培训，经考试合格，并取得行政执法证件，持证上岗。

第五十七条　根据国务院的授权，省人民政府可以决定一个行政机关行使有关行政机关的行政处罚权。

集中行使行政处罚权的行政机关是本级人民政府直接领导的行政执法部门，具有行政执法主体资格。

行政处罚权相对集中后，有关行政执法部门不得再行使已被调整出的行政处罚权；继续行使的，作出的行政处罚无效。

经国务院批准，省人民政府根据精简、统一、效能的原则，可以决定一个行政机关行使有关行政机关的行政许可权。

第五十八条　县级以上人民政府根据行政管理的需要，可以组织相关行政机关联合执法。

联合执法中的行政执法决定，由参加联合执法的行政机关在各自的职权范围内依法作出，并承担相应的法律责任。

第五十九条　行政执法事项需要行政机关内设的多个机构办理的，该行政机关应当确定一个机构统一受理公民、法人或者其他组织的申请，统一送达行政执法决定。

对涉及两个以上政府工作部门共同办理的事项，县级以上人民政府可以确定一个部门或者政务中心窗口统一受理申请,将相关事项以电子政务方式抄告相关部门,实行网上并联审批。

第六十条 行政机关办理行政执法事项,应当健全内部工作程序,明确承办人、审核人、批准人,按照行政执法的依据、条件和程序,由承办人提出初审意见和理由,经审核人审核后,由批准人批准决定。

第六十一条 与人民群众日常生活、生产直接相关的行政执法活动,主要由市州、县市区行政机关实施。

县级人民政府工作部门在必要时,可以委托乡镇人民政府实施行政执法,具体办法由省人民政府另行制定。

第六十二条 行政机关在行政执法过程中应当依法及时告知当事人、利害关系人相关的执法事实、理由、依据、法定权利和义务。

行政执法的告知应当采用书面形式。情况紧急时,可以采用口头等其他方式。但法律、法规、规章规定必须采取书面形式告知的除外。

第六十三条 行政执法直接影响当事人权利、义务且不属于必须立即执行的,行政机关应当先采用教育、劝诫、疏导等手段,促使当事人自觉履行法定义务、纠正错误。当事人违法情节轻微,经教育后自觉履行法定义务,且未造成危害后果的,可以不予追究法律责任。

违法行为轻微并及时纠正,没有造成危害后果的,不予处罚。

第二节 程序启动

第六十四条 行政执法程序依法由行政机关依职权启动,或者依公民、法人和其他组织的申请启动。

行政机关依职权启动程序,应当由行政执法人员填写有统一编号的程序启动审批表,报本行政机关负责人批准。情况紧急的,可以事后补报。

公民、法人或者其他组织认为自己的申请事项符合法定条件,可以申请行政机关启动行政执法程序。

第六十五条 行政机关对当事人提出的申请,应当根据下列情况分别作出处理:

(一)申请事项依法不属于本行政机关职权范围的,应当即时作出不予受理的决定,并告知当事人向有关行政机关申请;

(二)申请材料存在可以当场更正的错误的,应当允许当事人当场更正;

(三)申请材料不齐全或者不符合法定形式的,应当当场或者在 5 日内一次

告知当事人需要补正的全部内容,逾期不告知的,自收到申请材料之日起即为受理;当事人在限期内不作补充的,视为撤回申请;

(四)申请事项属于本行政机关职权范围,申请材料齐全、符合法定形式,或者当事人按照本行政机关的要求提交全部补正申请材料的,应当受理当事人的申请。

行政机关受理或者不受理当事人申请的,应当出具加盖本行政机关印章和注明日期的书面凭证。

第三节 调查和证据

第六十六条 行政程序启动后,行政机关应当调查事实,收集证据。

行政机关执法人员在调查时,执法人员不得少于 2 人,并应当向当事人或者有关人员出示行政执法证件,在调查记录中予以记载。行政机关执法人员不出示行政执法证件的,当事人或者有关人员有权拒绝接受调查和提供证据。

第六十七条 当事人应当配合行政机关调查,并提供与调查有关的材料与信息。知晓有关情况的公民、法人或者其他组织应当协助行政机关的调查。

公民协助行政机关调查,其所在单位不得扣减工资;没有工作单位的,因协助调查造成的误工损失,由行政机关按当地上年度职工日平均工资给予补助。因协助调查产生的其他合理费用由行政机关承担。

第六十八条 行政机关应当采取合法的手段和依照法定的程序,客观、全面收集证据,不得仅收集对当事人不利的证据。

第六十九条 行政执法证据包括:(一)书证;(二)物证;(三)当事人陈述;(四)证人证言;(五)视听资料;(六)鉴定结论;(七)勘验笔录、现场笔录。

第七十条 下列证据材料不得作为行政执法决定的依据:

(一)严重违反法定程序收集的;

(二)以非法偷拍、非法偷录、非法窃听等手段侵害他人合法权益取得的;

(三)以利诱、欺诈、胁迫、暴力等不正当手段取得的;

(四)没有其他证据印证、且相关人员不予认可的证据的复制件或者复制品;

(五)被技术处理而无法辨认真伪的;

(六)不能正确表达意志的证人提供的证言;

(七)在中华人民共和国领域以外形成的未办理法定证明手续的;

(八)不具备合法性和真实性的其他证据材料。

第七十一条　作为行政执法决定依据的证据应当查证属实。当事人有权对作为定案依据的证据发表意见，提出异议。未经当事人发表意见的证据不能作为行政执法决定的依据。

第七十二条　行政机关对依职权作出的行政执法决定的合法性、适当性负举证责任。

行政机关依申请作出行政执法决定的，当事人应当如实向行政机关提交有关材料，反映真实情况。行政机关经审查认为其不符合法定条件的，由行政机关负举证责任。

第七十三条　行政机关在作出行政执法决定之前，应当告知当事人、利害关系人享有陈述意见、申辩的权利，并听取其陈述和申辩。

对于当事人、利害关系人的陈述和申辩，行政机关应予以记录并归入案卷。

对当事人、利害关系人提出的事实、理由和证据，行政机关应当进行审查，并采纳其合理的意见；不予采纳的，应当说明理由。

第七十四条　具有下列情形之一的，行政机关在作出行政执法决定前应当举行听证会：

（一）法律、法规、规章规定应当举行听证会的；

（二）行政机关依法告知听证权利后，当事人、利害关系人申请听证的；

（三）行政机关认为必要的；

（四）当事人、利害关系人申请，行政机关认为确有必要的。

第四节　决　定

第七十五条　一般行政执法决定应当由行政机关主要负责人或者分管负责人决定。

重大行政执法决定应当由行政机关负责人集体讨论决定。

对涉及经济社会发展全局、影响公共利益以及专业性、技术性强的重大行政执法事项，应当经专家论证或评审以后，作出决定。

第七十六条　行政执法决定自送达之日起生效。

行政执法决定附条件或者附期限的，应当载明效力的条件或者期限。

第七十七条　行政执法决定文书应当载明以下事项：

（一）当事人的基本情况；（二）事实以及证明事实的证据；（三）适用的法律规范；（四）决定内容；（五）履行的方式和时间；（六）救济的途径和期限；（七）行政机关的印章与日期；（八）其他应当载明的事项。

行政执法决定文书应当采用制作式;适用简易程序的,可以采用格式化文书。

第七十八条　行政执法决定文书应当充分说明决定的理由,说明理由包括证据采信理由、依据选择理由和决定裁量理由。

行政执法决定文书不说明理由,仅简要记载当事人的行为事实和引用执法依据的,当事人有权要求行政机关予以说明。

第七十九条　行政机关应当建立行政执法案卷。

公民、法人或者其他组织可以查阅与其相关的行政执法案卷,但是依法应当保密的除外。

第五节　期　限

第八十条　法律、法规、规章对行政执法事项有明确期限规定的,行政机关必须在法定的期限内办结。

行政机关应当通过优化工作流程,提高办事效率,使实际办结的行政执法期限尽可能少于法定的期限。

第八十一条　法律、法规、规章对行政执法事项以及非行政许可的行政审批事项没有规定办理期限的,实行限时办结制度,行政机关应当按照下列规定限时办结:

(一)办理的事项只涉及一个行政机关的,行政机关应当自受理申请之日起20日内办结;20日内不能办结的经本行政机关负责人批准,可以延长10日,并应当将延长期限的理由告知申请人;

(二)办理的事项涉及两个以上部门的,行政机关应当自受理申请之日起45日内办结;45日内不能办结的,经本级人民政府负责人批准,可以延长15日,并应当将延长期限的理由告知申请人;

(三)依法应当先经下级行政机关审查或者经上级行政机关批准的事项,负责审查或者批准的行政机关应当在受理之日起20日内审查或者批准完毕;

(四)行政机关依职权启动的行政执法行为,应当自程序启动之日起60日内办结;60日内不能办结的,经本机关负责人批准,可以延长30日,并应当将延长期限的理由告知当事人。

第八十二条　行政机关之间办理请示、报告、询问、答复、商洽工作等内部行政事务,应当按照简化办事程序,提高办事效率的要求,承诺办结期限,并向社会公开。

第八十三条　依法不需要对申请材料的实质内容进行核实的事项，申请人提交的申请材料齐全、符合法定形式的，行政机关应当当场办理，当场作出书面决定。

第八十四条　行政机关应当按照高效便民的原则和本规定的要求，具体确定本机关每项行政执法事项、非行政许可的行政审批事项、内部行政事务的办理时限，并报本级人民政府备案。

办理的事项涉及两个以上部门的，本级人民政府应当明确规定该事项的办理流程和各部门的办理时限。

行政机关应当将经本级人民政府备案的每项行政执法事项、非行政许可的行政审批事项、内部行政事务的办理时限分解到本机关具体的工作机构和岗位，并编制行政事项办理流程时限表，向社会公布。

第八十五条　行政机关作出行政执法决定，依法需要听证、招标、拍卖、检验、检测、检疫、鉴定、专家评审和公示的，所需时间不计算在规定的期限内。行政机关应当将所需时间书面告知当事人。

第八十六条　行政机关不得不履行法定职责或者拖延履行法定职责。

行政机关在法定期限内，非因法定或者正当事由未依职权或者未依申请启动行政执法程序的，属于不履行法定职责。

行政机关在法定期限内，非因法定或者正当事由，虽启动行政执法程序但是未及时作出行政执法决定的，属于拖延履行法定职责。

第六节　简易程序

第八十七条　对事实简单、当场可以查实、有法定依据且对当事人合法权益影响较小的事项，行政机关可以适用简易程序作出行政执法决定，法律、法规对简易程序的适用范围另有规定的，从其规定。

第八十八条　行政机关对适用简易程序的事项可以口头告知当事人行政执法决定的事实、依据和理由，并当场听取当事人的陈述与申辩。

当事人提出的事实、理由或者证据成立的，行政机关应当采纳。不采纳的应当说明理由。

第八十九条　适用简易程序的，可以当场作出行政执法决定。

行政执法人员当场作出行政执法决定的，应当报所属机关备案。

行政执法决定可以以格式化的方式作出。

第七节　裁量权基准

第九十条　本规定所称裁量权基准,是指行政机关依职权对法定裁量权具体化的控制规则。

第九十一条　法律、法规和规章规定行政机关有裁量权的,应当制定裁量权基准,对裁量权予以细化、量化。

裁量权基准由享有裁量权的行政机关制定,或者由县级以上人民政府制定。裁量权基准的制定程序,按照规范性文件的制定程序办理。裁量权基准应当向社会公开。

上级行政机关已经制定裁量权基准的,下级行政机关原则上不再制定适用范围相同的裁量权基准。

行政机关应当遵守裁量权基准。

第九十二条　行政机关应当根据下列情形,制定裁量权基准:

(一)所依据的法律、法规和规章规定的立法目的、法律原则;

(二)经济、社会、文化等客观情况的地域差异性;

(三)管理事项的事实、性质、情节以及社会影响;

(四)其他可能影响裁量权合理性的因素。

第五章　特别行为程序和应急程序

第一节　行政合同

第九十三条　本规定所称行政合同,是指行政机关为了实现行政管理目的,与公民、法人或者其他组织之间,经双方意思表示一致所达成的协议。

行政合同主要适用于下列事项:

(一)政府特许经营;

(二)国有土地使用权出让;

(三)国有资产承包经营、出售或者出租;

(四)政府采购;

(五)政策信贷;

(六)行政机关委托的科研、咨询;

(七)法律、法规、规章规定可以订立行政合同的其他事项。

第九十四条　订立行政合同应当遵循竞争原则和公开原则。

订立行政合同一般采用公开招标、拍卖等方式。招标、拍卖适用《中华人民共和国招标投标法》《中华人民共和国拍卖法》《中华人民共和国政府采购法》等有关法律、法规、规章规定。

法律、法规、规章对订立行政合同另有规定的,从其规定。

第九十五条 行政合同应当以书面形式签订。

第九十六条 行政合同依照法律、法规规定须经其他行政机关批准或者会同办理的,经过其他行政机关批准或者会同办理后,行政合同才能生效。

第九十七条 行政机关有权对行政合同的履行进行指导和监督,但是不得对当事人履行合同造成妨碍。

第九十八条 行政合同受法律保护,行政机关不得擅自变更或者解除。

第二节　行政指导

第九十九条 本规定所称行政指导,是指行政机关为实现特定的行政目的,在其法定的职权范围内或者依据法律、法规、规章和政策,以指导、劝告、提醒、建议等非强制性方式,引导公民、法人和其他组织作出或者不作出某种行为的活动。

第一百条 当事人有权自主决定是否接受、听从、配合行政指导。行政机关在实施行政指导的过程中,不得采取或者变相采取强制措施迫使当事人接受行政指导,并不得因当事人拒绝接受、听从、配合行政指导而对其采取不利措施。

第一百零一条 行政指导主要适用于下列情形:

(一)需要从技术、政策、安全、信息等方面帮助当事人增进其合法利益;

(二)需要预防当事人可能出现的妨害行政管理秩序的违法行为;

(三)其他需要行政机关实施行政指导的情形。

第一百零二条 行政指导采取以下方式实施:

(一)制定和发布指导、诱导性的政策;

(二)提供技术指导和帮助;

(三)发布信息;

(四)示范、引导、提醒;

(五)建议、劝告、说服;

(六)其他指导方式。

第一百零三条 实施行政指导可以采取书面、口头或者其他合理形式。当事人要求采取书面形式的,行政机关应当采取书面形式。

第一百零四条　行政机关可以主动实施行政指导,也可以依当事人申请实施行政指导。

第一百零五条　行政指导的目的、内容、理由、依据、实施者以及背景资料等事项,应当对当事人或者公众公开,涉及国家秘密和依法受到保护的商业秘密或者个人隐私的除外。

第一百零六条　实施行政指导涉及专业性、技术性问题的,应当经过专家论证,专家论证意见应当记录在案。

第一百零七条　行政机关实施重大行政指导,应当采取公布草案、听证会、座谈会、开放式听取意见等方式,广泛听取公民、法人或者其他组织的意见。听取意见的程序参照行政决策程序有关规定。

第一百零八条　行政机关实施行政指导,应当告知当事人有自由选择的权利,当事人有权陈述意见。

行政机关应当认真听取、采纳当事人合理、可行的意见。

第三节　行政裁决

第一百零九条　本规定所称行政裁决,是指行政机关根据法律、法规的授权,处理公民、法人或者其他组织相互之间发生的与其行政职权密切相关的民事纠纷的活动。

第一百一十条　公民、法人或者其他组织申请行政裁决,可以书面申请,也可以口头申请。口头申请的,行政机关应当当场记录申请人的基本情况、行政裁决请求、申请行政裁决的主要事实、理由和时间。

行政机关收到公民、法人或者其他组织申请后,应当在 5 日内审查完毕,并根据下列情况分别作出处理:

(一)申请事项属于本机关管辖范围内的,应当受理,受理后 5 日内,应当将申请书副本或者申请笔录复印件发送给被申请人;

(二)申请事项不属于本机关管辖范围内的,应当告知申请人向有关行政机关提出;

(三)申请事项依法不能适用行政裁决程序解决的,不予受理,并告知申请人。

第一百一十一条　被申请人应当自收到申请书副本或者申请笔录复印件之日起 10 日内,向行政机关提交书面答复及相关证据材料。

行政机关应当在收到被申请人提交的书面答复之日起 5 日内,将书面答复副本发送申请人。

申请人、被申请人可以到行政机关查阅、复制、摘抄案卷材料。

第一百一十二条 行政机关审理行政裁决案件,应当由 2 名以上工作人员参加。

双方当事人对主要事实没有争议的,行政机关可以采取书面审查的办法进行审理。

双方当事人对主要事实有争议的,行政机关应当公开审理,充分听取双方当事人的意见,依法不予公开的除外。

行政机关认为必要时,可以实地调查核实证据;对重大、复杂的案件,申请人提出要求或者行政机关认为必要时,可以采取听证的方式审理。

行政机关应当先行调解,调解不成的,依法作出裁决。

第一百一十三条 行政机关作出裁决后应当制作行政裁决书。行政裁决书应当载明:

(一)双方当事人的基本情况;

(二)争议的事实;

(三)认定的事实;

(四)适用的法律规范;

(五)裁决内容及理由;

(六)救济的途径和期限;

(七)行政机关的印章和日期;

(八)其他应当载明的事项。

第一百一十四条 行政机关应当自受理申请之日起 60 日内作出裁决,情况复杂的,经本行政机关主要负责人批准,可以延长 30 日作出裁决,并应当将延长期限告知申请人。

第四节 行政调解

第一百一十五条 本规定所称行政调解,是指行政机关为化解社会矛盾、维护社会稳定,依照法律、法规、规章和有关规定,居间协调处理公民、法人或者其他组织相互之间民事纠纷的活动。

行政机关调解行政争议不适用本规定。

第一百一十六条 行政机关应当遵循自愿、合法、公正的原则,及时进行行政调解。

行政机关可以根据公民、法人或者其他组织的申请进行行政调解,也可以主动进行行政调解。

第一百一十七条　同时符合下列条件的民事纠纷,行政机关应当进行调解:

(一)与行政机关职责相关的;

(二)民事纠纷双方同意调解的;

(三)法律、法规、规章没有禁止性规定的。

第一百一十八条　行政机关收到公民、法人或者其他组织请求调解民事纠纷的申请后,经审查符合条件的,应当及时告知民事纠纷另一方;另一方同意调解的,应当受理并组织调解。

不符合条件或者一方不同意调解的不予受理,并向申请人说明理由。

第一百一十九条　民事纠纷双方自愿调解的,行政机关应当指派具有一定法律知识、政策水平和实际经验的工作人员主持调解。

第一百二十条　行政机关调解人员应当在查明事实、分清是非的基础上,根据纠纷双方特点和纠纷性质、难易程度、发展变化的情况,采取多种方式,做好说服疏导工作,引导、帮助纠纷双方达成调解协议。

行政机关应当通过调解活动防止纠纷激化。

调解应当制作笔录。一般应当在30日内调结。

第一百二十一条　调解达成协议的,根据民事纠纷双方的要求或者需要,可以制作调解协议书。调解协议书应当有民事纠纷双方和调解人员的签名,并加盖行政机关印章。调解协议书一式3份,行政机关和协议双方各执一份。

民事纠纷双方当事人应当履行调解协议。

调解没有达成协议的,民事纠纷双方可依法提起民事诉讼。

第五节　行政应急

第一百二十二条　行政机关采取行政应急措施应对自然灾害、事故灾难、公共卫生事件和社会安全事件等突发事件,除适用《中华人民共和国突发事件应对法》等应急法律、法规、规章的有关规定外,还适用本节的规定。

第一百二十三条　各级人民政府和县级以上人民政府有关部门应当制定突发事件应急预案,建立健全突发事件监测制度和预警制度。

可以预警的自然灾害、事故灾难或者公共卫生事件即将发生或者发生的可能性增大时,县级以上人民政府应当根据法定和规定的权限和程序,发布相应级别的警报,决定并宣布有关地区进入预警期,启动应急预案,及时、有效采取措施,控制事态发展。

第一百二十四条　突发事件发生后,行政机关为应对突发事件依法作出行政决策,制定发布决定、命令,采取行政征用、行政强制、行政指导等应急处置措施,根据应对突发事件的需要,可以灵活确定上述行政应急行为的步骤、方式、形式、顺序和时限,变通或者部分省略有关行政程序。

采取影响公民、法人和其他组织权益的行政应急处置措施时,应当履行表明身份、告知事由、说明理由等程序义务。

突发事件的威胁和危害得到控制或者消除后,行政机关应当停止执行行政应急程序。县级以上人民政府作出应对突发事件的决定、命令,应当报本级人民代表大会常务委员会备案。

第一百二十五条　行政机关及其工作人员实施行政应急行为,不得超越职权、滥用职权、徇私枉法。

行政机关采取行政应急措施,应当与突发事件可能造成的社会危害的性质、程度和范围相适应;有多种措施可供选择的,应当选择有利于最大程度地保护公民、法人和其他组织权益的措施。

第一百二十六条　县级以上人民政府及其有关工作部门应当建立应急管理专家咨询组织,为行政应急提供决策建议、专业咨询和技术支持,必要时参加突发事件的应急处置工作。

行政机关作出行政应急决策、采取应急处置和救援措施时,应当听取有关专家的意见,实行科学决策,科学应对。

第一百二十七条　行政机关应当按照有关规定及时、客观、真实地向上级机关报告突发事件信息,并向有关地区和部门通报。有关单位和人员不得迟报、谎报、瞒报、漏报突发事件信息。

行政机关应当按照有关规定,通过广播、电视、报刊、网络等各种媒体,采取授权发布、散发新闻稿、组织报道、接受记者采访、举行新闻发布会等多种方式,统一、准确、及时地向社会公开发布突发事件发生、发展和应急处置的信息。

行政机关应对突发事件的决定、命令应当向社会公布。

第一百二十八条　行政机关和突发事件发生地的基层组织及有关单位,应当动员、组织公民、法人或者其他组织参加应急救援和处置工作,要求具有特定专长的人员为处置突发事件提供服务,鼓励公民、法人和其他组织为应对突发事件提供支持。

公民、法人和其他组织有义务参与突发事件应对工作,应当服从人民政府发布的决定、命令,配合行政机关采取的应急处置措施,积极参加应急救援和处置工作。

第一百二十九条　行政机关为应对突发事件征用单位和个人的财产,在使用完毕或者突发事件应急处置结束后,应当及时返还。财产被征用或者征用后毁损、灭失的,应当给予补偿。

第六章　行政听证

第一节　一般规定

第一百三十条　行政听证应当公开举行,涉及国家秘密和依法受到保护的商业秘密、个人隐私的除外。

第一百三十一条　听证主持人应当具备相应的法律知识和专业知识。听证主持人应当经政府法制部门统一组织培训。

听证主持人由行政机关负责人指定。行政机关直接参与行政决策方案制定的人员不得担任该行政决策听证主持人。行政机关调查人员不得担任该行政执法听证主持人。

第一百三十二条　听证主持人行使下列职权:

(一)指挥听证会的进行;

(二)维持听证会秩序;

(三)指定记录员;

(四)其他应当由听证主持人行使的职权。

第一百三十三条　听证记录员负责听证会的记录以及其他与听证会有关的事项。

记录员应当对听证过程作准确、全面的记录。

第一百三十四条　行政机关以及有关单位和个人不得采取欺骗、贿赂、胁迫等不正当手段,操纵听证结果。

听证主持人不得与当事人、利害关系人及其他听证参与人单方接触。

采取欺骗、贿赂、胁迫等不正当手段操纵听证结果的,其听证无效,应当重新听证。

第二节　行政决策听证会

第一百三十五条　行政机关举行行政决策听证会,应当在听证会举行前15日公告以下事项:

(一)举行听证会的时间、地点;

(二)听证的事项;

(三)公众参加听证会的报名时间、报名方式。

第一百三十六条　听证会参加人应当通过自愿报名的方式产生,并具有广泛的代表性。报名参加听证会的公众人数较多,需要选择听证会代表的,行政机关应当随机选择公众代表参加听证会。

报名参加听证会的人数不多的,行政机关应当让所有报名者参加听证会,行政机关也可以邀请有关公众代表参加听证会。

听证举行前10日,应当告知听证代表拟作出行政决策的内容、理由、依据和背景资料。

第一百三十七条　听证会按照下列步骤进行:

(一)主持人宣布听证会开始;

(二)记录员查明听证会参加人是否到会,并宣布听证会的内容和纪律;

(三)决策承办单位工作人员陈述;(四)听证会参加人依次陈述;

(五)听证会参加人之间、听证会参加人与决策承办单位工作人员之间围绕听证事项进行辩论。

第一百三十八条　听证会参加人陈述意见应当遵守合理的时间要求,听证会参加人在规定的时间内未能详尽发表的意见,可以以书面形式提交给决策承办单位。

第一百三十九条　听证会应当制作笔录,如实记录发言人的观点和理由,也可以同时进行录音和录像。听证会笔录应当经听证会参加人确认无误后签字或者盖章。

行政机关应当充分考虑、采纳听证参加人的合理意见;不予采纳的,应当说明理由。意见采纳情况应当向社会公布。

第三节　行政执法听证会

第一百四十条　行政机关举行行政执法听证会,应当在听证会举行7日前将听证会的事项书面通知当事人、利害关系人。

通知应当载明以下内容：

（一）当事人、利害关系人名称或者姓名；

（二）听证主要事项；

（三）听证会的时间、地点。

参加行政执法听证会的当事人、利害关系人人数较多的，应当按照本规定确定代表人。

举行涉及重大公共利益的行政执法听证会，应当有一定比例的公众代表参加，公众代表的产生适用行政决策听证会的有关规定。

第一百四十一条　当事人、利害关系人在听证会中可以依法进行陈述、申辩和质证，查阅、复制、摘抄听证会材料。

当事人、利害关系人在听证会中应当遵守听证会纪律。

第一百四十二条　听证会按照下列步骤进行：

（一）主持人宣布听证会开始；

（二）记录员查明当事人、利害关系人和调查人员是否到会，并宣布听证会的内容和纪律；

（三）调查人员、当事人、利害关系人依次发言；

（四）出示证据，进行质证；

（五）调查人员、当事人、利害关系人对争议的事实进行辩论；

（六）调查人员、当事人、利害关系人依次最后陈述意见。

第一百四十三条　行政机关调查人员、当事人、利害关系人在听证会结束后，应当当场阅读听证笔录，经确认无误后签字或者盖章。

行政机关调查人员、当事人、利害关系人有权对记录中的错误提出修改意见。

听证主持人应当自听证会结束之日起 2 日内，根据听证笔录提出处理建议，报行政机关决定。

行政机关应当根据听证笔录，作出行政执法决定。未经听证会质证的证据，不能作为作出行政执法决定的依据。

第一百四十四条　听证会结束后，行政执法决定作出前，行政机关调查人员发现新的证据，可能改变事实认定结果的，应当重新听证。

第七章　行政公开

第一百四十五条　行政机关应当将主动公开的政府信息，通过政府公报、政府网站、新闻发布会以及报刊、广播、电视等便于公众知晓的方式公开。

第一百四十六条 县级以上人民政府应当以政府公报和指定的政府网站为本级政府统一的政府信息发布平台。

下列政府信息必须在县级以上人民政府的政府公报和指定的政府网站上公布：

（一）县级以上人民政府及其工作部门制定的规范性文件；

（二）本规定确定的重大行政决策结果；

（三）《中华人民共和国政府信息公开条例》确定的其他应当主动公开的重点政府信息。

在政府公报上公布的规范性文件文本为标准文本。县级以上人民政府及其工作部门制定的规范性文件未在政府公报、指定的政府网站上公布的，不得作为实施行政管理的依据，对公民、法人或者其他组织没有约束力。

第一百四十七条 行政机关公开政府信息的场所和设施包括：

（一）各级人民政府在国家档案馆、公共图书馆设置的政府信息查阅场所；

（二）各级人民政府及其工作部门设立的政府服务中心、办事大厅；

（三）各级人民政府及其工作部门设立的公共查阅室、资料索取点、信息公开栏、电子信息屏等。

各级人民政府及其工作部门设立的信息公开查阅场所，应当放置政府公报，并配置可查阅政府网站的电子设备，方便公众查阅政府信息，索取相关资料。

第一百四十八条 除行政机关主动公开的政府信息外，公民、法人或者其他组织可以根据自身生产、生活、科研等特殊需要，向行政机关申请获取相关政府信息。行政机关收到政府信息公开申请后应当依法作出答复。

第一百四十九条 行政机关召开涉及公众切身利益、需要公众广泛知晓和参与的行政会议，可以公开举行，允许公民、法人或者其他组织出席旁听。但是会议内容涉及依法不应公开的政府信息的，不得公开举行。

第一百五十条 公民、法人和其他组织认为行政机关不依法履行政府信息公开义务的，可以向上级行政机关、监察机关或者政府信息公开工作主管部门举报。收到举报的机关应当予以调查处理。

公民、法人或者其他组织认为行政机关在政府信息公开工作中的具体行政行为侵犯其合法权益的，可以依法申请行政复议或者依法提起行政诉讼。

第一百五十一条 行政机关应当采取措施，加快电子政务建设，推进政府上网工程,扩大政府网上办公范围。

除法律、法规、规章有禁止规定以外,行政机关实施行政管理均可以通过互联网与公民、法人或者其他组织联系,但是一方以电子文档实施法律行为,应当征得对方同意。

在电子政务活动中,行政机关与公民、法人或者其他组织的电子签章与书面签章具有同等的法律效力。

第八章　行政监督

第一百五十二条　县级以上人民政府应当加强政府层级监督,健全完善政府层级监督制度,创新政府层级监督机制和方式。

监察、审计等专门监督机关应当切实履行法定职责,依法加强专门监督。各级行政机关应当自觉接受监察、审计等专门监督机关的监督。

第一百五十三条　行政机关应当接受同级人民代表大会及其常委会的监督,接受人民政协的民主监督,依照有关法律的规定接受司法机关的监督,接受新闻舆论和人民群众的监督。

第一百五十四条　县级以上人民政府应当加强政府绩效管理,逐步建立健全政府绩效管理体系,实行政府绩效评估,提高行政效能。

政府绩效评估应当包括行政机关履行职责、行政效率、行政效果、行政成本等内容。

政府绩效评估的标准、指标、过程和结果应当通过适当方式向社会公开。

政府绩效评估应当实行行政机关内部评估与外部评估相结合,通过召开座谈会、聘请监督评议员、组织公开评议等多种形式,广泛听取公众和社会各界的意见,由公众和社会各界代表参与评估。

第一百五十五条　县级以上人民政府应当加强对本规定实施情况的监督检查,及时纠正行政程序违法行为。

监督检查的主要方式:

(一)听取本规定实施情况的报告;

(二)开展实施行政程序工作的检查;

(三)重大行政行为登记和备案;

(四)行政执法评议考核;

(五)行政执法案卷评查;

(六)受理公众投诉、举报;

（七）调查公众投诉、举报和媒体曝光的行政程序违法行为；

（八）查处行政程序违法行为；

（九）其他监督检查方式。

第一百五十六条 公民、法人或者其他组织认为行政机关的行政行为违反法定程序的，可以向其本级人民政府法制部门、监察部门和上级行政机关投诉、举报，要求调查和处理。

政府法制部门、监察部门和上级行政机关应当公布受理投诉、举报的承办机构和联系方式。

接受投诉、举报的行政机关对受理的投诉、举报应当进行调查，依照职权在60日内作出处理决定，并将处理结果告知投诉人、举报人。

第一百五十七条 县级以上人民政府法制部门应当建立行政机关依法行政档案，对本级人民政府各工作部门和下一级人民政府的行政程序违法行为应当予以登记，并将违法记录以适当方式向社会公布。

第一百五十八条 行政机关行政程序违法的，行政机关应当依职权或者依申请自行纠正。

县级以上人民政府法制部门对公众投诉举报、新闻媒体曝光和监督检查中发现的行政机关行政程序违法行为，应当向有关机关发出《行政执法监督通知书》，建议自行纠正，有关机关应当在30日内将处理结果向政府法制部门报告。

第一百五十九条 行政机关不自行纠正行政执法违法行为的，由有监督权的机关根据违法行为的性质、程度等情况，依照职权分别作出如下处理：

（一）责令履行；

（二）确认无效；

（三）撤销；

（四）责令补正或者更正；

（五）确认违法。

第一百六十条 行政机关具有下列情形之一的，应当责令履行：

（一）不履行法定职责的；（二）拖延履行法定职责的。

第一百六十一条 具有下列情形之一的，行政执法行为无效：

（一）不具有法定行政执法主体资格的；（二）没有法定依据的；

（三）法律、法规、规章规定的其他无效情形。

行政执法行为的内容被部分确认无效的，其他部分仍然有效，但是除去无效部分后行政行为不能成立的，应当全部无效。

无效的行政执法行为,自始不发生法律效力。

第一百六十二条 具有下列情形之一的,行政执法行为应当撤销:

(一)主要证据不足的;(二)适用依据错误的;

(三)违反法定程序的,但是可以补正的除外;

(四)超越法定职权的;(五)滥用职权的;

(六)法律、法规、规章规定的其他应当撤销的情形。

行政执法行为的内容被部分撤销的,其他部分仍然有效,但是除去撤销部分后行政行为不能成立的,应当全部撤销。

行政执法行为被撤销后,其撤销效力追溯至行政执法行为作出之日;法律、法规和规章另有规定的,其撤销效力可以自撤销之日发生。

行政执法行为被撤销的,如果发现新的证据,行政机关可以依法重新作出行政执法行为。

第一百六十三条 行政执法行为的撤销,不适用以下情形:

(一)撤销可能对公共利益造成重大损害的;

(二)法律、法规、规章规定的其他不予撤销的情形。

行政执法行为不予撤销的,行政机关应当自行采取补救措施或者由有权机关责令采取补救措施。

第一百六十四条 具有下列情形之一的,行政执法行为应当予以补正或者更正:

(一)未说明理由且事后补充说明理由,当事人、利害关系人没有异议的;

(二)文字表述错误或者计算错误的;(三)未载明决定作出日期的;

(四)程序上存在其他轻微瑕疵或者遗漏,未侵犯公民、法人或者其他组织合法权利的。

补正应当以书面决定的方式作出。

第一百六十五条 行政执法行为具有下列情形之一的,应当确认违法:

(一)行政机关不履行职责,责令其履行法定职责已无实际意义的;

(二)行政执法行为违法,不具有可撤销内容的;

(三)行政执法行为违法,依法不予撤销的;

(四)其他应当确认违法的情形。

第一百六十六条 行政机关的具体行政行为违反法定程序,侵犯公民、法人或者其他组织合法权益的,公民、法人或者其他组织可以依法申请行政复议或者依法提起行政诉讼。

第九章　责任追究

第一百六十七条　实行行政问责制度,对行政机关及其工作人员的行政违法行为进行责任追究。

行政问责应当坚持实事求是、错责相当、教育与惩戒相结合的原则。

第一百六十八条　行政机关在实施行政决策、行政执法和其他行政行为过程中,因工作人员故意或者重大过失,导致行政行为违法且产生危害后果,有下列情形之一的,对行政机关及其工作人员应当追究责任:

(一)不履行或者拖延履行法定职责的;(二)超越或者滥用职权的;

(三)不具有法定行政主体资格实施行政行为的;

(四)重大行政决策未经调查研究、专家论证、公众参与、合法性审查、集体研究的;

(五)违反程序制定和发布规范性文件的;

(六)行政执法行为违法,被确认无效、撤销、确认违法的;

(七)违法制定裁量权基准或者不遵守裁量权基准的;

(八)订立行政合同违反法定程序的;

(九)采取或者变相采取强制措施以及其他方式迫使当事人接受行政指导的;

(十)违反法定程序实施行政裁决的;

(十一)迟报、谎报、瞒报、漏报有关突发事件的信息,或者通报、报送、公布虚假信息的;

(十二)不依法举行听证会,或者采取欺骗、贿赂、胁迫等不正当手段,操纵听证会结果的;

(十三)因违法实施行政行为导致行政赔偿的;

(十四)其他行政违法行为。

第一百六十九条　责任追究形式包括行政处理和行政处分。

对行政机关的行政处理分为:责令限期整改、公开道歉、通报批评、取消评比先进的资格等。

对行政机关工作人员的行政处理分为:告诫、道歉、通报批评、离岗培训、调离执法岗位、取消执法资格等。

行政处分分为警告、记过、记大过、降级、撤职、开除。

行政处分和行政处理可以视情况合并适用。

第一百七十条　责任承担主体包括行政机关及其工作人员。

行政机关工作人员包括直接责任人员和直接主管人员。直接责任人员是指行政行为的具体承办人；直接主管人员是指行政行为的审核人和批准人。

前款所称审核人，包括行政机关内设机构负责人、行政机关分管负责人，以及按规定行使审核职权的其他审核人；批准人，包括签发行政决定的行政机关负责人，以及按规定或者经授权行使批准职权的其他批准人。

第一百七十一条　责任追究机关按照下列权限进行责任追究：

（一）对行政机关给予行政处理的，由本级人民政府或者其上级行政机关决定；

（二）对行政机关工作人员给予告诫、道歉、通报批评、离岗培训、调离岗位处理的，由本行政机关决定或者由任免机关决定；

（三）取消行政机关工作人员执法资格的，由发证机关决定；

（四）对行政机关工作人员依法依纪应当采取组织处理措施的，按照管理权限和规定程序办理；

（五）对行政机关工作人员给予行政处分的，由任免机关或者监察机关决定，按照管理权限和规定程序办理。

第一百七十二条　行政机关违反法定程序实施行政行为，侵犯公民、法人或者其他组织合法权益造成损害的，依法承担行政赔偿责任。

行政机关履行赔偿义务后，应当责令有故意或者重大过失的行政机关工作人员、受委托的组织或者个人，承担部分或者全部赔偿费用。

第一百七十三条　行政机关工作人员违反法定程序，滥用职权、玩忽职守、徇私舞弊，严重侵害公民、法人或者其他组织的合法权益，涉嫌犯罪的，依法移送司法机关追究刑事责任。

第十章　附　　则

第一百七十四条　期间包括法定期间和行政机关规定的期间。

期间以时、日、月、年计算。期间开始的时和日，不计算在期间内。

第一百七十五条　当事人因不可抗拒的事由或者其他正当理由耽误期限的，在障碍消除后的 10 日内，可以申请顺延期限，是否准许，由行政机关决定。

第一百七十六条　行政机关应当按照下列顺序选择送达方式送达行政文书：

（一）直接送达；（二）留置送达；（三）委托送达与邮寄送达；（四）公告送达。

送达的具体操作程序参照《中华人民共和国民事诉讼法》有关规定执行。

第一百七十七条 本规定公布前省人民政府发布的规章与本规定不一致的,适用本规定。

各级人民政府及其工作部门可以根据本规定对行政程序作具体或者补充规定。

第一百七十八条 本规定自 2008 年 10 月 1 日起施行。

江苏省行政程序规定

江苏省人民政府令第 100 号

《江苏省行政程序规定》已于 2015 年 1 月 4 日经省人民政府第 49 次常务会议讨论通过,现予发布,自 2015 年 3 月 1 日起施行。

省长

2015 年 1 月 6 日

江苏省行政程序规定

第一章　总　则

第一条　为了规范行政行为,促进依法行政,建设法治政府,保障公民、法人和其他组织的合法权益,根据宪法和有关法律、法规,结合本省实际,制定本规定。

第二条　本省行政机关,法律、法规授权的组织和依法受委托的组织行使行政职权,应当遵守本规定。

法律、法规对行政程序另有规定的,从其规定。

第三条　行政机关应当根据法律、法规、规章,在法定权限内,按照法定程序行使行政职权。

第四条　行政机关应当将行使行政职权的依据、程序和结果向公民、法人或者其他组织公开,涉及国家秘密、商业秘密、个人隐私以及危及国家安全、公共安全、经济安全和社会稳定的除外。但是,经权利人同意公开或者行政机关认为不公开可能对公共利益造成重大影响的涉及商业秘密、个人隐私的可以予以公开。

第五条　行政机关应当公正行使行政职权,平等对待公民、法人和其他组织。

行政机关行使裁量权应当符合立法目的和原则,采取的措施和手段应当必要、适当;行政机关实施行政管理可以采取多种措施和手段实现行政目的的,应当选择最有利于保护公民、法人和其他组织合法权益的措施和手段。

第六条 公民、法人或者其他组织有权依法参与行政管理,提出行政管理的意见和建议。

行政机关应当为公民、法人或者其他组织参与行政管理提供必要的条件,采纳其合法、合理的意见和建议。

第七条 公民、法人和其他组织因行政行为取得的正当权益受法律保护。非因法定事由并经法定程序,行政机关不得撤销、变更已经生效的行政决定;因国家利益、公共利益或者其他法定事由必须撤销或者变更的,应当依照法定权限和程序进行,并对公民、法人或者其他组织因此遭受的财产损失依法予以补偿。

第八条 行政机关行使行政职权,应当遵守法定期限或者承诺期限,积极履行法定职责,为公民、法人和其他组织提供高效、优质服务。

第二章　行政程序主体

第一节　行政机关

第九条 行政机关行使行政职权应当依照法律、法规、规章规定。

法律、法规、规章对上下级行政机关之间的行政职责分工未作明确规定的,上级行政机关应当按照有利于发挥行政效能、事权与支出责任相适应、权力与责任相一致、管理重心适当下移等原则确定。

第十条 行政机关的内设机构或者派出机构对外行使行政职权时,应当以其隶属的行政机关的名义作出行政决定,并由该行政机关承担法律责任。法律、法规另有规定的除外。

第十一条 法律、法规、规章对地域管辖未作明确规定的,由行政管理事项发生地的行政机关管辖,但是有下列情形之一的除外:

(一)涉及公民身份事务的,由其住所地行政机关管辖;住所地与经常居住地不一致的,由经常居住地行政机关管辖;住所地与经常居住地都不明确的,由其最后居住地行政机关管辖;

(二)涉及法人或者其他组织主体资格事务的,由其主要营业地或者主要办事机构所在地行政机关管辖;

（三）涉及不动产的,由不动产所在地行政机关管辖。

第十二条　行政机关受理公民、法人和其他组织的申请或者依职权启动行政程序后,认为不属于自己管辖的,应当移送有管辖权的行政机关,并通知当事人;受移送的行政机关也认为不属于自己管辖的,不得再行移送,应当报请其共同上一级行政机关指定管辖。

第十三条　两个以上行政机关对同一行政管理事项都有管辖权的,由最先受理的行政机关管辖;发生管辖权争议的,由其共同上一级行政机关指定管辖。情况紧急、不及时采取措施将对公共利益或者公民、法人和其他组织合法权益造成重大损害的,行政管理事项发生地的行政机关应当进行必要处理,并立即通知有管辖权的行政机关。

第十四条　地方各级人民政府之间为促进经济社会发展,有效实施行政管理,可以按照合法、平等、互利的原则开展跨行政区域的合作。

区域合作可以采取签订合作协议、建立行政首长联席会议制度、成立专项工作小组等方式进行。

上级人民政府应当加强对下级人民政府之间区域合作的组织、指导、协调和监督。

第十五条　行政管理涉及多个政府工作部门的,可以建立由主要部门牵头、其他相关部门参加的部门联席会议制度。

部门联席会议制度应当明确牵头部门、参加部门、工作职责、工作规则等事项。

部门联席会议协商不成的事项,由牵头部门将有关部门的意见、理由和依据列明并提出意见,报本级人民政府决定。

第十六条　有下列情形之一的,行政机关可以书面请求相关行政机关协助:

（一）独立行使职权不能实现行政目的的;

（二）因人员、设备不足等原因不能独立行使职权的;

（三）执行公务所必需的文书、资料、信息为其他行政机关所掌握,自行收集难以获得的;

（四）应当请求行政协助的其他情形。

请求行政协助的内容主要包括:调查、提供具体信息和协助作出行政行为。

第十七条　被请求协助的行政机关应当依法及时履行协助义务,不得推诿或者拒绝。不能提供协助的,应当以书面形式及时告知请求机关并说明理由。

因行政协助发生争议的,由请求机关与协助机关的共同上一级行政机关裁决。

第十八条 行政机关工作人员执行公务时,有下列情形之一的,行政机关工作人员应当自行申请回避,公民、法人和其他组织也可以提出回避申请:

(一)与本人有利害关系的;

(二)与本人有夫妻关系、直系血亲关系、三代以内旁系血亲关系以及近姻亲关系的亲属有利害关系的;

(三)可能影响公正执行公务的。

行政机关工作人员的回避,由该行政机关主要负责人或者分管负责人决定。行政机关主要负责人的回避由本级人民政府或者其上一级行政机关决定。

第二节 其他行使行政职权的组织

第十九条 其他行使行政职权的组织包括法律、法规授权的组织和依法受委托的组织。

法律、法规授权的组织在法定授权范围内以自己的名义行使行政职权,并承担相应的法律责任。

依法受委托的组织在委托的范围内,以委托行政机关的名义行使行政职权,由此所产生的后果由委托行政机关承担法律责任。

第二十条 行政机关可以根据法律、法规、规章的规定,委托其他行政机关或者具有管理公共事务职能的组织行使行政职权,受委托的机关或者组织应当具备履行相应职责的条件。

第二十一条 委托行政机关与受委托的机关或者组织之间应当签订书面委托协议,并报本级人民政府法制机构、编制部门备案。委托协议应当载明委托依据、委托事项、权限、期限、双方权利和义务、法律责任等。

委托行政机关应当将受委托的机关或者组织和受委托的事项向社会公布。

第二十二条 委托行政机关应当对受委托机关或者组织办理受委托事项的行为进行指导、监督。

受委托的机关或者组织应当自行完成受委托的事项,不得将受委托的事项再委托给其他行政机关、组织或者个人。

第三节　当事人和其他参与人

第二十三条　本规定所称当事人,是指与行政行为有法律上的利害关系,以自己名义参与行政程序的公民、法人或者其他组织。

与行政行为的结果有法律上的利害关系的公民、法人或者其他组织,是利害关系人,行政机关应当依法通知其参与行政程序。

第二十四条　当事人、利害关系人可以委托 1 名至 2 名代理人参与行政程序,法律、法规、规章明确规定当事人、利害关系人必须亲自参与行政程序的,还应当亲自参加行政程序。

当事人、利害关系人人数众多,没有委托共同代理人的,应当推选代表人参与行政程序。代表人代表全体当事人、利害关系人参与行政程序。

代表人的选定、增减、更换,应当以书面形式告知行政机关。

第二十五条　公民、法人和其他组织在行政程序中,依法享有申请权、知情权、参与权、陈述权、申辩权、监督权、救济权。

公民、法人和其他组织参与行政程序,应当履行服从行政管理、协助执行公务、维护公共利益、提供真实信息、遵守法定程序等义务。

第三章　重大行政决策程序

第二十六条　县级以上地方人民政府作出重大行政决策,适用本章规定。

县级以上地方人民政府工作部门和乡镇人民政府的重大行政决策程序,参照本章规定执行。

第二十七条　本规定所称重大行政决策,是指由县级以上地方人民政府依照法定职权,对关系本行政区域经济社会发展全局、社会涉及面广、与公民、法人和其他组织利益密切相关的下列事项作出的决定:

(一)编制国民经济和社会发展规划、重要的区域规划和专项规划以及财政预算;

(二)制定行政管理体制改革的重大措施;

(三)制定公共服务、市场监管、社会管理、环境保护等方面的重大措施;

(四)确定和调整重要的行政事业性收费以及政府定价的重要商品、服务价格;

(五)决定政府重大投资项目和重大国有资产处置;

(六)需要由政府决策的其他重大事项。

重大行政决策的具体事项和量化标准，由县级以上地方人民政府在前款规定的范围内确定，并向社会公布。

第二十八条　县级以上地方人民政府应当建立健全公众参与、专家论证、风险评估、合法性审查和集体讨论决定相结合的行政决策机制，实行依法决策、科学决策、民主决策。

第二十九条　政府行政首长提出的重大行政决策事项，由行政首长交承办单位承办，启动决策程序。

政府分管负责人、政府工作部门和下一级人民政府提出的重大行政决策事项的建议，由政府行政首长确定是否进入决策程序。

第三十条　决策事项承办单位应当对重大行政决策方案草案进行社会稳定、环境、经济等方面的风险评估；未经风险评估的，不得作出决策。

决策事项承办单位应当对重大行政决策方案草案进行合法性论证，必要时也可以进行成本效益分析。

第三十一条　除依法不得公开的事项外，决策事项承办单位应当向社会公布重大行政决策方案草案，征求公众意见。

第三十二条　除法律、法规、规章规定应当举行听证的外，重大行政决策事项涉及公众重大利益以及公众对决策方案草案有重大分歧的，也应当举行听证。

第三十三条　决策事项承办单位应当将公众对决策方案草案的意见和建议进行归类整理，对公众提出的合理意见应当采纳；未予采纳的，应当以适当方式说明理由。

第三十四条　重大行政决策方案草案提交政府常务会议或者全体会议讨论前，决策事项承办单位应当将该方案交本级人民政府法制机构进行合法性审查。未经合法性审查或者经审查不合法的，不得提交会议讨论并作出决策。

第三十五条　重大行政决策方案草案经政府分管负责人审核后，由政府行政首长决定提交政府常务会议或者全体会议讨论。

第三十六条　重大行政决策在集体讨论的基础上，由政府行政首长作出同意、不同意、修改、暂缓或者再次讨论的决定。

政府常务会议或者全体会议应当记录重大行政决策方案草案的讨论情况及决定，对不同意见应当载明。

第三十七条　县级以上地方人民政府作出重大行政决策后，应当自作出决定之日起 20 日内向社会公布。

第三十八条　决策机关应当通过跟踪调查、考核等措施对重大行政决策的执行情况进行督促检查。决策执行机关应当根据各自职责,全面、及时、正确地贯彻执行重大行政决策。监督机关应当加强对重大行政决策执行的监督。

决策执行机关、监督机关及公民、法人或者其他组织认为重大行政决策及执行有违法或者不适当的,可以向决策机关提出。决策机关应当认真研究,并根据实际情况作出继续执行、停止执行、暂缓执行或者修订决策方案的决定。

第四章　行政执法程序

第一节　一般规定

第三十九条　本规定所称行政执法,是指行政机关依据法律、法规和规章,作出的行政许可、行政处罚、行政强制、行政给付、行政征收、行政确认等影响公民、法人或者其他组织权利、义务的行政行为。

第四十条　行政执法的依据包括法律、行政法规、地方性法规、规章。

行政执法的依据应当向社会公开。未经公开的,不得作为行政执法依据。

第四十一条　根据国务院的授权,省人民政府可以决定一个行政机关行使有关行政机关的行政处罚权。

经国务院批准,省人民政府根据精简、统一、效能的原则,可以决定一个行政机关行使有关行政机关的行政许可权。

第四十二条　县级以上地方人民政府根据行政管理的需要,可以组织相关行政机关联合执法。

联合执法中的行政执法决定,由参加联合执法的行政机关在各自的职权范围内依法作出,并承担相应的法律责任。

第四十三条　行政执法事项需要行政机关内设的多个机构办理的,该行政机关应当确定一个机构统一受理公民、法人或者其他组织的申请,统一送达行政执法决定。

对涉及两个以上政府工作部门共同办理的事项,县级以上地方人民政府可以确定一个部门或者政务中心窗口统一受理申请,将相关事项抄告相关部门,实行并联审批。

第四十四条　行政机关办理行政执法事项,应当健全内部工作程序,明确承办人、审核人、批准人,按照行政执法的依据、条件和程序,由承办人提出初审意见和理由,经审核人审核后,由批准人批准决定。

第四十五条 县级以上地方人民政府应当依法确认本行政区域内行政机关的行政执法主体资格,并向社会公告。

行政执法人员应当按照规定参加培训,经考试合格,并取得相应证件,持证上岗。

第四十六条 行政机关在行政执法过程中应当依法及时告知当事人、利害关系人相关的执法事实、理由、依据、法定权利和义务。

行政执法的告知应当采用书面形式。情况紧急时,可以采用口头等其他方式。但是依法应当采取书面形式告知的除外。

第四十七条 行政执法直接影响当事人权利、义务且不属于必须立即执行的,行政机关应当先采用教育、劝诫、疏导等手段,促使当事人自觉履行法定义务、纠正错误。当事人违法情节轻微,经教育后自觉履行法定义务,且未造成危害后果的,可以不予追究法律责任。

第二节 程序启动

第四十八条 行政执法程序依法由行政机关依职权启动,或者依公民、法人和其他组织的申请启动。

行政机关依职权启动程序,应当经本行政机关负责人批准。情况紧急的,可以事后补报。

公民、法人或者其他组织认为自己的申请事项符合法定条件,可以申请行政机关启动行政执法程序。

第四十九条 公民、法人和其他组织申请启动行政执法程序应当采取书面形式。

申请书应当载明下列事项:

(一)申请人的基本情况;

(二)申请事项;

(三)申请的事实和理由;

(四)申请人签名或者盖章;

(五)申请时间。

申请人书写确有困难,或者没有必要以书面形式申请,以及在紧急情况下,可以口头申请,行政机关应当当场记录,经申请人阅读或者向其宣读,确认内容无误后由其签名或者盖章。

第五十条　行政机关对当事人提出的申请,应当根据下列情况分别作出处理:

(一)申请事项依法不属于本行政机关职权范围的,应当即时作出不予受理的决定,并书面告知当事人向有关行政机关申请;

(二)申请材料存在可以当场更正的错误的,应当允许当事人当场更正;

(三)申请材料不齐全或者不符合法定形式的,应当当场或者在5日内一次告知当事人需要补正的全部内容,逾期不告知的,自收到申请材料之日起即为受理;当事人在限期内不作补充的,视为撤回申请;

(四)申请事项属于本行政机关职权范围,申请材料齐全、符合法定形式,或者当事人按照本行政机关的要求提交全部补正申请材料的,应当受理当事人的申请。

行政机关受理或者不受理当事人申请的,应当出具加盖本行政机关印章和注明日期的书面凭证。

第三节　调　查

第五十一条　行政执法程序启动后,行政机关应当核实材料,收集证据,查明事实。

行政机关调查取证时,行政执法人员应当向当事人或者有关人员主动出示行政执法证件,说明调查事项和依据,否则当事人或者有关人员有权拒绝接受调查和提供证据。

因调查事实、收集证据确需勘查现场的,行政机关应当通知当事人或者其代理人到场;当事人或者其代理人拒绝到场的,应当在调查笔录中载明。

第五十二条　当事人应当配合行政机关调查,提供与调查有关的真实材料和信息。知晓有关情况的其他公民、法人和其他组织应当协助行政机关调查。因协助调查产生的合理费用由行政机关承担。调查取证应当制作笔录,由行政执法人员、当事人或者其代理人、见证人签字;当事人或者其代理人、见证人拒绝签字的,不影响调查结果的效力,但是应当在调查笔录中载明。

第五十三条　行政机关在作出行政执法决定前,应当告知当事人、利害关系人享有陈述、申辩的权利,并听取其陈述和申辩。

对于当事人、利害关系人的陈述和申辩,行政机关应当予以记录并归入案卷。

对当事人、利害关系人提出的事实、理由和证据,行政机关应当进行审查,并采纳其合理的意见;不予采纳的,应当说明理由。

第五十四条 有下列情形之一的,行政机关在作出行政执法决定前应当举行听证:

(一)法律、法规、规章规定应当举行听证的;

(二)行政机关依法告知听证权利后,当事人、利害关系人申请听证的;

(三)行政机关认为有必要举行听证的其他情形。

第四节 证 据

第五十五条 行政机关应当采取合法手段和依照法定程序,全面、客观、公正地收集证据,不得仅收集对当事人不利的证据。

当事人可以以书面、口头或者其他方式向行政机关提供证据。

第五十六条 行政执法证据包括:

(一)书证;

(二)物证;

(三)当事人陈述;

(四)证人证言;

(五)视听资料;

(六)电子数据;

(七)鉴定意见;

(八)勘验笔录、现场笔录;

(九)法律、法规规定的其他证据。

第五十七条 下列证据材料不得作为行政执法决定的依据:

(一)严重违反法定程序收集的;

(二)以非法偷拍、偷录、窃听等手段侵害他人合法权益取得的;

(三)以利诱、欺诈、胁迫、暴力等不正当手段取得的;

(四)没有其他证据印证且相关人员不予认可的证据的复制件或者复制品;

(五)无法辨认真伪的;

(六)不能正确表达意志的证人提供的证言;

(七)在中华人民共和国领域以外形成的未办理法定证明手续的;

(八)不具备合法性、真实性和关联性的其他证据材料。

第五十八条 作为行政执法决定依据的证据应当查证属实。当事人有权对作为定案依据的证据发表意见,提出异议。

第五十九条 行政机关对依职权作出的行政执法决定的合法性、适当性负举证责任。

行政机关依申请作出行政执法决定的,当事人应当如实向行政机关提交有关材料,反映真实情况。行政机关经审查认为其不符合法定条件的,由行政机关负举证责任。

第五节 决 定

第六十条 行政执法决定应当以书面形式作出。但是法律、法规、规章另有规定的除外。

行政执法决定应当载明下列事项:

(一)当事人的基本情况;

(二)事实以及证明事实的证据;

(三)适用的法律规范;

(四)决定内容;

(五)履行的方式和时间;

(六)救济的途径和期限;

(七)行政机关的印章与决定日期;

(八)应当载明的其他事项。

第六十一条 行政执法决定限制公民、法人和其他组织权利或者增加其义务的,应当说明决定的理由。

第六十二条 行政执法决定自送达之日起生效。

行政执法决定附条件或者附期限的,应当载明生效的条件或者期限。

第六节 期限和送达

第六十三条 法律、法规、规章对行政执法事项有明确期限规定的,行政机关必须在法定期限内办结。

行政机关对行政执法事项的办理期限作出明确承诺的,应当在承诺期限内办结。

第六十四条 依法不需要对申请材料的实质内容进行核实的事项,申请人提交的申请材料齐全、符合法定形式的,应当当场办理;能够当场作出决定的,应当当场作出书面决定。

第六十五条 行政机关作出行政执法决定,依法需要听证、招标、拍卖、检验、检测、检疫、鉴定、专家评审和公示的,所需时间不计算在规定的期限内。

第六十六条 行政机关不得不履行法定职责或者拖延履行法定职责。

行政机关在法定期限内,非因法定或者正当事由未依职权或者未依申请启动行政执法程序的,属于不履行法定职责。

行政机关在法定期限或者承诺期限内,非因法定或者正当事由,虽然启动行政执法程序但是未及时作出行政执法决定的,属于拖延履行法定职责。

第六十七条 当事人因不可抗拒的事由或者其他正当理由耽误期限的,在障碍消除后的 10 日内,可以申请顺延期限,是否准许,由行政机关决定。

第六十八条 送达行政执法决定应当由受送达人在送达回证或者附卷的决定书上注明收到日期,签名或者盖章。

受送达人在送达回证或者附卷的决定书上的签收日期为送达日期。

送达程序参照《中华人民共和国民事诉讼法》有关规定执行。

第七节　简易程序

第六十九条 对事实简单、当场可以查实、有法定依据且对当事人合法权益影响较小的事项,行政机关可以适用简易程序作出行政执法决定。法律、法规对简易程序的适用范围另有规定的,从其规定。

第七十条 行政机关对适用简易程序的事项可以口头告知当事人行政执法决定的事实、依据和理由,并当场听取当事人的陈述与申辩。

当事人提出的事实、理由或者证据成立的,行政机关应当采纳;不采纳的应当说明理由。

第七十一条 适用简易程序的,可以当场作出行政执法决定。

行政执法人员当场作出行政执法决定的,应当报所属机关备案。

适用简易程序的行政执法决定可以以格式化的方式作出。

第八节　效　力

第七十二条 有下列情形之一的,行政执法行为无效:

(一)不具有法定行政执法主体资格的;

(二)没有法定依据的;

(三)法律、法规、规章规定的其他无效情形。

无效的行政执法行为,自始不发生法律效力。

第七十三条　有下列情形之一的,行政执法行为应当撤销:

(一)主要证据不足的;

(二)适用依据错误的;

(三)违反法定程序的,但是可以补正的除外;

(四)超越法定职权的;

(五)滥用职权的;

(六)法律、法规、规章规定应当撤销的其他情形。

行政执法行为被撤销后,其撤销效力追溯至行政执法行为作出之日;法律、法规和规章另有规定的,其撤销效力可以自撤销之日发生。

第七十四条　行政执法行为的撤销,不适用下列情形:

(一)撤销可能对公共利益造成重大损害的;

(二)法律、法规、规章规定不予撤销的其他情形。

行政执法行为不予撤销的,行政机关应当自行采取补救措施或者由监督机关责令其采取补救措施。

第七十五条　有下列情形之一的,行政执法决定应当予以补正或者更正:

(一)未说明理由且事后补充说明理由,当事人、利害关系人没有异议的;

(二)文字表述错误或者计算错误的;

(三)未载明决定作出日期的;

(四)程序上存在其他轻微瑕疵或者遗漏,未侵犯公民、法人或者其他组织合法权利的。

补正或者变更应当以书面决定的方式作出。

第七十六条　有下列情形之一的,行政执法行为应当确认违法:

(一)行政机关不履行法定职责,责令其履行已无实际意义的;

(二)行政执法行为违法,不具有可撤销内容的;

(三)行政执法行为违法,依法不予撤销的;

(四)应当确认违法的其他情形。

第五章　行政合同

第七十七条　本规定所称行政合同,是指行政机关为了维护公共利益,实现行政管理目的,与公民、法人和其他组织之间,经双方意思表示一致达成的协议。

行政合同主要适用于下列事项:

（一）政府特许经营；

（二）国有自然资源使用权出让；

（三）国有资产承包经营、出售或者租赁；

（四）征收、征用补偿；

（五）政府采购；

（六）政策信贷；

（七）行政机关委托的科研、咨询；

（八）法律、法规、规章规定可以订立行政合同的其他事项。

第七十八条 订立行政合同应当遵循维护公益、公开竞争和自愿原则。

订立行政合同一般采用公开招标、拍卖等方式。招标、拍卖适用《中华人民共和国招标投标法》《中华人民共和国拍卖法》《中华人民共和国政府采购法》等法律、法规、规章规定。

法律、法规、规章对订立行政合同另有规定的，从其规定。

第七十九条 行政合同应当以书面形式签订，但是法律、法规另有规定的除外。

第八十条 行政合同依照法律、法规规定应当经其他行政机关批准或者会同办理的，经批准或者会同办理后，行政合同方能生效。

第八十一条 行政机关有权对行政合同的履行进行指导和监督，但是不得妨碍对方当事人履行合同。

第八十二条 行政合同受法律保护，合同当事人不得擅自变更、中止或者解除合同。

行政合同在履行过程中，出现严重损害国家利益或者公共利益的情形，行政机关有权变更或者解除合同。

行政合同在履行过程中，出现影响合同当事人重大利益、导致合同不能履行或者难以履行的情形，合同当事人可以协商变更或者解除合同。

第六章　行政指导

第八十三条 本规定所称行政指导，是指行政机关为实现特定的行政目的，在其法定的职权范围内或者依据法律、法规、规章和政策，以指导、劝告、提醒、建议等非强制性方式，引导公民、法人和其他组织作出或者不作出某种行为的活动。

行政指导主要适用于下列情形：

（一）需要从技术、政策、安全、信息等方面帮助当事人增进其合法利益；

（二）需要预防当事人可能出现的妨害行政管理秩序的违法行为；

（三）需要行政机关实施行政指导的其他情形。

第八十四条 实施行政指导应当遵循平等、公开、诚实信用、及时灵活、自愿选择等原则。

第八十五条 行政指导采取下列方式实施：

（一）制定和发布指导、引导性的政策；

（二）提供技术指导和帮助；

（三）发布信息；

（四）示范、引导、提醒；

（五）建议、劝告、说服；

（六）其他指导方式。

第八十六条 实施行政指导可以采取书面、口头或者其他合理形式。当事人要求采取书面形式的，行政机关应当采取书面形式。

第八十七条 行政机关可以主动实施行政指导，也可以依当事人申请实施行政指导。

公民、法人和其他组织有权自主决定是否接受、听从、配合行政指导；行政机关不得采取或者变相采取强制措施实施行政指导。

第八十八条 行政指导的目的、内容、理由、依据、实施者以及背景资料等事项，应当对当事人或者公众公开，但是涉及国家秘密、商业秘密或者个人隐私的除外。

第八十九条 行政机关实施重大行政指导，应当采取公布草案、听证会、座谈会等方式，广泛听取公民、法人和其他组织的意见。

实施行政指导涉及专业性、技术性问题的，应当经过专家论证，专家论证意见应当记录在案。

第七章 行政调解

第九十条 本规定所称行政调解，是指行政机关为了化解社会矛盾、维护社会稳定，依照法律、法规、规章和有关规定，居间协调处理与行使行政职权相关的民事纠纷的行为。

第九十一条 行政机关可以根据公民、法人或者其他组织的申请进行行政调解，也可以主动进行行政调解。

行政机关应当遵循自愿、合法、公正的原则,及时进行行政调解。

第九十二条 行政机关收到公民、法人或者其他组织请求调解民事纠纷的申请后,经审查符合条件的,应当及时告知民事纠纷另一方;另一方同意调解的,应当受理并组织调解。

不符合条件或者一方不同意调解的不予受理,并向申请人说明理由。

第九十三条 行政机关受理并且组织行政调解的,应当指派具有一定法律知识、政策水平和实际经验的工作人员主持调解。

行政机关应当通过调解活动防止纠纷激化。

第九十四条 行政调解工作人员应当在查明事实、分清是非的基础上,根据纠纷的特点、性质和难易程度,进行说服疏导,引导双方达成调解协议。

调解达成协议的,应当制作调解协议书。调解协议书应当由纠纷双方和调解工作人员签名,并加盖行政机关印章。

第九十五条 当事人应当履行调解协议。不履行调解协议或者调解没有达成协议的,当事人可依法提起民事诉讼。

第八章 公众建议

第九十六条 公民、法人和其他组织可以对下列事项向行政机关提出建议:

(一)公共利益的维护;

(二)行政决策的作出;

(三)规章或者规范性文件的修改完善;

(四)行政违法、违规行为的举报和投诉;

(五)公民、法人和其他组织合法权益的保障和维护;

(六)需要政府管理或者处理的其他事项。

第九十七条 公民、法人和其他组织可以以书面或者口头方式提出建议。

以口头方式提出建议的,受理机关应当形成记录,由建议人签名或者盖章;建议人对记录有异议的,受理机关应当更正。

受理机关认为建议内容不明确的,应当通知建议人补正。

第九十八条 公民、法人和其他组织建议有下列情形之一的,不予处理:

(一)无具体内容或者未具真实姓名和住址的;

(二)同一事由,已经予以适当处理,并明确答复后,再次建议的;

(三)建议内容与受理机关无关的。

第九十九条　行政机关对公民、法人和其他组织建议,应当指派人员及时处理。公民、法人和其他组织建议有保密必要的,受理机关按照有关规定予以保密。

第一百条　公民、法人和其他组织建议事项依法应当提起行政复议、行政诉讼或者请求国家赔偿的,受理机关应当告知建议人。

第九章　行政监督

第一百零一条　县级以上地方人民政府应当加强政府层级监督,健全政府层级监督制度,完善政府层级监督机制和方式。

监察、审计等专门监督机关应当切实履行法定职责,依法加强专门监督。行政机关应当自觉接受监察、审计等专门监督机关的监督。

第一百零二条　县级以上地方人民政府应当加强对本规定实施情况的监督检查,及时纠正行政程序违法行为。

监督检查的主要方式:

(一)听取本规定实施情况的报告;

(二)开展实施行政程序工作的检查;

(三)重大行政行为登记和备案;

(四)行政执法评议考核;

(五)行政执法案卷评查;

(六)受理、调查公众投诉、举报和媒体曝光的行政程序违法行为;

(七)查处行政程序违法行为;

(八)监督检查的其他方式。

第一百零三条　行政机关行政程序行为违法的,行政机关应当依职权或者依申请自行纠正。

监察机关、上级行政机关、政府法制机构对投诉、举报和监督检查中发现的行政程序违法行为,应当建议其自行纠正,有关行政机关应当在30日内将处理结果向监督机关报告。

第一百零四条　行政机关不自行纠正行政程序违法行为的,由监督机关依照职权分别作出责令补正或者更正、责令履行法定职责、确认违法或者无效、撤销等处理。

第一百零五条　公民、法人和其他组织认为行政机关的行政行为违反法定程序的,可以向监察机关、上级行政机关或者本级人民政府法制机构投诉、举报。

监察机关、上级行政机关、政府法制机构应当对受理的投诉、举报进行调查,依照职权作出处理,并将处理结果告知投诉人、举报人。

第十章　附　则

第一百零六条　本规定自 2015 年 3 月 1 日起施行。

兰州市行政程序规定

（2014 年 12 月 17 日兰州市人民政府第 85 次常务会议通过
2015 年 1 月 14 日兰州市人民政府令〔2015〕第 1 号公布
自 2015 年 3 月 1 日起施行）

第一章 总 则

第一条 为了规范行政行为,保障公民、法人和其他组织的合法权益,促进行政机关合法、公正、高效行使行政职权,推进依法行政,建设法治政府,根据有关法律法规,结合本市实际,制定本规定。

第二条 本市各级行政机关、法律、法规授权的组织和依法受委托的组织实施行政行为,应当遵守本规定。

法律、法规对行政程序另有规定的,从其规定。

本规定所称行政机关是指各级人民政府及其工作部门以及县级以上人民政府的派出机关(机构)。

第三条 行政机关应当依照法律、法规、规章的规定,在法定权限内,按照法定程序实施行政行为。

第四条 行政机关应当公正行使行政权力,平等对待公民、法人和其他组织。

行政机关行使行政裁量权应当符合立法目的和原则,采取的措施应当必要、适当;实施行政管理可以采取多种方式实现行政管理目的的,应当选择最有利于保护公民、法人和其他组织合法权益的方式。

第五条 行政机关实施行政行为,应当遵守法定期限或者承诺期限,积极履行法定职责,为公民、法人和其他组织提供高效、优质服务。

第六条 行政机关应当将行使行政职权的依据、过程和结果依法公开。但是涉及国家秘密、商业秘密或者个人隐私的除外。

第七条 公民、法人和其他组织有权依法参与行政管理,提出行政管理的意见和建议。

第八条 公民、法人和其他组织因行政行为取得的正当权益受法律保护。

非因法定事由并经法定程序,行政机关不得撤销、变更已经生效的行政决定。行政机关因国家利益、公共利益或者其他法定事由,需要撤销或者变更已经生效的行政决定的,应当依照法定权限和程序进行,由此给公民、法人和其他组织造成财产损失的,依法予以补偿。

第九条 各级人民政府负责本规定在本行政区域内的组织实施工作。

县级以上人民政府办公厅(室)、政府法制机构以及监察、人事、财政等部门按照各自的职责分工,做好本规定实施的相关工作。

第十条 行政机关的职权和管辖依照法律、法规、规章的规定行使。

法律、法规、规章对上下级行政机关之间的职权分工未作明确规定的,应当按照有利于发挥行政效能、权力与责任相一致、财权与事权相匹配、管理重心适当下移等原则确定。

第二章 重大行政决策程序

第十一条 县级以上人民政府作出重大行政决策,适用本章规定。

县级以上人民政府工作部门和乡镇人民政府的重大行政决策程序参照本章规定执行。

第十二条 本规定所称重大行政决策,是指行政机关依照法定职权,对关系本地区经济社会发展全局、社会涉及面广、专业性强、与公民、法人和其他组织利益密切相关的事项作出的决定。主要包括下列事项:

(一)制定国民经济和社会发展规划、年度计划和政策措施;

(二)编制城市总体规划、重大区域规划和专项规划;

(三)研究政府重大投资项目和重大国有资产处置;

(四)制定资源开发利用、环境保护、劳动就业、社会保障、人口和计划生育、教育、医疗卫生、食品药品、工程建设、安全生产、交通、城市管理等方面的重大政策措施;

(五)确定和调整重要的行政事业性收费以及政府定价的重要商品、服务价格;

(六)需要由政府决策的其他重大事项。

重大行政决策的具体事项,由县级以上人民政府在前款规定的范围内确定,并向社会公布。

第十三条　以下事项不适用本章规定：

（一）政府规章的制定，地方性法规建议案的拟定；

（二）政府人事任免；

（三）政府内部事务管理措施的制定；

（四）突发事件的应急处理；

（五）法律、法规和规章已对决策程序作出规定的其他事项。

第十四条　县级以上人民政府应当建立健全公众参与、专家论证、风险评估、合法性审查和集体讨论决定相结合的行政决策机制，完善行政决策的智力和信息支持系统，实行依法决策、科学决策、民主决策。

第十五条　政府行政首长代表本级政府对重大行政决策事项行使决策权。政府分管负责人、政府秘书长或者政府办公室主任协助行政首长决策。

政府分管负责人、政府工作部门、直属机构和下级人民政府认为重大事项需要提请本级和上级政府决策的，可以提出决策建议。

公民、法人和其他组织也可以向政府提出决策建议。

决策事项承办单位依照法定职权确定或者由政府行政首长指定。

第十六条　决策事项承办单位应当深入调查研究，全面、准确掌握决策所需信息，并按照决策事项涉及的范围征求有关方面意见，充分协商协调，结合实际拟定决策方案。

对需要进行多个方案比较研究或者争议较大的事项，应当拟定两个以上可供选择的决策方案。

第十七条　决策事项承办单位应当对重大行政决策方案进行社会稳定、环境、经济等方面的风险评估；未经风险评估的，不得作出决策。

第十八条　对事关经济社会发展全局、影响经济社会长远发展或者技术含量高、专业性强的事项，决策承办单位应当组织专家或者研究咨询机构对重大行政决策方案的必要性、可行性、科学性及合法性进行论证。专家论证意见应当作为政府决策的重要依据。

决策事项承办单位应当对专家论证意见归类整理，对合理意见应当予以采纳；未予采纳的，应当说明理由。

第十九条　决策事项承办单位应当根据重大行政决策对公众影响的范围和程度，采取书面征求意见、发放调查问卷、召开座谈会、举行听证会、专家咨询论证、公示等方式广泛听取公众意见，对合理意见应当予以采纳；未予采纳的，应当以适当方式说明理由。

第二十条　重大行政决策与群众切身利益密切相关的,决策承办单位应当向社会公示决策备选方案,征求公众意见。公示的事项包括:

(一)决策备选方案及其简要说明;

(二)公众提交意见的途径、方式,包括通信地址、电话、传真和电子邮件地址等;

(三)征求意见的起止时间。

第二十一条　重大行政决策方案可以在新闻媒体、政府网站上公示,或者采用展示模型、图案等方式公示。

公示征求社会意见和建议的时间自公示之日起不得少于 15 日。

第二十二条　重大行政决策有下列情形之一的,应当举行听证会:

(一)对经济、社会发展等公共利益有重大影响的;

(二)公众对行政决策事项有重大争议的;

(三)对公民、法人和其他组织切身利益有较大影响的;

(四)涉及公共安全、影响社会稳定的;

(五)法律、法规、规章规定应当听证的其他情形。

第二十三条　重大行政决策方案提交政府常务会议或者全体会议讨论前,决策事项承办单位应当将该方案交本级人民政府法制机构进行合法性审查。未经合法性审查或审查不合法的,不得提交会议讨论并作出决策。

合法性审查的内容应当包括下列事项:

(一)是否违反法律、法规、规章的规定;

(二)是否超越法定职权;

(三)是否违反法定程序;

(四)需要进行合法性审查的其他事项。

第二十四条　政府行政首长将重大行政决策方案提交政府常务会议或者全体会议讨论,在集体讨论的基础上,由政府行政首长作出同意、不同意、修改、暂缓或者再次讨论的决定。

作出暂缓决定超过 1 年的,决策方案退出重大行政决策程序。

政府常务会议或者全体会议应当记录重大行政决策方案的讨论情况及决定,对不同意见应当载明。

第二十五条　重大行政决策方案依法应当报上级人民政府批准或者提请同级人民代表大会及其常务委员会审议决定的,县级以上人民政府应当按照程序上报批准或者提请审议决定。

第二十六条　县级以上人民政府作出重大行政决策后,应当依照政府信息公开的有关规定,自作出决定之日起 20 日内向社会公布。

第二十七条　县级以上人民政府应当通过跟踪调查、考核等措施,加强对重大行政决策事项执行情况的监督。

执行机关应当按照各自职责,全面、及时、正确贯彻执行。

第二十八条　县级以上人民政府应当建立重大行政决策终身责任追究制度及责任倒查机制。

第三章　行政规范性文件制定程序

第二十九条　本规定所称行政规范性文件是指除政府规章以外,行政机关和法律、法规授权的组织在法定职权范围内,按照法定程序制定并公开发布的,对公民、法人和其他组织具有普遍约束力的规定、办法、规则等行政公文。

行政机关就人事、财务、监察、审计等事项制定的内部工作制度及技术操作规程不适用本规定。

第三十条　下列机构不得制定行政规范性文件:

(一)临时性机构;

(二)行政机关的内设机构;

(三)行政机关的派出机构;

(四)受行政机关委托执法的机构;

(五)议事协调机构。

第三十一条　涉及两个以上政府工作部门职权范围内的事项,应当由本级人民政府制定行政规范性文件,或者由有关部门联合制定行政规范性文件。

政府工作部门制定规范性文件涉及群众切身利益、社会关注度高的事项及重要涉外事项,应当事先请示本级人民政府;政府工作部门联合制定的重要行政规范性文件发布前应当经本级人民政府批准。

第三十二条　行政规范性文件不得创设行政许可、行政处罚、行政强制、行政收费等事项。

行政规范性文件对实施法律、法规、规章作出的具体规定,不得与所依据的规定相抵触;没有法律、法规、规章依据,行政规范性文件不得作出限制或者剥夺公民、法人和其他组织合法权利或者增加公民、法人和其他组织义务的规定。

第三十三条　制定行政规范性文件应当采取多种形式广泛听取意见,并经制定机关负责法制工作的机构进行合法性审查,由制定机关负责人集体审议决定。

行政规范性文件涉及重大行政决策的,还应当适用重大行政决策程序。

第三十四条 规范性文件应当标注有效期限,有效期限最长不得超过 5 年;名称冠以"试行"的不得超过 2 年,"暂行"的不得超过 1 年。有效期限届满,规范性文件自动失效。

第三十五条 县级以上人民政府法制机构应当建立行政规范性文件数据库和网上检索系统,及时公布经登记的现行有效的规范性文件和已经失效的规范性文件目录,方便公民、法人和其他组织查询、下载。

第三十六条 公民、法人和其他组织认为行政规范性文件违法的,可以向政府法制机构提出审查申请。接到申请的政府法制机构应当受理,并在收到申请之日起 30 日内作出处理,并将处理结果书面告知申请人。

第四章 行政执法程序

第一节 一般规定

第三十七条 行政执法依据包括法律、行政法规、地方性法规和规章。

行政执法依据应当向社会公开。未经公开的,不得作为行政执法依据。

第三十八条 市、县(区)人民政府应当对其所属行政机关的行政执法主体资格、职权、执法依据等进行审核、确认,并向社会公告。

行政执法人员应当参加行政执法培训,经考试合格,并取得行政执法证件后,方可从事行政执法活动。

第三十九条 行政执法事项需要行政机关内设的多个机构办理的,行政机关应当确定一个机构统一受理当事人的申请,统一送达行政执法决定。

行政执法事项依法由两个以上行政机关分别实施的,市、县(区)人民政府可以确定一个行政机关或者政务中心窗口统一受理申请,并由一个行政机关会同有关行政机关分别提出意见后统一办理,或者组织有关行政机关联合办理、集中办理。

第四十条 行政机关在行政执法过程中应当依法及时告知当事人、利害关系人相关的执法事实、理由、依据、法定权利和义务。

行政执法的告知应当采用书面形式。情况紧急时,可以采用口头等其他方式。但法律、法规、规章规定必须采取书面形式告知的除外。

第四十一条 行政执法直接影响当事人权利、义务且不属于必须立即执行的,行政机关应当先采用教育、劝诫、疏导等手段,促使当事人自觉履行法定义务、纠正错误。当事人违法情节轻微,经教育后自觉履行法定义务,且未造成危害后果的,不予处罚。

第二节　程序启动

第四十二条　行政执法程序由行政机关依职权启动,或者依公民、法人和其他组织的申请启动。

行政机关依职权启动行政执法程序,应当由行政执法人员填写审批表,报本行政机关负责人批准。情况紧急的,可以事后补报。

公民、法人和其他组织认为自己的申请事项符合法定条件的,可以申请行政机关启动行政执法程序。

第四十三条　公民、法人和其他组织申请启动行政执法程序应当采取书面形式。

申请书应当载明下列事项:

(一)申请人的基本情况;

(二)申请事项;

(三)申请的事实及理由;

(四)申请人签名或者盖章;

(五)申请时间。

申请人书写确有困难或者紧急情况下,可以口头申请,行政机关应当当场记录,经申请人阅读或者向其宣读,确认内容无误后由其签名或者盖章。

第四十四条　行政机关对公民、法人和其他组织提出的申请,应当根据下列情况分别作出处理:

(一)申请事项属于本行政机关职权范围,申请材料齐全、符合法定形式的,应当受理;

(二)申请事项依法不属于本行政机关职权范围的,应当当场不予受理,并告知公民、法人和其他组织向有关行政机关申请;

(三)申请材料存在的错误可以当场更正的,应当允许当场更正;

(四)申请材料不齐全或者不符合法定形式的,应当当场或者在5日内一次告知需要补正的全部内容,逾期不告知的,自收到申请材料之日起视为受理;公民、法人和其他组织在限定期限内未补正的,视为撤回申请;公民、法人和其他组织按照行政机关的要求提交全部补正申请材料的,应当受理。

行政机关受理或者不受理申请,应当出具加盖本行政机关印章和注明日期的书面凭证。

第三节　调查和证据

第四十五条　行政程序启动后,行政机关应当调查事实,收集证据。

行政机关执法人员在调查时,执法人员不得少于 2 人,并应当向当事人或者有关人员出示行政执法证件,在调查记录中予以记载。

行政机关执法人员不出示行政执法证件的,当事人或者有关人员有权拒绝接受调查和提供证据。

第四十六条　公民、法人和其他组织应当配合行政机关的调查,提供与调查有关的材料与信息。知晓有关情况的其他公民、法人和其他组织应当协助行政机关的调查。因协助调查产生的合理费用由行政机关承担。

调查取证应当制作笔录,由行政机关执法人员、当事人或者其代理人、见证人签字;当事人或者其代理人、见证人拒绝签字的,不影响调查结果的效力,但是应当在调查笔录中载明。

第四十七条　行政机关应当采取合法的手段,依照法定程序,全面、客观、公正地收集证据,不得仅收集对当事人不利的证据。

当事人有权提出调查证据的申请。行政机关不受理申请的,应当说明理由,并记录在卷。

第四十八条　下列证据材料不得作为行政执法决定的依据:

(一)严重违反法定程序收集的;

(二)以非法偷拍、非法偷录、非法窃听等手段侵害他人合法权益取得的;

(三)以利诱、欺诈、胁迫、暴力等不正当手段取得的;

(四)没有其他证据印证、且相关人员不予认可的证据复制件或者复制品;

(五)被技术处理而无法辨认真伪的;

(六)不能正确表达意志的证人提供的证言;

(七)境外形成的未办理法定证明手续的;

(八)不具备客观真实性、关联性和合法性的其他证据材料。

第四十九条　作为行政执法决定依据的证据应当查证属实。当事人有权对作为定案依据的证据发表意见,提出异议。未经当事人发表意见的证据不能作为行政执法决定的依据。

第五十条　行政机关对依职权作出的行政执法决定的合法性、适当性负举证责任。

行政机关依申请作出行政执法决定的,当事人应当如实向行政机关提交有关材料,反映真实情况。行政机关经审查认为其不符合法定条件的,由行政机关负举证责任。

第四节 行政听证

第五十一条 有下列情形之一,行政机关组织听证的,适用本节规定:

(一)法律、法规、规章规定行政执法决定作出前应当听证的;

(二)行政机关依法告知听证权利后,当事人、利害关系人申请听证的;

(三)行政执法决定作出前,当事人、利害关系人主动申请听证,行政机关认为确有必要的;

(四)行政机关认为有必要听证的其他情形。

听证应当公开举行,但是涉及国家秘密、商业秘密和个人隐私的除外。

公开举行的听证会,公民、法人和其他组织可以申请旁听。

第五十二条 当事人、利害关系人主动申请听证或者行政机关依法告知听证权利,当事人、利害关系人申请听证的,应当在规定期限内提出书面申请。

当事人、利害关系人超过规定期限未申请的,视为放弃听证权利。

第五十三条 当事人、利害关系人申请听证符合条件的,行政机关应当自接到申请之日起 5 日内受理,并自受理之日起 20 日内组织听证;不符合条件的,应当自接到申请之日起 5 日内书面告知,并说明理由。

第五十四条 行政机关组织听证,利害关系人明确的,应当在举行听证会的 7 日前,书面通知当事人、利害关系人下列事项:

(一)听证事项、内容;

(二)听证会举行的时间、地点;

(三)听证机关的名称、地址;

(四)听证主持人、记录人的姓名、职务;

(五)当事人、利害关系人的权利和义务;

(六)应当告知的其他事项。

当事人、利害关系人接到书面听证通知后,应当按时参加听证;无正当理由不参加的,视为放弃听证权利。

第五十五条 听证主持人应当具备相应的法律知识和专业知识。

听证主持人由行政机关负责人指定。与案件有利害关系的人员不得担任本案的听证主持人。行政机关没有符合条件的听证主持人的,可以申请本级人民政府法制机构或者上级行政机关选派。

听证主持人履行下列职责:

(一)主持听证会;

(二)维持听证会秩序,制止违反听证纪律的行为;

(三)根据听证笔录制作听证报告,提出处理意见或者建议;

(四)应当履行的其他职责。

听证主持人在听证期间不得与当事人、利害关系人及其他听证参与人单方接触。

第五十六条 听证参加人包括负责实施该行政行为的行政机关工作人员、当事人以及利害关系人。

听证参加人应当按照行政机关确定的时间、地点出席听证会,如实回答听证主持人的询问。

听证参加人和旁听人员参加听证会时,应当遵守听证纪律;对违反听证纪律的人员,听证主持人可以劝阻;不听劝阻的,可以责令其离场。

第五十七条 听证会按照下列程序进行:

(一)听证记录人查明听证参加人的身份和到场情况,宣布听证纪律;

(二)听证主持人宣布听证会开始,介绍听证主持人、听证记录人,宣布听证内容,告知听证参加人的权利和义务;

(三)负责实施该行政行为的行政机关工作人员陈述意见、理由和依据;

(四)当事人、利害关系人陈述意见、理由;

(五)需要质证、辩论的,在听证主持人主持下进行;

(六)听证主持人可以根据需要向听证参加人询问,当事人、利害关系人经听证主持人同意,可以就听证事项向有关人员发问,应邀参加听证的专业人员经允许,可以就听证事项的有关问题陈述意见;

(七)听证参加人最后陈述;

(八)听证主持人宣布听证会结束。

第五十八条 听证应当制作笔录。听证主持人认为必要的,可以采用录音、录像等方式辅助记录。听证笔录经听证参加人确认无误或者补正后,当场签字或者盖章;无正当理由拒绝签字或者盖章的,听证记录人应当载明情况附卷。听证主持人、记录人应当在听证笔录上签字。

第五十九条 听证主持人应当自听证会结束之日起10日内,根据听证笔录制作听证报告,并将听证笔录和听证报告一并报本行政机关负责人。听证报告应当载明听证会的基本情况以及听证主持人的处理意见或者建议。

第六十条　听证会结束后,行政执法决定作出前,行政机关调查人员发现新的证据,可能改变事实认定结果的,应当重新听证。

第五节　决　定

第六十一条　行政执法决定由行政机关主要负责人或者分管负责人作出。

第六十二条　行政执法决定应当以书面形式作出。但是法律、法规、规章另有规定的除外。

行政执法决定书应当载明下列事项:

(一)当事人基本情况;

(二)事实和证据;

(三)适用依据;

(四)决定内容;

(五)履行方式和时间;

(六)救济途径和期限;

(七)行政机关印章和决定日期;

(八)应当载明的其他事项。

第六十三条　行政执法决定应当说明证据采信理由、依据选择理由和行政裁量理由;未说明理由或者说明理由不充分的,当事人有权要求行政机关予以说明。

第六十四条　有下列情形之一的,行政执法决定可以不说明理由:

(一)行政执法决定有利于当事人的,但是第三人提出异议的情形除外;

(二)情况紧急,行政机关无法说明理由的;

(三)涉及国家秘密、商业秘密、个人隐私的;

(四)有关资格考试、专门知识的;

(五)法律、行政法规规定可以不说明理由的其他情形。

有前款第二项情形,当事人自行政执法决定送达之日起 30 日内要求行政机关书面说明理由的,行政机关应当书面说明。

第六十五条　公民、法人和其他组织依法申请启动行政执法程序的,行政机关对申请材料齐全、符合法定形式,且依法不需要对申请材料的实质内容进行核实的事项,应当当场作出书面决定。

第六十六条 行政执法决定自送达之日起生效。

行政执法决定附条件或者附期限的,应当载明生效的条件或者期限。

第六十七条 行政机关应当建立行政执法案卷,对公民、法人和其他组织的监督检查记录、证据材料、执法文书等立卷归档。

公民、法人和其他组织可以查阅、摘抄或者复制与其相关的行政处理案卷,但依法应当保密的除外。

第六节 简易程序

第六十八条 对事实简单、当场可以查实、有法定依据且对当事人合法权益影响较小的事项,行政机关可以适用简易程序作出行政执法决定,法律、法规对简易程序的适用范围另有规定的,从其规定。

第六十九条 行政机关对适用简易程序的事项可以口头告知当事人行政执法决定的事实、依据和理由,并当场听取当事人的陈述与申辩。

当事人提出的事实、理由或者证据成立的,行政机关应当采纳。不采纳的应当说明理由。

第七十条 适用简易程序的,可以当场作出行政执法决定。行政执法人员当场作出行政执法决定的,应当报所属机关备案。

第七节 期限、期间和送达

第七十一条 本规定所称期限,包括法定期限、行政机关承诺期限和其他期限。

期间以时、日、月、年计算。期间开始的时和日,不计算在期间内。

期间届满的最后一日是节假日的,以节假日后的第一日为期间届满的日期。

期间不包括在途时间。

第七十二条 法律、法规、规章对行政执法程序有明确期限规定的,行政机关必须在法定期限内办结。

行政机关应当通过优化工作流程,提高办事效率,使实际办结的行政执法期限尽可能少于法定的期限。

法律、法规、规章对行政执法程序没有规定办理期限的,实行限时办结制度。

行政机关对行政执法程序的办理期限作出明确承诺的,应当在承诺期限内办结。

第七十三条 行政机关作出行政执法决定,依法需要听证、招标、拍卖、检验、检测、检疫、勘验、鉴定、专家评审和公示的,所需时间不计算在规定的期限内。行政机关应当将所需时间书面告知当事人。

第七十四条 行政机关不得不履行或者拖延履行法定职责。行政机关在法定期限或者承诺期限内,非因法定理由或者其他正当理由未启动行政执法程序的,属于不履行法定职责。

行政机关在法定期限或者承诺期限内,非因法定理由或者其他正当理由,虽然启动行政执法程序但是未及时作出行政执法决定的,属于拖延履行法定职责。

第七十五条 送达行政执法文书应当有送达回证,由受送达人在送达回证上注明收到日期,签名或者盖章。

受送达人在送达回证上的签收日期为送达日期。送达程序参照民事诉讼法有关规定执行。

第五章 其他行政行为程序

第一节 行政合同

第七十六条 本规定所称行政合同,是指行政机关为了维护公共利益,实现行政管理目的,与公民、法人和其他组织之间,经双方意思表示一致达成的协议。

行政合同主要适用于下列事项:

(一)特许经营;

(二)国有土地使用权出让;

(三)行政机关、事业单位的国有资产承包经营、出售或者出租;

(四)政府采购;

(五)政策信贷;

(六)行政机关委托的科研、咨询;

(七)行政机关与企业的战略合作;

(八)法律、法规、规章规定可以订立行政合同的其他事项。

第七十七条 行政合同应当采取公开招标、拍卖等方式订立。有下列情形之一的,可以采取直接磋商的方式订立:

（一）法律、法规有明确规定的；

（二）情况紧急需要尽快订立合同的；

（三）行政机关委托的科研合同；

（四）需要保密的合同；

（五）需要利用专利权或者其他专有权利的合同；

（六）需要采取直接磋商方式的其他情形。

法律、法规、规章对订立行政合同的方式另有规定的，从其规定。

第七十八条　行政合同应当以书面形式签订，但是法律、法规另有规定的除外。

第七十九条　行政合同依照法律、法规规定应当经其他行政机关批准或者会同办理的，经批准或者会同办理后，行政合同方能生效。

第八十条　行政机关有权对行政合同的履行进行指导和监督，但是不得妨碍对方当事人履行合同。

第八十一条　行政合同受法律保护，行政机关不得擅自变更或者解除。

行政合同在履行过程中，因国家利益、公共利益或者其他法定事由，行政机关有权变更或者解除行政合同，由此给对方当事人造成损失的，应当予以补偿。

行政合同在履行过程中，出现影响合同当事人重大利益、导致合同不能履行或者难以履行的情形的，合同当事人可以协商变更或者解除合同。

第二节　行政裁决

第八十二条　本规定所称行政裁决，是指行政机关根据法律、法规的授权，处理公民、法人和其他组织相互之间发生的与其行政职权密切相关的民事纠纷的活动。

第八十三条　公民、法人和其他组织申请行政裁决，可以书面申请，也可以口头申请。口头申请的，行政机关应当当场记录申请人的基本情况、行政裁决请求、申请行政裁决的主要事实、理由和时间。

第八十四条　被申请人应当自收到申请书副本或者申请笔录复印件之日起 10 日内，向行政机关提交书面答复及相关证据材料。

行政机关应当自收到被申请人提交的书面答复之日起 5 日内，将书面答复副本送达申请人。

申请人、被申请人可以到行政机关查阅、复制、摘录案卷材料。

第八十五条 行政机关审理行政裁决案件,应当由 2 名以上工作人员办理。

双方当事人对主要事实没有争议的,行政机关可以书面审理;

对主要事实有争议的,应当公开审理,但是依法不予公开的除外。

行政机关应当先行调解,调解不成的,依法作出裁决。

第八十六条 行政机关作出裁决后应当制作行政裁决书。行政裁决书应当载明下列事项:

(一)双方当事人的基本情况;

(二)争议的事实;

(三)认定的事实;

(四)适用的法律依据;

(五)裁决内容和理由;

(六)救济的途径和期限;

(七)行政机关印章和裁决日期;

(八)应当载明的其他事项。

第八十七条 除法律、法规、规章另有规定外,行政机关应当自受理申请之日起 60 日内作出裁决,情况复杂的,经本行政机关主要负责人批准,可以延长 30 日作出裁决,并应当将延长期限告知申请人。

第三节 行政调解

第八十八条 本规定所称行政调解,是指行政机关为了化解社会矛盾、维护社会稳定,依照法律、法规、规章和规范性文件的规定,居间协调处理与行使行政职权相关的民事纠纷的行为。

行政调解应当遵循自愿、合法、公正、及时的原则。

第八十九条 行政机关可以根据公民、法人和其他组织的申请进行行政调解,也可以主动进行行政调解。

行政调解由具有相关法律知识、专业知识和实际经验的工作人员主持。

第九十条 行政机关收到行政调解申请后,经审查符合条件的,应当及时告知被申请人;被申请人同意调解的,应当受理并组织调解。

不符合条件或者一方不同意调解的,不予调解。

第九十一条 行政调解工作人员应当在查明事实、分清是非的基础上,根据纠纷的特点、性质和难易程度,进行说服疏导,引导双方达成调解协议。

调解达成协议的,应当制作调解协议书。调解协议书应当由纠纷双方和调解工作人员签名,并加盖行政机关印章。

第四节　行政服务

第九十二条　本规定所称行政服务,是指行政机关主动履行法定职责,或根据公民、法人和其他组织的申请,为其提供帮助、办理有关事务及提供其他公共服务的行为。

第九十三条　行政服务主要包括下列事项:

(一)提供政府信息;

(二)提供获得行政审批或者行业认证所必要的行政协助;

(三)出具有关证明或者补发、换发有关证件以及注销依法无需审批的有关证件;

(四)提供司法文书或者仲裁裁决执行协助;

(五)其他依法需要行政机关提供帮助的事项。

第九十四条　行政机关应当在政府网站及行政机关办公场所公布如下内容:

(一)行政服务事项名称;

(二)行政服务对象、服务条件;

(三)申请方式及材料;

(四)受理机关;

(五)办理时限;

(六)是否收费及收费依据;

(七)其他。

第九十五条　对符合服务条件的申请人,行政机关应当在办理时限内及时提供行政服务。

行政机关决定不提供行政服务的,应当出具书面意见并说明理由,并告知申请人享有投诉、依法申请行政复议或者提起行政诉讼的权利。

第九十六条　行政机关提供行政服务,不得向申请人提出购买指定商品、接受其他有偿服务等不正当要求。

行政机关工作人员办理行政服务,不得索取或者收受申请人的财物,不得谋取其他利益。

第六章 行政监督和责任追究

第一节 行政监督

第九十七条 县级以上人民政府应当加强对本规定实施情况的监督检查，及时纠正行政程序违法行为。

监督检查应当采取下列方式：

（一）听取本规定实施情况的报告；

（二）开展实施行政程序工作的检查；

（三）重大行政行为登记和备案；

（四）行政执法评议考核；

（五）行政执法案卷评查；

（六）受理公众投诉、举报；

（七）调查公众投诉、举报和媒体曝光的行政程序违法行为；

（八）查处行政程序违法行为；

（九）其他监督检查方式。

第九十八条 公民、法人和其他组织认为行政机关的行政行为违反本规定的，可以向监察机关、上级行政机关投诉、举报。

监察机关、上级行政机关应当公布受理投诉、举报的方式，对受理的投诉、举报进行调查，依照职权作出处理，并将处理结果告知投诉人、举报人，并为投诉人、举报人保密。

第九十九条 行政机关违反本规定的，应当依职权或者依公民、法人和其他组织的申请自行纠正。

监察机关、上级行政机关对投诉、举报和监督检查中发现的违反本规定的行为，应当发出《行政监督通知书》，建议自行纠正，有关行政机关应当在 30 日内将处理结果向监督机关报告。

有关行政机关不自行纠正的，由监督机关依照职权分别作出责令补正或者更正、责令履行法定职责、确认违法或者无效、撤销等处理。

第二节 责任追究

第一百条 行政机关在实施行政决策、行政执法和其他行政行为过程中，因工作人员故意或者重大过失，导致行政行为违法且产生危害后果，有下列情

形之一的,对行政机关及其工作人员应当追究责任:

（一）不履行或者拖延履行法定职责的;

（二）超越或者滥用职权的;

（三）不具有法定行政主体资格实施行政行为的;

（四）重大行政决策未经调查研究、专家论证、公众参与、合法性审查、集体研究的;

（五）违反程序制定和发布规范性文件的;

（六）行政执法行为违法,被确认无效、撤销、确认违法的;

（七）订立行政合同违反法定程序的;

（八）采取或者变相采取强制措施以及其他方式迫使当事人接受行政指导的;

（九）违反法定程序实施行政裁决的;

（十）迟报、谎报、瞒报、漏报有关突发事件的信息,或者通报、报送、公布虚假信息的;

（十一）不依法举行听证会,或者采取欺骗、贿赂、胁迫等不正当手段,操纵听证会结果的;

（十二）因违法实施行政行为导致行政赔偿的;

（十三）其他行政违法行为。

前款所称行政机关工作人员,是指行政行为的具体承办人员、审核人员和批准人员。

第一百零一条 追究行政机关及其工作人员责任的形式包括行政处理和行政处分。

对行政机关行政处理的种类为:责令限期整改、责令道歉、通报批评、取消评比先进的资格等。

对行政机关工作人员的行政处理的种类为:告诫、责令道歉、通报批评、离岗培训、调离执法岗位、取消行政执法资格等。

行政处分的种类为:警告、记过、记大过、降级、撤职、开除。行政处理和行政处分可以视情况合并适用。

第一百零二条 责任追究机关按照下列权限进行责任追究:

（一）对行政机关给予行政处理的,由本级人民政府或者其上级行政机关决定;

（二）对行政机关工作人员给予告诫、道歉、通报批评、离岗培训、调离岗位

处理的,由本行政机关决定或者由任免机关决定;

（三）取消行政机关工作人员执法资格的,由发证机关决定;

（四）对行政机关工作人员依法依纪应当采取组织处理措施的,按照管理权限和规定程序办理;

（五）对行政机关工作人员给予行政处分的,由任免机关或者监察机关决定,按照管理权限和规定程序办理。

第一百零三条　行政机关违反法定程序实施行政行为,侵犯公民、法人和其他组织合法权益造成损害的,依法承担行政赔偿责任。

行政机关履行赔偿义务后,应当责令有故意或者重大过失的行政机关工作人员、受委托的组织或者个人,承担全部或者部分赔偿费用。

第一百零四条　行政机关工作人员违反法定程序,滥用职权、玩忽职守、徇私舞弊,严重侵害公民、法人和其他组织的合法权益,涉嫌犯罪的,依法移送司法机关追究刑事责任。

第七章　附　则

第一百零五条　本规定自 2015 年 3 月 1 日起施行。

山东省行政程序规定

(2011 年 5 月 25 日山东省人民政府第 101 次常务会议审议通过
2011 年 6 月 22 日山东省人民政府令第 238 号公布
自 2012 年 1 月 1 日起施行)

第一章 总 则

第一条 为了规范行政行为,保护公民、法人和其他组织的合法权益,保障和监督行政机关依法行政,建设法治政府,根据有关法律、法规,结合本省实际,制定本规定。

第二条 本省各级行政机关、法律法规授权的组织和依法受委托的组织实施行政行为,应当遵守本规定。法律、法规另有规定的,从其规定。

第三条 行政机关应当依照法律、法规、规章,在法定权限内,按照法定程序实施行政行为。

第四条 没有法律、法规、规章依据,行政机关不得作出影响公民、法人和其他组织合法权益或者增加其义务的决定。

第五条 行政机关应当公正行使行政权力,平等对待公民、法人和其他组织。

行政机关行使行政裁量权应当符合立法目的,采取的措施和手段应当必要、适当;实施行政管理可以采取多种方式实现行政目的的,应当选择最有利于保护公民、法人和其他组织合法权益的方式。

第六条 行政机关应当将实施行政行为的依据、过程和结果依法公开。但是涉及国家秘密、商业秘密和个人隐私的除外。

涉及公民、法人和其他组织权利义务的行政文件、档案,应当依法允许查阅、摘录、复制。

第七条 公民、法人和其他组织因行政行为取得的正当权益受法律保护。非因法定事由并经法定程序,行政机关不得撤销、变更已经生效的行政决定;因公共利益或者其他法定事由必须撤销或者变更的,应当依照法定权限和程序进行,并对公民、法人和其他组织因此遭受的财产损失依法予以补偿。

第八条　公民、法人和其他组织有权提出行政管理的意见和建议,行政机关应当提供必要条件,采纳其合理意见和建议。

第九条　行政机关实施行政行为,可能影响公民、法人和其他组织合法权益的,除法定情形外,应当书面告知其事实、理由、依据,陈述权、申辩权,以及行政救济的途径、方式和期限。

第十条　行政机关实施行政行为,应当遵守法定期限或者承诺期限,为公民、法人和其他组织提供高效、优质服务。

第十一条　县级以上人民政府负责本规定在本行政区域内的实施工作。

县级以上人民政府法制机构和政府工作部门法制机构负责本规定实施的具体工作。县级以上人民政府办公厅(室)和机构编制、监察、人力资源社会保障、财政等部门,按照各自的职责分工,做好本规定实施的相关工作。

第二章　行政程序主体

第十二条　行政机关行使职权应当依照法律、法规、规章的规定。

法律、法规、规章对上下级行政机关之间的职权未作出明确规定的,上级行政机关应当按照有利于发挥行政效能、财权与事权相匹配、权力与责任相一致、管理重心适当下移等原则确定。

第十三条　行政机关的内设机构或者派出机构应当以其隶属的行政机关的名义作出行政决定,并由该行政机关承担法律责任。但是法律、法规另有规定的除外。

第十四条　法律、法规授权的具有管理公共事务职能的组织,在法定授权范围内,以自己的名义行使行政职权并承担相应的法律责任。

第十五条　行政机关可以根据法律、法规、规章的规定,委托行政机关或者具有管理公共事务职能的组织行使行政职权,受委托行政机关或者组织应当具备履行相应职责的条件,并在委托的范围内,以委托行政机关的名义行使行政职权,由此所产生的后果由委托行政机关承担法律责任。受委托行政机关或者组织不得将受委托的行政职权再委托给其他行政机关、组织或者个人。

委托行政机关应当将受委托主体和委托的行政职权内容向社会公告,并对受委托行政机关或者组织行使受委托行政职权的行为进行指导、监督。

第十六条　行政机关与受委托行政机关、组织之间应当签订书面委托协议，并报本级人民政府法制机构备案。委托协议应当包括委托依据、事项、权限、期限、双方权利和义务、法律责任等内容。

有下列情形之一的，应当及时解除委托协议，并向社会公布：

（一）委托期限届满的；

（二）受委托行政机关或者组织超越、滥用行政职权或者不履行行政职责的；

（三）受委托行政机关或者组织不再具备履行相应职责条件的；

（四）应当解除委托协议的其他情形。

第十七条 有下列情形之一的，行政机关应当请求相关行政机关协助：

（一）独立行使职权不能实现行政目的的；

（二）不能自行调查、取得所需事实资料的；

（三）执行公务所需文书、资料、信息为其他行政机关所掌握，自行收集难以取得的；

（四）应当请求行政协助的其他情形。

被请求协助的行政机关应当及时履行协助义务，不得推诿或者拒绝。不能提供协助的，应当以书面形式及时告知请求机关并说明理由。

因行政协助发生争议的，由请求机关与协助机关共同的上一级行政机关决定。

第十八条 行政机关的地域管辖权依照法律、法规、规章规定确定；没有明确规定的，由行政管理事项发生地的行政机关管辖，但是有下列情形之一的除外：

（一）涉及公民身份事务的，由其住所地行政机关管辖；住所地与经常居住地不一致的，由经常居住地行政机关管辖；住所地与经常居住地都不明确的，由最后居住地行政机关管辖；

（二）涉及法人和其他组织主体资格事务的，由其主要营业地或者主要办事机构所在地行政机关管辖；

（三）涉及不动产的，由不动产所在地行政机关管辖。

第十九条 行政机关受理公民、法人和其他组织的申请或者依职权启动行政程序后，认为不属于自己管辖的，应当移送有管辖权的行政机关，并通知当事人；受移送的行政机关认为不属于自己管辖的，不得再行移送，应当报请共同上一级行政机关指定管辖。

公民、法人和其他组织在法定期限内提出申请，依照前款规定移送有管辖权的行政机关的,视为已在法定期限内提出申请。

第二十条　两个以上行政机关对同一行政管理事项都有管辖权的,由先受理的行政机关管辖;发生管辖争议的,由共同上一级行政机关指定管辖。情况紧急、不及时采取措施将对公共利益或者公民、法人和其他组织合法权益造成重大损害的,行政管理事项发生地的行政机关应当进行必要处理,并立即通知有管辖权的行政机关。

第二十一条　行政机关之间发生职权争议的,由争议各方协商解决;协商不成的,依照下列规定处理:

(一)涉及职权划分的,由有管辖权的机构编制部门提出协调意见,报本级人民政府决定;

(二)涉及执行法律、法规、规章的,由有管辖权的政府法制机构依法协调处理;涉及重大事项的,由政府法制机构提出意见,报本级人民政府决定。

第二十二条　行政机关工作人员执行公务时,有下列情形之一的,应当自行申请回避;本人未申请回避的,行政机关应当责令回避;公民、法人和其他组织也可以以书面形式提出回避申请:

(一)与本人有利害关系的;

(二)与本人有夫妻关系、直系血亲关系、三代以内旁系血亲关系以及近姻亲关系的;

(三)可能影响公正执行公务的其他情形。

行政机关工作人员的回避由该行政机关主要负责人决定。行政机关主要负责人的回避由本级人民政府或者上一级行政机关决定。

第二十三条　公民、法人和其他组织在行政程序中,依法享有申请权、知情权、参与权、监督权、救济权。

公民、法人和其他组织参与行政程序,应当履行服从行政管理、协助执行公务、维护公共利益、提供真实信息、遵守法定程序等义务。

第三章　重大行政决策程序

第二十四条　本规定所称重大行政决策,是指县级以上人民政府依照法定职权,对关系本地区经济社会发展全局、社会涉及面广、与公民、法人和其他组织利益密切相关的下列事项作出的决定:

(一)制定经济和社会发展重大政策措施,编制国民经济和社会发展规划、年度计划;

（二）编制各类总体规划、重要的区域规划和专项规划；

（三）编制财政预决算，重大财政资金安排；

（四）研究重大政府投资项目和重大国有资产处置；

（五）制定资源开发利用、环境保护、劳动就业、社会保障、人口和计划生育、教育、医疗卫生、食品药品、住宅建设、安全生产、交通管理等方面的重大政策措施；

（六）确定和调整重要的行政事业性收费以及政府定价的重要商品、服务价格；

（七）制定行政管理体制改革的重大措施；

（八）需要由政府决策的其他重大事项。

重大行政决策的具体事项，由县级以上人民政府在前款规定的范围内确定，并向社会公布。

第二十五条　县级以上人民政府工作部门、派出机关和乡镇人民政府的行政决策程序参照本章规定执行。

起草地方性法规草案和制定政府规章，适用《中华人民共和国立法法》等有关法律、法规、规章的规定。

突发事件应对的行政决策程序，适用《中华人民共和国突发事件应对法》等有关法律、法规、规章的规定。

第二十六条　县级以上人民政府应当建立健全公众参与、专家论证和政府决定相结合的行政决策机制，完善行政决策的智力和信息支持系统，实行依法决策、科学决策、民主决策。

第二十七条　政府行政首长代表本级政府对重大行政事项行使决策权。决策事项承办单位依照法定职责确定或者由政府行政首长指定。

第二十八条　决策事项承办单位应当深入调查研究，全面、准确掌握决策所需信息，并按照决策事项涉及的范围征求有关方面意见，充分协商协调，结合实际拟定决策方案。

对需要进行多个方案比较研究或者争议较大的事项，应当拟定两个以上可供选择的决策方案。

第二十九条　决策事项承办单位应当对重大行政决策方案进行社会稳定、环境、经济等方面的风险评估；未经风险评估的，不得作出决策。

决策事项承办单位应当对重大行政决策方案进行合法性论证，必要时也可以进行成本效益分析。

第三十条　决策事项承办单位应当组织相关领域专家或者研究咨询机构，对重大行政决策方案进行必要性、可行性、科学性论证。专家论证意见应当作为政府决策的重要依据。

第三十一条　决策事项承办单位应当根据重大行政决策对公众影响的范围和程度，采用座谈会、论证会和互联网发布等形式广泛听取公众意见，对合理意见应当予以采纳；未予采纳的，应当以适当方式说明理由。

第三十二条　重大行政决策有下列情形之一的，决策事项承办单位应当举行听证会：

（一）法律、法规、规章规定应当听证的；

（二）可能影响社会稳定的；

（三）公众对决策方案有重大分歧的。

第三十三条　决策事项承办单位应当在听证会举行 15 日前公告下列事项：

（一）举行听证会的时间、地点；

（二）拟作出行政决策的内容、理由、依据和背景资料；

（三）申请参加听证会的时间、方式。

第三十四条　与听证事项有利害关系的公民、法人和其他组织，可以申请参加听证会。

决策事项承办单位应当根据听证公告确定的条件、受理申请的先后顺序和持不同意见人员比例相当的原则，合理确定参加人。决策事项承办单位可以根据需要邀请有关专业人员、专家学者参加听证会。

申请参加听证会的人数较多的，决策事项承办单位应当随机选择参加人。

听证参加人的基本情况应当向社会公布。

第三十五条　听证会应当按照下列程序进行：

（一）听证记录人查明听证参加人到场情况，宣布听证会纪律；

（二）听证主持人宣布听证会开始，介绍听证主持人、听证记录人，宣布听证会内容；

（三）决策事项承办单位工作人员陈述；

（四）听证参加人发表意见；

（五）围绕听证事项进行辩论。

听证会应当制作笔录，并交听证参加人签字或者盖章。听证主持人根据笔录制作的听证报告应当作为政府决策的重要依据。

第三十六条　重大行政决策方案提交政府常务会议或者全体会议讨论前，决策事项承办单位应当将该方案交本级人民政府法制机构进行合法性审查。未经合法性审查或者经审查不合法的，不得提交会议讨论并作出决策。

合法性审查的内容应当包括下列事项：

（一）是否违反法律、法规、规章的规定；

（二）是否超越法定职权；

（三）是否违反法定程序；

（四）需要进行合法性审查的其他事项。

第三十七条　政府行政首长将重大行政决策方案提交政府常务会议或者全体会议讨论，按照下列程序进行：

（一）决策事项承办单位作决策方案说明；

（二）政府法制机构作合法性审查说明；

（三）政府分管负责人发表意见；

（四）会议其他组成人员发表意见；

（五）政府行政首长发表意见。

第三十八条　重大行政决策在集体讨论的基础上，由政府行政首长作出同意、不同意、修改、暂缓或者再次讨论的决定。

作出暂缓决定超过1年的，决策方案退出重大行政决策程序。

政府常务会议或者全体会议应当记录重大行政决策方案的讨论情况及决定，对不同意见应当载明。

第三十九条　重大行政决策方案依法应当报上级人民政府批准或者提请同级人民代表大会及其常务委员会审议决定的，县级以上人民政府应当按照程序上报批准或者提请审议决定。

第四十条　县级以上人民政府作出重大行政决策后，应当依照政府信息公开的有关规定，自作出决定之日起20日内向社会公布。

第四十一条　县级以上人民政府应当通过跟踪调查、考核等措施，对重大行政决策事项执行情况进行督促检查。执行机关应当按照各自职责，全面、及时、正确地贯彻执行。监督机关应当加强对重大行政决策事项执行情况的监督。

执行机关发现重大行政决策所依赖的客观条件发生变化或者因不可抗力导致决策目标部分或者全部不能实现的，应当及时报告；执行机关、监督机关及公民、法人和其他组织认为决策及其执行违法或者不适当的，可以向决策机关提出。决策机关应当认真研究,并根据实际情况作出继续执行、停止执行、暂缓执行或者修订决策的决定。

第四十二条　县级以上人民政府应当定期对重行政大决策的执行情况组织评估,并将评估结果向社会公开。

第四章　规范性文件制定程序

第四十三条　本规定所称规范性文件,是指除政府规章外,行政机关在法定职权范围内,按照法定程序制定并公开发布的,对公民、法人和其他组织具有普遍约束力,可以反复适用的规定、办法、规则等行政公文。

行政机关制定的内部工作制度、人事任免决定、对具体事项的处理决定、工作部署、向上级行政机关的请示和报告以及其他对公民、法人和其他组织的权利义务没有直接影响、不具有普遍约束力、不可以反复适用的公文,不适用本规定。

各级人民政府、县级以上人民政府办公厅(室)制定的规范性文件,为政府规范性文件。县级以上人民政府工作部门制定的规范性文件,为部门规范性文件。

议事协调机构、政府工作部门的派出机构和部门内设机构不得制定规范性文件。

第四十四条　规范性文件不得设定行政许可、行政处罚、行政强制等事项,不得违法限制或者剥夺公民、法人和其他组织合法权利,不得违法增加公民、法人和其他组织的义务。

规范性文件对实施法律、法规、规章以及上级规范性文件作出具体规定的,不得与所依据的规定相抵触。

第四十五条　涉及两个以上政府工作部门职权范围内的事项,需要制定规范性文件的,应当由本级人民政府制定政府规范性文件,或者由有关部门联合制定部门规范性文件。

制定部门规范性文件,涉及社会关注度高或者涉外、涉港澳台事项时,应当事先请示本级人民政府同意。

第四十六条　制定规范性文件由行政机关依职权启动,公民、法人和其他组织也可以提议制定规范性文件。

第四十七条　制定规范性文件,应当采取座谈会、论证会、公开征求意见等方式广泛听取意见。

规范性文件的内容涉及重大公共利益的,公众有重大分歧的,可能影响社会稳定的,或者法律、法规、规章规定应当听证的,起草部门应当组织听证。

规范性文件涉及重大行政决策的,适用重大行政决策程序的规定。

第四十八条 制定规范性文件应当进行合法性审查。合法性审查由制定机关的法制机构负责,分别就制定主体、权限、程序、内容、形式是否合法进行审查,并向制定机关提交合法性审查报告。对合法性审查中发现的问题,依照下列规定处理:

(一)制定机关不具有制定该规范性文件的法定权限,或者主要内容不合法的,建议不制定该规范性文件;

(二)应当事先请示本级人民政府同意的部门规范性文件,尚未请示的,建议待请示本级人民政府同意后再制定;

(三)应当公开征求意见但是尚未征求、应当组织听证但是尚未组织、应当经专家论证但是尚未论证的,建议退回起草部门补正程序;

(四)具体规定不合法的,提出具体修改意见。

第四十九条 制定对公民、法人和其他组织的权利义务产生直接影响的规范性文件,应当由制定机关负责人集体讨论决定,并由制定机关主要负责人或者其委托的负责人签署。

因发生重大自然灾害、事故灾难、公共卫生事件或者其他社会安全事件,以及执行上级机关的紧急命令和决定等紧急情况需要立即制定规范性文件的,经合法性审查后,可以直接提请制定机关主要负责人或者其委托的负责人决定和签署。

第五十条 制定规范性文件实行统一登记、统一编制登记号、统一公布制度。未经统一登记、统一编制登记号、统一公布的规范性文件无效,不得作为行政管理的依据。

第五十一条 县级以上人民政府及其办公厅(室)的规范性文件,由本级人民政府法制机构在完成合法性审查后登记、编制登记号。

部门规范性文件应当自签署、编制文号之日起5日内,由制定机关的法制机构将规范性文件纸质文本与电子文本、起草说明、合法性审查报告和制定依据等材料送本级人民政府法制机构。符合要求的,政府法制机构应当自受理之日起5日内登记、编制登记号,出具《规范性文件登记通知书》;不符合要求的,不予登记并书面说明理由。

县级以上人民政府派出机关和乡镇人民政府的规范性文件参照前款规定,

由其上一级人民政府法制机构登记、编制登记号。

县级以上人民政府法制机构应当将规范性文件自登记、编制登记号之日起 5 日内交本级人民政府办公厅(室),通过政府公报、政府网站统一公布。

第五十二条　县级以上人民政府及其办公厅(室)的规范性文件,应当按照规定自统一公布之日起 30 日内向上一级人民政府报送备案。部门规范性文件和县级以上人民政府派出机关、乡镇人民政府的规范性文件,经登记、编制登记号后,不再另行报送备案。

第五十三条　规范性文件应当载明有效期和施行日期。

规范性文件有效期为 3 年至 5 年;标注"暂行"、"试行"的规范性文件,有效期为 1 年至 2 年。有效期届满的,规范性文件自动失效。规范性文件施行日期与公布日期的间隔不得少于 30 日。但是,规范性文件公布后不立即施行将影响法律、法规、规章、上级规范性文件执行,或者不利于保障国家安全、公共利益的,可以自公布之日起施行。

制定机关应当于规范性文件有效期届满前 6 个月内进行评估,认为需要继续执行的,按照本规定重新登记、编制登记号、公布,并自公布之日起重新计算有效期;需要修订的,按照制定程序办理。

第五十四条　县级以上人民政府应当及时公布现行有效的和已经失效的规范性文件目录,方便公民、法人和其他组织查询。

第五十五条　公民、法人和其他组织认为规范性文件违法的,可以向制定机关或者本级人民政府法制机构提出书面审查申请。接到申请的制定机关或者政府法制机构应当受理,并自收到申请之日起 60 日内作出处理;情况复杂,不能在规定期限内处理完毕的,经审查机关负责人批准,可以适当延长,但是延长期限最多不超过 30 日。处理结果应当书面告知申请人。

第五章　行政执法程序

第一节　一般规定

第五十六条　本规定所称行政执法,是指行政机关依据法律、法规、规章和规范性文件,作出的行政许可、行政处罚、行政强制、行政确认、行政征收等影响公民、法人和其他组织权利、义务的具体行政行为。

第五十七条　与人民群众日常生产、生活直接相关的行政执法活动,一般由设区的市、县(市、区)人民政府具有行政执法权的行政机关实施。

县级人民政府工作部门在必要时,可以委托乡镇人民政府实施行政执法,具体办法由省人民政府另行制定。

第五十八条 行政执法应当严格依照法定权限和程序,坚持严格执法、公正执法、文明执法。

行政机关及其执法人员依法行使行政执法权,受法律保护。任何单位和个人不得拒绝、阻碍行政执法人员依法执行公务,不得违法干预行政执法。

第五十九条 行政执法不得滥用行政裁量权。法律、法规、规章规定行政裁量权的,行政机关应当以规范性文件的形式,对行政裁量权的标准、条件、种类、幅度、方式、时限予以合理细化、量化。

细化、量化行政裁量权,应当考虑下列情形:

(一)所依据的法律、法规、规章规定的立法目的、法律原则;

(二)经济、社会、文化等客观情况的地域差异;

(三)行政管理事项的事实、性质、情节以及社会影响;

(四)可能影响行政裁量权合理性的其他情形。

第六十条 县级以上人民政府应当依法确认本级行政区域内行政机关的行政执法主体资格,并向社会公告。

省以下垂直管理的行政机关的行政执法主体资格由省人民政府依法确认,并向社会公告。

行政执法人员应当按照规定参加培训,经考试合格,并取得行政执法证件,持证上岗。法律、行政法规对行政执法人员的证件使用有专门规定的,从其规定。

国家实行垂直管理的行政机关的行政执法人员使用国家统一规定的行政执法证件的,由该行政机关报本级人民政府备案。

第六十一条 根据国务院的授权,省人民政府可以决定一个行政机关行使有关行政机关的行政处罚权。依法设立的集中行使行政处罚权的行政机关,是本级人民政府的行政执法部门,具有行政执法主体资格。

经国务院批准,省人民政府根据精简、统一、效能的原则,可以决定一个行政机关行使有关行政机关的行政许可权。

第六十二条 县级以上人民政府根据行政管理的需要,可以组织相关行政机关联合执法。

联合执法中的行政执法决定,由参加联合执法的行政机关在各自的职权范围内依法分别作出,并承担相应的法律责任。

第六十三条　行政执法事项需要行政机关内设的多个机构办理的,该行政机关应当确定一个机构统一办理。

对涉及两个以上政府工作部门共同办理的事项,县级以上人民政府可以确定一个部门统一受理申请,将相关事项抄告相关部门,实行并联办理。

第六十四条　行政执法直接影响公民、法人和其他组织权利义务且不属于必须立即执行的,行政机关应当先采取教育、劝诫、疏导等方式,促使其自觉履行法定义务、纠正错误。违法情节轻微,经教育后自觉履行法定义务,且未造成危害后果的,可以不予追究法律责任。

第六十五条　行政机关在行政执法活动中,对涉嫌犯罪的案件,应当依法移送司法机关处理。

第二节　程序启动

第六十六条　行政执法程序由行政机关依职权启动,或者依公民、法人和其他组织的申请启动。

行政机关依职权启动行政执法程序,应当由行政执法人员填写审批表,报本行政机关负责人批准。情况紧急的,可以事后补报。

公民、法人和其他组织认为自己的申请事项符合法定条件的,可以申请行政机关启动行政执法程序。

第六十七条　公民、法人和其他组织申请启动行政执法程序应当采取书面形式。

申请书应当载明下列事项:

(一)申请人的基本情况;

(二)申请事项;

(三)申请的事实及理由;

(四)申请人签名或者盖章;

(五)申请时间。

申请人书写确有困难的,没有必要以书面形式申请的,或者紧急情况的,可以口头申请,行政机关应当当场记录,经申请人阅读或者向其宣读,确认内容无误后由其签名或者盖章。

第六十八条　行政机关对公民、法人和其他组织提出的申请,应当根据下列情况分别作出处理:

(一)申请事项属于本行政机关职权范围,申请材料齐全、符合法定形式的,应当受理；

（二）申请事项依法不属于本行政机关职权范围的,应当当场不予受理,并告知公民、法人和其他组织向有关行政机关申请；

（三）申请材料存在的错误可以当场更正的,应当允许当场更正；

（四）申请材料不齐全或者不符合法定形式的,应当当场或者在 5 日内一次告知需要补正的全部内容,逾期不告知的,自收到申请材料之日起视为受理；公民、法人和其他组织在限定期限内未补正的,视为撤回申请；公民、法人和其他组织按照行政机关的要求提交全部补正申请材料的,应当受理。

行政机关受理或者不受理申请,应当出具加盖本行政机关印章和注明日期的书面凭证。

第三节　调查和证据

第六十九条　行政执法程序启动后,行政机关应当查明事实,收集证据。

行政机关调查取证时,行政执法人员不得少于 2 人。

因调查事实、收集证据确需勘查现场的,行政机关应当通知当事人或者其代理人到场；当事人或者其代理人拒绝到场的,应当在调查笔录中载明。

行政执法人员应当向当事人或者有关人员主动出示行政执法证件,说明调查事项和依据,否则当事人或者有关人员有权拒绝接受调查和提供证据。

第七十条　公民、法人和其他组织应当配合行政机关调查,提供与调查有关的真实材料和信息。知晓有关情况的其他公民、法人和其他组织应当协助行政机关调查。因协助调查产生的合理费用由行政机关承担。

调查取证应当制作笔录,由行政执法人员、当事人或者其代理人、见证人签字；当事人或者其代理人、见证人拒绝签字的,不影响调查结果的效力,但是应当在调查笔录中载明。

第七十一条　行政机关应当依照法定程序,采取合法手段,客观、全面地收集证据,不得仅收集对当事人不利的证据。

当事人有权以书面、口头或者其他方式向行政机关提供证据。

当事人有权提出调查证据的申请。行政机关不受理申请的,应当说明理由,并记录在卷。

第七十二条　行政执法证据有下列几种：

（一）书证；

（二）物证；

（三）当事人陈述；

（四）证人证言；

（五）视听资料；

（六）鉴定结论；

（七）勘验笔录、现场笔录。

第七十三条　下列证据材料不得作为行政执法决定的依据：

（一）违反法定程序收集的；

（二）以非法偷拍、偷录、窃听等手段侵害他人合法权益取得的；

（三）以利诱、欺诈、胁迫、暴力等不正当手段取得的；

（四）没有其他证据印证、且相关人员不予认可的证据复制件或者复制品；

（五）被技术处理而无法辨认真伪的；

（六）不能正确表达意志的证人提供的证言；

（七）境外形成的未办理法定证明手续的；

（八）不具备合法性、真实性和关联性的其他证据材料。

第七十四条　行政机关及其行政执法人员不得因当事人、利害关系人提出异议或者申辩而加重处理。

对于当事人、利害关系人的陈述和申辩，行政机关应当予以记录并归入案卷。

对当事人、利害关系人提出的事实和证据，行政机关应当进行审查，采纳其合理意见；不予采纳的，应当说明理由。

第四节　听　证

第七十五条　有下列情形之一，行政机关组织听证的，适用本节规定：

（一）法律、法规、规章规定行政执法决定作出前应当听证的；

（二）行政机关依法告知听证权利后，当事人、利害关系人申请听证的；

（三）行政执法决定作出前，当事人、利害关系人主动申请听证，行政机关认为确有必要的；

（四）行政机关认为有必要听证的其他情形。

听证应当公开举行，但是涉及国家秘密、商业秘密和个人隐私的除外。

公开举行的听证会，公民、法人和其他组织可以申请旁听。

第七十六条　当事人、利害关系人主动申请听证或者行政机关依法告知听证权利，当事人、利害关系人申请听证的，应当在规定期限内提出书面申请。

当事人、利害关系人超过规定期限未申请的,视为放弃听证权利。

第七十七条　当事人、利害关系人申请听证符合条件的,行政机关应当自接到申请之日起 5 日内受理,并自受理之日起 20 日内组织听证;不符合条件的,应当自接到申请之日起 5 日内书面告知,并说明理由。

第七十八条　行政机关组织听证,利害关系人明确的,应当在举行听证会的 7 日前,书面通知当事人、利害关系人下列事项:

(一)听证事项、内容;

(二)听证会举行的时间、地点;

(三)听证机关的名称、地址;

(四)听证主持人、记录人的姓名、职务;

(五)当事人、利害关系人的权利和义务;

(六)应当告知的其他事项。当事人、利害关系人接到书面听证通知后,应当按时参加听证;无正当理由不参加的,视为放弃听证权利。

第七十九条　听证主持人应当具备相应的法律知识和专业知识,经政府法制机构统一培训,并取得资格证书。

听证主持人由行政机关负责人指定。与案件有利害关系的人员不得担任本案的听证主持人。行政机关没有符合条件的听证主持人的,可以申请本级人民政府法制机构或者上级行政机关选派。

听证主持人履行下列职责:

(一)主持听证会;

(二)维持听证会秩序,制止违反听证纪律的行为;

(三)根据听证笔录制作听证报告,提出处理意见或者建议;

(四)应当履行的其他职责。

听证主持人在听证期间不得与当事人、利害关系人及其他听证参与人单方接触。

第八十条　听证参加人包括负责实施该行政行为的行政机关工作人员、当事人以及利害关系人。

听证参加人应当按照行政机关确定的时间、地点出席听证会,如实回答听证主持人的询问。

听证参加人和旁听人员参加听证会时,应当遵守听证纪律;对违反听证纪律的人员,听证主持人可以劝阻;不听劝阻的,可以责令其离场。

第八十一条　听证会按照下列程序进行:

（一）听证记录人查明听证参加人的身份和到场情况,宣布听证纪律;

（二）听证主持人宣布听证会开始,介绍听证主持人、听证记录人,宣布听证内容,告知听证参加人的权利和义务;

（三）负责实施该行政行为的行政机关工作人员陈述意见、理由和依据;

（四）当事人、利害关系人陈述意见、理由;

（五）需要质证、辩论的,在听证主持人主持下进行;

（六）听证主持人可以根据需要向听证参加人询问,当事人、利害关系人经听证主持人同意,可以就听证事项向有关人员发问,应邀参加听证的专业人员经允许,可以就听证事项的有关问题陈述意见;

（七）听证参加人最后陈述;

（八）听证主持人宣布听证会结束。

第八十二条　听证应当制作笔录。听证主持人认为必要的,可以采用录音、录像等方式辅助记录。听证笔录经听证参加人确认无误或者补正后,当场签字或者盖章;无正当理由拒绝签字或者盖章的,听证记录人应当载明情况附卷。听证主持人、记录人应当在听证笔录上签字。

第八十三条　听证主持人应当自听证会结束之日起 10 日内,根据听证笔录制作听证报告,并将听证笔录和听证报告一并报本行政机关负责人。听证报告应当载明听证会的基本情况以及听证主持人的处理意见或者建议。

第五节　决　定

第八十四条　行政执法决定由行政机关主要负责人或者分管负责人作出。

情节复杂或者重大的行政执法决定应当经行政机关法制机构审查后,由行政机关负责人集体讨论决定。其中,对涉及经济社会发展全局、影响公共利益以及专业性、技术性较强的重大行政执法事项,应当经专家论证后作出决定。

第八十五条　行政执法决定应当以书面形式作出。但是法律、法规、规章另有规定的除外。

行政执法决定应当载明下列事项:

（一）当事人基本情况;

（二）事实和证据;

（三）适用依据;

（四）决定内容;

（五）履行方式和时间;

（六）救济途径和期限；

（七）行政机关印章和决定日期；

（八）应当载明的其他事项。

第八十六条　行政执法决定应当说明证据采信理由、依据选择理由和行政裁量理由；未说明理由或者说明理由不充分的，当事人有权要求行政机关予以说明。

第八十七条　有下列情形之一的，行政执法决定可以不说明理由：

（一）行政执法决定有利于当事人的，但是第三人提出异议的情形除外；

（二）情况紧急，行政机关无法说明理由的；

（三）涉及国家秘密、商业秘密、个人隐私的；

（四）有关资格考试、专门知识的；

（五）法律、行政法规规定可以不说明理由的其他情形。

有前款第二项情形，当事人自行政执法决定送达之日起 30 日内要求行政机关书面说明理由的，行政机关应当书面说明。

第八十八条　行政机关依职权启动行政执法程序的，对事实清楚、当场可以查实、有法定依据且对当事人合法权益影响较小的事项，行政机关可以适用简易程序，当场告知当事人行政执法决定的事实、理由和依据，听取当事人的陈述与申辩，当场作出行政执法决定，并在 5 日内报所属行政机关备案。

第八十九条　公民、法人和其他组织依法申请启动行政执法程序的，行政机关对申请材料齐全、符合法定形式，且依法不需要对申请材料的实质内容进行核实的事项，应当当场作出书面决定。

第九十条　行政执法决定自送达之日起生效。

行政执法决定附条件或者附期限的，应当载明生效的条件或者期限。

第九十一条　行政机关应当建立行政执法案卷，对公民、法人和其他组织的监督检查记录、证据材料、执法文书等立卷归档。

第六节　期间和送达

第九十二条　本规定所称期限，包括法定期限、行政机关承诺期限和其他期限。

期间以时、日、月、年计算。期间开始的时和日，不计算在期间内。

期间届满的最后一日是节假日的，以节假日后的第一日为期间届满的日期。

期间不包括在途时间。

第九十三条　法律、法规、规章对行政执法程序有明确期限规定的,行政机关必须在法定期限内办结。

法律、法规、规章对行政执法程序没有规定办理期限的,实行限时办结制度。

行政执法程序由行政机关依职权启动的,行政机关应当自程序启动之日起60日内办结;60日内不能办结的,经本行政机关负责人批准,可以延长30日,并将延长期限的理由告知当事人。

行政执法程序依公民、法人和其他组织的申请启动,涉及一个行政机关的,行政机关应当自受理申请之日起20日内办结;20日内不能办结的,经本行政机关负责人批准,可以延长10日,并将延长期限的理由告知申请人。涉及两个以上行政机关的,行政机关应当自受理申请之日起45日内办结;45日内不能办结的,经本级人民政府负责人批准,可以延长15日,并将延长期限的理由告知申请人。依法应当先经下级行政机关审查或者经上级行政机关批准的事项,负责审查或者批准的行政机关应当自受理之日起20日内审查或者批准完毕。

行政机关对行政执法程序的办理期限作出明确承诺的,应当在承诺期限内办结。

第九十四条　行政机关作出行政执法决定,依法需要听证、招标、拍卖、检验、检测、检疫、勘验、鉴定、专家评审和公示的,所需时间不计算在规定的期限内。行政机关应当将所需时间书面告知当事人。

第九十五条　行政机关不得不履行或者拖延履行法定职责。

行政机关在法定期限或者承诺期限内,非因法定理由或者其他正当理由未启动行政执法程序的,属于不履行法定职责。

行政机关在法定期限或者承诺期限内,非因法定理由或者其他正当理由,虽然启动行政执法程序但是未及时作出行政执法决定的,属于拖延履行法定职责。

第九十六条　送达行政执法文书应当有送达回证,由受送达人在送达回证上注明收到日期,签名或者盖章。

受送达人在送达回证上的签收日期为送达日期。

送达程序参照民事诉讼法有关规定执行。

第七节　费　用

第九十七条　因行政执法支出的费用,由行政机关承担。除法律、法规规定由公民、法人和其他组织承担的费用以外,行政机关不得收取任何费用。

公民、法人和其他组织自行取证的费用,由其自行承担。

第九十八条　行政机关的行政事业性收费和罚没收入,应当严格执行收费和罚没收入收支两条线管理制度,任何机关或者个人不得以任何形式截留、挪用、私分或者变相私分,不得以任何形式向行政机关返还或者变相返还。任何单位和个人不得对行政执法活动下达或者变相下达罚款或者收费指标。

第九十九条　行政机关实施收费、罚款、没收违法所得,应当开具财政票据,否则公民、法人和其他组织有权拒绝缴纳;没收非法财物或者查封、扣押财物,应当出具清单,并对相关财物妥善保管,不得擅自使用或者处理。

公民、法人和其他组织缴纳费用确有困难的,可以向行政机关申请缓缴、减缴或者免缴;行政机关同意的,应当以书面形式作出决定,报财政、监察、审计机关备案,并向社会公布。

第六章　特别行为程序

第一节　行政合同

第一百条　本规定所称行政合同,是指行政机关为了维护公共利益,实现行政管理目的,与公民、法人和其他组织之间,经双方意思表示一致达成的协议。

行政合同主要适用于下列事项:

(一)政府特许经营;

(二)国有自然资源使用权出让;

(三)国有资产承包经营、出售或者租赁;

(四)公用征收、征用补偿;

(五)政府购买公共服务;

(六)政策信贷;

(七)行政机关委托的科研、咨询;

(八)计划生育管理;

(九)法律、法规、规章规定可以订立行政合同的其他事项。

第一百零一条　订立行政合同应当遵循维护公益、公开竞争和自愿原则。

行政合同应当采取公开招标、拍卖等方式订立。有下列情形之一的,可以采取直接磋商的方式订立:

(一)法律、法规有明确规定的;

(二)情况紧急需要尽快订立合同的;

(三)行政机关委托的科研合同;

(四)需要保密的合同;

(五)需要利用专利权或者其他专有权利的合同;

(六)需要采取直接磋商方式的其他情形。

法律、法规、规章对订立行政合同的方式另有规定的,从其规定。

第一百零二条　行政合同应当以书面形式签订,但是法律、法规另有规定的除外。

行政合同的内容不得违反法律、法规、规章的规定,不得损害国家和社会公共利益,不得违反公序良俗。

第一百零三条　行政合同依照法律、法规规定应当经其他行政机关批准或者会同办理的,经批准或者会同办理后,行政合同方能生效。

第一百零四条　行政机关有权对行政合同的履行进行指导和监督,但是不得妨碍对方当事人履行合同。

第一百零五条　行政合同受法律保护,合同当事人不得擅自变更、中止或者解除合同。

行政合同在履行过程中,出现严重损害国家利益或者公共利益的重大情形,行政机关有权变更或者解除合同;由此给对方当事人造成损失的,应当予以补偿。

行政合同在履行过程中,出现影响合同当事人重大利益、导致合同不能履行或者难以履行的情形的,合同当事人可以协商变更或者解除合同。

第二节　行政指导

第一百零六条　本规定所称行政指导,是指行政机关为了实现特定行政目的,在法定职权范围内或者依据法律、法规、规章和政策,以劝告、提醒、建议、协商、制定和发布指导性政策、提供技术指导和帮助等非强制方式,引导公民、法人和其他组织作出或者不作出某种行为的活动。

行政机关实施行政指导不得收取任何费用。

第一百零七条　行政指导一般适用于下列情形：

（一）需要从技术、政策、安全、信息等方面帮助公民、法人和其他组织增进其合法利益的；

（二）需要预防可能出现的妨碍行政管理秩序的违法行为的；

（三）需要实施行政指导的其他情形。

第一百零八条　实施行政指导可以采取书面、口头或者其他合理形式。公民、法人和其他组织要求采取书面形式的，行政机关应当采取书面形式。

第一百零九条　行政机关可以主动实施行政指导，也可以依公民、法人和其他组织的申请实施行政指导。

公民、法人和其他组织有权自主决定是否接受、听从、配合行政指导；行政机关不得采取或者变相采取强制措施实施行政指导。

第一百一十条　行政指导的主体、目的、内容、理由、依据和背景资料等事项，应当向社会公开，但是涉及国家秘密、商业秘密和个人隐私的除外。

第一百一十一条　行政机关实施重大行政指导，应当采取公布草案、听证会、座谈会等方式，广泛听取公民、法人和其他组织的意见。

实施行政指导涉及专业性、技术性问题的，应当经过专家论证，专家论证意见应当记录在案。

第三节　行政裁决

第一百一十二条　本规定所称行政裁决，是指行政机关根据法律、法规的授权，处理公民、法人和其他组织之间发生的与行使行政职权相关的民事纠纷的行为。

第一百一十三条　公民、法人和其他组织申请行政裁决，可以书面申请，也可以口头申请。口头申请的，行政机关应当当场记录申请人的基本情况、行政裁决请求、主要事实和理由。

行政机关应当自收到公民、法人和其他组织申请之日起 5 日内审查完毕，并按照下列规定作出处理：

（一）申请事项属于本机关管辖的，应当受理，并自受理之日起 5 日内，将申请书副本或者申请笔录复印件发送被申请人；

（二）申请事项不属于本机关管辖的，应当告知申请人向有关行政机关提出；

（三）申请事项依法不适用行政裁决程序的，不予受理，并书面告知申请人。

第一百一十四条　被申请人应当自收到申请书副本或者申请笔录复印件之日起 10 日内,向行政机关提交书面答复及相关证据材料。

行政机关应当自收到被申请人提交的书面答复之日起 5 日内,将书面答复副本送达申请人。申请人、被申请人可以到行政机关查阅、复制、摘录案卷材料。

第一百一十五条　行政机关审理行政裁决案件,应当由 2 名以上工作人员办理。

申请人、被申请人对主要事实没有争议的,行政机关可以书面审理;对主要事实有争议的,应当公开审理。但是依法不予公开的除外。

行政机关应当先行调解,调解不成的,依法作出裁决。

第一百一十六条　行政机关作出裁决后应当制作行政裁决书。

行政裁决书应当载明下列事项:

(一)申请人、被申请人的基本情况;

(二)争议的事实;

(三)认定的事实;

(四)适用的法律依据;

(五)裁决内容和理由;

(六)救济的途径和期限;

(七)行政机关印章和裁决日期;

(八)应当载明的其他事项。

第一百一十七条　行政机关应当自受理申请之日起 60 日内作出裁决;情况复杂的,经本行政机关主要负责人批准,可以延长 30 日,并告知申请人和被申请人。

第四节　行政给付

第一百一十八条　本规定所称行政给付,是指行政机关根据公民、法人和其他组织的申请,依照有关法律、法规、规章或者规范性文件的规定,发放抚恤金、社会保险金、最低生活保障金和其他福利等赋予物质权益或者与物质有关的权益的行为。

行政给付应当遵循有利于保护群众利益、促进社会公正、维护社会稳定的原则。

第一百一十九条　行政给付应当根据法律、法规、规章或者规范性文件规定的范围、对象、等级、标准和期限实施。

实施行政给付应当建立账册登记制度，由公民、法人和其他组织在账册上签字或者盖章。

行政给付的账册应当定期交付审计，审计结果应当依法向社会公布。

第一百二十条　行政机关变更行政给付范围、对象、等级、标准、期限或者废止相应项目的，应当提前 30 日告知公民、法人和其他组织。

第一百二十一条　公民、法人和其他组织以欺骗、贿赂等不正当手段取得行政给付的，行政机关应当撤销，并予以追回。

第五节　行政调解

第一百二十二条　本规定所称行政调解，是指行政机关为了化解社会矛盾、维护社会稳定，依照法律、法规、规章和规范性文件的规定，居间协调处理与行使行政职权相关的民事纠纷的行为。

行政调解应当遵循自愿、合法、公正、及时的原则。

第一百二十三条　行政机关可以根据公民、法人和其他组织的申请进行行政调解，也可以主动进行行政调解。

行政调解由具有相关法律知识、专业知识和实际经验的工作人员主持。

第一百二十四条　行政机关收到行政调解申请后，经审查符合条件的，应当及时告知被申请人；被申请人同意调解的，应当受理并组织调解。

不符合条件或者一方不同意调解的，不予调解。

第一百二十五条　行政调解工作人员应当在查明事实、分清是非的基础上，根据纠纷的特点、性质和难易程度，进行说服疏导，引导双方达成调解协议。

调解达成协议的，应当制作调解协议书。调解协议书应当由纠纷双方和调解工作人员签名，并加盖行政机关印章。

第七章　监督和责任追究

第一百二十六条　县级以上人民政府应当加强对本规定实施情况的监督检查，及时纠正行政程序违法行为。

监督检查应当采取下列方式：

（一）听取本规定实施情况的报告；

（二）行政执法评议考核；

（三）行政执法案卷评查；

（四）调查处理公众投诉、举报以及新闻媒体曝光的行政程序违法行为；

（五）监督检查的其他方式。

第一百二十七条　公民、法人和其他组织认为行政机关的行政行为违反本规定的，可以向监察机关、上级行政机关或者本级人民政府法制机构投诉、举报。

监察机关、上级行政机关、政府法制机构应当公布受理投诉、举报的承办机构和联系方式，对受理的投诉、举报进行调查，依照职权作出处理，并将处理结果告知投诉人、举报人。

第一百二十八条　行政机关违反本规定的，应当依职权或者依公民、法人和其他组织的申请自行纠正。

监察机关、上级行政机关、政府法制机构对投诉、举报和监督检查中发现的违反本规定的行为，应当发出《行政监督通知书》，建议自行纠正，有关行政机关应当在 30 日内将处理结果向监督机关报告。

有关行政机关不自行纠正的，由监督机关依照职权分别作出责令补正或者更正、责令履行法定职责、确认违法或者无效、撤销等处理。

第一百二十九条　行政决定有下列情形之一的，应当以书面形式补正或者更正：

（一）未说明理由，但是未对公民、法人和其他组织的合法权益产生不利影响的；

（二）程序存在轻微瑕疵，但是未侵犯公民、法人和其他组织合法权益的；

（三）文字表述错误或者计算错误的；

（四）未载明作出日期的；

（五）需要补正或者更正的其他情形。

第一百三十条　行政机关不履行或者拖延履行法定职责的，应当责令其履行。

第一百三十一条　行政决定有下列情形之一的，应当确认违法：

（一）行政机关不履行法定职责，但是责令其履行已无实际意义的；

（二）行政决定违法，但是不具有可撤销内容的；

（三）行政决定违法，但是撤销该行政决定可能对公共利益造成重大损害的；

（四）应当确认违法的其他情形。

第一百三十二条　行政决定有下列情形之一的，应当确认无效：

（一）行政机关无权作出的；

（二）未加盖行政机关印章的；

（三）内容不可能实现的；

（四）应当确认无效的其他情形。

行政决定的部分内容被确认无效的，不影响其他内容的效力。但是确认部分内容无效后行政决定不能成立的，行政决定全部无效。

无效的行政决定，自始不发生法律效力。

第一百三十三条　行政决定有下列情形之一的，应当撤销：

（一）主要事实不清、证据不足的；

（二）适用依据错误的；

（三）违反法定程序的，但是可以补正或者更正的除外；

（四）超越或者滥用职权的；

（五）应当撤销的其他情形。

撤销行政决定可能对公共利益造成重大损害的，不予撤销；但是行政机关应当自行补救或者由有权机关责令其补救。行政决定被撤销的，行政机关可以依法重新作出。

第一百三十四条　行政机关及其工作人员违反本规定，有下列情形之一的，应当追究责任：

（一）不具有法定行政主体资格实施行政行为的；

（二）违法进行行政委托的；

（三）超越或者滥用职权的；

（四）不履行或者拖延履行法定职责的；

（五）重大行政决策未经公众参与、专家论证、风险评估、合法性审查、集体讨论决定的；

（六）违反本规定制定和发布规范性文件的；

（七）不依法组织听证的；

（八）行政决定被撤销、被确认违法或者无效的；

（九）违反本规定订立、履行行政合同的；

（十）违反本规定实施行政指导的；

（十一）违反本规定进行行政裁决的；

（十二）违反本规定实施行政给付的；

（十三）违反本规定进行行政调解的；

（十四）因行政行为违法导致行政赔偿的；

（十五）违反本规定的其他情形。

前款所称行政机关工作人员，是指行政行为的具体承办人员、审核人员和批准人员。

第一百三十五条　追究行政机关及其工作人员责任的形式包括行政处理和处分。

对行政机关行政处理的种类为：责令限期整改、责令道歉、通报批评、取消评比先进的资格等。

对行政机关工作人员的行政处理的种类为：告诫、责令道歉、通报批评、离岗培训、调离执法岗位、取消行政执法资格等。

处分的种类为：警告、记过、记大过、降级、撤职、开除。

行政处理和处分可以合并适用。

第一百三十六条　追究行政机关及其工作人员的责任，按照下列规定进行：

（一）对行政机关的行政处理，由本级人民政府、监察机关或者上级行政机关决定；

（二）对行政机关工作人员的行政处理，由本行政机关或者任免机关决定；其中，取消行政执法资格的处理，由本级人民政府法制机构决定；

（三）对行政机关工作人员的处分，由任免机关或者监察机关决定；

（四）对行政机关工作人员应当采取组织处理措施的，按照管理权限和规定程序办理。

第一百三十七条　行政机关违反本规定实施行政行为，侵犯公民、法人和其他组织合法权益造成损害的，依法承担行政赔偿责任。

行政机关履行赔偿义务后，应当责令有故意或者重大过失的行政机关工作人员承担全部或者部分赔偿费用。

第八章　附　则

第一百三十八条　设区的市、县（市、区）人民政府可以根据本规定作出具体规定。

第一百三十九条　本规定自 2012 年 1 月 1 日起施行。

汕头市行政程序规定

(2011 年 4 月 1 日汕头市第十二届人民政府第 79 次常务会议审议通过
2011 年 4 月 1 日汕头市人民政府令第 124 号公布
自 2011 年 5 月 1 日起施行)

第一章 总 则

第一条 为了规范行政行为,保障和监督行政机关合法、公正、高效行使行政职权,保护公民、法人或者其他组织的合法权益,维护公共利益和社会秩序,根据宪法和有关法律、法规,结合本市实际,制定本规定。

第二条 本市行政机关行使行政职权的行政程序,适用本规定。法律、法规、规章对行政程序另有规定的,从其规定。

法律、法规授权的组织行使行政职权适用本规定有关行政机关的规定。依法受委托的组织在委托范围内行使行政职权,适用本规定。

第三条 行政机关应当根据法律、法规、规章,在法定权限内,按照法定程序行使行政职权。没有法律、法规、规章规定的,行政机关不得作出影响公民、法人或者其他组织的合法权益或者增加公民、法人或者其他组织义务的决定。

第四条 行政机关行使行政职权,应当遵循公平、公正、高效、便民原则,提升服务质量。

行政机关行使行政裁量权应当符合立法目的和原则,采取的措施应当必要、适当;行政机关可以采用多种措施实现行政管理目的的,应当选择最大程度保护公民、法人或者其他组织合法权益的措施。

第五条 行政机关应当将行使行政职权的依据、程序和结果向公民、法人或者其他组织公开,涉及国家秘密、商业秘密或者个人隐私的除外。

第六条 公民、法人或者其他组织有权依法参与行政管理,提出行政管理的意见和建议。

行政机关应当为公民、法人或者其他组织参与行政管理提供必要的条件,采纳其合法、合理意见和建议。

第七条　行政机关因国家利益、公共利益或者其他法定事由,需要撤回或者变更已经生效的行政决定的,应当依照法定权限和程序进行;由此给公民、法人或者其他组织造成财产损失的,依法予以补偿。

第八条　各级人民政府负责本规定在本行政区域内的实施工作。

市、区(县)人民政府法制部门和部门法制机构负责本规定实施的具体工作。

市、区(县)人民政府的办公室以及监察、人事、编制、财政等部门按照各自的职责分工,做好本规定实施的相关工作。

第二章　行政程序主体

第一节　行政机关和法律、法规授权的组织

第九条　本规定所称行政机关包括各级人民政府及其所属工作部门、直属机构和派出机关。

第十条　行政机关的职权和管辖依照法律、法规、规章规定。

市、区(县)人民政府可以根据有关法律、法规、规章,具体规定所属行政机关的职权和管辖划分。

上级行政机关可以根据有关法律、法规、规章,具体确定与下级行政机关之间的职权和管辖划分。

第十一条　法律、法规、规章对上下级行政机关之间的行政职权分工未作明确规定的,上级行政机关应当按照有利于发挥行政效能、财权与事权相匹配、权力与责任相一致、管理重心适当下移等原则确定。

下级行政机关能够自行决定和处理的行政管理事务,应当由下级行政机关自行决定和处理。

第十二条　法律、法规、规章对行政管理事务的地域管辖未作明确规定的,由行政管理事务发生地的行政机关管辖,但按照下列原则确定的除外:

(一)涉及公民身份事务的,由其住所地行政机关管辖;住所地与经常居住地不一致的,由经常居住地行政机关管辖;住所地与经常居住地均不明确的,由其最后居住地行政机关管辖;

(二)涉及法人或者其他组织主体资格事务的,由其主要营业地或者主要办事机构所在地行政机关管辖;

（三）涉及不动产的,由不动产所在地行政机关管辖。

第十三条 行政机关之间发生行政职权划分争议的,由争议各方协商解决;协商不成的,由本级编制管理部门会同政府法制部门提出协调意见,报本级人民政府决定。

行政机关在行政执法过程中发生职责争议的,由争议各方协商解决;协商不成的,按照下列规定处理:

（一）争议各方隶属同一人民政府的,由本级政府法制部门负责协调,报本级人民政府决定;

（二）争议各方不隶属同一人民政府的,由市人民政府法制部门负责协调,报市人民政府决定。

第十四条 行政管理事务涉及多个行政机关的,可以建立由主要承办的行政机关牵头、其他相关行政机关参加的协调会议制度。

协调会议制度应当确定牵头行政机关、参加行政机关、工作职责、工作规则等事项。

协调会议协调不成的事项,由牵头行政机关列明有关意见、理由和依据并提出意见,报本级人民政府决定。

第十五条 有下列情形之一的,行政机关应当请求相关行政机关协助:

（一）独自行使职权不能实现行政目的的;

（二）执行公务需要的事实资料不能自行调查的;

（三）执行公务所必需的文书、资料、信息为其他行政机关所掌握,自行收集难以获得的;

（四）其他必须请求行政协助的情形。

被请求协助的行政机关应当及时履行协助义务,不得推诿或者拒绝协助。不能提供行政协助的,应当以书面形式及时告知请求机关并说明理由。

因行政协助发生争议的,由请求机关与协助机关的共同上一级行政机关决定。

第十六条 行政机关工作人员执行公务,有下列情形之一的,应当申请回避;未申请回避的,行政机关应当指令回避,公民、法人或者其他组织也可以提出回避申请:

（一）涉及本人利害关系的;

（二）涉及与本人有夫妻关系、直系血亲关系、三代以内旁系血亲关系以及近姻亲关系的亲属有利害关系的;

（三）其他可能影响公正执行公务的。

行政机关工作人员的回避，由该行政机关主要负责人或者分管负责人决定。行政机关主要负责人的回避，由本级人民政府或者其上一级主管部门决定。

第十七条 法律、法规授权的组织在法定授权范围内以自己的名义行使行政职权，并承担相应的法律责任。

行政机关的内设机构和派出机构对外行使行政职权时，不得以自己名义作出行政决定。法律、法规、规章另有规定的除外。

第二节 依法受委托的行政机关或者组织

第十八条 依法受委托的行政机关或者组织在委托的行政职权范围内，以委托行政机关的名义行使行政职权，由此产生的后果由委托行政机关承担相应的法律责任。

法律、法规、规章规定行政机关可以委托其他行政机关或者组织行使行政职权的，受委托的行政机关或者组织应当具备履行相应职责的条件。

第十九条 委托行政机关与受委托行政机关或者组织之间应当签订书面委托协议，并报其上级行政主管部门和同级人民政府法制部门备案。

委托协议应当载明委托依据、事项、权限、期限、双方权利和义务、法律责任等。

委托协议应当在委托机关、受委托机关或者组织的办公场所公示，并通过公开发行的政务信息专刊、政务公开信息网络或者大众媒体等方式予以公布。

第二十条 委托行政机关应当对受委托行政机关或者组织办理受委托事项的行为进行监督。

受委托的行政机关或者组织应当自行完成受委托的事项，不得将受委托的事项再委托给其他行政机关、组织或者个人。

第三节 当事人和其他参与人

第二十一条 本规定所称当事人是指与行政行为有法律上的利害关系，以自己名义参与行政程序的公民、法人或者其他组织。

第二十二条 与行政行为的结果有法律上的利害关系的公民、法人或者其他组织，是利害关系人，行政机关应当通知其参与行政程序。

第二十三条 限制行为能力人可以参与与其年龄、智力相适应的行政程序;其他行政程序由其法定代理人代理,或者征得其法定代理人的同意。

无行为能力人由其法定代理人代为参与行政程序。

当事人、利害关系人可以委托1至2名代理人参与行政程序,法律、法规、规章明确规定当事人、利害关系人必须亲自参与行政程序的,其应当亲自参与行政程序。

第二十四条 当事人、利害关系人人数众多,没有委托共同代理人的,应当推选代表人参与行政程序。代表人代表全体当事人、利害关系人参与行政程序。代表人人数不得超过5人。

代表人的选定、增减、更换,应当以书面形式告知行政机关。

第二十五条 公众、专家、咨询机构等依照本规定参与行政程序。

第二十六条 行政程序参与人在行政程序中,依法享有知情权、参与权、表达权、监督权。

第三章 重大行政决策程序

第一节 一般规定

第二十七条 行政决策应当遵循依法决策、科学决策和民主决策原则。

第二十八条 各级人民政府应当建立和完善科学民主决策制度,建立公众参与、专家论证、风险评估、合法性审查和集体讨论决定相结合的重大行政决策的规则和程序。

第二十九条 行政机关应当定期对行政决策的执行情况进行跟踪与反馈,并适时调整和完善有关决策。

行政机关应当建立健全行政决策监督制度和责任追究制度,实现决策权和决策责任相统一。

第三十条 各级人民政府(含政府办公室)可以以自己的名义制定政府规范性文件;市、区(县)人民政府的工作部门、直属机构、派出机关以及法律、法规授权的管理公共事务的组织可以以自己的名义制定部门规范性文件。

属于部门职权范围内的事项,原则上由部门单独或者联合制定部门规范性文件,但与人民群众切身利益密切相关的、社会涉及面广的事项,可以制定政府规范性文件。

议事协调机构、部门派出机构、部门内设机构不得制定规范性文件。

第三十一条 行政机关制定规范性文件,应当遵守《汕头市人民政府拟定法规草案和制定规章规定》《汕头市人民政府行政决策法律审查规定》《汕头市人民政府公告管理规定》和《汕头市行政机关规范性文件管理规定》等的规定。

第三十二条　公民、法人或者其他组织认为行政机关规范性文件违法的，可以向市政府书面提出审查建议，由市人民政府法制部门按照规定程序处理。

第二节　重大行政决策

第三十三条　市、区(县)人民政府作出重大行政决策，适用本节规定；其他行政机关的重大行政决策程序参照本节规定执行。

拟定法规草案和制定规章、规范性文件，涉及重大行政决策事项的，应当遵守本节规定。

第三十四条　本规定所称的重大行政决策是指市、区(县)人民政府作出的涉及本地区经济社会发展全局、社会涉及面广、专业性强、与人民群众利益密切相关的行政决策事项，包括：

（一）经济和社会发展方面的重大政策措施，国民经济和社会发展规划、年度计划；

（二）编制各类总体规划、重要的区域规划和专项规划；

（三）编制财政预决算、重大财政资金安排(含潜在需由财政承担资金责任的项目)、重大政府投资项目、重大国有资产处置等；

（四）重要的行政事业性收费以及政府定价的重要商品、服务价格的确定和调整；

（五）资源开发利用、环境保护、劳动就业、社会保障、人口和计划生育、教育、医疗卫生、食品药品、工程建设、安全生产、交通、城市管理等方面的重大措施；

（六）行政管理体制改革的重大措施；

（七）政府重要的奖惩决定；

（八）重大突发公共事件应急预案的制定与调整，需要长期实施的重大交通管制措施；

（九）政府职权范围内的其它重大事项。

重大行政决策的具体事项和量化标准，由市、区(县)人民政府在前款规定的范围内依法确定，并向社会公布。

第三十五条　政府行政首长代表本级政府对重大行政决策事项行使决策权。

政府工作部门、直属机构、下级人民政府以及公民、法人或者其他组织认为重大事项需要提请政府决策的,可以提出决策建议。

市、区(县)人民政府应当建立健全行政决策咨询机制,完善行政决策的智力和信息支持系统。

第三十六条 政府分管负责人、政府工作部门、直属机构和下一级人民政府提出的重大行政决策事项的建议,由政府行政首长确定是否进入决策程序。

决策承办单位依照法定职权确定或者由政府行政首长指定。

第三十七条 决策承办单位应当对拟决策事项进行调查研究,全面、准确掌握决策所需信息,结合实际拟定决策方案,并按照决策事项涉及的范围征求有关方面意见,充分协商协调,形成决策方案草案。

对需要进行多方案比较研究或者争议较大的事项,应当拟定两个以上可供选择的决策方案。

决策承办单位应当对重大行政决策方案草案进行合法性论证,可以对重大行政决策方案进行成本效益分析。

决策承办单位可以委托专家、专业服务机构或者其他有相应能力的组织完成与决策事项有关的专业性工作。

第三十八条 除依法不得公开的事项外,决策承办单位应当向社会公布重大行政决策方案草案,征求公众意见。公布的事项包括:

(一)重大行政决策方案草案及其说明;

(二)公众提交意见的途径、方式和起止时间;

(三)联系部门和联系方式,包括通信地址、电话、传真和电子邮箱等。

决策承办单位公布重大行政决策方案草案征求公众意见的时间不得少于20日。

第三十九条 决策承办单位应当组织专家或者研究咨询机构对重大行政决策方案草案进行必要性、可行性、科学性论证。

决策承办单位应当对专家论证意见归类整理,对合理意见应当予以采纳;未予采纳的,应当说明理由。

第四十条 重大行政决策方案草案公布后,决策承办单位应当根据重大行政决策对公众影响的范围、程度等采取座谈会、协商会、开放式听取意见等方式,广泛听取社会各界的意见和建议。

决策承办单位应当将公众对重大行政决策的意见和建议进行归类整理,对公众提出的合理意见应当采纳;未予采纳的,应当说明理由。

第四十一条 重大行政决策有下列情形之一的,应当举行听证会:

(一)对经济、社会发展等公共利益有重大影响的;

(二)公众对行政决策事项必要性有重大争议的;

(三)对公民、法人或者其他组织切身利益有较大影响或者涉及公共安全、影响社会稳定的;

(四)法律、法规、规章规定应当听证的其他情形。

第四十二条 市、区(县)人民政府的重大行政决策作出之前,应当由本级人民政府法制部门对其进行法律审查。

市人民政府重大行政决策法律审查的具体办法按照《汕头市人民政府行政决策法律审查规定》执行;区(县)人民政府可以根据本地实际,制定本地区的重大行政决策法律审查制度,并报市人民政府备案。

第四十三条 重大行政决策方案草案经政府分管负责人审核后,由行政首长决定提交政府常务会议或者政府全体会议讨论。

政府常务会议或者政府全体会议审议重大行政决策方案草案,应当遵循以下程序:

(一)决策承办单位作决策方案草案说明;

(二)政府法制部门作法律审查说明;

(三)会议其他组成人员发表意见;

(四)决策事项的分管负责人发表意见;

(五)行政首长最后发表意见。

第四十四条 重大行政决策在集体审议的基础上由行政首长作出决定。

行政首长可以对审议的事项作出同意、不同意、暂缓或者再次审议的决定。

重大行政决策方案草案作出暂缓或者再次审议决定超过1年未再次提交政府常务会议或者政府全体会议审议的,该方案草案退出重大决策程序。

行政首长的决定与会议组成人员多数人的意见不一致的,应当说明理由。

政府常务会议或者政府全体会议,应当记录重大行政决策方案的讨论情况及决定,对不同意见应当特别载明。

第四十五条 遇到重大突发公共事件或者重要紧急情况必须由政府立即决策的,可以由政府行政首长或者政府行政首长委托分管负责人临机决定,并在事后及时提请政府常务会议确认。

第四十六条 市、区(县)人民政府重大行政决策事项依法需要报上级人民政府批准或者依法应当提请同级人民代表大会及其常务委员会审议决定的,按照规定程序报上级人民政府批准或者提请同级人民代表大会及其常务委员会审议。

第四十七条 市、区(县)人民政府应当在作出重大行政决策决定之日起20日内,向社会公布重大行政决策结果。

第四十八条 决策机关应当通过跟踪调查、考核等措施对重大行政决策的执行情况进行督促检查。决策执行机关应当根据各自职责,贯彻执行重大行政决策。监督机关应当对重大行政决策的执行进行监督。

决策执行机关、监督机关以及公民、法人或者其他组织认为重大行政决策及其执行违法或者不适当的,可以向决策机关提出。决策机关应当及时组织研究、论证,作出继续执行、停止执行、暂缓执行或者修订决策的决定。

第四十九条 决策机关应当定期对重大行政决策执行情况组织评估,并将评估结果向社会公开。

第四章 行政执法程序

第一节 一般规定

第五十条 本规定所称行政执法,是指行政机关依法行使行政职权、履行行政职责,作出影响公民、法人或者其他组织权利和义务的具体行政行为,包括行政许可、行政处罚、行政强制、行政给付、行政征收、行政征用等。

第五十一条 市、(区)县人民政府应当对其所属行政机关的行政执法主体资格、职权、执法依据等进行审核、确认,并向社会公告。

行政执法人员应当参加市人民政府法制部门统一组织的行政执法资格培训;经考核合格,并取得《广东省人民政府行政执法证》后,方可从事行政执法活动。法律、法规、规章对行政执法证件的名称、核发机关另有规定的,从其规定。

第五十二条 市、区(县)人民政府根据行政管理的需要,可以组织相关行政机关联合执法。

参加联合执法的行政机关在各自的职权范围内依法行使行政职权、履行行政职责,并承担相应的法律责任。

第五十三条 行政执法事项需要行政机关内设的多个机构办理的,行政机关应当确定一个机构统一受理公民、法人或者其他组织的申请,统一送达行政执法决定。

行政执法事项依法由两个以上行政机关分别实施的,市、区(县)人民政府可以确定一个行政机关或者政务中心窗口受理申请,并由一个行政机关会同有关行政机关分别提出意见后统一办理,或者组织有关行政机关联合办理、集中办理。

第五十四条　行政机关应当建立岗位责任制度,明确承办人、审核人、批准人的职责,并根据本机关执法机构和执法岗位的配置,将法定职权分解到具体执法机构和执法岗位。

行政机关办理行政执法事项,应当按照行政执法的依据、条件和程序,由承办人提出初审意见和理由,经审核人审核后,由批准人批准决定。

第五十五条　法律、法规和规章规定由市人民政府及其所属工作部门行使的行政许可、行政处罚、行政强制等职权,除需由上级行政机关统一协调管理的事项外,可以委托区(县)人民政府或者其所属工作部门行使。

法律、法规和规章规定由区(县)人民政府及其所属工作部门行使的涉及经济发展、市场监管、社会管理、公共服务、民生事业方面的行政许可、行政处罚、行政强制等职权,可以委托省人民政府认定的具备一定人口规模和经济实力的特大镇人民政府行使。

第五十六条　行政机关在行政执法过程中应当依法履行告知义务。行政执法告知应当采用书面形式;情况紧急时,可以采用口头等其他方式,但依法应当采取书面形式告知的除外。

行政机关作出影响当事人、利害关系人合法权益或者增加其义务的行政执法决定前,应当告知行政执法决定的事实、理由和依据;当事人、利害关系人有权陈述和申辩。行政机关作出行政执法决定,应当依法告知行政复议或者行政诉讼的权利、期限和途径。

第五十七条　行政执法直接影响违法行为人的权利、义务且不属于必须立即执行的,行政机关应当先进行教育、劝诫或者疏导。

第五十八条　行政机关应当将行政执法的相关文书、监督检查记录、证据等材料,按照有关规定及时立卷归档,建立行政执法案卷。

公民、法人或者其他组织可以按照规定查阅行政执法案卷,但依法应当保密的除外。

第二节　程序启动

第五十九条　行政执法程序依法由行政机关依职权启动,或者依公民、法人或者其他组织的申请启动。

行政机关依职权启动程序,应当由行政执法人员填写程序启动审批表,报本行政机关负责人批准。情况紧急的,可以事后补报。

公民、法人或者其他组织认为自己的申请事项符合法定条件,可以申请行政机关启动行政执法程序。

第六十条 行政机关对当事人提出的申请,应当根据下列情况分别作出处理:

(一)申请事项依法不需要启动行政执法程序的,应当作出不予受理的决定;

(二)申请事项依法不属于本行政机关职权范围的,应当作出不予受理的决定,并告知当事人向有关行政机关申请;

(三)申请材料存在可以当场更正的错误的,应当允许当事人当场更正;

(四)申请材料不齐全或者不符合法定形式的,应当当场或者在 5 个工作日内一次告知当事人需要补正的全部内容,逾期不告知的,自收到申请材料之日起即为受理;当事人在限期内不作补充的,视为撤回申请;

(五)申请事项属于本行政机关职权范围,申请材料齐全、符合法定形式,或者当事人按照本行政机关的要求提交全部补正申请材料的,应当受理。

对行政机关依法委托其他行政机关或者具有管理公共事务职能的组织办理的事项,当事人直接向委托行政机关提出申请的,委托行政机关应当依法受理,或者当场告知当事人向受委托的行政机关或者组织提出申请。

行政机关受理或者不受理当事人申请的,应当出具加盖本行政机关印章和注明日期的书面凭证。

第三节 调查和证据

第六十一条 行政程序启动后,行政机关应当调查事实,收集证据;必要时,可以依法进行检查。

行政机关调查或者检查时,执法人员不得少于 2 人,并应当向当事人或者有关人员出示行政执法证件,在调查记录中予以记载。执法人员不出示行政执法证件的,当事人或者有关人员有权拒绝接受调查或者检查。

第六十二条 行政机关应当采取合法的手段和依照法定的程序,全面、客观、公正地收集证据,不得仅收集对当事人不利的证据。

第六十三条 当事人应当配合行政机关的调查或者检查,并提供与行政执法事项有关的材料与信息。知晓有关情况的公民、法人或者其他组织应当协助行政机关的调查或者检查。

第六十四条　行政执法证据包括：

（一）书证；

（二）物证；

（三）当事人陈述；

（四）证人证言；

（五）视听资料、计算机数据；

（六）鉴定结论；

（七）勘验笔录、现场笔录；

（八）法律、法规规定的其他证据。

第六十五条　下列证据材料不得作为行政执法决定的依据：

（一）违反法定程序收集的；

（二）以非法偷拍、非法偷录、非法窃听等手段侵害他人合法权益取得的；

（三）以利诱、欺诈、胁迫、暴力等不正当手段取得的；

（四）没有其他证据印证、且有相关人员不予认可的证据的复制件或者复制品；

（五）无法辨认真伪的；

（六）不能正确表达意志的证人提供的证言；

（七）在中华人民共和国领域以外形成的未办理法定证明手续的；

（八）不具备合法性和真实性的其他证据材料。

第六十六条　作为行政执法决定依据的证据，行政机关应当查证属实，当事人有权进行陈述或者申辩。

第六十七条　行政机关应当对其作出的行政执法决定的合法性、适当性承担举证责任。

行政机关依申请作出行政执法决定的，当事人应当如实提交有关材料，反映真实情况。

根据法定条件和程序，需要对当事人提交材料的实质内容进行核实的，行政机关应当指派 2 名以上工作人员进行核查。

第六十八条　对于当事人、利害关系人的陈述和申辩，行政机关应当予以记录并归入案卷。

对当事人、利害关系人提出的事实、理由和证据，行政机关应当进行审查，并采纳其合理的意见；不予采纳的，应当说明理由。

第六十九条 有下列情形之一的,行政机关在作出行政执法决定前应当举行听证会:

(一)法律、法规、规章规定应当举行听证会的;

(二)行政机关依法告知听证权利后,当事人、利害关系人在规定期限内申请听证的;

(三)行政机关认为必要的;

(四)当事人、利害关系人申请,行政机关认为确有必要的。

第四节 决 定

第七十条 一般行政执法事项应当由行政机关的主要负责人或者分管负责人决定。

重大行政执法事项应当由行政机关负责人集体讨论决定;涉及经济社会发展全局、影响公共利益以及专业性、技术性强的,应当经专家论证或者评审以后,作出决定。

第七十一条 行政机关应当将行政执法决定依法送达当事人。行政处罚、行政强制、行政征收、行政征用、行政检查的决定未依法送达的,行政机关不得要求当事人履行。

行政执法决定自送达之日起生效。行政执法决定附条件或者附期限的,应当载明行政执法决定生效的条件或者期限。

第七十二条 行政执法决定文书应当载明以下事项:

(一)当事人的基本情况;

(二)事实以及证明事实的证据;

(三)适用的法律规范;

(四)决定内容;

(五)履行的方式和时间;

(六)法律救济的途径和期限;

(七)行政机关的印章与日期;

(八)应当载明的其他事项。

行政执法决定文书应当采用制作式;适用简易程序的,可以采用格式化文书。

第五节 期 限

第七十三条 法律、法规、规章对行政执法事项规定办理期限的,行政机关必须在法定期限内办结。

行政机关应当通过优化工作流程,提高办事效率,使实际办结的时间少于法定期限。

行政机关对行政执法事项承诺的办理期限短于法定期限或者本节规定的其他办理期限的,应当在承诺的期限内办结。

第七十四条 法律、法规、规章对行政执法事项没有规定办理期限的,除当场可以办结的事项外,行政机关应当按照下列规定期限办结:

(一)仅涉及一个行政机关的行政执法事项,应当自受理申请之日起20日内办结;20日内不能办结的,经本机关负责人批准,可以延长10日,并应当将延长期限的理由告知申请人;

(二)涉及两个以上行政机关的行政执法事项,应当自受理申请之日起45日内办结;45日内不能办结的,经本级人民政府负责人批准,可以延长15日,并应当将延长期限的理由告知申请人;

(三)依法应当先经下级行政机关审查或者经上级行政机关批准的行政执法事项,负责审查或者批准的行政机关应当自受理之日起20日内审查或者批准完毕;

(四)行政机关依职权启动行政执法程序的行政执法事项,应当自程序启动之日起60日内办结;60日内不能办结的,经本机关负责人批准,可以延长30日,并应当将延长期限的理由告知当事人。

第七十五条 行政机关作出行政执法决定依法需要颁发有关证件的,应当自作出决定之日起10日内向申请人颁发、送达加盖本行政机关印章的有关证件。

第七十六条 行政机关应当按照高效便民的原则和本规定的要求,具体确定本机关每项行政执法事项的办理期限并按规定向社会公布。

第七十七条 行政机关作出行政执法决定,依法需要经过听证、招标、拍卖、检验、检测、检疫、鉴定、专家评审、公示、认证、监审、有关行政机关审批等必经程序的,所需时间不计算在办理期限内。行政执法机关应当将所需时间书面告知当事人。

第七十八条 行政机关不得不履行法定职责或者拖延履行法定职责。

行政机关在办理期限内，非因法定事由或者正当理由未依职权或者未依申请启动行政执法程序的，属于不履行法定职责。

行政机关在办理期限内，非因法定事由或者正当理由，虽启动行政执法程序但是未及时作出行政执法决定的，属于拖延履行法定职责。

第六节　简易程序

第七十九条　有下列情形之一的，行政机关可以适用简易程序作出行政执法决定：

（一）行政执法事项事实简单、当场可以查实，拟作出的相应行政执法决定法定依据明确、对当事人权益影响较小的；

（二）依法不需要对行政执法事项的申请材料的实质内容进行核实，且申请人提交的申请材料齐全、符合法定形式的。

法律、法规、规章对简易程序的适用范围另有规定的，从其规定。

第八十条　对适用简易程序的事项，行政执法人员可以口头告知当事人行政执法决定的事实、依据和理由，并当场听取当事人的陈述与申辩。

当事人提出的事实、理由或者证据成立的，行政执法人员应当采纳；不采纳的应当说明理由。

第八十一条　适用简易程序的，应当当场作出行政执法决定，填写预定格式、编有号码的行政执法决定书。

行政执法人员当场作出行政执法决定的，应当报所属行政机关存档备案。

第七节　行政裁量权基准

第八十二条　本规定所称行政裁量权基准，是指行政机关依职权对法定行政裁量权具体化的适用规则。

第八十三条　行政机关应当根据下列情形，制定行政裁量权基准，对依法享有的行政裁量权予以细化、量化：

（一）所依据的法律、法规、规章规定的立法目的、法律原则；

（二）经济、社会、文化等客观情况的地域差异性；

（三）管理事项的事实、性质、情节以及社会影响；

（四）可能影响行政裁量权合理性的其他因素。

上级行政机关已经细化、量化行政裁量权的，下级行政机关可以依照执行，不再制定适用范围相同的行政裁量权基准，但应当报同级人民政府法制部门备案。

第八十四条 行政裁量权基准应当向社会公开。

行政机关应当遵守行政裁量权基准。市、区(县)人民政府应当对所属行政机关行使行政裁量权的行为进行监督。

第五章 非行政许可类审批程序

第八十五条 本规定所称非行政许可类审批,是指由行政机关实施但不属于《中华人民共和国行政许可法》调整的,影响公民、法人或者其他组织权利和义务的行政审批行为。

第八十六条 行政机关实施非行政许可类审批,除适用本章规定外,还应当遵守本规定有关行政执法程序的规定。

第八十七条 非行政许可类审批一般应当由法律、法规、规章设定。

第八十八条 设定和调整非行政许可类审批,应当按照规定程序办理,广泛听取行政相对人及有关组织和公民的意见,并经同级人民政府常务会议讨论通过。

第八十九条 行政机关应当对其实施的非行政许可类审批按下列内容进行规范,经本级人民政府行政审批管理机关审查后,向社会公布实施:

(一)审批事项;

(二)设定审批的依据;

(三)审批数量限制及方式;

(四)审批条件;

(五)申请材料;

(六)申请表格;

(七)审批申请受理机关;

(八)审批决定机关;

(九)审批程序;

(十)审批时限;

(十一)审批证件及有效期限;

(十二)审批的法律效力;

(十三)需要公开的其他内容。

非行政许可类审批的设定依据对审批条件、申请材料有具体规定的,行政机关不得增加审批条件及申请材料。

第九十条　有数量限制的非行政许可类审批,两个或者两个以上申请人的申请均符合法定条件的,行政机关应当根据受理申请的先后顺序作出审批决定。但是,法律、法规、规章另有规定的,从其规定。

第九十一条　公民、法人或者其他组织申请非行政许可类审批的,应当向有权受理的行政机关申请并提交申请材料。行政机关应当按照规定职责和权限受理申请。

第九十二条　行政机关受理申请后,应当对申请人提交的申请材料进行审查,并根据下列情况分别作出处理:

(一)申请事项不需要审批的,应当即时告知申请人不受理,出具不受理凭证,并注明不受理原因;

(二)申请事项不属于本行政机关职责范围的,应当即时告知申请人向有关行政机关申请;

(三)申请材料不齐全或者不符合受理条件的,应当将需要补充的材料及其他事项当场一次性书面告知申请人;

(四)申请材料齐全、符合受理条件的,应当当场受理并出具书面受理凭证,但当场作出审批决定的可以不出具书面受理凭证。

申请人未在规定期限内补充材料的,视为放弃申请;行政机关应当退回申请,并书面告知申请人。

第九十三条　行政机关书面承诺的办理非行政许可类审批的期限短于法定期限的,行政机关应当在承诺期限内作出非行政许可类审批决定。

第九十四条　行政机关对申请材料进行审查时,发现非行政许可类审批事项直接关系他人重大利益的,应当及时告知利害关系人。行政机关应当听取申请人、利害关系人的陈述和申辩。

第九十五条　非行政许可类审批事项对经济和社会发展有重大影响的,行政机关应当通过调查、听证、咨询和专家评审等方式决定。

第九十六条　当事人要求变更非行政许可类审批事项的,应当向作出非行政许可类审批决定的行政机关提出申请;符合法定条件的,行政机关应当依法办理变更手续。

第九十七条　当事人需要延续非行政许可类审批的有效期的,应当在有效期届满 30 日前向作出非行政许可类审批决定的行政机关提出申请。行政机关应当根据当事人的申请,在非行政许可类审批的有效期届满前作出是否准予延续的决定;逾期未作决定的,视为准予延续。但是,非行政许可类审批的设定依据另有规定的,从其规定。

第九十八条 公民、法人或者其他组织依法取得的非行政许可类审批受法律保护,行政机关不得擅自改变已经生效的非行政许可类审批。

非行政许可类审批的设定依据修改或者废止,或者准予非行政许可类审批所依据的客观情况发生重大变化的,为了公共利益的需要,行政机关可以依法变更或者撤回已经生效的非行政许可类审批。由此给公民、法人或者其他组织造成财产损失的,行政机关应当依法给予补偿。

第九十九条 行政机关实施非行政许可类审批、对非行政许可类审批事项进行监督检查,不得收取任何费用。但是,非行政许可类审批的设定依据另有规定的,从其规定。

行政机关提供非行政许可类审批申请书格式文本、表格、合同范本等申请材料文本,不得收费。

行政机关实施非行政许可类审批所需经费应当列入本行政机关的预算,由本级财政予以保障。

第六章 特别行为程序

第一节 行政合同

第一百条 本规定所称行政合同,是指行政机关为了实现行政管理目的,与公民、法人或者其他组织之间,经双方意思表示一致所达成的协议。

行政合同主要适用于下列事项:

(一)政府特许经营;

(二)国有土地使用权出让;

(三)国有资产承包经营、出售或者出租;

(四)政府采购;

(五)政策信贷;

(六)行政机关委托的科研、咨询;

(七)行政机关与企业的战略合作;

(八)法律、法规、规章规定可以订立行政合同的其他事项。

第一百零一条 订立行政合同应当遵循竞争原则和公开原则。

订立涉及有限自然资源开发利用、公共资源配置以及直接关系公共利益的特定行业的市场准入等行政合同,应当采用招标、拍卖等公开竞争方式。招标、拍卖适用《中华人民共和国招标投标法》《中华人民共和国政府采购法》等有关法律、法规、规章规定。

法律、法规、规章对订立行政合同另有规定的，从其规定。

第一百零二条 行政合同应当以书面形式签订。

第一百零三条 行政合同依法须经其他行政机关批准或者会同办理的，经过其他行政机关批准或者会同办理后，行政合同才能生效。

采用招标、拍卖等公开竞争方式订立行政合同，合同事项涉及行政许可的，行政机关应当依法作出准予行政许可的决定，并颁发行政许可证件。

第一百零四条 行政机关有权对行政合同的履行进行指导和监督，但是不得对当事人履行合同造成妨碍。

第一百零五条 行政合同受法律保护，行政机关不得擅自变更或者解除。

第二节　行政指导

第一百零六条 本规定所称行政指导，是指行政机关为实现特定的行政目的，在其法定的职权范围内或者依据法律、法规、规章和政策，以指导、劝告、提醒、建议等非强制性方式，引导公民、法人或者其他组织作出或者不作出某种行为的活动。

第一百零七条 实施行政指导应当遵循平等、公开、诚实信用、及时灵活、自愿选择等原则。

当事人有权自主决定是否接受、听从、配合行政指导。行政机关在实施行政指导的过程中，不得采取或者变相采取强制措施迫使当事人接受行政指导，并不得因当事人拒绝接受、听从、配合行政指导而对其采取不利措施。

第一百零八条 行政指导主要适用于下列情形：

（一）需要从技术、政策、安全、信息等方面帮助当事人增进其合法利益；

（二）需要预防当事人可能出现的妨害行政管理秩序的违法行为；

（三）其他需要行政机关实施行政指导的情形。

第一百零九条 行政指导采取以下方式实施：

（一）制定和发布指导、引导性的政策；

（二）提供技术指导和帮助；

（三）发布信息；

（四）示范、引导、提醒；

（五）建议、劝告、说服；

（六）其他指导方式。

第一百一十条　实施行政指导可以采取书面、口头或者其他合理形式。当事人要求采取书面形式的,行政机关应当采取书面形式。

第一百一十一条　行政机关可以主动实施行政指导,也可以依当事人申请实施行政指导。

第一百一十二条　行政指导的目的、内容、理由、依据、实施者以及背景资料等事项,应当对当事人或者公众公开,涉及国家秘密、商业秘密或者个人隐私的除外。

第一百一十三条　实施行政指导涉及专业性、技术性问题的,应当经过专家论证,专家论证意见应当记录在案。

第一百一十四条　行政机关实施行政指导,应当告知当事人有自由选择的权利,当事人有权陈述意见。

行政机关应当认真听取、采纳当事人合理、可行的意见。

第三节　行政裁决

第一百一十五条　本规定所称行政裁决,是指行政机关根据法律、法规的授权,处理公民、法人或者其他组织相互之间发生的与其行政职权密切相关的民事纠纷的活动。

第一百一十六条　公民、法人或者其他组织申请行政裁决,可以书面申请,也可以口头申请。口头申请的,行政机关应当当场记录申请人的基本情况、行政裁决请求、申请行政裁决的主要事实、理由和时间。

行政机关收到公民、法人或者其他组织的行政裁决申请后,应当在 5 个工作日内审查完毕,并根据下列情况分别作出处理:

（一）申请事项依法不能适用行政裁决程序解决的,不予受理,并告知申请人;

（二）申请事项不属于本机关管辖范围内的,应当告知申请人向有关行政机关提出;

（三）申请事项属于本机关管辖范围内的,应当受理,并在受理 5 个工作日内,将申请书副本或者申请笔录复印件发送给被申请人。

第一百一十七条　被申请人应当自收到申请书副本或者申请笔录复印件之日起 10 日内,向行政机关提交书面答复及相关证据材料。

行政机关应当在收到被申请人提交的书面答复之日起 5 个工作日内,将书面答复副本发送申请人。

申请人、被申请人可以到行政机关查阅、复制、摘抄案卷材料。

第一百一十八条 行政机关审理行政裁决案件，应当由 2 名以上工作人员参加。

双方当事人对主要事实没有争议的，行政机关可以采取书面审查的方式进行审理。

双方当事人对主要事实有争议的，行政机关应当公开审理，充分听取双方当事人的意见，依法不予公开的除外。

行政机关认为必要时，可以调查核实证据；对重大、复杂的案件，申请人提出要求或者行政机关认为必要时，可以采取听证的方式审理。

行政机关应当先行调解，调解不成的，依法作出裁决。

第一百一十九条 行政机关作出裁决后应当制作行政裁决书。行政裁决书应当载明：

（一）双方当事人的基本情况；

（二）争议的事实；

（三）认定的事实；

（四）适用的法律规范；

（五）裁决内容及理由；

（六）救济的途径和期限；

（七）行政机关的印章和日期；

（八）应当载明的其他事项。

第一百二十条 行政机关应当自受理申请之日起 60 日内作出裁决，情况复杂的，经本行政机关主要负责人批准，可以延长 30 日作出裁决，并应当将延长期限告知申请人。

第四节 行政调解

第一百二十一条 本规定所称行政调解，是指行政机关为化解社会矛盾、维护社会稳定，依照法律、法规、规章和有关规定，居间协调处理公民、法人或者其他组织相互之间民事纠纷的活动。

第一百二十二条 行政机关可以根据公民、法人或者其他组织的申请进行行政调解，也可以主动进行行政调解。

行政机关应当遵循自愿、合法、公正的原则，及时进行行政调解。

第一百二十三条　同时符合下列条件的民事纠纷,行政机关应当进行调解:

(一)与行政机关职责相关的;

(二)民事纠纷双方同意调解的;

(三)法律、法规、规章没有禁止性规定的。

第一百二十四条　行政机关收到公民、法人或者其他组织请求调解民事纠纷的申请后,经审查符合条件的,应当及时告知民事纠纷另一方;另一方同意调解的,应当受理并组织调解。

不符合条件或者一方不同意调解的不予受理,并向申请人说明理由。

第一百二十五条　行政机关受理并且组织行政调解的,应当指派具有一定法律知识、政策水平和实际经验的工作人员主持调解。

行政机关应当通过调解活动防止纠纷激化。

第一百二十六条　行政机关调解人员应当查明事实、分清是非,根据纠纷双方特点和纠纷性质、难易程度、发展变化的情况,采取多种方式,做好说服疏导工作,引导、帮助纠纷双方达成调解协议。

行政调解应当制作笔录。行政调解一般应当在30日内调结。

第一百二十七条　行政调解达成协议的,根据民事纠纷双方的要求或者需要,可以制作调解协议书。调解协议书应当载明:

(一)双方当事人的基本情况;

(二)纠纷的事项及其事实;

(三)调解的内容及理由,适用的法律规范;

(四)履行的方式、期限;

(五)行政机关的印章和日期;

(六)其他应当载明的事项。

调解协议书应当有民事纠纷双方和调解人员的签名,并加盖行政机关印章。调解协议书一式3份,行政机关和协议双方各执一份。民事纠纷双方当事人应当履行调解协议。

调解没有达成协议的,民事纠纷双方可依法提起民事诉讼。

第五节　行政规划

第一百二十八条　本规定所称行政规划,是指行政机关为实现特定行政目标而作出的对行政机关具有约束力,且必须采取具体措施在未来一定期限内予以实现的，关于某一地区或者某一行业事务的部署与安排。

第一百二十九条　行政机关确定、审批行政规划涉及重大行政决策事项的，除适用本节规定外，还应当遵守本规定有关行政决策程序的规定。

法律、法规、规章对行政规划的确定、审批另有规定的，从其规定。

第一百三十条　行政机关应当根据本地区或者本部门的实际情况，按照实事求是、切实可行的原则，确定行政规划目标。

第一百三十一条　行政机关可以自行拟定行政规划方案，也可以通过政府采购等方式委托具备条件的社会机构拟定行政规划方案。

行政机关拟定行政规划方案涉及其他行政机关职权的，应当听取其他行政机关的意见。

两个以上的行政机关可以共同拟定行政规划。

第一百三十二条　行政机关应当依法公告和陈列行政规划方案。

行政规划方案公告应当在行政规划影响范围内发布，并明确行政规划的主要内容、陈列和阅览的时间、地点，公民、法人或者其他组织提出意见或者异议的方式、时间和地点等事项。

行政规划方案公告的期限为 1 个月，自行政机关首次公开发布之日起计算；行政规划方案公开陈列或者阅览的期限为 3 个月，自公告期限届满之日起计算；法律、法规、规章另有规定的除外。

第一百三十三条　公民、法人或者其他组织对行政规划方案有异议的，应当在规定的期限内提出。行政机关应当根据异议的情况，决定是否进行听证。

第一百三十四条　涉及一个行政区域全体或者大多数公民、法人或者其他组织的行政规划，应当由市、区（县）人民政府的常务会议或者全体会议审议决定。涉及重大社会公共利益的行政规划，应当提请市、区（县）人民代表大会或者其常务委员会审议。

行政规划依法需要报上级人民政府批准或者依法应当提请同级人民代表大会及其常务委员会审议决定的，按程序报上级人民政府批准或者提请同级人民代表大会及其常务委员会审议。

行政规划审议通过后，应当向社会公布。

第一百三十五条　行政机关在拟定行政规划方案以及确定行政规划时，应当经过专家论证，并对采纳专家意见情况进行说明。

第一百三十六条　修改或者废止行政规划，按照行政规划的制定程序进行。

第七章 行政听证程序

第一节 一般规定

第一百三十七条 行政听证应当公开举行,涉及国家秘密、商业秘密或者个人隐私的除外。

第一百三十八条 听证主持人应当具备相应的法律知识和专业知识。

听证主持人由行政机关负责人指定。行政机关直接参与行政决策方案制定的人员不得担任该行政决策听证主持人。行政机关调查人员不得担任该行政执法听证主持人。

第一百三十九条 听证主持人行使下列职权:

(一)指挥听证会的进行;

(二)维持听证会秩序;

(三)指定记录员;

(四)其他应当由听证主持人行使的职权。

第一百四十条 听证记录员负责听证会的记录以及其他与听证会有关的事项。

听证记录员应当对听证过程作准确、全面的记录。

第一百四十一条 行政机关以及有关单位和个人不得采取欺骗、贿赂、胁迫等不正当手段,操纵听证结果。

听证主持人不得与当事人、利害关系人及其他听证参与人单方接触。

采取欺骗、贿赂、胁迫等不正当手段操纵听证结果的,其听证无效,应当重新听证。

第一百四十二条 市人民政府的行政决策听证工作按照《汕头市人民政府行政决策听证规定》执行。其他行政机关的行政决策听证可以参照《汕头市人民政府行政决策听证规定》执行。

第二节 行政执法听证

第一百四十三条 行政机关举行行政执法听证会,应当在听证会举行7日前将听证会的事项书面通知当事人、利害关系人。

通知应当载明以下内容:

(一)当事人、利害关系人名称或者姓名;

（二）听证主要事项；

（三）听证会的时间、地点。

参加行政执法听证会的当事人、利害关系人人数较多的，应当按照本规定确定代表人。

举行涉及重大公共利益的行政执法听证会，应当有一定比例的公众代表参加，公众代表的产生适用行政决策听证会的有关规定。

第一百四十四条　当事人、利害关系人在听证会中可以依法进行陈述、申辩和质证，查阅、复制、摘抄听证会材料。

当事人、利害关系人在行政执法听证会中应当遵守听证会纪律。

第一百四十五条　行政执法听证会按照下列程序进行：

（一）记录员查明当事人、利害关系人和调查人员是否到会，并宣布听证会的内容和纪律；

（二）听证主持人宣布听证会开始，介绍听证员、记录员，说明听证事项，告知当事人、利害关系人和调查人员有关权利和义务，询问当事人是否提出回避申请；

（三）调查人员、当事人、利害关系人依次发言；

（四）出示证据，进行质证；

（五）调查人员、当事人、利害关系人对争议的事实进行辩论；

（六）调查人员、当事人、利害关系人依次最后陈述意见。

第一百四十六条　行政机关调查人员、当事人、利害关系人在听证会结束后，应当阅读听证笔录，经确认无误后签字或者盖章。

行政机关调查人员、当事人、利害关系人有权对记录中的错误提出修改意见。

听证主持人应当自听证会结束之日起2个工作日内，根据听证笔录提出处理建议，报行政机关决定。

行政机关应当根据听证笔录，作出行政执法决定。未经听证会质证的证据，不得作为作出行政执法决定的依据。

第一百四十七条　听证会结束后，行政执法决定作出前，行政机关调查人员发现新的证据，可能改变事实认定结果的，应当重新听证。

第八章　行政公开

第一百四十八条　行政机关应当建立健全政府信息公开工作制度，及时、准确地公开政府信息。

行政机关应当将需要主动公开的政府信息,通过政府公报、政府网站、新闻发布会以及报刊、广播、电视等便于公众知晓的方式公开。

第一百四十九条　市人民政府应当以《汕头市人民政府公报》和市政府公众网作为市人民政府信息发布平台。

下列政府信息必须在《汕头市人民政府公报》和市政府公众网上公布:

(一)市人民政府规章,市人民政府及其工作部门制定的规范性文件;

(二)本规定确定的重大行政决策结果;

(三)法律、法规、规章规定的其他应当主动公开的重点政府信息。

在《汕头市人民政府公报》上公布的规章、规范性文件文本为标准文本。市人民政府规章、市人民政府及其工作部门制定的规范性文件未在《汕头市人民政府公报》上公布的,不得作为行政管理的依据。

区(县)、镇人民政府应当确定本级政府统一的政府信息发布平台,并依法公开政府信息。

第一百五十条　行政机关公开政府信息的场所和设施包括:

(一)各级人民政府在国家综合档案馆、公共图书馆设置的政府信息查阅场所;

(二)各级人民政府及其工作部门设立的政府服务中心、办事大厅;

(三)各级人民政府及其工作部门设立的门户网站、公共查阅室、资料索取点、信息公开栏、电子信息屏等。

各级人民政府及其工作部门设立的信息公开查阅场所,应当放置政府公报,并配置可查阅政府网站的电子设备,方便公众查阅政府信息,索取相关资料。

第一百五十一条　各级人民政府应当建立健全政府信息发布协调机制,形成畅通高效的信息发布沟通渠道。

行政机关拟发布的政府信息涉及其他行政机关的,应当与有关行政机关沟通协调,经其确认后方可发布;沟通协调不能达成一致意见的,由拟发布该政府信息的行政机关报请本级人民政府协调解决。

第一百五十二条　除行政机关主动公开的政府信息外,公民、法人或者其他组织可以根据自身生产、生活、科研等特殊需要,向行政机关申请获取相关政府信息。行政机关收到政府信息公开申请后应当依法作出答复。

第一百五十三条　行政机关召开涉及公众切身利益、需要公众广泛知晓和参与的行政会议,可以公开举行,允许公民、法人或者其他组织旁听。但是会议内容涉及依法不应当公开的政府信息的,不得公开举行。

第一百五十四条 行政机关应当建立健全政府信息公开工作考核制度和社会评议制度,明确考核、评议的原则、内容、标准、程序和方式,并根据考核、评议结果完善制度、改进工作。

第一百五十五条 公民、法人或者其他组织认为行政机关不依法履行政府信息公开义务的,可以向上级行政机关、监察机关或者本级政府信息公开工作主管部门举报。收到举报的机关应当予以调查处理。

公民、法人或者其他组织认为行政机关在政府信息公开工作中的具体行政行为侵犯其合法权益的,可以依法申请行政复议或者依法提起行政诉讼。

第一百五十六条 行政机关应当加快电子政务建设,推进政府上网工程,扩大政府网上办公范围。

除法律、法规、规章有禁止规定以外,行政机关实施行政管理可以通过互联网与公民、法人或者其他组织联系,但是一方以电子文档实施法律行为,应当征得对方同意。

在电子政务活动中,行政机关与公民、法人或者其他组织的电子签章与书面签章具有同等的法律效力。

第九章 行政监督和责任追究

第一百五十七条 本规定所称行政监督,是指政府内部行政监督主体依法对行政机关及其工作人员的行政行为是否合法、合理,实施的监察、督促、检查和纠正的活动。

第一百五十八条 行政监督包括以下内容:

(一)对行政机关及其工作人员作出行政决策、制定规范性文件等行政行为实施监督;

(二)对行政机关及其工作人员实施行政许可、行政处罚、行政强制、行政给付、行政征收、行政征用、行政裁决、行政调解、行政规划以及非行政许可类审批等实施监督;

(三)对行政机关及其工作人员的廉政勤政行为实施监督;

(四)对行政机关及其工作人员其他履职行为实施监督。

第一百五十九条 市、区(县)人民政府应当加强政府层级监督,健全完善政府层级监督制度。市、区(县)人民政府除自身履行层级监督职责外,可以由本级政府法制部门、督查机构等具体履行其层级监督职责。

财政、编制、公务员主管部门等行政机关依法对职责范围内的事项开展职能监督。

监察、审计等专门监督机关应当依法履行职责,独立开展专门监督。各级行政机关应当自觉接受监察、审计等专门监督机关的监督。

第一百六十条 行政监督包括以下方式:

(一)重大行政行为登记和备案、对行政行为的检查、重大问题调查或者专项调查(督查)以及对违法或者不当行政行为的调查;

(二)行政电子监察;

(三)政府绩效评估;

(四)行政执法评议考核、行政执法案卷评查;

(五)法治政府建设工作考评;

(六)办理行政复议案件、受理并调查公众投诉、举报以及媒体曝光的行政违法行为;

(七)行政决策法律审查、规范性文件备案和审查、行政机关工作制度和工作程序审查;

(八)行政问责;

(九)法律、法规、规章规定的其他方式。

第一百六十一条 市、区(县)人民政府应当加强政府绩效管理,逐步建立健全政府绩效管理体系,实行政府绩效评估,提高行政效能。

政府绩效评估应当包括行政机关履行职责、行政效率、行政效果、行政成本等内容。

政府绩效评估的标准、指标、过程和结果应当通过适当方式向社会公开。

政府绩效评估应当实行行政机关内部评估与外部评估相结合,通过召开座谈会、聘请监督评议员、组织公开评议等多种形式,广泛听取公众和社会各界的意见,由公众和社会各界代表参与评估。

第一百六十二条 市、区(县)人民政府应当加强对本规定实施情况的监督检查,及时纠正违法或者不当的行政行为。

市、区(县)人民政府法制部门应当建立行政机关依法行政档案,对本级人民政府各工作部门和下一级人民政府的违法或者不当的行政行为应当予以登记,作为开展考核、评议等监督工作的依据,并将违法记录以适当方式向社会公布。

第一百六十三条 公民、法人或者其他组织认为行政机关的行政行为违法或者不当的,可以向其本级人民政府法制部门、监察部门和上级行政机关投诉、举报,要求调查和处理。

政府法制部门、监察部门和上级行政机关应当公布受理投诉、举报的承办机构和联系方式。

接受投诉、举报的行政机关对受理的投诉、举报应当进行调查,依照职权在60日内作出处理决定,并将处理结果告知投诉人、举报人。

第一百六十四条 行政机关行政行为违法或者不当的,行政机关应当依职权或者依申请自行纠正。

市、区(县)人民政府法制部门对公众投诉、举报以及新闻媒体曝光和监督检查中发现行政机关行政行为违法或者不当的,可以依法制作《行政执法督察建议书》,通知其限期纠正,并报告处理结果。逾期不纠正的,市、区(县)人民政府法制部门可以提出责令履行、确认无效、撤销、责令补正或者更正、确认违法的意见,报请同级人民政府作出行政执法督察决定。

第一百六十五条 行政机关不自行纠正违法或者不当行政行为的,由有监督权的机关根据违法或者不当的行政行为的性质、情节、程度等情况,依照职权分别作出如下处理:

(一)责令限期履行;

(二)责令改正;

(三)变更;

(四)撤销;

(五)确认违法;

(六)确认无效;

(七)法律、法规、规章规定的其他方式。

第一百六十六条 行政机关有下列情形之一的,应当责令限期履行:

(一)不履行法定职责的;

(二)拖延履行法定职责的。

第一百六十七条 行政执法行为有下列情形之一的,应当责令改正或者变更:

(一)未说明理由且事后补充说明理由,当事人、利害关系人没有异议的;

(二)文字表述错误或者计算错误的;

(三)未载明决定作出日期的;

（四）程序上存在其他轻微瑕疵或者遗漏,未侵犯公民、法人或者其他组织合法权利的。

改正或者变更应当以书面决定的方式作出。

第一百六十八条　行政执法行为有下列情形之一的,应当撤销:

（一）主要证据不足的;

（二）适用依据错误的;

（三）违反法定程序的,但是可以补正的除外;

（四）超越法定职权的;

（五）滥用职权的;

（六）法律、法规、规章规定的其他应当撤销的情形。

行政执法行为的内容被部分撤销的,其他部分仍然有效,但是部分撤销后行政行为不能成立的,应当全部撤销。

行政执法行为被撤销后,其撤销效力追溯至行政执法行为作出之日;法律、法规、规章另有规定的,其撤销效力可以自撤销之日发生。

行政执法行为被撤销的,如果发现新的证据,行政机关可以依法重新作出行政执法行为。

第一百六十九条　行政执法行为的撤销,不适用以下情形:

（一）撤销可能对公共利益造成重大损害的;

（二）法律、法规、规章规定的其他不予撤销的情形。

行政执法行为不予撤销的,行政机关应当自行采取补救措施或者由有权机关责令采取补救措施。

第一百七十条　行政执法行为有下列情形之一的,应当确认违法:

（一）行政机关不履行职责,责令其履行法定职责已无实际意义的;

（二）行政执法行为违法,不具有可撤销内容的;

（三）行政执法行为违法,依法不予撤销的;

（四）应当确认违法的其他情形。

第一百七十一条　行政执法行为有下列情形之一的,应当确认无效:

（一）不具有法定行政执法主体资格的;

（二）没有法定依据的;

（三）法律、法规、规章规定的其他无效情形。

行政执法行为的内容被部分确认无效的,其他部分仍然有效,但是部分无效导致行政行为不能成立的,应当全部无效。

无效的行政执法行为，自始不发生法律效力。

第一百七十二条 行政机关的具体行政行为违反法定程序，侵犯公民、法人或者其他组织合法权益的，公民、法人或者其他组织可以依法申请行政复议或者依法提起行政诉讼。

第一百七十三条 行政机关及其工作人员在实施行政决策、行政执法和其他行政行为过程中，有下列情形之一，导致行政行为违法且产生危害后果的，应当追究责任：

（一）不依法行使职权或者不履行法定义务的；

（二）不具有法定行政主体资格实施行政行为的；

（三）执行上级行政机关的决策和部署不力的；

（四）重大行政决策未经公众参与、专家论证、风险评估、合法性审查、集体讨论决定的；

（五）违反程序制定和发布规范性文件的；

（六）行政执法行为违法，被确认无效、撤销、确认违法的；

（七）违法制定裁量权基准或者不遵守裁量权基准的；

（八）违法实施非行政许可类审批的；

（九）订立行政合同违反法定程序的；

（十）采取或者变相采取强制措施以及其他方式迫使当事人接受行政指导的；

（十一）违反法定程序实施行政裁决的；

（十二）违法确定、审批行政规划的；

（十三）不依法举行听证会，或者采取欺骗、贿赂、胁迫等不正当手段，操纵听证会结果的；

（十四）因违法实施行政行为导致行政赔偿的；

（十五）法律、法规、规章规定的其他行政违法情形。

行政机关的行政行为有前款规定情形，且情节恶劣或者造成严重后果的，应当一并追究其主要负责人的行政责任。

第一百七十四条 责任承担主体包括行政机关、行政机关工作人员。

行政机关工作人员，包括行政机关主要负责人和分管负责人、行政行为的具体承办人。

第一百七十五条 行政责任追究形式包括行政处理和行政处分。

对行政机关的行政处理分为：责令限期整改、通报批评、取消评比先进的资格等。

对行政机关主要负责人和分管负责人的行政处理分为：诫勉谈话、责令限期整改、责令作出书面检查、责令赔礼道歉、取消年度评比先进资格、通报批评、责令停职反省或者辞职、建议免职。

对行政机关行政行为的具体承办人的行政处理分为：责令书面检查、批评教育、取消年度评比先进资格、暂扣行政执法证件、离岗培训、调离执法岗位、取消行政执法资格等。

行政处分分为警告、记过、记大过、降级、撤职、开除。

行政处理和行政处分可以根据实际情况合并适用。

第一百七十六条　责任追究机关按照下列权限进行责任追究：

（一）对行政机关给予行政处理的，由本级人民政府或者其上级行政机关决定；

（二）对行政机关主要负责人和分管负责人给予诫勉谈话、责令限期整改、责令作出书面检查、责令赔礼道歉、取消年度评比先进资格、通报批评、责令停职反省或者辞职、建议免职处理的，由本级人民政府监察机关决定或者由任免机关决定；

（三）对行政行为的具体承办人给予责令书面检查、批评教育、取消年度评比先进资格、离岗培训、调离岗位处理的，由本行政机关决定；给予暂扣行政执法证件处理的，由本行政机关或者本级人民政府法制部门决定；取消行政执法资格的，由发证机关决定；

（四）对行政机关工作人员给予行政处分的，由任免机关或者监察机关决定，按照管理权限和规定程序办理。

第一百七十七条　市人民政府对其所属工作部门、区（县）人民政府主要负责人进行责任追究的，按照《汕头市人民政府所属工作部门行政首长问责暂行规定》的规定执行；区（县）人民政府对其所属工作部门、镇人民政府、街道办事处主要负责人进行责任追究的，参照《汕头市人民政府所属工作部门行政首长问责暂行规定》的规定执行。

市、区（县）人民政府对所属工作部门和下级人民政府的行政违法行为进行责任追究的，适用《汕头市行政执法监督条例》。

第一百七十八条　行政机关违反法定程序实施行政行为，侵犯公民、法人或者其他组织合法权益造成损害的，依法承担行政赔偿责任。

行政机关履行赔偿义务后，应当责令有故意或者重大过失的行政机关工作人员、受委托的组织或者个人，承担部分或者全部赔偿费用。

第一百七十九条 行政机关工作人员违反法定程序，滥用职权、玩忽职守、徇私舞弊，构成犯罪的，由司法机关依法追究刑事责任。

第十章 附 则

第一百八十条 当事人因不可抗拒的事由或者其他正当理由耽误期限的，在障碍消除后的 10 日内，可以申请顺延期限，是否准许，由行政机关决定。

第一百八十一条 行政机关应当按照下列顺序选择送达方式送达行政文书：

（一）直接送达；

（二）留置送达；

（三）委托送达与邮寄送达；

（四）公告送达。

当事人拒收直接送达的行政文书，行政机关选择留置送达的，应当邀请当事人所在基层组织或者单位的代表到场，对送达情况和过程予以见证并签名或者盖章，并将行政文书留在当事人的住所。

直接送达行政文书确有困难，行政机关选择邮寄送达的，应当通过国家法定邮政部门，采用挂号信或者特快专递方式。当事人下落不明或者用其他方式均无法送达行政文书，行政机关应当公告送达。

送达的具体操作程序参照《中华人民共和国民事诉讼法》有关规定执行。

第一百八十二条 本规定自 2011 年 5 月 1 日起施行。

宁夏回族自治区行政程序规定

(2015 年 1 月 8 日宁夏回族自治区人民政府第 38 次常务会议通过
2015 年 1 月 10 日宁夏回族自治区人民政府令第 73 号公布
自 2015 年 3 月 1 日起施行)

第一章 总 则

第一条 为了规范行政行为,促进行政机关合法、公正、高效行使行政职权,保障公民、法人或者其他组织的合法权益,推进依法行政,建设法治政府,根据宪法和有关法律法规规定,结合自治区实际,制定本规定。

第二条 自治区行政区域内的行政机关、法律法规授权的组织及依法受委托的组织(以下统称行政机关)实施行政行为,应当遵守本规定。法律、法规、规章对行政程序另有规定的,从其规定。

第三条 行政机关应当依照法律、法规、规章的规定,在法定权限内,按照法定程序实施行政行为。

第四条 未有法律、法规、规章依据,行政机关不得作出影响公民、法人和其他组织合法权益或者增加其义务的决定。

第五条 行政机关应当将行使行政职权的依据、过程和结果依法公开,但是涉及国家秘密、商业秘密和个人隐私的除外。

涉及公民、法人和其他组织权利义务的文件、档案,应当依法允许查阅、摘录、复制。

第六条 公民、法人和其他组织因行政行为取得的正当权益受法律保护。非因法定事由并经法定程序,行政机关不得撤销、变更已经生效的行政决定;因公共利益或者其他法定事由必须撤销或者变更的,应当依照法定权限和程序进行,并对公民、法人和其他组织因此遭受的财产损失依法予以补偿。

第七条 公民、法人和其他组织有权依法参与行政管理,提出行政管理的意见和建议。

行政机关应当为公民、法人和其他组织参与行政管理提供必要的条件,采纳其合理意见和建议。

第八条 行政机关行使行政职权可能影响公民、法人和其他组织合法权益的,除法定情形外,应当书面告知其事实、理由、依据及其依法享有的陈述权、申辩权、救济途径、方式和期限。

第九条 公民、法人和其他组织在行政程序中,行政机关应当依

法保障其享有的知情权、参与权、表达权、监督权和救济权。

公民、法人和其他组织参与行政程序,应当履行服从行政管理、协助执行公务、维护公共利益、提供真实信息、遵守法定程序等义务。

第十条 县级以上人民政府负责本规定在本行政区域内的实施工作。

县级以上人民政府及其部门的法制工作机构负责本规定实施的具体工作。

县级以上人民政府办公厅(室)、监察、编制、人事等部门按照各自的职责分工,做好本规定实施的相关工作。

第二章 行政职权

第十一条 行政机关的职权应当依照法律、法规和规章的规定。

上级行政机关可以根据《中华人民共和国地方各级人民代表大会和地方各级人民政府组织法》和其他有关法律、法规、规章,具体确定与下级行政机关之间的职权划分。

县级以上人民政府可以根据《中华人民共和国地方各级人民代表大会和地方各级人民政府组织法》和其他有关法律、法规、规章,具体规定所属工作部门的任务和职责,确定所属工作部门之间的职权划分。

法律、法规、规章对上下级行政机关之间的职权未作出明确规定的,上级行政机关应当按照有利于发挥行政效能、财权与事权相匹配、权力与责任相一致、管理重心适当下移等原则确定。

第十二条 行政机关之间发生职权争议的,由争议各方协商解决;协商不成的,依照下列规定处理:

(一)涉及职权划分的,由有管辖权的机构编制部门提出协调意见,报本级人民政府决定;

(二)涉及执行法律、法规、规章的,由有管辖权的政府法制工作机构依法协调处理;涉及重大事项的,由政府法制工作机构提出意见,报本级人民政府决定。

第十三条　行政机关的内设机构应当以其隶属的行政机关的名义作出行政决定,并由该行政机关承担法律责任。

第十四条　法律、法规授权的组织在法定授权范围内以自己的名义行使行政职权,并承担相应的法律责任。

第十五条　法律、法规、规章规定行政机关可以委托其他行政机关或者组织行使行政职权的,受委托的行政机关或者组织应当具备履行相应职责的条件。

第十六条　依法受委托的行政机关或者组织在委托的范围内,以委托行政机关的名义行使行政职权,由此所产生的后果由委托行政机关承担法律责任。

第十七条　委托行政机关与受委托的行政机关或者组织之间应当签订书面委托协议,并报本级人民政府备案。委托协议应当载明委托事项、权限、期限、双方权利和义务、法律责任等。委托行政机关应当将受委托的行政机关或者组织和事项向社会公布。

有下列情形之一的,应当及时解除委托协议,并向社会公布:

(一)委托期限届满的;

(二)受委托行政机关或者组织不再具备履行相应职责条件的;

(三)受委托行政机关或者组织超越、滥用行政职权或者不履行行政职责的;

(四)应当解除委托协议的其他情形。

第十八条　受委托的组织应当自行完成受委托的事项,不得将受委托事项再委托给其他组织或者个人。

第十九条　有下列情形之一的,行政机关可以请求相关行政机关协助:

(一)独立行使职权不能实现行政目的的;

(二)不能通过自行调查取得所需事实资料的;

(三)执行公务所需要的文书、资料、信息自行收集难以取得的;

(四)应当请求行政协助的其他情形。

被请求协助的行政机关应当及时履行协助义务,不得推诿或者拒绝。不能提供协助的,应当以书面形式及时告知请求机关并说明理由。

因行政协助发生争议的,由请求机关与协助机关共同的上一级行政机关决定。

第二十条　行政机关的地域管辖权由行政管理事项发生地的行政机关管辖,但是有下列情形之一的除外:

（一）涉及公民身份事务的,由其住所地行政机关管辖;住所地与经常居住地不一致的,由经常居住地行政机关管辖;住所地与经常居住地都不明确的,由最后居住地行政机关管辖;

（二）涉及法人和其他组织主体资格事务的,由其主要营业地或者主要办事机构所在地行政机关管辖;

（三）涉及不动产的,由不动产所在地行政机关管辖。

第二十一条 行政机关受理公民、法人和其他组织的申请或者依职权启动行政程序后,认为不属于自己管辖的,应当移送有管辖权的行政机关,并通知当事人;受移送的行政机关认为不属于自己管辖的,不得再行移送,应当报请共同上一级行政机关指定管辖。

公民、法人和其他组织在法定期限内提出申请,依照前款规定移送有管辖权的行政机关的,视为已在法定期限内提出申请。

第二十二条 两个以上行政机关对同一行政管理事项都有管辖权的,由先受理的行政机关管辖;发生管辖争议的,由共同上一级行政机关指定管辖。

第二十三条 行政机关工作人员执行公务时,与本人有利害关系或者其他关系可能影响公正执行公务的,应当自行申请回避;本人未申请回避的,行政机关应当责令回避;公民、法人和其他组织也可以提出回避申请。

第二十四条 行政机关工作人员的回避由该行政机关主要负责人决定。行政机关主要负责人的回避由本级人民政府或者上一级行政机关决定。

第三章 行政执法程序

第一节 一般规定

第二十五条 本规定所称行政执法,是指行政机关实施法律、法规、规章,针对特定的行政管理相对人作出的具体行政行为。

第二十六条 行政执法人员依法行使行政执法权,受法律保护。任何单位和个人不得拒绝、阻碍行政执法人员依法执行公务。

第二十七条 县级以上人民政府应当依法确认本级行政区域内行政机关的行政执法主体资格,并向社会公告。

行政执法人员应当按照规定参加培训,经考试合格,并取得行政执法证件,持证上岗。法律、法规、规章对行政执法人员的证件使用有专门规定的,从其规定。

国家实行垂直管理的行政机关的行政执法人员使用国家统一规定的行政执法证件的,由该行政机关报自治区人民政府法制工作机构备案。

第二十八条　与人民群众日常生产、生活直接相关的行政执法活动,一般由设区的市、县(市、区)人民政府具有行政执法权的行政机关实施。

第二十九条　根据国务院的授权,自治区人民政府可以决定一个行政机关行使有关行政机关的行政处罚权。依法设立的集中行使行政处罚权的行政机关,是本级人民政府的行政执法部门,具有行政执法主体资格。

经国务院批准,自治区人民政府根据精简、统一、效能的原则,可以决定一个行政机关行使有关行政机关的行政许可权。

第三十条　县级以上人民政府根据行政管理的需要,可以组织相关行政机关联合执法。

联合执法中的行政执法决定,由参加联合执法的行政机关在各自的职权范围内依法分别作出,并承担相应的法律责任。

第三十一条　行政执法事项需要行政机关内设的多个机构办理的,该行政机关应当确定一个机构统一受理。

对涉及两个以上政府工作部门共同办理的事项,县级以上人民政府可以确定一个部门统一受理申请,将相关事项抄告相关部门,实行并联办理。

第三十二条　行政执法不得滥用行政裁量权。法律、法规、规章规定行政裁量权的,行政机关应当对行政裁量权的标准、条件、种类、幅度、方式、时限予以合理细化、量化。

细化、量化行政裁量权,应当考虑下列情形:

(一)所依据的法律、法规、规章规定的立法目的、法律原则;

(二)经济、社会、文化等客观情况的地域差异;

(三)行政管理事项的事实、性质、情节以及社会影响;

(四)可能影响行政裁量权合理性的其他情形。

第三十三条　行政机关在行政执法活动中,对涉嫌犯罪的案件,应当依法移送司法机关处理。

第二节　程序启动

第三十四条　行政执法程序由行政机关依职权启动,或者依公民、法人和其他组织的申请启动。

第三十五条　行政机关依职权启动行政执法程序,应当由本行政机关负责人批准。

公民、法人和其他组织认为自己的申请事项符合法定条件的,可以申请行政机关启动行政执法程序。

第三十六条 公民、法人和其他组织申请启动行政执法程序应当采取书面形式。

申请人没有必要以书面形式、书写确有困难或者紧急情况的,可以口头申请,行政机关应当如实登记后启动行政执法程序。

第三十七条 行政机关不得不履行或者拖延履行法定职责。

行政机关在法定期限或者承诺期限内,非因法定理由或者其他正当理由未启动行政执法程序的,属于不履行法定职责。

行政机关在法定期限或者承诺期限内,非因法定理由或者其他正当理由,虽然启动行政执法程序但是未及时作出行政执法决定的,属于拖延履行法定职责。

第三节　调查取证

第三十八条 行政机关应当依照法定程序,采取合法手段,客观、全面、公正地调查事实、收集证据。

行政机关调查取证时,行政执法人员不得少于二人。

第三十九条 因调查事实、收集证据确需勘验现场的,行政机关应当通知当事人或者其代理人到场;当事人或者其代理人拒绝到场的,应当在调查笔录中载明。

第四十条 行政执法人员应当向当事人或者有关人员主动出示行政执法证件,说明调查事项和依据;不出示行政执法证件的,当事人或者有关人员有权拒绝接受调查和提供证据。

第四十一条 公民、法人和其他组织应当配合行政机关调查,提供与调查有关的真实材料和信息。知晓有关情况的其他公民、法人和其他组织应当协助行政机关调查。

第四十二条 行政执法证据包括:

(一)书证;

(二)物证;

(三)视听资料;

(四)电子数据;

（五）证人证言；

（六）当事人的陈述；

（七）鉴定意见；

（八）勘验、辨认、搜查、扣押、现场检查等笔录。

第四十三条　下列证据材料不得作为行政执法决定的证据：

（一）违反法定程序收集的；

（二）以利诱、欺诈、胁迫、暴力及其他非法手段取得的；

（三）没有其他证据印证、且相关人员不予认可的证据的复制件或者复制品；

（四）不能正确表达意思的证人提供的证言；

（五）在境外形成的未办理法定证明手续的；

（六）不具备合法性和真实性的其他证据材料。

第四十四条　行政机关及其执法人员不得因当事人提出异议或者申辩而加重处理。

对于当事人的陈述和申辩，行政机关应当予以记录并归入案卷。

对当事人提出的事实和证据，行政机关应当进行审查，采纳其合理意见；不予采纳的，应当说明理由。

第四节　决　定

第四十五条　行政执法决定由行政机关主要负责人或者分管负责人作出；情节复杂或者重大的行政执法决定，应当由行政机关负责人集体讨论决定。

第四十六条　行政执法决定应当以书面形式作出。行政执法决定应当载明下列事项：

（一）当事人基本情况；

（二）事实和证据；

（三）适用依据；

（四）决定内容；

（五）履行方式和时间；

（六）救济途径和期限；

（七）行政机关印章和决定日期；

（八）应当载明的其他事项。

第四十七条　行政执法决定应当说明证据采信理由、依据选择理由和行政裁量理由；未说明理由或者说明理由不充分的，当事人有权要求行政机关予以说明。

第四十八条 有下列情形之一的，行政执法决定可以不说明理由：

（一）行政执法决定有利于当事人的，但是第三人提出异议的情形除外；

（二）情况紧急，行政机关无法说明理由的；

（三）涉及国家秘密、商业秘密、个人隐私的；

（四）法律、法规规定可以不说明理由的其他情形。

有前款第二项情形，当事人自行政执法决定送达之日起三十日内要求行政机关书面说明理由的，行政机关应当书面说明。

第四十九条 行政机关依职权启动行政执法程序的，对事实清楚、当场可以查实且有法定依据的事项，可以依法适用简易程序，当场告知当事人行政执法决定的事实、理由和依据，听取当事人的陈述与申辩，当场作出行政执法决定。

第五十条 公民、法人和其他组织依法申请启动行政执法程序的，行政机关对申请材料齐全、符合法定形式，且依法不需要对申请材料的实质内容进行核实的事项，应当当场作出行政执法决定。

第五十一条 行政执法决定自送达之日起生效。

行政执法决定附条件或者附期限的，应当载明生效的条件或者期限。

第五十二条 行政机关应当建立行政执法案卷，对公民、法人和其他组织的监督检查记录、证据材料、执法文书等立卷归档。

第五节 期限、期间和送达

第五十三条 本规定所称期限，包括法定期限、行政机关承诺期限和其他期限。

期间以时、日、月、年计算。期间开始的时和日，不计算在期间内。

期间届满的最后一日是节假日的，以节假日后的第一日为期间届满的日期（限制人身自由的除外）。

期间不包括在途时间。行政执法文书在期满前交邮的，不算过期。

第五十四条 法律、法规、规章对行政执法程序有明确期限规定的，行政机关必须在法定期限内办结。

法律、法规、规章对行政执法程序没有规定办理期限的，实行限时办结制度。

行政执法程序由行政机关依职权启动的,行政机关应当自程序启动之日起六十日内办结;六十日内不能办结的,经本行政机关负责人批准,可以延长三十日,并将延长期限的理由告知当事人。

行政执法程序依公民、法人和其他组织的申请启动,涉及一个行政机关的,行政机关应当自受理申请之日起二十日内办结;二十日内不能办结的,经本行政机关负责人批准,可以延长十日,并将延长期限的理由告知申请人。涉及两个以上行政机关的,行政机关应当自受理申请之日起四十五日内办结;四十五日内不能办结的,经本级人民政府负责人批准,可以延长十五日,并将延长期限的理由告知申请人。依法应当先经下级行政机关审查或者经上级行政机关批准的事项,负责审查或者批准的行政机关应当自受理之日起二十日内审查或者批准完毕。

行政机关对行政执法程序的办理期限作出明确承诺的,应当在承诺期限内办结。

第五十五条　行政机关作出行政执法决定,依法需要听证、招标、拍卖、检验、检测、检疫、勘验、鉴定、专家评审和公示的,所需时间不计算在规定的期限内。行政机关应当将所需时间书面告知当事人。

第五十六条　当事人因不可抗拒的事由或者其他正当理由耽误期限的,在障碍消除后的十日内,可以申请顺延期限,是否准许,由行政机关决定。

第五十七条　送达行政执法文书应当有送达回证,由受送达人在送达回证上记明收到日期,签名或者盖章。受送达人在送达回证上的签收日期为送达日期。

第五十八条　行政机关应当按照下列先后顺序选择送达方式送达行政执法文书:

(一)直接送达;

(二)留置送达;

(三)委托送达与邮寄送达;

(四)公告送达。

第五十九条　送达行政执法文书,应当直接送交受送达人。受送达人是公民的,本人不在时,应当交其同住成年家属签收;受送达人是法人或者其他组织的,应当由法人的法定代表人、其他组织的主要负责人或者该法人、组织负责收件的人签收;受送达人有代理人的,可以送交其代理人签收;受送达人已向行政机关指定代收人的,送交代收人签收。

第六十条　受送达人的同住成年家属,法人或者其他组织负责收件的人、代理人或者代收人在送达回证上签收的日期为送达日期。

受送达人或者其同住成年家属拒绝接收行政执法文书的,送达人可以邀请有关基层组织或者所在单位的代表到场,说明情况,在送达回证上记明拒收事由和日期,由送达人、见证人签名或者盖章,把行政执法文书留在受送达人的住所;也可以把行政执法文书留在受送达人的住所,并采用拍照、录像等方式记录送达过程,即视为送达。

经受送达人同意,行政机关可以采用传真、电子邮件等能够确认其收悉的方式送达行政执法文书,但裁决书、协议书、调解书除外。

采用前款方式送达的,以传真、电子邮件等到达受送达人特定系统的日期为送达日期。

第六十一条　直接送达行政执法文书有困难的,可以委托其他行政机关代为送达,或者邮寄送达。邮寄送达的,以回执上注明的收件日期为送达日期。

受送达人是军人的,通过其所在部队团以上单位的政治机关转交。

受送达人被监禁的,通过其所在监所转交。

受送达人被采取强制性教育措施的,通过其所在强制性教育机构转交。

代为转交的机关、单位收到行政执法文书后,应当立即交受送达人签收,以在送达回证上的签收日期,为送达日期。

第六十二条　受送达人下落不明,或者用本节规定的其他方式无法送达的,应当公告送达。自发出公告之日起,经过六十日,即视为送达。

公告送达,应当在案卷中记明原因和经过。

第四章　特别行为程序

第一节　行政合同

第六十三条　本规定所称行政合同,是指行政机关为了实现行政管理目的,与公民、法人或者其他组织之间,经双方意思表示一致所达成的协议。

第六十四条　订立行政合同一般采用招标、拍卖等方式,并以书面形式签订,但法律、法规、规章对订立行政合同另有规定的,从其规定。

第六十五条　行政合同依照法律、法规规定须经其他行政机关批准或者会同办理的,经过其他行政机关批准或者会同办理后,行政合同才能生效。

第六十六条　行政机关有权对行政合同的履行进行指导和监督,但是不得对当事人履行合同造成妨碍。

第六十七条　行政合同受法律保护,行政机关不得擅自变更或者解除。

第二节　行政指导

第六十八条　本规定所称行政指导,是指行政机关为实现特定的行政目的,在其法定的职权范围内或者依据法律、法规、规章和政策,以指导、劝告、提醒、建议等非强制性方式,引导公民、法人和其他组织作出或者不作出某种行为的活动。

第六十九条　行政指导主要用于需要从技术、政策、安全、信息等方面帮助当事人增进其合法利益等需要行政机关实施行政指导的情形。

第七十条　当事人有权自主决定是否接受、听从、配合行政指导。行政机关在实施行政指导的过程中,不得采取或者变相采取强制措施迫使当事人接受行政指导,并不得因当事人拒绝接受、听从、配合行政指导而对其采取不利措施。

第七十一条　行政指导采取以下方式实施:

(一)制定和发布指导性的政策;

(二)提供技术指导和帮助;

(三)发布信息;

(四)示范、引导、提醒;

(五)建议、劝告、说服;

(六)其他指导方式。

第七十二条　实施行政指导可以采取书面、口头或者其他合理形式。当事人要求采取书面形式的,行政机关应当采取书面形式。

第七十三条　行政机关可以主动实施行政指导,也可以依当事人申请实施行政指导。

第七十四条　行政指导的目的、内容、理由、依据、实施者以及背景资料等事项,应当对当事人或者公众公开。

第七十五条　实施行政指导涉及专业性、技术性问题的,应当经过专家论证,专家论证意见应当记录在案。

第七十六条　行政机关实施重大行政指导,应当采取公布草案、听证会、座谈会、开放式听取意见等方式,广泛听取公民、法人或者其他组织的意见。

第七十七条　行政机关实施行政指导,应当告知当事人有自由选择的权利,当事人有权陈述意见。

行政机关应当认真听取、采纳当事人合理、可行的意见。

第三节　行政裁决

第七十八条　本规定所称行政裁决,是指行政机关根据法律、法规的授权,处理公民、法人或者其他组织相互之间发生的与其行政职权密切相关的民事纠纷的活动。

第七十九条　公民、法人或者其他组织申请行政裁决,可以书面申请,也可以口头申请;口头申请的,行政机关应当当场记录申请人的基本情况、行政裁决请求、申请行政裁决的主要事实、理由和时间。

第八十条　行政机关收到公民、法人或者其他组织申请后,应当在五日内审查完毕,并根据下列情况分别作出处理:

(一)申请事项属于本机关管辖范围内的,应当受理,受理后五日内,应当将申请书副本或者申请笔录复印件发送给被申请人;

(二)申请事项不属于本机关管辖范围内的,应当告知申请人向有关行政机关提出;

(三)申请事项依法不能适用行政裁决程序解决的,不予受理,并告知申请人不予受理的理由。

第八十一条　被申请人应当自收到申请书副本或者申请笔录复印件之日起十日内,向行政机关提交书面答复及相关证据材料。

行政机关应当在收到被申请人提交的书面答复之日起五日内,将书面答复副本发送申请人。

第八十二条　行政机关审理行政裁决案件,一般由二人以上参加。

双方当事人对主要事实有争议的,行政机关应当公开审理,充分听取双方当事人的意见。双方当事人对主要事实没有争议的,行政机关可以采取书面审查的方式进行审理。

行政机关认为必要时,可以实地调查核实证据;对重大、复杂的案件,申请人提出要求或者行政机关认为必要时,可以采取听证的方式审理。

第八十三条　经当事人申请,行政机关应当先行调解,调解不成的,依法作出裁决。行政机关作出裁决后应当制作行政裁决书。行政裁决书应当载明:

(一)当事人的基本情况;

(二)争议的事实;

（三）认定的事实；

（四）适用的法律规范；

（五）裁决内容及理由；

（六）救济的途径和期限；

（七）行政机关印章和日期；

（八）其他应当载明的事项。

第八十四条　行政机关应当自受理申请之日起六十日内作出裁决；情况复杂的，经本行政机关主要负责人批准，可以延长三十日作出裁决，并应当将延长期限告知申请人。

第四节　行政给付

第八十五条　本规定所称行政给付，是指行政机关根据公民、法人和其他组织的申请，依照有关法律、法规、规章或者规范性文件的规定，发放抚恤金、社会保险金、最低生活保障金和其他福利等赋予物质权益或者与物质有关的权益的行为。

第八十六条　行政给付应当遵循有利于保护群众利益、促进社会公正、维护社会稳定的原则。

第八十七条　行政给付应当根据法律、法规、规章或者规范性文件规定的范围、对象、等级、标准和期限实施。

第八十八条　实施行政给付应当建立账册登记制度，由公民、法人和其他组织在账册上签字或者盖章。

行政给付的账册应当定期交付审计，审计结果应当依法向社会公布。

第八十九条　行政机关变更行政给付范围、对象、等级、标准、期限或者废止相应项目的，应当提前三十日告知公民、法人和其他组织。

第九十条　公民、法人和其他组织以欺骗、贿赂等不正当手段取得行政给付的，行政机关应当撤销，并予以追回。

第五节　行政调解

第九十一条　本规定所称行政调解，是指行政机关为化解社会矛盾、维护社会稳定，依照法律、法规、规章和有关规定的职权，通过说服教育和疏导，促使争议双方互谅互让，化解矛盾纠纷的活动。

第九十二条　行政机关应当对下列争议和纠纷进行行政调解：

（一）行政机关在行使职权过程中与公民、法人或者其他组织之间因行政管理产生的行政争议和纠纷；

（二）公民、法人或者其他组织之间产生的与行政机关职能有直接或者间接关联的行政争议和纠纷；

（三）民事纠纷发生后，因行政机关的介入引发的行政争议和纠纷。

第九十三条 行政机关进行行政调解应当遵循自愿、合法、平等、积极主动的原则。

第九十四条 行政机关接到当事人要求调解的申请后，经审查认为符合受理条件的，应当及时受理；不予受理的，应当向当事人说明理由。

调解应当制作笔录，并在三十日内调解完毕。

第九十五条 行政机关调解人员应当在查明事实、分清是非的基础上，根据纠纷双方特点和纠纷性质、难易程度、发展变化的情况，运用宣传政策法规、说服教育、协调疏导等方式方法，引导、帮助当事人自行和解或者达成调解协议。

第九十六条 经调解达成和解协议或者调解协议的，应当制作和解协议书或者调解协议书。协议书一式三份，调解机关和当事人双方各执一份。

第九十七条 当事人应当积极履行和解协议或者调解协议。和解协议书或者行政调解书应当载明下列事项：

（一）纠纷事由；

（二）调解事项和事实；

（三）调解结果；

（四）申请人和被申请人签名或者盖章；

（五）调解机关印章和日期。

第五章　监督及责任追究程序

第九十八条 行政机关应当加强层级监督，健全完善层级监督制度，创新层级监督机制和方式。

监察、审计等专门监督机关应当切实履行法定职责，依法加强专门监督。各级行政机关应当接受监察、审计等专门监督机关的监督。

第九十九条 行政机关应当接受同级人民代表大会及其常委会的监督，接受人民政协的民主监督，依照有关法律的规定接受司法机关的监督，接受新闻舆论和人民群众的监督。

　　第一百条　县级以上人民政府应当加强政府绩效管理,逐步建立健全政府绩效管理体系,实行政府绩效评估,提高行政效能。

　　第一百零一条　县级以上人民政府应当加强对本规定实施情况的监督检查,及时纠正行政程序违法行为。

　　监督检查主要以下列方式进行:

　　(一)重大行政行为登记和备案;

　　(二)行政执法评议考核;

　　(三)行政执法案卷评查;

　　(四)受理、调查公众投诉、举报和媒体曝光的行政程序违法行为;

　　(五)查处行政程序违法行为;

　　(六)其他监督检查方式。

　　第一百零二条　县级以上人民政府法制工作机构应当建立行政机关依法行政档案,对本级人民政府各工作部门和下一级人民政府的行政程序违法行为应当予以登记,并将违法记录向社会公布。

　　第一百零三条　公民、法人或者其他组织认为行政机关的行政行为违反法定程序的,可以向其上级行政机关、本级人民政府监察机关、政府法制工作机构投诉、举报,要求调查和处理。

　　上级行政机关、监察机关、政府法制工作机构应当公布受理投诉、举报的承办机构和联系方式。

　　第一百零四条　行政机关违反本规定的,应当依职权或者依公民、法人和其他组织的申请自行纠正。行政机关在限期内不自行纠正的,由有监督权的机关根据违法行为的性质、程度等情况,依照职权分别作出如下处理:

　　(一)责令履行;

　　(二)确认无效;

　　(三)撤销;

　　(四)责令补正或者更正;

　　(五)确认违法。

　　第一百零五条　行政机关具有下列情形之一的,应当责令履行:

　　(一)不履行法定职责的;

　　(二)拖延履行法定职责的。

　　第一百零六条　具有下列情形之一的,行政执法行为无效:

　　(一)不具有法定行政执法主体资格的;

（二）没有法定依据的；

（三）法律、法规、规章规定的其他无效情形。

行政执法行为的内容被部分确认无效的，其他部分仍然有效，但是除去无效部分后行政行为不能成立的，应当全部无效。

无效的行政执法行为，自始不发生法律效力。

第一百零七条　具有下列情形之一的，行政执法行为应当撤销：

（一）证据不足的；

（二）适用依据错误的；

（三）违反法定程序的，但是可以补正的除外；

（四）超越法定职权的；

（五）滥用职权的；

（六）法律、法规、规章规定的其他应当撤销的情形。

行政执法行为的内容被部分撤销的，其他部分仍然有效，但是除去撤销部分后行政行为不能成立的，应当全部撤销。

行政执法行为被撤销后，其撤销效力追溯至行政执法行为作出之日；法律、法规和规章另有规定的，其撤销效力可以自撤销之日发生。

行政执法行为被撤销的，如果发现新的证据，行政机关可以依法重新作出行政执法行为。

第一百零八条　行政执法行为的撤销，不适用以下情形：

（一）撤销可能对公共利益造成重大损害的；

（二）法律、法规、规章规定的其他不予撤销的情形。

行政执法行为不予撤销的，行政机关应当自行采取补救措施或者由有权机关责令采取补救措施。

第一百零九条　具有下列情形之一的，行政执法行为应当予以补正或者更正：

（一）未说明理由且事后补充说明理由，当事人、利害关系人没有异议的；

（二）文字表述错误或者计算错误的；

（三）未载明决定作出日期的；

（四）程序上存在其他轻微瑕疵或者遗漏，未侵犯公民、法人或者其他组织合法权利的。

补正应当以书面决定的方式作出。

第一百一十条　行政执法行为具有下列情形之一的，应当确认违法：

（一）行政机关不履行职责,责令其履行法定职责已无实际意义的;

（二）行政执法行为违法,不具有可撤销内容的;

（三）行政执法行为违法,依法不予撤销的;

（四）其他应当确认违法的情形。

第一百一十一条　行政机关的具体行政行为违反法定程序,侵犯公民、法人或者其他组织合法权益的,公民、法人或者其他组织可以依法申请行政复议或者依法提起行政诉讼。

第一百一十二条　责任追究应当坚持实事求是、错责相当、教育与惩戒相结合的原则。

第一百一十三条　行政机关及其工作人员违反本规定,有下列情形之一的,依照国家和自治区有关规定追究责任:

（一）不具有行政执法主体资格实施行政执法行为的;

（二）违法进行行政委托的;

（三）超越或者滥用职权的;

（四）不履行或者拖延履行法定职责的;

（五）行政决定被撤销、被确认违法或者无效的;

（六）不按照行政裁量权基准进行裁量的;

（七）因行政程序违法导致行政赔偿的;

（八）不进行行政协助的;

（九）违反本规定的其他情形。

第一百一十四条　责任承担主体包括行政机关及其工作人员。

行政机关工作人员包括直接责任人员和直接负责的主管人员。直接责任人员是指行政行为的具体承办人;直接负责的主管人员是指行政行为的审核人和批准人。

前款所称审核人,包括行政机关内设机构负责人、行政机关分管负责人以及按照规定行使审核职权的其他审核人;批准人包括签发行政决定的行政机关负责人以及按照规定或者经授权行使批准职权的其他批准人。

第一百一十五条　责任追究采用下列方式:

（一）对行政机关的责任追究方式为:责令限期整改、通报批评、取消评比先进的资格等;

（二）对行政机关审核人和批准人的责任追究方式为:诫勉谈话、责令限期整改、责令作出书面检查、责令公开道歉、取消年度评比先进资格、通报批评、责

令停职反省或者责令辞职、建议免职以及处分;

(三)对行政机关行政行为的具体承办人的责任追究方式为:责令作出书面检查、批评教育、取消年度评比先进资格、暂扣行政执法证件、离岗培训、调离工作岗位、取消行政执法资格以及处分等。

第一百一十六条 责任追究机关按照下列权限进行责任追究:

(一)对行政机关给予责任追究的,由本级人民政府决定;

(二)对行政机关审核人和批准人给予责任追究的,由任免机关或者本级人民政府监察机关依法决定;

(三)对行政行为的具体承办人给予责令作出书面检查、批评教育、取消年度评比先进资格、离岗培训、调离工作岗位处理的,由本行政机关决定;给予暂扣行政执法证件处理的,由本行政机关或者本级人民政府法制工作机构决定;取消行政执法资格的,由发证机关决定;

(四)对行政机关工作人员给予处分的,由任免机关或者监察机关按照管理权限和规定程序办理。

第一百一十七条 行政机关违反法定程序实施行政行为,侵犯公民、法人或者其他组织合法权益造成损害的,依法承担行政赔偿责任。

行政机关履行赔偿义务后,应当责令有故意或者重大过失的工作人员,承担部分或者全部赔偿费用。

第一百一十八条 行政机关工作人员违反法定程序,滥用职权、玩忽职守、徇私舞弊,侵害公民、法人或者其他组织的合法权益,依法给予处分;构成犯罪的,依法追究刑事责任。

第六章 附 则

第一百一十九条 行政许可、行政处罚、行政强制、行政听证等程序按照国家和自治区有关法律、法规和规章规定执行。

第一百二十条 本规定自 2015 年 3 月 1 日起施行。

中华人民共和国政府信息公开条例

中华人民共和国国务院令第 492 号

《中华人民共和国政府信息公开条例》已经 2007 年 1 月 17 日国务院第 165 次常务会议通过,现予公布,自 2008 年 5 月 1 日起施行。

总　理　温家宝

二〇〇七年四月五日

中华人民共和国政府信息公开条例

第一章　总　则

第一条　为了保障公民、法人和其他组织依法获取政府信息,提高政府工作的透明度,促进依法行政,充分发挥政府信息对人民群众生产、生活和经济社会活动的服务作用,制定本条例。

第二条　本条例所称政府信息,是指行政机关在履行职责过程中制作或者获取的,以一定形式记录、保存的信息。

第三条　各级人民政府应当加强对政府信息公开工作的组织领导。

国务院办公厅是全国政府信息公开工作的主管部门,负责推进、指导、协调、监督全国的政府信息公开工作。

县级以上地方人民政府办公厅(室)或者县级以上地方人民政府确定的其他政府信息公开工作主管部门负责推进、指导、协调、监督本行政区域的政府信息公开工作。

第四条　各级人民政府及县级以上人民政府部门应当建立健全本行政机关的政府信息公开工作制度,并指定机构(以下统称政府信息公开工作机构)负责本行政机关政府信息公开的日常工作。

政府信息公开工作机构的具体职责是:

（一）具体承办本行政机关的政府信息公开事宜；

（二）维护和更新本行政机关公开的政府信息；

（三）组织编制本行政机关的政府信息公开指南、政府信息公开目录和政府信息公开工作年度报告；

（四）对拟公开的政府信息进行保密审查；

（五）本行政机关规定的与政府信息公开有关的其他职责。

第五条 行政机关公开政府信息，应当遵循公正、公平、便民的原则。

第六条 行政机关应当及时、准确地公开政府信息。行政机关发现影响或者可能影响社会稳定、扰乱社会管理秩序的虚假或者不完整信息的，应当在其职责范围内发布准确的政府信息予以澄清。

第七条 行政机关应当建立健全政府信息发布协调机制。行政机关发布政府信息涉及其他行政机关的，应当与有关行政机关进行沟通、确认，保证行政机关发布的政府信息准确一致。

行政机关发布政府信息依照国家有关规定需要批准的，未经批准不得发布。

第八条 行政机关公开政府信息，不得危及国家安全、公共安全、经济安全和社会稳定。

第二章　公开的范围

第九条 行政机关对符合下列基本要求之一的政府信息应当主动公开：

（一）涉及公民、法人或者其他组织切身利益的；

（二）需要社会公众广泛知晓或者参与的；

（三）反映本行政机关机构设置、职能、办事程序等情况的；

（四）其他依照法律、法规和国家有关规定应当主动公开的。

第十条 县级以上各级人民政府及其部门应当依照本条例第九条的规定，在各自职责范围内确定主动公开的政府信息的具体内容，并重点公开下列政府信息：

（一）行政法规、规章和规范性文件；

（二）国民经济和社会发展规划、专项规划、区域规划及相关政策；

（三）国民经济和社会发展统计信息；

（四）财政预算、决算报告；

（五）行政事业性收费的项目、依据、标准；

（六）政府集中采购项目的目录、标准及实施情况；

（七）行政许可的事项、依据、条件、数量、程序、期限以及申请行政许可需要提交的全部材料目录及办理情况；

（八）重大建设项目的批准和实施情况；

（九）扶贫、教育、医疗、社会保障、促进就业等方面的政策、措施及其实施情况；

（十）突发公共事件的应急预案、预警信息及应对情况；

（十一）环境保护、公共卫生、安全生产、食品药品、产品质量的监督检查情况。

第十一条　设区的市级人民政府、县级人民政府及其部门重点公开的政府信息还应当包括下列内容：

（一）城乡建设和管理的重大事项；

（二）社会公益事业建设情况；

（三）征收或者征用土地、房屋拆迁及其补偿、补助费用的发放、使用情况；

（四）抢险救灾、优抚、救济、社会捐助等款物的管理、使用和分配情况。

第十二条　乡（镇）人民政府应当依照本条例第九条的规定，在其职责范围内确定主动公开的政府信息的具体内容，并重点公开下列政府信息：

（一）贯彻落实国家关于农村工作政策的情况；

（二）财政收支、各类专项资金的管理和使用情况；

（三）乡（镇）土地利用总体规划、宅基地使用的审核情况；

（四）征收或者征用土地、房屋拆迁及其补偿、补助费用的发放、使用情况；

（五）乡（镇）的债权债务、筹资筹劳情况；

（六）抢险救灾、优抚、救济、社会捐助等款物的发放情况；

（七）乡镇集体企业及其他乡镇经济实体承包、租赁、拍卖等情况；

（八）执行计划生育政策的情况。

第十三条　除本条例第九条、第十条、第十一条、第十二条规定的行政机关主动公开的政府信息外，公民、法人或者其他组织还可以根据自身生产、生活、科研等特殊需要，向国务院部门、地方各级人民政府及县级以上地方人民政府部门申请获取相关政府信息。

第十四条　行政机关应当建立健全政府信息发布保密审查机制，明确审查的程序和责任。

行政机关在公开政府信息前，应当依照《中华人民共和国保守国家秘密法》

以及其他法律、法规和国家有关规定对拟公开的政府信息进行审查。

行政机关对政府信息不能确定是否可以公开时,应当依照法律、法规和国家有关规定报有关主管部门或者同级保密工作部门确定。

行政机关不得公开涉及国家秘密、商业秘密、个人隐私的政府信息。但是,经权利人同意公开或者行政机关认为不公开可能对公共利益造成重大影响的涉及商业秘密、个人隐私的政府信息,可以予以公开。

第三章　公开的方式和程序

第十五条　行政机关应当将主动公开的政府信息,通过政府公报、政府网站、新闻发布会以及报刊、广播、电视等便于公众知晓的方式公开。

第十六条　各级人民政府应当在国家档案馆、公共图书馆设置政府信息查阅场所,并配备相应的设施、设备,为公民、法人或者其他组织获取政府信息提供便利。

行政机关可以根据需要设立公共查阅室、资料索取点、信息公告栏、电子信息屏等场所、设施,公开政府信息。

行政机关应当及时向国家档案馆、公共图书馆提供主动公开的政府信息。

第十七条　行政机关制作的政府信息,由制作该政府信息的行政机关负责公开;行政机关从公民、法人或者其他组织获取的政府信息,由保存该政府信息的行政机关负责公开。法律、法规对政府信息公开的权限另有规定的,从其规定。

第十八条　属于主动公开范围的政府信息,应当自该政府信息形成或者变更之日起 20 个工作日内予以公开。法律、法规对政府信息公开的期限另有规定的,从其规定。

第十九条　行政机关应当编制、公布政府信息公开指南和政府信息公开目录,并及时更新。

政府信息公开指南,应当包括政府信息的分类、编排体系、获取方式,政府信息公开工作机构的名称、办公地址、办公时间、联系电话、传真号码、电子邮箱等内容。

政府信息公开目录,应当包括政府信息的索引、名称、内容概述、生成日期等内容。

第二十条　公民、法人或者其他组织依照本条例第十三条规定向行政机关申请获取政府信息的,应当采用书面形式(包括数据电文形式);采用书面形式确有困难的,申请人可以口头提出,由受理该申请的行政机关代为填写政府信息公开申请。

政府信息公开申请应当包括下列内容:

(一)申请人的姓名或者名称、联系方式;

(二)申请公开的政府信息的内容描述;

(三)申请公开的政府信息的形式要求。

第二十一条　对申请公开的政府信息,行政机关根据下列情况分别作出答复:

(一)属于公开范围的,应当告知申请人获取该政府信息的方式和途径;

(二)属于不予公开范围的,应当告知申请人并说明理由;

(三)依法不属于本行政机关公开或者该政府信息不存在的,应当告知申请人,对能够确定该政府信息的公开机关的,应当告知申请人该行政机关的名称、联系方式;

(四)申请内容不明确的,应当告知申请人作出更改、补充。

第二十二条　申请公开的政府信息中含有不应当公开的内容,但是能够作区分处理的,行政机关应当向申请人提供可以公开的信息内容。

第二十三条　行政机关认为申请公开的政府信息涉及商业秘密、个人隐私,公开后可能损害第三方合法权益的,应当书面征求第三方的意见;第三方不同意公开的,不得公开。但是,行政机关认为不公开可能对公共利益造成重大影响的,应当予以公开,并将决定公开的政府信息内容和理由书面通知第三方。

第二十四条　行政机关收到政府信息公开申请,能够当场答复的,应当当场予以答复。

行政机关不能当场答复的,应当自收到申请之日起 15 个工作日内予以答复;如需延长答复期限的,应当经政府信息公开工作机构负责人同意,并告知申请人,延长答复的期限最长不得超过 15 个工作日。

申请公开的政府信息涉及第三方权益的,行政机关征求第三方意见所需时间不计算在本条第二款规定的期限内。

第二十五条　公民、法人或者其他组织向行政机关申请提供与其自身相关的税费缴纳、社会保障、医疗卫生等政府信息的,应当出示有效身份证件或者证明文件。

公民、法人或者其他组织有证据证明行政机关提供的与其自身相关的政府信息记录不准确的,有权要求该行政机关予以更正。该行政机关无权更正的,应当转送有权更正的行政机关处理,并告知申请人。

第二十六条 行政机关依申请公开政府信息,应当按照申请人要求的形式予以提供;无法按照申请人要求的形式提供的,可以通过安排申请人查阅相关资料、提供复制件或者其他适当形式提供。

第二十七条 行政机关依申请提供政府信息,除可以收取检索、复制、邮寄等成本费用外,不得收取其他费用。行政机关不得通过其他组织、个人以有偿服务方式提供政府信息。

行政机关收取检索、复制、邮寄等成本费用的标准由国务院价格主管部门会同国务院财政部门制定。

第二十八条 申请公开政府信息的公民确有经济困难的,经本人申请、政府信息公开工作机构负责人审核同意,可以减免相关费用。

申请公开政府信息的公民存在阅读困难或者视听障碍的,行政机关应当为其提供必要的帮助。

第四章　监督和保障

第二十九条 各级人民政府应当建立健全政府信息公开工作考核制度、社会评议制度和责任追究制度,定期对政府信息公开工作进行考核、评议。

第三十条 政府信息公开工作主管部门和监察机关负责对行政机关政府信息公开的实施情况进行监督检查。

第三十一条 各级行政机关应当在每年 3 月 31 日前公布本行政机关的政府信息公开工作年度报告。

第三十二条 政府信息公开工作年度报告应当包括下列内容:

(一)行政机关主动公开政府信息的情况;

(二)行政机关依申请公开政府信息和不予公开政府信息的情况;

(三)政府信息公开的收费及减免情况;

(四)因政府信息公开申请行政复议、提起行政诉讼的情况;

(五)政府信息公开工作存在的主要问题及改进情况;

(六)其他需要报告的事项。

第三十三条 公民、法人或者其他组织认为行政机关不依法履行政府信息公开义务的,可以向上级行政机关、监察机关或者政府信息公开工作主管部门举报。收到举报的机关应当予以调查处理。

公民、法人或者其他组织认为行政机关在政府信息公开工作中的具体行政行为侵犯其合法权益的,可以依法申请行政复议或者提起行政诉讼。

第三十四条 行政机关违反本条例的规定,未建立健全政府信息发布保密审查机制的,由监察机关、上一级行政机关责令改正;情节严重的,对行政机关主要负责人依法给予处分。

第三十五条 行政机关违反本条例的规定,有下列情形之一的,由监察机关、上一级行政机关责令改正;情节严重的,对行政机关直接负责的主管人员和其他直接责任人员依法给予处分;构成犯罪的,依法追究刑事责任:

(一)不依法履行政府信息公开义务的;

(二)不及时更新公开的政府信息内容、政府信息公开指南和政府信息公开目录的;

(三)违反规定收取费用的;

(四)通过其他组织、个人以有偿服务方式提供政府信息的;

(五)公开不应当公开的政府信息的;

(六)违反本条例规定的其他行为。

第五章 附 则

第三十六条 法律、法规授权的具有管理公共事务职能的组织公开政府信息的活动,适用本条例。

第三十七条 教育、医疗卫生、计划生育、供水、供电、供气、供热、环保、公共交通等与人民群众利益密切相关的公共企事业单位在提供社会公共服务过程中制作、获取的信息的公开,参照本条例执行,具体办法由国务院有关主管部门或者机构制定。

第三十八条 本条例自 2008 年 5 月 1 日起施行。

广州市政府信息公开规定（2015 年修正本）

（2002 年 11 月 6 日广州市人民政府令
第 8 号公布　根据 2015 年 9 月 30 日广州市人民政府令
第 132 号《广州市人民政府关于因行政区划调整修改
〈广州市扩大区县级市管理权限规定〉等 93 件政府规章的决定》修正）

第一章　总　则

第一条　为保障个人和组织的知情权,规范政府信息公开,增加行政活动的透明度,监督政府机关依法行使职权,依据有关法律、法规的规定,结合本市实际,制定本规定。

第二条　本规定所称的政府信息,是指各级人民政府及其职能部门以及依法行使行政职权的组织在其管理或提供公共服务过程中制作、获得或拥有的信息。

第三条　广州市行政区域内的政府信息公开,适用本规定。

第四条　各级人民政府及其职能部门以及依法行使行政职权的组织是公开义务人,应当依法履行公开政府信息的义务。

个人和组织是公开权利人,依法享有获取政府信息的权利。

第五条　各级人民政府政务公开主管机构负责组织实施本规定。

各级人民政府法制机构、监察部门依照各自职能监督实施本规定。

第六条　政府信息以公开为原则,不公开为例外。

政府信息公开应当遵循合法、及时、真实和公正的原则。

第七条　公开权利人行使获得政府信息的权利,不得侵犯他人隐私、商业秘密、国家秘密或其他社会公共利益。

任何个人或组织不得非法阻挠或限制公开义务人公开政府信息的活动以及公开权利人行使依法获取政府信息的权利。

第八条　公开义务人根据本规定提供政府信息,不得收费,但法律、法规或本规定另有规定的除外。

各级人民政府应当将政府信息公开的经费纳入年度预算,保障政府信息公开活动的正常进行。

第二章　公开内容

第九条　公开义务人应当主动向社会公开下列事权方面的政府信息:

(一)本行政区域的社会经济发展战略、发展计划、工作目标及完成情况;

(二)事关全局的重大决策;

(三)规章、规范性文件及其他政策措施;

(四)政府的机构设置、职能和设定依据;

(五)政府行政审批项目;

(六)当地重大突发事件的处理情况;

(七)承诺办理的事项及其完成情况。

公开义务人应当主动向社会公开下列财权方面的政府信息:

(一)经本级人民代表大会通过的政府年度财政预算报告及其执行情况;

(二)重要专项经费的分配使用情况,重要物资招标采购情况和重大基本建设项目招投标情况;

(三)政府投资建设的社会公益事业情况。

公开义务人应当主动向社会公开下列人事权方面的政府信息:

(一)政府领导成员的履历、分工和调整变化情况;

(二)公务员录用、选拔任用、评选先进的条件、程序及结果;

(三)政府机构改革人员分流情况。

第十条　公开义务人应当主动向社会公开下列政府信息:

(一)行政行为的依据;

(二)行政行为的程序;

(三)行政行为的时限;

(四)救济途径和时限。

第十一条　公开义务人对相对人作出行政处理决定时,应当主动向其告知下列政府信息:

(一)决定部门;

(二)决定程序;

(三)决定依据和理由;

（四）决定结果；

（五）救济途径和时限。

第十二条 公开义务人的下列内部政府信息，应当实行内部公开：

（一）领导成员廉洁自律情况；

（二）内部财务收支情况；

（三）内部审计结果；

（四）公务员人事管理情况；

（五）其他应当公开的内部政府信息。

第十三条 公开权利人有权向公开义务人申请公开未在第九条和第十条中列明的其他政府信息。除非该信息属于法律、法规或本规定禁止公开的内容，公开义务人应当按照申请向公开权利人公开。

公开权利人有权要求公开义务人向其公开所掌握的有关自己的政府信息，公开权利人发现该信息的内容有错误或不准确的，有权要求公开义务人予以更正。

第十四条 下列政府信息不予公开：

（一）个人隐私；

（二）商业秘密；

（三）国家秘密；

（四）除第十九条规定以外的在审议、讨论过程中的政府信息；

（五）法律、法规禁止公开的其他政府信息。

第三章　公开方式

第十五条 依据本规定第九条和第十条规定公开政府信息的，应当采取符合该信息特点的以下一种或几种方式予以公开：

（一）设立统一的政府综合门户网站；

（二）定期公开发行政府信息专刊或利用报刊、广播、电视等其他媒体发布政府信息；

（三）设立固定的政府信息公开厅、公开栏、电子屏幕、电子触摸屏等；

（四）定期召开政府新闻发布会；

（五）设立政府信息公开服务热线；

（六）其他便于公众知晓的形式。

第十六条 依据本规定第十一条公开政府信息的，应当按照下列方式进行：

（一）决定作出前，向相对人出示执法证件，以书面或口头方式，事先告知相对人相应的权利义务、决定的适用程序以及法定依据；

（二）决定作出后，公开执法文书。执法文书上应载明本规定第十一条规定的内容。

第十七条　依据本规定第十二条公开内部政府信息的，以符合该公开义务人实际情况的适当方式进行。

第十八条　依照本规定第十三条公开政府信息的，以查阅、放音、放像或电子阅览等符合该信息特性的方式进行。

第十九条　涉及个人或组织的重大利益，或者有重大社会影响的事项在正式决定前，实行预公开制度，决定部门应当将拟决定的方案和理由向社会公布，在充分听取意见后进行调整，再作出决定。

第四章　公开程序

第二十条　公开义务人未履行本规定第九条和第十条规定的主动公开义务的，公开权利人可以以书面形式或通过政府综合门户网站要求公开义务人履行，公开义务人应当在接到公开申请书之日起 15 个工作日内向社会公开。公开权利人申请公开的内容已经公开的，公开义务人应当给予指引。

公开义务人未履行本规定第十一条规定的主动公开义务的，相对人可以随时要求公开义务人履行，公开义务人应当即时向相对人公开。

第二十一条　公开权利人依照本规定第十三条申请公开的，可以书面申请，也可以口头申请；口头申请的，公开义务人应当当场记录。申请应当包含以下内容：

（一）申请人的基本情况，包括姓名或名称、地址、身份证明、联系方式等；

（二）请求公开的具体内容；

（三）申请人的签名或盖章；

（四）申请时间。

第二十二条　公开义务人应当在接到申请书时向公开权利人即时送达受理回执，并在接到申请书之日起 15 个工作日内决定是否公开，同时制作公开决定书送达公开权利人。

因信息资料处理等客观原因及其他正当的理由，公开义务人可将作出是否公开的决定的期限延长至 30 个工作日，并应及时以书面方式将延长后的期限和延长的理由通知公开权利人。

公开义务人决定公开的,应当在公开决定书中载明公开的时间、场所、方式和应支付的费用;决定部分公开或不公开的,应当在公开决定书中说明理由。

公开时间自公开义务人作出公开决定之日起,不得超过 15 个工作日。

第二十三条 申请公开的政府信息含有禁止或限制公开内容但能够区分处理的,可公开部分应当向申请人公开。

当公开义务人向申请人表明某政府信息是否存在,即会导致公开不应公开的政府信息的后果时,公开义务人有权对该信息的存在与否不予确认。

第二十四条 政府信息尚未确定是否属于国家秘密范围的,由承办人员提出具体意见交本机关、单位的主管领导人审核批准后,可依照保密法律法规规定的期限和程序,暂缓公开。

暂缓公开的政府信息,在性质或密级确定后,分别按照本规定第九条、第十条、第十三条或第十四条处理。

第二十五条 公开权利人查阅依申请公开的政府信息时,有权取得查阅证明或相关文件、资料的复印件。

公开义务人根据本规定提供政府信息,只能向公开权利人收取预先确定标准的检索、复制等成本费用,不得收取其他费用。成本费用的收取标准,由物价部门核准。

对于经济特别困难的公开权利人,可以减免收费。

第二十六条 公开义务人因不可抗力或其他法定事由不能在规定的期限内作出是否公开的决定或将被申请材料向申请人公开的,期间中止,公开义务人应及时用书面形式通知申请人中止理由。

中止原因消除之日起,期间继续计算。

第五章 监督与救济

第二十七条 市人民政府政务公开主管机构主要通过下列方式对政府信息公开行为进行监督:

(一)对公开义务人的政府信息公开情况进行定期或不定期检查;

(二)在各公开义务人内部开展评议活动,听取其工作人员对政府信息公开工作的意见;

(三)通过举办民主议政日活动等渠道,广泛倾听社会各界的意见;

(四)设立政府信息公开投诉电话和信箱,及时查处违法或失当行为,并向投诉人通报处理情况。

第二十八条　市人民政府法制机构负责定期对市政府职能部门、各区政府的政府信息公开实施情况进行评议考核。具体考核标准另行制定。

区人民政府法制机构负责对本级政府职能部门和政府派出机构、镇政府的政府信息公开实施情况进行评议考核。

第二十九条　公开权利人不服公开、部分公开或不公开决定的,有权依法申请复议、提起诉讼或请求赔偿。

第六章　法律责任

第三十条　公开义务人实施政府信息公开,违反有关法律法规或本规定的,各级人民政府政务公开主管机构有权责令其限期改正,逾期不改的,予以通报批评,并追究其主要负责人的行政责任。

第三十一条　直接责任人员有下列行为之一的,由有关部门依法给予行政处分,情节严重构成犯罪的,依法追究刑事责任:

（一）违反本规定中关于公开内容、方式、程序、时限的规定的;

（二）违反保密法律法规规定的;

（三）未真实公开政府信息的;

（四）其他违反本规定的行为。

第三十二条　公开义务人隐匿或提供虚假的政府信息,或者泄露商业秘密、个人隐私,给公开权利人造成经济损失的,应当依法予以赔偿。

第七章　附　则

第三十三条　外国人、无国籍人、外国组织在广州市行政区域内申请政府信息公开,同中华人民共和国公民、组织有同等的权利和义务。

外国或地区对中华人民共和国公民、组织的政府信息公开权利加以限制的,对该国或地区公民、组织的政府信息公开权利实行对等原则。

第三十四条　本规定自 2003 年 1 月 1 日起施行。1992 年 7 月 9 日发布施行的《广州市人民政府公开政务活动试行办法》同时废止。

湖北省政府信息公开规定

（2004 年 5 月 8 日湖北省人民政府常务会议审议通过
2004 年 5 月 18 日湖北省人民政府令第 262 号公布
自 2004 年 7 月 1 日起施行）

第一章 总 则

第一条 为推进政务公开,增加行政活动的透明度,保障公民、法人和其他组织的知情权,监督行政机关依法行使职权,根据有关法律、法规,结合本省实际,制定本规定。

第二条 本规定所称的政府信息,是指县级以上人民政府及其职能部门以及依法行使行政职权的组织(以下简称政府机关)在其管理或提供公共服务过程中制作、获得或掌握的相关信息。

第三条 政府信息以公开为原则,不公开为例外。

除下列以外的政府信息必须公开:

(一)国家秘密;

(二)商业秘密和个人隐私;

(三)政府机关作出具体行政行为之前,公开后可能影响国家利益、公共利益和执法活动的;

(四)法律、法规规定免予公开的其他政府信息。

政府信息公开应当遵循合法、真实、便民和及时的原则。

第四条 县级以上人民政府应当加强对政府信息公开工作的领导,将政府信息公开工作经费纳入财政预算。

第五条 县级以上人民政府应当建立政府信息公开联席会议制度,联席会议由政府办公厅(室)、负责信息化工作的行政主管部门、政府法制工作机构、监察部门以及其他有关政府机关组成,负责研究、协调、推进政府信息公开工作。

县级以上人民政府办公厅(室)负责组织本规定的实施。

县级以上人民政府法制工作机构、监察部门依照各自的职责,负责对政府信息公开的实施情况进行评议和监督检查。

第六条　政府机关应当指定专门机构处理本机关的政府信息公开事务,并建立信息公开工作程序和制度。

第二章　政府信息的主动公开

第七条　下列政府信息,政府机关应当主动公开。

(一)政府规章、规范性文件以及与经济、社会管理和公共服务相关的其他文件;

(二)经济社会发展的总体规划、计划及其进展和完成情况;

(三)城镇规划、土地利用规划以及各类专业规划及其执行情况;

(四)行政许可事项的依据、条件和程序以及行政收费项目的依据和标准;

(五)与人口、自然资源、地理、经济发展等有关的基本情况;

(六)政府财政预算、决算和实际支出以及审计状况;

(七)政府机关的机构设置、职能及调整、变动情况;

(八)影响公众安全的疫情、灾情等重大突发事件的预报、发生以及处理情况;

(九)重要专项经费的分配使用情况、重大基本建设项目和政府投资建设的社会公益事业的建设和运行情况;

(十)政府采购目录、限额标准、采购结果以及监督情况;

(十一)扶贫、优抚、教育、社会保障、劳动就业等方面的标准、条件及实施情况;

(十二)公务员招考、录用的条件、程序、结果的有关情况;

(十三)政府机关依法应当主动公开的其他政府信息。

第八条　政府机关应当编制本机关属于主动公开范围的政府信息目录。有条件的政府机关,可以编制本机关主动公开的政府信息以外的其他政府信息目录。

政府信息目录应当适时调整和更新。

第九条　政府机关主动公开的政府信息,应当通过政府网站、政府公报、新闻发布会、新闻媒体和固定设施等一种或多种方式公开。

第十条　省、市人民政府设立政府门户网站。政府门户网站应当定期进行内容更新。

第十一条 政府机关主动公开的政府信息，报刊、电视、电台、新闻网站等新闻媒体应当及时刊登和报道。

第十二条 政府机关应当设立固定的政府信息公开栏、电子屏幕、电子触摸屏等设施，设置公共查阅室或者公共查阅点，方便公众检索和查阅。

有条件的政府机关可以设立政府信息公开服务热线。

第十三条 省、市人民政府建立新闻发言人制度，代表本级政府定期发布政府信息。省人民政府有关部门和县人民政府根据实际需要，建立本部门和本地区新闻发言人制度。未建立新闻发言人制度的地区和部门，如遇突发公共事件，可以临时召开新闻发布会，公开事件的相关情况。

第十四条 属主动公开的政府信息，政府机关应当在信息生成后及时公开，因特殊原因不能及时公开的，公开时间不能迟于信息生成后15日。

政府机关未履行主动公开义务的，公民、法人或其他组织可以要求政府机关及时公开，并有权向有关监督机关投诉。

第十五条 涉及公民、法人和其他组织的重大利益，或者有重大社会影响的事项在正式决定前，实行预公开制度，政府机关应当将拟决定的方案向社会公布，在充分听取意见后进行调整，再作出决定。

第三章　政府信息的依申请公开

第十六条 公民、法人和其他组织有权依据本规定，要求政府机关公开其应当主动公开的政府信息以外的其他政府信息。

申请公开政府信息的，可以采用信函、电报、传真、电子邮件等方式或口头向有关政府机关提出。口头申请的，政府机关应当作好记录。

申请应当包括申请人的基本情况，所需政府信息的内容描述等，以便政府机关工作人员查询和答复。

第十七条 政府机关收到申请后应当登记，并在接到申请之日起15个工作日内决定是否公开，同时答复申请人。决定公开的，应当在申请人办理申请手续后当场公开；不能当场公开的，应当在申请人办理手续后10个工作日内公开。决定不予公开的，应当书面说明理由。申请人有异议的，可向有关监督机关反映。

第十八条 政府机关应当根据公民、法人和其他组织的申请和实际需要，结合信息的特点，决定采取适当的公开形式。

第十九条 因信息资料处理等客观原因及其他正当理由不能在规定的期限内决定是否公开或者提供信息的，经政府机关信息公开专门机构负责人同意,可以将期限适当延长,但延长期限最长不超过 15 个工作日。

第二十条　决定不予公开的政府信息,政府机关不得自行或者通过第三方以有偿或变相有偿的形式向公民、法人和其他组织提供。

第二十一条　政府信息含有免予公开的内容,但能够区分处理的,政府机关应当公开可公开的内容。

第二十二条　公民、法人和其他组织发现政府信息记录不准确、不完整、不适时或不相关的,有权要求政府机关及时更改。受理的政府机关无权更改的,应当转送有权处理的机关处理。

第二十三条　政府机关依申请提供政府信息,应当提供条件,方便申请人当场查阅或抄录。应申请人的要求,政府机关可以提供打印、复制等服务。申请人要求出具查阅证明的,政府机关应当提供。

申请人在申请中选择以其他形式获取政府信息复制件的,政府机关应当依照申请要求的形式提供。因技术条件限制无法满足的,政府机关可以选择符合该政府信息特点的形式提供。

第四章　法律责任

第二十四条　政府信息联系会议应当建立健全政府信息公开的相关制度,并定期对政府机关信息公开情况实施检查和评价,向社会公布政府信息公开情况报告。

第二十五条　政府机关违反本规定,有下列行为之一的,由县级以上人民政府办公厅(室)责令改正。逾期不改的,监察部门对直接负责的主管人员和其他责任人员可以给予行政处分:

(一)违反本规定中关于公开内容、方式、程序和时限规定的;

(二)有偿或变相有偿提供应该公开的政府信息或者违反规定收费的;

(三)公开的政府信息内容不真实的;

(四)违反保密法律、法规规定的。

第二十六条　对伪造、篡改政府信息,危害社会公共利益的,由有关部门依法处理;构成犯罪的,由司法机关依法追究刑事责任。

第五章　附　　则

第二十七条　乡镇人民政府的政府信息公开工作参照本规定执行。

第二十八条　本规定自 2004 年 7 月 1 日起施行。

山西省政府信息公开规定

（2014 年 3 月 25 日山西省人民政府第 39 次常务会议通过
2014 年 6 月 10 日山西省人民政府令第 237 号公布
自 2014 年 7 月 1 日起施行）

第一章 总 则

第一条 为推进政府信息公开工作,保障公民、法人或者其他组织依法获取政府信息,依据《中华人民共和国政府信息公开条例》（以下简称 《条例》）,结合本省实际,制定本规定。

第二条 本省行政区域内的政府信息公开活动适用本规定。

第三条 本规定所称政府信息,是指行政机关在依法履行职责过程中制作或者获取的,以一定形式记录、保存的信息。

第四条 行政机关应当主动公开政府信息,但依法不予公开的除外。行政机关公开政府信息,应当遵循公正、公平、便民的原则。

第五条 各级人民政府应当加强对政府信息公开工作的组织领导。

县级以上人民政府办公厅（室）为本行政区域的政府信息公开工作主管部门,负责推进、指导、协调、监督本行政区域的政府信息公开工作。

乡镇人民政府应当指定专人负责本级政府信息公开工作。

第六条 行政机关政府信息公开的日常工作,由办公厅（室）负责综合协调工作的机构承担。具体职责是:

（一）具体承办本行政机关的主动公开政府信息事宜,维护和更新本机关主动公开的政府信息;

（二）组织进行保密审查;

（三）受理、处理向本机关提出的政府信息公开申请;

（四）组织编制本机关的政府信息公开指南、政府信息公开目录和政府信息公开年度工作报告;

（五）本机关规定的与政府信息公开有关的职责。

第七条　行政机关应当建立健全政府信息公开保密审查、主动公开、依申请公开、信息发布登记等工作制度。

第八条　政府信息公开保密审查应当坚持"谁公开、谁负责"和"先审查、后公开"原则。

行政机关在草拟公文时，应当明确公文主动公开、依申请公开或者不予公开的属性。

行政机关公开政府信息前，应当依照《中华人民共和国保守国家秘密法》及其他法律、法规和国家有关规定，对拟公开的政府信息进行审查。

行政机关对政府信息不能确定是否可以公开时，应当报有关业务主管部门或者同级保密行政管理部门确定，有关业务主管部门或者保密行政管理部门应当在 5 个工作日内作出答复。

第九条　行政机关应当建立健全政府信息发布协调机制。对涉及其他行政机关的政府信息，应当进行沟通、确认，保证发布的政府信息准确一致。

行政机关公开政府信息依照国家和本省有关规定需要批准的，应当在发布前获得批准。

第十条　行政机关应当建立健全信息监测和澄清机制。行政机关发现影响或者可能影响社会稳定、扰乱社会管理秩序的虚假或者不完整信息，应当在其职责范围内发布准确的政府信息予以澄清。

第十一条　行政机关公开政府信息，不得危及国家安全、公共安全、经济安全和社会稳定。

第二章　主动公开

第十二条　行政机关制作的政府信息，由制作该政府信息的行政机关负责公开。

两个以上行政机关共同制作的政府信息，由制作机关分别公开。

第十三条　行政机关依法从公民、法人或者其他组织获取的政府信息，由保存该政府信息的行政机关负责公开。

第十四条　行政机关被撤销、合并或者职能调整的，其制作、获取的政府信息由继续履行职能的行政机关负责公开。

第十五条　行政机关除主动公开《条例》第九条、第十条、第十一条、第十二条规定的政府信息外，还应当重点公开以下政府信息：

（一）行政审批信息；

（二）财政预算决算、因公出国（境）经费、公务用车购置及运行费、公务接待费信息；

（三）保障性安居工程建设计划、项目开工和竣工情况，保障性住房的分配和退出等信息；

（四）食品药品安全标准、生产经营许可、专项检查整治等信息；

（五）环境核查审批、环境状况公报和重特大突发环境事件等信息；

（六）招标投标违法违规行为及处理情况、国有资金占控股或者主导地位依法必须招标的项目等信息；

（七）生产安全事故预警预防、应对处置、调查处理等信息；

（八）农用地转为建设用地批准、征收集体土地批准、征地公告、征地补偿安置公示、集体土地征收结案等信息；

（九）政府指导价、政府定价和行政事业性收费标准调整的项目、价格、依据、执行时间和范围等信息；

（十）本省高校招生、财务等信息；

（十一）本级预算执行和其他财政收支情况审计结果信息；

（十二）本级政府决定主动公开的其他信息。

第十六条 属于主动公开范围的政府信息，应当自该政府信息形成或者变更之日起 20 个工作日内予以公开。法律、法规另有规定的从其规定。

对自然灾害、事故灾难、公共卫生和社会安全等重大突发事件和社会关注的政府信息，行政机关应当及时公开初步核实情况，并根据事态发展和处置情况，持续公开工作进展和政府应对措施等。

第十七条 下列政府信息不予公开，法律、法规另有规定的除外：

（一）涉及国家秘密的；

（二）涉及商业秘密的；

（三）涉及个人隐私的。

前款第二项、第三项所列的政府信息，经征得权利人同意公开或者行政机关认为不公开可能对公共利益造成重大影响的，应当公开。

第十八条 行政机关应当编制、公布本机关的政府信息公开指南和政府信息公开目录，并及时更新。

政府信息公开指南，应当包括政府信息的分类、编排体系、获取方式，政府信息公开工作机构的名称、办公地址、办公时间、联系电话、传真号码、电子邮箱,政府信息公开申请的办理程序,权利救济途径等内容。

政府信息公开目录,应当包括政府信息的索引号、名称、生成日期、文号、发布机构等内容。

第十九条　行政机关可以通过下列渠道公开政府信息:

(一)政府网站;

(二)政府公报;

(三)新闻发布会;

(四)报纸、广播、电视;

(五)国家档案馆、公共图书馆、政务服务大厅;

(六)公共查阅室、资料索取点、信息公告栏、电子信息屏;

(七)政务微博、微信;

(八)其他公开渠道。

第二十条　各级人民政府应当在当地国家档案馆、公共图书馆、政务大厅设置政府信息查阅场所,配备相应的设施、设备,为公民、法人或者其他组织获取政府信息提供便利。

行政机关应当将本机关主动公开的规范性文件纸质文本及目录,至少每6个月向同级国家档案馆、公共图书馆送交一次。

第三章　依申请公开

第二十一条　除行政机关主动公开的政府信息外,公民、法人或者其他组织(以下简称申请人)还可以根据自身生产、生活、科研等特殊需要,向行政机关申请获取相关政府信息。

第二十二条　申请人向行政机关申请公开政府信息的,应当采取书面形式(包括数据电文形式)。

申请人提出政府信息公开申请时,应当提供有效身份证件。

申请人委托代理人提出政府信息公开申请的,应当提供委托代理证明材料。

受理申请时间,自行政机关收到申请书之日起计算答复期限。申请人对政府信息公开申请更改、补充的,自收到更改、补充申请之日起计算答复期限。

第二十三条　申请人向行政机关申请获取政府信息,应当采取一事一申请方式。对要求公开项目较多的申请,行政机关可以要求申请人按照一事一申请原则加以调整。

第二十四条 政府信息公开申请应当包括下列内容：

（一）申请人以及代理人、代表人的姓名或者名称、证件名称及号码、电话及通讯地址等有效联系方式；

（二）申请公开政府信息的内容描述，包括能够指向特定政府信息的文件名称、文号或者其他特征描述；

（三）获取信息的方式及提供信息的形式要求；

（四）受理机关名称；

（五）获取信息的用途；

（六）申请人签名或者盖章。

第二十五条 申请人填写政府信息公开申请书确有困难的，可以口头提出申请，由受理申请的行政机关工作人员代为填写，并由申请人签字或者盖章确认。

申请人描述所需政府信息文件名称、文号或者确切特征等有困难，向行政机关咨询的，行政机关应当提供帮助。

第二十六条 申请公开的政府信息涉及商业秘密、个人隐私，公开后可能损害权利人合法权益的，应当书面征求权利人的意见，权利人应当在 5 个工作日内作出答复，未作出答复的视为不同意公开；但是，行政机关认为不公开可能对公共利益造成重大影响的，应当公开，并将决定公开的政府信息内容和理由书面通知权利人。

第二十七条 对于申请人提出的政府信息公开申请，行政机关应当在法定期限内，按照下列规定分别作出书面答复：

（一）申请公开的政府信息已主动公开的，应当告知申请人获取该政府信息的方式和途径；

（二）申请公开的政府信息属于不予公开范围的，应当告知申请人并说明理由；

（三）申请公开的政府信息中含有不应当公开的内容，但是能够作区分处理的，应当向申请人提供可以公开的信息内容；对不予公开的部分，应当说明理由；

（四）申请公开的政府信息属于本机关职责权限范围，但本机关未制作或者获取的，应当告知申请人并说明理由；

（五）申请公开的政府信息不属于本机关职责权限范围的，应当告知申请

人;对能够确定该政府信息公开机关的,应当告知申请人该行政机关的名称、联系方式;

（六）申请公开的政府信息属于咨询、信访、举报等,不属于本规定政府信息范围的,应当告知申请人并说明有关情况;

（七）申请公开的政府信息属于行政机关在日常工作中制作或者获取的内部管理信息,以及处于讨论、研究、审查中的过程性信息,不予公开;

（八）申请内容不明确的,应当一次性告知申请人在 10 个工作日内补正;申请人逾期未补正的,视为放弃申请;

（九）同一申请人向同一行政机关就同一内容重复提出公开申请,行政机关已经作出答复的,告知申请人不再重复处理;

（十）对申请人提出与自身生产、生活、科研等特殊需要无关的政府信息公开申请,可以不予提供;

（十一）申请公开的政府信息已经移交国家档案馆的,依照有关档案管理的法律、法规规定执行。

第二十八条　行政机关向申请人提供的政府信息应当是现有的,不负责为申请人汇总、收集、加工或者重新制作政府信息。

第二十九条　行政机关收到政府信息公开申请,能够当场答复的,应当当场予以答复。

行政机关不能当场答复的,应当自收到申请之日起 15 个工作日内予以答复;如需延长答复期限的,应当经本机关政府信息公开工作机构负责人同意,并告知申请人,延长答复期限最长不得超过 15 个工作日。

行政机关征求权利人意见以及向业务主管部门或者保密部门请示的时间,不计算在本条第二款规定的期限内。

因不可抗力或者其他法定事由不能在规定期限内答复申请人或者向申请人提供政府信息的,期限中止。中止时间不计算在本条第二款规定期限内,障碍消除后期限恢复计算。期限的中止和恢复,行政机关应当向申请人说明情况。

第三十条　申请人向行政机关申请提供与其自身相关的税费缴纳、社会保障、医疗卫生、证照办理等政府信息的,应当提供有效身份证件或者证明文件。

申请人有证据证明行政机关提供的与其自身相关的政府信息记录不准确的,有权要求该行政机关予以更正;该行政机关无权更正的,应当转送有权更正的行政机关处理,并告知申请人。

第三十一条 政府信息公开申请的答复应当采取书面形式(包括数据电文形式)。

行政机关应当按照申请人要求的方式和载体形式提供政府信息;无法按照申请人的要求提供的,可以通过安排申请人查阅相关资料或者其他适当的方式和载体形式提供。

第三十二条 行政机关可以向申请人收取依申请公开政府信息过程中实际发生的检索、复制、邮寄等成本费用,但不得收取其他费用。收费标准按有关规定执行。

申请人属于农村五保供养对象、城乡居民最低生活保障对象或者确有其他经济困难情形的,应当免除收费。

行政机关不得通过其他组织、个人以有偿服务方式提供政府信息。

第三十三条 行政机关应当对政府信息依申请公开工作中的受理、审查、处理、答复等环节进行登记保存。

第四章 监督和保障

第三十四条 各级人民政府应当建立健全政府信息公开工作考核制度、社会评议制度和责任追究制度,定期对政府信息公开工作进行考核、评议。

考核、评议和监督检查由各级人民政府办公厅(室)会同同级监察机关组织实施。

第三十五条 各级行政机关应当在每年3月31日前公布本行政机关上一年度政府信息公开年度工作报告。

政府信息公开年度工作报告应当包括下列内容:

(一)政府信息公开工作开展情况;

(二)主动公开政府信息情况;

(三)依申请公开政府信息情况;

(四)政府信息公开咨询处理情况;

(五)因政府信息公开申请行政复议、提起行政诉讼的情况及处理结果;

(六)政府信息公开支出、收费以及免除收费情况;

(七)政府信息公开工作存在的主要问题和改进措施;

(八)其他需要报告的事项。

第三十六条 公民、法人或者其他组织认为行政机关不依法履行政府信息公开义务的,可以向上级行政机关或者同级监察机关、政府办公厅(室)举报。收到举报的机关应当予以调查处理。

公民、法人或者其他组织认为行政机关在政府信息公开工作中的具体行政行为侵犯其合法权益的,可以依法申请行政复议或者提起行政诉讼。

第三十七条　行政机关有下列情形之一的,由同级监察机关、上一级行政机关责令改正;情节严重的,对直接负责的主管人员和其他直接责任人员依法给予处分;构成犯罪的,依法追究刑事责任:

(一)不依法履行政府信息公开义务的;

(二)未按本规定第九条规定进行沟通、确认,发布的政府信息不一致或者未经批准发布政府信息,造成不良社会影响的;

(三)不及时更新公开的政府信息内容、政府信息公开指南和目录的;

(四)不按规定答复政府信息公开申请人的;

(五)不按规定向当地国家档案馆、公共图书馆送交主动公开政府信息文件的;

(六)违反规定收取费用的;

(七)通过其他组织、个人以有偿服务方式提供政府信息的;

(八)在政府信息公开工作中隐瞒或者捏造事实的;

(九)公开不应当公开的政府信息,造成国家秘密、商业秘密泄密或者损害个人隐私的;

(十)违反本规定的其他行为。

第三十八条　行政机关应当健全政府信息公开工作机构,加强政府信息公开机构工作人员业务培训,把政府信息公开工作列为公务员培训的重要内容。

第三十九条　各级财政部门应当将政府信息公开工作经费纳入本级财政预算,保障政府信息公开工作的正常进行。

第五章　附　则

第四十条　法律、法规授权的具有管理公共事务职能的组织公开政府信息的活动,适用本规定。

第四十一条　教育、医疗卫生、计划生育、供水、供电、供气、供热、环保、公共交通、邮政、通信、金融、签证、鉴定以及殡葬等与人民群众利益密切相关的公共企事业单位,在提供社会公共服务过程中制作、获取的信息的公开,参照本规定执行。

有关主管部门应当对所属或者管理的公共企事业单位的信息公开工作进行指导和监督。

第四十二条 本规定自 2014 年 7 月 1 日起施行。

北京市政府信息公开规定

(2014 年 5 月 21 日北京市人民政府第 42 次常务会议审议通过

2014 年 6 月 23 日北京市人民政府令第 257 号公布

自 2015 年 1 月 1 日起施行)

第一章 总 则

第一条 依据《中华人民共和国政府信息公开条例》和其他有关法律、法规规定,结合本市实际,制定本规定。

第二条 本规定所称政府信息,是指行政机关在履行职责过程中制作或者获取的,以一定形式记录、保存的信息。

第三条 各级人民政府应当加强对政府信息公开工作的组织领导。

市政府办公厅是本市政府信息公开工作的主管部门,负责推进、指导、协调、监督本市的政府信息公开工作。

区、县人民政府办公室是本区、县政府信息公开工作的主管部门,负责推进、指导、协调、监督本行政区域的政府信息公开工作。

实行垂直领导的部门在上级主管部门的领导和所在地人民政府统一指导、协调下开展政府信息公开工作。

实行双重领导的部门在所在地人民政府的领导下开展政府信息公开工作,并接受上级主管部门的指导。

第四条 各级人民政府以及市和区、县人民政府部门指定的政府信息公开工作机构,应当依法组织开展本行政机关政府信息公开、维护和更新公开的政府信息、对拟公开的政府信息进行保密审查以及编制政府信息公开指南、目录和工作年度报告等政府信息公开的日常工作。

第五条 行政机关公开政府信息,应当遵循公正、公平、便民、及时、准确的原则。

第六条 市或者区、县人民政府的职责由具体工作部门承办的,可以由该工作部门负责相关政府信息公开工作。负责相关政府信息公开工作的具体工作部门由市人民政府向社会公布。

第七条 行政机关在政府机构改革中被撤销、合并或者调整职权的，其制作、获取的政府信息，有继续履行相关职权的行政机关的，由该行政机关负责公开；没有继续履行相关职权的行政机关的，由保存该政府信息的单位负责公开。

多个行政机关共同制作的政府信息，由各参与制作的行政机关负责公开。

第八条 行政机关在公开政府信息前，应当依照《中华人民共和国保守国家秘密法》以及其他法律、法规和国家有关规定对拟公开的政府信息进行审查。

符合下列情形之一的政府信息，不予公开：

（一）根据《中华人民共和国保守国家秘密法》等法律、法规和国家有关规定，涉及国家秘密的；

（二）根据《中华人民共和国反不正当竞争法》等法律、法规和国家有关规定，涉及不为公众所知悉、能给权利人带来经济利益、具有实用性并经权利人采取保密措施的技术信息和经营信息的；

（三）根据相关法律、法规和国家有关规定，涉及他人身份、通讯、健康、婚姻、家庭、财产状况等个人隐私信息的；

（四）根据法律、法规和国家有关规定，其他不予公开的。

行政机关公开涉及商业秘密、个人隐私的政府信息应当依照本规定第二十七条的规定执行。

第九条 行政机关应当建立健全政府信息公开保密审查机制，明确国家秘密、商业秘密和个人隐私的审查程序和责任。

行政机关对政府信息不能确定是否涉及国家秘密时，应当依照法律、法规和国家有关规定报有关主管部门或者同级保密工作部门确定。

第十条 行政机关在制作政府信息时，应当确定该政府信息是否公开。对不公开的政府信息，应当注明理由。

行政机关应当建立不公开的政府信息的动态管理机制，对符合公开要求的政府信息依法公开。

第十一条 行政机关应当建立健全信息监测和澄清机制。行政机关发现影响或者可能影响社会稳定、扰乱社会管理秩序的虚假或者不完整信息，应当在其职责范围内发布准确的政府信息予以澄清。

第十二条 行政机关应当建立健全政府信息发布协调机制。行政机关发布政府信息涉及其他行政机关的，应当与有关行政机关进行沟通、确认，保证行政机关发布的政府信息准确一致。

行政机关发布政府信息依照国家和市人民政府有关规定需要批准的,未经批准不得发布。

第十三条　行政机关公开政府信息,不得危及国家安全、公共安全、经济安全和社会稳定。

第二章　主动公开

第十四条　除依照《中华人民共和国信息公开条例》和国家有关规定主动公开政府信息外,根据本市实际情况,行政机关还应当重点公开以下政府信息:

(一)财政预算决算、"三公经费"和行政经费信息;

(二)保障性安居工程建设计划、项目开工和竣工情况,保障性住房的分配和退出等信息;

(三)食品安全标准,食品生产经营许可、专项检查整治等信息;

(四)环境核查审批、环境状况公报和重特大突发环境事件等信息;

(五)招投标违法违规行为及处理情况、国有资金占控股或者主导地位依法应当招标的项目等信息;

(六)生产安全事故的政府举措、处置进展、风险预警、防范措施等信息;

(七)农用地转为建设用地批准、征收集体土地批准、征地公告、征地补偿安置公示、集体土地征收结案等信息;

(八)政府指导价、政府定价和收费标准调整的项目、价格、依据、执行时间和范围等信息;

(九)本市企业信用信息系统中的警示信息和良好信息;

(十)政府部门预算执行审计结果信息;

(十一)行政机关对与人民群众利益密切相关的公共企事业单位进行监督管理的信息;

(十二)市人民政府决定主动公开的其他信息。

第十五条　行政机关应当加强政府信息资源的规范化、电子化管理,分类整合政府信息资源,营造公众利用信息资源的良好环境,提升政府信息资源的开发利用水平。

第十六条　属于主动公开范围的政府信息,应当自该政府信息形成或者变更之日起 15 个工作日内予以公开。

对自然灾害、事故灾难、公共卫生和社会安全等重大突发事件,主管部门应当及时公开初步核实情况，并根据事态发展和处置情况，持续公开工作进展和政府应对措施等政府信息。

第十七条 行政机关应当编制、公布政府信息公开指南和政府信息公开目录，并及时更新。

政府信息公开指南，应当包括政府信息的分类、编排体系、获取方式，政府信息公开工作机构的名称和联系方式，政府信息公开申请的办理程序，权利救济途径等内容。

政府信息公开目录，应当包括政府信息的索引、名称、内容概述、生成日期等内容。

第十八条 行政机关可以通过下列渠道公开政府信息：

（一）政府网站；

（二）政府公报；

（三）新闻发布会；

（四）报纸、广播、电视；

（五）国家档案馆、公共图书馆、政务服务大厅；

（六）公共查阅室、资料索取点、信息公告栏、电子信息屏；

（七）政务微博等网络平台；

（八）其他方式和渠道。

行政机关应当采取便于公众知晓的方式公开信息。

第十九条 行政机关应当通过政府门户网站及时公开、更新政府信息，并提供信息检索、查阅、下载等服务。

第二十条 市和区、县人民政府应当在国家档案馆、公共图书馆设置政府信息查阅场所，并配备相应的设施、设备，为公民、法人或者其他组织获取政府信息提供便利。其他行政机关可以根据需要设置政府信息查阅场所、设施。

行政机关应当向同级行政服务中心、国家档案馆、公共图书馆提供主动公开政府信息的电子文本，移送主动公开的行政规范性文件纸质文本。

第二十一条 行政机关应当设置政府信息公开咨询电话，为公民、法人或者其他组织提供咨询服务。

市非紧急救助服务中心和各分中心可以为公民、法人或者其他组织提供政府信息公开咨询等服务。

第三章 依申请公开

第二十二条 行政机关应当公布受理政府信息公开申请的办公地址、办公时间、联系电话、传真号码、电子邮箱、举报电话等,方便公民申请。

申请公开政府信息的公民存在阅读困难或者视听障碍的,行政机关应当为其提供必要的帮助。

第二十三条 申请人向行政机关申请获取政府信息,应当采用书面形式(包括数据电文形式);采用书面形式确有困难的,申请人可以口头提出,由受理该申请的行政机关代为填写政府信息公开申请,并由申请人签字、捺印或者盖章确认。

行政机关应当向申请人提供政府信息公开申请书格式文本;申请人也可以采用其他书面形式向行政机关提出申请。

第二十四条 政府信息公开申请应当包括下列内容:

(一)申请人以及代理人、代表人的姓名或者名称、证件名称和号码、电话和通讯地址等有效联系方式;

(二)申请公开政府信息的内容描述,包括能够指向特定政府信息的文件名称、文号或者其他详尽、准确的特征描述;

(三)获取信息的方式以及提供信息的形式要求;

(四)受理机关名称。

申请人委托代理人提出政府信息公开申请的,应当提供委托代理证明材料。

5 人以上(含 5 人)共同申请同一政府信息,可以推选 1 至 5 名代表提交申请,并提供推举证明材料。

受理机关收到申请人公开政府信息的申请后,应当出具登记回执。

第二十五条 行政机关收到政府信息公开申请,能够当场答复的,应当当场予以答复。行政机关不能当场答复的,应当自收到申请之日起 15 个工作日内予以答复;如需延长答复期限的,应当经本行政机关政府信息公开工作机构负责人同意,并书面告知申请人,延长答复的期限最长不得超过 15 个工作日。

因不可抗力或者其他法定事由行政机关不能在规定期限内答复申请人或者向申请人提供政府信息的,期限中止。中止时间不计算在前款规定期限内,障碍消除后期限恢复计算。期限的中止和恢复,行政机关应当向申请人书面说明情况。

第二十六条　申请人要求撤回政府信息公开申请的,行政机关应当准许,并登记备案。

申请人向同一行政机关同时申请两项以上政府信息的,行政机关根据便民原则可以分别答复或者合并答复。

第二十七条　行政机关认为申请公开的政府信息涉及商业秘密或者个人隐私,公开后可能损害第三方合法权益的,应当书面征求第三方的意见;第三方不同意公开的,行政机关不得公开。但是,行政机关认为不公开可能对公共利益造成重大影响的,应当予以公开。第三方不同意公开,行政机关决定公开的,应当在书面告知第三方后公开。

行政机关征求第三方意见所需时间不计算在本规定第二十五条第一款规定的期限内。

第二十八条　对申请公开的政府信息,行政机关根据下列情况分别作出书面答复:

(一)申请公开的政府信息已主动公开的,应当告知申请人获取政府信息的方式和途径;

(二)申请公开的政府信息属于可以公开的,应当向申请人公开;行政机关或者第三方对政府信息的使用范围有特殊要求的,行政机关应当与申请人约定,申请人签字确认后,按照约定使用公开的政府信息;

(三)申请公开的政府信息中含有不应当公开的内容,但是能够作区分处理的,应当向申请人提供可以公开的信息内容;对不予公开的部分,应当说明理由;

(四)申请公开的政府信息属于不予公开范围的,应当告知申请人并说明理由;

(五)申请公开的政府信息属于行政机关在日常工作中制作或者获取的内部管理信息或者处于行政机关讨论、研究或者审查中的过程性信息,应当告知申请人不属于应当公开的政府信息;

(六)申请公开的政府信息所涉事项属于本机关公开范围,但本机关未制作、未获取,或者未以一定形式记录、保存的,应当告知申请人申请的信息不存在并说明理由;

(七)申请公开的政府信息所涉事项不属于本机关公开范围或者属于市人民政府公布由具体工作部门公开的,应当告知申请人,对能够确定该政府信息公开机关的,告知申请人该行政机关的名称、联系方式;

（八）申请内容不明确的,应当告知申请人作出更改、补充;

（九）同一申请人向同一行政机关就同一政府信息重复提出公开申请的,行政机关已经依法答复的,可以告知申请人不重复办理。

第二十九条　行政机关对下列申请事项应当分别按照以下方式处理:

（一）申请内容为咨询、信访、举报等事项,不属于政府信息公开申请范围的,应当告知申请人通过相应渠道提出,对能够确定负责该事项的行政机关的,告知申请人该行政机关的名称、联系方式;

（二）申请内容属于行政程序中的当事人、利害关系人查阅案卷材料的,应当告知申请人按照相关法律、法规的规定办理;

（三）申请公开的政府信息已经移交各级国家档案馆的,应当告知申请人按照有关档案管理的法律、行政法规和国家有关规定办理。

第三十条　行政机关向申请人提供的政府信息应当是未经汇总、加工、分析或者重新制作的政府信息。

行政机关依申请公开政府信息,应当按照申请人要求的形式予以提供;无法按照申请人要求的形式提供的,可以通过安排申请人查阅相关资料、提供复制件或者其他适当形式提供。

第三十一条　行政机关应当对以下情况进行记录,并留存相关材料:

（一）申请人没有提供有效联系方式,致使行政机关无法向申请人提供书面答复的;

（二）征求第三方意见,无法与第三方取得联系或者未收到其回复意见的;

（三）申请办理中的其他特殊情形。

第三十二条　多人就同一政府信息向同一行政机关提出公开申请,行政机关同意公开,且该政府信息可以为公众知晓的,行政机关可以决定将该政府信息纳入主动公开范围。

行政机关对申请公开的政府信息决定予以公开的,申请人可以建议行政机关将该信息纳入主动公开范围。

第三十三条　公民、法人或者其他组织有证据证明行政机关提供的与其自身相关的政府信息记录不准确的,有权要求该行政机关予以更正。

行政机关有权更正的,应当及时予以更正;无权更正的,应当转送有权更正的行政机关处理,并告知申请人。法律、法规、规章对信息更正有特殊程序规定的,从其规定。

第三十四条　行政机关依申请提供政府信息,可以收取实际发生的检索、复制、邮寄等成本费用,收取的费用纳入同级财政管理;具体收费标准由本市价格和财政主管部门制定。

农村五保供养对象、城乡居民最低生活保障对象以及领取国家抚恤补助的优抚对象,经本人申请,凭民政部门颁发的相关证件,受理机关可以免收相关费用。

第四章　监督和保障

第三十五条　本市各级人民政府应当建立健全政府信息公开工作考核制度、社会评议制度和责任追究制度,定期对政府信息公开工作进行考核、评议。

第三十六条　行政机关应当在每年 3 月 31 日前,公布本行政机关的政府信息公开工作年度报告。

政府信息公开工作年度报告应当包括下列内容:

(一)行政机关政府信息公开组织机构、制度建设、渠道场所、教育培训等年度工作开展情况;

(二)行政机关主动公开政府信息的情况;

(三)行政机关依申请公开政府信息和不予公开政府信息的情况;

(四)因政府信息公开申请行政复议、提起行政诉讼的情况;

(五)政府信息公开的收费以及免除费用的情况;

(六)政府信息公开工作存在的主要问题以及改进情况;

(七)其他需要报告的事项。

第三十七条　市政府办公厅组织开展政府信息公开年度考核工作。政府信息公开年度考核情况应当向社会公布。

第三十八条　行政机关可以采取多种方式开展社会评议,征求公民、法人或者其他组织对本机关政府信息公开工作的意见和建议。对于合理的意见和建议,行政机关应当予以采纳。

第三十九条　政府信息公开工作主管部门和监察机关负责对行政机关政府信息公开的实施情况进行监督检查,指导、监督本市政府信息公开责任追究工作。责任追究的方式和程序,执行本市行政问责办法。

第四十条　公民、法人或者其他组织认为行政机关不依法履行政府信息公开义务的,可以向上级行政机关、监察机关或者政府信息公开工作主管部门举报。收到举报的机关应当予以调查处理。

公民、法人或者其他组织认为行政机关在政府信息公开工作中的具体行政行为侵犯其合法权益的,可以依法申请行政复议或者提起行政诉讼。行政机关对在行政复议和行政诉讼中发现的政府信息公开工作相关问题应当及时纠正。

第四十一条　行政机关违反本规定,未建立健全政府信息发布保密审查机制的,由监察机关、上一级行政机关责令改正;情节严重的,对行政机关主要负责人依法给予处分。

行政机关违反本规定,有下列情形之一的,由监察机关、上一级行政机关责令改正;情节严重的,对行政机关直接负责的主管人员和其他直接责任人员依法给予处分;构成犯罪的,依法追究刑事责任:

(一)不依法履行政府信息公开义务的;

(二)不及时更新公开的政府信息内容、政府信息公开指南和政府信息公开目录的;

(三)违反规定收取费用的;

(四)通过其他组织、个人以有偿服务方式提供政府信息的;

(五)公开不应当公开的政府信息的;

(六)违反本规定的其他行为。

第五章　附　则

第四十二条　法律、法规授权的具有管理公共事务职能的组织公开政府信息的活动,适用本规定。

第四十三条　教育、医疗卫生、计划生育、供水、供电、供气、供热、环保、公共交通、通讯等与人民群众利益密切相关的公共企事业单位在提供社会公共服务过程中制作、获取的信息公开,参照本规定执行。

有关主管部门应当对所属或者管理的公共企事业单位的信息公开工作进行指导和监督。

第四十四条　法律、法规和国家有关规定对政府信息公开另有规定的,从其规定。

第四十五条　本规定自 2015 年 1 月 1 日起施行。

安徽省政府信息公开办法

（2014 年 11 月 7 日安徽省人民政府第 37 次常务会议通过
2014 年 11 月 20 日安徽省人民政府令第 256 号公布
自 2015 年 1 月 1 日起施行）

第一章 总 则

第一条 为规范政府信息公开工作,提高政府工作透明度,保障公民、法人和其他组织依法获取政府信息,根据《中华人民共和国政府信息公开条例》（以下简称《条例》）和有关法律、法规,结合本省实际,制定本办法。

第二条 本办法所称政府信息,是指行政机关在履行职责过程中制作或者获取的,以一定形式记录、保存的信息。

第三条 各级人民政府组织领导政府信息公开工作。

县级以上人民政府办公室（厅）是政府信息公开工作的主管部门,负责推进、指导、协调、监督本行政区域的政府信息公开。政府信息公开日常工作由本级人民政府确定的政府信息公开工作机构承担。

第四条 公开政府信息应当遵循公正、公平、便民、及时、准确的原则。

第五条 公开政府信息不得危及国家安全、公共安全、经济安全和社会稳定。

第二章 公开的主体

第六条 行政机关应当确定工作机构负责本机关政府信息公开的日常工作,其职责为:

（一）编制政府信息公开指南、目录;

（二）维护、更新公开的政府信息;

（三）对拟公开的政府信息进行保密审查;

（四）编制政府信息公开工作年度报告;

（五）负责本机关政府信息公开的其他工作。

第七条　行政机关制作的政府信息，由制作该信息的行政机关负责公开。行政机关从公民、法人或者其他组织获取并保存的政府信息，由保存该信息的行政机关负责公开。行政机关获取并保存的其他行政机关制作的政府信息，由制作该信息的行政机关负责公开。

县级以上人民政府的有关职责事项依法由其所属部门承办的，承办该职责事项过程中制作或者获取并保存的政府信息，由所属部门负责公开。

两个以上行政机关共同制作的政府信息，由牵头制作的行政机关负责公开。

第八条　行政机关被撤销、合并或者调整职能的，其制作、保存的政府信息，由继续履行其职能的行政机关或者保存该信息的单位负责公开。

第九条　行政机关发布政府信息涉及其他行政机关的，应当与其沟通，经其确认后方可公开。不能形成一致意见的，应当提请共同的上一级行政机关政府信息公开工作机构协调。

第三章　公开的范围

第十条　除依照《条例》规定主动公开政府信息以外，行政机关还应当重点公开下列政府信息：

（一）政府权力清单、责任清单，政府权力运行流程图；

（二）公款出国出境、公务车辆购置和使用、公务接待经费的预算和执行情况；

（三）农村土地承包经营权登记和流转、国有建设用地使用权出让、采矿权和探矿权出让情况；

（四）保障性住房建设计划和项目开工、竣工情况，保障性住房分配、退出情况；

（五）政府投资项目审批、招标、投标、验收情况；

（六）录用行政机关、公益类事业单位工作人员的条件、数额和考试录用情况；

（七）社会救助条件、标准、对象的确认和救助资金、物资管理、发放情况；

（八）建设项目环境影响评价报告，环境监督管理、环境污染事故查处情况；

（九）生产安全事故应急救援和调查处理情况；

（十）政府定价、指导价的商品和服务项目及其价格标准、定价依据、执行时间；

（十一）本级人民政府决定主动公开的其他信息。

第十一条 下列政府信息不予公开：

（一）涉及国家秘密的信息；

（二）涉及商业秘密的信息；

（三）涉及自然人身份、通信、健康、婚姻、家庭、财产状况等个人隐私的信息；

（四）经依法审查，公开后可能危及公共安全、经济安全或者社会稳定的信息；

（五）行政机关讨论、研究、审查有关事项的过程性信息和内部管理信息；

（六）法律、法规规定不予公开的其他信息。

前款第二项、第三项规定的政府信息，权利人同意公开或者不公开可能对公共利益造成重大影响的，可以予以公开。

依照国家有关规定需要批准方可发布的政府信息，未经批准不得发布。

第十二条 除行政机关主动公开的政府信息外，公民、法人或者其他组织可以根据自身生产、生活、科研等特殊需要，向行政机关申请获取相关政府信息。

第十三条 行政机关制作政府信息时，应当确定该政府信息是否公开。不予公开的，应当注明理由。

行政机关应当对不予公开的政府信息进行动态管理。因情况发生变化符合公开要求的，应当依法公开。

第四章　公开的方式和程序

第十四条 行政机关应当采取下列一种或者多种方式主动公开政府信息：

（一）本机关的政府网站；

（二）政府公报；

（三）新闻发布会；

（四）报刊、广播、电视；

（五）便于公众知晓的其他方式。

行政机关还可以通过政务微博等新媒体，设置查阅点、公告栏、电子信息屏等形式主动公开政府信息。

第十五条 行政机关的政府网站应当设立政府信息公开专栏，及时公开、更新政府信息,为公众检索、查阅、下载信息提供方便。未建立政府网站的政府部门、机构应当通过本级人民政府的政府网站公开政府信息。未建立政府网站的乡镇人民政府、街道办事处应当通过上一级人民政府的政府网站公开政府信息。

行政机关政府网站政府信息公开专栏的设立、维护,应当符合国家和省制定的政府信息公开技术规范。

第十六条　各级人民政府应当在国家档案馆、公共图书馆等公共服务机构和政务服务场所设置政府信息查阅点,并配备相应的设施、设备。

行政机关应当定期向政府信息查阅点提供主动公开的政府信息纸质文本和电子文本。

第十七条　行政机关应当建设互联网政务信息数据服务平台、便民服务平台,为公民、法人或者其他组织提供信息公开咨询服务和政策解读服务。

第十八条　应当主动公开的政府信息,行政机关应当自该信息形成或者变更之日起 20 个工作日内予以公开。法律、法规另有规定的,从其规定。

对自然灾害、事故灾难、公共卫生、社会安全等重大突发事件和社会关注的其他公共事件,主管的行政机关应当及时公布初步核实的事件信息,并根据事态发展和处置情况,动态公开事件应对措施和应对工作进展等信息。

第十九条　行政机关应当编制、公布政府信息公开指南和目录,并及时更新。

政府信息公开指南应当包括政府信息的分类、编排体系、获取方式,政府信息公开工作机构的名称、地址、联系方式,申请政府信息公开的程序,权利救济途径等内容。

政府信息公开目录应当包括政府信息的索引、名称、内容概述、生成日期等内容。

第二十条　行政机关受理政府信息公开申请的工作机构地址、工作时间、电话和传真号码、电子邮箱,应当以便于公众知晓的方式公布。

申请政府信息公开的公民阅读困难或者有视听障碍的,行政机关应当为其提供必要的帮助。

第二十一条　公民、法人或者其他组织需要获取政府信息的,应当以书面形式向行政机关提出申请。以书面形式申请确有困难的,可以口头提出,由受理机关代申请人填写申请。

第二十二条　政府信息公开申请应当包括下列内容:

（一）申请人的姓名或者名称、证件名称和号码、电话号码、通信地址；

（二）申请公开的政府信息内容描述；

（三）获取政府信息的用途；

（四）提供政府信息的形式要求；

（五）受理机关名称；

（六）申请人的签名或者盖章。

申请人向行政机关提交政府信息公开申请，应当同时附送证件复印件和申请政府信息公开用于自身生产、生活、科研等特殊需要的证明材料。

第二十三条 申请人提交的申请政府信息公开的材料不齐全或者申请内容不明确的，行政机关应当当场或者 5 个工作日内一次性告知申请人 10 个工作日内补充、更正。申请人无正当理由拒绝补充、更正或者逾期不补充、更正的，视为放弃申请。

第二十四条 行政机关收到政府信息公开申请，能够当场答复的，应当当场予以答复；不能当场答复的，应当自本机关政府信息公开工作机构收到申请之日起 15 个工作日内予以答复。不能在规定的期限内答复的，经本机关政府信息公开工作机构负责人批准，可以适当延长答复期限，并告知申请人延长的理由，但是延长期限最多不超过 15 个工作日。

申请人依照本办法第二十三条规定补充申请材料、更正申请内容的时间，不计入答复期限。

第二十五条 对政府信息公开的申请，行政机关应当按照所申请公开的政府信息的情形分别作出答复：

（一）已经主动公开的，告知申请人获取该政府信息的方式和途径。

（二）经审查可以公开的，按照申请人要求的形式公开；无法按照申请人要求的形式公开的，可以通过安排申请人查阅相关资料，向申请人提供复制件等形式公开。

（三）属于本办法第十一条规定的不予公开的信息的，告知申请人，并说明理由。

（四）含有不予公开的内容，能够作区分处理的，向申请人提供可以公开的内容；不能够作区分处理的，告知申请人不予公开，并说明理由。

（五）本机关未制作或者未获取的，告知申请人该信息不存在。

（六）需要行政机关汇总、加工、重新制作，或者向其他行政机关或者公民、法人和其他组织搜集的，告知申请人该信息尚不存在。

（七）不属于本机关负责公开的，告知申请人不属本机关负责公开的信息；对能够确定负责公开该信息行政机关的，告知申请人该行政机关的名称、联系方式。

（八）行政机关已作答复，申请人就同一内容再次申请的，告知申请人属重复申请，不重复答复。

（九）与申请人的生产、生活、科研等特殊需要无关的，告知申请人不予提供。

（十）已按档案管理法律、法规的规定移交国家档案馆的，告知申请人依法向国家档案馆申请查阅。

依照前款规定告知申请人有关事项的，应当采用书面形式。

第二十六条　公民、法人或者其他组织向行政机关申请提供与其自身相关的税费缴纳、社会保障、医疗卫生、行政登记等政府信息的，应当提供有效身份证件或者证明文件。

公民、法人或者其他组织有证据证明行政机关提供的与自身相关的政府信息不准确的，可以申请行政机关更正。行政机关应当自收到申请之日起 15 个工作日内予以更正；无权更正的，应当自收到申请之日起 5 个工作日内转送有权更正的行政机关处理，并告知申请人。

第二十七条　行政机关主动公开政府信息或者向申请人公开政府信息前，应当依照《中华人民共和国保守国家秘密法》和其他有关法律、法规以及国家有关规定对拟公开的政府信息进行审查。涉及商业秘密、个人隐私的，应当听取权利人的意见。不能确定是否可以公开的，应当送有关业务主管部门或者同级保密行政管理部门确定；有关业务主管部门或者同级保密行政管理部门应当在 5 个工作日内作出答复。

第二十八条　行政机关应当及时回应与其职责有关的重要舆情信息，发现影响或者可能影响社会稳定、扰乱社会管理秩序的虚假或者不完整信息，应当在其职责范围内发布准确的政府信息予以澄清。

第五章　监督保障

第二十九条　县级以上人民政府应当将政府信息公开工作纳入目标管理考核内容，对本级人民政府所属部门、机构和下级人民政府的政府信息公开工作进行考核。

第三十条　公民、法人或者其他组织认为行政机关不依法履行政府信息公开义务的,可以向上级行政机关、监察机关或者政府信息公开工作主管部门举报。接到举报的行政机关应当进行调查处理。

公民、法人或者其他组织认为行政机关不依法履行政府信息公开义务等具体行政行为侵犯其合法权益的,可以依法申请行政复议或者提起行政诉讼。

第六章 附 则

第三十一条 法律、法规授权的具有管理公共事务职能的组织公开政府信息,适用本办法。

第三十二条 本办法自 2015 年 1 月 1 日起施行。

第二篇

行政决策程序

中共中央关于全面推进依法治国若干重大问题的决定

（2014 年 10 月 23 日中国共产党第十八届中央委员会第四次全体会议通过）

为贯彻落实党的十八大作出的战略部署，加快建设社会主义法治国家，十八届中央委员会第四次全体会议研究了全面推进依法治国若干重大问题，作出如下决定。

一、坚持走中国特色社会主义法治道路，建设中国特色社会主义法治体系

依法治国，是坚持和发展中国特色社会主义的本质要求和重要保障，是实现国家治理体系和治理能力现代化的必然要求，事关我们党执政兴国，事关人民幸福安康，事关党和国家长治久安。

全面建成小康社会、实现中华民族伟大复兴的中国梦，全面深化改革、完善和发展中国特色社会主义制度，提高党的执政能力和执政水平，必须全面推进依法治国。

我国正处于社会主义初级阶段，全面建成小康社会进入决定性阶段，改革进入攻坚期和深水区，国际形势复杂多变，我们党面对的改革发展稳定任务之重前所未有、矛盾风险挑战之多前所未有，依法治国在党和国家工作全局中的地位更加突出、作用更加重大。面对新形势新任务，我们党要更好统筹国内国际两个大局，更好维护和运用我国发展的重要战略机遇期，更好统筹社会力量、平衡社会利益、调节社会关系、规范社会行为，使我国社会在深刻变革中既生机勃勃又井然有序，实现经济发展、政治清明、文化昌盛、社会公正、生态良好，实现我国和平发展的战略目标，必须更好发挥法治的引领和规范作用。

我们党高度重视法治建设。长期以来，特别是党的十一届三中全会以来，我们党深刻总结我国社会主义法治建设的成功经验和深刻教训，提出为了保障人民民主，必须加强法治，必须使民主制度化、法律化，把依法治国确定为党领导人民治理国家的基本方略，把依法执政确定为党治国理政的基本方式，积极

建设社会主义法治,取得历史性成就。目前,中国特色社会主义法律体系已经形成,法治政府建设稳步推进,司法体制不断完善,全社会法治观念明显增强。

同时,必须清醒看到,同党和国家事业发展要求相比,同人民群众期待相比,同推进国家治理体系和治理能力现代化目标相比,法治建设还存在许多不适应、不符合的问题,主要表现为:有的法律法规未能全面反映客观规律和人民意愿,针对性、可操作性不强,立法工作中部门化倾向、争权诿责现象较为突出;有法不依、执法不严、违法不究现象比较严重,执法体制权责脱节、多头执法、选择性执法现象仍然存在,执法司法不规范、不严格、不透明、不文明现象较为突出,群众对执法司法不公和腐败问题反映强烈;部分社会成员尊法信法守法用法、依法维权意识不强,一些国家工作人员特别是领导干部依法办事观念不强、能力不足,知法犯法、以言代法、以权压法、徇私枉法现象依然存在。这些问题,违背社会主义法治原则,损害人民群众利益,妨碍党和国家事业发展,必须下大气力加以解决。

全面推进依法治国,必须贯彻落实党的十八大和十八届三中全会精神,高举中国特色社会主义伟大旗帜,以马克思列宁主义、毛泽东思想、邓小平理论、"三个代表"重要思想、科学发展观为指导,深入贯彻习近平总书记系列重要讲话精神,坚持党的领导、人民当家作主、依法治国有机统一,坚定不移走中国特色社会主义法治道路,坚决维护宪法法律权威,依法维护人民权益、维护社会公平正义、维护国家安全稳定,为实现"两个一百年"奋斗目标、实现中华民族伟大复兴的中国梦提供有力法治保障。

全面推进依法治国,总目标是建设中国特色社会主义法治体系,建设社会主义法治国家。这就是,在中国共产党领导下,坚持中国特色社会主义制度,贯彻中国特色社会主义法治理论,形成完备的法律规范体系、高效的法治实施体系、严密的法治监督体系、有力的法治保障体系,形成完善的党内法规体系,坚持依法治国、依法执政、依法行政共同推进,坚持法治国家、法治政府、法治社会一体建设,实现科学立法、严格执法、公正司法、全民守法,促进国家治理体系和治理能力现代化。

实现这个总目标,必须坚持以下原则。

——坚持中国共产党的领导。党的领导是中国特色社会主义最本质的特征,是社会主义法治最根本的保证。把党的领导贯彻到依法治国全过程和各方面,是我国社会主义法治建设的一条基本经验。我国宪法确立了中国共产党的领导地位。坚持党的领导,是社会主义法治的根本要求,是党和国家的根本所在、命脉所在,是全国各族人民的利益所系、幸福所系,是全面推进依法治国的题中应有之义。党的领导和社会主义法治是一致的,社会主义法治必须坚持党的领导,党的领导必须依靠社会主义法治。只有在党的领导下依法治国、厉行法治,人民当家作主才能充分实现,国家和社会生活法治化才能有序推进。依法执政,既要求党依据宪法法律治国理政,也要求党依据党内法规管党治党。必须坚持党领导立法、保证执法、支持司法、带头守法,把依法治国基本方略同依法执政基本方式统一起来,把党总揽全局、协调各方同人大、政府、政协、审判机关、检察机关依法依章程履行职能、开展工作统一起来,把党领导人民制定和实施宪法法律同党坚持在宪法法律范围内活动统一起来,善于使党的主张通过法定程序成为国家意志,善于使党组织推荐的人选通过法定程序成为国家政权机关的领导人员,善于通过国家政权机关实施党对国家和社会的领导,善于运用民主集中制原则维护中央权威、维护全党全国团结统一。

——坚持人民主体地位。人民是依法治国的主体和力量源泉,人民代表大会制度是保证人民当家作主的根本政治制度。必须坚持法治建设为了人民、依靠人民、造福人民、保护人民,以保障人民根本权益为出发点和落脚点,保证人民依法享有广泛的权利和自由、承担应尽的义务,维护社会公平正义,促进共同富裕。必须保证人民在党的领导下,依照法律规定,通过各种途径和形式管理国家事务,管理经济文化事业,管理社会事务。必须使人民认识到法律既是保障自身权利的有力武器,也是必须遵守的行为规范,增强全社会学法尊法守法用法意识,使法律为人民所掌握、所遵守、所运用。

——坚持法律面前人人平等。平等是社会主义法律的基本属性。任何组织和个人都必须尊重宪法法律权威,都必须在宪法法律范围内活动,都必须依照宪法法律行使权力或权利、履行职责或义务,都不得有超越宪法法律的特权。必须维护国家法制统一、尊严、权威,切实保证宪法法律有效实施,绝不允许任何人以任何借口任何形式以言代法、以权压法、徇私枉法。必须以规范和约束公权力为重点,加大监督力度,做到有权必有责、用权受监督、违法必追究,坚决纠正有法不依、执法不严、违法不究行为。

——坚持依法治国和以德治国相结合。国家和社会治理需要法律和道德共同发挥作用。必须坚持一手抓法治、一手抓德治,大力弘扬社会主义核心价值观,弘扬中华传统美德,培育社会公德、职业道德、家庭美德、个人品德,既重视发挥法律的规范作用,又重视发挥道德的教化作用,以法治体现道德理念、强化法律对道德建设的促进作用,以道德滋养法治精神、强化道德对法治文化的支撑作用，实现法律和道德相辅相成、法治和德治相得益彰。

——坚持从中国实际出发。中国特色社会主义道路、理论体系、制度是全面推进依法治国的根本遵循。必须从我国基本国情出发，同改革开放不断深化相适应，总结和运用党领导人民实行法治的成功经验，围绕社会主义法治建设重大理论和实践问题，推进法治理论创新，发展符合中国实际、具有中国特色、体现社会发展规律的社会主义法治理论，为依法治国提供理论指导和学理支撑。汲取中华法律文化精华，借鉴国外法治有益经验，但决不照搬外国法治理念和模式。

全面推进依法治国是一个系统工程，是国家治理领域一场广泛而深刻的革命，需要付出长期艰苦努力。全党同志必须更加自觉地坚持依法治国、更加扎实地推进依法治国，努力实现国家各项工作法治化，向着建设法治中国不断前进。

二、完善以宪法为核心的中国特色社会主义法律体系，加强宪法实施

法律是治国之重器，良法是善治之前提。建设中国特色社会主义法治体系，必须坚持立法先行，发挥立法的引领和推动作用，抓住提高立法质量这个关键。要恪守以民为本、立法为民理念，贯彻社会主义核心价值观，使每一项立法都符合宪法精神、反映人民意志、得到人民拥护。要把公正、公平、公开原则贯穿立法全过程，完善立法体制机制，坚持立改废释并举，增强法律法规的及时性、系统性、针对性、有效性。

（一）健全宪法实施和监督制度。宪法是党和人民意志的集中体现，是通过科学民主程序形成的根本法。坚持依法治国首先要坚持依宪治国，坚持依法执政首先要坚持依宪执政。全国各族人民、一切国家机关和武装力量、各政党和各社会团体、各企业事业组织，都必须以宪法为根本的活动准则，并且负有维护宪法尊严、保证宪法实施的职责。一切违反宪法的行为都必须予以追究和纠正。

完善全国人大及其常委会宪法监督制度，健全宪法解释程序机制。加强备案审查制度和能力建设，把所有规范性文件纳入备案审查范围，依法撤销和纠正违宪违法的规范性文件，禁止地方制发带有立法性质的文件。

将每年十二月四日定为国家宪法日。在全社会普遍开展宪法教育，弘扬宪法精神。建立宪法宣誓制度，凡经人大及其常委会选举或者决定任命的国家工作人员正式就职时公开向宪法宣誓。

（二）完善立法体制。加强党对立法工作的领导,完善党对立法工作中重大问题决策的程序。凡立法涉及重大体制和重大政策调整的,必须报党中央讨论决定。党中央向全国人大提出宪法修改建议,依照宪法规定的程序进行宪法修改。法律制定和修改的重大问题由全国人大常委会党组向党中央报告。

健全有立法权的人大主导立法工作的体制机制,发挥人大及其常委会在立法工作中的主导作用。建立由全国人大相关专门委员会、全国人大常委会法制工作委员会组织有关部门参与起草综合性、全局性、基础性等重要法律草案制度。增加有法治实践经验的专职常委比例。依法建立健全专门委员会、工作委员会立法专家顾问制度。

加强和改进政府立法制度建设,完善行政法规、规章制定程序,完善公众参与政府立法机制。重要行政管理法律法规由政府法制机构组织起草。

明确立法权力边界,从体制机制和工作程序上有效防止部门利益和地方保护主义法律化。对部门间争议较大的重要立法事项,由决策机关引入第三方评估,充分听取各方意见,协调决定,不能久拖不决。加强法律解释工作,及时明确法律规定含义和适用法律依据。明确地方立法权限和范围,依法赋予设区的市地方立法权。

（三）深入推进科学立法、民主立法。加强人大对立法工作的组织协调,健全立法起草、论证、协调、审议机制,健全向下级人大征询立法意见机制,建立基层立法联系点制度,推进立法精细化。健全法律法规规章起草征求人大代表意见制度,增加人大代表列席人大常委会会议人数,更多发挥人大代表参与起草和修改法律作用。完善立法项目征集和论证制度。健全立法机关主导、社会各方有序参与立法的途径和方式。探索委托第三方起草法律法规草案。

健全立法机关和社会公众沟通机制,开展立法协商,充分发挥政协委员、民主党派、工商联、无党派人士、人民团体、社会组织在立法协商中的作用,探索建立有关国家机关、社会团体、专家学者等对立法中涉及的重大利益调整论证咨询机制。拓宽公民有序参与立法途径,健全法律法规规章草案公开征求意见和公众意见采纳情况反馈机制,广泛凝聚社会共识。

完善法律草案表决程序,对重要条款可以单独表决。

（四）加强重点领域立法。依法保障公民权利,加快完善体现权利公平、机会公平、规则公平的法律制度,保障公民人身权、财产权、基本政治权利等各项权利不受侵犯,保障公民经济、文化、社会等各方面权利得到落实,实现公民权利保障法治化。增强全社会尊重和保障人权意识,健全公民权利救济渠道和方式。

社会主义市场经济本质上是法治经济。使市场在资源配置中起决定性作用和更好发挥政府作用,必须以保护产权、维护契约、统一市场、平等交换、公平竞争、有效监管为基本导向,完善社会主义市场经济法律制度。健全以公平为核心原则的产权保护制度,加强对各种所有制经济组织和自然人财产权的保护,清理有违公平的法律法规条款。创新适应公有制多种实现形式的产权保护制度,加强对国有、集体资产所有权、经营权和各类企业法人财产权的保护。国家保护企业以法人财产权依法自主经营、自负盈亏,企业有权拒绝任何组织和个人无法律依据的要求。加强企业社会责任立法。完善激励创新的产权制度、知识产权保护制度和促进科技成果转化的体制机制。加强市场法律制度建设,编纂民法典,制定和完善发展规划、投资管理、土地管理、能源和矿产资源、农业、财政税收、金融等方面法律法规,促进商品和要素自由流动、公平交易、平等使用。依法加强和改善宏观调控、市场监管,反对垄断,促进合理竞争,维护公平竞争的市场秩序。加强军民融合深度发展法治保障。

制度化、规范化、程序化是社会主义民主政治的根本保障。以保障人民当家作主为核心,坚持和完善人民代表大会制度,坚持和完善中国共产党领导的多党合作和政治协商制度、民族区域自治制度以及基层群众自治制度,推进社会主义民主政治法治化。加强社会主义协商民主制度建设,推进协商民主广泛多层制度化发展,构建程序合理、环节完整的协商民主体系。完善和发展基层民主制度,依法推进基层民主和行业自律,实行自我管理、自我服务、自我教育、自我监督。完善国家机构组织法,完善选举制度和工作机制。加快推进反腐败国家立法,完善惩治和预防腐败体系,形成不敢腐、不能腐、不想腐的有效机制,坚决遏制和预防腐败现象。完善惩治贪污贿赂犯罪法律制度,把贿赂犯罪对象由财物扩大为财物和其他财产性利益。

建立健全坚持社会主义先进文化前进方向、遵循文化发展规律、有利于激发文化创造活力、保障人民基本文化权益的文化法律制度。制定公共文化服务保障法,促进基本公共文化服务标准化、均等化。制定文化产业促进法,把行之有效的文化经济政策法定化,健全促进社会效益和经济效益有机统一的制度规范。制定国家勋章和国家荣誉称号法,表彰有突出贡献的杰出人士。加强互联网领域立法,完善网络信息服务、网络安全保护、网络社会管理等方面的法律法规,依法规范网络行为。

加快保障和改善民生、推进社会治理体制创新法律制度建设。依法加强和规范公共服务,完善教育、就业、收入分配、社会保障、医疗卫生、食品安全、扶贫、慈善、社会救助和妇女儿童、老年人、残疾人合法权益保护等方面的法律法规。加强社会组织立法,规范和引导各类社会组织健康发展。制定社区矫正法。

贯彻落实总体国家安全观,加快国家安全法治建设,抓紧出台反恐怖等一批急需法律,推进公共安全法治化,构建国家安全法律制度体系。

用严格的法律制度保护生态环境,加快建立有效约束开发行为和促进绿色发展、循环发展、低碳发展的生态文明法律制度,强化生产者环境保护的法律责任,大幅度提高违法成本。建立健全自然资源产权法律制度,完善国土空间开发保护方面的法律制度,制定完善生态补偿和土壤、水、大气污染防治及海洋生态环境保护等法律法规,促进生态文明建设。

实现立法和改革决策相衔接,做到重大改革于法有据、立法主动适应改革和经济社会发展需要。实践证明行之有效的,要及时上升为法律。实践条件还不成熟、需要先行先试的,要按照法定程序作出授权。对不适应改革要求的法律法规,要及时修改和废止。

三、深入推进依法行政,加快建设法治政府

法律的生命力在于实施,法律的权威也在于实施。各级政府必须坚持在党的领导下、在法治轨道上开展工作,创新执法体制,完善执法程序,推进综合执法,严格执法责任,建立权责统一、权威高效的依法行政体制,加快建设职能科学、权责法定、执法严明、公开公正、廉洁高效、守法诚信的法治政府。

(一)依法全面履行政府职能。完善行政组织和行政程序法律制度,推进机构、职能、权限、程序、责任法定化。行政机关要坚持法定职责必须为、法无授权不可为,勇于负责、敢于担当,坚决纠正不作为、乱作为,坚决克服懒政、怠政,坚决惩处失职、渎职。行政机关不得法外设定权力,没有法律法规依据不得作出减损公民、法人和其他组织合法权益或者增加其义务的决定。推行政府权力清单制度,坚决消除权力设租寻租空间。

推进各级政府事权规范化、法律化,完善不同层级政府特别是中央和地方政府事权法律制度,强化中央政府宏观管理、制度设定职责和必要的执法权,强化省级政府统筹推进区域内基本公共服务均等化职责,强化市县政府执行职责。

(二)健全依法决策机制。把公众参与、专家论证、风险评估、合法性审查、

集体讨论决定确定为重大行政决策法定程序,确保决策制度科学、程序正当、过程公开、责任明确。建立行政机关内部重大决策合法性审查机制,未经合法性审查或经审查不合法的,不得提交讨论。

积极推行政府法律顾问制度,建立政府法制机构人员为主体、吸收专家和律师参加的法律顾问队伍,保证法律顾问在制定重大行政决策、推进依法行政中发挥积极作用。

建立重大决策终身责任追究制度及责任倒查机制,对决策严重失误或者依法应该及时作出决策但久拖不决造成重大损失、恶劣影响的,严格追究行政首长、负有责任的其他领导人员和相关责任人员的法律责任。

(三)深化行政执法体制改革。根据不同层级政府的事权和职能,按照减少层次、整合队伍、提高效率的原则,合理配置执法力量。

推进综合执法,大幅减少市县两级政府执法队伍种类,重点在食品药品安全、工商质检、公共卫生、安全生产、文化旅游、资源环境、农林水利、交通运输、城乡建设、海洋渔业等领域内推行综合执法,有条件的领域可以推行跨部门综合执法。

完善市县两级政府行政执法管理,加强统一领导和协调。理顺行政强制执行体制。理顺城管执法体制,加强城市管理综合执法机构建设,提高执法和服务水平。

严格实行行政执法人员持证上岗和资格管理制度,未经执法资格考试合格,不得授予执法资格,不得从事执法活动。严格执行罚缴分离和收支两条线管理制度,严禁收费罚没收入同部门利益直接或者变相挂钩。

健全行政执法和刑事司法衔接机制,完善案件移送标准和程序,建立行政执法机关、公安机关、检察机关、审判机关信息共享、案情通报、案件移送制度,坚决克服有案不移、有案难移、以罚代刑现象,实现行政处罚和刑事处罚无缝对接。

(四)坚持严格规范公正文明执法。依法惩处各类违法行为,加大关系群众切身利益的重点领域执法力度。完善执法程序,建立执法全过程记录制度。明确具体操作流程,重点规范行政许可、行政处罚、行政强制、行政征收、行政收费、行政检查等执法行为。严格执行重大执法决定法制审核制度。

建立健全行政裁量权基准制度,细化、量化行政裁量标准,规范裁量范围、种类、幅度。加强行政执法信息化建设和信息共享,提高执法效率和规范化水平。

全面落实行政执法责任制,严格确定不同部门及机构、岗位执法人员执法责任和责任追究机制,加强执法监督,坚决排除对执法活动的干预,防止和克服地方和部门保护主义,惩治执法腐败现象。

(五)强化对行政权力的制约和监督。加强党内监督、人大监督、民主监督、行政监督、司法监督、审计监督、社会监督、舆论监督制度建设,努力形成科学有效的权力运行制约和监督体系,增强监督合力和实效。

加强对政府内部权力的制约,是强化对行政权力制约的重点。对财政资金分配使用、国有资产监管、政府投资、政府采购、公共资源转让、公共工程建设等权力集中的部门和岗位实行分事行权、分岗设权、分级授权,定期轮岗,强化内部流程控制,防止权力滥用。完善政府内部层级监督和专门监督,改进上级机关对下级机关的监督,建立常态化监督制度。完善纠错问责机制,健全责令公开道歉、停职检查、引咎辞职、责令辞职、罢免等问责方式和程序。

完善审计制度,保障依法独立行使审计监督权。对公共资金、国有资产、国有资源和领导干部履行经济责任情况实行审计全覆盖。强化上级审计机关对下级审计机关的领导。探索省以下地方审计机关人财物统一管理。推进审计职业化建设。

(六)全面推进政务公开。坚持以公开为常态、不公开为例外原则,推进决策公开、执行公开、管理公开、服务公开、结果公开。各级政府及其工作部门依据权力清单,向社会全面公开政府职能、法律依据、实施主体、职责权限、管理流程、监督方式等事项。重点推进财政预算、公共资源配置、重大建设项目批准和实施、社会公益事业建设等领域的政府信息公开。

涉及公民、法人或其他组织权利和义务的规范性文件,按照政府信息公开要求和程序予以公布。推行行政执法公示制度。推进政务公开信息化,加强互联网政务信息数据服务平台和便民服务平台建设。

四、保证公正司法,提高司法公信力

公正是法治的生命线。司法公正对社会公正具有重要引领作用,司法不公对社会公正具有致命破坏作用。必须完善司法管理体制和司法权力运行机制,规范司法行为,加强对司法活动的监督,努力让人民群众在每一个司法案件中感受到公平正义。

(一)完善确保依法独立公正行使审判权和检察权的制度。各级党政机关和领导干部要支持法院、检察院依法独立公正行使职权。建立领导干部干预司

法活动、插手具体案件处理的记录、通报和责任追究制度。任何党政机关和领导干部都不得让司法机关做违反法定职责、有碍司法公正的事情，任何司法机关都不得执行党政机关和领导干部违法干预司法活动的要求。对干预司法机关办案的，给予党纪政纪处分；造成冤假错案或者其他严重后果的，依法追究刑事责任。

健全行政机关依法出庭应诉、支持法院受理行政案件、尊重并执行法院生效裁判的制度。完善惩戒妨碍司法机关依法行使职权、拒不执行生效裁判和决定、藐视法庭权威等违法犯罪行为的法律规定。

建立健全司法人员履行法定职责保护机制。非经法定事由，非经法定程序，不得将法官、检察官调离、辞退或者作出免职、降级等处分。

（二）优化司法职权配置。健全公安机关、检察机关、审判机关、司法行政机关各司其职，侦查权、检察权、审判权、执行权相互配合、相互制约的体制机制。

完善司法体制，推动实行审判权和执行权相分离的体制改革试点。完善刑罚执行制度，统一刑罚执行体制。改革司法机关人财物管理体制，探索实行法院、检察院司法行政事务管理权和审判权、检察权相分离。

最高人民法院设立巡回法庭，审理跨行政区域重大行政和民商事案件。探索设立跨行政区划的人民法院和人民检察院，办理跨地区案件。完善行政诉讼体制机制，合理调整行政诉讼案件管辖制度，切实解决行政诉讼立案难、审理难、执行难等突出问题。

改革法院案件受理制度，变立案审查制为立案登记制，对人民法院依法应该受理的案件，做到有案必立、有诉必理，保障当事人诉权。加大对虚假诉讼、恶意诉讼、无理缠诉行为的惩治力度。完善刑事诉讼中认罪认罚从宽制度。

完善审级制度，一审重在解决事实认定和法律适用，二审重在解决事实法律争议、实现二审终审，再审重在解决依法纠错、维护裁判权威。完善对涉及公民人身、财产权益的行政强制措施实行司法监督制度。检察机关在履行职责中发现行政机关违法行使职权或者不行使职权的行为，应该督促其纠正。探索建立检察机关提起公益诉讼制度。

明确司法机关内部各层级权限，健全内部监督制约机制。司法机关内部人员不得违反规定干预其他人员正在办理的案件，建立司法机关内部人员过问案件的记录制度和责任追究制度。完善主审法官、合议庭、主任检察官、主办侦查员办案责任制，落实谁办案谁负责。

加强职务犯罪线索管理，健全受理、分流、查办、信息反馈制度，明确纪检监察和刑事司法办案标准和程序衔接,依法严格查办职务犯罪案件。

(三)推进严格司法。坚持以事实为根据、以法律为准绳,健全事实认定符合客观真相、办案结果符合实体公正、办案过程符合程序公正的法律制度。加强和规范司法解释和案例指导,统一法律适用标准。

推进以审判为中心的诉讼制度改革,确保侦查、审查起诉的案件事实证据经得起法律的检验。全面贯彻证据裁判规则,严格依法收集、固定、保存、审查、运用证据,完善证人、鉴定人出庭制度,保证庭审在查明事实、认定证据、保护诉权、公正裁判中发挥决定性作用。

明确各类司法人员工作职责、工作流程、工作标准,实行办案质量终身负责制和错案责任倒查问责制,确保案件处理经得起法律和历史检验。

(四)保障人民群众参与司法。坚持人民司法为人民,依靠人民推进公正司法,通过公正司法维护人民权益。在司法调解、司法听证、涉诉信访等司法活动中保障人民群众参与。完善人民陪审员制度,保障公民陪审权利,扩大参审范围,完善随机抽选方式,提高人民陪审制度公信度。逐步实行人民陪审员不再审理法律适用问题,只参与审理事实认定问题。

构建开放、动态、透明、便民的阳光司法机制,推进审判公开、检务公开、警务公开、狱务公开,依法及时公开执法司法依据、程序、流程、结果和生效法律文书,杜绝暗箱操作。加强法律文书释法说理,建立生效法律文书统一上网和公开查询制度。

(五)加强人权司法保障。强化诉讼过程中当事人和其他诉讼参与人的知情权、陈述权、辩护辩论权、申请权、申诉权的制度保障。健全落实罪刑法定、疑罪从无、非法证据排除等法律原则的法律制度。完善对限制人身自由司法措施和侦查手段的司法监督,加强对刑讯逼供和非法取证的源头预防,健全冤假错案有效防范、及时纠正机制。

切实解决执行难,制定强制执行法,规范查封、扣押、冻结、处理涉案财物的司法程序。加快建立失信被执行人信用监督、威慑和惩戒法律制度。依法保障胜诉当事人及时实现权益。

落实终审和诉讼终结制度,实行诉访分离,保障当事人依法行使申诉权利。对不服司法机关生效裁判、决定的申诉,逐步实行由律师代理制度。对聘不起律师的申诉人,纳入法律援助范围。

(六)加强对司法活动的监督。完善检察机关行使监督权的法律制度,加强对刑事诉讼、民事诉讼、行政诉讼的法律监督。完善人民监督员制度,重点监督检察机关查办职务犯罪的立案、羁押、扣押冻结财物、起诉等环节的执法活动。司法机关要及时回应社会关切。规范媒体对案件的报道,防止舆论影响司法公正。

依法规范司法人员与当事人、律师、特殊关系人、中介组织的接触、交往行为。严禁司法人员私下接触当事人及律师、泄露或者为其打探案情、接受吃请或者收受其财物、为律师介绍代理和辩护业务等违法违纪行为,坚决惩治司法掮客行为,防止利益输送。

对因违法违纪被开除公职的司法人员、吊销执业证书的律师和公证员,终身禁止从事法律职业,构成犯罪的要依法追究刑事责任。

坚决破除各种潜规则,绝不允许法外开恩,绝不允许办关系案、人情案、金钱案。坚决反对和克服特权思想、衙门作风、霸道作风,坚决反对和惩治粗暴执法、野蛮执法行为。对司法领域的腐败零容忍,坚决清除害群之马。

五、增强全民法治观念,推进法治社会建设

公正是法治的生命线。司法公正对社会公正具有重要引领作用,司法不公对社会公正具有致命破坏作用。必须完善司法管理体制和司法权力运行机制,规范司法行为,加强对司法活动的监督,努力让人民群众在每一个司法案件中感受到公平正义。

(一)推进全社会树立法治意识。各级党政机关和领导干部要支持法院、检察院依法独立公正行使职权。建立领导干部干预司法活动、插手具体案件处理的记录、通报和责任追究制度。任何党政机关和领导干部都不得让司法机关做违反法定职责、有碍司法公正的事情,任何司法机关都不得执行党政机关和领导干部违法干预司法活动的要求。对干预司法机关办案的,给予党纪政纪处分;造成冤假错案或者其他严重后果的,依法追究刑事责任。

健全行政机关依法出庭应诉、支持法院受理行政案件、尊重并执行法院生效裁判的制度。完善惩戒妨碍司法机关依法行使职权、拒不执行生效裁判和决定、藐视法庭权威等违法犯罪行为的法律规定。

建立健全司法人员履行法定职责保护机制。非因法定事由,非经法定程序,不得将法官、检察官调离、辞退或者作出免职、降级等处分。

(二)推进多层次、多领域依法治理。健全公安机关、检察机关、审判机关、司法行政机关各司其职,侦查权、检察权、审判权、执行权相互配合、相互制约的体制机制。

完善司法体制,推动实行审判权和执行权相分离的体制改革试点。完善刑罚执行制度,统一刑罚执行体制。改革司法机关人财物管理体制,探索实行法院、检察院司法行政事务管理权和审判权、检察权相分离。

最高人民法院设立巡回法庭,审理跨行政区域重大行政和民商事案件。探索设立跨行政区划的人民法院和人民检察院,办理跨地区案件。完善行政诉讼体制机制,合理调整行政诉讼案件管辖制度,切实解决行政诉讼立案难、审理难、执行难等突出问题。

改革法院案件受理制度,变立案审查制为立案登记制,对人民法院依法应该受理的案件,做到有案必立、有诉必理,保障当事人诉权。加大对虚假诉讼、恶意诉讼、无理缠诉行为的惩治力度。完善刑事诉讼中认罪认罚从宽制度。

完善审级制度,一审重在解决事实认定和法律适用,二审重在解决事实法律争议、实现二审终审,再审重在解决依法纠错、维护裁判权威。完善对涉及公民人身、财产权益的行政强制措施实行司法监督制度。检察机关在履行职责中发现行政机关违法行使职权或者不行使职权的行为,应该督促其纠正。探索建立检察机关提起公益诉讼制度。

明确司法机关内部各层级权限,健全内部监督制约机制。司法机关内部人员不得违反规定干预其他人员正在办理的案件,建立司法机关内部人员过问案件的记录制度和责任追究制度。完善主审法官、合议庭、主任检察官、主办侦查员办案责任制,落实谁办案谁负责。

加强职务犯罪线索管理,健全受理、分流、查办、信息反馈制度,明确纪检监察和刑事司法办案标准和程序衔接,依法严格查办职务犯罪案件。

(三)建立完备的法律服务体系。坚持以事实为根据、以法律为准绳,健全事实认定符合客观真相、办案结果符合实体公正、办案过程符合程序公正的法律制度。加强和规范司法解释和案例指导,统一法律适用标准。

推进以审判为中心的诉讼制度改革,确保侦查、审查起诉的案件事实证据经得起法律的检验。全面贯彻证据裁判规则,严格依法收集、固定、保存、审查、运用证据,完善证人、鉴定人出庭制度,保证庭审在查明事实、认定证据、保护诉权、公正裁判中发挥决定性作用。

明确各类司法人员工作职责、工作流程、工作标准,实行办案质量终身负责制和错案责任倒查问责制,确保案件处理经得起法律和历史检验。

(四)健全依法维权和化解纠纷机制。坚持人民司法为人民,依靠人民推进公正司法,通过公正司法维护人民权益。在司法调解、司法听证、涉诉信访等司法活动中保障人民群众参与。完善人民陪审员制度,保障公民陪审权利,扩大参审范围,完善随机抽选方式,提高人民陪审制度公信度。逐步实行人民陪审员不再审理法律适用问题,只参与审理事实认定问题。

构建开放、动态、透明、便民的阳光司法机制,推进审判公开、检务公开、警务公开、狱务公开,依法及时公开执法司法依据、程序、流程、结果和生效法律文书,杜绝暗箱操作。加强法律文书释法说理,建立生效法律文书统一上网和公开查询制度。

加强人权司法保障。强化诉讼过程中当事人和其他诉讼参与人的知情权、陈述权、辩护辩论权、申请权、申诉权的制度保障。健全落实罪刑法定、疑罪从无、非法证据排除等法律原则的法律制度。完善对限制人身自由司法措施和侦查手段的司法监督,加强对刑讯逼供和非法取证的源头预防,健全冤假错案有效防范、及时纠正机制。

切实解决执行难,制定强制执行法,规范查封、扣押、冻结、处理涉案财物的司法程序。加快建立失信被执行人信用监督、威慑和惩戒法律制度。依法保障胜诉当事人及时实现权益。

落实终审和诉讼终结制度,实行诉访分离,保障当事人依法行使申诉权利。对不服司法机关生效裁判、决定的申诉,逐步实行由律师代理制度。对聘不起律师的申诉人,纳入法律援助范围。

加强对司法活动的监督。完善检察机关行使监督权的法律制度,加强对刑事诉讼、民事诉讼、行政诉讼的法律监督。完善人民监督员制度,重点监督检察机关查办职务犯罪的立案、羁押、扣押冻结财物、起诉等环节的执法活动。司法机关要及时回应社会关切。规范媒体对案件的报道,防止舆论影响司法公正。

依法规范司法人员与当事人、律师、特殊关系人、中介组织的接触、交往行为。严禁司法人员私下接触当事人及律师、泄露或者为其打探案情、接受吃请或者收受其财物、为律师介绍代理和辩护业务等违法违纪行为,坚决惩治司法掮客行为,防止利益输送。

对因违法违纪被开除公职的司法人员、吊销执业证书的律师和公证员,终身禁止从事法律职业,构成犯罪的要依法追究刑事责任。

坚决破除各种潜规则,绝不允许法外开恩,绝不允许办关系案、人情案、金钱案。坚决反对和克服特权思想、衙门作风、霸道作风,坚决反对和惩治粗暴执法、野蛮执法行为。对司法领域的腐败零容忍,坚决清除害群之马。

六、加强法治工作队伍建设

全面推进依法治国,必须大力提高法治工作队伍思想政治素质、业务工作能力、职业道德水准,着力建设一支忠于党、忠于国家、忠于人民、忠于法律的社会主义法治工作队伍,为加快建设社会主义法治国家提供强有力的组织和人才保障。

(一)建设高素质法治专门队伍。把思想政治建设摆在首位,加强理想信念教育,深入开展社会主义核心价值观和社会主义法治理念教育,坚持党的事业、人民利益、宪法法律至上,加强立法队伍、行政执法队伍、司法队伍建设。抓住立法、执法、司法机关各级领导班子建设这个关键,突出政治标准,把善于运用法治思维和法治方式推动工作的人选拔到领导岗位上来。畅通立法、执法、司法部门干部和人才相互之间以及与其他部门具备条件的干部和人才交流渠道。

推进法治专门队伍正规化、专业化、职业化,提高职业素养和专业水平。完善法律职业准入制度,健全国家统一法律职业资格考试制度,建立法律职业人员统一职前培训制度。建立从符合条件的律师、法学专家中招录立法工作者、法官、检察官制度,畅通具备条件的军队转业干部进入法治专门队伍的通道,健全从政法专业毕业生中招录人才的规范便捷机制。加强边疆地区、民族地区法治专门队伍建设。加快建立符合职业特点的法治工作人员管理制度,完善职业保障体系,建立法官、检察官、人民警察专业职务序列及工资制度。

建立法官、检察官逐级遴选制度。初任法官、检察官由高级人民法院、省级人民检察院统一招录,一律在基层法院、检察院任职。上级人民法院、人民检察院的法官、检察官一般从下一级人民法院、人民检察院的优秀法官、检察官中遴选。

(二)加强法律服务队伍建设。加强律师队伍思想政治建设,把拥护中国共产党领导、拥护社会主义法治作为律师从业的基本要求,增强广大律师走中国特色社会主义法治道路的自觉性和坚定性。构建社会律师、公职律师、公司律师等优势互补、结构合理的律师队伍。提高律师队伍业务素质,完善执业保障机制。加强律师事务所管理,发挥律师协会自律作用,规范律师执业行为,监督律师严格遵守职业道德和职业操守,强化准入、退出管理,严格执行违法违规执业惩戒制度。加强律师行业党的建设,扩大党的工作覆盖面,切实发挥律师事务所党组织的政治核心作用。

各级党政机关和人民团体普遍设立公职律师,企业可设立公司律师,参与决策论证,提供法律意见,促进依法办事,防范法律风险。明确公职律师、公司律师法律地位及权利义务,理顺公职律师、公司律师管理体制机制。

发展公证员、基层法律服务工作者、人民调解员队伍。推动法律服务志愿者队伍建设。建立激励法律服务人才跨区域流动机制,逐步解决基层和欠发达地区法律服务资源不足和高端人才匮乏问题。

(三)创新法治人才培养机制。坚持用马克思主义法学思想和中国特色社会主义法治理论全方位占领高校、科研机构法学教育和法学研究阵地,加强法学基础理论研究,形成完善的中国特色社会主义法学理论体系、学科体系、课程体系,组织编写和全面采用国家统一的法律类专业核心教材,纳入司法考试必考范围。坚持立德树人、德育为先导向,推动中国特色社会主义法治理论进教材进课堂进头脑,培养造就熟悉和坚持中国特色社会主义法治体系的法治人才及后备力量。建设通晓国际法律规则、善于处理涉外法律事务的涉外法治人才队伍。

健全政法部门和法学院校、法学研究机构人员双向交流机制,实施高校和法治工作部门人员互聘计划,重点打造一支政治立场坚定、理论功底深厚、熟悉中国国情的高水平法学家和专家团队,建设高素质学术带头人、骨干教师、专兼职教师队伍。

七、加强和改进党对全面推进依法治国的领导

党的领导是全面推进依法治国、加快建设社会主义法治国家最根本的保证。必须加强和改进党对法治工作的领导,把党的领导贯彻到全面推进依法治国全过程。

(一)坚持依法执政。依法执政是依法治国的关键。各级党组织和领导干部要深刻认识到,维护宪法法律权威就是维护党和人民共同意志的权威,捍卫宪法法律尊严就是捍卫党和人民共同意志的尊严,保证宪法法律实施就是保证党和人民共同意志的实现。各级领导干部要对法律怀有敬畏之心,牢记法律红线不可逾越、法律底线不可触碰,带头遵守法律,带头依法办事,不得违法行使权力,更不能以言代法、以权压法、徇私枉法。

健全党领导依法治国的制度和工作机制,完善保证党确定依法治国方针政策和决策部署的工作机制和程序。加强对全面推进依法治国统一领导、统一部署、统筹协调。完善党委依法决策机制,发挥政策和法律的各自优势,促进党的政策和国家法律互联互动。党委要定期听取政法机关工作汇报,做促进公正司法、维护法律权威的表率。党政主要负责人要履行推进法治建设第一责任人职责。各级党委要领导和支持工会、共青团、妇联等人民团体和社会组织在依法治国中积极发挥作用。

人大、政府、政协、审判机关、检察机关的党组织和党员干部要坚决贯彻党的理论和路线方针政策,贯彻党委决策部署。各级人大、政府、政协、审判机关、检察机关的党组织要领导和监督本单位模范遵守宪法法律,坚决查处执法犯法、违法用权等行为。

政法委员会是党委领导政法工作的组织形式,必须长期坚持。各级党委政法委员会要把工作着力点放在把握政治方向、协调各方职能、统筹政法工作、建设政法队伍、督促依法履职、创造公正司法环境上,带头依法办事,保障宪法法律正确统一实施。政法机关党组织要建立健全重大事项向党委报告制度。加强政法机关党的建设,在法治建设中充分发挥党组织政治保障作用和党员先锋模范作用。

(二)加强党内法规制度建设。党内法规既是管党治党的重要依据,也是建设社会主义法治国家的有力保障。党章是最根本的党内法规,全党必须一体严格遵行。完善党内法规制定体制机制,加大党内法规备案审查和解释力度,形成配套完备的党内法规制度体系。注重党内法规同国家法律的衔接和协调,提高党内法规执行力,运用党内法规把党要管党、从严治党落到实处,促进党员、干部带头遵守国家法律法规。

党的纪律是党内规矩。党规党纪严于国家法律,党的各级组织和广大党员干部不仅要模范遵守国家法律,而且要按照党规党纪以更高标准严格要求自己,坚定理想信念,践行党的宗旨,坚决同违法乱纪行为作斗争。对违反党规党纪的行为必须严肃处理,对苗头性倾向性问题必须抓早抓小,防止小错酿成大错、违纪走向违法。

依纪依法反对和克服形式主义、官僚主义、享乐主义和奢靡之风,形成严密的长效机制。完善和严格执行领导干部政治、工作、生活待遇方面各项制度规定,着力整治各种特权行为。深入开展党风廉政建设和反腐败斗争,严格落实党风廉政建设党委主体责任和纪委监督责任,对任何腐败行为和腐败分子,必须依纪依法予以坚决惩处,决不手软。

(三)提高党员干部法治思维和依法办事能力。党员干部是全面推进依法治国的重要组织者、推动者、实践者,要自觉提高运用法治思维和法治方式深化改革、推动发展、化解矛盾、维护稳定能力,高级干部尤其要以身作则、以上率下。把法治建设成效作为衡量各级领导班子和领导干部工作实绩重要内容,纳入政绩考核指标体系。把能不能遵守法律、依法办事作为考察干部重要内容,在相同条件下,优先提拔使用法治素养好、依法办事能力强的干部。对特权思想严重、法治观念淡薄的干部要批评教育,不改正的要调离领导岗位。

(四)推进基层治理法治化。全面推进依法治国,基础在基层,工作重点在基层。发挥基层党组织在全面推进依法治国中的战斗堡垒作用,增强基层干部法治观念、法治为民的意识,提高依法办事能力。加强基层法治机构建设,强化基层法治队伍,建立重心下移、力量下沉的法治工作机制,改善基层基础设施和装备条件,推进法治干部下基层活动。

(五)深入推进依法治军从严治军。党对军队绝对领导是依法治军的核心和根本要求。紧紧围绕党在新形势下的强军目标,着眼全面加强军队革命化现代化正规化建设,创新发展依法治军理论和实践,构建完善的中国特色军事法治体系,提高国防和军队建设法治化水平。

坚持在法治轨道上积极稳妥推进国防和军队改革,深化军队领导指挥体制、力量结构、政策制度等方面改革,加快完善和发展中国特色社会主义军事制度。

健全适应现代军队建设和作战要求的军事法规制度体系,严格规范军事法规制度的制定权限和程序,将所有军事规范性文件纳入审查范围,完善审查制度,增强军事法规制度科学性、针对性、适用性。

坚持从严治军铁律,加大军事法规执行力度,明确执法责任,完善执法制度,健全执法监督机制,严格责任追究,推动依法治军落到实处。

健全军事法制工作体制,建立完善领导机关法制工作机构。改革军事司法体制机制,完善统一领导的军事审判、检察制度,维护国防利益,保障军人合法权益,防范打击违法犯罪。建立军事法律顾问制度,在各级领导机关设立军事法律顾问,完善重大决策和军事行动法律咨询保障制度。改革军队纪检监察体制。

强化官兵法治理念和法治素养,把法律知识学习纳入军队院校教育体系、干部理论学习和部队教育训练体系,列为军队院校学员必修课和部队官兵必学必训内容。完善军事法律人才培养机制。加强军事法治理论研究。

(六)依法保障"一国两制"实践和推进祖国统一。坚持宪法的最高法律地位和最高法律效力,全面准确贯彻"一国两制"、"港人治港"、"澳人治澳"、高度自治的方针,严格依照宪法和基本法办事,完善与基本法实施相关的制度和机制,依法行使中央权力,依法保障高度自治,支持特别行政区行政长官和政府依法施政,保障内地与香港、澳门经贸关系发展和各领域交流合作,防范和反对外部势力干预港澳事务,保持香港、澳门长期繁荣稳定。

运用法治方式巩固和深化两岸关系和平发展,完善涉台法律法规,依法规范和保障两岸人民关系、推进两岸交流合作。运用法律手段捍卫一个中国原则、反对"台独",增进维护一个中国框架的共同认知,推进祖国和平统一。

依法保护港澳同胞、台湾同胞权益。加强内地同香港和澳门、大陆同台湾的执法司法协作,共同打击跨境违法犯罪活动。

(七)加强涉外法律工作。适应对外开放不断深化,完善涉外法律法规体系,促进构建开放型经济新体制。积极参与国际规则制定,推动依法处理涉外经济、社会事务,增强我国在国际法律事务中的话语权和影响力,运用法律手段维护我国主权、安全、发展利益。强化涉外法律服务,维护我国公民、法人在海外及外国公民、法人在我国的正当权益,依法维护海外侨胞权益。深化司法领域国际合作,完善我国司法协助体制,扩大国际司法协助覆盖面。加强反腐败国际合作,加大海外追赃追逃、遣返引渡力度。积极参与执法安全国际合作,共同打击暴力恐怖势力、民族分裂势力、宗教极端势力和贩毒走私、跨国有组织犯罪。

各级党委要全面准确贯彻本决定精神,健全党委统一领导和各方分工负责、齐抓共管的责任落实机制,制定实施方案,确保各项部署落到实处。

全党同志和全国各族人民要紧密团结在以习近平同志为总书记的党中央周围,高举中国特色社会主义伟大旗帜,积极投身全面推进依法治国伟大实践,开拓进取,扎实工作,为建设法治中国而奋斗!

内蒙古自治区重大行政决策程序规定

(2015 年 2 月 27 日内蒙古自治区人民政府第 41 次常务会议审议通过
2015 年 3 月 16 日内蒙古自治区人民政府令第 209 号公布
自 2015 年 6 月 1 日起施行)

第一章 总 则

第一条 为了规范政府重大行政决策行为,健全依法决策机制,提高行政决策质量,根据国家有关法律法规,结合自治区实际,制定本规定。

第二条 旗县级以上人民政府依照法定职权作出的,涉及本行政区域经济社会发展全局、社会涉及面广、与公众利益密切相关的重大事项的行政决策行为,适用本规定。

旗县级以上人民政府人事任免以及内部事务管理措施的制定,不适用本规定。

拟定地方性法规草案和制定政府规章以及突发事件应对的决策程序,按照国家有关法律法规执行。

第三条 重大行政决策应当坚持科学、民主、合法的原则,履行公众参与、专家论证、风险评估、合法性审查和集体讨论决定程序,确保重大行政决策制度科学、程序正当、过程公开、责任明确。

第四条 重大行政决策实行政府行政首长负责制。政府行政首长依法领导本级人民政府的重大行政决策工作,政府分管负责人依法协助政府行政首长决策。

第五条 政府重大行政决策事项需要请示报告党委的,旗县级以上人民政府应当在决策前向同级党委请示报告。

政府重大行政决策事项依法应当提请同级人民代表大会或者其常务委员会审议决定的,由旗县级以上人民政府提出决策建议,依法提请同级人民代表大会或者其常务委员会审议决定。

第六条　旗县级以上人民政府负责本规定的组织实施。

旗县级以上人民政府法制机构负责本级人民政府重大行政决策的合法性审查工作。

第二章　重大行政决策范围

第七条　下列事项应当列入重大行政决策范围：

（一）国民经济和社会发展规划、计划以及经济和社会发展战略，各类总体规划、重点区域规划以及重大专项规划的编制；

（二）重大财政资金使用、重大政府投资项目安排、重要公共资源配置和重大国有资产处置；

（三）城乡建设、环境保护、土地管理、劳动就业、社会保障、科技教育、医疗卫生、食品药品、住房保障、安全生产、公共交通等方面的重大政策和措施的制定；

（四）重要的行政事业性收费以及实行政府定价的重要公用事业、公益性服务价格的制定和调整；

（五）其他需要由政府决策的重大事项。

旗县级以上人民政府根据前款规定，结合本行政区域经济社会发展实际，确定重大行政决策事项范围。

第三章　重大行政决策程序

第八条　政府行政首长、政府分管负责人、政府秘书长或者办公厅（室）主任、政府工作部门主要负责人，依照各自职责权限和工作分工，提出重大行政决策建议。

下一级人民政府认为需要由上级人民政府决策的事项，可以向上一级人民政府提出重大行政决策建议。

人大代表、政协委员可以通过建议、提案等方式提出重大行政决策建议。

公民、法人或者其他组织可以向政府及其有关部门提出重大行政决策建议。

第九条　经政府行政首长同意列为重大行政决策事项的，由政府行政首长或者政府分管负责人确定决策承办单位；重大行政决策事项涉及两个以上单位职责的，应当明确牵头承办单位。

第十条　决策承办单位对重大行政决策事项应当开展调查研究工作，重大行政决策调查研究应当包括以下事项：

（一）决策事项的现状和问题；

（二）决策事项的必要性和可行性；

（三）决策事项的法律法规和政策依据；

（四）其他需要调查研究的内容。

第十一条 决策承办单位应当在调查研究后，拟订重大行政决策方案。

第十二条 决策承办单位应当将重大行政决策方案向社会公开征求意见，公开征求意见的时间不得少于 20 日。

重大行政决策事项涉及国家秘密、商业秘密的，可不予公开征求意见。

第十三条 重大行政决策公开征求意见应当通过报刊、互联网或者广播电视等媒体进行。

第十四条 属于本规定第七条第二项、第三项事项范围，且涉及公众切身利益的，在向社会公开征求意见的同时，还可以委托社会组织、专业机构等开展第三方民意调查。

决策承办单位应当形成重大行政决策征求意见采纳情况报告，并通过适当形式反馈。

第十五条 重大行政决策事项有下列情形之一的，应当举行听证会：

（一）涉及公众切身利益的；

（二）可能影响社会稳定的；

（三）公众对重大行政决策方案有重大分歧的；

（四）法律、法规、规章规定应当听证的。

第十六条 听证会由决策承办单位组织召开。

决策承办单位应当在听证会上对重大行政决策事项作出说明，并接受听证参加人的询问。

第十七条 决策承办单位应当在举行听证会的 30 日前向社会公布听证的事项、时间、地点、听证参加人的名额以及报名办法和条件等内容。

第十八条 公民、法人或者其他组织可以申请参加听证会。决策承办单位按照广泛性和代表性的原则，依据听证事项的性质、复杂程度以及影响范围等因素，在符合报名条件的公民、法人或者其他组织中遴选听证参加人，并向社会公布。与听证事项有利害关系的公民、法人或者其他组织可以优先遴选为听证参加人。

第十九条 决策承办单位可以根据需要邀请有关专业人员、专家学者参加听证会。

第二十条　决策承办单位应当将重大行政决策方案、起草说明以及其他相关材料在听证会举行前 5 日送达听证参加人。

第二十一条　听证会应当制作听证笔录。决策承办单位根据听证笔录形成听证报告,对合理的意见和建议应当采纳;未予采纳的,应当向听证参加人说明理由。

第二十二条　以召开座谈会方式征求公众意见的,决策承办单位应当邀请有利害关系的公民、法人或者其他组织代表参加。

以民意调查方式征求公众意见的,可以委托专门调查研究机构进行,专门调查研究机构应当出具书面调查报告。

第二十三条　决策承办单位应当组织相关领域的专家或者专业机构对重大行政决策事项的必要性、可行性、科学性等进行论证。

第二十四条　决策承办单位应当向提出论证意见的专家或者专业机构反馈专家论证意见采纳情况。

第二十五条　重大行政决策可能对社会稳定、生态环境、经济造成不利影响的,旗县级以上人民政府应当建立部门论证、专家咨询、公众参与、专业机构测评相结合的风险评估机制。旗县级以上人民政府可以指定决策承办单位或者其他部门开展社会稳定风险、环境风险以及经济风险评估,并形成书面评估报告。

第二十六条　决策机关应当把风险评估结果作为决策重要依据。

经评估认为重大行政决策事项存在较低风险的,可以作出决策;经评估认为重大行政决策事项存在较高风险的,可以作出决策,但是应当采取有效的风险防范、化解措施后再执行;经评估认为重大行政决策事项存在高度风险的,决策机关不得作出决策,或者应当调整方案、降低风险后再决策。

第二十七条　决策承办单位应当根据征求意见、专家论证、风险评估的结果修改、完善重大行政决策方案,并将下列材料报送同级人民政府:

(一)提请审议的请示;

(二)重大行政决策方案以及起草说明;

(三)重大行政决策征求意见的采纳情况报告、听证报告、专家论证报告和风险评估报告等;

(四)其他需要提交的材料。

第二十八条　旗县级以上人民政府接到决策承办单位报送的材料,应当经政府秘书长或者分管副秘书长（办公厅室主任或者分管副主任）审核后,转政府法制机构进行合法性审查。未经合法性审查的,或者经合法性审查不合法的,不得提请本级人民政府审议和决策。

第二十九条　政府法制机构主要从以下方面对重大行政决策的合法性进行审查:

（一）决策权限是否合法;

（二）决策程序是否合法;

（三）决策内容是否合法;

（四）法律法规规定需要进行合法性审查的内容。

第三十条　政府法制机构的合法性审查应当出具书面审查意见。

第三十一条　重大行政决策应当经政府常务会议或者全体会议集体讨论决定,并作出通过、原则通过、暂缓讨论、修改后再次讨论或者不予通过的决定。

第三十二条　重大行政决策作出后,除依法应当保密的以外,旗县级以上人民政府应当通过政府官方网站、新闻媒体向社会公布。

第三十三条　旗县级以上人民政府应当建立重大行政决策后评估制度。

旗县级以上人民政府可以指定决策承办单位、决策执行部门或者其他部门开展重大行政决策后评估。

重大行政决策后评估实施部门应当形成书面评估报告。后评估报告应当作为重大行政决策继续实施、调整或者停止执行的重要依据。

第四章　法律责任

第三十四条　重大行政决策实行终身责任追究制度和责任倒查机制。

第三十五条　对违反本规定,未经合法性审查或者未经集体讨论作出重大行政决策的,依照《行政机关公务员处分条例》第十九条第一项的规定,对负有领导责任的人员给予处分。

第三十六条　对依法应当作出决策而不作出决策,玩忽职守、贻误工作的,依照《行政机关公务员处分条例》第二十条的规定,对直接责任人员给予处分。

第五章　附　则

第三十七条　旗县级以上人民政府工作部门、苏木乡镇人民政府作出重大行政决策的程序,参照本规定执行。

第三十八条　本规定自 2015 年 6 月 1 日起施行。

武汉市人民政府重大行政决策程序规定

(2015 年 6 月 29 日武汉市人民政府第 134 次常务会议审议通过

2015 年 7 月 21 日武汉市人民政府令第 266 号公布

自 2015 年 9 月 1 日起施行)

第一章 总 则

第一条 为了规范市人民政府重大行政决策行为,保障重大行政决策的合法性、科学性和民主性,增强政府公信力和执行力,根据《中华人民共和国地方各级人民代表大会和地方各级人民政府组织法》等法律、法规规定,结合本市实际,制定本规定。

第二条 本规定适用于市人民政府重大行政决策的制定、实施与管理。

第三条 本规定所称重大行政决策,是指市人民政府在依法履行宏观调控、市场监管、公共服务、社会管理等职责过程中,对关系本市行政区域内经济社会发展全局、社会涉及面广、与人民群众切身利益密切相关的重大事项所作出的决定。

第四条 重大行政决策应当遵循依法、科学、民主、公开、高效的原则,建立公众参与、专家论证、风险评估、合法性审查、集体讨论决定、决策后评估的程序机制和决策失误责任终身追究、责任倒查的责任机制。

第五条 市人民政府办公厅负责重大行政决策事项清单和年度目录的拟订、会议安排,并负责组织和监督决策后评估。

重大行政决策起草单位(以下简称决策起草单位)负责组织重大行政决策的公众参与、专家论证和风险评估。

市人民政府法制机构负责重大行政决策的合法性审查。

市监察部门负责重大行政决策的行政监察。

市人民政府其他部门按照各自职责做好重大行政决策的相关工作。

第二章　决策范围和目录管理

第六条　下列事项应当纳入重大行政决策范围：

（一）国民经济和社会发展规划以及年度计划、城市总体规划、土地利用总体规划、市人民政府确定的重要专项规划和区域规划的编制和修订；

（二）全面深化改革方面的重大政策和措施的制定；

（三）市场监管、公共服务、社会管理、自然资源和环境保护等方面的重大公共政策和措施的制定；

（四）行政收费、政府性基金的项目和标准，实行政府定价的重要公用事业、公益性服务价格的制定或者调整；

（五）政府重大投资和重大建设项目确定；

（六）直接涉及公众切身利益或者社会关注度高的其他重大事项。

对于上述应当纳入重大行政决策范围的事项，市人民政府办公厅应当会同市发展改革、财政、国土规划、环境保护、城乡建设、交通运输等部门以及市人民政府法制机构及时制定市人民政府重大行政决策事项清单。

地方性法规草案的提出、市人民政府规章的制定、人事任免和重大突发事件的处理，依照有关法律、法规、规章的规定执行。市人民政府非重大行政决策事项按照《武汉市人民政府工作规则》（武政 2013101 号）的有关规定执行。

法律、行政法规对本条第一款规定事项的决策程序另有规定的，依照其规定执行。

第七条　重大行政决策实行年度目录管理。市人民政府办公厅应当根据市人民政府重大行政决策事项清单编制年度重大行政决策事项目录（以下简称决策目录）。

第八条　重大行政决策提出单位每年应当将拟纳入决策目录的议题建议按照规定时间及时报市人民政府办公厅审查。

经审查，认为按照《武汉市人民政府工作规则》（武政 2013101 号）规定应当由市人民政府作出决策决定的议题建议，由市人民政府办公厅汇总编制决策目录送审稿并按照程序提交市人民政府常务会议审议。

经审议通过的决策目录由市人民政府办公厅印发实施。

第九条　决策目录实行动态管理。重大行政决策提出单位应当根据市人民政府年度工作任务的变更，及时提出拟调整的决策议题建议，并履行本规定第八条规定的程序。

第三章　决策草案拟订

第十条　纳入决策目录的重大行政决策事项按照以下规定确定决策起草单位:

（一）市人民政府市长或者分管副市长直接提出的重大行政决策事项,按照市人民政府工作部门的法定职责确定决策起草单位。涉及多个部门的,以其中的主责部门为决策起草单位;无主责部门的,由市人民政府市长或者分管副市长指定决策起草单位;

（二）市人民政府工作部门或者下一级人民政府提出的重大行政决策事项,提出的部门或者下一级人民政府为决策起草单位;

（三）人大代表和政协委员通过代表建议、议案、提案等方式提出的重大行政决策事项,建议、议案、提案的承办部门为决策起草单位;

（四）公民、法人或者其他组织向市人民政府提出的重大行政决策事项,市人民政府相关部门为决策起草单位。

决策起草单位应当邀请提出重大行政决策事项的人大代表、政协委员、公民、法人或者其他组织参与重大行政决策草案（以下简称决策草案）的起草。

第十一条　决策起草单位可以自行组织起草决策草案初稿,也可以委托有关专家或者专业研究机构起草。决策草案应当包含决策目标、工作任务、措施方法、时间步骤、决策实施部门和配合部门、经费预算、决策后评估计划等内容,并附有起草说明。

决策起草单位起草决策草案初稿,应当依照有关法律、法规、规章,并开展调查研究,全面掌握和分析重大行政决策事项所涉及的有关情况。

对需要进行多方案比较研究的重大行政决策,应当拟订 2 个以上可以供选择的备选方案。

第十二条　决策起草单位应当对重大行政决策事项的主要风险源、风险点进行排查。经排查认为存在社会稳定、生态环境、财政和公共安全等风险的,应当组织重大行政决策风险评估。

社会稳定风险评估应当对重大行政决策可能引发的社会矛盾纠纷、群体性事件或者其他不稳定因素和指标予以评估,确定风险等级,并提出相关处理意见和建议。

生态环境风险评估应当对重大行政决策可能造成的环境影响进行分析、预测和评估,提出预防或者减轻不良环境影响的对策和措施。

财政风险评估应当对财政资金的投入额度、承受能力、成本效益等情况进行分析和评估，提出相关处理意见和建议。

公共安全风险评估应当对重大行政决策可能造成的公共安全影响进行分析、预测和评估，确定风险等级，提出预防或者减轻不良公共安全影响的对策和措施。

重大行政决策风险评估可以委托有资质的第三方专业评估机构进行。

第十三条　决策起草单位应当充分听取相关部门意见，形成风险评估报告，确定风险等级，提出风险防范措施和化解处置预案。

第十四条　重大行政决策实行专家咨询论证。对专业性、技术性较强的重大行政决策事项，决策起草单位应当组织专家咨询论证会，从重大行政决策咨询论证专家库中抽取相关领域 5 名以上专家或者委托专业研究机构对重大行政决策的必要性和可行性等问题进行咨询论证。

决策起草单位不得选择与重大行政决策事项有直接利害关系或者可能影响客观公正的专家、专业机构进行咨询论证。

专家进行咨询论证，应当出具签名或者盖章的书面论证报告，并作为重大行政决策的重要依据。

第四章　征求意见

第十五条　决策起草单位应当就决策草案初稿书面征求市人民政府相关部门和区人民政府(含武汉东湖新技术开发区、武汉经济技术开发区、市东湖生态旅游风景区、武汉化学工业区、武汉新港管委会，下同)的意见。

第十六条　决策起草单位应当根据风险评估报告、专家咨询论证意见以及各区、各有关部门的意见，修改形成决策草案征求意见稿向社会公开征求意见。

决策起草单位可以通过政府网站、政府公报、新闻发布会以及报刊、广播、电视、网络等新闻媒体征求意见，也可以通过问卷调查、座谈等方式征求意见。公开征求意见时间不得少于 30 日，因情况紧急等原因需要缩短时间的，公开征求意见时应当予以说明。

对直接涉及公众切身利益或者社会关注度高的重大行政决策事项，决策起草单位应当及时、全面、准确发布相关信息，并通过适当方式对公众意见集中的有关问题进行解释说明。

第十七条　重大行政决策涉及下列情形之一的，应当举行听证会：

(一)法律、法规、规章规定应当听证的；

（二）直接涉及公众切身利益,公众对重大行政决策方案有重大意见分歧或者社会关注度高,经市人民政府决定召开听证会的。

听证会应当公开举行,涉及国家秘密、商业秘密和个人隐私的除外。

第十八条　以听证会方式征求公众意见的,应当按照以下要求进行:

（一）听证会由决策起草单位负责组织;

（二）听证会由听证主持人、听证记录员、听证陈述人和听证代表组成;

（三）听证会举行30日前,听证会组织单位应当通过政府网站、新闻媒体等向社会公布听证代表的名额、报名条件以及具体报名办法并接受报名。听证会举行15日前,应当公布听证会举行的时间、地点、内容和听证代表名单;

（四）听证代表由听证会组织单位根据听证事项的内容和影响范围分不同利益群体合理确定;

（五）决策草案征求意见稿、起草说明以及其他相关材料应当至少在听证会举行10日前送达听证代表;

（六）决策起草单位应当制作听证笔录,在充分考虑、采纳听证代表合理意见的基础上制作听证报告。对不予采纳的意见,应当与听证代表及时沟通,并在听证报告中说明理由;

（七）听证会应当设旁听席位,允许群众旁听和新闻媒体采访报道。

法律、法规、规章对听证程序有规定的,依照其规定执行。

第十九条　决策草案提请市人民政府审议前,决策起草单位应当向市人大、市政协有关专门委员会报告,听取意见。重大行政决策涉及司法机关职责的,决策起草单位应当征求司法机关意见。

第二十条　征求意见完成后,由决策起草单位对决策草案征求意见稿修改完善后形成决策草案修改稿。拟决策事项无重大意见分歧的,决策草案修改稿经决策起草单位领导集体讨论通过后,形成决策草案提请市人民政府审议。

拟决策事项存在重大意见分歧的,决策起草单位应当主动进行协调;经协调不能达成一致意见的,由市人民政府办公厅会同决策起草单位对意见进行分类整理,形成征求意见情况说明后报请市人民政府决定。

第五章　审查、决定与公布

第二十一条　决策草案提请市人民政府审议时,决策起草单位应当提交以下材料:

（一）提请市人民政府审议的请示;

（二）决策草案及其起草说明；

（三）决策草案的法律、法规、规章以及政策文件依据；

（四）征求意见汇总材料、风险评估报告、专家咨询论证报告等相关材料，经听证的还应当提交听证报告。

市人民政府办公厅应当自收到决策草案及相关材料之日起 5 个工作日内作出处理。材料齐备的，应当将决策草案送交市人民政府法制机构进行合法性审查；材料不齐备的，应当退回决策起草单位补充材料。

第二十二条　建立重大行政决策合法性审查机制。未经市人民政府法制机构审查的决策草案，不得提交市人民政府审议。市人民政府法制机构应当自收到决策草案审查材料之日起 10 个工作日内提出合法性审查意见。重大、疑难、复杂的决策草案，审查期限可以延长 10 个工作日。

合法性审查应当包括以下内容：

（一）重大行政决策事项是否属于市人民政府法定权限；

（二）决策草案的内容是否合法；

（三）决策草案的拟订过程是否符合规定的程序；

（四）其他合法性事项。

市人民政府法制机构在合法性审查过程中，可以要求决策起草单位补充相关材料。补充相关材料的时间不计入合法性审查期限。

市人民政府法制机构进行合法性审查时，认为有必要的，可以邀请相关法律专家进行合法性论证。市人民政府法制机构应当充分考虑、采纳专家提出的合理论证意见。

市人民政府法制机构应当根据不同情况对决策草案提出以下书面审查意见：

（一）建议提交市人民政府审议；

（二）建议修改完善部分内容后提交市人民政府审议；

（三）决策草案超越市人民政府法定权限、其内容或者拟订程序存在重大问题的，建议不提交或者暂不提交市人民政府审议。

第二十三条　有下列特殊情形之一，且不适用《中华人民共和国突发事件应对法》规定的重大行政决策事项，经市人民政府市长或者分管副市长批准，可以不履行本规定规定的公众参与、专家论证、风险评估等程序，但是应当履行合法性审查和集体讨论决定程序：

（一）为保障公共安全、经济安全和社会稳定，需要立即作出决策的；

（二）执行上级机关的紧急命令和决定，需要立即作出决策的；

（三）其他需要立即作出决策的紧急情形。

有前款情形的，决策起草单位应当在决策草案的起草说明中对未履行公众参与、专家论证、风险评估等程序的原因予以说明。

第二十四条　决策草案应当经市人民政府全体会议或者常务会议集体审议决定。

市人民政府办公厅应当自收到市人民政府法制机构合法性审查意见之日起 10 个工作日内作出处理，认为可以提交市人民政府审议的，应当提请市人民政府市长组织市人民政府全体会议或者常务会议审议；认为暂不能提交市人民政府审议的，应当退回决策起草单位要求其修改完善；认为不能提交市人民政府审议的，应当退回决策起草单位并说明理由。

重大行政决策审议决定程序应当按照以下规定进行：

（一）决策起草单位作起草说明；

（二）集体审议。

市人民政府全体会议或者常务会议应当对决策草案作出通过、不予通过、修改后再次审议或者暂缓审议的决定。

决策草案暂缓审议期间，决策起草单位可以根据实际情况变化提请市人民政府再次审议，是否再次审议由市人民政府市长决定。被暂缓审议超过 2 年的决策草案，不再审议。

第二十五条　市人民政府全体会议或者常务会议审议重大行政决策事项时，会议组成人员应当充分发表意见。会议组成人员的意见、会议讨论情况和决定应当如实记录，对不同意见应当予以载明。

第二十六条　重大行政决策事项需要报请上级机关批准的，按照有关规定办理。

决策草案依法应当向市人民代表大会及其常务委员会报告或者提请审议决定的，按照法定程序办理。

纳入市政协协商目录范围的重大行政决策事项，决策草案应当履行民主协商程序的，按照有关规定办理。

第二十七条　除依法应当保密的外，重大行政决策事项、依据和结果应当通过政府网站、新闻媒体等向社会公开。

第六章　实施与监督

第二十八条　根据法定职责或者市人民政府指定负责重大行政决策实施的单位,应当按照实施任务和责任的要求,制订实施方案,落实实施措施,跟踪实施效果,确保实施的质量和进度。

第二十九条　重大行政决策实行决策后评估制度。重大行政决策后评估工作应当按照以下规定进行:

（一）评估责任单位为重大行政决策实施单位;

（二）评估应当定期进行,其周期根据重大行政决策所确定的决策实施时限或者有效期确定;

（三）评估委托第三方专业研究机构进行的,该专业研究机构应当未曾参与重大行政决策起草阶段的相关论证、评估工作;

（四）评估应当征询公众意见,公民、法人或者其他组织可以对重大行政决策实施情况提出评估意见和建议,评估责任单位应当就采纳情况作出书面答复并说明理由;

（五）评估责任单位应当制作重大行政决策后评估报告并提交市人民政府,重大行政决策后评估报告应当就决策内容、决策实施情况作出评估,并提出继续实施、停止实施、暂缓实施或者修改实施等重大行政决策实施建议。

重大行政决策在实施过程中因不可抗力或者客观情况发生重大变化而可能导致重大行政决策目标全部或者部分不能实现的,决策实施单位应当及时组织采取临时补救措施,并依据本条前款规定组织决策后评估。

重大行政决策后评估报告建议停止实施或者暂缓实施决策的,或者建议对决策内容作重大修改的,应当经市人民政府全体会议或者常务会议讨论决定。

按照规定应当报请上级行政机关批准或者市人民代表大会及其常务委员会审议决定的,按照有关程序办理。

市人民政府作出停止实施、暂缓实施或者修改重大行政决策决定的,决策实施单位应当采取有效措施,尽量避免或者减少经济损失和不良社会影响。

第三十条　市人民政府督查部门应当组织开展对重大行政决策起草、实施和评估的检查、督办等工作,根据决策内容和政府工作部署,采取跟踪检查、督促催办等措施,保障决策按照规定程序制定和实施,并及时向市人民政府报告监督检查情况。

公民、法人或者其他组织有权监督重大行政决策的作出和实施工作,可以向市人民政府、决策起草单位、决策实施单位提出意见或者建议。

人大代表、政协委员依法对重大行政决策的作出和实施工作进行监督。

第七章　法律责任

第三十一条　重大行政决策机关或者决策起草单位违反本规定，导致决策严重失误的，或者依法应当及时决策但久拖不决造成重大损失、恶劣影响的，依照《行政机关公务员处分条例》（国务院令第 495 号）、《关于实行党政领导干部问责的暂行规定》（中办发 200925 号）以及《武汉市行政过错责任追究办法》（市人民政府令第 257 号）等相关规定，追究行政首长、负有责任的其他领导人员和其他直接责任人员的责任；构成犯罪的，依法追究刑事责任。

第三十二条　重大行政决策实施单位违反本规定，未全面、及时、正确实施市人民政府重大行政决策的，依照《行政机关公务员处分条例》（国务院令第 495 号）、《关于实行党政领导干部问责的暂行规定》（中办发 200925 号）以及《武汉市行政过错责任追究办法》（市人民政府令第 257 号）等相关规定，追究行政首长、负有责任的其他领导人员和其他直接责任人员的责任；构成犯罪的，依法追究刑事责任。

第三十三条　建立重大行政决策失误和未全面、及时、正确实施决策的终身责任追究制度。依据本规定第三十一条、第三十二条规定，对应当进行追责的行政首长、负有责任的其他领导人员和其他直接责任人员，其调职、离职、辞职、退休不影响对其责任追究。

第三十四条　建立重大行政决策失误和未全面、及时、正确实施决策责任倒查机制。决策起草和实施单位应当依照《中华人民共和国档案法》等有关规定，将决策的作出和实施过程中形成的相关材料及时、完整整理归档。依据本规定第三十一条、第三十二条规定，启动责任追究程序时，负责责任追究的主管部门应当根据归档资料倒查责任追究线索和确定责任追究对象。

第三十五条　受委托的专家、专业服务机构或者组织在市人民政府重大行政决策过程中违反法律、法规、规章和国家有关规定，或者不履行合同约定，造成严重后果的，有关机关应当依法解除合同，并依法追究直接责任人员相应的法律责任。

第八章　附　则

第三十六条　区人民政府和市人民政府工作部门应当结合本单位实际制

定本规定的具体实施办法。

　　第三十七条　本规定自 2015 年 9 月 1 日起施行。《市人民政府关于印发〈武汉市人民政府重大决策程序规定（试行）〉的通知》（武政 20051 号）、《市人民政府关于印发〈武汉市人民政府重大行政决策事项专家咨询论证办法（试行）〉和〈武汉市人民政府重大行政决策事项听证办法（试行）〉的通知》（武政 200618 号）同时废止。

苏州市重大行政决策程序规定

(2013 年 7 月 30 日苏州市政府第 15 次常务会议通过
2013 年 10 月 25 日苏州市人民政府令第 130 号发布
自 2014 年 1 月 1 日起施行)

第一条 为了规范重大行政决策行为,促进科学决策、民主决策和依法决策,提高决策质量和效率,根据法律、法规等有关规定,结合本市实际,制定本规定。

第二条 本规定所称重大行政决策,是指市人民政府(以下简称市政府)依法履行行政职能,对涉及社会公共利益的重大事项作出决定的活动。

下列事项不得作为行政决策事项:

(一)市场竞争机制能够有效调节的;

(二)公民、法人或者其他组织能够自主决定的;

(三)行业组织或者中介机构能够自律管理的;

(四)基层群众组织能够自治管理的。

县级市(区)人民政府(管委会)、市政府工作部门能够依职权决策或者决策更有效的,应当自行决策或者依市政府授权作出决策。

第三条 市政府重大行政决策程序适用本规定。法律、法规、规章另有规定的,从其规定。

提出地方性法规议案、制定规章和政府规范性文件,应对突发事件,按照有关法律、法规、规章执行,不适用本规定。

第四条 重大行政决策遵循依法、科学、民主、公开、高效的原则。

第五条 市政府应当加强决策规范化建设,健全完善决策程序规则,将落实决策程序要求纳入政府年度绩效考核和依法行政考核。

市政府办公室负责重大行政决策的组织、协调、指导和监督管理。

市风险评估管理部门、政府法制部门、行政监察机关按照各自职责分别做好重大行政决策风险评估、合法性审查、廉洁性评估的业务指导和相关监督管理工作。

第六条　市政府应当建立重大行政决策网上公开运行系统，规范决策过程和决策事项实施，提高行政效能。

第七条　重大行政决策实行目录管理。市政府办公室应当会同市发改、监察、财政、法制、风险评估管理等部门每年制定年度重大行政决策事项目录，报市政府批准后公布实施。目录包括项目名称、承办单位、完成时间等内容。目录有调整的，应当及时公布。

第八条　下列人员或机构可以向市政府提出重大行政决策建议：

（一）市长、副市长、秘书长、副秘书长；

（二）县级市（区）人民政府，省政府派出市政府管理机构；

（三）市政府工作部门、派出机构、直属单位，省部属驻苏单位；

（四）其他国家机关、民主党派或人民团体，企业事业单位，基层群众组织、行业组织、中介机构、学术团体等社会组织；

（五）人大代表或者政协委员；

（六）其他公民。

提出重大行政决策建议的，应当提交决策建议的理由和依据、拟解决的问题、解决问题方案等相关材料。

第九条　按照下列规定处理重大行政决策建议：

（一）副市长提出的重大行政决策建议，报市长确定。

（二）秘书长、副秘书长提出的重大行政决策建议，经分管副市长审核后，报市长确定。

（三）县级市（区）人民政府，省政府派出市政府管理机构，市政府工作部门、派出机构、直属单位，省部属驻苏单位提出的重大行政决策建议，经分管副市长审核后，报市长确定。

（四）其他单位、人大代表、政协委员或者其他公民提出的重大行政决策建议，由市政府办公室会同相关部门提出初审意见，经分管副市长审核后，报市长确定。

对确定的重大行政决策事项和上级机关、市人大或者其常委会交办的决策事项，市政府应当指定承办单位，并将决策事项纳入重大行政决策事项目录。

第十条　承办单位应当按照公众参与、专家论证、风险评估、合法性审查等程序，拟定重大行政决策草案。

第十一条　在重大行政决策过程中，承办单位应当通过政府门户网站、报纸、广播、电视等新闻媒体,向社会公开征求意见,并征求相关地区政府、部门和与决策事项有直接利害关系的公民、法人及其他组织的意见。必要时,还应当专门征求市人大常委会、市政协、民主党派和人民团体的意见。

承办单位应当根据需要召开座谈会、论证会、听证会或者以其他方式听取相关各方意见。

承办单位组织征求和听取意见时,应当提供决策草案初稿和起草说明等材料。

第十二条 重大行政决策听证应当公开举行。

承办单位应当公布听证事项,通过自愿报名、定向选择等方式遴选听证参加人,保证听证参加人具有广泛代表性,并事先公布听证参加人名单。

承办单位应当在听证会上对决策事项作出说明,接受听证参加人质询,采纳合理意见和建议。

第十三条 对专业性较强的决策事项,承办单位应当邀请相关领域专家或者委托有关专业机构对决策事项的必要性、科学性、可行性等内容进行论证,并形成论证报告。

承办单位应当通过公开邀请等方式遴选具有权威性、代表性的咨询论证专家。

参加咨询论证的专家,可以查阅相关资料、列席相关会议、参加相关调研活动,并独立开展咨询论证,对提出的意见和建议署名负责。

市政府按照不同专业领域建立决策咨询专家库。

第十四条 承办单位应当对涉及公共安全、教育卫生、劳动就业、社会保障、环境保护、城乡建设、土地管理、交通管理、价格管理等方面的决策事项开展社会稳定风险评估。

承办单位应当制定社会稳定风险评估工作方案,采取座谈咨询、问卷调查、数据分析等方式,对决策事项可能引发的各种风险进行分析论证,确定风险等级,形成风险评估报告。

风险等级较高的,承办单位应当及时向市政府提出暂缓讨论决定、不予讨论决定的建议。

承办单位可以委托有关专业机构等第三方进行社会稳定风险评估。

第十五条 承办单位应当对决策事项进行合法性审查、廉洁性评估。疑难、复杂的决策事项,承办单位应当邀请相关专家进行合法性、廉洁性论证。

承办单位法制机构应当从决策主体权限、程序、内容等方面进行合法性审查,并形成审查报告。

承办单位监察机构应当从是否符合廉政制度、是否存在谋取不正当利益等方面进行廉洁性评估,并形成评估报告。

第十六条 根据公众参与、专家论证、风险评估等意见对决策草案初稿作重大修改的,承办单位应当根据需要对修改内容再次听取相关各方意见。

有关地区政府、部门或者单位对决策草案初稿分歧意见较大的,承办单位应当进行协调;经协调,不能达成一致意见的,承办单位应当将协调的有关情况和处理意见,提请市政府进行协调。

第十七条 承办单位应当经本单位负责人集体讨论形成决策草案。

决策事项需要进行多方案比较研究的,承办单位应当拟订两个以上可供选择的决策备选方案,并提出倾向性意见和理由。

第十八条 提交市政府讨论决定的决策草案,承办单位应当向市政府办公室报送决策草案和起草说明,并同时抄送市风险评估管理部门、政府法制部门、行政监察机关备案。

起草说明应当包括决策的必要性、起草依据、起草过程、主要内容等,并附公众、专家意见及其采纳情况、风险评估报告、合法性审查报告、廉洁性评估报告等材料。

承办单位在起草过程中未按照本规定履行决策程序的,应当予以特别说明。

承办单位应当对提供的重大行政决策有关材料的真实性负责。

市风险评估管理部门、政府法制部门、行政监察机关对承办单位备案的决策草案有意见的,应当及时报市政府办公室,并抄送承办单位。

第十九条 市政府办公室应当对决策草案及相关材料进行审查。材料不齐全的,告知承办单位补充材料;决策草案起草过程不符合本规定的,退回承办单位完善相关程序。

市政府可以根据需要,自行或者交由有关部门再次履行相关决策程序。

第二十条 重大行政决策事项由市政府全体会议或者常务会议讨论决定。

市长应当根据会议讨论情况,对决策草案作出通过、不予通过、修改、再次讨论或者搁置的决定。

第二十一条 市风险评估管理部门、政府法制部门、行政监察机关和决策事项起草、实施相关地区政府和部门主要负责人应当列席决策事项讨论决定会议。

　　市政府讨论决策事项时,可以邀请市人大常委会、市政协派员列席会议,也可以根据需要邀请与决策事项相关的基层群众组织、行业组织、专业人士等列席会议。

　　市政府讨论决策事项时,可以邀请市民旁听和新闻媒体采访报道。

　　第二十二条　通过决策事项的,市政府应当确定实施单位。

　　决策事项依法需要向上级机关、市人大或者其常委会报告的,市政府应当按规定报告。

　　决策事项通过后,承办单位应当及时反馈或者公布公众、专家主要意见采纳情况及理由。

　　第二十三条　决策事项通过后,市政府办公室应当通过政府门户网站等新闻媒体及时向社会公布;实施单位应当及时告知与决策事项有直接利害关系的公民、法人和其他组织。

　　第二十四条　决策事项实施过程中,实施单位应当采取专家评审、社会评议等方法,组织开展决策事项实施情况评估,提出对决策事项继续实施、调整或者停止实施的建议,并形成评估报告报市政府。

　　决策事项实施过程中,因不可抗力或者客观情况变化导致决策事项目标全部或者部分不能实现的,实施单位应当立即采取补救措施,并向市政府报告。

　　市政府根据评估报告和实际情况,可以对决策事项作出继续实施、调整或者停止实施的决定。

　　决策事项内容调整适用决策程序,但情况紧急,可能造成重大损失或危害的除外。

　　第二十五条　重大行政决策的作出和实施应当主动接受市人大及其常委会、市政协、民主党派、人民团体和公众的监督。

　　公民、法人或者其他组织以及新闻媒体有权监督重大行政决策过程和决策事项实施,可以向市政府、承办单位、实施单位等提出意见和建议。

　　第二十六条　市政府办公室、承办单位、实施单位应当建立重大行政决策档案,收集整理记录决策过程、决策事项实施中的相关档案材料。

　　第二十七条　违反本规定,在决策过程中,有下列情形之一,导致决策失误并造成严重后果的,由其所在单位或者上级主管机关依法对直接负责的主管人员和其他直接责任人员给予行政处分;构成犯罪的,依法追究刑事责任:

　　(一)未按规定履行决策程序的;

　　(二)提供虚假材料的;

（三）提供的决策草案违法违规的；

（四）其他导致决策失误并造成严重后果的情形。

第二十八条　县级市（区）人民政府（管委会）、市政府工作部门应当根据本规定，制定重大行政决策程序规定。

县级市（区）人民政府（管委会）、市政府工作部门应当每年拟定本地区、本部门重大行政决策事项目录，报市政府办公室备案，并抄送市风险评估管理部门、政府法制部门、行政监察机关。目录有调整的，应当自调整之日起10日内报送备案，并抄送市相关部门。

第二十九条　本规定自2014年1月1日起施行。2010年1月5日苏州市人民政府制定的《苏州市人民政府重大行政决策程序规定》同时废止。

广西壮族自治区重大行政决策程序规定

(2013 年 10 月 30 日广西壮族自治区第十二届人民政府第 17 次常务会议审议通过 2013 年 11 月 28 日广西壮族自治区人民政府令第 93 号公布自 2014 年 1 月 1 日起施行)

第一章 总 则

第一条 为了规范重大行政决策行为,保证行政决策科学、民主、合法,提高行政决策质量,根据有关规定,结合本自治区实际,制定本规定。

第二条 本自治区各级人民政府及其部门依照法定职权,对关系经济社会发展全局、社会涉及面广、与群众切身利益密切相关的重大事项作出决策适用本规定。

第三条 各级人民政府及其部门应当坚持科学决策、民主决策、依法决策,建立公众参与、专家论证和行政机关决定相结合的决策机制,完善决策规则。

第四条 政府重大行政决策事项包括:

(一)提出地方性法规草案、制定政府规章和重要的规范性文件;

(二)制定宏观调控和改革开放的重大政策措施;

(三)制定资源开发、环境保护、生态建设、防灾减灾、劳动就业、社会保障、计划生育、安全生产、食品安全、教育卫生、住房建设、交通管理、国有企业改制等涉及群众切身利益的重大政策;

(四)制定或者调整各类总体规划、重要的区域规划和专项规划;

(五)编制财政预决算草案、大额资金使用安排;

(六)研究政府重大投资项目、国有资产处置方面的重大事项;

(七)制定或者调整重要的行政事业性收费以及政府定价的重要商品、服务价格;

(八)制定或者调整重大突发公共事件应急预案;

(九)行政区划变更方案;

（十）为民办实事的重大事项；

（十一）其他需由政府决策的重大事项。

第五条　政府部门重大行政决策事项由部门根据政府重大行政决策事项范围结合本部门职能确定，并报告本级人民政府。

第六条　政府部门重大行政决策涉及公众权益、社会关注程度高或者事关经济社会发展全局的，应当事先请示本级人民政府。

第七条　重大行政决策的事项、依据和结果应当通过政府门户网站、政府公报、新闻媒体等方式依法公开。

第八条　重大行政决策一般应当经过以下程序：

（一）决策调研；

（二）咨询论证；

（三）公众参与；

（四）风险评估；

（五）合法性审查；

（六）集体讨论决定；

（七）公布结果。法律、法规、规章对决策程序另有规定的从其规定。

第九条　政府重大决策出台前应当向本级人大报告。

第二章　决策调研

第十条　重大行政决策前应当开展调查研究，全面、准确掌握决策所需的有关情况。专业性较强的决策事项，可以委托专家、专业服务机构或者其他组织进行调研。

第十一条　决策调研的主要内容：

（一）决策事项的现状；

（二）决策事项的必要性；

（三）决策事项的可行性；

（四）决策事项的法律、政策依据；

（五）其他需要调研的内容。

第十二条　决策调研后，应当拟订决策方案。对需要进行多方案比较研究或者经协商意见不一致的事项，应当拟订两个以上决策备选方案。

第三章　咨询论证

第十三条　重大行政决策事项专业性较强的,应当组织专家进行论证或者咨询专家意见。

第十四条　行政机关应当完善决策信息和智力支持系统,可以聘请若干专家提供常年决策咨询。

第十五条　专家咨询论证可以采用咨询会、论证会或者书面咨询等方式,并形成书面意见。召开专家咨询会、论证会的,行政机关负责人应当出席听取意见。

第十六条　专家咨询会、论证会的结论及专家咨询意见应当作为行政机关决策的参考。

第十七条　重大行政决策涉及相关行政机关职能的,还应当征求相关行政机关的意见。相关的行政机关应当组织有关人员认真研究,明确提出意见并及时反馈。行政机关之间有原则性分歧意见的,应当进行协调处理。

第四章　公众参与

第十八条　重大行政决策事项涉及群众切身利益的,应当公开征求意见。公开征求意见可以采取公示、调查、座谈、听证等方式。

第十九条　重大行政决策事项可以通过当地报纸、广播电视、政府门户网站、政务公开专栏等形式进行公示,也可以采用展示模型、图片、幻灯、影视等形式予以公示。

第二十条　重大行政决策公示内容包括:

(一)决策事项;

(二)依据、理由和说明;

(三)反馈意见的方式、时间;

(四)应当公示的其他内容。

第二十一条　重大行政决策有下列情形之一的,应当举行听证会:

(一)涉及群众切身利益;

(二)可能影响社会稳定;

(三)公众对决策方案有重大分歧;

(四)法律、法规、规章规定应当听证。

第二十二条 　行政机关应当在听证会举行 10 日前公告下列内容：

（一）举行听证会的时间、地点；

（二）拟作出行政决策的内容、理由、依据和背景资料；

（三）申请参加听证会的时间、方式。

第二十三条 　与听证事项有利害关系的公民、法人和其他组织，可以申请参加听证会。行政机关应当根据听证事项的性质、听证公告确定的条件、受理申请的先后顺序和持不同意见人员比例等情形，合理确定听证参加人。行政机关可以根据需要邀请有关专业人员、专家学者参加听证会。申请参加听证会的人数较多的，行政机关应当随机选择参加人。

第二十四条 　听证会应当公开举行，允许旁听和新闻媒体采访报道。

第二十五条 　听证会应当按照下列程序进行：

（一）听证记录人查明听证参加人到场情况，宣布听证会纪律；

（二）听证主持人宣布听证会开始，介绍听证参加人，宣布听证会程序；

（三）决策事项承办人员陈述；

（四）听证参加人发表意见；

（五）围绕听证事项进行质证和辩论；

（六）听证主持人总结发言。

第二十六条 　听证会应当制作听证笔录，并交听证参加人签字。听证机关应当根据听证笔录制作听证报告，并将听证报告作为决策的重要参考。

第二十七条 　行政机关应当对公开征集的意见进行归类整理，提出采纳或者不采纳的意见并说明理由。

第五章　风险评估

第二十八条 　重大行政决策事项涉及经济社会发展全局和群众切身利益的，应当进行社会稳定风险评估。建立完善部门论证、专家咨询、公众参与、专业机构测评相结合的风险评估工作机制。

第二十九条 　风险评估应当按照下列程序进行：

（一）制定评估工作方案。明确评估目的、评估对象与内容、评估标准、评估步骤与方法等。

（二）充分听取意见。采取舆情跟踪、抽样检查、重点走访和召开座谈会、听证会等方式，充分听取利益相关方和社会公众的意见。

（三）全面分析论证。对收集的相关资料组织有关部门和专家进行综合分析研究,对决策引发的各种风险进行科学预测、综合研判。

（四）确定风险等级。根据评估情况相应确定高、中、低三个风险等级。

（五）形成评估报告。

第三十条　风险评估报告应当对决策可能引发的各种风险作出评估,并相应提出防范、减缓或者化解处置预案。

第三十一条　风险评估结果应当作为行政机关决策的重要依据,未经风险评估的,不得作出决策。风险评估认为决策事项存在高风险的,不得作出决策。风险评估认为存在中低风险的,应当采取有效的防范、化解措施后,再作出决策。

第六章　合法性审查

第三十二条　重大行政决策事项提交集体讨论前,应当进行合法性审查。未经合法性审查或者审查不通过的,行政机关不能进行决策。

第三十三条　政府重大行政决策由政府法制部门负责合法性审查,政府部门重大行政决策由部门法制机构负责合法性审查。

第三十四条　重大行政决策合法性审查主要包括:

（一）是否违反法律、法规、规章及有关规定;

（二）是否超越决策机关的法定权限;

（三）是否违反重大行政决策法定程序;

（四）其他需要审查的合法性问题。

第三十五条　政府法制部门或者政府部门法制机构对重大行政决策事项进行合法性审查后,应当及时提出重大行政决策事项合法性审查意见。

第七章　集体讨论决定

第三十六条　重大行政决策应当经行政机关集体讨论决定。

第三十七条　提请集体讨论决定重大决策事项,应当提交以下材料:

（一）决策事项报告;

（二）调研报告;

（三）征求意见及处理情况;

（四）专家咨询论证意见;

（五）风险评估报告;

（六）合法性审查意见;

（七）其他有关材料。

第三十八条　行政机关集体讨论决定重大行政决策事项，按照下列要求进行：

（一）会前告知集体讨论的重大决策事项；

（二）决策事项提请部门向会议作汇报并回答提问；

（三）分管负责人和其他负责人发表意见；

（四）经会议主持人同意，其他与会人员发表意见；

（五）行政机关首长或者会议主持人最后发表结论性意见。

第三十九条　行政机关首长根据集体讨论情况，可以对讨论的重大行政决策事项作出同意、不同意、修改或者再次讨论的决定。

第四十条　行政机关召开重大行政决策会议，应当制作会议记录。政府全体会议或者常务会议应当根据会议记录制作会议纪要。第四十一条重大行政决策结果，除依法保密的以外，应当及时予以公开。政府常务会议决定的重大行政决策事项应当在当地媒体公开报道。政府规章、重要的规范性文件签署公布后，本级人民政府公报和本行政区域范围内发行的报纸应当及时刊登。

第八章　决策纠错和决策责任

第四十二条　行政机关应当对重大行政决策的执行情况进行督促检查，保证决策的正确实施。

第四十三条　行政机关应当建立重大行政决策纠错机制，通过民意测验、抽样调查、跟踪反馈、决策后评估等方法，及时发现并纠正决策制定和执行中存在的问题，适时调整和完善决策。公民、法人或者其他组织认为重大行政决策应当停止执行或者修正的，可以向决策机关提出意见或者建议。

第四十四条　行政机关及其工作人员违反重大行政决策程序，应当听证而未听证、应当风险评估而未评估、未经合法性审查或者审查不合法、未经集体讨论作出决策，导致决策错误的，依法追究行政决策过错责任。

第九章　附　　则

第四十五条　政府派出机构、管理区管委会、开发区管委会以及法律、法规授权的具有管理公共事务职能的组织，实施重大行政决策适用本规定。一般行政决策参照本规定执行。

　　第四十六条　本规定自 2014 年 1 月 1 日起施行。2007 年 11 月 26 日公布的《广西壮族自治区行政机关重大决策程序暂行规定》(自治区人民政府令第 32 号)同时废止。

辽宁省重大行政决策程序规定

(2015 年 9 月 28 日辽宁省第十二届人民政府第 60 次常务会议审议通过

2015 年 10 月 19 日辽宁省人民政府令第 297 号公布

自 2015 年 11 月 19 日起施行)

第一条 为了规范重大行政决策行为,健全重大行政决策程序,保障重大行政决策制度科学、程序正当、过程公开、责任明确,根据《中华人民共和国地方各级人民代表大会和地方各级人民政府组织法》等有关规定,结合我省实际,制定本规定。

第二条 我省县(含县级市、区,下同)以上人民政府及其工作部门依照法定职权,对关系本行政区域经济社会发展全局、社会涉及面广、与公民、法人和其他组织利益密切相关的重大事项作出决定的行政活动,适用本规定。

对政府内部管理事务和依法应当保密的事项作出决定,不适用本规定。

制定地方性法规草案和政府规章及应对突发事件等需要行政机关立即作出决定的,依照有关法律、法规、规章规定执行。

第三条 重大行政决策包括下列事项:

(一)编制或者调整国民经济和社会发展规划、城乡总体规划、土地利用总体规划和其他自然资源开发利用等各类总体规划、重要的区域规划和各类专项规划;

(二)涉及民生保障方面的重大资金安排,政府融资举债,对本地区国民经济有重大影响的国有资产处置;

(三)制定或者调整收入分配、社会保障、医疗卫生、教育、住房、劳动就业、公用事业收费和公益性服务价格等涉及民生的重大改革方案和政策措施;

(四)本地区重大公共基础设施建设;

(五)对本地区经济社会发展具有全局性、长远性影响,并且社会涉及面广,与公民、法人和其他组织利益密切相关的其他事项。

县以上人民政府及其工作部门(以下简称决策机关)应当根据前款规定,在职责权限范围内确定本行政机关的重大行政决策(以下简称决策)具体事项,制作目录并向社会公布。

第四条　县以上人民政府负责审查所属工作部门的决策事项目录,监督所属工作部门和下级政府履行决策程序,具体工作由其指定的部门或者机构承担。

政府办公厅(室)负责本级政府履行决策程序的综合协调和信息公开等工作。

政府工作部门在其职责权限范围内承担履行决策程序义务,做好决策承办工作。

第五条　决策实行谁决策谁负责的原则,并遵循下列规定:

(一)科学决策,从实际出发、尊重客观规律、适应经济社会发展需要;

(二)民主决策,与社会公众协商互动、保障公众的知情权和参与权;

(三)依法决策,保证决策过程符合法定程序和决策内容合法、适当。

第六条　决策程序的履行情况应当纳入政府绩效考核体系,作为决策机关领导班子和领导干部考核评价的重要内容。

第七条　决策机关与决策承办单位按照下列规定确定:

(一)拟以政府或者其办公厅(室)的名义公布决策结果的,该政府为决策机关,决策事项涉及的主管部门为决策承办单位;决策事项涉及两个以上部门的,牵头部门为决策承办单位;

(二)拟以政府工作部门的名义公布决策结果的,该部门为决策机关,其指定的机构为决策承办单位;拟由两个以上部门共同公布决策结果的,首先提出决策动议的部门指定的机构为决策承办单位;

(三)依法需经上级行政机关批准的决策事项,最初提出决策方案的政府或者部门为决策机关,具体承担拟定决策方案的部门或者机构为决策承办单位。

决策承办单位负责拟定决策方案草案,承担履行决策程序的具体工作。

第八条　决策承办单位在拟定决策方案过程中应当公开征求社会公众意见,并可以采取协商对话会、座谈会、听证会和开展民意调查等方式广泛吸收公众参与。

公开征求意见应当通过官方门户网站、新闻媒体等便于公众知晓的方式公告决策方案草案,征求意见的期限自公告之日起不少于 15 日。

直接听取有关方面意见的,应当注重利害关系群体的代表性和均衡性;委托第三方开展民意调查的,受委托的机构应当具备资质条件和社会公信力。

第九条　决策承办单位应当保障媒体和公众准确理解决策事项相关信息，采取公布解读性说明、召开新闻发布会、接受媒体专访、广播电视网络访谈等方式与公众交流互动，加强舆情引导，对意见集中的有关问题进行解释宣传，推动形成社会共识。

第十条　对公众提出的合理意见和建议，决策承办单位应当予以采纳，并形成公众参与反馈意见汇总和处理情况书面说明。

第十一条　决策承办单位认为决策事项涉及的问题专业性、技术性较强的，应当组织相关领域的专家或者专业机构，采取论证会、书面专题咨询或者委托论证等方式开展咨询论证，并采纳合理意见和建议。

专家或者专业机构应当独立、客观、公正地提出论证意见，不得违背科学规律和客观事实弄虚作假。论证会纪要、专家咨询意见书、论证报告应当由专家署名或者盖章。

第十二条　决策承办单位选择专家或者专业机构，应当注重其专业特长的对应性、权威性和职业操守，兼顾代表性和均衡性。

决策承办单位应当吸收与其无隶属关系的专家或者专业机构参与论证。因专业技术限制，确需选择与其有隶属关系的专家参与论证的，其人数不得超过参与论证专家总数的一半。

第十三条　决策机关应当建立决策咨询论证专家库，健全受聘专家诚信考核和退出机制。

第十四条　决策承办单位认为决策事项可能对社会稳定、生态环境造成重大影响或者引发较大财政风险的，应当进行风险评估，或者委托具备资质条件的专业机构开展第三方评估，形成风险评估报告。

风险评估应当按照下列规定进行：

（一）开展社会稳定风险评估的，应当对决策可能引发的社会矛盾纠纷、群体性事件、公共安全和中小企业、居民的承受力及其他不稳定因素进行排查，判定风险程度，提出防范风险、增强可控性建议；

（二）开展生态环境风险评估的，应当判定环境影响程度，提出预防或者减轻不良环境影响的有效措施，并对措施的实施效果进行科学论证和预判；

（三）开展财政风险评估的，应当对公共财政资金的投入和预期效益、收益期限、财政承受力及政府债务风险等进行精确分析，判定风险程度，提出意见和建议。

第十五条　根据风险评估报告，决策执行存在较大或者重大风险的，决策机关应当在采取有效防范对策、调整决策方案并降低风险后再决策。

第十六条　决策承办单位应当在决策机关集体讨论决策事项前,提交决策机关的法制机构进行合法性审查。未经合法性审查的,不得提请决策机关集体讨论。

决策承办单位不得以征求意见方式代替启动合法性审查程序,决策机关领导人员不得要求法制机构事前确定审查倾向。

第十七条　决策承办单位提请法制机构进行合法性审查应当报送下列材料,并对材料的真实性、完整性负责:

(一)提请合法性审查建议书;

(二)决策方案草案和说明;

(三)决策事项涉及的职责权限和决策内容的合法性依据;

(四)公众参与反馈意见汇总和处理情况说明;

(五)其他需要报送的有关材料。

开展第三方民意调查、召开听证会或者组织开展专家论证、风险评估的,应当提供有关材料。

未按要求提供有关材料的,法制机构应当明确告知决策承办单位补报;未及时补报的,可以退回报送的材料。

第十八条　法制机构应当对下列事项进行合法性审查,出具合法性审查意见书,并仅对审查意见的合法性负责:

(一)决策事项是否符合决策机关的法定职权;

(二)决策程序是否依照本规定履行;

(三)决策方案草案内容是否合法,涉及对公民、法人和其他组织权益有直接影响的行政措施是否适当。

决策承办单位应当采纳合法性审查意见。决策机关领导人员和决策承办单位不得要求法制机构违法更改审查意见。

第十九条　决策承办单位应当在履行相关程序后,提请决策机关对决策事项进行集体讨论决定。未经集体讨论的,决策机关不得决策。

依法属于应当向本级人民代表大会或者其常务委员会报告,或者属于政府与政协民主协商议定范围的决策事项,决策机关应当在集体讨论决定前,向本级人民代表大会或者其常务委员会报告,或者开展民主协商。

第二十条　提请决策机关进行集体讨论决定时,决策承办单位应当报送下列材料:

（一）决策方案草案和说明；

（二）公众参与反馈意见汇总和处理情况说明；

（三）合法性审查意见书；

（四）其他需要报送的有关材料。

对合法性审查意见的处理结果,应当在前款第一项规定材料中说明;公开征求社会公众意见以及进行民意调查、召开听证会、组织专家论证的,应当在前款第二项规定材料中说明;开展风险评估的,应当提交风险评估报告。

第二十一条 政府作为决策机关的,应当通过政府常务会议或者全体会议对决策方案草案进行集体讨论决定;政府工作部门作为决策机关的,应当通过领导班子成员全体会议对决策方案草案进行集体讨论决定。

法制机构应当列席决策机关集体讨论会议。

第二十二条 集体讨论时,行政首长在会议组成人员充分发表意见后作出决定。

会议发言讨论情况和会议决定应当如实记录。

第二十三条 决策事项依法需要报上级行政机关批准,依法需要提请本级人民代表大会或者其常务委员会审议的,应当在集体讨论通过后按照有关规定执行。

第二十四条 决策机关应当通过政府公报、官方网站和报刊、广播、电视等便于公众知晓的方式向社会公布决策结果,并附解读性说明。

第二十五条 对履行决策程序过程中形成的决策方案草案和说明、公众参与反馈意见汇总及处理情况说明、听证会笔录、专家或者专业机构咨询论证意见、风险评估报告、合法性审查意见书、集体讨论会议记录、发布决策结果纸质文件等有关材料,决策机关和决策承办单位应当及时完整归档,作为履行决策程序的凭证。

第二十六条 决策机关应当根据决策执行情况,按照下列规定采取相应措施:

（一）需要制定有关政策措施与决策方案的实施相配套,或者需要完善决策的组织实施工作的,应当及时制定发布有关政策措施或者采取相应对策;

（二）需要局部修改完善决策方案,暂停执行、部分停止执行、停止执行决策方案的,应当履行集体讨论决定程序;

（三）需要对决策方案作实质性重大调整的,应当依照本规定重新履行决策程序。

决策所依据的法律、法规、规章、政策和其他客观情况发生重大变化,或者社会各方面对决策的实施提出较多意见,及决策试点试行期限届满的,决策承办单位应当对决策执行效果进行评估,也可以委托具备资质条件的专业机构进行第三方评估,并提出评估报告,作为完善、调整或者停止执行决策的重要依据。

第二十七条　违反本规定,决策机关未履行决策程序作出决策的,由决策机关的本级或者上级人民政府责令其撤销或者予以撤销,给予通报批评;情节严重的,对负有责任的领导人员和其他直接责任人员依法给予行政处分;未履行决策程序进行决策并组织实施,导致发生严重不良社会后果的,由监察机关进行责任倒查,对负有责任的领导人员和其他直接责任人员依法给予行政处分。

第二十八条　违反本规定,承担民意调查、专家或者专业机构论证、风险评估工作的单位和个人弄虚作假,出具严重违反科学规律或者客观事实的专业报告的,由决策机关或者决策承办单位纳入诚信考核记录,公开取消其决策参与资格。

第二十九条　县以上人民政府直属机构、派出机构和街道办事处、乡(镇)人民政府的决策程序,参照本规定执行。

第三十条　本规定自 2015 年 11 月 19 日起施行。

浙江省重大行政决策程序规定

浙江省人民政府令第337号《浙江省重大行政决策程序规定》已经省人民政府第51次常务会议审议通过,现予公布,自2015年10月1日起施行。

省长

2015年8月31日

浙江省重大行政决策程序规定

第一条 为了健全行政决策机制,规范行政决策程序,提高行政决策的科学化、民主化、法制化水平,根据《中华人民共和国地方各级人民代表大会和地方各级人民政府组织法》等有关法律、法规规定,制定本规定。

第二条 本规定适用于本省县级以上人民政府及其部门(以下统称决策机关)的下列重大行政决策(以下简称决策)事项:

(一)经济和社会发展等方面的重要规划和重大改革措施;

(二)社会保障、卫生和计划生育、教育等民生领域和环境保护、资源分配等方面的重大政策;

(三)由政府组织实施的对相关群体利益可能造成较大影响的重大建设项目;

(四)决策机关确定的其他决策事项。

具体决策事项,由决策机关根据前款规定并结合决策中的相关因素确定;决策机关根据实际需要,可以制订决策事项目录,向社会公布。

第三条 突发事件应对、立法、城乡规划、土地利用总体规划、土地和房屋的征收与补偿、政府定价、地方标准制定等相关法律、法规另有决策程序规定的事项,其决策活动适用相关法律、法规的规定。

前款事项的决策机关根据实际情况,可以参照本规定细化、规范决策工作具体流程。

第四条　决策机关在决策工作中应当依法保障公民、法人和其他组织的决策知情权、参与权、表达权和监督权。

第五条　没有法律法规依据,决策机关不得作出减损公民、法人和其他组织合法权益或者增加其义务的决定。

第六条　决策机关在决策工作中应当深入开展调研,充分掌握信息,加强协商协调,注重合法权益保护,避免激化、遗留矛盾。

第七条　除依法应当保密或者为了保障公共安全、社会稳定以及执行上级机关的紧急命令需要立即作出决定的情形外,决策工作应当遵循下列程序规定:

(一)对有关决策事项中直接涉及相关群体切身利益或者公众普遍关注的问题,组织公众参与;

(二)对有关决策事项中专业性较强的问题,组织专家论证;

(三)对有关决策事项中涉及公共安全、社会稳定、环境保护等方面且意见分歧较大的问题,组织风险评估;

(四)对决策方案进行合法性审查;

(五)决策方案经合法性审查后,由决策机关集体讨论决定。

第八条　公众参与、专家论证和风险评估的组织工作由决策方案起草单位负责,根据具体情况,相关工作可以一并开展,也可以委托第三方专业机构具体实施。

合法性审查工作由决策机关的法制机构负责。决策机关涉及两个以上单位的,由主要单位的法制机构负责。政府决策的,由决策方案起草单位的法制机构进行合法性初审后,由政府法制机构提出合法性审查意见。

第九条　组织公众参与,应当通过座谈会等方式,听取基层、相关群体代表和有关部门等单位的意见、建议。

决策方案形成后,应当通过公告栏、政府网站或者新闻媒体等便于决策影响范围内公众知晓的信息发布途径,公告决策方案或者公众关注的相关内容,征求社会有关方面的意见,但依法应当保密的事项或者内容除外。

第十条　决策方案中有关问题存在重大意见分歧或者涉及利益关系重大调整,需要进行听证的,应当召开听证会。

第十一条　组织公众参与,应当加强与公众的交流、沟通,对公众普遍关注且专业性较强的问题,应当采取直观、易懂的方式进行解释、说明,或者向公众提供参与体验、监督的途径,增进其对决策的理解和支持。

第十二条 决策过程中,根据决策事项内容和需要,决策机关应当广泛听取人大代表、政协委员以及民主党派、工商联、人民团体等方面的意见和建议。

第十三条 组织专家论证,应当重点讨论研究有关专业性问题以及决策的可行性和成本效益等问题。

参与论证的专家可以是决策机关建立的有关专家库中的人员,也可以是根据需要邀请的对决策相关问题富有经验或者研究的其他人员。

专家论证一般应当采用会议形式;难以召开会议的,也可以采用其他形式。

专家参与论证后,应当出具本人签名的书面意见。

第十四条 组织风险评估,应当考虑与决策有关的社会稳定、公共安全、生态环境、实施成本等方面可能存在的问题,重视公众参与和专家论证中的不同意见,判断决策条件的成熟程度和总体风险,研究控制和应对风险的相关措施。

对直接关系相关群体利益、可能影响社会稳定的决策事项,应当按照国家和省有关规定组织社会稳定风险评估;对法律、法规、规章规定应当开展环境影响评价等专项风险评估的决策事项,按照相关规定执行。

风险评估后应当制作评估报告,提出评估意见;依法开展有关专项风险评估或者结合公众参与、专家论证开展风险评估的,也可以通过相关材料反映风险评估过程和结论。

第十五条 对决策方案进行合法性审查,主要审查下列内容:

(一)决策机关是否具有相应法定决策权;

(二)决策方案相关内容是否具有法定依据,与有关法律、法规、规章规定是否抵触;

(三)决策方案制订中是否符合法定程序要求;

(四)其他需要审查的内容。

第十六条 提请集体讨论决定决策事项,应当同时报送决策方案的草案及说明材料。

说明材料应当反映下列内容:

(一)基本情况;

(二)决策依据;

(三)按照规定开展的公众参与、专家论证、风险评估的主要工作;

(四)各方面总体意见,主要不同意见,风险评估意见,合法性审查意见,对相关意见的处理情况;

(五)其他需要说明的内容。

第十七条　由政府决策的事项,应当由政府常务会议或者全体会议讨论决定;由部门决策的事项,应当由部门负责人集体讨论决定。

由部门起草决策方案并由政府决策的事项,在报送政府前,应当由部门负责人集体讨论决定。

第十八条　集体讨论时,参加人员应当发表意见;未发表意见的,视为同意。

决策方案是否通过,由行政首长在集体讨论基础上作出决定。

参加会议人员的意见、会议讨论情况和决定应当如实予以记录、存档。

第十九条　有关决策事项按照规定应当听取领导机关、本级人民代表大会或者其常务委员会的意见,或者报请其批准、决定的,按照有关规定执行。

第二十条　决策后,决策机关应当按照规定制发公文;属于最终决定的,除依法不公开的外,应当通过政务服务网以及其他途径公布,便于公众知晓和查询。

第二十一条　决策机关应当跟踪决策事项的实施情况,必要时,应当通过征求公众意见、专家论证和委托第三方评估等方式,对实施效果、存在问题等进行总结评估,并根据情况采取完善、调整措施。

第二十二条　对决策严重失误造成重大损失、恶劣社会影响的,应当倒查责任、实行终身责任追究,依法追究行政首长、负有责任的其他负责人和相关责任人员的责任。

集体讨论决定决策事项时,有关人员对严重失误决策明确持不赞成态度或者保留意见的,应当免除或者减轻责任。

第二十三条　有关人员在决策过程中违反保密规定的,按照保密法律、法规、规章的相关规定追究责任。

第二十四条　乡镇人民政府、街道办事处的重大决策活动参照本规定执行。

第二十五条　本规定自 2015 年 10 月 1 日起施行。

四川省人民政府关于印发四川省
重大行政决策程序规定的通知

川府发〔2015〕24 号

各市(州)、县(市、区)人民政府,省政府各部门、各直属机构:

《四川省重大行政决策程序规定》已经省政府第 79 次常务会议审议通过,现印发给你们,请认真贯彻执行。

四川省人民政府

2015 年 4 月 24 日

四川省重大行政决策程序规定

第一章 总 则

第一条 为规范政府重大行政决策行为,保障重大行政决策的科学性、民主性、合法性,根据《中华人民共和国地方各级人民代表大会和地方各级人民政府组织法》《中共中央关于全面推进依法治国若干重大问题的决定》《中共四川省委关于贯彻落实党的十八届四中全会精神全面深入推进依法治省的决定》,结合四川省实际,制定本规定。

第二条 县级以上地方人民政府的重大行政决策程序适用本规定。

第三条 本规定所称重大行政决策(以下简称决策)是指县级以上人民政府在法定权限内对关系本行政区域经济社会发展全局以及与公民、法人和其他组织利益密切相关的下列行政事项作出的决定:

(一)贯彻上级机关和同级党委、人大重要指示、决定以及办理同级政协重要建议需要决策的事项;

(二)制定经济和社会发展重大政策措施;

(三)编制和修改总体规划、重要区域规划和重大专项规划;

（四）编制财政预算草案,安排重大政府投资项目,处置重大国有资产等重大事项;

（五）制定资源开发利用、城市建设、生态环境保护、土地管理、劳动就业、社会保障、文化卫生、科技教育、住房保障、交通管理、公共安全、社会稳定等方面的重大政策措施;

（六）制定行政管理体制的重大政策措施;

（七）确定和调整重要的行政事业性收费以及政府定价的重要商品、服务价格;

（八）制定和修改突发公共事件总体应急预案、重大突发公共事件处置预案;

（九）其他需要政府决定的重大事项。

对前款事项作出决定,应当报上级机关或者同级党委以及依法应当报同级人民代表大会及其常务委员会审查、批准、决定的和不宜公开的,按有关规定执行。

第四条 以下事项按照国家及省的有关规定执行:

（一）拟定地方性法规草案、制定政府规章;

（二）政府内部事务管理及措施和人事任免;

（三）突发事件应急处理;

（四）依法应当保密的事项。

第五条 决策应当符合科学、民主、合法原则,遵循公众参与、专家论证、风险评估、合法性审查和集体讨论决定相结合的法定程序。

第六条 政府办公厅(室)负责组织实施本规定,相关职能部门按照职责负责有关工作。

政府法制机构负责决策的合法性审查工作。

第二章 决策程序

第七条 县级以上地方人民政府应当健全依法决策相关制度。政府行政首长、政府分管负责人、政府工作部门、下级人民政府依照法定职责和法定程序提出决策建议、履行决策职责。

决策建议经政府行政首长同意后列为决策事项,启动决策程序。政府工作部门依照法定职权或者由政府行政首长指定负责决策事项起草;政府行政首长可以委托有关单位负责决策事项起草。

第一节　公众参与

第八条　公民、法人和其他组织可以直接向政府及其工作部门提出决策建议。

向政府提出的建议,由政府办公厅(室)直接办理或者交有关部门办理;向政府工作部门提出的建议,由相关部门按职责办理。

第九条　政府及其工作部门经调查研究论证,认为可以采纳公民、法人和其他组织决策建议的,应当报请政府行政首长列为决策事项。

政府及其工作部门应当将决策建议的处理情况向建议人反馈。

第十条　对拟决策事项,决策起草部门应当深入调查研究,全面、准确掌握决策所需信息,广泛听取有关机关、组织、人大代表、政协委员和社会公众的意见,汇集决策涉及的各方意见,依据有关法律法规及政策,结合实际拟定决策方案。

对需要多方案比较的决策事项,应当拟订两个以上决策备选方案。

第十一条　除依法不得公开的事项外,决策起草部门应当视决策需要,通过报刊、广播电视、政府网站等公众媒体公开征求社会公众的意见,采纳与决策有关的合理建议。

公开征求意见时间不少于20日。

第十二条　决策起草部门根据需要还可以通过听证会、座谈会、问卷调查或者其他方式征求社会公众意见。

涉及经济社会发展重大问题、重大公共利益或重大民生的决策,重视听取社会各方面的意见和建议,吸纳社会公众特别是利益相关方参与协商。涉及特定群体利益的,加强与相关人民团体、社会组织以及群众代表的沟通协商。

第十三条　决策有下列情形之一的,应当举行听证会:

(一)涉及重大公共利益的;

(二)涉及群众切身利益的;

(三)法律、法规、规章规定应当听证的。

第十四条　以听证会方式征求公众意见的,决策起草部门应当根据行业特点、专业知识和报名顺序,按照持不同观点的各方人数基本相当的原则确定参加人员。

听证会应当设旁听席位,允许群众旁听和新闻媒体采访报道。

第十五条　以座谈会方式征求公众意见的,决策起草部门应当邀请有利害关系的公民、法人或者其他组织代表参加,并将决策方案及起草说明提前 5 日送达与会代表。

以民意调查方式征求公众意见的,应当委托独立调查研究机构进行,并作出书面调查报告。

第二节 专家论证

第十六条 政府应当建立决策咨询专家库,完善行政决策的智力和信息支持系统,充分发挥决策咨询委员会、科研机构、大专院校等作用。

第十七条 决策起草部门应当组织专家论证,邀请相关领域 3 名以上专家或者委托专业研究机构对决策的必要性和可行性等问题进行专家论证。

第十八条 专家、决策咨询机构在决策论证和评估过程中,应当保持独立见解,对出具意见的客观公正性负责,对知悉的涉密信息依法保守秘密。

专家或者专业研究机构论证后,应当出具签名或者盖章的书面论证意见。

第三节 风险评估

第十九条 决策起草部门应当对决策进行风险评估,并形成风险评估报告。

决策风险评估工作可以委托有关专门研究机构承担。

第二十条 风险评估报告应当对实施决策在财政经济、社会稳定、生态环境或者法律纠纷等方面可能产生的风险作出评估,并提出相应的防范、减缓及化解措施。

第二十一条 风险评估报告建议暂缓决策或者终止决策的,决策起草部门应当报请政府行政首长作出继续决策、暂缓决策或者终止决策程序的决定。

第四节 合法性审查

第二十二条 决策草案经起草部门法制机构审核、部门领导集体讨论通过后,提请政府审议。

第二十三条 决策起草部门提请政府审议决策草案,应当报送以下材料:

(一)提请政府审议的请示;

(二)草案及起草说明;

(三)有关法律、法规、规章、规范性文件和政策依据及借鉴经验的相关资料及本部门法制机构的合法性论证意见;

（四）征求意见汇总情况、专家咨询论证意见、风险评估报告、公众意见采纳情况、争议意见协调情况等相关材料，进行了公示、听证的，需提交公示、听证材料；

（五）进行合法性审查所需要的其他资料。

第二十四条　政府办公厅（室）应当自收到决策起草部门提交审议的材料后2个工作日内作出处理，认为材料齐备的，应当将决策草案送交本级政府法制机构进行合法性审查；认为材料不齐备的，应当退回决策起草部门补充材料。

决策草案未经公众参与、专家论证、风险评估等程序的，政府办公厅（室）不得送政府法制机构进行合法性审查。

第二十五条　政府法制机构应当自收到提交审议的材料之日起10个工作日内提出合法性审查意见。

合法性审查过程中，政府法制机构可以要求决策起草部门补充决策草案的相关材料。

第二十六条　政府法制机构出具的合法性审查意见是决策的重要依据。

决策草案未经合法性审查、经审查不合法或者未按照合法性审查意见整改完善的，政府办公厅（室）不得提请本级人民政府审议。

第五节　集体讨论决定

第二十七条　决策草案由政府全体会议或者常务会议审议决定。

政府办公厅（室）应当自收到政府法制机构合法性审查意见书后10个工作日内对决策草案作出处理，认为可以提交政府审议的，应当提请政府行政首长安排政府全体会议或者常务会议审议；认为暂不能提交政府审议的，应当退回决策起草部门要求其修改完善。

提交审议的决策草案应当包括决策草案文本及起草说明、有关法律、法规、规章、规范性文件和政策依据、专家论证意见、风险评估报告、公众意见采纳情况和合法性审查意见书。

第二十八条　政府全体会议或者常务会议应当对决策草案作出通过、不予通过、修改、再次讨论或者暂缓的决定。

决定暂缓的决策草案，决策起草部门可根据实际情况变化提请政府再次审议，是否再次审议由政府行政首长决定。

第二十九条　除依法应当保密的外，决策的事项、依据和结果应当在政府网站、报纸等公众媒体向社会公开。

第三十条　决策起草部门应当依照《中华人民共和国档案法》等有关规定，将决策过程形成的有关材料及时整理归档。

第三章　执行与监督

第三十一条　实施决策后评估制度，决策执行主办部门应当根据决策执行时限或者有效期，组织开展决策后评估工作，对决策内容、决策执行情况作出评估。

评估委托专业研究机构进行的，该专业研究机构应当未曾参与决策起草阶段的相关论证、评估工作。

第三十二条　决策执行主办部门组织完成评估后，应当形成决策后评估报告，并提出继续执行、停止执行、暂缓执行或者修改决策等建议提交政府。

决策执行过程中因不可抗力或者客观情况发生重大变化可能导致决策目标全部或者部分不能实现的，决策执行主办部门应当及时采取临时补救措施，组织决策后评估，并提出停止执行、暂缓执行或者修改决策的建议提交政府。

第三十三条　决策后评估报告建议决策停止执行或者暂缓执行的，经政府全体会议或者常务会议讨论同意后，停止执行或者暂缓执行。

决策后评估报告建议对决策内容作重大修改的，按照本规定第二章程序执行。

政府作出停止执行、暂缓执行或者修改决策决定的，决策执行主办部门应当采取有效措施，最大程度地避免或者减少损失和不良社会影响。

第三十四条　政府办公厅（室）和政府目标督查机构应当根据决策内容和政府安排部署，对决策的制定、执行和评估工作进行跟踪检查、督办，并及时向政府报告监督检查情况。

第三十五条　公民、法人或者其他组织有权监督决策的制定和执行工作，可以向政府、决策起草部门、决策执行主办部门和配合部门提出意见或者建议。

人大代表、政协委员依法对决策的制定和执行工作进行监督。

第三十六条　建立重大决策终身责任追究及责任倒查制度，对没有履行法定行政决策程序造成的决策严重失误或者依法应该及时作出决策但久拖不决造成重大损失、恶劣影响的，依法追究行政首长、负有责任的其他领导人员和相关责任人员的法律责任。

行政机关及相关工作人员违反本规定或者在决策起草、执行和监督工作中有玩忽职守、徇私舞弊、贪污受贿行为的，按照《行政机关公务员处分条例》等规定依法处理;构成犯罪的,移送司法机关追究刑事责任。

第四章 附 则

第三十七条 省人民政府组成部门参照本规定制定本系统的决策工作程序。

乡(镇)人民政府、街道办事处根据实际情况参照本规定制定决策工作程序。

第三十八条 本规定自 2015 年 6 月 1 日起施行。

广州市重大行政决策程序规定

（2010 年 10 月 18 日广州市人民政府令第 39 号公布根据 2015 年 9 月 30 日
广州市人民政府令第 132 号《广州市人民政府关于因行政区
划调整修改〈广州市扩大区县级市管理权限规定〉
等 93 件政府规章的决定》修正）

第一章 总 则

第一条 为规范政府重大行政决策行为,推进决策科学化、民主化和法制化,保障公民、法人和其他组织合法权益,根据《中华人民共和国地方各级人民代表大会和地方各级人民政府组织法》等有关法律、法规,结合本市实际,制定本规定。

第二条 市人民政府和区人民政府(以下统称为政府)的重大行政决策程序,适用本规定。

重大行政决策事项依法需要报请上级机关批准的,政府依照本规定提出重大行政决策方案后,应当报请上级机关批准。

重大行政决策事项依法应当提请同级人民代表大会或者其常务委员会审议决定的,政府依照本规定提出重大行政决策方案后,应当依法提请同级人民代表大会或者其常务委员会审议决定。

第三条 重大行政决策应当遵循科学、民主和合法的原则,遵循公众参与、专家咨询、风险评估、合法性审查和集体决定相结合的行政决策机制。

第四条 政府办公厅(室)负责组织实施本规定。

政府法制机构负责决策的合法性审查工作。

行政监察机关负责对政府职能部门和下级政府决策制定和执行等有关工作的行政监察。

第二章 决策范围

第五条 本规定所称的重大行政决策是指由政府依照法定职权对关系本行政区域经济社会发展全局,社会涉及面广,与公民、法人和其他组织利益密切相关的重大事项所作出的决定。

第六条 本规定所称重大行政决策(以下简称决策)包括以下事项:

(一)制定经济和社会发展重大政策措施;

(二)编制和修改各类经济、社会、文化发展和公共服务总体规划;

(三)使用重大财政资金,安排重大政府投资项目,处置重大国有资产;

(四)开发利用重大自然资源;

(五)制定城市建设、环境保护、土地管理、劳动就业、社会保障、文化卫生、科技教育、住房保障、交通管理等方面的重大政策措施;

(六)制定行政管理体制改革的重大措施;

(七)其他需要政府决定的重大行政管理事项。

第七条 以下事项不适用本规定:

(一)政府规章的制定,地方性法规建议案的拟定;

(二)政府人事任免;

(三)政府内部事务管理措施的制定;

(四)突发事件的应急处理;

(五)法律、法规和规章已对决策程序作出规定的其他事项。

第三章 决策程序

第一节 决策起草

第八条 政府行政首长或者分管领导可以直接提出决策建议,并指定决策起草部门。

政府办公厅(室)、政府各职能部门可以向政府提出决策建议;下一级政府可以向上一级政府提出决策建议;公民、法人或者其他组织可以直接向政府或者通过政府各职能部门向政府提出决策建议。政府行政首长或者分管领导收到决策建议后批准同意启动决策程序的,应当指定决策起草部门。

第九条 决策起草部门可以自行组织起草决策草稿,也可以委托有关专家或者专业研究机构起草决策草稿。决策草稿应当包含决策目标、工作任务、措施方法、时间步骤、决策执行部门和配合部门、经费预算、决策后评估计划等内容,并应当附有决策起草说明。

起草决策草稿,应当具有法律和政策依据,并开展调查研究,全面掌握和分析决策事项所涉及的有关情况。

对需要进行多方案比较研究的重大行政决策,应当拟订两个以上可供选择的决策备选方案。

第十条　决策起草部门应当就决策草稿进行决策风险评估。决策风险评估可以分类委托有关专门研究机构进行。

决策风险评估报告应当视决策需要,对决策草稿进行成本效益分析,对财政经济、社会稳定、环境生态或者法律纠纷等方面的风险作出评估,并相应提出防范、减缓或者化解措施。

第十一条　决策起草部门应当组织专家咨询会,邀请相关领域 5 名以上专家或委托专业研究机构对决策的必要性和可行性等问题进行咨询。专家或者专业研究机构论证后,应当出具签名或者盖章的书面咨询意见。

政府应当建立决策咨询专家库。

第十二条　决策起草部门应当就决策草稿征求本级政府其他有关职能部门和下级政府的意见。

对拟不采纳的其他部门和下级政府的反馈意见,决策起草部门应当与提出意见的单位协商;经协商仍不能达成一致意见的,决策起草部门应当作出专门说明。

决策起草部门应当根据风险评估报告、专家咨询意见以及其他部门和下级政府的意见修改形成决策征求意见稿。

第二节　公众参与

第十三条　决策起草部门就决策征求意见稿向社会公开征求意见应当经政府同意,具体程序依照市人民政府有关重大民生决策征询公众意见的规定执行。

第十四条　决策征求意见稿向社会公开征求意见的,决策起草部门应当通过报刊、互联网或者广播电视等公众媒体进行。公开征求意见时间不得少于20 日。

公众可就决策征求意见稿提出意见和建议,也可以提出其他决策方案。

第十五条　决策起草部门除依照本规定第十四条规定征求社会公众意见

外,还可以通过听证会、座谈会、问卷调查或者其他方式征求社会公众意见。

第十六条 以听证会方式征求公众意见的,应当按照以下要求进行:

(一)听证会由决策起草部门组织;

(二)听证会由听证主持人、听证陈述人、听证代表组成;

(三)听证会应当公开举行,听证会组织部门应当至少提前10日公布听证会举行时间、地点、内容和听证代表的报名条件,接受公众报名;

(四)听证代表由听证组织部门根据听证事项的内容和影响范围分不同利益群体按比例确定,现职公务员不得被选为听证代表;

(五)决策征求意见稿、决策起草说明及其他相关材料应当至少在听证会举行前5日送达听证代表;

(六)听证会应当制作听证笔录和听证报告;决策起草部门应当充分考虑、采纳听证代表的合理意见;不予采纳的,应当说明理由;

(七)听证会应当设旁听席位,允许群众旁听和新闻媒体采访报道。

市人民政府依照本条规定另行制定决策听证程序规定。

第十七条 以座谈会方式征求公众意见的,决策起草部门应当邀请有利害关系的公民、法人或者其他社会组织代表参加。决策征求意见稿及其起草说明应当至少提前5日送达与会代表。

以民意调查方式征求公众意见的,应当委托独立调查研究机构进行,并作出书面调查报告。

第十八条 完成公众参与工作后,决策征求意见稿应当经决策起草部门的法制机构审核,并经决策起草部门领导集体讨论通过后,形成决策草案及其起草说明。

决策草案起草说明应当对公众意见的采纳情况作出说明。

第三节 合法性审查

第十九条 决策起草部门应当将决策草案提请政府审议,向政府办公厅(室)报送以下材料:

(一)提请政府审议的请示;

(二)决策草案及起草说明;

(三)草案的法律依据和政策依据;

(四)征求意见汇总材料、风险评估报告、专家咨询意见、听证报告等其他相关材料。

第二十条　政府办公厅(室)应当自收到决策起草部门提交审议的材料后5个工作日内作出处理,认为材料齐备的,应当将决策草案送交本级政府法制机构进行合法性审查;认为材料不齐备的,应当退回决策起草部门补充材料。

未经政府法制机构审查的决策草案,不得提交政府审议。

第二十一条　政府法制机构应当自收到提交审议的材料之日起10个工作日内提出合法性审查意见。

第二十二条　政府法制机构应当从以下方面进行合法性审查:

(一)决策事项是否属于政府法定权限;

(二)草案的内容是否合法;

(三)草案起草过程是否符合规定的程序。

政府法制机构在合法性审查过程中,可以要求决策起草部门补充相关材料。

第二十三条　政府法制机构在进行合法性审查时,认为有必要的,可以邀请相关专家进行合法性论证。合法性论证意见应当作为政府法制机构提出审查意见的依据之一。

第二十四条　政府法制机构应当根据不同情况对决策草案提出下列审查意见:

(一)建议提交政府审议;

(二)建议提交政府审议但需修改完善草案部分内容;

(三)决策草案超越政府法定权限、草案内容或者起草程序存在重大问题需要修改完善的,建议暂不提交政府审议。

第四节　审议决定

第二十五条　决策草案应当经政府全体会议或者常务会议审议决定。

政府办公厅(室)应当自收到政府法制机构合法性审查意见后10个工作日内作出处理,认为可以提交政府审议的,应当提请政府行政首长安排政府全体会议或者常务会议审议,认为暂不能提交政府审议的,应当退回决策起草部门要求其修改完善。

第二十六条　政府全体会议或者常务会议应当对决策草案作出通过、不予通过、修改、再次讨论或者搁置的决定。

决策草案搁置期间,决策起草部门可根据实际情况变化提请政府再次审议,是否再次审议由政府行政首长决定。被搁置超过1年的决策草案,不再审议。

第二十七条 除依法应当保密的外,决策事项、依据和决策结果应当通过政府网站、报纸等公众媒体公开。

第二十八条 决策起草部门应当依照《中华人民共和国档案法》等有关规定,将决策过程中形成的有关材料及时整理归档。

第四章 决策管理

第二十九条 实施决策实行决策后评估制度。决策后评估工作应当按照以下规定组织:

(一)评估组织单位为决策执行主办部门;

(二)评估应当定期进行,其周期视决策所确定的决策执行时限或者有效期而定;

(三)评估委托专业研究机构进行的,该专业研究机构应当未曾参与决策起草阶段的相关论证、评估工作;

(四)评估应当征询公众意见;公民、法人或者其他组织可以对决策执行情况提出评估意见和建议,评估组织单位应当就采纳情况作出书面答复并说明理由;

(五)评估组织单位应当制作决策后评估报告提交政府,决策后评估报告应当就决策内容、决策执行情况作出评估,并提出继续执行、停止执行、暂缓执行或者修改决策内容等决策执行建议。

决策在执行过程中因不可抗力或者客观情况发生重大变化而可能导致决策目标全部或者部分不能实现的,决策执行主办部门应当及时组织采取临时补救措施,并依照本条前款第(一)、(三)、(四)、(五)项规定组织决策后评估。

第三十条 决策后评估报告建议停止执行或者暂缓执行决策的,经政府全体会议或者常务会议讨论同意后,决策应当停止执行或者暂缓执行。

决策评估报告建议对决策内容作重大修改的,按照本规定第三章 规定的程序执行。

政府作出停止执行、暂缓执行或者修改决策的决定的,决策执行主办部门应当采取有效措施,尽量避免或者减少经济损失和不良社会影响。

第三十一条 政府办公厅(室)、行政监察机关和政府法制机构应当组织开展对决策起草、执行和评估的检查、督办等工作,根据决策内容和政府工作部署,采取跟踪检查、督促催办等措施,保障决策按照规定程序制定和执行,并及时向政府报告监督检查情况。

第三十二条　公民、法人或者其他社会组织有权监督决策制定和执行工作,可以向政府、决策起草部门、决策执行主办部门和配合部门提出意见或者建议。

人大代表、政协委员依法对决策制定和执行工作进行监督。

第三十三条　行政机关和相关工作人员违反本规定,或者在决策起草、执行和监督过程中有玩忽职守、徇私舞弊、贪污受贿等违法、违纪行为的,按照《行政机关公务员处分条例》等有关规定依法问责;构成犯罪的,移送司法机关追究刑事责任。

第五章　附　则

第三十四条　政府职能部门、镇政府、街道办事处应当结合本单位、本地区的实际情况参照本规定制定完善决策工作程序。

第三十五条　本规定自 2011 年 1 月 1 日起施行。

汕头市人民政府行政决策听证规定

(2008 年 8 月 22 日汕头市人民政府第 31 次常务会议审议通过
2008 年 8 月 28 日汕头市人民政府令第 106 号公布
自 2008 年 11 月 1 日起施行)

第一章 总 则

第一条 为了规范汕头市人民政府(以下简称"市政府")行政决策听证程序,提高行政决策民主化、科学化,保护公民、法人和其他组织的合法权益,根据有关法律、法规的规定,结合本市实际,制定本规定。

第二条 市政府的行政决策听证工作适用本规定。

本规定所称行政决策听证,是指市政府在作出行政决策之前,公开听取、收集公民、法人和其他组织对该行政决策的意见和建议的活动。

第三条 市政府的行政决策有下列情形之一的,可以举行听证:

(一)对经济、社会发展等公共利益有重大影响的,或者对行政决策事项的必要性有较大争议的;

(二)对公民、法人和其他组织切身利益有较大影响或者涉及公共安全的;

(三)可能导致不同利益群体产生明显利益冲突的;

(四)依法需要举行听证或者市政府认为需要举行听证的其他情形。

市政府拟定的法规草案和制定的规章、规范性文件有前款规定情形之一的,可以举行听证。

第四条 有下列情况之一的,有关单位或者个人可以提议市政府就行政决策举行听证:

(一)拟定行政决策的单位在拟定过程中或者完成拟定后,认为有必要举行听证的;

(二)行政决策向社会公开征求意见或者公示过程中,有关公民、法人和其他组织认为应当举行听证的;

（三）市法制局在对行政决策进行法律审查过程中，认为有必要举行听证的；

（四）市政府分管副市长、市政府秘书长在审议、审核行政决策过程中，认为有必要举行听证的；

（五）依法有权提议举行听证的其他单位和个人，认为有必要举行听证的。

市政府应当对举行听证的提议进行认真审查，并由市长决定是否举行听证。

第五条 行政决策听证应当遵循公开、公平、公正、便民的原则，充分听取公民、法人和其他组织的意见，保障其陈述意见的权利。

除涉及国家秘密、商业秘密或者个人隐私以及依法不能公开听证外，听证应当公开举行。

第六条 市政府可以指定市政府办公室或者市法制局作为听证组织机关。

第七条 听证组织机关组织听证应当提供必要的场地、设备和其他工作条件，所需经费由市财政保障。

举行听证活动的现场秩序，由听证组织机关会同市公安机关负责。

第八条 行政决策听证采取听证会的形式进行。

第二章 听证参加人员

第九条 听证参加人员包括听证主持人、听证员、记录员、听证陈述人和听证旁听人。

第十条 听证主持人是指听证组织机关指定负责主持听证会的人员。

听证主持人主要履行下列职责：

（一）决定听证陈述人的发言顺序；

（二）就听证的陈述意见、理由、依据等询问听证陈述人；

（三）必要时组织听证陈述人进行质证、辩论；

（四）就听证过程中出现的程序问题作出决定；

（五）维护听证会秩序和执行听证会纪律，制止违反听证规则的行为；

（六）审定并签署听证笔录。

（七）法律、法规、规章规定的其他职责。

第十一条 听证员是指经听证组织机关确定，参加听证会听取意见的人员。

参加听证会的听证员一般不少于三名。

第十二条 记录员是指由听证组织机关指定,负责记录听证陈述人陈述、制作听证笔录等事务性工作的人员。

第十三条 听证陈述人是指经听证组织机关确定,出席听证会并就听证事项提出意见、陈述有关理由和依据的人员,包括部门陈述人和公众陈述人。

部门陈述人由行政决策拟定单位指派的人员组成。

公众陈述人由下列人员组成:

(一)与听证事项有直接利害关系的公民、法人和其他组织(包括其推选的代表);

(二)与听证事项有关并提供事实的公民、法人和其他组织(包括其推选的代表);

(三)听证组织机关邀请的人大代表、政协委员和有关专家等。

第十四条 听证旁听人是指自愿报名参加听证会并经听证组织机关同意,旁听听证会的公民、法人和其他组织。

第三章 听证程序

第十五条 听证组织机关应当根据本规定,在举行听证会之前制定听证方案、听证程序、听证规则、注意事项和会场纪律。

第十六条 听证组织机关应当于举行听证会的三十日前,将听证公告在市政府公报、市政府门户网站上刊登,必要时可以在电视台、广播电台发布。

听证公告应当载明以下内容:

(一)听证事项、听证内容和听证目的;

(二)听证的时间、地点;

(三)公众陈述人、听证旁听人的人数、报名条件和报名办法;

(四)公众陈述人的筛选原则;

(五)应当公告的其他事项。

第十七条 听证主持人、听证员、记录员有可能影响听证公正性的情形的,应当回避。

第十八条 公民、法人和其他组织符合听证公告规定条件的,可以申请参加听证。

公民、法人和其他组织申请参加陈述或者旁听的,应当按照听证公告的规定,于举行听证会的二十日前向听证组织机关提交申请。

第十九条 听证组织机关应当制作统一的申请书格式文本,供申请人领取或者从市政府门户网站下载。

公众陈述人应当在申请书载明个人简历、对听证事项所持观点和陈述的意见摘要等内容。

第二十条 公众陈述人的选择应当遵循广泛性、代表性、典型性的原则,并按以下方式确定:

(一)与听证事项有直接利害关系的公民、法人和其他组织申请参加听证会的,原则上应当确定为公众陈述人;但申请人数超过听证公告规定的公众陈述人人数三分之一的,申请人应当自行推荐代表参加听证,自行推荐确有困难的,由听证组织机关组织推荐;

(二)与听证事项有关的公民、法人和其他组织申请参加听证会,且申请人数超过听证公告规定的公众陈述人人数三分之一(听证事项未有直接利害关系人的,超过听证公告规定的公众陈述人人数三分之二)的,申请人应当自行推荐代表参加听证,自行推荐确有困难的,由听证组织机关根据申请先后顺序和代表各种不同意见的公众陈述人的人数,按比例相当的原则,合理确定;

(三)听证组织机关可以根据听证需要,邀请人大代表、政协委员和有关专家作为公众陈述人参加听证会。

第二十一条 听证组织机关应当于举行听证会的十日前,将听证通知书送达听证陈述人,并提供行政决策草案文本和听证说明,告知有关注意事项。

第二十二条 听证陈述人应当在听证组织机关规定的时间内,向听证组织机关提交书面陈述材料,并按时出席听证会。

听证陈述人不能出席听证会的,应当于举行听证会的五日前告知听证组织机关,经听证组织机关同意,听证陈述人可以委托他人出席听证会,受委托人应当提交委托人签名或者盖章的授权委托书,并在委托权限内参与听证活动。

第二十三条 听证组织机关应当根据申请的先后顺序和听证会的具体情况,确定听证旁听人,并于举行听证会的五日前通知其凭旁听证参加旁听。

第二十四条 听证会按下列程序进行:

(一)记录员应当查明听证参加人的身份和到场情况,宣布听证规则、纪律和听证会场有关注意事项;

(二)听证主持人宣布听证会开始,介绍听证员、记录员,说明听证事项,告

知听证参加人的权利和义务;

(三)部门陈述人陈述意见、理由、依据;

(四)公众陈述人陈述意见、理由、依据;

(五)听证主持人、听证员询问听证陈述人;

(六)听证事项需要听证陈述人质证、辩论的,在听证主持人组织下进行质证、辩论;

(七)经听证主持人许可,听证旁听人可以就听证事项发言;

(八)听证主持人宣布听证结束。

第二十五条 有下列情形之一的,可以中止听证:

(一)因不可抗力的事由致使无法按期举行听证会的;

(二)主要听证陈述人没有出席听证会的;

(三)需要增加新的重要听证陈述人的;

(四)依法需要中止的其他情形。

听证会举行前中止听证的,由听证组织机关决定并通知听证参加人;听证会举行过程中中止听证的,由听证主持人决定。

中止听证的原因消除后,应当恢复举行听证。

第二十六条 有下列情形之一的,终止听证:

(一)公众陈述人全部明确放弃听证权利或者被视为放弃听证权利的;

(二)因客观情况发生重大变化,致使举行听证没有必要的;

(三)依法应当终止听证的其他情形。

听证会举行前终止听证的,由听证组织机关决定并予以公告;听证会举行过程中终止听证的,由听证主持人决定。

第二十七条 听证陈述人享有平等发言的权利。

听证陈述人应当真实反映与听证事项相关的意见或者建议,遵守听证规则和纪律,保守国家秘密。

第二十八条 听证应当制作听证笔录。听证笔录应当载明下列内容:

(一)听证事项及听证内容;

(二)听证的时间、地点;

(三)听证参加人的基本情况;

(四)听证陈述人的意见、理由、依据;

(五)听证主持人认为需要载明的其他事项。

听证过程中进行听证陈述人质证、辩论的,听证笔录应当载明质证、辩论的内容。

第二十九条 听证笔录经听证陈述人确认无误后当场签字或者盖章;听证陈述人拒绝签字或者盖章的,记录员应当记明情况附卷。

听证主持人、听证员、记录员应当在听证笔录上签名。

第三十条 听证陈述人认为听证会程序违反本规定的,可以向听证主持人提出。听证主持人应当对听证陈述人提出的异议予以答复。

第三十一条 听证旁听人除经听证主持人许可外,不得发言,但可以在听证会后就听证事项向听证组织机关提交书面意见,反映自己的观点和意愿。

第三十二条 听证组织机关应当在听证会结束之日起七个工作日内,组织研究听证意见或者建议,制作听证报告提交市政府。

听证报告应当客观、真实地反映听证会上听证陈述人的听证意见,并载明以下内容:

(一)听证事项及听证内容;

(二)听证的基本情况;

(三)听证陈述人提出的主要意见或者建议、理由、依据;

(四)听证事项的赞同意见与反对意见以及之间的分歧;

(五)听证主持人对听证会中有关事项的处理情况;

(六)中止、终止听证的说明;

(七)听证事项的分析意见、处理建议。

第三十三条 听证报告应当作为市政府行政决策的重要依据。对没有采纳的重要意见,由听证组织机关书面向听证陈述人反馈并说明理由。

第四章 法律责任

第三十四条 部门陈述人有下列情形之一的,由市政府对该部门主要负责人和直接责任人员给予通报批评;情节严重的,依法给予行政处分:

(一)无正当理由不出席听证会或者拒绝在听证会上陈述的;

(二)在听证会上陈述不实或者提供虚假、错误信息的。

第三十五条 听证组织机关以及听证主持人、听证员、记录员违反本规定,导致不能公正、公平举行听证的,由市政府对主要负责人和直接责任人员给予通报批评;情节严重的,依法给予行政处分。

第三十六条 扰乱听证会秩序或者妨碍听证会正常、公正举行的,由听证主持人予以制止；拒不改正的，责令离开听证会场；违反治安管理规定的，由公安机关依法予以处理。

第五章　附　则

第三十七条　本规定自 2008 年 11 月 1 日起施行。

汕头市人民政府关于印发汕头市人民政府重大行政决策社会稳定风险评估办法的通知

汕府〔2016〕8 号

各区县人民政府,市政府各部门、各直属机构:

《汕头市人民政府重大行政决策社会稳定风险评估办法》已经 2016 年 1 月 8 日汕头市人民政府第十三届 77 次常务会议审议通过,现予印发,请认真贯彻执行。

汕头市人民政府

2016 年 1 月 16 日

汕头市人民政府重大行政决策
社会稳定风险评估办法

第一条 为了规范汕头市人民政府(以下简称市政府)重大行政决策社会稳定风险评估工作,进一步提高行政决策水平,推进行政机关行政决策科学化、民主化和法治化,维护和谐稳定的发展环境,根据《汕头市行政程序规定》《汕头市人民政府重大行政决策量化标准规定》,结合我市实际,制定本办法。

第二条 本办法所称重大行政决策社会稳定风险评估(以下简称风险评估),是指市政府依照法定职权和程序,运用科学、系统、规范的评估方法,在作出行政决策之前,组织对重大行政决策社会稳定方面的风险进行综合评价和估量的活动。

第三条 市政府对拟作出的重大行政决策进行风险评估活动,适用本办法;但国家、省对风险评估有规定的,从其规定。

第四条 重大行政决策风险评估应当遵循合法、科学、公正、透明的原则。

第五条 重大行政决策有下列情形之一的,应当进行风险评估:

(一)对经济、社会发展等公共利益有重大影响的;

（二）对行政决策事项的必要性有较大争议的；

（三）涉及人员多、敏感性强，可能对社会稳定产生影响的重大活动。

第六条　决策承办单位是风险评估的评估主体，负责按照本办法规定组织、实施风险评估工作。

决策事项涉及多个行政机关和单位的，负责牵头的行政机关为评估主体。

与行政决策事项相关的行政机关和单位应当配合决策承办单位开展评估工作，提供相关书面资料及建议。

第七条　评估主体应当就决策事项的合法性、合理性、可行性和可控性等内容进行评估，具体包括：

（一）决策事项是否属于市政府权限范围，是否符合党和国家大政方针，是否与现行法律法规相抵触，决策过程是否符合法定的决策程序等。

（二）决策事项是否符合绝大多数公民、法人和其他组织的利益，是否违反法律规定减损公民、法人和其他组织权利或者增加其义务，决策机关拟采取的措施是否合理及时等。

（三）决策事项是否与本地经济社会发展相适应，配套措施是否经过充分调研论证，以及公民、法人和其他组织对决策事项的接受程度等。

（四）决策事项是否存在公共安全隐患、引发群体性事件、造成重大社会负面影响等社会稳定问题，以及对可能引发社会稳定风险的可控程度、预防和化解相应措施等。

第八条　评估主体可以自行组织开展评估，也可以委托具备相应评估能力的社会评估机构开展评估。

委托评估符合政府采购要求的，应当按照政府采购程序选择社会评估机构。

评估主体应当对风险评估的过程和结果负责。委托评估的，评估主体应当依据实际情况及社会评估机构的评估报告，综合提出评估结论。

第九条　属于本办法第五条规定的，决策承办单位应当在重大行政决策正式上报市政府之前进行风险评估。

其他重大行政决策上报市政府后，市政府主要负责人认为需要举行风险评估的，由决策承办单位举行风险评估。

第十条　风险评估应当按照下列程序进行：

（一）确定需评估的行政决策事项。

（二）制定评估方案，成立评估小组，明确评估具体内容、组织形式、方法步骤和时间要求等。

（三）广泛征求意见，采取公示公告、问卷调查、实地走访或者通过召开座谈会、论证会、听证会、征求意见会等方式公开听取各方建议意见。

（四）组织分析论证，根据社会反映和征求意见情况，对决策草案进行深入研究，对重大行政决策可能引发的各种风险进行科学预测、综合研判，确定风险等级并制定相应的化解处置预案。

（五）形成风险评估报告。

第十一条　风险评估报告应当包括以下内容：

（一）评估事项及其过程；

（二）各方征求意见及采纳情况；

（三）决策可能引发的风险；

（四）风险评估结论和对策建议；

（五）风险防范和化解措施，以及应急处置预案等内容。

第十二条　风险评估报告确认的风险等级可分为高、中、低三个级别，具体划分标准如下：

（一）评估报告确认存在较大风险隐患，可能引发大规模群体性事件，难以疏导、稳定的，为高风险级别；

（二）评估报告确认存在一定风险隐患，可能引发社会矛盾冲突，但可以通过引导教育等措施予以化解的，为中风险级别；

（三）评估报告确认存在较小风险隐患，公民、法人和其他组织能够理解支持，为低风险级别。

第十三条　评估主体一般应当在60日内或者市政府要求的时限内完成风险评估工作。

第十四条　决策承办单位应当在提请市政府的重大行政决策事项的同时一并报送重大行政决策风险评估报告。未经风险评估的，不得提交集体讨论、作出决策。

评估报告应当作为行政决策的重要依据。评估报告认为决策事项存在高风险的，应当不作出决策，或者调整决策方案、降低风险等级后再作出决策；存在中风险的，应当采取防范、化解措施后再作出决策；存在低风险的，可以作出决策。

第十五条　决策承办单位未按照本办法规定对行政决策事项进行风险评估，造成重大损失的，依法对直接负责的主管人员和其他直接责任人员追究行政责任。

第十六条 各区(县)政府对行政决策事项进行风险评估的,参照本办法执行。

第十七条 本办法自 2016 年 3 月 1 日起施行,有效期至 2021 年 2 月 28 日止。有效期届满,经评估认为需要继续施行的,根据评估情况重新修订。

广东省重大行政决策听证规定

广东省人民政府 粤府令第 183 号

《广东省重大行政决策听证规定》已经 2013 年 2 月 5 日广东省人民政府第十二届 1 次常务会议通过,现予公布,自 2013 年 6 月 1 日起施行。

省长 朱小丹

2013 年 4 月 1 日

广东省重大行政决策听证规定

第一章 总 则

第一条 为规范本省行政机关重大行政决策听证活动,促进科学、民主、依法决策,保障公民、法人和其他组织的合法权益,根据《国务院关于加强市县政府依法行政的决定》《国务院关于加强法治政府建设的意见》等有关规定,结合本省实际,制定本规定。

第二条 本省行政区域内各级人民政府、县级以上人民政府工作部门(以下统称行政机关)开展重大行政决策听证活动,适用本规定。

法律、法规、规章另有规定的,从其规定。

第三条 各级人民政府法制机构负责重大行政决策听证工作的指导、协调、监督以及制度建设工作。

各级监察机关对重大行政决策听证工作依法进行监察。

第四条 下列情形属于重大行政决策,应当组织听证:

(一)法律、法规、规章规定应当听证的行政决策事项;

(二)编制重要规划等涉及重大公共利益的行政决策事项;

(三)教育、医疗等社会涉及面广、与人民群众利益密切相关的行政决策事项;

（四）行政机关认为需要听证的行政决策事项。

第五条 依照本规定第四条应当组织听证的重大行政决策事项,行政机关应当制订听证目录,并向社会公布。

行政机关应当根据法律、法规、规章的规定以及经济社会发展的情况,及时修订完善听证目录。

第六条 重大行政决策听证应当遵循公开、公平、公正原则,充分听取公民、法人和其他组织的意见,保障其陈述和质证的权利。

第二章 听证组织机关

第七条 听证组织机关是作出重大行政决策的行政机关。

重大行政决策机关为县级以上人民政府的,可以由行政决策建议提出机关或者政府指定的其他机关作为听证组织机关。

第八条 重大行政决策由两个以上行政机关共同作出的,由有关行政机关联合组织听证,或者由其共同上一级行政机关指定其中一个行政机关组织听证。

第九条 行政机关可以委托有关高等院校、科研机构、社会组织以及其他具有公共事务管理职能的组织组织听证。

第三章 听证会参加人员

第十条 听证会参加人员包括听证主持人、听证陈述人和听证参加人。

第十一条 听证主持人由听证组织机关指定。有下列情形之一的,不得担任听证主持人:

（一）参与拟定行政决策方案的负责人;

（二）与听证事项有利害关系的;

（三）其他可能影响听证会公正性的。

第十二条 听证主持人履行下列职责:

（一）主持听证会;

（二）维持听证会秩序,对违反听证会纪律的行为进行警告或者采取必要的措施予以制止;

（三）决定听证会的中止和恢复;

（四）法律、法规、规章规定的其他职责。

第十三条 听证陈述人由行政决策建议提出机关的工作人员担任。

听证陈述人应当如实陈述听证事项的内容、依据、理由和有关背景,并回应听证参加人的询问。

第十四条 听证参加人从自愿报名参加听证会的公民、法人和其他组织中产生。

听证参加人可以收集公众意见,获得与听证事项有关的材料,就听证事项提出质询,发表意见,并得到及时回应。

听证参加人应当准时参加听证会,遵守听证纪律,客观、公正反映与听证事项相关的意见和建议。

听证参加人另行书面提出决策草案建议的,应当说明依据和理由。

第四章 听证会的组织

第十五条 听证会一般以现场会议形式举行,也可以通过视像、网络等形式举行。

第十六条 听证组织机关应当在听证会举行 30 日前,在本级人民政府门户网站或者本机关门户网站发布听证公告。听证公告应当包括听证事项的目的、内容、依据、听证时间、地点以及听证参加人产生方式等内容。

听证组织机关应当通过新闻发布会、报刊、广播、电视或者网络等方式对听证事项进行广泛宣传,鼓励公众积极参与。

第十七条 听证组织机关应当根据听证事项的性质、复杂程度以及影响范围,按照广泛性和代表性原则,合理确定听证参加人范围、名额、比例和听证会持续时间,并在听证公告中列明。

第十八条 公民、法人和其他组织可以根据听证公告自愿报名参加听证。

公民、法人和其他组织报名参加听证会时,应当说明对听证事项的基本意见,并由听证组织机关记录在案。

第十九条 听证参加人人数由听证组织机关根据第十七条的规定确定,但不得少于 8 人。

持同类意见的申请人数超过预定听证参加人比例人数的,申请人可以自行协商推荐听证参加人;协商推荐确有困难的,应当采取抽签方式产生。

申请人数或者参加听证的实际人数少于第一款规定人数的,听证会应当延期举行。

第二十条 听证会参加人员名单应当在听证会举行 20 日前确定,并通过本级人民政府门户网站或者本机关门户网站公布。

听证会参加人员名单应当包括听证主持人、听证陈述人、听证参加人及以上人员身份情况等内容。

第二十一条 听证会通知书和听证事项内容、依据、理由以及有关背景材料应当在听证会举行 10 日前送达听证参加人。

听证组织机关提供的材料应当内容详实准确、表述通俗易懂。听证参加人对材料提出不同意见的,听证组织机关应当做好材料补充或者解释工作。

第五章 听证会的举行

第二十二条 听证会应当公开举行,允许公民、法人和其他组织旁听,不得拒绝新闻媒体采访报道,但涉及国家秘密、商业秘密和个人隐私的除外。

第二十三条 听证会按照下列程序举行:

(一)工作人员核实听证陈述人和听证参加人到场情况。

(二)听证主持人宣布听证会开始,宣布听证会纪律、听证事由以及听证主持人、听证陈述人和听证参加人名单。

(三)听证陈述人陈述听证事项内容、依据、理由和有关背景;听证参加人陈述其另行提出的决策草案建议的内容、依据和理由。

(四)听证参加人对听证事项发表意见和建议。

(五)听证陈述人对听证参加人的质询、意见以及建议予以回应。

(六)听证陈述人和听证参加人就听证事项的主要事实和观点进行辩论。

(七)听证参加人员作最后陈述。

(八)听证主持人宣布听证会结束。

第二十四条 听证参加人对听证会程序及其权利行使有异议的,可以当场向听证主持人提出。听证主持人认为确实有违反本规定情形的,应当及时纠正。

第二十五条 听证会应当制作听证笔录,由听证组织机关如实记录各方的主要观点和理由。

听证笔录由听证主持人、听证陈述人和听证参加人签名确认并存档。

听证参加人认为听证笔录有错漏的,有权要求补正。听证参加人拒绝签名的,听证组织机关应当在听证笔录中注明。

第二十六条 听证组织机关应当在听证会结束后 10 日内,根据听证笔录制作听证报告。听证报告应当独立、公正、客观,并包括以下内容:

(一)听证会组织的基本情况;

（二）听证参加人的产生方式及其基本情况；

（三）听证会各方主要意见或者建议及其依据、理由；

（四）听证会各方争论的主要问题；

（五）对听证会各方意见的分析以及处理建议；

（六）其他需要说明的情况。

听证报告应当附听证笔录等相关资料。

第六章　听证结果与运用

第二十七条　行政机关应当将听证报告作为行政决策的重要参考。

第二十八条　行政机关对听证会中提出的合理意见和建议应当予以吸收、采纳。对大部分听证参加人持反对意见的重大行政决策事项，行政机关应当作进一步论证后再作出决策。

对意见和建议的采纳情况以及不予采纳的理由，听证组织机关应当以书面形式向听证参加人反馈，并以适当方式向社会公布。

第二十九条　重大行政决策事项依法应当听证而未听证的，行政机关不得作出行政决策。

第三十条　政府法制机构应当把是否依法组织听证作为重大行政决策合法性审查的内容。对依法应当听证而未听证的重大行政决策事项，不得通过合法性审查。

第七章　法律责任

第三十一条　县级以上人民政府应当把行政机关开展重大行政决策听证的情况作为依法行政考核的重要内容。

第三十二条　行政机关违反本规定，有下列情形之一的，由监察机关或者其上级行政机关按照相关规定，追究其行政过错责任，可以对直接负责的主管人员和其他直接责任人员依法给予处分：

（一）未按照规定制订听证目录的；

（二）依法应当听证而未听证的；

（三）未按照规定程序组织听证活动的；

（四）在听证过程中弄虚作假或者采取其他不正当手段影响听证结果的；

（五）其他违反本规定的情形。

第八章　附　则

第三十三条　法律、法规授权的组织开展重大行政决策听证活动参照本规定执行。

第三十四条　本规定自 2013 年 6 月 1 日起施行。

东莞市重大行政决策听证办法

广东省东莞市人民政府　　东莞市人民政府令第 142 号

《东莞市重大行政决策听证办法》已经市人民政府同意,现予发布。

市长　袁宝成

东莞市人民政府

2015 年 1 月 13 日

东莞市重大行政决策听证办法

第一章　总　则

第一条　为规范本市重大行政决策听证活动,保障公民、法人和其他组织在重大行政决策中的知情权和参与权,根据《广东省重大行政决策听证规定》等有关规定,结合本市实际,制定本办法。

第二条　市政府及其工作部门(以下统称行政机关)开展重大行政决策听证活动,适用本办法。

法律、法规、规章另有规定的,从其规定。

第三条　市法制局负责重大行政决策听证工作的指导、协调、监督以及制度建设工作。

市监察局对重大行政决策听证工作依法进行监察。

第四条　本办法所称重大行政决策听证,是指各级行政机关在作出特定的重大行政决策前,以召开听证会的形式,公开听取公民、法人和其他组织的意见和建议的程序。

第五条　下列事项属于应当组织听证的重大行政决策:

(一)法律、法规、规章规定应当听证的;

(二)编制涉及重大公共利益的重要规划;

（三）制定医疗、教育、公共交通、社会保障、住房保障等涉及民生且社会影响面广的重大行政措施；

（四）行政机关认为需要听证的行政决策事项。

第六条 依照本办法第五条应当组织听证的市政府重大行政决策事项，由行政决策建议提出机关提出，经市法制局审核后形成目录，报市政府审定后向社会公布。

市政府工作部门负责职权范围内的重大行政决策事项听证目录的组织编制、更新调整、公布实施等工作。

涉及多个部门职责的重大行政决策听证目录，由牵头的部门组织编制、更新调整、公布实施，有争议的由市政府指定实施部门。

行政机关应当根据法律、法规、规章的规定以及经济社会发展的情况，及时修订完善听证目录。

第七条 重大行政决策听证应当遵循公开、公平、公正原则，充分听取公民、法人和其他组织的意见。

除涉及国家机密、商业秘密或个人隐私外，听证应当公开举行，允许公民、法人和其他组织旁听，不得拒绝新闻媒体采访报道，要接受社会的监督。

第二章　听证组织机关及参加人员

第八条 听证组织机关是拟作出重大行政决策的行政机关。

市政府的重大行政决策，由行政决策建议提出机关或者市政府指定的其他行政机关作为听证组织机关。

两个以上行政机关拟共同作出重大行政决策的，由牵头行政机关组织听证或者联合组织听证，有争议的由市政府指定其中一个行政机关组织听证。

第九条 行政机关可以委托有关高等院校、科研机构、社会组织以及其他具有公共事务管理职能的组织进行组织听证。

第十条 听证会参加人员包括听证主持人、听证陈述人和听证参加人。

第十一条 听证主持人由听证组织机关指定。有下列情形之一的，不得担任听证主持人：

（一）参与拟定行政决策方案的负责人；

（二）与听证事项有利害关系的；

（三）其他可能影响听证会公正性的。

第十二条 听证主持人履行下列职责：

（一）主持听证会；

（二）维持听证会秩序，对违反听证会纪律的行为进行警告或者采取必要的措施予以制止；

（三）决定听证会的中止和恢复；

（四）法律、法规、规章规定的其他职责。

第十三条 听证陈述人由行政决策建议提出机关的工作人员担任。

听证陈述人应当如实陈述听证事项的内容、依据、理由和有关背景，并回应听证参加人的询问。

第十四条 听证参加人从自愿报名参加听证会的公民、法人和其他组织中产生。

听证参加人可以收集公众意见，获得与听证事项有关的材料，就听证事项提出质询，发表意见，并得到及时回应。

听证参加人应当准时参加听证会，遵守听证纪律，客观、公正反映与听证事项相关的意见和建议，无故缺席或者未经许可中途退场的，视为放弃听证权利。

听证参加人另行书面提出决策草案建议的，应当说明依据和理由。

第十五条 公民、法人和其他组织可自由报名参与旁听，听证组织机关根据听证事项性质及听证场地等具体情况确定听证旁听人。

听证旁听人应当遵守听证纪律，不得扰乱听证会秩序。听证旁听人违反听证纪律，严重影响听证会进行的，可以责令其离场。

第三章 听证会的组织

第十六条 听证会一般以现场会议形式举行，也可以通过视像、网络等形式举行。

第十七条 听证组织机关应当在听证会举行 30 日前，在市政府（部门）门户网站或本市行政区域内具有普遍影响力的网站、报刊向社会公开发布听证公告。听证公告应当包括听证事项的目的、内容、依据、听证时间、地点以及听证参加人报名方式、产生方式等内容。

听证组织机关应当通过新闻发布会、报刊、广播、电视或者网络等方式对听证事项进行广泛宣传，鼓励公众积极参与。

第十八条 公民、法人和其他组织可以根据听证公告自愿报名参加听证。

公民、法人和其他组织报名参加听证会时，应当说明对听证事项的基本意见，并由听证组织机关记录在案。

第十九条　听证组织机关应当根据听证事项的性质、复杂程度以及影响范围,按照广泛性和代表性原则,合理确定听证参加人的范围、名额、比例和听证会持续时间。听证参加人人数不得少于 8 人。

持同类意见的申请人数超过预定听证参加人比例人数的,申请人可以自行协商推荐听证参加人;协商推荐确有困难的,应当采取抽签方式产生。

第二十条　听证会参加人员名单应当在听证会举行 20 日前确定,并通过市政府(部门)门户网站或本市行政区域内具有普遍影响力的网站、报刊公布。

听证会参加人员名单应当包括听证主持人、听证陈述人、听证参加人及以上人员身份情况等内容。

第二十一条　听证会通知书和听证事项内容、依据、理由以及有关背景材料应当在听证会举行 10 日前送达听证参加人。

听证组织机关提供的材料应当内容详实准确、表述通俗易懂。听证参加人对材料提出不同意见的,听证组织机关应当做好材料补充或者解释工作。

第二十二条　收到通知书的听证参加人有合理依据认为听证主持人有本办法第十一条所规定情形,应当在听证会召开 3 天前提出回避申请,并说明理由。无特殊情况,听证会举行期间不再受理回避申请。

听证主持人的回避,由听证组织机关决定。

第四章　听证会的举行

第二十三条　听证会按照下列程序举行:

(一)工作人员核实听证陈述人和听证参加人到场情况;

(二)听证主持人宣布听证会开始,宣布听证会纪律、听证事由以及听证主持人、听证陈述人和听证参加人名单;

(三)听证陈述人陈述听证事项内容、依据、理由和有关背景;听证参加人陈述其另行提出的决策草案建议的内容、依据和理由;

(四)听证参加人对听证事项发表意见和建议;

(五)听证陈述人对听证参加人的质询、意见以及建议予以回应;

(六)听证陈述人和听证参加人就听证事项的主要事实和观点进行辩论;

(七)听证参加人员作最后陈述;

(八)听证主持人宣布听证会结束。

听证主持人应当公平合理地确定各方发言顺序及时间。

第二十四条　听证参加人对听证会程序及其权利行使有异议的,可以当场向听证主持人提出。听证主持人认为确实有违反本办法规定情形的,应当及时纠正。

第二十五条　有下列情形之一的,听证组织机关或者听证主持人可以决定延期听证:

(一)听证参加人少于规定人数的;

(二)因特殊情况,听证参加人在会上对主持人提出回避申请,需要核实处理的;

(三)其他导致听证会无法正常举行的情形。

第二十六条　听证会举行前需要延期的,由听证机关决定,并通知听证参加人等相关人员。

听证会举行过程中需要延期的,由听证主持人决定,应当说明理由并予以记录。

第二十七条　有下列情形之一的,听证主持人可以决定中止听证:

(一)需要补充关键材料的;

(二)听证参加人、听证旁听人等扰乱、妨碍听证活动,造成听证无法举行;

(三)其他导致听证会无法继续进行的情形。

中止听证的情形消失后,能够当场恢复听证的,可以决定恢复听证;不能当场恢复听证的,重新组织听证。

第二十八条　有下列情形之一的,听证组织机关可以决定终止听证,及时通知听证参加人等有关人员,说明原因:

(一)因自然灾害等不可抗力或者决策事项的法律、法规、政策依据发生重大变化,致使听证会无需举行或需另行组织的;

(二)法律、法规、规章另有规定的,从其规定。

第二十九条　听证会应当制作听证笔录,由听证组织机关如实记录各方的主要观点和理由。

听证笔录由听证主持人、听证陈述人和听证参加人签名确认并存档。

听证参加人认为听证笔录有错漏的,有权要求补正。听证参加人拒绝签名的,听证组织机关应当在听证笔录中注明。

第三十条　听证组织机关应当在听证会结束后 10 日内,根据听证笔录制作听证报告。听证报告应当独立、公正、客观,并包括以下内容:

(一)听证会组织的基本情况;

(二)听证参加人的产生方式及其基本情况;

（三）听证会各方主要意见或者建议及其依据、理由；

（四）听证会各方争论的主要问题；

（五）对听证会各方意见的分析以及处理建议；

（六）其他需要说明的情况。

听证报告应当附听证笔录等相关资料。

第五章　听证结果与运用

第三十一条　行政机关应当将听证报告作为行政决策的重要参考。提请审议的市政府重大行政决策属于应当听证事项的，上报材料时应同时提交听证报告。

第三十二条　行政机关对听证会中提出的合理意见和建议应当予以吸收、采纳。对大多数听证参加人持反对意见的重大行政决策事项，行政机关应当作进一步论证后再作出决策。

对意见和建议的采纳情况以及不予采纳的理由，听证组织机关应当向听证参加人反馈，并以适当方式向社会公布。

第三十三条　重大行政决策事项依照本办法应当听证而未听证的，行政机关不得作出该项行政决策。

第三十四条　市法制局在对市政府重大行政决策进行合法性审查时，应当审查该项行政决策是否已依照本办法组织了听证。

对应当听证而未进行听证的，市法制局不得通过合法性审查。

第六章　监督管理

第三十五条　市政府应当把行政机关开展重大行政决策听证的情况作为依法行政考核的重要内容。

第三十六条　行政机关违反本办法，有下列情形之一的，由市监察局或者行政机关的上级机关按照相关规定，追究其行政过错责任，可以对直接负责的主管人员和其他直接责任人员依法给予处分：

（一）未按照规定制订听证目录的；

（二）依法应当听证而未听证的；

（三）未按照规定程序组织听证活动的；

（四）在听证过程中弄虚作假或者采取其他不正当手段影响听证结果的；

（五）其他违反本办法的情形。

第三十七条　听证参加人员等扰乱、妨碍听证活动,违反《中华人民共和国治安管理处罚法》的,由公安机关依法处理;构成犯罪的,依法移交司法机关追究刑事责任。

第七章　附　则

第三十八条　镇人民政府(街道办事处)、园区管委会以及法律、法规授权的组织开展重大行政决策听证,参照本办法执行。

第三十九条　本办法自 2015 年 2 月 1 日起施行。

大连市重大行政决策听证办法

(2009 年 6 月 17 日大连市人民政府第 19 次常务会议审议通过

2009 年 6 月 19 日大连市人民政府令第 101 号公布

自 2009 年 8 月 1 日起施行)

第一条 为规范重大行政决策行为,提高政府行政管理水平,增强政府决策的民主性、科学性和透明度,根据国家、省有关规定,结合本市实际,制定本办法。

第二条 本办法所称重大行政决策听证,是指政府在管理经济和社会事务中,对涉及面广、与群众利益密切相关的重大事项在作出决策前,通过特定程序,公开听取公民、法人和其他组织的意见或者建议,以保障决策科学、民主、透明的政务活动。

第三条 市及县(市)区人民政府及其工作部门、直属工作机构(以下简称决策机关)重大行政决策听证,适用本办法。

法律、法规、规章及上级政府另有规定的,从其规定。

第四条 决策机关行政决策涉及下列事项之一的,均应举行听证:

(一)编制城市总体规划、土地利用总体规划、城市地名规划和道路交通规划等专项规划方案经公示有较大争议的;

(二)拟定或者修改城市房屋拆迁、农村土地征用补偿方式和标准;

(三)调整水、电、气、路桥、教育、卫生、公共交通、污水处理、垃圾处理、电视网络等公共事业收费标准;

(四)改造城市主干道路;

(五)可能对生态环境、自然及人文景观、城市功能造成重大影响的政府投资项目的立项;

(六)对居民生活环境质量可能造成重大影响的建设项目的环境影响评价;

(七)制定与公共安全直接相关、人民群众普遍关注的重大行政措施或者规范性文件;

（八）其他重大行政决策事项。

第五条　重大行政决策听证,应当遵循公开、透明、规范、高效和便民的原则,充分听取公民、法人和其他组织的意见。

组织听证,除涉及国家秘密、商业秘密和个人隐私外,应公开举行,并接受社会监督。

组织听证前,提出行政决策建议的行政机关应组织专家和实际工作者进行分析论证。

第六条　重大行政决策听证,由决策机关或者提出行政决策建议的行政机关组织。市或者县(市)区人民政府对应由其组织听证的事项,可以指定政府办公部门或者有关部门和机构组织。

组织听证的行政机关为该听证事项的听证机关。

听证事项涉及两个以上部门的,可以联合组织听证。

第七条　听证会参加人员主要包括:

（一）听证人,是指受听证机关指派,主持听证,确保听证程序合法完成的工作人员,一般为 3 至 5 名;

（二）听证代表,是指符合报名条件、被听证机关选定并公布的公民、法人和其他组织,听证机关根据需要特别邀请的有关专家、人大代表、政协委员及其他有关人员,听证代表一般不少于 10 人;

（三）提出行政决策建议的行政机关指派的代表,一般为 2 至 4 名;

（四）听证书记员,是指受听证机关指派,负责听证会录音、制作听证笔录及其他事务性工作的人员,一般不少于 2 名。

第八条　听证人中设听证主持人一名,由听证机关指定。听证主持人的职责:

（一）主持制定听证工作方案,包括听证公告的内容和发布方式,听证会时间、地点,听证代表的构成和人数等;

（二）签发听证公告;

（三）主持听证会,维持听证会秩序;

（四）决定是否中止或者延期听证;

（五）主持起草听证报告;

（六）主持起草向听证代表反馈听证意见采纳情况的说明;

（七）听证机关授权的其他有关职责。

其他听证人协助听证主持人主持听证,可以在听证过程中提出询问,在听证评议时发表对听证事项的处理意见。

第九条　听证机关应当于举行听证会20日前通过政府网站和新闻媒体发布听证公告。听证公告应当载明以下内容：

（一）听证事项；

（二）听证代表的报名条件、方法和期限；

（三）听证代表的遴选方法；

（四）听证会时间、地点；

（五）其他应当公告的事项。

第十条　符合听证机关规定报名条件的公民、法人和其他组织均可申请参加听证，也可以推举代表参加听证。

自愿报名、被推举参加听证会的，应当于举行听证会15日前向听证机关提出书面申请，并提供有效身份证明、个人简历、对听证事项的意见摘要等。

听证机关应当充分考虑听证事项的性质、复杂程度、影响范围，以及申请参加听证会的人数、持有不同意见的情况等因素，按照广泛性和代表性的原则，科学合理地确定听证代表。提出申请的人数较多时，可以采取随机抽取方式确定。

第十一条　听证代表确定后，听证机关应当通过政府网站和新闻媒体向社会公布代表名单。

举行听证会10日前，听证机关应当向听证代表告知拟作出行政决策的内容、理由、依据和背景资料。

第十二条　听证代表的权利和义务：

（一）依法参加听证会并获取拟决策方案的相关材料；

（二）对听证事项提出意见、建议，进行询问、质证和辩论；

（三）遵守听证会纪律，陈述意见应当客观、真实；

（四）因故不能出席听证会的，应当于举行听证会3日前告知听证机关。

第十三条　听证会可根据需要设旁听席。旁听人员一般采取自愿报名的方式，在举行听证会5日前到听证机关办理旁听手续，由听证机关按规定的条件和程序确定。旁听人员在听证会上没有发言权，但可以通过书面材料向听证机关反映自己的观点和意愿。

第十四条　听证会的基本程序：

（一）听证书记员确认参加听证会的有关人员，宣布听证人、听证书记员名单；

（二）听证主持人宣布听证会开始,宣读听证事项、听证会纪律及听证代表的权利义务;

（三）提出行政决策建议的行政机关指派的代表介绍拟决策方案的内容、依据、理由等情况;

（四）听证代表陈述意见、建议,对有关问题进行询问;

（五）提出行政决策建议的行政机关指派的代表对听证代表的意见、建议进行说明和解释,回答听证代表的询问;

（六）必要时,在听证主持人的主持下,各方代表可以就争议焦点进行质证和辩论;

（七）听证主持人对听证会作总结性发言;

（八）有关代表在听证笔录上签名或者盖章。

第十五条　听证书记员应当将听证的全部活动如实记入笔录。听证笔录应当载明以下内容:

（一）拟作出的重大行政决策事项和内容;

（二）听证会参加人员的姓名或者名称、职务、住址等;

（三）听证会的时间、地点;

（四）听证会基本程序的进行情况;

（五）听证会各方的主要观点;

（六）听证主持人认为重要的其他内容。

听证代表、提出行政决策建议的行政机关指派的代表对听证笔录核实无误后签名或者盖章;对笔录有疑义的,以录音核对为准;拒绝签名或者盖章的,由听证主持人在听证笔录上注明情况。

第十六条　听证代表在听证会发言,须经听证主持人准许。听证主持人应当保证每个听证代表必要的发言时间;经听证主持人同意,听证代表可以书面或者其他方式进行陈述。

第十七条　听证代表可以就听证事项的陈述意见提交有关证据材料;必要时,听证主持人也可以要求听证代表提供有关证据材料。听证会结束后才提交证据材料的,应于听证会结束后 3 日内提交。

第十八条　听证参加人员和旁听人员应当遵守听证会纪律,不得扰乱听证会秩序。对扰乱秩序者,听证主持人有权制止并提出警告,对情节严重的,可逐出听证会场。不听从制止,严重扰乱秩序的,听证主持人可中止听证,并向有关部门建议追究当事人的法律责任。

第十九条　有下列情形之一的,听证机关可以延期举行听证会:

(一)出席听证会的代表未达到应当出席人数三分之二以上的;

(二)其他需要延期的情况。

根据前款第(一)项的规定延期超过两次的,经听证机关决定,可以取消听证会。

第二十条　听证会结束后7日内,听证主持人应当会同其他听证人进行听证评议,制作听证报告并提交听证机关。听证报告应当载明以下内容:

(一)听证会时间、地点、听证代表等基本情况;

(二)听证代表的主要意见、建议;

(三)对听证会有关意见、建议的分析和处理建议;

(四)其他应当报告的事项。

听证报告应当客观、全面地反映听证会的内容,并附有听证笔录。

第二十一条　决策机关进行重大行政决策时,听证报告应当作为重要的参考依据。

第二十二条　决策机关进行重大行政决策时,对听证代表提出的合理意见和建议应当吸收采纳。听证机关应当在决策机关作出决策之日起30日内,向听证代表书面反馈意见采纳情况及其理由,并以适当形式向社会公布。

第二十三条　对应当听证而没有听证的行政决策事项,行政机关不得提出行政决策建议或者作出行政决策。

第二十四条　违反本办法规定,应当举行听证而未举行听证的,依法对负有领导责任的公务员给予行政处分。

第二十五条　听证人、听证书记员、提出行政决策建议的行政机关指派的代表在听证时玩忽职守、滥用职权、徇私舞弊的,依法给予行政处分。

第二十六条　大连经济技术开发区、大连保税区、大连高新技术产业园区、大连长兴岛临港工业区、大连花园口工业园区管理委员会等市政府派出机构根据授权,对本办法第四条规定事项进行决策时,执行本办法。

第二十七条　本办法自2009年8月1日起施行。

丽水市人民政府重大行政决策
事项公示及听证办法

浙江省丽水市人民政府

丽水市人民政府关于印发丽水市人民政府重大行政决策事项公示及听证办法的通知

各县(市、区)人民政府,市政府直属各单位:

《丽水市人民政府重大行政决策事项公示及听证办法》已经市政府第60次常务会议审议通过,现印发给你们,请认真遵照执行。

二〇〇九年十一月五日

丽水市人民政府重大行政决策
事项公示及听证办法

第一条 为进一步规范重大行政决策行为,增强行政决策的民主性、科学性和透明度,根据《中华人民共和国政府信息公开条例》、国务院《全面推进依法行政实施纲要》,以及浙江省人民政府《关于加强市县政府依法行政的意见》,制定本办法。

第二条 本办法所称的重大行政决策事项是指涉及重大公共利益和较大范围人民群众切身利益的重大规划、重大政策措施、重大建设项目等决策事项。具体包括以下内容:

(一)国民经济和社会发展规划、城市总体规划、土地利用总体规划、专项规划;

(二)市政府规范性文件;

(三)教育、计划生育、医疗、社会保障、促进就业、安全生产、环境保护、公共卫生、食品药品、产品质量、物价、住房保障、扶贫救济、供水供电、公共交通等涉及较大范围人民群众切身利益,关系社会稳定的政策措施;

（四）市政府投资的重大（点）建设项目；

（五）突发性公共事件应急预案；

（六）其他重大行政决策事项。

前款规定的重大行政决策事项作出前应当进行公示，但涉及国家秘密、商业秘密或个人隐私，以及因情况紧急须即时作出决定的除外。

第三条 市政府作出重大行政决策事项之前的公示、听证活动，适用本办法。法律、法规、规章另有规定的，从其规定。

第四条 市政府重大行政决策事项的公示，由提出草案的市政府职能部门负责。

第五条 市政府重大行政决策事项公示之前，市政府有关职能部门应当进行调查研究，听取有关单位和群众的意见，组织合法性、可行性、合理性、可控性论证，并将拟公示的重大行政决策事项草案及有关文件资料送市政府办公室审查。

第六条 市政府重大行政决策事项应当通过新闻媒体或者市政府门户网站进行公示。公示的时间不少于 10 日。

第七条 市政府重大行政决策事项公示包括以下内容：

（一）重大行政决策事项草案；

（二）重大行政决策事项草案公示前的调查研究、听取意见、专家论证过程；

（三）重大行政决策事项草案的合法性、可行性说明及有关统计数据、调查分析资料；

（四）公众提出意见、建议的途径和截止时间；

（五）其他需要公示的内容。

第八条 市政府重大行政决策事项公示届满后，公示机关应当及时向市政府提交公示报告。

公示报告应当如实、全面反映公众提出的意见、建议，具体包括以下内容：

（一）公示的基本情况；

（二）公众提出的意见、建议；

（三）对公众提出的意见、建议的处理意见。

第九条 公示机关应当以书面形式或其它形式将市政府采纳公众意见、建议的情况和理由告知提出意见、建议的代表。

第十条 公民、法人或者其他组织对经公示的市政府重大行政决策事项草案存在重大意见分歧，或者法律、法规、规章规定应当召开听证会的，由市政府办公室负责及时组织召开听证会。

第十一条　听证机关应当在举行听证会的 15 日前,通过市政府门户网站或新闻媒体向社会发布听证会公告。公告内容包括:

(一)听证会的时间、地点;

(二)听证事项;

(三)申请作为听证陈述人、旁听人员的条件、方式和截止时间;

(四)其他事项。

第十二条　听证会设听证员若干名,由听证机关指定其中一人担任听证主持人。

听证会设听证秘书一名,负责听证笔录,协助听证主持人办理听证会有关事务。

听证会设听证陈述人,人数不少于十名。

提出重大行政决策事项草案的市政府有关职能部门为听证解答人。

第十三条　公民、法人或者其他组织可以按照听证会公告的要求,向听证机关书面申请作为听证陈述人。

听证会的陈述人应当具有广泛性和代表性。市政府办公室应当根据报名发言的主要内容和报名先后顺序以及不同意见的发言者大致对等的原则,确定并通知听证陈述人。

对经公示的市政府重大行政决策事项存在重大意见分歧的单位或者个人为当然听证陈述人。

听证机关认为有必要时,可以邀请有利害关系的单位、个人,以及专家、学者、人大代表、政协委员、民主党派和无党派人士为听证陈述人。

第十四条　听证会应当公开举行。

第十五条　市政府规范性文件的听证依照《丽水市人民政府规范性文件听证规则》规定的程序进行,其他重大行政决策事项听证按照下列程序进行:

(一)听证秘书核对听证陈述人、听证解答人身份,并向听证主持人报告;

(二)听证主持人宣布听证会开始,介绍听证员,并宣布听证会纪律;

(三)听证解答人按照听证主持人的要求对听证事项作出说明;

(四)听证陈述人在听证主持人的主持下进行发言;

(五)听证主持人对听证情况进行简要总结;

(六)听证主持人宣布听证会结束。

第十六条　听证解答人应当对听证的相关问题进行说明和解答。

第十七条 听证陈述人对听证解答人的发言有不同意见的,经听证主持人同意后,可以补充发言。

听证陈述人在规定的时间内未能详尽发表意见的,可以书面形式提交给听证机关。

第十八条 旁听人员对听证事项有疑问或有意见、建议的,可在听证会结束后通过书面形式向听证机关提出。

第十九条 听证会上的发言和提交的材料,由听证秘书进行记录、整理。

第二十条 听证会结束后,听证机关应当对听证陈述人、听证解答人、旁听人员的意见、建议进行研究,并写出书面听证报告。

听证报告应当如实、全面反映公众提出的意见、建议,具体包括以下内容:

（一）听证会的基本情况;

（二）听证陈述人的意见、建议和理由;

（三）听证解答人的观点和理由;

（四）旁听人员的意见、建议;

（五）听证机关的意见和建议。

第二十一条 公示报告、听证报告应当作为市政府作出重大行政决策的重要依据。应当公示、听证的重大行政决策事项,没有进行公示、听证的,不得提交市政府讨论。

第二十二条 市政府重大行政决策事项作出后,听证机关应当以书面形式将市政府采纳听证意见、建议的情况和理由告知提出意见、建议的听证陈述人或者旁听人员,并以适当方式向社会公布。

第二十三条 本办法自 2010 年 1 月 1 日起施行。

贵阳市人民政府重大行政
决策合法性审查规定

（2010 年 1 月 11 日贵阳市人民政府常务会议审议通过

2010 年 1 月 15 日贵阳市人民政府令第 2 号公布

自 2010 年 4 月 1 日起施行）

第一条 为规范依法决策，推进依法行政，加快法治政府建设，根据有关规定，结合本市实际，制定本规定。

第二条 市政府重大行政决策的合法性审查适用本规定。

市政府重大行政决策事项的范围，按照《贵阳市重大行政决策听证规定（试行）》中的相关规定进行界定。

市政府重大行政决策属于规范性文件范畴的，适用规范性文件制定的有关规定。

第三条 市政府法制部门负责市政府重大行政决策的合法性审查工作；市政府办公厅、重大行政决策的承办单位（以下简称"决策承办单位"）及合法性审查工作中涉及的相关单位和个人，应当配合做好相关工作。

第四条 决策承办单位对决策事项进行前期调研、论证，应当通知本单位的法制机构参加；为提高工作效率，市政府法制部门也可以参加该决策事项的前期调研、论证工作。

第五条 决策承办单位向市政府报送重大行政决策备选方案，应当一并提交下列材料：

（一）决策备选方案和决策备选方案说明（包括基本情况介绍、必要性、可行性，决策的成本效益风险分析）；

（二）有关法律、法规、规章、规范性文件和政策依据，若借鉴外地做法的还需提交其相关资料；

（三）相关统计数据、调查分析和评估报告；

（四）征求意见及其综合材料；

（五）应当进行专家咨询论证、听证的，需提交咨询论证、听证材料；

（六）决策承办单位法制机构出具的法律意见书；

（七）进行合法性审查所需要的其他资料。

决策承办单位对所提交材料的真实性、可靠性负责。

第六条 市政府办公厅在将重大行政决策提请市政府有关会议审议之前，应当将该决策备选方案和相关资料送市政府法制部门进行合法性审查。

第七条 市政府法制部门主要从以下方面对重大行政决策的合法性进行审查：

（一）决策权限是否合法；

（二）决策程序是否合法；

（三）决策内容是否合法。

第八条 市政府法制部门对重大行政决策进行合法性审查，可以根据实际需要采取下列方式：

（一）书面审查；

（二）到有关单位进行调查研究，必要时可以外出考察；

（三）通过召开座谈会、论证会、听证会、协调会、发书面征求意见函、在市政府网站公开征求意见稿等形式广泛听取社会各方面的意见；

（四）组织有关专家进行法律咨询或者论证，听取有关专家的意见和建议。

开展前款第（二）、（三）、（四）项规定工作的时间，不计算在第九条规定的审查时限内。

第九条 市政府法制部门应当自受理决策备选方案及相关资料之日起15个工作日内，完成对重大行政决策的合法性审查，并提出书面审查意见报市政府；情况复杂的，经领导批准，可延长10个工作日；市政府有特殊要求的，应当按要求的时限完成。

第十条 市政府法制部门认为决策备选方案仍需补充材料或者需要修改完善的，可提请市政府或者直接要求决策承办单位办理，决策承办单位应当在指定的期限内完成。

补充材料和修改完善的期间不计算在合法性审查期限内。

决策承办单位对市政府法制部门提出补充材料或者修改完善意见有异议的，应当提出书面意见，充分说明理由并提交依据。

第十一条 市政府法制部门向市政府报送的重大行政决策合法性审查意见，应当明确提出合法或者违法、部分合法或者违法、相关意见和建议及其理由、依据;对与决策承办单位不一致的意见,应当在合法性审查意见中予以说明。

市政府法制部门出具的审查意见,只供政府内部使用,有关单位或者个人不得向外泄露。

第十二条　市政府法制部门出具的合法性审查意见是市政府决策的重要依据。重大行政决策未经合法性审查或者经审查不合法的,不予提请市政府有关集体会议审议,市政府对该重大行政决策不予作出决定。

第十三条　市政府有关集体会议研究决定重大行政决策时,市政府法制部门负责人应当出席会议,并就相关重大行政决策进行合法性审查的情况作说明。

第十四条　市政府重大行政决策合法性审查所需工作经费,由市政府法制部门提出专项预算,市财政安排解决。

第十五条　市政府各部门(含直属机构、法律法规授权的具有管理公共事务职能的组织),应当建立健全本单位的重大行政决策合法性审查制度,并报市政府备案。

第十六条　各区、县(市)人民政府可以结合本地实际,制定本地区的重大行政决策合法性审查制度,并报市政府备案;也可以参照本规定对重大行政决策进行合法性审查。

第十七条　对应当进行合法性审查、经集体讨论决定的重大行政决策,未经合法性审查或者经审查不合法、未经集体讨论作出决策的,依照国务院《行政机关公务员处分条例》的相关规定予以处理。

第十八条　本规定自 2010 年 4 月 1 日起施行。

汕头市人民政府行政决策法律审查规定

（2008 年 8 月 22 日汕头市人民政府第 31 次常务会议审议通过
2008 年 8 月 28 日汕头市人民政府令第 107 号公布
自 2008 年 11 月 1 日起施行）

第一章　总　　则

第一条　为了进一步完善汕头市人民政府（以下简称"市政府"）依法决策机制，提高决策质量和行政能力，强化决策责任，建设法治政府，根据有关法律、法规的规定，结合本市实际，制定本规定。

第二条　本规定适用于市政府的行政决策法律审查工作。

本规定所称的行政决策法律审查，是指市政府在作出行政决策之前，由市政府法制部门（以下简称市法制部门）组织对该行政决策的合法性和适当性进行审查或者审核的活动。

第三条　行政决策法律审查主要包括：重大行政决策法律审查、规范性文件法律审查、具体政务事项法律审查。

第四条　市法制部门负责对行政决策进行法律审查，并出具书面审查意见或者审核意见。

市法制部门可以委托市政府法律顾问室负责行政决策法律审查的具体事务性工作。

第五条　行政决策法律审查应当遵循合法公正、及时高效、权责统一的原则，统筹兼顾个人利益、公共利益和国家利益。

第六条　行政决策应当从下列方面进行法律审查：

（一）是否与法律、法规相抵触；

（二）是否与 WTO 规则和我国政府的承诺相一致；

（三）是否与我市现行的法规、规章和其他政策措施协调、衔接；

（四）是否存在滥用行政自由裁量权而违反行政适当性的问题；

（五）是否存在适当性的问题；

（六）是否存在其他法律方面的问题。

第七条 为提高工作质量和效率，行政决策拟定单位可以邀请市法制部门派员参加前期的有关调研、论证等工作。

第八条 市法制部门在行政决策法律审查过程中，可以向市政府提出听证提议。听证的具体办法按照《汕头市人民政府行政决策听证规定》执行。

第九条 市政府在行政决策过程中，应当充分考虑市法制部门的法律审查意见或者审核意见。对法律审查意见或者审核意见涉及合法性界定的内容，市政府办公室、行政决策拟定单位或者其他单位有异议的，以法律审查意见或者审核意见为准；对法律审查意见或者审核意见涉及适当性的内容，市政府办公室、行政决策拟定单位或者其他单位有异议的，应当充分说明理由和依据，并提请市政府根据实际情况综合平衡作出决定。

第二章 重大行政决策法律审查

第十条 市政府的重大行政决策作出之前，应当进行法律审查。

第十一条 本规定所称的重大行政决策是指市政府作出的涉及本地区经济社会发展全局、社会涉及面广、专业性强、与人民群众利益密切相关的行政决策事项，包括：

（一）本市经济和社会发展方面的重大政策措施，本市国民经济和社会发展规划、年度计划；

（二）各类总体规划、重要的区域规划和专项规划；

（三）财政预决算编制、重大财政资金安排（含潜在需由财政承担资金责任的项目）、市政府重大投资项目、国有资产处置等方面的重大事项；

（四）重要的行政事业性收费以及政府定价的重要商品、服务价格的确定和调整；

（五）资源开发利用、环境保护、劳动就业、社会保障、人口和计划生育、教育、医疗卫生、食品药品、住宅建设、安全生产、交通、城市管理等方面的重大事项；

（六）行政管理体制改革的重大措施；

（七）基层民主政治建设方面的重大措施；

（八）市政府重要的奖惩决定；

（九）重大突发公共事件应急预案的制定与调整，需要长期实施的重大交通管制措施；

（十）市政府职权范围内的其它重大行政决策。

重大行政决策的具体事项和量化标准，由市政府在前款规定的范围内依法确定。

第十二条 重大行政决策作出之前，经市长、分管副市长、市政府秘书长批准，可以在下列时段下提请市法制部门进行法律审查：

（一）重大行政决策拟定后正式上报市政府之前；

（二）重大行政决策上报市政府并经市政府办公室进行充分协调之后；

（三）重大行政决策在提交市政府常务会议或者全体会议审议之前。

第十三条 对决定进行法律审查的重大行政决策，市政府办公室、重大行政决策拟定单位和其他有关单位应当积极协助市法制部门，同时按规定时间和要求提供下列材料，并对其真实性、可靠性、完整性负责：

（一）该行政决策的基本情况；

（二）与该行政决策有关的法律、法规、规章和政策依据，特别是禁止性规定；

（三）该行政决策的备选方案、可行性说明以及类似情形的外地做法；

（四）与该行政决策有关的统计数据、调查分析和评估报告等资料；

（五）有关征求意见的综合材料；

（六）重大行政决策拟定的单位法制机构或者法律顾问出具的法律意见；

（七）市法制部门进行法律审查时需要的其他材料。

第十四条 市法制部门认为需要补充材料的，重大行政决策拟定单位应当于三个工作日内补齐；情况紧急的，应当在市法制部门指定的时间内提交。

重大行政决策拟定单位按本规定向市法制部门提供的材料齐备之日为受理日。

第十五条 市法制部门对重大行政决策进行法律审查时，可以开展下列工作：

（一）到有关部门和单位进行调查研究，必要时可以外出进行考察；

（二）收集有关资料；

（三）通过座谈会、论证会、协调会、公开征求意见等形式广泛听取社会各界的意见；

（四）根据需要组织有关单位和专家学者进行法律咨询或者论证。

第十六条 对重大行政决策进行法律审查时，需要通过新闻媒体公开向社会征求意见的,应当在汕头市政府门户网站上刊载。

第十七条　重大行政决策法律审查过程中的座谈会、征求意见会、论证会,由市法制部门负责召集和主持,并根据重大行政决策涉及的范围确定会议规模和参会单位。

第十八条　市法制部门对重大行政决策进行法律审查,一般应当自受理之日起十五个工作日内,提出法律审查意见或者法律审核意见,并上报市政府。

开展本规定第十五条第(一)、(三)、(四)项规定活动的时间,不计算在前款规定的法律审查时限内。

第十九条　法律审查意见或者法律审核意见应当主要包括以下内容:

(一)有关法律、法规、规章和政策依据;

(二)重大行政决策在合法性方面的基本分析及结论;

(三)重大行政决策在适当性方面存在的主要问题;

(四)对重大行政决策合法性及适当性存在问题的解决建议和意见;

(五)市法制部门认为有必要向市政府提出的其他问题。

第二十条　市政府常务会议或者全体会议研究决定重大行政决策时,市法制部门负责人应当出席会议,并就该重大行政决策进行法律审查的情况作说明。

第二十一条　重大行政决策未经法律审查或者未通过合法性审查的,不予提交市政府常务会议或者全体会议审议,市政府对该重大行政决策不予作出决定。

第三章　规范性文件法律审查

第二十二条　市政府办公室承办的市政府规范性文件在发布之前,应当进行法律审查。

市法制部门承办的市政府规范性文件,其法律审查、审核工作,按照《汕头市人民政府拟定法规草案和制定规章规定》的有关规定执行。

第二十三条　本规定所称的市政府规范性文件,是指除市政府规章外,市政府(包括市政府办公室,下同)依据法定职权制定发布的,对不特定的公民、法人或者其他组织具有普遍约束力,可以反复适用的文件。

第二十四条　市政府办公室在承办市政府规范性文件时,除应当按照民主、科学决策程序广泛征求意见、慎重研究外,还应当分别不同情况将规范性文件提交市法制部门进行法律审查:

（一）属于涉及一般性法律问题的，在形成上报文稿前书面征求市法制部门的意见；

（二）属于存在较大法律争议或者涉及较大法律问题需要慎重处理，且未形成上报文稿的，转请市法制部门出具法律意见书；

（三）属于存在较大法律争议或者涉及较大法律问题需要慎重处理，且已形成上报文稿的，在上报文稿呈报之前或者提交市政府常务会议审议之前，先送市法制部门进行法律审查。

第二十五条 市法制部门应当根据市政府办公室提出的时限要求对市政府规范性文件进行法律审查，出具法律审查意见书或者法律审核意见书。

市法制部门对市政府规范性文件法律审查的程序、方式，参照重大行政决策法律审查的有关规定执行。

第二十六条 市政府规范性文件未经法律审查或者未通过合法性审查的，市政府对该规范性文件不予发布。

第四章 具体政务事项的法律审查

第二十七条 市政府在对具体政务事项的处理作出决定前，认为确有必要的，可以将该事项交由市法制部门进行法律审查。

第二十八条 本规定所称的具体政务事项，主要包括：

（一）政务协调事项；

（二）涉及政府自身或者政府主导的重大谈判、重大合同；

（三）历史遗留问题的解决方案；

（四）存在较大法律争议或者涉及较大法律问题需要慎重处理的其他事项。

第二十九条 市法制部门对具体政务事项进行法律审查，可以采取以下形式：

（一）参与市政府主持召开的政务协调会、论证会等，口头提出法律意见；

（二）根据市政府办公室征求意见的要求，提出书面法律意见；

（三）根据市政府的要求，出具法律审查意见书或者法律审核意见书；

（四）根据市政府的授权，直接受理、处理具体政务事项，并将处理情况报告市政府；

（五）法律、法规、规章规定及市政府要求的其他形式。

第三十条 市法制部门对具体政务事项进行法律审查需要出具法律审查意见书或者法律审核意见书的，其程序、方式参照重大行政决策法律审查的有关规定执行。

第三十一条 市法制部门对具体政务事项的法律审查意见,应当作为市政府处理该具体政务事项的重要参考依据。

第五章 保障和责任

第三十二条 行政决策法律审查工作所需费用,由市法制部门提出专项预算,市财政予以保障。

第三十三条 参与行政决策法律审查工作的市法制部门工作人员及其他有关人员,应当严格遵守保密纪律。

市法制部门出具的法律审查意见书或者法律审核意见书,只供政府内部或者来文单位使用,有关单位或者个人不得向外泄露。

第三十四条 对需要进行法律审查的行政决策,市政府办公室、行政决策拟定单位或者其他单位未依照本规定提请市法制部门进行法律审查,或者未通过合法性审查而直接提交市政府审议,导致决策失误并造成严重后果的,由监察部门根据有关法律法规和《汕头市人民政府所属工作部门行政首长问责暂行规定》,追究有关部门、行政首长和其他直接责任人员的责任。

第三十五条 市法制部门违反本规定,不依法履行职责,导致市政府决策失误并造成严重后果的,应当依法承担相应的法律责任。

第三十六条 违反本规定第三十三条规定的,按照《中华人民共和国档案法》或者《中华人民共和国保守国家秘密法》的有关规定追究责任。

第六章 附 则

第三十七条 市政府各部门、各直属机构,应当依法科学界定本单位的行政决策范围,建立健全本单位的行政决策法律审查制度和规范化决策制度。

第三十八条 市政府各部门、各直属机构,在职权范围内作出的行政决策,应当经本单位法制机构或者法律顾问进行法律审查。法律审查的具体办法可以参照本规定执行。

第三十九条 各区县人民政府可以结合本地实际,制定本地区的行政决策法律审查制度,并报市政府备案。

第四十条 本规定自 2008 年 11 月 1 日起施行。2002 年 7 月 19 日市政府发布的《汕头市人民政府重大决策法律审查若干规定》同时废止。

四川省重大行政决策责任追究暂行办法

四川省人民政府令第 314 号

《四川省重大行政决策责任追究暂行办法》已经 2016 年 8 月 22 日四川省人民政府第 126 次常务会议审议通过,现予公布,自 2016 年 11 月 1 日起施行。

省长　尹　力

2016 年 9 月 1 日

四川省重大行政决策责任追究暂行办法

第一条　为规范重大行政决策活动,促进依法决策、科学决策、民主决策,根据《中华人民共和国行政监察法》《中华人民共和国公务员法》《行政机关公务员处分条例》等法律、法规规定,结合四川省实际,制定本办法。

第二条　本省行政区域内县级以上地方人民政府重大行政决策责任追究适用本办法。

法律、法规对重大行政决策违法行为责任追究另有规定的,从其规定。

第三条　本办法所称重大行政决策责任追究,是指县级以上地方人民政府重大行政决策未按照法定权限、程序、时限决策,或者造成重大损失、恶劣影响的,按照本办法规定追究行政首长、负有责任的其他领导人员及相关责任人员(以下简称有关责任人员)的责任。

第四条　重大行政决策责任追究应当遵循职权法定、客观公正、权责统一、惩教结合等原则。

第五条　县级以上地方人民政府及有关部门应当按照法定权限,对下级人民政府重大行政决策进行监督。

县级以上地方人民政府及其有关部门或者县级以上地方人民政府监察机关按照法定权限,负责重大行政决策违法行为的调查。

重大行政决策责任追究由相关任免机关或者监察机关(以下简称责任追究

机关)按照管理权限依法处理。

第六条 县级以上地方人民政府重大行政决策应当遵循公众参与、专家论证、风险评估、合法性审查、集体讨论决定等法定程序。

第七条 在重大行政决策公众参与程序中有下列情形之一的,应当追究有关责任人员责任:

(一)未按照规定公开征求社会公众意见的;

(二)未按照规定处理公民、法人或者其他组织提出的意见的;

(三)未按照规定举行听证会的;

(四)法律、法规、规章规定的其他情形。

第八条 在重大行政决策专家论证程序中有下列情形之一的,应当追究有关责任人员责任:

(一)未按照规定组织专家论证的;

(二)在论证过程中弄虚作假的;

(三)法律、法规、规章规定的其他情形。

第九条 在重大行政决策风险评估程序中有下列情形之一的,应当追究有关责任人员责任:

(一)未按照规定开展风险评估的;

(二)未按照规定处理风险评估结论的;

(三)法律、法规、规章规定的其他情形。

第十条 在重大行政决策合法性审查程序中有下列情形之一的,应当追究有关责任人员责任:

(一)未按照规定进行合法性审查的;

(二)经合法性审查认定不合法,作出决策的;

(三)法律、法规、规章规定的其他情形。

第十一条 在重大行政决策集体讨论决定程序中有下列情形之一的,应当追究有关责任人员责任:

(一)未按照法定权限、时限、程序作出决策的;

(二)未按照规定对会议决定过程进行记录的;

(三)法律、法规、规章规定的其他情形。

第十二条 重大行政决策有下列情形之一的,应当追究有关责任人员责任:

(一)未按照规定在政府网站或者公众媒体向社会公开重大行政决策的事

项、依据和结果的；

（二）未按照规定组织重大行政决策后评估的；

（三）法律、法规、规章规定的其他情形。

第十三条 在重大行政决策事项方案起草、决策等过程中，有玩忽职守、弄虚作假、徇私舞弊、贪污受贿等违法行为的，应当依法追究有关责任人员责任。

第十四条 重大行政决策有下列情形之一的，县级以上地方人民政府及其有关部门或者县级以上地方人民政府监察机关按照法定权限应当启动调查程序：

（一）未按照法律、法规、规章规定进行重大行政决策的；

（二）重大行政决策造成重大损失或者恶劣影响的；

（三）公民、法人或者其他组织投诉、检举、控告重大行政决策存在违法事实的；

（四）法律、法规、规章规定的其他追究责任的情形。

县级以上地方人民政府及其有关部门或者县级以上地方人民政府监察机关应当将调查结论提交责任追究机关依法处理。

第十五条 法律、法规规定应当终身追究重大行政决策责任的，从其规定。

第十六条 法律、法规、规章或者有关规定应当减轻或者免予追究重大行政决策责任的，从其规定。

第十七条 按照本办法规定追究有关责任人员责任，可以采取批评教育、责令公开道歉、诫勉谈话、停职检查、引咎辞职、责令辞职、免职等方式追究责任；构成违纪的，依照相关法律、法规、规章等规定给予处分；涉嫌犯罪的，移送司法机关依法追究刑事责任。

第十八条 参与重大行政决策专家论证、风险评估的中介组织、专家等应当对所提供的决策咨询意见负责，在参与重大行政决策活动中违反法律法规、职业道德、职业规范造成决策失误的，由责任追究机关将调查情况通报相关主管部门，由相关主管部门依法调查、处理。

第十九条 有关责任人员对重大行政决策责任追究处理决定不服的，可按照《中华人民共和国公务员法》等法律、法规规定依法提出申诉。

第二十条 县级以上地方人民政府职能部门、乡（镇）人民政府、街道办事处或者法律、法规授权的组织重大行政决策严重失误或者违法决策，应当追究有关责任人员责任的，参照本办法执行。

第二十一条 本办法自 2016 年 11 月 1 日起施行。

深圳市行政决策责任追究办法

(2009 年 9 月 3 日深圳市人民政府令第 207 号公布

自 2009 年 11 月 1 日起施行)

第一条 为了加强对行政决策活动的监督,促进科学、民主、依法决策,强化行政决策责任,防止和纠正行政决策失误,惩处行政决策活动中的违法违规行为,推动依法行政,建设法治政府,根据《中华人民共和国公务员法》《行政机关公务员处分条例》的规定,结合本市实际,制定本办法。

第二条 本办法适用于市政府所属行政机关、各区政府及其所属行政机关、法律法规授权的具有管理公共事务职能的组织和市、区行政机关委托的组织及其领导集体成员和参与决策的有关人员(以下简称行政机关及其工作人员)。

第三条 本办法所称行政决策责任追究(以下简称决策责任追究),是指对行政机关及其工作人员在承办政府重大决策事项时不履行或者不正确履行职责,或者在本单位重大事项决策中,不履行职责或不正确履行职责,造成人身、财产损失、环境破坏或者其他不良社会影响的行为,按照本办法追究行政机关及有关责任人员行政责任的活动。

前款所称不履行职责,包括拒绝、放弃、推诿职责等情形;不正确履行职责,包括无合法依据以及不依照规定程序、规定权限和规定时限履行职责等情形。

第四条 决策责任追究应当坚持谁决策谁负责、惩处与责任相适应、教育与惩处相结合的原则。

第五条 各行政机关应当建立健全重大行政决策事项的议事规则,防止决策失误发生。

第六条 按政府要求负责承办政府重大决策事项的调研、方案起草与论证等前期工作的行政机关,有下列情形之一的,应当追究行政机关或者有关责任人员的行政责任:

(一)应当提请政府审议的重大决策事项,未按规定提请审议擅自决定的;

（二）制定重大决策事项方案时未认真进行可行性研究，或者未按规定提供决策备选方案的；

（三）重大决策事项方案未按规定进行社会稳定风险评估的；

（四）未按决策事项涉及范围，征求各有关部门意见的；

（五）涉及城市规划、城市交通、生态环境、文化教育、医疗卫生、公共服务价格调整等关系市民切身利益的重大决策事项方案，未按规定通过报纸、电台、电视台或互联网等媒体进行公示或组织召开听证会，广泛征求社会各界和市民意见的；

（六）涉及经济社会发展规划、城市规划、土地及资源利用、生态环境、产业发展、重大改革举措、重要资源配置和政府重大建设项目等涉及面广、专业性和技术性较强的重大决策事项方案，未按规定开展衔接协调、公开咨询以及组织专家进行咨询论证的；

（七）未依法经合法性审查或者审查不合格的；

（八）征求意见分歧较大的重大决策事项方案，未按规定进行协调的；

（九）提请政府审议时，提供的重大决策事项有关材料不真实的；

（十）政府重大决策事项承办过程中有其他违法违规行为的。

第七条 负责办理政府重大决策事项审议会议的行政机关，有下列情形之一的，应当追究有关责任人员的行政责任：

（一）未认真审查行政机关报送的重大决策事项有关材料，或者对报送的不符合要求的材料，未及时通知报送的行政机关补正或者退回报送的行政机关的；

（二）未按规定做好政府重大决策事项会议记录、形成会议纪要印发会议组成人员和有关行政机关，或者未按规定形成和保存政府重大决策会议档案的；

（三）政府重大决策事项审议会议办理过程中有其他违法违规行为的。

第八条 行政机关在本单位重大事项决策中，有下列情形之一的，应当追究行政机关或者有关责任人员的行政责任：

（一）未按规定建立重大事项决策议事规则的；

（二）超越权限决策的；

（三）违反法律、法规、规章或者政府决定、命令决策的；

（四）按照议事规则应当由领导集体讨论决定的重大事项，以传阅会签或个别征求意见等形式代替集体议事和会议表决的；

（五）研究决定重大事项的会议，未按规定达到半数以上领导集体成员到会

或者分管此项工作的领导集体成员未到会又未在会前征求其意见的;

（六）研究重大事项,未按规定做好会前协调等会前准备工作的;

（七）集体讨论时,行政首长未听取领导集体其他成员的意见决策的;

（八）未按规定做好重大事项决策会议记录、形成会议纪要印发领导集体成员和有关部门,或者未按规定形成和保存重大事项决策会议档案的;

（九）重大突发事件和紧急情况,没有充足时间集体议事和会议表决,领导集体成员处置后,未及时向行政首长或领导集体报告的;

（十）行政机关在本单位重大事项决策中有其他违法违规行为的。

第九条　行政机关或者行政机关领导干部有本办法规定情形应当追究行政决策责任的,按照有关法律、法规、规章、国家规定以及《关于实行党政领导干部问责的暂行规定》《深圳市行政过错责任追究办法》《深圳市人民政府部门行政首长问责暂行办法》等有关规定,追究行政机关或者行政机关领导干部的责任。没有规定的,按照本办法执行。

第十条　行政机关领导干部以外的人员有本办法规定情形应当追究行政决策责任的,按照有关法律、法规、规章、国家规定以及《深圳市行政过错责任追究办法》等有关规定追究责任。

第十一条　责任人员在决策责任追究过程中享有陈述权和申辩权,责任追究机关应当听取其陈述和申辩。

第十二条　责任人员对处理决定不服的,可按照《中华人民共和国公务员法》《中华人民共和国行政监察法》等规定提出申诉。

第十三条　对有关责任人员作出的处理决定,应当抄送同级监察机关、公务员主管部门备案。

第十四条　行政机关及其工作人员违反本办法第六条、第七条、第八条规定情形,涉嫌犯罪的,移送司法机关处理。

第十五条　法律、法规、规章以及国家规定对决策责任追究另有规定的,从其规定。

第十六条　本办法中有关政府重大决策事项和本单位重大事项的范围按照《深圳市人民政府常务会议工作规则》等有关规定确定。

第十七条　本办法自 2009 年 11 月 1 日起实施。

第三篇 行政立法程序

中华人民共和国立法法

（2000 年 3 月 15 日第九届全国人民代表大会第三次会议通过
根据 2015 年 3 月 15 日第十二届全国人民代表大会第三次会议
《关于修改〈中华人民共和国立法法〉的决定》修正）

第一章　总　则

第一条　为了规范立法活动，健全国家立法制度，提高立法质量，完善中国特色社会主义法律体系，发挥立法的引领和推动作用，保障和发展社会主义民主，全面推进依法治国，建设社会主义法治国家，根据宪法，制定本法。

第二条　法律、行政法规、地方性法规、自治条例和单行条例的制定、修改和废止，适用本法。

国务院部门规章和地方政府规章的制定、修改和废止，依照本法的有关规定执行。

第三条　立法应当遵循宪法的基本原则，以经济建设为中心，坚持社会主义道路、坚持人民民主专政、坚持中国共产党的领导、坚持马克思列宁主义毛泽东思想邓小平理论，坚持改革开放。

第四条　立法应当依照法定的权限和程序，从国家整体利益出发，维护社会主义法制的统一和尊严。

第五条　立法应当体现人民的意志，发扬社会主义民主，坚持立法公开，保障人民通过多种途径参与立法活动。

第六条　立法应当从实际出发，适应经济社会发展和全面深化改革的要求，科学合理地规定公民、法人和其他组织的权利与义务、国家机关的权力与责任。

法律规范应当明确、具体，具有针对性和可执行性。

第二章 法 律

第一节 立法权限

第七条 全国人民代表大会和全国人民代表大会常务委员会行使国家立法权。

全国人民代表大会制定和修改刑事、民事、国家机构的和其他的基本法律。

全国人民代表大会常务委员会制定和修改除应当由全国人民代表大会制定的法律以外的其他法律;在全国人民代表大会闭会期间,对全国人民代表大会制定的法律进行部分补充和修改,但是不得同该法律的基本原则相抵触。

第八条 下列事项只能制定法律:

(一)国家主权的事项;

(二)各级人民代表大会、人民政府、人民法院和人民检察院的产生、组织和职权;

(三)民族区域自治制度、特别行政区制度、基层群众自治制度;

(四)犯罪和刑罚;

(五)对公民政治权利的剥夺、限制人身自由的强制措施和处罚;

(六)税种的设立、税率的确定和税收征收管理等税收基本制度;

(七)对非国有财产的征收、征用;

(八)民事基本制度;

(九)基本经济制度以及财政、海关、金融和外贸的基本制度;

(十)诉讼和仲裁制度;

(十一)必须由全国人民代表大会及其常务委员会制定法律的其他事项。

第九条 本法第八条规定的事项尚未制定法律的,全国人民代表大会及其常务委员会有权作出决定,授权国务院可以根据实际需要,对其中的部分事项先制定行政法规,但是有关犯罪和刑罚、对公民政治权利的剥夺和限制人身自由的强制措施和处罚、司法制度等事项除外。

第十条 授权决定应当明确授权的目的、事项、范围、期限以及被授权机关实施授权决定应当遵循的原则等。

授权的期限不得超过五年,但是授权决定另有规定的除外。

被授权机关应当在授权期限届满的六个月以前,向授权机关报告授权决定实施的情况,并提出是否需要制定有关法律的意见;需要继续授权的,可以提出相关意见,由全国人民代表大会及其常务委员会决定。

第十一条 授权立法事项,经过实践检验,制定法律的条件成熟时,由全国人民代表大会及其常务委员会及时制定法律。法律制定后,相应立法事项的授权终止。

第十二条 被授权机关应当严格按照授权决定行使被授予的权力。

被授权机关不得将被授予的权力转授给其他机关。

第十三条 全国人民代表大会及其常务委员会可以根据改革发展的需要,决定就行政管理等领域的特定事项授权在一定期限内在部分地方暂时调整或者暂时停止适用法律的部分规定。

第二节 全国人民代表大会立法程序

第十四条 全国人民代表大会主席团可以向全国人民代表大会提出法律案,由全国人民代表大会会议审议。

全国人民代表大会常务委员会、国务院、中央军事委员会、最高人民法院、最高人民检察院、全国人民代表大会各专门委员会,可以向全国人民代表大会提出法律案,由主席团决定列入会议议程。

第十五条 一个代表团或者三十名以上的代表联名,可以向全国人民代表大会提出法律案,由主席团决定是否列入会议议程,或者先交有关的专门委员会审议、提出是否列入会议议程的意见,再决定是否列入会议议程。

专门委员会审议的时候,可以邀请提案人列席会议,发表意见。

第十六条 向全国人民代表大会提出的法律案,在全国人民代表大会闭会期间,可以先向常务委员会提出,经常务委员会会议依照本法第二章第三节规定的有关程序审议后,决定提请全国人民代表大会审议,由常务委员会向大会全体会议作说明,或者由提案人向大会全体会议作说明。

常务委员会依照前款规定审议法律案,应当通过多种形式征求全国人民代表大会代表的意见,并将有关情况予以反馈;专门委员会和常务委员会工作机构进行立法调研,可以邀请有关的全国人民代表大会代表参加。

第十七条 常务委员会决定提请全国人民代表大会会议审议的法律案,应当在会议举行的一个月前将法律草案发给代表。

第十八条 列入全国人民代表大会会议议程的法律案,大会全体会议听取提案人的说明后,由各代表团进行审议。

各代表团审议法律案时,提案人应当派人听取意见,回答询问。

各代表团审议法律案时，根据代表团的要求，有关机关、组织应当派人介绍情况。

第十九条 列入全国人民代表大会会议议程的法律案，由有关的专门委员会进行审议，向主席团提出审议意见，并印发会议。

第二十条 列入全国人民代表大会会议议程的法律案，由法律委员会根据各代表团和有关的专门委员会的审议意见，对法律案进行统一审议，向主席团提出审议结果报告和法律草案修改稿，对重要的不同意见应当在审议结果报告中予以说明，经主席团会议审议通过后，印发会议。

第二十一条 列入全国人民代表大会会议议程的法律案，必要时，主席团常务主席可以召开各代表团团长会议，就法律案中的重大问题听取各代表团的审议意见，进行讨论，并将讨论的情况和意见向主席团报告。

主席团常务主席也可以就法律案中的重大的专门性问题，召集代表团推选的有关代表进行讨论，并将讨论的情况和意见向主席团报告。

第二十二条 列入全国人民代表大会会议议程的法律案，在交付表决前，提案人要求撤回的，应当说明理由，经主席团同意，并向大会报告，对该法律案的审议即行终止。

第二十三条 法律案在审议中有重大问题需要进一步研究的，经主席团提出，由大会全体会议决定，可以授权常务委员会根据代表的意见进一步审议，作出决定，并将决定情况向全国人民代表大会下次会议报告；也可以授权常务委员会根据代表的意见进一步审议，提出修改方案，提请全国人民代表大会下次会议审议决定。

第二十四条 法律草案修改稿经各代表团审议，由法律委员会根据各代表团的审议意见进行修改，提出法律草案表决稿，由主席团提请大会全体会议表决，由全体代表的过半数通过。

第二十五条 全国人民代表大会通过的法律由国家主席签署主席令予以公布。

第三节　全国人民代表大会常务委员会立法程序

第二十六条 委员长会议可以向常务委员会提出法律案，由常务委员会会议审议。

国务院、中央军事委员会、最高人民法院、最高人民检察院、全国人民代表大会各专门委员会，可以向常务委员会提出法律案，由委员长会议决定列入常务委员会会议议程,或者先交有关的专门委员会审议、提出报告,再决定列入常务委员会会议议程。如果委员长会议认为法律案有重大问题需要进一步研究,可以建议提案人修改完善后再向常务委员会提出。

第二十七条　常务委员会组成人员十人以上联名,可以向常务委员会提出法律案,由委员长会议决定是否列入常务委员会会议议程,或者先交有关的专门委员会审议、提出是否列入会议议程的意见,再决定是否列入常务委员会会议议程。不列入常务委员会会议议程的,应当向常务委员会会议报告或者向提案人说明。

专门委员会审议的时候,可以邀请提案人列席会议,发表意见。

第二十八条　列入常务委员会会议议程的法律案,除特殊情况外,应当在会议举行的七日前将法律草案发给常务委员会组成人员。

常务委员会会议审议法律案时,应当邀请有关的全国人民代表大会代表列席会议。

第二十九条　列入常务委员会会议议程的法律案,一般应当经三次常务委员会会议审议后再交付表决。

常务委员会会议第一次审议法律案,在全体会议上听取提案人的说明,由分组会议进行初步审议。

常务委员会会议第二次审议法律案,在全体会议上听取法律委员会关于法律草案修改情况和主要问题的汇报,由分组会议进一步审议。

常务委员会会议第三次审议法律案,在全体会议上听取法律委员会关于法律草案审议结果的报告,由分组会议对法律草案修改稿进行审议。

常务委员会审议法律案时,根据需要,可以召开联组会议或者全体会议,对法律草案中的主要问题进行讨论。

第三十条　列入常务委员会会议议程的法律案,各方面意见比较一致的,可以经两次常务委员会会议审议后交付表决;调整事项较为单一或者部分修改的法律案,各方面的意见比较一致的,也可以经一次常务委员会会议审议即交付表决。

第三十一条　常务委员会分组会议审议法律案时,提案人应当派人听取意见,回答询问。

常务委员会分组会议审议法律案时,根据小组的要求,有关机关、组织应当派人介绍情况。

第三十二条　列入常务委员会会议议程的法律案,由有关的专门委员会进行审议，提出审议意见，印发常务委员会会议。

有关的专门委员会审议法律案时，可以邀请其他专门委员会的成员列席会议，发表意见。

第三十三条 列入常务委员会会议议程的法律案，由法律委员会根据常务委员会组成人员、有关的专门委员会的审议意见和各方面提出的意见，对法律案进行统一审议，提出修改情况的汇报或者审议结果报告和法律草案修改稿，对重要的不同意见应当在汇报或者审议结果报告中予以说明。对有关的专门委员会的审议意见没有采纳的，应当向有关的专门委员会反馈。

法律委员会审议法律案时，应当邀请有关的专门委员会的成员列席会议，发表意见。

第三十四条 专门委员会审议法律案时，应当召开全体会议审议，根据需要，可以要求有关机关、组织派有关负责人说明情况。

第三十五条 专门委员会之间对法律草案的重要问题意见不一致时，应当向委员长会议报告。

第三十六条 列入常务委员会会议议程的法律案，法律委员会、有关的专门委员会和常务委员会工作机构应当听取各方面的意见。听取意见可以采取座谈会、论证会、听证会等多种形式。

法律案有关问题专业性较强，需要进行可行性评价的，应当召开论证会，听取有关专家、部门和全国人民代表大会代表等方面的意见。论证情况应当向常务委员会报告。

法律案有关问题存在重大意见分歧或者涉及利益关系重大调整，需要进行听证的，应当召开听证会，听取有关基层和群体代表、部门、人民团体、专家、全国人民代表大会代表和社会有关方面的意见。听证情况应当向常务委员会报告。

常务委员会工作机构应当将法律草案发送相关领域的全国人民代表大会代表、地方人民代表大会常务委员会以及有关部门、组织和专家征求意见。

第三十七条 列入常务委员会会议议程的法律案，应当在常务委员会会议后将法律草案及其起草、修改的说明等向社会公布，征求意见，但是经委员长会议决定不公布的除外。向社会公布征求意见的时间一般不少于三十日。征求意见的情况应当向社会通报。

第三十八条 列入常务委员会会议议程的法律案，常务委员会工作机构应当收集整理分组审议的意见和各方面提出的意见以及其他有关资料，分送法律委员会和有关的专门委员会,并根据需要,印发常务委员会会议。

第三十九条　拟提请常务委员会会议审议通过的法律案,在法律委员会提出审议结果报告前,常务委员会工作机构可以对法律草案中主要制度规范的可行性、法律出台时机、法律实施的社会效果和可能出现的问题等进行评估。评估情况由法律委员会在审议结果报告中予以说明。

第四十条　列入常务委员会会议议程的法律案,在交付表决前,提案人要求撤回的,应当说明理由,经委员长会议同意,并向常务委员会报告,对该法律案的审议即行终止。

第四十一条　法律草案修改稿经常务委员会会议审议,由法律委员会根据常务委员会组成人员的审议意见进行修改,提出法律草案表决稿,由委员长会议提请常务委员会全体会议表决,由常务委员会全体组成人员的过半数通过。

法律草案表决稿交付常务委员会会议表决前,委员长会议根据常务委员会会议审议的情况,可以决定将个别意见分歧较大的重要条款提请常务委员会会议单独表决。

单独表决的条款经常务委员会会议表决后,委员长会议根据单独表决的情况,可以决定将法律草案表决稿交付表决,也可以决定暂不付表决,交法律委员会和有关的专门委员会进一步审议。

第四十二条　列入常务委员会会议审议的法律案,因各方面对制定该法律的必要性、可行性等重大问题存在较大意见分歧搁置审议满两年的,或者因暂不付表决经过两年没有再次列入常务委员会会议议程审议的,由委员长会议向常务委员会报告,该法律案终止审议。

第四十三条　对多部法律中涉及同类事项的个别条款进行修改,一并提出法律案的,经委员长会议决定,可以合并表决,也可以分别表决。

第四十四条　常务委员会通过的法律由国家主席签署主席令予以公布。

第四节　法律解释

第四十五条　法律解释权属于全国人民代表大会常务委员会。

法律有以下情况之一的,由全国人民代表大会常务委员会解释:

(一)法律的规定需要进一步明确具体含义的;

(二)法律制定后出现新的情况,需要明确适用法律依据的。

第四十六条　国务院、中央军事委员会、最高人民法院、最高人民检察院和全国人民代表大会各专门委员会以及省、自治区、直辖市的人民代表大会常务委员会可以向全国人民代表大会常务委员会提出法律解释要求。

第四十七条 常务委员会工作机构研究拟订法律解释草案,由委员长会议决定列入常务委员会会议议程。

第四十八条 法律解释草案经常务委员会会议审议,由法律委员会根据常务委员会组成人员的审议意见进行审议、修改,提出法律解释草案表决稿。

第四十九条 法律解释草案表决稿由常务委员会全体组成人员的过半数通过,由常务委员会发布公告予以公布。

第五十条 全国人民代表大会常务委员会的法律解释同法律具有同等效力。

第五节 其他规定

第五十一条 全国人民代表大会及其常务委员会加强对立法工作的组织协调,发挥在立法工作中的主导作用。

第五十二条 全国人民代表大会常务委员会通过立法规划、年度立法计划等形式,加强对立法工作的统筹安排。编制立法规划和年度立法计划,应当认真研究代表议案和建议,广泛征集意见,科学论证评估,根据经济社会发展和民主法治建设的需要,确定立法项目,提高立法的及时性、针对性和系统性。立法规划和年度立法计划由委员长会议通过并向社会公布。

全国人民代表大会常务委员会工作机构负责编制立法规划和拟订年度立法计划,并按照全国人民代表大会常务委员会的要求,督促立法规划和年度立法计划的落实。

第五十三条 全国人民代表大会有关的专门委员会、常务委员会工作机构应当提前参与有关方面的法律草案起草工作;综合性、全局性、基础性的重要法律草案,可以由有关的专门委员会或者常务委员会工作机构组织起草。

专业性较强的法律草案,可以吸收相关领域的专家参与起草工作,或者委托有关专家、教学科研单位、社会组织起草。

第五十四条 提出法律案,应当同时提出法律草案文本及其说明,并提供必要的参阅资料。修改法律的,还应当提交修改前后的对照文本。法律草案的说明应当包括制定或者修改法律的必要性、可行性和主要内容,以及起草过程中对重大分歧意见的协调处理情况。

第五十五条 向全国人民代表大会及其常务委员会提出的法律案,在列入会议议程前,提案人有权撤回。

第五十六条　交付全国人民代表大会及其常务委员会全体会议表决未获得通过的法律案,如果提案人认为必须制定该法律,可以按照法律规定的程序重新提出,由主席团、委员长会议决定是否列入会议议程;其中,未获得全国人民代表大会通过的法律案,应当提请全国人民代表大会审议决定。

第五十七条　法律应当明确规定施行日期。

第五十八条　签署公布法律的主席令载明该法律的制定机关、通过和施行日期。

法律签署公布后,及时在全国人民代表大会常务委员会公报和中国人大网以及在全国范围内发行的报纸上刊载。

在常务委员会公报上刊登的法律文本为标准文本。

第五十九条　法律的修改和废止程序,适用本章的有关规定。

法律被修改的,应当公布新的法律文本。

法律被废止的,除由其他法律规定废止该法律的以外,由国家主席签署主席令予以公布。

第六十条　法律草案与其他法律相关规定不一致的,提案人应当予以说明并提出处理意见,必要时应当同时提出修改或者废止其他法律相关规定的议案。

法律委员会和有关的专门委员会审议法律案时,认为需要修改或者废止其他法律相关规定的,应当提出处理意见。

第六十一条　法律根据内容需要,可以分编、章、节、条、款、项、目。

编、章、节、条的序号用中文数字依次表述,款不编序号,项的序号用中文数字加括号依次表述,目的序号用阿拉伯数字依次表述。

法律标题的题注应当载明制定机关、通过日期。经过修改的法律,应当依次载明修改机关、修改日期。

第六十二条　法律规定明确要求有关国家机关对专门事项作出配套的具体规定的,有关国家机关应当自法律施行之日起一年内作出规定,法律对配套的具体规定制定期限另有规定的,从其规定。有关国家机关未能在期限内作出配套的具体规定的,应当向全国人民代表大会常务委员会说明情况。

第六十三条　全国人民代表大会有关的专门委员会、常务委员会工作机构可以组织对有关法律或者法律中有关规定进行立法后评估。评估情况应当向常务委员会报告。

第六十四条　全国人民代表大会常务委员会工作机构可以对有关具体问

题的法律询问进行研究予以答复，并报常务委员会备案。

第三章　行政法规

第六十五条　国务院根据宪法和法律，制定行政法规。

行政法规可以就下列事项作出规定：

（一）为执行法律的规定需要制定行政法规的事项；

（二）宪法第八十九条规定的国务院行政管理职权的事项。

应当由全国人民代表大会及其常务委员会制定法律的事项，国务院根据全国人民代表大会及其常务委员会的授权决定先制定的行政法规，经过实践检验，制定法律的条件成熟时，国务院应当及时提请全国人民代表大会及其常务委员会制定法律。

第六十六条　国务院法制机构应当根据国家总体工作部署拟订国务院年度立法计划，报国务院审批。国务院年度立法计划中的法律项目应当与全国人民代表大会常务委员会的立法规划和年度立法计划相衔接。国务院法制机构应当及时跟踪了解国务院各部门落实立法计划的情况，加强组织协调和督促指导。

国务院有关部门认为需要制定行政法规的，应当向国务院报请立项。

第六十七条　行政法规由国务院有关部门或者国务院法制机构具体负责起草，重要行政管理的法律、行政法规草案由国务院法制机构组织起草。行政法规在起草过程中，应当广泛听取有关机关、组织、人民代表大会代表和社会公众的意见。听取意见可以采取座谈会、论证会、听证会等多种形式。

行政法规草案应当向社会公布，征求意见，但是经国务院决定不公布的除外。

第六十八条　行政法规起草工作完成后，起草单位应当将草案及其说明、各方面对草案主要问题的不同意见和其他有关资料送国务院法制机构进行审查。

国务院法制机构应当向国务院提出审查报告和草案修改稿，审查报告应当对草案主要问题作出说明。

第六十九条　行政法规的决定程序依照中华人民共和国国务院组织法的有关规定办理。

第七十条　行政法规由总理签署国务院令公布。

有关国防建设的行政法规，可以由国务院总理、中央军事委员会主席共同签署国务院、中央军事委员会令公布。

第七十一条　行政法规签署公布后,及时在国务院公报和中国政府法制信息网以及在全国范围内发行的报纸上刊载。

在国务院公报上刊登的行政法规文本为标准文本。

第四章　地方性法规、自治条例和单行条例、规章

第一节　地方性法规、自治条例和单行条例

第七十二条　省、自治区、直辖市的人民代表大会及其常务委员会根据本行政区域的具体情况和实际需要,在不同宪法、法律、行政法规相抵触的前提下,可以制定地方性法规。

设区的市的人民代表大会及其常务委员会根据本市的具体情况和实际需要,在不同宪法、法律、行政法规和本省、自治区的地方性法规相抵触的前提下,可以对城乡建设与管理、环境保护、历史文化保护等方面的事项制定地方性法规,法律对设区的市制定地方性法规的事项另有规定的,从其规定。设区的市的地方性法规须报省、自治区的人民代表大会常务委员会批准后施行。省、自治区的人民代表大会常务委员会对报请批准的地方性法规,应当对其合法性进行审查,同宪法、法律、行政法规和本省、自治区的地方性法规不抵触的,应当在四个月内予以批准。

省、自治区的人民代表大会常务委员会在对报请批准的设区的市的地方性法规进行审查时,发现其同本省、自治区的人民政府的规章相抵触的,应当作出处理决定。

除省、自治区的人民政府所在地的市,经济特区所在地的市和国务院已经批准的较大的市以外,其他设区的市开始制定地方性法规的具体步骤和时间,由省、自治区的人民代表大会常务委员会综合考虑本省、自治区所辖的设区的市的人口数量、地域面积、经济社会发展情况以及立法需求、立法能力等因素确定,并报全国人民代表大会常务委员会和国务院备案。

自治州的人民代表大会及其常务委员会可以依照本条第二款规定行使设区的市制定地方性法规的职权。自治州开始制定地方性法规的具体步骤和时间,依照前款规定确定。

省、自治区的人民政府所在地的市,经济特区所在地的市和国务院已经批准的较大的市已经制定的地方性法规,涉及本条第二款规定事项范围以外的,

继续有效。

第七十三条　地方性法规可以就下列事项作出规定：

（一）为执行法律、行政法规的规定，需要根据本行政区域的实际情况作具体规定的事项；

（二）属于地方性事务需要制定地方性法规的事项。

除本法第八条规定的事项外，其他事项国家尚未制定法律或者行政法规的，省、自治区、直辖市和设区的市、自治州根据本地方的具体情况和实际需要，可以先制定地方性法规。在国家制定的法律或者行政法规生效后，地方性法规同法律或者行政法规相抵触的规定无效，制定机关应当及时予以修改或者废止。

设区的市、自治州根据本条第一款、第二款制定地方性法规，限于本法第七十二条第二款规定的事项。

制定地方性法规，对上位法已经明确规定的内容，一般不作重复性规定。

第七十四条　经济特区所在地的省、市的人民代表大会及其常务委员会根据全国人民代表大会的授权决定，制定法规，在经济特区范围内实施。

第七十五条　民族自治地方的人民代表大会有权依照当地民族的政治、经济和文化的特点，制定自治条例和单行条例。自治区的自治条例和单行条例，报全国人民代表大会常务委员会批准后生效。自治州、自治县的自治条例和单行条例，报省、自治区、直辖市的人民代表大会常务委员会批准后生效。

自治条例和单行条例可以依照当地民族的特点，对法律和行政法规的规定作出变通规定，但不得违背法律或者行政法规的基本原则，不得对宪法和民族区域自治法的规定以及其他有关法律、行政法规专门就民族自治地方所作的规定作出变通规定。

第七十六条　规定本行政区域特别重大事项的地方性法规，应当由人民代表大会通过。

第七十七条　地方性法规案、自治条例和单行条列案的提出、审议和表决程序，根据中华人民共和国地方各级人民代表大会和地方各级人民政府组织法，参照本法第二章第二节、第三节、第五节的规定，由本级人民代表大会规定。

地方性法规草案由负责统一审议的机构提出审议结果的报告和草案修改稿。

第七十八条　省、自治区、直辖市的人民代表大会制定的地方性法规由大会主席团发布公告予以公布。

省、自治区、直辖市的人民代表大会常务委员会制定的地方性法规由常务委员会发布公告予以公布。

设区的市、自治州的人民代表大会及其常务委员会制定的地方性法规报经批准后,由设区的市、自治州的人民代表大会常务委员会发布公告予以公布。

自治条例和单行条例报经批准后,分别由自治区、自治州、自治县的人民代表大会常务委员会发布公告予以公布。

第七十九条　地方性法规、自治区的自治条例和单行条例公布后,及时在本级人民代表大会常务委员会公报和中国人大网、本地方人民代表大会网站以及在本行政区域范围内发行的报纸上刊载。

在常务委员会公报上刊登的地方性法规、自治条例和单行条例文本为标准文本。

第二节　规　章

第八十条　国务院各部、委员会、中国人民银行、审计署和具有行政管理职能的直属机构,可以根据法律和国务院的行政法规、决定、命令,在本部门的权限范围内,制定规章。

部门规章规定的事项应当属于执行法律或者国务院的行政法规、决定、命令的事项。没有法律或者国务院的行政法规、决定、命令的依据,部门规章不得设定减损公民、法人和其他组织权利或者增加其义务的规范,不得增加本部门的权力或者减少本部门的法定职责。

第八十一条　涉及两个以上国务院部门职权范围的事项,应当提请国务院制定行政法规或者由国务院有关部门联合制定规章。

第八十二条　省、自治区、直辖市和设区的市、自治州的人民政府,可以根据法律、行政法规和本省、自治区、直辖市的地方性法规,制定规章。

地方政府规章可以就下列事项作出规定:

(一)为执行法律、行政法规、地方性法规的规定需要制定规章的事项;

(二)属于本行政区域的具体行政管理事项。

设区的市、自治州的人民政府根据本条第一款、第二款制定地方政府规章,限于城乡建设与管理、环境保护、历史文化保护等方面的事项。已经制定的地方政府规章,涉及上述事项范围以外的,继续有效。

除省、自治区的人民政府所在地的市,经济特区所在地的市和国务院已经批准的较大的市以外,其他设区的市、自治州的人民政府开始制定规章的时间,与本省、自治区人民代表大会常务委员会确定的本市、自治州开始制定地方性法规的时间同步。

应当制定地方性法规但条件尚不成熟的,因行政管理迫切需要,可以先制定地方政府规章。规章实施满两年需要继续实施规章所规定的行政措施的,应当提请本级人民代表大会或者其常务委员会制定地方性法规。

没有法律、行政法规、地方性法规的依据,地方政府规章不得设定减损公民、法人和其他组织权利或者增加其义务的规范。

第八十三条 国务院部门规章和地方政府规章的制定程序,参照本法第三章的规定,由国务院规定。

第八十四条 部门规章应当经部务会议或者委员会会议决定。

地方政府规章应当经政府常务会议或者全体会议决定。

第八十五条 部门规章由部门首长签署命令予以公布。

地方政府规章由省长、自治区主席、市长或者自治州州长签署命令予以公布。

第八十六条 部门规章签署公布后,及时在国务院公报或者部门公报和中国政府法制信息网以及在全国范围内发行的报纸上刊载。

地方政府规章签署公布后,及时在本级人民政府公报和中国政府法制信息网以及在本行政区域范围内发行的报纸上刊载。

在国务院公报或者部门公报和地方人民政府公报上刊登的规章文本为标准文本。

第五章 适用与备案审查

第八十七条 宪法具有最高的法律效力,一切法律、行政法规、地方性法规、自治条例和单行条例、规章都不得同宪法相抵触。

第八十八条 法律的效力高

于行政法规、地方性法规、规章。

行政法规的效力高于地方性法规、规章。

第八十九条 地方性法规的效力高于本级和下级地方政府规章。

省、自治区的人民政府制定的规章的效力高于本行政区域内的设区的市、自治州的人民政府制定的规章。

第九十条 自治条例和单行条例依法对法律、行政法规、地方性法规作变通规定的,在本自治地方适用自治条例和单行条例的规定。

经济特区法规根据授权对法律、行政法规、地方性法规作变通规定的,在本经济特区适用经济特区法规的规定。

第九十一条　部门规章之间、部门规章与地方政府规章之间具有同等效力,在各自的权限范围内施行。

第九十二条　同一机关制定的法律、行政法规、地方性法规、自治条例和单行条例、规章,特别规定与一般规定不一致的,适用特别规定;新的规定与旧的规定不一致的,适用新的规定。

第九十三条　法律、行政法规、地方性法规、自治条例和单行条例、规章不溯及既往,但为了更好地保护公民、法人和其他组织的权利和利益而作的特别规定除外。

第九十四条　法律之间对同一事项的新的一般规定与旧的特别规定不一致,不能确定如何适用时,由全国人民代表大会常务委员会裁决。

行政法规之间对同一事项的新的一般规定与旧的特别规定不一致,不能确定如何适用时,由国务院裁决。

第九十五条　地方性法规、规章之间不一致时,由有关机关依照下列规定的权限作出裁决:

(一)同一机关制定的新的一般规定与旧的特别规定不一致时,由制定机关裁决;

(二)地方性法规与部门规章之间对同一事项的规定不一致,不能确定如何适用时,由国务院提出意见,国务院认为应当适用地方性法规的,应当决定在该地方适用地方性法规的规定;认为应当适用部门规章的,应当提请全国人民代表大会常务委员会裁决;

(三)部门规章之间、部门规章与地方政府规章之间对同一事项的规定不一致时,由国务院裁决。

根据授权制定的法规与法律规定不一致,不能确定如何适用时,由全国人民代表大会常务委员会裁决。

第九十六条　法律、行政法规、地方性法规、自治条例和单行条例、规章有下列情形之一的,由有关机关依照本法第九十七条规定的权限予以改变或者撤销:

(一)超越权限的;

(二)下位法违反上位法规定的;

(三)规章之间对同一事项的规定不一致,经裁决应当改变或者撤销一方的规定的；

（四）规章的规定被认为不适当，应当予以改变或者撤销的；

（五）违背法定程序的。

第九十七条 改变或者撤销法律、行政法规、地方性法规、自治条例和单行条例、规章的权限是：

（一）全国人民代表大会有权改变或者撤销它的常务委员会制定的不适当的法律，有权撤销全国人民代表大会常务委员会批准的违背宪法和本法第七十五条第二款规定的自治条例和单行条例；

（二）全国人民代表大会常务委员会有权撤销同宪法和法律相抵触的行政法规，有权撤销同宪法、法律和行政法规相抵触的地方性法规，有权撤销省、自治区、直辖市的人民代表大会常务委员会批准的违背宪法和本法第七十五条第二款规定的自治条例和单行条例；

（三）国务院有权改变或者撤销不适当的部门规章和地方政府规章；

（四）省、自治区、直辖市的人民代表大会有权改变或者撤销它的常务委员会制定的和批准的不适当的地方性法规；

（五）地方人民代表大会常务委员会有权撤销本级人民政府制定的不适当的规章；

（六）省、自治区的人民政府有权改变或者撤销下一级人民政府制定的不适当的规章；

（七）授权机关有权撤销被授权机关制定的超越授权范围或者违背授权目的的法规，必要时可以撤销授权。

第九十八条 行政法规、地方性法规、自治条例和单行条例、规章应当在公布后的三十日内依照下列规定报有关机关备案：

（一）行政法规报全国人民代表大会常务委员会备案；

（二）省、自治区、直辖市的人民代表大会及其常务委员会制定的地方性法规，报全国人民代表大会常务委员会和国务院备案；设区的市、自治州的人民代表大会及其常务委员会制定的地方性法规，由省、自治区的人民代表大会常务委员会报全国人民代表大会常务委员会和国务院备案；

（三）自治州、自治县的人民代表大会制定的自治条例和单行条例，由省、自治区、直辖市的人民代表大会常务委员会报全国人民代表大会常务委员会和国务院备案；自治条例、单行条例报送备案时，应当说明对法律、行政法规、地方性法规作出变通的情况；

（四）部门规章和地方政府规章报国务院备案；地方政府规章应当同时报本级人民代表大会常务委员会备案；设区的市、自治州的人民政府制定的规章应当同时报省、自治区的人民代表大会常务委员会和人民政府备案；

（五）根据授权制定的法规应当报授权决定规定的机关备案；经济特区法规报送备案时，应当说明对法律、行政法规、地方性法规作出变通的情况。

第九十九条 国务院、中央军事委员会、最高人民法院、最高人民检察院和各省、自治区、直辖市的人民代表大会常务委员会认为行政法规、地方性法规、自治条例和单行条例同宪法或者法律相抵触的，可以向全国人民代表大会常务委员会书面提出进行审查的要求，由常务委员会工作机构分送有关的专门委员会进行审查、提出意见。

前款规定以外的其他国家机关和社会团体、企业事业组织以及公民认为行政法规、地方性法规、自治条例和单行条例同宪法或者法律相抵触的，可以向全国人民代表大会常务委员会书面提出进行审查的建议，由常务委员会工作机构进行研究，必要时，送有关的专门委员会进行审查、提出意见。

有关的专门委员会和常务委员会工作机构可以对报送备案的规范性文件进行主动审查。

第一百条 全国人民代表大会专门委员会、常务委员会工作机构在审查、研究中认为行政法规、地方性法规、自治条例和单行条例同宪法或者法律相抵触的，可以向制定机关提出书面审查意见、研究意见；也可以由法律委员会与有关的专门委员会、常务委员会工作机构召开联合审查会议，要求制定机关到会说明情况，再向制定机关提出书面审查意见。制定机关应当在两个月内研究提出是否修改的意见，并向全国人民代表大会法律委员会和有关的专门委员会或者常务委员会工作机构反馈。

全国人民代表大会法律委员会、有关的专门委员会、常务委员会工作机构根据前款规定，向制定机关提出审查意见、研究意见，制定机关按照所提意见对行政法规、地方性法规、自治条例和单行条例进行修改或者废止的，审查终止。

全国人民代表大会法律委员会、有关的专门委员会、常务委员会工作机构经审查、研究认为行政法规、地方性法规、自治条例和单行条例同宪法或者法律相抵触而制定机关不予修改的，应当向委员长会议提出予以撤销的议案、建议，由委员长会议决定提请常务委员会会议审议决定。

第一百零一条 全国人民代表大会有关的专门委员会和常务委员会工作机构应当按照规定要求，将审查、研究情况向提出审查建议的国家机关、社会团体、企业事业组织以及公民反馈,并可以向社会公开。

第一百零二条 其他接受备案的机关对报送备案的地方性法规、自治条例和单行条例、规章的审查程序,按照维护法制统一的原则,由接受备案的机关规定。

第六章 附 则

第一百零三条 中央军事委员会根据宪法和法律,制定军事法规。

中央军事委员会各总部、军兵种、军区、中国人民武装警察部队,可以根据法律和中央军事委员会的军事法规、决定、命令,在其权限范围内,制定军事规章。

军事法规、军事规章在武装力量内部实施。

军事法规、军事规章的制定、修改和废止办法,由中央军事委员会依照本法规定的原则规定。

第一百零四条 最高人民法院、最高人民检察院作出的属于审判、检察工作中具体应用法律的解释,应当主要针对具体的法律条文,并符合立法的目的、原则和原意。遇有本法第四十五条第二款规定情况的,应当向全国人民代表大会常务委员会提出法律解释的要求或者提出制定、修改有关法律的议案。

最高人民法院、最高人民检察院作出的属于审判、检察工作中具体应用法律的解释,应当自公布之日起三十日内报全国人民代表大会常务委员会备案。

最高人民法院、最高人民检察院以外的审判机关和检察机关,不得作出具体应用法律的解释。

第一百零五条 本法自 2000 年 7 月 1 日起施行。

黑龙江省人民政府立法工作程序规定

(2008 年 7 月 3 日黑龙江省人民政府第 8 次常务会议审议通过
2008 年 7 月 20 日黑龙江省人民政府令第 3 号公布
自 2008 年 9 月 1 日起施行)

第一章 总 则

第一条 为了规范地方性法规草案的拟定和省政府规章的制定程序,提高政府立法工作质量和效率,根据《中华人民共和国立法法》、国务院《规章制定程序条例》和《黑龙江省人民代表大会及其常务委员会立法条例》的规定,结合本省实际,制定本规定。

第二条 省人民政府(以下简称省政府)拟定地方性法规草案(以下简称法规草案)和制定规章,适用本规定。

第三条 本规定所称法规草案,是指省政府在法定权限内拟定并提请省人民代表大会或者其常务委员会审议的规范性文件草案。

本规定所称规章,是指省政府在法定权限内按照立法工作程序制定,以省政府令公布,具有普遍约束力的规范性文件。

第四条 拟定法规草案、制定规章应当遵循下列原则:

(一)维护社会主义法制的统一和尊严,符合宪法、法律和行政法规的规定;

(二)坚持民主、公开的原则,保障公民、法人和其他组织通过多种途径参与立法活动;

(三)科学合理地规定公民、法人和其他组织的权利与义务,国家机关的权力与责任;

(四)适应本省经济和社会发展的客观需要,突出地方特色,具有可操作性;

(五)维护全局利益,不片面强调地方和部门利益。

第五条 省政府拟定法规草案的主要工作程序包括法规项目的提出和法规草案的起草、审查、决定和提请审议。

省政府制定规章的主要工作程序包括规章的立项、起草、审查、决定、公布、备案、解释和译审。

第六条 省政府法制机构负责组织法规草案的拟定和规章的制定工作。

省政府部门和市(地)人民政府(行署)、县(市)人民政府应当配合省政府法制机构,做好政府立法的相关工作。

第七条 省政府法制机构应当在省政府法制信息网站上,公布接受立法意见反馈的相关信息。

公民、法人和其他组织可以通过信函、传真、电子邮件等形式,对法规和规章的立项、起草、审查、实施提出意见,由省政府法制机构和有关起草单位决定是否采纳,并及时反馈意见。

第八条 省政府应当建立并完善调查研究、立法听证、专家咨询论证和立法后评价等有关立法制度。

第二章 立法规划与计划

第九条 省政府可以根据本省经济和社会发展的实际需要编制五年立法规划,并应当制定年度立法工作计划。

编制五年立法规划和制定年度立法工作计划,应当遵循突出重点与统筹兼顾相结合以及立、改、废并举的原则。

第十条 法规和规章的立项应当遵循下列原则:

(一)国家已有相关的法律或者行政法规,且操作性较强的,原则上不再立项;

(二)国家虽有相关的法律或者行政法规,但规定比较原则或者授权地方作出规定的,可以立项;

(三)国家相关法律或者行政法规已经立项,正在制定或者修订的,暂缓立项;

(四)国家未作规定,但本省经济和社会发展急需,又具有地方特色的,作为立项重点;

(五)对专项工作能够综合立项的,不单独立项;

(六)需要规范的事项可以通过立法以外的手段解决的,不予立项。

已有国家相关部门规章或者本省已有相关法规的,在规章立项时应当按照前款第一项、第二项规定执行。国家相关部门规章已经立项的,在规章立项时应当按照前款第三项规定执行。

第十一条　下列组织或者个人可以向省政府法制机构提出立法项目建议，省政府法制机构应当及时提出处理意见：

（一）由省政府部门或者市（地）人民政府（行署）提出；

（二）由省政府领导直接提出；

（三）由各级人民代表大会代表或者政协委员提出；

（四）由公民、法人或者其他组织提出。

省政府门户网站和省政府法制信息网站应当开辟专栏，征集省政府立法项目建议。

第十二条　省政府部门或者市（地）人民政府（行署）提出的立法项目建议，应当由主要负责人组织召开专题会议集体讨论后，于每年十月三十一日前以正式文件形式报送省政府法制机构申请立项。

省政府部门或者市（地）人民政府（行署）提出的立法项目建议，应当包括下列主要内容：

（一）项目名称；

（二）项目制定的依据和必要性；

（三）规范的主要内容和拟采取的主要措施；

（四）起草单位、人员及保障措施；

（五）国内外相关立法参考资料。

第十三条　省政府法制机构应当根据本省经济、社会发展的实际需要和省政府确定的基本任务，参照国务院的立法规划和年度立法工作计划，对立法项目建议进行调查研究、审查论证后，向省政府提出年度立法工作计划草案，经省政府批准后，由省政府法制机构组织实施。

年度立法工作计划草案中涉及法规项目的，省政府法制机构应当与省人民代表大会有关专门委员会和常务委员会有关工作机构沟通、协商。

第十四条　年度立法工作计划所列的项目包括法规草案和规章两部分，分别划分为正式项目和预备项目。

经过初步论证，条件成熟的项目，列为正式项目；需要进一步调查研究，条件基本成熟的项目，列为预备项目。

第十五条　年度立法工作计划一经确定，不得随意调整；确需调整或者追加立法项目的，由省政府法制机构提出意见，报省政府审定。涉及法规项目调整或者追加的，省政府法制机构应当与省人民代表大会有关专门委员会和常务委员会有关工作机构沟通、协商。

第三章　起　草

第十六条　起草法规草案或者规章,可以采取省政府部门或者市(地)人民政府(行署)起草,省政府法制机构起草或者组织起草,委托有关组织或者专家起草等方式进行。

法规草案或者规章由部门起草的,省政府法制机构可以提前介入,予以指导。

第十七条　起草法规草案或者规章,起草单位应当成立起草工作小组。起草工作小组可以邀请有关组织和专家参加。

起草单位应当保证起草工作条件,其主要负责人和主管法制以及相关业务的负责人应当加强对起草工作的督促和指导。

第十八条　起草法规草案或者规章,应当深入调查研究,总结实践经验,广泛征求有关机关、组织和公民的意见,借鉴国内外立法经验。

起草的法规草案或者规章直接涉及公民、法人、其他组织切身利益的,或者有关机关、组织、公民对其有重大意见分歧的,应当向社会公布,征求社会各界的意见;起草单位也可以举行听证会,听取意见。

第十九条　起草的法规草案或者规章涉及省政府相关部门职能的,起草单位应当征求相关部门意见。相关部门应当认真研究并提出书面意见,加盖本部门印章后,按照规定时限反馈意见。起草单位对合理意见应当予以采纳。

第二十条　法规草案或者规章送审稿送审前,应当做好协调工作。起草单位内部或者下属单位有分歧意见的,起草单位应当进行协调;其他部门有分歧意见的,起草单位可以邀请有关部门进行协调,有关部门负责人应当参加。

经过协调有关部门仍不能达成一致意见的,起草单位向省政府报送法规草案或者规章送审稿时,应当同时据实报送不同意见及相关依据和材料。

第二十一条　法规草案或者规章送审稿应当由起草单位主要负责人组织召开专题会议集体讨论通过;联合起草的法规草案或者规章送审稿,应当分别经联合起草单位的主要负责人会签。

第二十二条　列为年度立法工作计划正式项目的法规草案或者规章,起草单位应当按照省政府法制机构规定的时限完成起草工作。

第四章　审　查

第二十三条　起草单位应当将法规草案或者规章送审稿及其说明以正式

文件形式,报送省政府,径送省政府法制机构审查,并同时报送下列材料:

（一）起草法规草案或者规章所依据的法律、法规和国务院相关政策规定;

（二）有关部门规章、外省有关法规和规章以及其他相关参考资料;

（三）有关方面的意见以及协调情况。

法规草案或者规章送审稿的起草说明,应当包括必要性和可行性、规定的主要制度和措施、起草单位对有关方面意见的处理情况等内容。

第二十四条　省政府法制机构收到法规草案或者规章送审稿后,应当于二十日内提出初步审查意见,重点对下列内容进行审查:

（一）是否符合宪法、法律和行政法规规定,是否与本省有关地方性法规和规章相衔接;

（二）是否与世界贸易组织规则和我国的承诺相抵触;

（三）是否有利于本省经济和社会发展;

（四）是否经过广泛征求意见,并对分歧较大的意见协商后提出处理意见;

（五）是否科学、有效、可行;

（六）涉及部门权限的,是否与其职能相一致;

（七）是否符合立法技术要求。

第二十五条　法规草案或者规章送审稿有下列情形之一的,省政府法制机构应当暂缓审查:

（一）未征求有关部门或者行政管理相对人意见的;

（二）有关部门对主要内容存在较大争议,起草单位未与其充分协商的;

（三）未经起草单位主要负责人组织召开专题会议集体讨论通过的;

（四）联合起草的法规草案或者规章送审稿,未经联合起草单位主要负责人会签的;

（五）立法条件发生重大变化的;

（六）致使立法工作无法进行的其他情形。

涉及法规草案的暂缓审查,省政府法制机构应当与省人民代表大会有关专门委员会和常务委员会有关工作机构沟通、协商。

省政府法制机构对法规草案、规章送审稿决定暂缓审查的,应当书面告知起草单位,说明理由并提出工作建议。

第二十六条　省政府法制机构在审查法规草案时,可以邀请省人民代表大会有关专门委员会和常务委员会有关工作机构参加。

第二十七条　省政府法制机构应当组织对经初审后基本符合要求的法规

草案或者规章送审稿进行修改，形成征求意见稿后，发送有关省政府部门、市（地）人民政府（行署）、县（市）人民政府、专家以及利害关系人征求意见；可以通过网络、报纸等形式公开征求意见。

收到法规草案或者规章征求意见稿的单位和个人，应当认真研究，无论有无意见，均应当按照规定的时限书面反馈意见。省政府有关部门、市（地）人民政府（行署）、县（市）人民政府的反馈意见应当加盖单位印章或者经主要负责人签字后反馈至省政府法制机构。

收到法规草案或者规章征求意见稿的有关部门和政府，未按期反馈意见的，经省政府法制机构确认后，视为没有不同意见。

第二十八条　法规草案或者规章征求意见稿涉及重大、疑难问题的，省政府法制机构可以召开由有关机关、组织和公民参加的座谈会、研讨会，听取意见，研究论证。起草单位应当到会介绍情况，听取意见，回答询问。

第二十九条　专业性、技术性较强的法规草案或者规章征求意见稿，省政府法制机构可以邀请省科技经济顾问委员会、省政府法制咨询委员会等咨询研究机构的有关专家进行论证。对科学、可行的意见，省政府法制机构应当予以采纳。

第三十条　省政府法制机构应当会同起草单位或者有关人员就法规草案或者规章征求意见稿中涉及的主要问题，深入开展省内外调查研究，广泛听取有关机关、组织和公民的意见。

省内调研时，省政府法制机构应当提前四日将法规草案或者规章征求意见稿发送至有关市（地）人民政府（行署）、县（市）人民政府法制机构。有关市（地）人民政府（行署）、县（市）人民政府法制机构应当召集、主持座谈会或者研讨会，并提前三日将法规草案或者规章征求意见稿发送至参会人员。

第三十一条　审查法规草案或者规章征求意见稿，应当从下列方面借鉴国内外立法经验和做法：

（一）相关法规和规章的制定、实施情况；

（二）立法项目涉及的重点、难点问题及解决办法；

（三）立法中的经验和教训；

（四）立法后评价。

第三十二条　法规草案或者规章征求意见稿有下列情形之一的，省政府法制机构可以举行立法听证会：

（一）对本省经济和社会发展有重大影响的；

（二）直接涉及公民、法人和其他组织的切身利益的；

（三）设定行政许可的；

（四）对内容存在重大意见分歧的；

（五）需要广泛听取意见的其他情形。

第三十三条　听证会代表应当具有广泛的代表性。省政府法制机构应当充分考虑听证会代表提出的意见和建议。

立法听证规则由省政府法制机构另行规定，并向社会公布。

第三十四条　省政府法制机构应当组织召开立法协调会，对法规草案或者规章征求意见稿中涉及的问题进行协调，力求达成一致意见。

省政府有关部门应当选派代表本部门意见的工作人员参加立法协调会，并在协调会议单上签署意见。经过协调达成一致意见的，有关部门在省政府常务会议、全体会议讨论或者省人民代表大会及其常务委员会审议过程中，一般不得再提出异议；未达成一致意见的，有关部门应当书面提出理由和依据，报送省政府法制机构。

第三十五条　经省政府法制机构协调，对法规草案或者规章征求意见稿涉及的主要问题未达成一致意见的，由省政府法制机构提请省政府有关副秘书长、秘书长或者协管省长助理主持协调。

经协调未达成一致意见的，由省政府法制机构提请有关副省长协调。涉及两位以上副省长主管且情况复杂、协调难度较大的，由省政府法制机构提请省长或者常务副省长召开省政府专题会议进行研究、协调。

经协调仍有不同意见的，省政府法制机构应当将主要问题、有关部门的分歧意见、协调情况和省政府法制机构的处理意见形成报告，提报省政府常务会议或者全体会议研究决定。

第三十六条　省政府法制机构应当召开专门会议，对拟提报省政府常务会议或者全体会议讨论的法规草案或者规章征求意见稿进行集体讨论，并根据讨论意见形成法规草案或者规章草案及其说明。说明应当包括下列内容：

（一）依据和必要性；

（二）起草和审查的过程；

（三）确立的主要制度和措施；

（四）解决的主要问题；

（五）重大争议问题的协调情况；

（六）应当说明的其他问题。

省政府法制机构集体讨论时,可以邀请起草单位列席会议。

第三十七条 法规草案或者规章草案提报省政府常务会议或者全体会议讨论前,应当报经省政府主管领导同意。

第三十八条 省政府法制机构应当在省人民代表大会及其常务委员会会议召开四十日前,将法规草案及其说明提报省政府常务会议或者全体会议讨论,同时报送法规草案及其说明的电子文本;省政府法制机构应当在省政府常务会议或者全体会议召开二十日前,做好规章讨论的有关准备工作。

第五章 讨论、决定和公布

第三十九条 在接到省政府法制机构提报省政府常务会议或者全体会议讨论法规草案、规章草案的申请后,省政府办公厅应当及时安排会议予以讨论,并提前将法规草案、规章草案发省政府常务会议或者全体会议组成人员研究。

省政府常务会议或者全体会议讨论法规草案、规章草案时,省政府法制机构或者起草单位应当向会议作说明,与会人员应当充分发表意见。

第四十条 经过省政府常务会议或者全体会议讨论通过的法规草案和规章草案,由省政府法制机构会同起草单位,按照会议讨论意见进行修改后,报送省长审定。

第四十一条 法规草案经省政府常务会议或者全体会议讨论通过后,由省长签署或者由省长授权省政府秘书长签发,以省政府议案的形式报送省人民代表大会或者其常务委员会审议;规章草案经省政府常务会议或者全体会议讨论通过后,由省长签署,以省政府令形式公布。

规章应当自公布之日起三十日内,在《黑龙江公报》《黑龙江日报》和省政府门户网站上刊登或者发布。《黑龙江公报》刊登的规章文本为标准文本。

第六章 其他规定

第四十二条 规章应当自公布之日起三十日内,由省政府依法报送国务院和省人民代表大会常务委员会备案。

第四十三条 规章解释由省政府法制机构参照规章送审稿审查程序提出意见,报省政府批准后公布。

规章解释与规章具有同等效力。

第四十四条 属于行政管理工作中具体应用规章的问题,省政府有关部门或者市(地)人民政府(行署)书面请求解释的,省政府法制机构应当研究答复;

其中涉及重大问题的,由省政府法制机构提出意见,报省政府同意后答复。

第四十五条　省政府法制机构应当及时对规章进行清理,并提出修改或者废止意见。

第四十六条　法规或者规章有下列情形之一的,实施机关或者省政府法制机构应当及时向省政府提出修改、废止的建议:

(一)与法律、行政法规或者其他上位法相抵触的;

(二)与国家政策相违背的;

(三)所规范的事项客观情况发生重大变化的;

(四)经过实践检验,规定的内容不合理或者难以执行的;

(五)实施机关发生变化的;

(六)应当修改、废止的其他情形。

规章修改或者废止的程序,参照本规定执行。

第四十七条　规章公布后,应当按照国家规定翻译成英文译本。

起草单位应当自规章公布之日起三十日内完成英文译本翻译工作,并将英文译本送审稿报送省政府法制机构审定。审定工作应当自规章公布之日起六十日内完成。

起草单位可以委托省政府法制机构进行英文译本的翻译工作,翻译费用由起草单位承担。

第四十八条　经省政府法制机构审定的规章英文译本为英文正式译本。《黑龙江公报》应当全文刊登英文正式译本。英文译本与中文文本有歧义的,以中文文本为准。

在对外交往中,应当使用规章的英文正式译本。因特殊情况急需使用未经审定的规章英文译本的,应当在使用时注明"非正式译本"。

第四十九条　规章实施一年后,省政府法制机构可以会同实施部门,采取书面征求意见、实地调查和问卷调查等形式对规章的实施效果进行评价,并形成评价报告。

评价报告应当包括基本情况、实施效果、存在的问题和解决问题的意见等内容。

第七章　附　　则

第五十条　本规定自二○○八年九月一日起施行。

杭州市实施立法听证会制度的规定

(2001 年 5 月 19 日杭州市人民政府令第 168 号公布)

第一条 为进一步发扬立法民主,增强立法透明度,提高立法质量,更好地体现和保障人民群众当家作主的权利,根据《中华人民共和国立法法》的有关规定,结合本市实际,制定本规定。

第二条 下列立法事项,应当组织立法听证会进行听证:

(一)创设审批、收费事项的;

(二)涉及企业、公民切身利益的;

(三)其他应当听证的事项。

第三条 立法听证会由市政府法制工作机构组织并主持。

第四条 市政府法制工作机构负责人作为听证人。必要时,市政府有关部门负责人可以应邀作为听证人。

听证主持人由市政府法制工作机构指定,负责组织听证会。听证主持人可指定听证秘书,负责具体事项。

提出地方性法规、政府规章草案的政府有关部门为解答人。

第五条 立法听证会应当公开举行。

举行立法听证会前,市政府法制工作机构应当采取登报或者其他方法公布举行立法听证会的通知。通知内容包括下列事项:

(一)立法听证会的时间、地点;

(二)听证会的主要内容;

(三)对参加立法听证会人员的要求;

(四)其他有关事项。

第六条 公民、有关单位和组织可以向市政府法制工作机构提出参加立法听证会的申请。

立法听证会的参加人应当具有广泛性和代表性。市政府法制工作机构应当根据报名发言的主要内容和报名先后顺序以及不同意见的发言者大致对等的原则,确定听证会参加人名单。必要时,市政府法制工作机构可以指定与立法事项有利害关系的单位、个人作为听证会参加人。

第七条　听证会参加人确定后,市政府法制工作机构应当及时通知其有关事项,并提供必要的资料。听证会参加人接到通知后,应当就有关事项进行准备,并按时出席立法听证会。经市政府法制工作机构同意,听证会参加人可以委托他人在立法听证会上代为陈述意见。

第八条　凡报名要求参加旁听的,一般应允许其参加旁听,旁听人数由市政府法制工作机构根据会场可容纳程度确定。

第九条　立法听证会应当如期举行。确需变更的,市政府法制工作机构应当事先公告并及时通知有关人员。

第十条　立法听证会按照下列程序进行:

(一)听证主持人宣布立法听证会开始,并宣布立法听证会的内容和纪律;

(二)解答人陈述意见和理由;

(三)听证会参加人在听证主持人的主持下进行发言;

(四)听证主持人宣布立法听证会结束。

第十一条　解答人应当对听证事项进行说明,并对相关问题进行解答。

第十二条　听证会参加人应当按照确定的顺序发言。

听证会参加人应当围绕听证的内容陈述自己的观点和意见,并可要求解答人就有关问题进行解答。

听证会参加人的发言不得超过规定的时间;确需延长发言时间的,应当经听证主持人同意。

第十三条　听证会参加人对解答人的发言有不同意见的,经听证主持人同意,可以进行质疑和辩论。

听证会参加人在规定的时间内未能详尽发表的意见,可以书面形式提交给市政府法制工作机构。

第十四条　旁听者有新的观点或补充性意见需要发言的,应举手示意,由听证主持人视情况安排发言。

旁听者发言的内容,必须围绕立法听证会确定的听证事项进行,并不得超过听证主持人允许发言的时间。

旁听者对有关问题有疑问或有意见、建议的,可在会后向市政府法制工作机构反映。

第十五条　听证人可以对听证会参加人、解答人提问,有关人员应当予以回答。

第十六条　立法听证会上的发言,由听证秘书进行记录、整理。

第十七条　立法听证会结束后,市政府法制工作机构应当对解答人、听证会参加人及旁听人的意见进行研究,并写出书面听证报告。

听证报告包括以下内容:

(一)立法听证会的基本情况;

(二)解答人陈述的意见和理由;

(三)听证会参加人的基本观点;

(四)立法听证会上争执的主要问题;

(五)听证人的意见和建议;

(六)其他有关内容。

第十八条　听证报告供市政府法制工作机构在审查地方性法规、政府规章草案时参考。在向市政府常务会议提交地方性法规、政府规章草案时,应作为附件一并提交。

第十九条　本规定自发布之日起施行。

交通运输法规制定程序规定

交通运输部　交通运输法规制定程序规定

交通运输部令 2016 年第 66 号

《交通运输法规制定程序规定》已于 2016 年 8 月 31 日经第 19 次部务会议通过,现予公布,自 2016 年 11 月 1 日起施行。

部长　杨传堂

2016 年 9 月 2 日

交通运输法规制定程序规定

第一章　总　则

第一条　为规范交通运输法规制定程序,保证交通运输立法质量,根据《中华人民共和国立法法》《行政法规制定程序条例》和《规章制定程序条例》,制定本规定。

第二条　交通运输法规的立项、起草、审核、审议、公布、备案、解释和废止,适用本规定。

第三条　本规定所称交通运输法规,是指调整铁路、公路、水路、民航、邮政等事项的下列规范性文件:

(一)交通运输部上报国务院审查后提交全国人民代表大会及其常务委员会审议的法律送审稿;

(二)交通运输部上报国务院审议的行政法规送审稿;

(三)交通运输部制定及交通运输部与国务院其他部门联合制定的规章。

第四条　制定交通运输法规应当遵循下列原则:

(一)贯彻党和国家的路线、方针和政策;

(二)法律送审稿不得与宪法相违背;行政法规送审稿不得与宪法、法律相违背；规章不得同宪法、法律、行政法规、国务院的决定及命令相违背；法律之间、行政法规之间、规章之间应当衔接、协调；

（三）体现和维护人民群众的根本利益，保护交通运输从业者的合法权益，促进和保障交通运输行业健康、可持续发展。

第五条 交通运输法规的名称应当准确、规范，符合下列规定：

（一）法律称"法"；

（二）行政法规称"条例""规定""办法""实施细则"；

（三）规章称"规定""办法""规则""实施细则""实施办法"，不得称"条例"。

第六条 交通运输法规应当备而不繁，结构合理，逻辑严密，条文清晰，用语准确，文字简练，具有可操作性。

法律、行政法规已经明确规定的内容，规章原则上不作重复规定。

第七条 交通运输法规根据内容需要，可以分为章、节、条、款、项、目。章、节、条的序号用中文数字依次表述，款不编号，项的序号用中文数字加括号依次表述，目的序号用阿拉伯数字依次表述。

除内容复杂的外，规章一般不分章、节。

第八条 交通运输法规制定工作由交通运输部法制工作部门（以下简称法制工作部门）归口管理，具体工作主要包括：

（一）编制和组织实施交通运输立法规划和年度立法计划，根据全国人民代表大会及其常务委员会的相关部门、国务院的相关部门要求，组织报送立法规划、年度立法计划的建议；

（二）统筹铁路、公路、水路、民航、邮政法规的起草工作，组织综合交通运输和公路、水路法规的起草工作；

（三）负责交通运输法规送审稿的审核修改和报请审议工作；

（四）负责组织配合立法机关开展法律、行政法规草案的审核修改工作；

（五）组织交通运输部规章的解释、清理、废止工作；

（六）负责交通运输部规章的公布、备案工作；

（七）负责组织实施交通运输法规后评估工作。

交通运输立法工作经费应当按照财政预算管理和使用。

第二章 立 项

第九条 交通运输部负责综合交通运输法规体系建设工作，提出综合交通运输法规体系建设的意见。

第十条 法制工作部门应当按照突出重点、统筹兼顾、符合需要、切实可行的原则,于每年年底编制下一年度的立法计划。

每年十月底前,法制工作部门应当向部内有行业管理职责的部门或者单位、国家铁路局、中国民用航空局、国家邮政局(以下统称部管国家局)征询交通运输法规的立法建议,也可以向省级交通运输主管部门征询交通运输法规的立法建议。

第十一条 部内有行业管理职责的部门或者单位、部管国家局根据职责和管理工作的实际情况,认为需要制定、修订交通运输法规的,应当按照法制工作部门规定的时间及内容要求,提出立法立项建议。

各级地方人民政府交通运输管理部门、其他单位、社会团体和个人可以向法制工作部门提出立法立项建议。

第十二条 立法立项建议的内容涉及部内多个部门、单位或者部管国家局职责的,可以由相关部门、单位或者部管国家局联合提出立项建议;对于立项建议有分歧的,由法制工作部门协调提出处理意见,仍不能达成一致意见的,报部领导决定。

第十三条 交通运输部规章的内容涉及国务院两个以上部门职权范围的事项,应当与相关部门联合制定规章。部管国家局不得与国务院部门联合制定、发布规章。

交通运输法规的内容涉及国务院其他部门的职责,或者与国务院其他部门关系紧密的,承办单位应当征求相关部门的意见,并力求协调一致。

第十四条 对涉及公民、法人和其他组织权利、义务,具有普遍约束力且反复适用的交通运输行业管理制度,应当制定交通运输法规。

第十五条 下列事项不属于交通运输法规立项范围:

(一)交通运输行政机关及所属单位的内部管理事项、工作制度及仅规范部属单位的管理性事务等;

(二)对具体事项的通知、答复、批复等;

(三)需要保密的事项;

(四)依照《中华人民共和国立法法》规定不属于交通运输法规规定的其他事项。

第十六条 立法立项建议应当包括以下内容:

(一)交通运输法规的名称;

（二）立法项目是新制定还是修订，修订形式如果是修正案的，应当予以说明；

（三）立法目的、必要性和所要解决的主要问题；

（四）立法项目的调整对象和调整范围；

（五）确立的主要制度，是否包含行政许可、行政强制等内容以及主要依据和理由；

（六）立法进度安排；

（七）立法项目承办单位和责任人；

（八）发布机关，联合发布的，需要联合发布部门的书面同意意见。

立法立项建议是由部门或者单位提出的，应当由部门或者单位主要负责人签署。

立法立项建议是由部管国家局提出的，应当由部管国家局向部行文提出。

第十七条 法制工作部门应当根据以下原则，对立法立项建议进行汇总研究，拟订交通运输部年度立法计划：

（一）是否符合交通运输部近期和年度重点工作要求；

（二）交通运输法律和行政法规的立项建议是否符合综合交通运输法规体系建设的总体要求；

（三）立法事项是否属于应当通过立法予以规范的范畴，拟规范的事项是否超出立法权限，是否属于交通运输部的法定职责范围，拟定的承办单位、发布机关是否恰当；

（四）法规之间是否相互衔接，内容有无重复交叉；

（五）立法时机是否成熟；

（六）立法计划的总体安排是否切实可行。

法制工作部门可以根据需要组织开展立法立项论证。

第十八条 立法计划分为一类立法项目和二类立法项目。

一类立法项目，是指应当在年内完成的立法项目，即法律送审稿、行政法规送审稿在年内上报国务院，规章在年内公布；已报送国务院、全国人大的，需要配合国务院法制办、全国人大相关部门开展审核修改。

二类立法项目，是指有立法必要性，不能保证年内完成，但需要着手研究起草、条件成熟后适时报审的立法项目。

第十九条 立法计划应当包括以下内容：

（一）立法项目名称；

（二）立法项目承办单位和责任人；

（三）报法制工作部门审核时间；

（四）报交通运输部部务会议（以下简称部务会议）审议时间或者上报国务院时间；

（五）其他需要列明的内容。

第二十条　交通运输部年度立法计划经主管部领导审核报部务会议审议后印发执行。

交通运输部年度立法计划是开展交通运输年度立法工作的依据，应当严格执行。承办单位应当按照立法计划规定的时间完成起草、送审工作，法制工作部门应当按照规定的时间完成审核工作。法制工作部门应当对年度立法计划执行情况进行检查、督促，并定期予以通报。

立法计划在执行过程中需要对计划内的立法项目予以调整的，立法项目的承办单位应当提出变更立法计划的建议并会商法制工作部门，报主管法制工作的部领导和分管其业务的部领导批准后，由法制工作部门对立法计划作出调整；立法项目的承办单位是部管国家局的，应当由部管国家局向部行文提出变更建议，经主管法制工作的部领导批准后，由法制工作部门对立法计划作出调整。

第三章　起　草

第二十一条　交通运输法规由立法计划规定的承办单位负责组织起草。需与有关部委联合起草的，应当同有关部委协调组织起草工作。

起草交通运输法规，可以邀请有关组织、专家参加，也可以委托有关组织、专家起草。

第二十二条　起草交通运输法规，应当遵循《中华人民共和国立法法》确定的立法原则，符合宪法和法律的规定，同时还应当符合下列要求：

（一）体现改革精神，科学规范行政行为，促进政府职能转变；

（二）符合精简、统一、效能的原则，简化行政管理手续；

（三）切实保障公民、法人和其他组织的合法权益，在规定其应当履行的义务的同时，应当规定其相应的权利和保障权利实现的途径；

（四）体现行政机关的职权和责任相统一的原则，在赋予行政机关必要职权的同时，应当规定其行使职权的条件、程序和应当承担的责任；

（五）体现交通运输事业发展和交通运输行业管理工作的客观规律；

（六）符合法定职责和立法权限；

（七）符合立法技术的要求。

第二十三条 承办单位应当落实责任人员或者根据需要成立起草小组，制定起草工作方案。

第二十四条 法制工作部门应当及时了解交通运输法规的起草情况，协助承办单位协调解决起草过程中的问题，可以与承办单位协商，提早介入交通运输法规起草工作。

第二十五条 起草交通运输法规，应当深入调查研究，总结实践经验，广泛征求有关机关、组织和公民的意见。征求意见可以采取书面征求意见、座谈会、听证会、网上公开征求意见等多种形式。涉及建立或者调整重大制度的，应当开展专项研究或者专题论证。

起草公路、水路法规应当书面征求省级交通运输主管部门的意见。

第二十六条 规章起草过程中需要举行听证会的，应当按照《规章制定程序条例》的规定执行。

第二十七条 起草的交通运输法规涉及公民、法人或者其他组织切身利益，有关机关、组织或者公民对其有重大意见分歧的，承办单位应当向社会公布，征求社会各界的意见。

承办单位应当认真研究反馈意见，并在起草说明中对意见的处理情况和理由予以说明。

对于部门间争议较大的重要交通运输法规草案，可以引入第三方评估。对于可能引发社会稳定风险的交通运输法规草案，承办单位应当进行社会稳定风险评估。

第二十八条 起草公路、水路法规，承办单位应当就草案的主要思路和核心制度向主管部领导请示；涉及重大技术、安全、规划方面管理事项的，应当根据职责的关联性，主动听取交通运输部总工程师、安全总监、总规划师的意见。

第二十九条 交通运输法规内容涉及部内多个部门、单位或者部管国家局职责的，承办单位应当征求相关部门、单位或者部管国家局的意见。经充分协商仍不能取得一致意见的，承办单位应当在起草说明中说明情况。

第三十条 承办单位应当编写起草说明。起草说明应当包括以下内容：

（一）立法目的和必要性；

（二）立法依据；

（三）起草过程；

（四）征求意见的情况、主要意见及处理、协调情况；

（五）对设定行政许可、行政强制等事项的专项论证以及规定行政许可、行政强制等事项的说明；

（六）对确立的主要制度和主要条款的说明；

（七）其他需要说明的内容。

第三十一条 承办单位应当按照立法计划确定的进度安排完成起草工作，形成送审稿，并按时送交审核。

承办单位为部内部门、单位的，送审稿应当由承办单位的主要负责人签署；涉及部内其他部门、单位职责的，应当在送审前会签；由多个部门、单位共同起草的送审稿，应当由这些部门、单位主要负责人共同签署；涉及部管国家局职责或者与部管国家局共同起草的，应当在送交审核前经部管国家局主要负责人签字确认。

第三十二条 承办单位提交送审稿时，应当一并报送起草说明和其他有关材料。

其他有关材料主要包括汇总的意见、调研报告、听证会笔录、国内外立法资料等。

第三十三条 承办单位为部内部门、单位的，送审稿、起草说明和其他有关材料以填写法规送审单的方式送法制工作部门审核。

承办单位为部管国家局的，由承办单位通过向部行文报送审核。

第四章 审 核

第三十四条 送审稿由法制工作部门统一负责审核修改。

第三十五条 法制工作部门主要从以下方面对送审稿进行初审：

（一）提交的材料是否齐备，是否符合本规定的要求；

（二）是否是立法计划安排或者报经同意后增列为立法计划的项目；

（三）是否按照本规定要求征求了有关方面的意见，并对主要意见提出了处理意见，对有关分歧意见是否经过充分协调并提出处理意见；

（四）联合发布的规章是否取得联合部门的书面同意。

经初审不具备送交审核要求的，承办单位应当按照要求完善后再送交审核。

第三十六条 法制工作部门接收送审稿后主要从以下方面对送审稿进行审核修改：

（一）是否符合本规定第四条、第二十二条的规定；

（二）对有关分歧意见的处理是否适当、合理；

（三）是否符合实际，具备可操作性。

除关系重大、内容复杂或者存在重大意见分歧外，法制工作部门应当在三个月内完成规章送审稿的审核修改。

第三十七条　由部内部门、单位起草和全面修订的规章，除国务院法制办同意等特殊情形外，法制工作部门应当将送审稿在中国政府法制信息网、交通运输部政府网站上向社会公开征求意见。

由部管国家局起草和全面修订的规章，在送审前由部管国家局在中国政府法制信息网、部管国家局政府网站上向社会公开征求意见。

法制工作部门在审核阶段对送审稿有较大修改或者调整的，应当将送审修改稿送相关部门、单位或者部管国家局征求意见；涉及重大、疑难问题的，应当召开由有关单位、专家参加的座谈会、论证会，听取意见，研究论证。

第三十八条　法制工作部门应当组织或者会同承办单位就送审稿涉及的重大、疑难问题，深入基层进行实地调查研究，听取基层有关机关、组织和公民的意见。

第三十九条　法制工作部门可以就送审稿中的有关重要法律问题和行业管理重大问题，通过部法律专家咨询工作机制，征求相关法律专家和行业管理专家的意见。

法制工作部门应当对专家咨询意见进行全面客观的整理，并提出对专家意见的处理建议。

第四十条　部内各相关部门、单位或者部管国家局对送审稿中关于管理体制、职责分工、主要管理制度等内容有不同意见的，法制工作部门应当组织协调，力求达成一致意见；不能达成一致意见的，应当将争议的主要问题、各方意见和处理建议报主管部领导进行协调。

第四十一条　法制工作部门应当认真研究各方意见，在与承办单位协商后，对送审稿进行修改，形成交通运输法规送审修改稿和对送审修改稿的说明。

第四十二条　交通运输法规送审修改稿和说明由法制工作部门主要负责人签署，承办单位为部内部门、单位的，送承办单位和相关部门、单位会签；承办单位为部管国家局的，经主要负责人签字确认，报有关部领导审核。

交通运输法规送审修改稿经部领导审核同意后，提请部务会议审议。

第五章　审议与公布

第四十三条　交通运输法规送审修改稿由部务会议审议。

部务会议审议交通运输法规送审修改稿时,承办单位为部内部门、单位的,由法制工作部门负责人对送审修改稿作说明。

承办单位为部管国家局的,由部管国家局法制工作部门负责人作起草说明,部法制工作部门负责人作审核说明。

第四十四条　部务会议审议通过的规章送审修改稿,由部长签署并以交通运输部令形式公布。

部务会议审议通过的由交通运输部主办的与国务院其他部委联合制定的规章送审修改稿,由交通运输部部长与国务院其他部门的主要领导共同签署,以联合部令形式公布,使用交通运输部令的序号。

部务会议审议通过的法律、行政法规送审修改稿,由部正式行文报国务院审查。在全国人民代表大会及其常务委员会的相关部门、国务院的相关部门审核修改过程中,由法制工作部门牵头会同部内或者部管国家局的承办单位配合开展审核修改工作。

第四十五条　经部务会议审议未通过的交通运输法规送审修改稿,由法制工作部门按照部务会议要求,会同承办单位进行修改、完善后,报部领导审核同意后再次提交部务会议审定。

第四十六条　公布规章的命令应当载明规章的制定机关、序号、规章名称、通过日期、施行日期、公布日期和签署人等内容。

第四十七条　规章公布后,应当及时在国务院公报或者部门公报和中国政府法制信息网以及《中国交通报》、交通运输部政府网站上刊登。

在国务院公报或者部门公报上刊登的规章文本为标准文本。

第四十八条　规章应当在公布之日起 30 日后施行,但是涉及国家安全以及公布后不立即施行将有碍规章施行的,可以自公布之日起施行。

第六章　备案、修订、解释和废止

第四十九条　规章应当在公布后 30 日内,由法制工作部门按照有关规定报送国务院备案。

第五十条　具有下列情形之一的,交通运输法规应当予以修订:

(一)内容与上位法矛盾或者抵触的;

（二）内容不符合党和国家路线方针政策及相关要求的；

（三）内容与交通运输行业发展形势变化或者法定职能不相符的；

（四）其他应当修订的情形。

第五十一条 规章的解释权属于交通运输部。规章的解释同规章具有同等效力。

规章有下列情形之一的，应当予以解释：

（一）规章条文本身需要进一步明确具体含义的；

（二）规章制定后出现新的情况，需要明确适用依据的。

第五十二条 规章的解释由原承办单位负责起草，由法制工作部门按照规章审核程序进行审核、修改；或者由法制工作部门起草，征求原承办单位的意见。

规章的解释报请部务会议审议或者经部领导批准后以交通运输部文件公布。

第五十三条 规章有下列情况之一的，应当予以废止：

（一）规定的事项已执行完毕，或者因情势变迁，无继续施行必要的；

（二）因有关法律、行政法规的废止或者修改，失去立法依据的；

（三）与新颁布的法律、行政法规相违背的；

（四）主要内容已不适用的；

（五）同一事项已被新公布施行的规章所代替，规章失去存在意义的；

（六）规章规定的施行期限届满的；

（七）应当予以废止的其他情形。

第五十四条 规章的废止由法制工作部门归口管理。

规章的废止可以由部内有关部门、单位、省级交通运输主管部门向法制工作部门提出，或者由部管国家局向部提出，也可以由法制工作部门直接提出。由法制工作部门直接提出的，要征求相关部门、单位或者部管国家局的意见。

第五十五条 除第五十三条第（六）项规定的情形外，废止规章应当经部务会议审议决定，以部令形式予以公布。

第七章　附　则

第五十六条 交通运输法规的清理工作由法制工作部门统一组织实施，但铁路、民航、邮政法律、行政法规清理工作由部管国家局分别负责组织实施。

第五十七条 交通运输部与部管国家局在法规制定过程中的工作联系与

行文要求,依照交通运输部与管理的国家局职责分工和工作程序的有关规定执行。

第五十八条 负责起草交通运输地方性法规、规章的交通运输主管部门,在起草过程中可以征求交通运输部的意见。

第五十九条 本规定自 2016 年 11 月 1 日起施行。交通部于 2006 年 11 月 24 日发布的《交通法规制定程序规定》(交通部令 2006 年第 11 号)同时废止。

行政法规制定程序条例

国务院中华人民共和国国务院令（第 321 号）

现公布《行政法规制定程序条例》，自 2002 年 1 月 1 日起施行。

总理　朱镕基

二○○一年十一月十六日行政法规制定程序条例

第一章　总　则

第一条　为了规范行政法规制定程序，保证行政法规质量，根据宪法、立法法和国务院组织法的有关规定，制定本条例。

第二条　行政法规的立项、起草、审查、决定、公布、解释，适用本条例。

第三条　制定行政法规，应当遵循立法法确定的立法原则，符合宪法和法律的规定。

第四条　行政法规的名称一般称"条例"，也可以称"规定"、"办法"等。国务院根据全国人民代表大会及其常务委员会的授权决定制定的行政法规，称"暂行条例"或者"暂行规定"。

国务院各部门和地方人民政府制定的规章不得称"条例"。

第五条　行政法规应当备而不繁，逻辑严密，条文明确、具体，用语准确、简洁，具有可操作性。

行政法规根据内容需要，可以分章、节、条、款、项、目。章、节、条的序号用中文数字依次表述，款不编序号，项的序号用中文数字加括号依次表述，目的序号用阿拉伯数字依次表述。

第二章　立　项

第六条　国务院于每年年初编制本年度的立法工作计划。

第七条　国务院有关部门认为需要制定行政法规的，应当于每年年初编制国务院年度立法工作计划前，向国务院报请立项。

国务院有关部门报送的行政法规立项申请,应当说明立法项目所要解决的主要问题、依据的方针政策和拟确立的主要制度。

第八条　国务院法制机构应当根据国家总体工作部署对部门报送的行政法规立项申请汇总研究,突出重点,统筹兼顾,拟订国务院年度立法工作计划,报国务院审批。

列入国务院年度立法工作计划的行政法规项目应当符合下列要求:

(一)适应改革、发展、稳定的需要;

(二)有关的改革实践经验基本成熟;

(三)所要解决的问题属于国务院职权范围并需要国务院制定行政法规的事项。

第九条　对列入国务院年度立法工作计划的行政法规项目,承担起草任务的部门应当抓紧工作,按照要求上报国务院。

国务院年度立法工作计划在执行中可以根据实际情况予以调整。

第三章　起　草

第十条　行政法规由国务院组织起草。国务院年度立法工作计划确定行政法规由国务院的一个部门或者几个部门具体负责起草工作,也可以确定由国务院法制机构起草或者组织起草。

第十一条　起草行政法规,除应当遵循立法法确定的立法原则,并符合宪法和法律的规定外,还应当符合下列要求:(一)体现改革精神,科学规范行政行为,促进政府职能向经济调节、社会管理、公共服务转变;

(二)符合精简、统一、效能的原则,相同或者相近的职能规定由一个行政机关承担,简化行政管理手续;

(三)切实保障公民、法人和其他组织的合法权益,在规定其应当履行的义务的同时,应当规定其相应的权利和保障权利实现的途径;

(四)体现行政机关的职权与责任相统一的原则,在赋予有关行政机关必要的职权的同时,应当规定其行使职权的条件、程序和应承担的责任。

第十二条　起草行政法规,应当深入调查研究,总结实践经验,广泛听取有关机关、组织和公民的意见。听取意见可以采取召开座谈会、论证会、听证会等多种形式。

第十三条　起草行政法规,起草部门应当就涉及其他部门的职责或者与其他部门关系紧密的规定,与有关部门协商一致;经过充分协商不能取得一致意见的,应当在上报行政法规草案送审稿(以下简称行政法规送审稿)时说明情况和理由。

第十四条 起草行政法规,起草部门应当对涉及有关管理体制、方针政策等需要国务院决策的重大问题提出解决方案,报国务院决定。

第十五条 起草部门向国务院报送的行政法规送审稿,应当由起草部门主要负责人签署。几个部门共同起草的行政法规送审稿,应当由该几个部门主要负责人共同签署。

第十六条 起草部门将行政法规送审稿报送国务院审查时,应当一并报送行政法规送审稿的说明和有关材料。

行政法规送审稿的说明应当对立法的必要性,确立的主要制度,各方面对送审稿主要问题的不同意见,征求有关机关、组织和公民意见的情况等作出说明。有关材料主要包括国内外的有关立法资料、调研报告、考察报告等。

第四章 审 查

第十七条 报送国务院的行政法规送审稿,由国务院法制机构负责审查。

国务院法制机构主要从以下方面对行政法规送审稿进行审查:

(一)是否符合宪法、法律的规定和国家的方针政策;

(二)是否符合本条例第十一条的规定;

(三)是否与有关行政法规协调、衔接;

(四)是否正确处理有关机关、组织和公民对送审稿主要问题的意见;

(五)其他需要审查的内容。

第十八条 行政法规送审稿有下列情形之一的,国务院法制机构可以缓办或者退回起草部门:

(一)制定行政法规的基本条件尚不成熟的;

(二)有关部门对送审稿规定的主要制度存在较大争议,起草部门未与有关部门协商的;

(三)上报送审稿不符合本条例第十五条、第十六条规定的。

第十九条 国务院法制机构应当将行政法规送审稿或者行政法规送审稿涉及的主要问题发送国务院有关部门、地方人民政府、有关组织和专家征求意见。国务院有关部门、地方人民政府反馈的书面意见,应当加盖本单位或者本单位办公厅(室)印章。

重要的行政法规送审稿,经报国务院同意,向社会公布,征求意见。

第二十条　国务院法制机构应当就行政法规送审稿涉及的主要问题,深入基层进行实地调查研究,听取基层有关机关、组织和公民的意见。

第二十一条　行政法规送审稿涉及重大、疑难问题的,国务院法制机构应当召开由有关单位、专家参加的座谈会、论证会,听取意见,研究论证。

第二十二条　行政法规送审稿直接涉及公民、法人或者其他组织的切身利益的,国务院法制机构可以举行听证会,听取有关机关、组织和公民的意见。

第二十三条　国务院有关部门对行政法规送审稿涉及的主要制度、方针政策、管理体制、权限分工等有不同意见的,国务院法制机构应当进行协调,力求达成一致意见;不能达成一致意见的,应当将争议的主要问题、有关部门的意见以及国务院法制机构的意见报国务院决定。

第二十四条　国务院法制机构应当认真研究各方面的意见,与起草部门协商后,对行政法规送审稿进行修改,形成行政法规草案和对草案的说明。

第二十五条　行政法规草案由国务院法制机构主要负责人提出提请国务院常务会议审议的建议;对调整范围单一、各方面意见一致或者依据法律制定的配套行政法规草案,可以采取传批方式,由国务院法制机构直接提请国务院审批。

第五章　决定与公布

第二十六条　行政法规草案由国务院常务会议审议,或者由国务院审批。

国务院常务会议审议行政法规草案时,由国务院法制机构或者起草部门作说明。

第二十七条　国务院法制机构应当根据国务院对行政法规草案的审议意见,对行政法规草案进行修改,形成草案修改稿,报请总理签署国务院令公布施行。

签署公布行政法规的国务院令载明该行政法规的施行日期。

第二十八条　行政法规签署公布后,及时在国务院公报和在全国范围内发行的报纸上刊登。国务院法制机构应当及时汇编出版行政法规的国家正式版本。

在国务院公报上刊登的行政法规文本为标准文本。

第二十九条　行政法规应当自公布之日起 30 日后施行;但是,涉及国家安全、外汇汇率、货币政策的确定以及公布后不立即施行将有碍行政法规施行的,可以自公布之日起施行。

第三十条　行政法规在公布后的 30 日内由国务院办公厅报全国人民代表大会常务委员会备案。

第六章　行政法规解释

第三十一条　行政法规条文本身需要进一步明确界限或者作出补充规定的,由国务院解释。

国务院法制机构研究拟订行政法规解释草案,报国务院同意后,由国务院公布或者由国务院授权国务院有关部门公布。

行政法规的解释与行政法规具有同等效力。

第三十二条　国务院各部门和省、自治区、直辖市人民政府可以向国务院提出行政法规解释要求。

第三十三条　对属于行政工作中具体应用行政法规的问题,省、自治区、直辖市人民政府法制机构以及国务院有关部门法制机构请求国务院法制机构解释的,国务院法制机构可以研究答复;其中涉及重大问题的,由国务院法制机构提出意见,报国务院同意后答复。

第七章　附　则

第三十四条　拟订国务院提请全国人民代表大会或者全国人民代表大会常务委员会审议的法律草案,参照本条例的有关规定办理。

第三十五条　修改行政法规的程序,适用本条例的有关规定。

行政法规修改后,应当及时公布新的行政法规文本。

第三十六条　行政法规的外文正式译本和民族语言文本,由国务院法制机构审定。

第三十七条　本条例自 2002 年 1 月 1 日起施行。1987 年 4 月 21 日国务院批准、国务院办公厅发布的《行政法规制定程序暂行条例》同时废止。

规章制定程序条例

中华人民共和国国务院令第 322 号

现公布《规章制定程序条例》,自 2002 年 1 月 1 日起施行。

总理　朱镕基

二○○一年十一月十六日

规章制定程序条例

第一章　总　则

第一条　为了规范规章制定程序,保证规章质量,根据立法法的有关规定,制定本条例。

第二条　规章的立项、起草、审查、决定、公布、解释,适用本条例。

违反本条例规定制定的规章无效。

第三条　制定规章,应当遵循立法法确定的立法原则,符合宪法、法律、行政法规和其他上位法的规定。

第四条　制定规章,应当切实保障公民、法人和其他组织的合法权益,在规定其应当履行的义务的同时,应当规定其相应的权利和保障权利实现的途径。

制定规章,应当体现行政机关的职权与责任相统一的原则,在赋予有关行政机关必要的职权的同时,应当规定其行使职权的条件、程序和应承担的责任。

第五条　制定规章,应当体现改革精神,科学规范行政行为,促进政府职能向经济调节、社会管理和公共服务转变。

制定规章,应当符合精简、统一、效能的原则,相同或者相近的职能应当规定由一个行政机关承担,简化行政管理手续。

第六条　规章的名称一般称"规定"、"办法",但不得称"条例"。

第七条　规章用语应当准确、简洁,条文内容应当明确、具体,具有可操作性。

法律、法规已经明确规定的内容,规章原则上不作重复规定。

除内容复杂的外,规章一般不分章、节。

第八条 涉及国务院两个以上部门职权范围的事项,制定行政法规条件尚不成熟,需要制定规章的,国务院有关部门应当联合制定规章。

有前款规定情形的,国务院有关部门单独制定的规章无效。

第二章 立 项

第九条 国务院部门内设机构或者其他机构认为需要制定部门规章的,应当向该部门报请立项。

省、自治区、直辖市和较大的市的人民政府所属工作部门或者下级人民政府认为需要制定地方政府规章的,应当向该省、自治区、直辖市或者较大的市的人民政府报请立项。

第十条 报送制定规章的立项申请,应当对制定规章的必要性、所要解决的主要问题、拟确立的主要制度等作出说明。

第十一条 国务院部门法制机构,省、自治区、直辖市和较大的市的人民政府法制机构(以下简称法制机构),应当对制定规章的立项申请进行汇总研究,拟订本部门、本级人民政府年度规章制定工作计划,报本部门、本级人民政府批准后执行。

年度规章制定工作计划应当明确规章的名称、起草单位、完成时间等。

第十二条 国务院部门,省、自治区、直辖市和较大的市的人民政府,应当加强对执行年度规章制定工作计划的领导。对列入年度规章制定工作计划的项目,承担起草工作的单位应当抓紧工作,按照要求上报本部门或者本级人民政府决定。

年度规章制定工作计划在执行中,可以根据实际情况予以调整,对拟增加的规章项目应当进行补充论证。

第三章 起 草

第十三条 部门规章由国务院部门组织起草,地方政府规章由省、自治区、直辖市和较大的市的人民政府组织起草。

国务院部门可以确定规章由其一个或者几个内设机构或者其他机构具体负责起草工作,也可以确定由其法制机构起草或者组织起草。

省、自治区、直辖市和较大的市的人民政府可以确定规章由其一个部门或者几个部门具体负责起草工作,也可以确定由其法制机构起草或者组织起草。

起草规章可以邀请有关专家、组织参加,也可以委托有关专家、组织起草。

第十四条　起草规章,应当深入调查研究,总结实践经验,广泛听取有关机关、组织和公民的意见。听取意见可以采取书面征求意见、座谈会、论证会、听证会等多种形式。

第十五条　起草的规章直接涉及公民、法人或者其他组织切身利益,有关机关、组织或者公民对其有重大意见分歧的,应当向社会公布,征求社会各界的意见;起草单位也可以举行听证会。听证会依照下列程序组织:

(一)听证会公开举行,起草单位应当在举行听证会的 30 日前公布听证会的时间、地点和内容;

(二)参加听证会的有关机关、组织和公民对起草的规章,有权提问和发表意见;

(三)听证会应当制作笔录,如实记录发言人的主要观点和理由;

(四)起草单位应当认真研究听证会反映的各种意见,起草的规章在报送审查时,应当说明对听证会意见的处理情况及其理由。

第十六条　起草部门规章,涉及国务院其他部门的职责或者与国务院其他部门关系紧密的,起草单位应当充分征求国务院其他部门的意见。

起草地方政府规章,涉及本级人民政府其他部门的职责或者与其他部门关系紧密的,起草单位应当充分征求其他部门的意见。起草单位与其他部门有不同意见的,应当充分协商;经过充分协商不能取得一致意见的,起草单位应当在上报规章草案送审稿(以下简称规章送审稿)时说明情况和理由。

第十七条　起草单位应当将规章送审稿及其说明、对规章送审稿主要问题的不同意见和其他有关材料按规定报送审查。

报送审查的规章送审稿,应当由起草单位主要负责人签署;几个起草单位共同起草的规章送审稿,应当由该几个起草单位主要负责人共同签署。

规章送审稿的说明应当对制定规章的必要性、规定的主要措施、有关方面的意见等情况作出说明。

有关材料主要包括汇总的意见、听证会笔录、调研报告、国内外有关立法资料等。

第四章 审 查

第十八条 规章送审稿由法制机构负责统一审查。

法制机构主要从以下方面对送审稿进行审查：

（一）是否符合本条例第三条、第四条、第五条的规定；

（二）是否与有关规章协调、衔接；

（三）是否正确处理有关机关、组织和公民对规章送审稿主要问题的意见；

（四）是否符合立法技术要求；

（五）需要审查的其他内容。

第十九条 规章送审稿有下列情形之一的，法制机构可以缓办或者退回起草单位：

（一）制定规章的基本条件尚不成熟的；

（二）有关机构或者部门对规章送审稿规定的主要制度存在较大争议，起草单位未与有关机构或者部门协商的；

（三）上报送审稿不符合本条例第十七条规定的。

第二十条 法制机构应当将规章送审稿或者规章送审稿涉及的主要问题发送有关机关、组织和专家征求意见。

第二十一条 法制机构应当就规章送审稿涉及的主要问题，深入基层进行实地调查研究，听取基层有关机关、组织和公民的意见。

第二十二条 规章送审稿涉及重大问题的，法制机构应当召开由有关单位、专家参加的座谈会、论证会，听取意见，研究论证。

第二十三条 规章送审稿直接涉及公民、法人或者其他组织切身利益，有关机关、组织或者公民对其有重大意见分歧，起草单位在起草过程中未向社会公布，也未举行听证会的，法制机构经本部门或者本级人民政府批准，可以向社会公布，也可以举行听证会。

举行听证会的，应当依照本条例第十五条规定的程序组织。

第二十四条 有关机构或者部门对规章送审稿涉及的主要措施、管理体制、权限分工等问题有不同意见的，法制机构应当进行协调，达成一致意见；不能达成一致意见的，应当将主要问题、有关机构或者部门的意见和法制机构的意见上报本部门或者本级人民政府决定。

第二十五条 法制机构应当认真研究各方面的意见，与起草单位协商后，对规章送审稿进行修改，形成规章草案和对草案的说明。说明应当包括制定规章拟解决的主要问题、确立的主要措施以及与有关部门的协调情况等。

规章草案和说明由法制机构主要负责人签署,提出提请本部门或者本级人民政府有关会议审议的建议。

第二十六条　法制机构起草或者组织起草的规章草案,由法制机构主要负责人签署,提出提请本部门或者本级人民政府有关会议审议的建议。

第五章　决定和公布

第二十七条　部门规章应当经部务会议或者委员会会议决定。

地方政府规章应当经政府常务会议或者全体会议决定。

第二十八条　审议规章草案时,由法制机构作说明,也可以由起草单位作说明。

第二十九条　法制机构应当根据有关会议审议意见对规章草案进行修改,形成草案修改稿,报请本部门首长或者省长、自治区主席、市长签署命令予以公布。

第三十条　公布规章的命令应当载明该规章的制定机关、序号、规章名称、通过日期、施行日期、部门首长或者省长、自治区主席、市长署名以及公布日期。

部门联合规章由联合制定的部门首长共同署名公布,使用主办机关的命令序号。

第三十一条　部门规章签署公布后,部门公报或者国务院公报和全国范围内发行的有关报纸应当及时予以刊登。

地方政府规章签署公布后,本级人民政府公报和本行政区域范围内发行的报纸应当及时刊登。

在部门公报或者国务院公报和地方人民政府公报上刊登的规章文本为标准文本。

第三十二条　规章应当自公布之日起 30 日后施行;但是,涉及国家安全、外汇汇率、货币政策的确定以及公布后不立即施行将有碍规章施行的,可以自公布之日起施行。

第六章　解释与备案

第三十三条　规章解释权属于规章制定机关。

规章有下列情况之一的,由制定机关解释:

(一)规章的规定需要进一步明确具体含义的;

（二）规章制定后出现新的情况，需要明确适用规章依据的。

规章解释由规章制定机关的法制机构参照规章送审稿审查程序提出意见，报请制定机关批准后公布。

规章的解释同规章具有同等效力。

第三十四条　规章应当自公布之日起 30 日内，由法制机构依照立法法和《法规规章备案条例》的规定向有关机关备案。

第三十五条　国家机关、社会团体、企业事业组织、公民认为规章同法律、行政法规相抵触的，可以向国务院书面提出审查的建议，由国务院法制机构研究处理。

国家机关、社会团体、企业事业组织、公民认为较大的市的人民政府规章同法律、行政法规相抵触或者违反其他上位法的规定的，也可以向本省、自治区人民政府书面提出审查的建议，由省、自治区人民政府法制机构研究处理。

第七章　附　则

第三十六条　依法不具有规章制定权的县级以上地方人民政府制定、发布具有普遍约束力的决定、命令，参照本条例规定的程序执行。

第三十七条　国务院部门，省、自治区、直辖市和较大的市的人民政府，应当经常对规章进行清理，发现与新公布的法律、行政法规或者其他上位法的规定不一致的，或者与法律、行政法规或者其他上位法相抵触的，应当及时修改或者废止。

修改、废止规章的程序，参照本条例的有关规定执行。

第三十八条　编辑出版正式版本、民族文版、外文版本的规章汇编，由法制机构依照《法规汇编编辑出版管理规定》的有关规定执行。

第三十九条　本条例自 2002 年 1 月 1 日起施行。

法规规章备案条例

（2001 年 12 月 4 日发布 2002 年 1 月 1 日实施）

第一条 为了维护社会主义法制的统一，加强对法规、规章的监督，根据立法法的有关规定，制定本条例。

第二条 本条例所称法规是指省、自治区、直辖市和较大的市的人民代表大会及其常务委员会依照法定权限和程序制定的地方性法规，经济特区所在地的省、市的人民代表大会及其常务委员会依照法定权限和程序制定的经济特区法规，以及自治州、自治县的人民代表大会依照法定权限和程序制定的自治条例和单行条例。

本条例所称规章包括部门规章和地方政府规章。部门规章是指国务院各部、委员会、中国人民银行、审计署和具有行政管理职能的直属机构（以下简称国务院部门）根据法律和国务院的行政法规、决定、命令，在本部门的权限范围内依照《规章制定程序条例》制定的规章。地方政府规章是指由省、自治区、直辖市和较大的市的人民政府根据法律、行政法规和本省、自治区、直辖市的地方性法规依照《规章制定程序条例》制定的规章。

第三条 法规、规章公布后，应当自公布之日起 30 日内，依照下列规定报送备案：

（一）地方性法规、自治州和自治县的自治条例和单行条例由省、自治区、直辖市的人民代表大会常务委员会报国务院备案；

（二）部门规章由国务院部门报国务院备案，两个或者两个以上部门联合制定的规章，由主办的部门报国务院备案；

（三）省、自治区、直辖市人民政府规章由省、自治区、直辖市人民政府报国务院备案；

（四）较大的市的人民政府规章由较大的市的人民政府报国务院备案，同时报省、自治区人民政府备案；

（五）经济特区法规由经济特区所在地的省、市的人民代表大会常务委员会报国务院备案。

第四条 国务院部门,省、自治区、直辖市和较大的市的人民政府,应当依法履行规章备案职责,加强对规章备案工作的组织领导。

国务院部门法制机构,省、自治区、直辖市人民政府和较大的市的人民政府法制机构,具体负责本部门、本地方的规章备案工作。

第五条 国务院法制机构依照本条例的规定负责国务院的法规、规章备案工作,履行备案审查监督职责。

第六条 报送国务院备案的法规、规章,径送国务院法制机构。

报送规章备案,应当提交备案报告、规章文本和说明,并按照规定的格式装订成册,一式十份。

报送法规备案,按照全国人民代表大会常务委员会关于法规备案的有关规定执行。

报送法规、规章备案具备条件的,应当同时报送法规、规章的电子文本。

第七条 报送法规、规章备案符合本条例第二条和第六条第二款、第三款规定的,国务院法制机构予以备案登记;不符合第二条规定的,不予备案登记;符合第二条规定但不符合第六条第二款、第三款规定的,暂缓办理备案登记。

对暂缓办理备案登记的,由国务院法制机构通知制定机关补充报送备案或者重新报送备案;补充或者重新报送备案符合规定的,予以备案登记。

第八条 经备案登记的法规、规章,应当及时公布法规、规章的目录。

编辑出版法规、规章汇编的范围,应当以公布的法规、规章目录为准。

第九条 国家机关、社会团体、企业事业组织、公民认为地方性法规同行政法规相抵触的,或者认为规章以及国务院各部门、省、自治区、直辖市和较大的市的人民政府发布的其他具有普遍约束力的行政决定、命令同法律、行政法规相抵触的,可以向国务院书面提出审查的建议,由国务院法制机构研究后按照规定的程序处理。

第十条 国务院法制机构对报送国务院备案的法规、规章,就下列事项进行审查:

(一)是否超越权限;

(二)下位法是否违反上位法规定;

(三)地方性法规与部门规章之间或者不同规章之间对同一事项的规定不一致,是否应当改变或者撤销一方或者双方规定;

(四)规章的规定是否适当;

（五）是否违背法定程序。

第十一条　国务院法制机构审查法规、规章时,认为需要有关的国务院部门或者地方人民政府提出意见的,有关的机关应当在期限内回复;认为需要法规、规章的制定机关说明有关情况的,有关的机关应当在期限内予以说明。

第十二条　经审查,法规同行政法规相抵触的,由国务院提请全国人民代表大会常务委员会处理。

第十三条　地方性法规与部门规章之间对同一事项的规定不一致的,由国务院法制机构提出处理意见报国务院依照立法法第八十六条第一款第（二）项的规定处理。

第十四条　经审查,规章超越权限,违反法律、行政法规规定,或者其规定不适当的,由国务院法制机构建议制定机关自行纠正;或者由国务院法制机构提出处理意见报国务院决定,并通知制定机关。

第十五条　部门规章之间、部门规章与地方政府规章之间对同一事项的规定不一致的,由国务院法制机构进行协调;经协调不能取得一致意见的,由国务院法制机构提出处理意见报国务院决定,并通知制定机关。

第十六条　对《规章制定程序条例》第二条第二款、第八条第二款规定的无效规章,国务院法制机构不予备案,并通知制定机关。

对规章在制定技术上的问题,国务院法制机构可以向制定机关提出处理意见,由制定机关自行处理。

第十七条　规章的制定机关应当自接到本条例第十四条、第十五条、第十六条规定的通知之日起 30 日内,将处理情况报国务院法制机构。

第十八条　根据本条例第十五条作出的处理结果,可以作为对最高人民法院依照行政诉讼法第五十三条送请国务院解释或者裁决的答复。

第十九条　法规、规章的制定机关应当于每年一月底前将上一年所制定的法规、规章目录报国务院法制机构。

第二十条　对于不报送规章备案或者不按时报送规章备案的,应当通知制定机关,限期报送;拒不报送的,给予通报批评,并责令限期改正。

第二十一条　省、自治区、直辖市人民政府应当依法加强对下级行政机关发布的规章和其他具有普遍约束力的行政决定、命令的监督,依据本条例的有关规定建立相关备案制度,维护社会主义法制的统一,保证法律、法规的正确实施。

第二十二条　本条例自 2002 年 1 月 1 日起施行。1990 年 2 月 18 日国务院发布的《法规、规章备案规定》同时废止。

二、法律规章备案格式

国务院法制办公室关于印发规章备案格式的通知

（2002 年 2 月 4 日）

各省、自治区、直辖市和较大的市人民政府法制机构、国务院各部委、各直属机构法制机构：

为了规范规章备案工作,统一规章备案格式,提高报备质量,根据《法规规章备案条例》的有关规定,现将规章备案的四种格式印发给你们,请各法制机构在规章公布后 30 日内,将报送国务院备案的规章备案件按照规定的内容、格式装订成册（A4 纸）,一式十份,径送国务院法制办公室。

附件:1. 部门规章备案格式

2. 部门联合规章备案格式

3. 地方政府规章备案格式

4. 年度规章目录备案格式

附件一:部门规章备案格式

中华人民共和国××部（委、行、署、局）

××规备字　号

关于《　　　　》的备案报告

国务院：

现将我部（委、行、署、局）×年×月×日公布的《　　　　》及说明一式十份报请备案。

（部、委、行、署、局印章）

×年×月×日

中华人民共和国××部（委、行、署、局）令

第×号

《　　　　》已经×年×月×日第×次部（委、行、署、局）务会议审议通过,现予公布,自×年×月×日起施行。

部门首长:（签名）

×年×月×日

（规章正文）

关于《　　　　（草案）》的说明

［注：该说明是《规章制定程序条例》第 28 条所指的部（委、行、署、局）审议规章草案时由法制机构或者起草单位所作的说明。］

附件二：部门联合规章备案格式

中华人民共和国××部（委、行、署、局）

××规备字　号

关于《　　　　》的备案报告

国务院：

　　现将我部（委、行、署、局）与××部（委、行、署、局）×年×月×日联合公布的《　　　》及说明一式十份报请备案。

（主办部、委、行、署、局印章）

×年×月×日

中华人民共和国××部（委、行、署、局）令

中华人民共和国××部（委、行、署、局）

第×号

　　《　　　　》已经×年×月×日××部（委、行、署、局）第×次部（委、行、署、局）务会议和×年×月×日××部（委、行、署、局）第×次部（委、行、署、局）务会议审议通过，现予公布，自×年×月×日起施行。

部门首长：（签名）

部门首长：（签名）

×年×月×日

（规章正文）

关于《　　　　（草案）》的说明

［注：该说明是《规章制定程序条例》第 28 条所指的部（委、行、署、局）审议规章草案时由法制机构或者起草单位所作的说明。］

附件三：地方政府规章备案格式

××省（自治区、直辖市、市）人民政府

××府规备字 号

关于《 》的备案报告

国务院：

现将我省(自治区、直辖市、市)×年×月×日公布的《 》及说明一式十份报请备案。

(省、自治区、直辖市、市人民政府印章)

×年×月×日

××省(自治区、直辖市、市)人民政府令

第×号

《 》已经×年×月×日省(自治区、市)人民政府第×次全体(常务)会议审议通过，现予公布，自×年×月×日起施行。

省长(自治区主席、市长):(签名)

×年×月×日

(规章正文)

关于《 (草案)》的说明

[注:该说明是《规章制定程序条例》第28条所指的省(自治区、直辖市、市)人民政府审议规章草案时由法制机构或者起草单位所作的说明。]

附件四:年度规章目录备案格式

××部(委、行、署、局)或者××省(自治区、直辖市、市)××年度规章目录

填表时间: 年 月 日

序 号 规章名称及公布日期

《 》 (年 月 日)

《 》 (年 月 日)

《 》 (年 月 日)

《 》 (年 月 日)

《 》 (年 月 日)

填表单位:(印章)

[注:年度规章目录请于第二年1月31日前径送国务院法制办公室]

工商行政管理规章制定程序规定

（2008 年 9 月 1 日国家工商行政管理总局令第 34 号公布
自 2008 年 10 月 1 日起施行）

第一章　总　则

第一条　为了规范工商行政管理规章的制定程序，保证规章质量，提高立规效率，促进依法行政，根据《中华人民共和国立法法》《规章制定程序条例》《法规规章备案条例》和《法规汇编编辑出版管理规定》，结合工商行政管理规章制定工作实际，制定本规定。

第二条　本规定所称工商行政管理规章（以下简称规章），是指国家工商行政管理总局（以下简称工商总局）为履行其市场监管与行政执法职责，根据法律、行政法规和国务院有关决定、命令，在本部门的权限范围内制定的，或者与国务院有关部门在各自权限范围内联合制定的，以工商总局令的形式公布的规范性文件。

第三条　规章的立项、起草、审查、审议、公布、备案、解释、修改、废止、汇编和翻译等，适用本规定。

第四条　工商行政管理规章由工商总局制定。工商总局、地方工商行政管理局制定的其他规范性文件不得与规章相抵触。

第五条　规章的名称一般称"规定"、"办法"或者"实施细则"，但不得称"条例"。

第六条　制定工商行政管理规章，应当遵循下列原则：

（一）国家法制统一原则；

（二）依照法定职权和程序制定原则；

（三）职权和责任相一致原则；

（四）维护公民、法人和其他组织合法权益原则；

（五）保障行政机关依法行使职权原则。

第七条 制定工商行政管理规章应当坚持科学立法、民主立法,做到结构严谨,内容完备,形式规范,条理清晰,用词准确,文字简洁,具有可操作性。

第八条 工商行政管理规章规定的事项应当属于执行法律、行政法规及国务院有关决定、命令的事项,其内容不得与上位法相抵触。

在上位法设定的行政许可、行政处罚、行政收费、行政强制措施等事项范围内,对实施上述事项作出具体规定的,一般应当制定规章。

法律、行政法规尚未规定的,需要对违反行政管理秩序的行为设定警告或者一定数量罚款的,应当制定规章。

第九条 工商总局法规司为工商总局的法制机构(以下简称法制机构),承担组织规章的起草、审查、备案、解释、修改、废止、汇编、翻译等具体工作。

第二章 立项、规划与计划

第十条 工商总局根据国家经济发展情况及市场监管工作的需要,每三年编制一次规章制定工作规划,每年年初编制年度规章制定工作计划,确定需要制定、修订规章的项目。

第十一条 工商总局内设机构认为需要制定、修订规章的,应当在每年 12 月 15 日前,向法制机构提出立项申请。

立项申请应当说明制定规章的必要性、可行性,制定规章的基本思路和拟解决的主要问题、拟确立的主要制度以及起草部门、项目负责人、项目承办人、进度安排、完成时间等内容。

第十二条 法制机构负责对立项申请进行审查,拟定年度规章制定工作计划草案,在征求各内设机构、地方工商行政管理局意见后,提请工商总局局务会审议通过。

第十三条 年度规章制定计划应当严格执行。法制机构负责对计划执行情况进行检查、督促,并通报计划执行情况。

第十四条 年度规章制定工作计划可以根据实际情况予以调整。拟增加的规章制定项目,由相关部门提出申请,经法制机构审查,报工商总局领导同意后列入当年规章制定工作计划。

第三章 起 草

第十五条 工商总局各内设机构负责其职责范围内的规章起草工作。规章内容复杂、涉及若干内设机构的,工商总局可以确定由其中一个部门负责组织起草。综合性规章,由法制机构负责起草。特别重要的综合性规章,由工商总局组织成立专门的工作小组负责起草。

第十六条　起草部门应当定期向法制机构书面报告起草工作进展情况。

起草部门应当按照年度规章制定工作计划如期完成起草工作;不能如期完成的,应当向工商总局领导报告情况,说明原因,并将有关情况书面通报法制机构。

对于立规技术难度大、时间要求紧迫的立规项目,经起草部门申请,法制机构可以派员参与起草工作,提供专业支持。

第十七条　起草部门可以邀请地方工商行政管理局、相关单位以及有关专家、研究机构参与起草工作,也可以委托有关专家或者组织起草。

起草部门拟委托有关专家、研究机构承担起草任务的,应当商法制机构后报总局领导批准。未经批准,不得将起草工作委托给其他单位或者个人。

第十八条　在起草过程中,起草部门可以根据实际情况进行立法调研,了解实践中存在的问题,研究国内外的先进经验。起草部门开展立法调研的,应当制作书面报告。

规章内容涉及一般性问题的,起草部门应当组织召开座谈会,听取有关机关、组织和管理相对人的意见。涉及重大法律问题或者特殊专业技术问题的,应当召开论证会,听取有关方面专家或者其他专业人员的意见。起草的规章直接涉及公民、法人和其他组织切身利益,有关机关、组织或者公民对其有重大意见分歧的,应当向社会公布,征求社会各界的意见;起草部门也可以举行听证会。起草部门召开座谈会、论证会、听证会的,应当制作书面报告。

第十九条　规章内容涉及工商总局其他内设机构工作或者与其他部门关系密切的,起草部门应当充分征求相关部门的意见,并主动协调;无法协调一致的,应当在规章送审稿的起草说明中说明情况和原因。

规章内容涉及地方工商行政管理局、相关单位职责或者与其关系密切的,起草部门应当充分征求地方工商行政管理局、相关单位的意见。

第二十条　规章内容涉及国务院其他部门职责需要对外征求意见,或者需要征求全国人民代表大会常务委员会有关部门、国务院法制机构意见,或者需要对外立法协调的,由法制机构会同起草部门办理。

国务院其他部门起草的部门规章内容涉及工商总局职责或者与工商总局关系密切,需要征求工商总局意见的,由法制机构会同有关内设机构办理。

第二十一条　起草规章应当注意与现行规章的衔接。新起草的规章拟取代现行规章的,应当在草案中写明拟废止的规章及依据其制定的规范性文件的名称、文号;新起草的规章对现行规章部分内容予以修改的,应当在草案中写明所修改的规章的名称、文号、条目或者内容,涉及的相关规范性文件,也应一并列明。

第二十二条　规章起草完毕后,起草部门应当制作规章送审稿及其起草说明。规章送审稿及其起草说明经起草部门负责人签署后报送法制机构审查。几个部门共同起草的,应当由起草部门负责人共同签署后报送法制机构审查。

第二十三条　报送规章送审稿时,起草部门应当提交下列文件和材料:

(一)报送审查的报告;

(二)规章送审稿正文及其电子文本;

(三)规章送审稿起草说明及其电子文本;

(四)有关法律、行政法规和国务院有关决定、命令依据;

(五)其他有关材料,例如:汇总的意见、调研报告、座谈会、论证会、听证会笔录和报告、国内外相关立法资料。

第二十四条　规章送审稿起草说明应当包括以下内容:

(一)拟规范事项的现状和主要问题;

(二)起草规章的指导思想与宗旨;

(三)规定的主要措施及其法律法规依据;

(四)对所征求意见的吸收或者处理情况;

(五)需要说明的其他问题。

第二十五条　规章送审稿一般包括如下内容:

(一)制定的目的和依据;

(二)适用范围;

(三)主管机关或者部门;

(四)适用原则;

(五)具体管理措施和办事程序;

(六)行政机关与相对人的权利和义务关系;

(七)法律责任;

(八)施行日期;

(九)其他需要规定的内容。

第二十六条　规章送审稿不符合本规定第二十三条、第二十四条、第二十五条要求的,法制机构可以要求起草部门在 15 日内补充相关材料。

第四章 审 查

第二十七条 规章送审稿由法制机构负责统一审查,审查内容包括:

(一)是否符合本规定第六条规定的原则;

(二)是否符合规章制定的法定权限和程序;

(三)是否符合上位法的有关规定;

(四)是否与有关规章协调、衔接;

(五)是否正确处理了有关机关、部门、组织和个人对规章送审稿的不同意见;

(六)是否符合立法技术要求;

(七)需要审查的其他内容。

第二十八条 法制机构可以书面征求有关部门对规章送审稿的意见,也可以根据需要将规章送审稿发送有关组织和专家征求意见。

规章送审稿内容涉及重大问题的,法制机构应当召开由有关组织、专家参加的座谈会、论证会,听取意见,研究论证。

规章送审稿内容直接涉及公民、法人或者其他组织切身利益,存在重大意见分歧,起草部门在起草过程中未向社会公布,也未举行听证会的,经工商总局批准,法制机构可以向社会公开征求意见,也可以举行听证会。

第二十九条 有关单位或者部门对规章送审稿涉及的主要措施、管理体制、权限分工等问题有不同意见的,法制机构应当进行协调,力求达成一致意见;不能达成一致意见的,法制机构应当在审查报告中明确说明,报请工商总局局务会决定。

第三十条 规章送审稿有下列情形之一的,法制机构可以予以缓办或者退回起草部门:

(一)不符合起草规章的基本原则的;

(二)制定规章的条件尚不成熟的;

(三)设定的主要制度存在较大争议,或者缺乏实践基础的;

(四)规章内容涉及有关部门,起草部门未与有关部门进行协商的;

(五)规章的结构或者内容存在重大缺陷的;

(六)送审稿所附材料不齐全的;

(七)未按规定程序办理的;

（八）其他不宜报送工商总局局务会审议的情况。

被缓办或者退回的规章送审稿经起草部门修改、符合报审条件的，可按规定程序重新报送法制机构审查。

第三十一条 法制机构综合各方面的意见，对规章送审稿提出审查意见。起草部门应当根据法制机构的审查意见，对送审稿进行补充与修改，形成规章草案。

法制机构对规章草案进行审查，提出审查报告，报送起草部门分管局长、法制机构分管局长审批同意，并提请工商总局局务会审议。

第五章　审议、公布与备案

第三十二条 规章应当由工商总局局务会审议决定。

审议规章草案时，法制机构负责人就审查情况进行说明，起草部门负责人对规章草案作起草说明。

第三十三条 规章草案经工商总局局务会审议后，法制机构会同起草部门根据审议中提出的修改意见对草案进行修改，形成草案修改稿，由法制机构报请工商总局局长签署命令，予以公布。

对审议中存在重大分歧意见未予通过的草案，由起草部门根据工商总局局务会要求，会同法制机构、有关内设机构和有分歧意见的部门再次协调、讨论，提出修改稿，经法制机构审查后，由法制机构提交工商总局局务会再次审议。

第三十四条 工商总局与国务院其他部门联合发布的规章应当在草案经工商总局局务会通过并由工商总局局长签发后，送联合发布的部门会签。

由国务院其他部门主办并与工商总局联合发布的规章应当在经过法制机构的审查后，经工商总局局务会通过，由工商总局局长及联合制定部门的行政首长共同署名公布，使用主办机关的命令序号。

第三十五条 公布规章的命令应当载明该规章的制定机关、序号、规章名称、通过日期、施行日期、工商总局局长署名及公布日期。

第三十六条 规章签署公布 20 日内，法制机构应当在工商总局网站、《中国工商报》上发布以及其他方便公众周知的途径及时发布。

第三十七条 规章应当自公布之日起 30 日后施行，但公布后不立即施行将对市场秩序造成严重影响或者将有碍规章施行的，可以自公布之日起施行。

第三十八条 规章签署后 30 日内，由法制机构按照立法法和《法规规章备案条例》的规定向国务院法制机构办理规章备案手续。

第六章　解释、修改与废止

第三十九条　规章解释权属于工商总局,工商总局内设机构、地方工商行政管理局无权对规章进行解释。规章有下列情况之一的,由工商总局解释:

（一）规章的规定需要进一步明确具体含义的;

（二）规章制定后出现新的情况,需要明确适用规章依据的。

地方工商行政管理局可以按照公文处理有关规定逐级提出规章解释申请;公民、法人和其他组织可以向工商总局提出规章解释建议。

规章解释一般由规章的原起草部门起草,也可以由法制机构起草。由原起草部门起草的,起草完毕后应当连同起草说明一并报法制机构参照规章送审稿审查程序提出意见,报请工商总局局务会审议后公布。

规章解释与规章具有同等效力。

第四十条　规章有下列情况之一的,应予修改:

（一）因有关法律、行政法规等依据修正或者废止,应作相应修改的;

（二）基于国家政策或者实际的需要,有必要增减内容的;

（三）规定的主管机关或者执行机关发生变更的;

（四）同一事项在两件以上规章中规定不相一致的;

（五）其他需要修改的情形。

第四十一条　规章有下列情况之一的,应予废止:

（一）因有关法律、行政法规等依据废止或者修改,失去立法依据的;

（二）规定的事项已执行完毕,或者因情势变迁,无继续施行必要的;

（三）同一事项已被新规章规定,并发布施行的;

（四）规章规定的施行期限届满的;

（五）其他情形。

第四十二条　规章的修改、废止,一般由规章的起草部门提出,也可以由法制机构提出。起草部门与法制机构协商并将协商意见上报后,参照规章制定的有关规定办理。

规章修改后,应当及时发布新的规章文本。

第七章　清理、汇编与翻译

第四十三条　法制机构应当在每年第一季度对上一年度工商行政管理机

关公布的规章和有关规范性文件进行清理。

第四十四条 法制机构应当在每年上半年按照《法规汇编编辑出版管理规定》,在行政法规和规范性文件清理的基础上,完成上一年度的《工商行政管理法规汇编》编辑工作,《工商行政管理法规汇编》应包括以下内容:

(一)全国人民代表大会及其常务委员会审议通过的涉及工商行政管理工作的法律和法律性文件等;

(二)国务院公布的涉及工商行政管理工作的行政法规和法规性文件等;

(三)国家工商总局公布或者与国务院有关部门联合公布的规章和规范性文件;

(四)国务院有关部门公布的与工商行政管理工作密切相关的规章;

(五)司法部门公布的涉及工商行政管理工作的司法解释等;

(六)其他确有必要收入的文件。

国家工商总局法制机构编辑出版的工商行政管理规章汇编,是国家工商总局出版的法规汇编正式版本。任何组织和个人不得违反《法规汇编编辑出版管理规定》,擅自出版工商行政管理法规汇编。

第四十五条 规章需要翻译正式英文译本的,由起草部门在起草说明中予以说明,或者由法制机构在审查报告中向工商总局局务会提出建议,由工商总局局务会决定。

规章的英文正式译本由法制机构负责组织翻译、审定,起草部门和外事部门予以协助,必要时可以聘请相关专业组织或者人员协助。

规章的翻译、审定工作应当在规章公布之日起 90 日内完成。

第八章 附 则

第四十六条 工商总局向国务院提出有关法律、行政法规的立法建议,报送法律、行政法规的立法规划、计划项目建议,由法制机构负责。

国务院委托工商总局起草法律、行政法规建议稿的程序,参照本规定的有关规定执行,组织起草、协调工作由法制机构负责。

工商总局起草的行政法规的翻译工作,或者工商总局作为主要起草部门起草的行政法规经商定由工商总局负责翻译的,其程序参照本规定第四十五条执行。

第四十七条 工商总局各内设机构起草的规范性文件,经工商总局领导决定,其制定程序可参照本规定执行。

各内设机构起草的规范性文件,应当自公布之日起 15 日内报法制机构备案。

第四十八条　制定规章所需经费,按照工商总局的有关规定执行。

第四十九条　本规定自 2008 年 10 月 1 日起施行。

科学技术部规章制定程序的规定

（2003 年 8 月 4 日科学技术部令第 8 号公布）

第一章 总 则

第一条 为了规范规章制定工作,提高工作效率,保证规章质量,根据《中华人民共和国立法法》和国务院《规章制定程序条例》的有关规定,结合科学技术部实际情况,制定本规定。

第二条 科学技术部规章的制定、发布、解释、修改和废止等工作应当依照本规定。

第三条 本规定所称"规章",是指根据法律、法规和国务院的决定、命令,在科学技术部的职权范围内,由科学技术部或者科学技术部会同国务院有关部、委、局按规定程序制定,以科学技术部令形式发布的,用以规范科技管理工作、调整科技行政管理关系、具有普遍约束力的规范性文件。按其内容不同分别称"规定"、"办法"等。

对某一方面的行政工作所作的比较全面、系统的规范,称"规定";对某一项行政工作所作的比较具体的规范,称"办法"。

工作规则、规程、标准、工作说明及图表、实施方案等规范性文件可以作为规章的附件或者单独发布,其效力由规章规定。

第四条 下列文件不属于规章,不得以科学技术部令的形式发布:

(一)不具有普遍约束力或者规范性的政策性文件;

(二)内部工作规则、具体工作制度;

(三)对具体事项的布告、公告、通知以及行政处理决定;

(四)不具有普遍约束力或者规范性的其他文件。

第二章 规章制定规划与年度计划

第五条 根据国家科技事业发展和科技工作的需要编制科学技术部规章

制定规划和年度计划。

第六条　规章制定规划和年度计划由科学技术部法制机构(以下简称法制机构)组织制定和执行。

第七条　编制规章制定规划和年度计划,应在上一年年底以前拟订,由部内各单位提出规章制定建议,经法制机构汇总研究后,报部务会审定。

对于未列入年度计划,根据实际工作需要又必须制定的规章,经部务会审定后,可以作为补充项目实施。

第八条　规章制定建议应当包括以下内容:

(一)名称;

(二)制定目的、依据和有关背景说明;

(三)参考大纲或者参考文本;

(四)进度安排;

(五)主要起草单位、参加单位的建议。

第三章　规章的起草

第九条　规章由业务主管单位负责起草。与多个单位的业务有关的规章,由主办单位牵头、有关单位共同参加起草。

法制机构在法律规范化方面进行指导。对于综合性、法律性较强以及其他重要的规章,可以由法制机构牵头起草。

第十条　起草规章包括起草规章草案和规章草案的说明。

规章草案一般应当包括:制定宗旨和依据、适用范围、基本原则、管理机关、工作程序和具体规范、奖惩规定、施行日期等。规章草案的每条内容应有提示语,简要说明本条内容。

规章草案的说明主要包括:制定规章的必要性、宗旨和依据、指导思想和原则、起草过程、主要内容、实施和执行以及其他问题等。

第十一条　规章应当结构严谨、条理清晰、用词准确、文字简练规范、标点符号正确。

起草规章,应当注意与有关行政法规、规章的衔接和协调。

起草规章,应当对内容相同的现行规章进行清理。如果现行规章将被起草的规章所代替,必须在规章草案中写明予以废止。

第十二条　规章的内容分条文书写,冠以"第几条"字样,每条应当包含一项规则,可以分设款、项、目。款不冠数字,项冠以(一)、(二)、(三)等数字,目冠以1、2、3等数字。条、款、项、目均应当另起一行空二字书写。

规章内容繁杂或者条文较多的，可以分章、节。必要时，可以有目录、注释、附录、索引等附加部分。

第十三条 起草单位在起草过程中应当征求部内有关单位和专家的意见，必要时并应当征求地方科技行政管理部门、科研机构等方面的意见。涉及国务院其他部门的职责或者与其他部门关系紧密的，还应当征求有关部门的意见。根据需要，起草单位可以组织专家对规章草案的内容进行论证。

起草单位根据征求意见和专家论证的情况，对规章征求意见稿进行修改，形成规章草案送审稿。经过协商不能取得一致意见或对重要意见未予采纳的，应当在报送规章草案送审稿时说明情况和理由。

第十四条 规章草案定稿后，起草单位应当将送审报告、规章草案送审稿及其说明、各方面的意见及采纳情况，以及其他有关材料在提交部务会审议前正式报送法制机构审查。

报送审查的规章草案送审稿，应当由起草单位主要负责人签署；几个起草单位共同起草的规章送审稿，应当由参与起草的单位主要负责人共同签署。

规章草案送审稿的说明应当包括制定规章的背景和必要性、规定的主要措施等。

有关材料主要包括汇总的意见、听证会笔录、调研报告、国内外相关立法资料等。

第四章　规章的审查

第十五条 规章草案送审稿由法制机构负责统一审查。

第十六条 法制机构主要从以下方面对规章草案送审稿进行审查：

（一）是否符合宪法、法律、行政法规和其他上位法的规定，是否与有关规章协调、衔接；

（二）是否符合本规定第三条、第四条的规定；

（三）是否正确处理有关单位、组织和公民对规章送审稿主要问题的意见；

（四）是否符合立法技术要求；

（五）需要审查的其他内容。

第十七条 法制机构在审查中，认为需要进一步征求意见的，可以将规章草案送审稿或者规章草案送审稿涉及的主要问题发送有关单位、组织和专家征求意见，并可以根据需要深入基层进行实地调查研究。

规章草案送审稿直接涉及公民、法人或者其他组织切身利益,有关单位、组织或者公民对其有重大意见分歧的,经主管部长批准,法制机构可以向社会公布或者举行听证会征求社会各界的意见。

第十八条 规章草案送审稿有下列情况之一的,由法制机构商起草单位予以修改:

(一)内容与法律、行政法规、规章相抵触的;

(二)不符合本规定第十条、第十一条和第十二条关于内容和形式要求的;

(三)不符合本规定第十三条关于程序的规定的;

(四)有关方面意见分歧大,需要作较大调整的;

(五)条文内容不明确,适用性、可操作性差的。

第十九条 规章草案送审稿有下列情况之一的,法制机构可以缓办或者退回起草单位:

(一)制定规章的基本条件尚不成熟的;

(二)有关机构或者部门对送审稿规定的主要制度存在较大争议,起草单位未与有关机构或者部门协商的;

(三)上报送审稿不符合本规定第十四条规定的。

第二十条 规章草案送审稿经法制机构审查通过后,形成报部务会审议的规章草案和对草案的说明以及提请部务会审议的建议。

第二十一条 法制机构起草或者组织起草的规章草案,由法制机构主要负责人签署,提出提请部务会审议的建议。

第五章 规章的审议和公布

第二十二条 规章应当经部务会会议审议决定。

部务会审议规章草案时,由起草单位负责人或者法制机构负责人在会议上作起草说明。

部务会原则同意规章草案内容,并明确提出具体修改意见的,经起草单位和法制机构协商修改送各自主管部长核批后,报部长签署命令发布。部务会提出重大问题或者需要作大量修改的,经起草单位和法制机构论证、修改后,再次提交部务会审定。

第二十三条 规章草案通过或批准后,由法制机构起草科学技术部令,报部长签署命令,公布规章。

第二十四条 科学技术部令应当载明序号、规章名称、通过日期、施行日期、部长署名以及公布日期。

科学技术部联合国务院其他部门制定的联合规章，由科学技术部和其他部门首长共同签署公布。

第二十五条 规章签署公布后应当及时在科学技术部公报和国务院公报上刊登，并应当在《科技日报》和科学技术部网站上刊登。

第二十六条 规章应当自公布之日起三十日后施行。但是，涉及国家安全或者其他重大事项以及公布后不立即施行将有碍规章施行的，可以自公布之日起施行。

第六章 规章的备案和解释

第二十七条 自科学技术部令发布之日起三十日内，法制机构依照《立法法》和《法规规章备案条例》的规定向国务院备案。

第二十八条 规章以及授权科学技术部解释的行政法规，由法制机构负责组织解释的起草工作。解释的内容需要与部内其他单位或国务院其他部委协商的，应当共同商定。

规章解释和对行政法规的解释应以书面形式进行，经部务会或部长审定后发布。

第七章 规章的修改和废止

第二十九条 规章的修改包括修订和修正。

对规章进行全面的修改，应当采取修订的形式。

规章有下列情况之一需要修改的，应当采取修正的形式：

（一）基于政策或事实的需要，有必要增减内容的；

（二）因有关法律、行政法规的修正或者废止而应作相应修改的；

（三）规定的主管机关或者执行机关发生变更的；

（四）同一事项在两个以上规章中有规定并且规定不一致的；

（五）其他需要修改的情形。

第三十条 规章有下列情况之一的，应予废止：

（一）规定的事项已执行完毕，或者因情势变迁，无继续施行必要的；

（二）因有关法律、行政法规的废止或者修订，失去立法依据的；

（三）对同一事项已作出新规定的；

（四）规章规定的施行期限届满的。

第三十一条　规章的修改、废止，应当经法制机构审核，报部务会通过，由部长签署命令，予以公告。但因第三十条第三项和第四项废止的规章除外。

依前款程序废止的规章，自废止令发布之日起失效。

第八章　附　则

第三十二条　国务院其他部门会同科学技术部制定联合规章，涉及科学技术部职能范围的部分，其起草、审查、审议、公布等工作参照本规定执行。

第三十三条　国务院立法规划和计划中规定由科学技术部起草的法律、行政法规的起草工作，参照本规定执行。

法制机构会同部内有关单位组织法律、行政法规的起草工作。

第三十四条　全国人大常委会和全国人大各专门委员会、国务院及国务院各部、委、直属机构征求科学技术部对法律、行政法规、规章草案意见的，由法制机构综合有关单位的意见后复函。涉及重大问题或者重要事项的，报主管部长或部长审定后回复。

第三十五条　法制机构负责有关法律、行政法规和规章的编纂、汇编工作。

第三十六条　本规定自发布之日起施行。1988 年 12 月 27 日发布的《国家科学技术委员会行政法规、规章发布办法》、1990 年 8 月 5 日发布的《国家科委规章制定程序的规定》即行废止。

南京市政府规章制定程序规定

（2003 年 1 月 2 日南京市人民政府常务会议审议通过
2003 年 1 月 13 日南京市人民政府令第 211 号公布
自 2003 年 3 月 1 日起施行）

第一章 总 则

第一条 为了规范本市政府规章的制定程序，增强立法的民主性和透明度，保证政府规章的制定质量，推动公共服务型政府的建设和促进依法行政，根据《中华人民共和国立法法》和国务院《规章制定程序条例》等法律、法规，结合本市实际，制定本规定。

第二条 本规定所称政府规章（以下简称规章）是指本市政府根据法律、法规，按照规定程序制定，以市政府令形式公布，用以规范行政行为，调整行政机关与公民、法人或者其他组织之间关系，适用于本市行政区域内、具有普遍约束力的规范性文件。

规章的名称可以称规定、办法、规则、实施细则等，但不得称条例。

第三条 本市规章的立项、起草、审查、决定、公布、备案、解释，应当遵守本规定。

制定规章应当符合《中华人民共和国立法法》规定的基本原则和国务院《规章制定程序条例》的有关规定。

第四条 南京市人民政府法制办公室（以下称市政府法制办）是本市政府的法制工作机构，具体负责规章制定工作，履行下列职责：

（一）负责编制规章制定年度计划草案；

（二）组织起草、审查、修改、协调、论证规章草案；

（三）组织协调、论证规章的修改、废止工作；

（四）具体承办规章的解释工作；

（五）法律、法规规定的其他职责。

各区、县政府和市政府各部门应当按照职责分工,协助市政府法制办共同做好规章草案的起草和论证工作。

第五条　区、县政府及市政府各部门应当重视规章的制定工作,对政府规章的起草、审查、协调、论证和发布工作给予必要的支持。

第二章　立　项

第六条　区、县政府和市政府各部门,可以向市政府提出制定规章项目的建议。提出规章制定项目建议,应当向市政府法制办提交下列材料:

(一)制定的目的、依据、拟确定的主要制度、有关背景材料及说明;

(二)起草单位和相关单位;

(三)其他需说明的事项。

已经草拟规章送审稿的,还应当同时提交文本一式三份;报送前已征求相关部门和单位意见的,还应当同时报送相关部门和单位的意见和修改建议。

第七条　本市其他机关、团体、企事业单位和公民个人可以提出制定规章的立项建议。建议应当以书面形式向市政府及其有关部门及区、县政府或者市政府法制办提出。

向市、区、县政府提出的建议由市政府法制办答复;向市政府有关部门提出的建议由该部门会同市政府法制办答复。

第八条　市政府法制办应当根据实际工作需要,在广泛听取和认真研究社会各方面意见的基础上,于每年年底以前拟订下一年度规章制定年度计划草案,经市政府审议通过后以政府文件印发执行。

规章制定年度计划应当明确规章的名称、起草单位、完成时间等。

第九条　规章制定年度计划的立法项目分为制定项目和调研项目。制定项目是指经论证、比较成熟的当年上报市政府常务会议审议的项目。调研项目是指当年进行调研、论证,待条件成熟时,提交市政府常务会议审议的项目。

第十条　有下列情况之一的,不得列入规章制定年度计划:

(一)法律、法规等上位法已经有明确规定,不需要重新制定的;

(二)通过制定规章保护部门利益或者有地方保护主义倾向的;

(三)属于部门职责事项,通过制定规范性文件即可调整的;

(四)其他尚不具备制定规章条件的。

第十一条　规章制定年度计划由市政府法制办负责组织实施和监督执行。市政府法制办在组织实施过程中可以根据工作需要,提出调整计划的建议,报市政府批准。

第十二条 区、县政府和市政府各部门可以根据实际工作需要临时提出制定规章的要求,经市政府同意后,由市政府法制办予以立项。

第三章 起 草

第十三条 规章送审稿由报送该项目的区、县政府或市政府部门负责起草。

主要内容涉及两个以上区、县政府或者市政府部门职责的规章送审稿,由有关区、县政府或者市政府部门联合起草。

有下列情形之一的规章送审稿,可以由市政府法制办直接起草或者组织起草,市政府法制办也可根据情况委托有关机构或者专家组织起草,相关部门应当给予充分配合:

(一)有重大社会影响的;

(二)涉及重大行政管理事项的;

(三)主要内容涉及两个以上区、县政府或者市政府部门的职责,但联合起草有困难的;

(四)不能明确具体职能部门的。

第十四条 起草规章,应当深入调查研究,广泛听取有关单位、专家及公民的意见。听取意见可以采取书面征求意见、座谈会、论证会、听证会等多种形式。

对直接涉及公民、法人或者其他组织切身利益的,可以向社会公布,征求社会各界的意见。有关机关、组织或者公民对其有重大意见分歧的,起草单位也可以举行听证会。

听证会依照下列程序组织:

(一)听证会公开举行,起草单位应当在举行听证会的 30 日前公布听证会的时间、地点和内容;

(二)参加听证会的有关机关、组织和公民对起草的规章,有权提问和发表意见;

(三)听证会应当制作笔录,如实记录发言人的主要观点和理由;

(四)起草单位应当认真研究听证会反映的各种意见,起草的规章在报送审查时,应当说明对听证会意见的处理情况及其理由。

第十五条 规章送审稿内容一般应包括制定目的、法律依据、适用范围、主管部门、具体规范、法律责任、施行日期等。

第十六条　起草规章送审稿,应当注意与相关法律、法规和规章的衔接。如果原有的规章已被新起草的规章所代替,须在新起草的规章中明确予以废止。

第十七条　规章的内容应当用条文表述。条为基本单位,在整部规章中连续编号。条以下可以分款、项、目。款不冠数字,项和目冠以数字。内容较复杂的,可以分章、节。

规章送审稿应当结构严谨,条理清晰,用语准确、简练,条文明确、具体,具有可操作性。

第十八条　法律、法规、省政府规章已经明确规定的内容,规章送审稿原则上不作重复规定。

第十九条　起草规章送审稿时,应当同时拟写起草说明,起草说明应包括以下内容:

(一)制定规章的必要性;

(二)起草的基本经过;

(三)确立的主要制度和措施;

(四)涉及的行政许可事项、收费事项、处罚种类、强制措施;

(五)需解决的主要问题;

(六)有关方面的意见及处理情况;

(七)外地同类立法情况;

(八)其他需要说明的问题。

第二十条　在规章送审稿起草过程中,市政府法制办可以提前介入,了解起草情况,参与调研、论证,并提出建议和意见。

第二十一条　规章送审稿起草工作完成后,起草单位应当向市政府报送规章送审稿。报送的规章送审稿应当由起草单位主要负责人签署,两个以上单位联合报送的,由各单位的主要负责人共同签署。

报送规章送审稿,应当同时向市政府法制办报送以下材料:

(一)起草说明;

(二)主要立法依据;

(三)相关部门和单位的反馈意见及处理情况;

(四)市政府法制办要求报送的其他材料。

第四章 审 查

第二十二条 规章送审稿由市政府法制办负责审查。

市政府法制办应当从以下方面对规章送审稿进行审查：

（一）是否符合《中华人民共和国立法法》规定的基本原则和国务院《规章制定程序条例》的有关规定；

（二）是否与有关规章协调、衔接；

（三）对各方面意见的处理是否正确、合理；

（四）是否符合本规定的立法技术要求；

（五）需要审查的其他内容。

第二十三条 市政府法制办应当将规章送审稿及涉及的主要问题发送有关组织和专家征求意见，并深入基层进行实际调查研究，听取基层有关部门、组织和公民个人的意见。对涉及社会公共利益和群众利益的规章送审稿，应通过网上广泛征求社会公众意见。对重要的规章送审稿以及涉及的主要问题有意见分歧的规章送审稿，市政府法制办可以组织召开座谈会、论证会、听证会等，充分听取意见，研究论证。

有关单位和个人在接到征求意见和会议通知后，应按时反馈意见、参加会议。

第二十四条 有关单位和个人对规章送审稿规定的主要制度、方针政策、管理体制、权限分工等有不同意见的，市政府法制办应当进行充分协调。经协调，不能达成一致意见的，市政府法制办应当形成处理意见，连同主要问题、有关单位和个人的意见报送市政府决定。

第二十五条 规章送审稿经审查后，市政府法制办应当按照下列规定办理：

（一）对立法条件成熟的规章送审稿，形成规章草案及对规章送审稿的说明，提请市政府常务会议或者全体会议审议；

（二）对不符合本规定要求的规章送审稿，提出修改意见，退回起草单位修改或者重新起草；

（三）对矛盾较大难以协调一致的规章送审稿，提出修改建议，报市政府决定；

（四）因情况变化不需要制定或者应当暂缓制定，以及可以一般规范性文件形式发布的，经市政府同意后，通知起草单位。

第二十六条　规章草案由市政府法制办提请市政府常务会议或者全体会议审议,经市政府领导同意后,在30日内安排审议。

第五章　决定与公布

第二十七条　规章草案应当经市政府常务会议或者全体会议审议决定。

第二十八条　审议规章草案时,由起草单位或市政府法制办作规章草案的说明。

第二十九条　规章草案审议通过后,市政府法制办应当根据市政府全体会议或常务会议审议作出的决定,对规章草案进行修改后,报请市长签署命令予以公布。

第三十条　公布规章的命令应当载明该规章的制定机关、序号、规章名称、通过日期、施行日期、市长署名以及公布日期。

第三十一条　规章应当自公布之日起30日后施行。但公布后不立即施行将有碍规章施行的,可以自公布之日起施行。

第三十二条　规章公布后,应当及时在南京日报、南京政报及中国·南京网站上刊登,其中南京政报所刊登的规章文本为标准文本。

第六章　解释与备案

第三十三条　规章有下列情况之一的,由市政府负责解释:

(一)规章的规定需要进一步明确具体含义的;

(二)规章制定后出现新的情况,需要明确适用规章依据的;

(三)需要根据规章规定的精神,适当扩大或者缩小适用范围的。

规章的解释应当由市政府法制办报请市政府批准后对外公布。

规章解释同规章具有同等效力。

第三十四条　有关机关、团体、企事业单位和公民个人需要市政府对规章进行解释的,应当以书面形式向市政府法制办提出。

第三十五条　规章应当在公布后30日内,报送国务院、省人民代表大会常务委员会、省人民政府和市人民代表大会常务委员会备案。

第七章　附　则

第三十六条　规章有下列情况之一的,应当予以修改或者废止:

(一)调整对象已经消失或者规范的内容已不适应社会实际需要的;

（二）所依据的法律、法规已经修改或者废止的；

（三）已被新公布的法律、法规、规章取代或者与其发生抵触的；

（四）市政府认为有必要进行修改或者废止的。

第三十七条 市政府提起的地方性法规草案、以市政府名义印发、转发的其他规范性文件的审查，参照本规定的有关规定执行。

第三十八条 区、县政府及市政府各部门制定的规范性文件，应当参照本规定执行，且不得设定行政许可、行政收费及行政处罚事项；对依据法律、法规及规章规定行政许可、行政收费及行政处罚内容的，发布前应当报送市政府法制办审查。

公民、法人和其他组织认为区、县政府及市政府各部门制定的规范性文件同法律、法规、规章相抵触的，可以向市政府提出意见，由市政府法制办研究处理。

第三十九条 编辑出版政府规章正式文本、外文译本的汇编，由市政府法制办依照国家有关规定执行。

第四十条 本规定自 2003 年 3 月 1 日起施行。1991 年 4 月 8 日发布的《南京市人民政府关于制定政府规章的规定》同时废止。

山东省政府规章制定程序规定

(2015 年 3 月 25 日山东省人民政府第 51 次常务会议通过
2015 年 5 月 12 日山东省人民政府令第 288 号公布　自 2015 年 7 月 1 日起施行)

第一章　总　则

第一条　为了规范政府规章制定行为,提高立法质量,推进法治政府建设,根据《中华人民共和国立法法》、国务院《规章制定程序条例》等法律、法规,结合本省实际,制定本规定。

第二条　省人民政府规章(以下简称规章)的立项、起草、审查、决定和公布等,适用本规定。

第三条　制定规章,应当遵循下列原则:

(一)维护社会主义法制统一;

(二)符合法律、法规规定的权限;

(三)符合本省实际,突出地方特色;

(四)公平、合理地界定公民、法人和其他组织的权利与义务,以及相关部门的权力与责任;

(五)依法保障公民有序参与;

(六)具有可执行性。

第四条　省人民政府法制工作机构(以下简称政府法制机构)负责规章制定规划和计划的研究论证、规章草案的审查,以及相关的组织、指导和协调工作。

规章制定工作所需经费,纳入同级财政预算予以保障。

第二章　立　项

第五条　省人民政府应当根据经济和社会发展需要,编制规章五年立法规划和年度立法计划。

五年立法规划应当在每届政府任期的第一年度内编制完成,年度立法计划应当在上一年第四季度内编制完成。

第六条 有关部门、单位或者设区的市人民政府认为需要制定规章的,应当于上一年十月底前,向政府法制机构提报立项申请。

立项申请应当对制定规章的必要性、立法依据以及拟确立的主要制度等作出说明。

第七条 政府法制机构应当向社会公开征集立法项目建议。

公民、法人和其他组织可以通过山东省政府法制网站或者以书面信函的形式向政府法制机构提出立法项目建议。

政府法制机构应当将征集到的立法项目建议,交付相关部门研究并提出处理意见。

第八条 政府法制机构应当根据省人民政府的统一部署,研究论证规章立项申请和立法项目建议,拟订规章五年立法规划和年度立法计划。

政府法制机构应当采取座谈会、论证会、公开征求意见等方式,征求有关部门和社会公众对拟订规章五年立法规划和年度立法计划的意见,并对重要立法项目组织有关方面进行立法成本效益分析和社会风险评估。

规章五年立法规划和年度立法计划,报请省人民政府批准后公布。

第九条 在规章五年立法规划和年度立法计划实施中,有关部门、单位或者设区的市人民政府认为需要进行调整的,应当向省人民政府提出书面请示,由政府法制机构审查后报请省人民政府决定。

第三章 起 草

第十条 省人民政府可以确定一个或者几个部门负责起草规章草案;法律关系复杂的,可以确定由政府法制机构组织起草规章草案。

省人民政府可以委托社会有关方面起草规章草案。

省人民政府委托起草规章草案的,由政府法制机构确定受托人,并与受托人签订委托协议。

第十一条 政府法制机构应当加强规章草案起草工作的指导;必要时,可以提前参与规章草案的起草工作。

起草部门可以联合有关部门共同起草规章草案,也可以委托有关组织、专家起草规章草案。

起草部门应当按照政府法制机构确定的时限完成起草工作;不能按时完成

的,应当向省人民政府作出书面报告,并向政府法制机构作出书面说明。

第十二条 起草规章应当先行调查研究,并可以通过网上征求意见、召开座谈会、论证会、听证会等形式,广泛听取公民、法人和其他组织的意见。

规章草案拟设定临时性行政许可、行政收费的,起草单位应当通过召开听证会、论证会等形式听取意见。

第十三条 规章草案应当经起草部门负责人会议讨论通过,并由起草部门主要负责人签署后,形成规章草案征求意见稿,书面征求有关部门的意见。

有关部门提出修改意见时,应当同时附具依据和理由,经本部门主要负责人签署并加盖本部门印章后,自收到规章草案征求意见稿之日起十五日内反馈起草部门;逾期或者不按照要求回复意见的,视为同意。

起草部门应当认真研究有关部门提出的修改意见。意见合理的,应当予以采纳;有争议的,应当予以协商。经协商仍不能达成一致的,起草部门应当在报送规章草案送审稿时书面说明情况和理由。

第十四条 起草部门完成起草工作后,应当将送审报告,规章草案送审稿及其说明,以及征求意见原件、依据的有关法律、法规和政策文件、外地有关的立法资料等,径送政府法制机构审查。

送审报告主要包括送审规章的名称、有关部门分歧意见的协调情况和送审建议等。送审报告应当由起草部门主要负责人签署;有关部门共同起草的,应当由该有关部门的主要负责人共同签署。

规章草案送审稿的说明应当包括制定规章的必要性、起草过程、起草依据和拟确立的主要制度等;拟设定临时性行政许可的,起草部门还应当就设定该行政许可的合法性、必要性,以及对经济和社会可能产生的影响等作出说明。

第四章 审 查

第十五条 规章草案送审稿由政府法制机构负责统一审查。

政府法制机构应当从下列方面进行审查:

(一)是否符合法律、法规的规定;

(二)是否与有关规章相协调;

(三)有关部门之间的分歧意见是否已协调一致;

(四)公民、法人和其他组织的意见是否已妥善处理;

(五)文字表述是否规范、准确、严谨;

(六)需要审查的其他内容。

第十六条　有下列情形之一的,政府法制机构可以将规章草案送审稿予以退回:

(一)主要内容不符合法律、法规规定的;

(二)不切合本省实际的;

(三)制定规章的条件尚不成熟的;

(四)不具有可执行性的;

(五)与有关部门存有较大分歧且尚未进行协商的。

第十七条　除依法需要保密的外,政府法制机构应当通过山东省政府法制网站,向社会公开征求规章草案送审稿意见;也可以采取书面征求意见、召开座谈会、论证会等形式征求有关部门、设区的市人民政府、组织和专家的意见。

规章草案送审稿拟设定临时性行政许可的,政府法制机构应当征求省机构编制部门的意见。

第十八条　政府法制机构应当就规章草案送审稿涉及的有关问题,有针对性地听取基层有关政府、组织和行政管理相对人的意见。

第十九条　规章草案送审稿有下列情形之一的,政府法制机构可以举行立法听证会:

(一)广泛涉及公民、法人和其他组织人身权、财产权的;

(二)拟确立的制度为社会普遍关注的;

(三)拟设定临时性行政许可、行政收费的;

(四)需要听证的其他情形。

第二十条　有关部门对规章草案送审稿有较大分歧的,政府法制机构应当进行协调,对重要立法事项,可以委托社会有关方面进行评估;经协调不能达成一致意见的,应当报请省人民政府有关负责人协调。

经协调仍不能达成一致意见的,政府法制机构应当将争议的主要问题、协调过程、相关方面的意见和政府法制机构的意见报请省人民政府决定。

第二十一条　政府法制机构应当认真研究各方面的意见,对规章草案送审稿进行修改,形成规章草案和规章草案的审查报告。

规章草案的审查报告由政府法制机构主要负责人签署。

审查报告主要包括制定该规章的必要性、拟确立的主要制度、部门分歧意见的协调情况以及相关问题的特别说明等,并提出提请省人民政府常务会议或者全体会议审议的建议。

第五章 决定、公布和备案

第二十二条 规章草案报经省人民政府有关负责人同意并签署后,提交省人民政府常务会议或者全体会议审议。

审议规章草案时,由政府法制机构负责人对规章草案的审查意见作说明;起草部门主要负责人列席会议,并根据需要对有关问题作补充说明。

第二十三条 规章草案经审议后,由省人民政府作出通过、原则通过、再次审议或者不通过的决定。

政府法制机构应当根据审议决定修改规章草案,并将修改后的规章草案报省长签署。

第二十四条 规章以省人民政府令公布施行。

省人民政府令应当载明序号,规章名称,通过、施行和公布日期,并由省长签署。除法律、法规另有规定外,规章应当自公布之日起三十日后施行。

第二十五条 规章公布后,《山东省人民政府公报》、山东省人民政府网站和《大众日报》应当及时刊载。《山东省人民政府公报》刊载的规章文本为标准文本。

山东省人民政府网站刊载的规章电子文本为标准电子文本。

第二十六条 政府法制机构应当自规章公布之日起三十日内报国务院和省人民代表大会常务委员会备案。

第六章 修改、废止和解释

第二十七条 实施期满一年的规章,有下列情形之一的,政府法制机构应当组织起草部门或者社会有关方面进行评估:

(一)广泛涉及公民、法人和其他组织人身权、财产权的;

(二)社会反响较大的;

(三)实施时间较长的;

(四)需要评估的其他情形。

评估结果应当作为修改、废止规章的依据。

第二十八条 规章评估应当包括下列内容:

(一)规章的执行情况;

(二)行政管理相对人以及社会其他方面的反响;

(三)施行中存在的问题及其原因;

（四）需要评估的其他事项。实施部门可以将评估的全部或者部分事项委托有关组织、专家进行评估。

第二十九条 规章有下列情形之一的，实施部门应当及时向政府法制机构提出修改或者废止的建议：

（一）所依据的法律、法规作出重大修改的；

（二）制定规章所依据的实际情况发生重大变化的；

（三）实施部门发生变化的；

（四）进行评估后，认为需要修改或者废止的；

（五）应当修改或者废止的其他情形。

公民、法人或者其他组织认为规章同法律、法规相抵触的，可以向政府法制机构提出修改或者废止的建议。

政府法制机构经过论证后，应当将需要修改、废止的规章列入规章制定计划。

第三十条 规章的内容需要进一步明确具体含义的，由政府法制机构参照规章草案送审稿的审查程序提出意见，报请省人民政府批准后公布。

规章的解释同规章具有同等效力。

第七章 附 则

第三十一条 拟订省人民政府提请省人民代表大会或者省人民代表大会常务委员会审议的地方性法规草案，应当按照本规定执行。设区的市人民政府拟订地方性法规草案或者制定规章，参照本规定执行。

第三十二条 本规定自 2015 年 7 月 1 日起施行。2003 年 2 月 11 日省人民政府发布的《山东省人民政府规章制定程序规定》同时废止。

河北省地方政府立法规定

(2001年12月30日河北省人民政府令〔2001〕第28号公布)

第一章　总　则

第一条　为规范地方政府立法活动,提高立法效率和质量,根据《中华人民共和国立法法》和《规章制定程序条例》及有关法律、法规的规定,结合本省实际,制定本规定。

第二条　本省地方性法规草案、政府规章的制定以及地方性法规、政府规章的修改、废止、解释和备案,适用本规定。

第三条　地方性法规草案由省人民政府和较大的市人民政府起草,依法提请省人民代表大会及其常务委员会和较大的市人民代表大会及其常务委员会审议(以下简称人民代表大会及其常务委员会)。

政府规章由省人民政府和较大的市人民政府(以下简称人民政府)制定并公布施行。

本规定所称较大的市,是指省人民政府所在地的市和经国务院批准的较大的市。

第四条　政府立法应当遵循《中华人民共和国立法法》第三条、第四条、第五条、第六条规定的基本原则。

第五条　政府立法应当突出地方立法特色,切实解决实际问题,避免或者克服地方、部门利益倾向,具有较强的实用性和可操作性。

第六条　人民政府依法行使提请审议地方性法规草案、制定政府规章的职权。

省人民政府法制办公室和较大的市人民政府法制办公室(以下简称人民政府法制办公室)是负责政府立法工作的部门,其主要职责是:

(一)监督、指导政府立法工作,为改革、发展、稳定提供高质量的法律依据;

(二)预测编制并组织实施政府年度立法工作计划;

（三）负责地方性法规、政府规章草案的审查修改、协调论证工作；

（四）对重要的地方性法规、政府规章草案负责起草或者组织起草以及协调论证工作；

（五）组织、指导清理地方性法规、政府规章；

（六）承办政府规章的立法解释工作；

（七）负责接受研究国家机关、社会团体、企业事业组织和公民对政府规章和其他具有普遍约束力的规范性文件进行审查的书面要求，承办政府规章上报备案和备案审查工作；

（八）负责编辑出版政府规章正式版本、民族文版和外文版本；

（九）政府交办的规范性文件审查修改以及其他与政府立法相关的事项。

第七条 地方性法规草案的名称一般称条例、实施办法。政府规章的名称一般称规定、办法、实施办法等。

第二章 立法权、立项

第八条 在不与宪法、法律、行政法规相抵触的前提下，可就下列事项制定地方性法规草案：

（一）为执行法律、行政法规的规定，需要根据本行政区域实际情况作具体规定的；

（二）属于地方性事务需要制定地方性法规的；

（三）除立法法第八条规定的事项外，国家尚未制定法律、行政法规，允许地方根据实际需要制定地方性法规的。

第九条 根据法律、行政法规和地方性法规，政府规章可就下列事项作出规定：

（一）为执行法律、行政法规、地方性法规的规定，需要制定政府规章的事项；

（二）属于本行政区域的具体行政管理事项。

第十条 地方性法规草案是提请人民代表大会审议或者提请人民代表大会常务委员会审议，依照《河北省地方立法条例》第五条、第六条规定执行。

第十一条 人民政府法制办公室根据本省经济和社会发展的实际需要，突出重点，坚持实际需要与可能相结合，编制地方性法规草案、政府规章年度立法工作计划，经人民政府常务会议审定后组织实施。

编制年度立法工作计划，要坚持立、改、废并举的原则。

第十二条　人民政府各部门或者下级人民政府认为需要制定地方性法规草案、政府规章的,应当向人民政府报请立项。

第十三条　人民政府有关部门应当按照职责范围,经常对有关地方性法规、政府规章进行清理,发现与法律、行政法规或者其他上位法不一致、与现实情况不适应或者与本省相关地方性法规、政府规章的规定不协调的,应当及时提出修改或者废止的意见,并向人民政府报请立项。

第十四条　拟列入下一年度立法工作计划的地方性法规草案、政府规章建议项目,应当在每年的10月15日前将立项报告和主要负责人签署的地方性法规、政府规章送审稿,上报人民政府,可以直送人民政府法制办公室。

立项报告包括:立法依据、立法的必要性和可行性、所要解决的主要问题、拟出台的时间。

第十五条　人民政府法制办公室对报请立项的建议项目,进行全面立法预测和论证,广泛征求各方面意见,提出下一年度立法工作计划草案,报请人民政府主管领导审查同意后,提请人民政府常务会议讨论决定。

制定地方性法规草案年度工作计划,在报请人民政府主管领导审查之前,应当认真听取人民代表大会常务委员会法制工作委员会或者相关委员会的意见。

第十六条　凡列入年度立法工作计划的地方性法规、政府规章项目,各有关部门必须严格执行,确保立法计划全面完成。

因特殊情况确需变更立法工作计划的,应当向人民政府提出书面报告,说明理由,经批准后,对立法工作计划作适当调整。

第十七条　较大的市人民政府的年度立法工作计划应当自批准之日起30日内,报送省人民政府法制办公室。

第三章　起草、送审

第十八条　地方性法规草案、政府规章由人民政府组织起草。

人民政府可以确定一个部门或者几个部门具体承担起草工作,也可以确定由人民政府法制办公室起草或者组织起草以及委托专家、组织起草。

起草地方性法规草案、政府规章,实行实际工作者、立法工作者和专家学者相结合。

第十九条　具体承担起草工作的部门,应当组成有部门主管负责人参加的起草小组,制定起草计划并组织实施。做到领导责任落实、起草人员落实、工作经费落实和完成时限落实。

第二十条　具体承担起草工作的部门应当按年度立法工作计划规定的时间上报经与相关部门会签、比较成熟的地方性法规、政府规章送审稿。因特殊情况不能按时上报的,应当及时用书面形式向人民政府法制办公室说明情况。

第二十一条　起草地方性法规草案、政府规章应当符合下列要求:

(一)坚持党的基本路线、方针、政策,符合宪法、法律、行政法规和其他上位法或者与其不相抵触;

(二)在规定公民、法人和其他组织应当履行义务的同时,应当规定相应的权利和保障权利实现的途径,切实保障其合法权益;

(三)行政机关的职权应当与责任相统一,应当规定其行使职权的条件、程序和应承担的责任;

(四)符合精简、效能、统一的原则,简化行政管理手续,促进政府职能转变到经济调节、社会管理和公共服务上来;

(五)符合本省实际,有较强的针对性,切实解决实际问题;

(六)上位法已经明确规定的内容,地方性法规草案、政府规章原则上不作重复规定;

(七)结构严谨,条文明确、具体,用语准确、精练,备而不繁,可操作性强。

第二十二条　地方性法规、政府规章送审稿根据内容的需要,可以分章、节、条、款、项、目。章、节、条的序号用中文数字依次表述;款不编序号,用另起一段表述;项的序号用中文数字加括号依次表述;目的序号用阿拉伯数字依次表述。

政府规章送审稿除内容复杂的外,一般不分章、节。

第二十三条　起草地方性法规、政府规章送审稿应当深入调查研究,广泛征求本单位、本系统及相关部门和管理相对人的意见。听取意见可以采取书面征求意见、座谈会、论证会、听证会和在政府公共信息网上公布等多种形式。

第二十四条　地方性法规、政府规章送审稿直接涉及公民、法人或者其他组织切身利益,以及有关部门、组织或者公民对其规定的内容有重大分歧意见的,起草部门应当向社会公布,征求社会各界的意见;起草部门也可以举行立法听证会。听证会依照下列程序组织:

(一)听证会公开举行,起草部门应当在举行听证会的30日前公布听证会的时间、地点和内容;

(二)参加听证会的有关部门、组织和公民对地方性法规、政府规章送审稿

涉及的问题,有权提问和发表意见;

（三）听证会应当制作笔录,如实记录发言人的主要观点和理由;

（四）起草部门应当认真研究听证会反映的各种意见,并在报送地方性法规、政府规章送审稿时,说明对听证会意见采纳情况及理由。

第二十五条　地方性法规、政府规章送审稿涉及相关部门、地方职责或者利益的,应当征求相关部门、地方的意见。

相关部门、地方应当对送审稿认真研究,提出同意或者修改的意见,经部门、地方主管负责人签字或者加盖印章后,按起草部门的要求及时反馈。

第二十六条　起草部门应当吸收相关部门、地方的合理意见。与有关部门有不同意见的,双方部门主要负责人应当充分协商;经协商仍有不同意见的,起草部门在报送地方性法规、政府规章送审稿时应当如实说明。

第二十七条　地方性法规、政府规章送审稿起草工作完成后,起草部门将地方性法规、政府规章送审稿报送人民政府时,应当由起草部门主要负责人签署;几个部门共同起草的地方性法规、政府规章送审稿,牵头起草部门主要负责人签署后,其他起草部门的主要负责人应当进行会签。

第二十八条　起草部门报送地方性法规、政府规章送审稿时,应当附送起草说明和其他有关材料。

起草说明的主要内容:立法的必要性、需要解决的主要问题;会签、协调情况、对主要问题的不同意见及处理结果等。有关材料主要包括:有关部门、地方会签意见原件;所依据的法律、法规、政策性文件;整理后的听证会笔录、调研或者考察报告和相关的国内外立法资料等。

第二十九条　人民政府法制办公室起草或者组织起草以及委托专家、组织起草的地方性法规草案、政府规章,由人民政府法制办公室,报请人民政府主管领导审查。

第四章　审查、修改

第三十条　报送人民政府的地方性法规、政府规章送审稿,直送人民政府法制办公室,由人民政府法制办公室负责审查。

第三十一条　人民政府法制办公室应当从以下几个方面对报送的地方性法规、政府规章送审稿进行审查:

（一）是否符合本规定第二十一条的规定;

（二）是否与上位法和本省有关地方性法规、政府规章相协调、相衔接;

（三）设立的行政许可、收费、奉、行政强制措施和其他行政措施是否合法且确有必要；

（四）对各方面意见处理是否合法、合理；

（五）是否符合立法技术要求；

（六）需要审查的其他内容。

第三十二条 地方性法规、政府规章送审稿有下列情况之一的，人民政府法制办公室应当缓办或者退回起草部门：

（一）未列入年度立法工作计划且未按本规定第十六条第二款规定办理的；

（二）制定的基本条件尚不成熟的；

（三）未与相关部门、地方会签或者对争议较大的问题起草部门未与相关部门协商的；

（四）报送的地方性法规、政府规章送审稿不符合本规定第二十七条、第二十八条规定的。

第三十三条 人民政府法制办公室初审、修改后的地方性法规、政府规章草案，应当发送与其相关的部门、单位、设区的市或者县级人民政府、专家学者和管理相对人征求意见，或者召开座谈会、论证会、听证会听取有关方面意见。

有关部门、单位、设区的市或者县级人民政府、专家学者和管理相对人接到草案征求意见稿后，应当认真研究、讨论，按要求的时间反馈书面意见。

属于部门、设区的市或者县级人民政府的，必须由主要负责人签字，连同签字原件一起反馈。因故不能按时反馈意见的，应当及时向人民政府法制办公室说明理由。

第三十四条 人民政府法制办公室应当就地方性法规、政府规章草案涉及的主要问题，深入基层进行实地调查研究，听取基层有关部门、组织和公民的意见。涉及重大问题的，应当召开由有关单位、专家参加的座谈会、论证会，听取意见，研究论证。起草部门应当积极组织配合。

第三十五条 地方性法规、政府规章草案涉及公民、法人或者其他组织切身利益以及有关部门、组织或者公民对其规定的内容有重大分歧意见的，起草部门在起草过程中未向社会公布，也未举行听证会的，经人民政府批准，人民政府法制办公室可以将地方性法规、政府规章草案向社会公布，也可以举行听证会进行立法听证。举行听证会，应当依照本规定第二十四条规定的程序组织。

第三十六条 人民政府法制办公室受人民政府委托，负责地方性法规、政府规章草案不同意见的立法协调工作。

第三十七条　立法协调工作应当从国家和人民的根本利益出发,坚持以法律、法规为依据,正确处理各种利益关系,客观公正地解决立法矛盾,维护法制、政令的统一。

第三十八条　人民政府法制办公室应当在认真调查研究,广泛论证的基础上,积极做好立法协调工作。也可以请相关部门的主要负责人出面协调;必要时报请人民政府主管领导进行协调,力求达成一致意见。

第三十九条　人民政府有关部门对地方性法规、政府规章草案涉及的主要措施、管理体制、权限分工等问题争议较大,经协调达不成一致意见的,将争议的问题、有关部门的意见和人民政府法制办公室的倾向性意见报请人民政府主管领导审查同意后,提请人民政府常务会议决定。

第四十条　人民政府法制办公室应当对地方性法规、政府规章草案在充分吸收各方面意见的基础上,进行反复修改,并确定公布形式,撰写审查报告。

审查报告应当写明地方性法规、政府规章草案拟解决的主要问题、确立的主要措施和争议问题倾向性意见以及涉及管理相对人切身利益事项的依据。

起草部门负责修改过程中的文稿印刷等项工作。

第四十一条　经修改后的地方性法规、政府规章草案和人民政府法制办公室起草或者组织起草以及委托专家、组织起草的地方性法规、政府规章草案及审查报告,经人民政府法制办公室主要负责人召集起草部门、争议问题的相关部门和人民政府法制办公室有关人员进行研究后签署,提出提请人民政府有关会议审议的建议,报请人民政府主管领导审查。

第四十二条　人民政府财政部门应当按年度拨付立法经费,用于地方性法规、政府规章草案的起草、调研、论证、听证等项工作。

第五章　审议、公布

第四十三条　地方性法规、政府规章草案经人民政府主管领导审查同意后,应当提请人民政府常务会议或者全体会议讨论决定。

第四十四条　人民政府常务会议或者全体会议讨论地方性法规、政府规章草案时,人民政府法制办公室的主要负责人应当到会作草案的审查报告。

起草部门和相关部门的主要负责人应当按人民政府常务会议或者全体会议的通知要求参加或者列席会议。

第四十五条　地方性法规、政府规章草案经人民政府常务会议或者全体会议讨论通过后,人民政府法制办公室应当根据会议讨论意见进行修改,报请省长或者市长签署。

地方性法规草案由省长或者市长签署议案，提请人民代表大会及其常务委员会审议；政府规章由省长或者市长签署命令公布施行。

政府规章被修改或者废止后，应当公布修改或者废止该项政府规章的决定。政府规章被修改的，应当公布新的文本。

第四十六条 地方性法规草案一经人民政府常务会议或者全体会议讨论通过，人民政府相关部门应当表述人民政府决定的意见，不得坚持自己已被否定或者其他有违人民政府意图的意见。

第四十七条 公布政府规章的命令应当载明制定机关、序号、政府规章名称、通过日期、施行日期、省长或者市长署名和公布日期。

第四十八条 政府规章的公布与施行之间应当有时间间隔，一般自公布之日起 30 日后施行。但是，公布后不立即施行将有碍政府规章施行的，可以自公布之日起施行。

第四十九条 省政府规章签署公布后，《河北省人民政府公报》（《河北政报》）、《河北日报》《河北经济日报》应于公布之日起 30 日内全文刊登。

《河北省人民政府公报》（《河北政报》）刊登的政府规章文本为标准文本。

较大的市的政府规章签署公布之日起 30 日内，应当在本市的政府公报和报纸上全文刊登。公报上刊登的政府规章文本为标准文本。

第六章 解释、备案

第五十条 政府规章的解释权属于人民政府。

第五十一条 政府规章有下列情况之一的，应当解释：

（一）政府规章的规定需要进一步明确具体含义的；

（二）政府规章制定后出现新的情况，需要明确适用政府规章依据的。

第五十二条 省人民政府各部门、省高级人民法院、省人民检察院和设区的市人民政府、人民代表大会常务委员会，可以向省人民政府提出政府规章的解释要求。

较大的市人民政府各部门、人民法院、人民检察院和县级人民政府，可以向较大的市人民政府提出政府规章解释的要求。

第五十三条 本规定第五十一条的规定，由人民政府法制办公室按地方性法规草案、政府规章的审查修改程序提出意见，报请人民政府决定后公布施行。

第五十四条 政府规章的解释同政府规章具有同等效力。

第五十五条　政府规章应当在公布后的 30 日内依照下列规定报有关机关备案：

（一）省人民政府制定的政府规章,应当报国务院和省人民代表大会常务委员会备案；

（二）较大的市人民政府制定的政府规章,应当报国务院、省人民代表大会常务委员会、省人民政府和本级人民代表大会常务委员会备案。

第五十六条　省人民政府法制办公室对备案的政府规章进行审查时,认为需要征求有关部门或者设区的市、县人民政府意见的,被征求意见的有关部门或者设区的市、县人民政府应当进行认真研究,并在规定时限内反馈；认为需要报送备案的较大的市人民政府说明有关情况的,应当在规定期限内予以说明。

第五十七条　国家机关、社会团体、企业事业组织和公民认为人民政府公布的政府规章和其他具有普遍约束力的规范性文件同法律、行政法规、地方性法规相抵触或者违反其他上位法规定的,可以向人民政府书面提出进行审查的建议,由人民政府法制办公室进行研究,提出意见。

第五十八条　省人民政府法制办公室对报送备案的政府规章,经审查,发现与法律、行政法规、地方性法规、省政府规章相违背或者其规定不适当的,应当通知报送备案的较大的市人民政府自行撤销或者改变；无正当理由拒不执行的,应当提出撤销或者改变的意见,报请省人民政府决定。

省人民政府法制办公室认为政府规章违反规范化要求的,由省人民政府法制办公室提出处理意见,并转告报送备案的较大的市人民政府处理。

第五十九条　报送政府规章备案的较大的市人民政府在接到本规定第五十八条规定的处理意见的 30 日内,应当将处理结果报送省人民政府法制办公室。

第六十条　较大的市人民政府应当就政府规章备案工作情况,于每年第一季度向省人民政府提出上一年的年度报告；每年 1 月底前将上年所制定的政府规章的目录报送省人民政府法制办公室备案。

第七章　奖励、处罚

第六十一条　在制定地方性法规草案、政府规章工作中作出突出成绩的部门和个人,由人民政府法制办公室进行考核,经人民政府审定后给予表彰或者经人民政府批准,人民政府法制办公室给予表彰或者奖励。

第六十二条　违反本规定第十六条规定,不说明理由擅自变更以及不执行立法工作计划的,应当通知其改正;拒不改正的,由人民政府给予通报批评。

第六十三条 违反本规定第三十三条第三款规定,无正当理由逾期不反馈书面意见的,按无意见处理。

第六十四条 违反本规定第五十五条规定,不报政府规章备案或者不按时备案的,由省人民政府法制办公室通知其限期报送;逾期仍不报送的,向省人民政府提出建议,给予通报批评,并责令限期改正。

第六十五条 人民政府法制办公室工作人员应当认真履行立法职责。对不按要求和程序办理,或者以权谋私的,人民政府法制办公室可对其进行批评教育;情节严重的,依照有关规定给予行政处分。

第八章 附 则

第六十六条 依法不具有政府规章制定权的县级以上人民政府制定、修改、废止、解释和备案具有普遍约束力的规范性文件,参照本规定的有关规定执行。

第六十七条 政府规章的正式版本、民族文版和外文版本,由人民政府法制办公室负责编辑出版。

第六十八条 本规定自 2002 年 2 月 1 日起施行。

附:《中华人民共和国立法法》有关条款

第三条 立法应当遵循宪法的基本原则,以经济建设为中心,坚持社会主义道路、坚持人民民主专政、坚持中国共产党的领导、坚持马克思列宁主义毛泽东思想邓小平理论,坚持改革开放。

第四条 立法应当依照法定的权限和程序,从国家整体利益出发,维护社会主义法制的统一和尊严。

第五条 立法应当体现人民的意志,发扬社会主义民主,保障人民通过多种途径参与立法活动。

第六条 立法应当从实际出发,科学合理地规定公民、法人和其他组织的权利与义务、国家机关的权力与责任。

《河北省地方立法条例》有关条款

第五条 下列事项需要制定地方性法规的,应当由省人民代表大会通过:

(一)本行政区域内特别重大的事项;

(二)属于人民代表大会职权范围内的事项;

(三)需要由人民代表大会规定的其他事项。

第六条　下列事项需要制定地方性法规的,应当由省人民代表大会常务委员会通过:

（一）除应当由人民代表大会制定地方性法规以外的事项;

（二）人民代表大会授权常务委员会的事项;

（三）在人民代表大会闭会期间,需要对人民代表大会通过的法规进行部分补充和修改的事项,但所作出的补充和修改不得同该法规的基本原则相抵触。

税务部门规章制定实施办法

（2002 年 2 月 1 日国家税务总局令第 1 号公布）

第一条　为规范税务部门规章制定工作,根据《中华人民共和国立法法》和国务院颁布的《规章制定程序条例》,制定本办法。

第二条　本办法所称税务部门规章(以下简称税务规章),是指根据法律或者国务院的行政法规、决定、命令,在国家税务总局职权范围内制定的,在全国范围内对税务机关、纳税人、扣缴义务人及其他税务当事人具有普遍约束力的税收规范性文件。

税务规章的名称一般称"规定"、"规程"、"规则"、"实施细则"、"决定"或"办法"。

税务规章以国家税务总局令的形式发布。

第三条　税务规章应当体现权利与义务、职权与职责相统一的原则。

税务规章不得溯及既往,但为了更好地保护纳税人或者其他税务当事人权益的特别规定除外。

第四条　税务规章应当明确制定的依据、宗旨、适用范围、主体、权利义务、具体规范、操作程序、法律责任、施行日期。

税务规章用语应当准确、简洁,内容应当具体、具有可操作性。

第五条　税务规章应当分条文书写。

如税务规章内容较为复杂,可以根据需要分章、节、条、款、项、目。章、节、条的序号用中文数字依次表述,款不编序号,项的序号用中文数字加括号依次表述,目的序号用阿拉伯数字依次表述。

第六条　总局各司局及有关部门认为需要制定税务规章的,应当于每年的第一季度内按照《规章制定程序条例》的要求报请立项。

立项申请中应当对制定税务规章的必要性、所要解决的主要问题、拟确立的主要制度作出说明。

立项申请由政策法规司汇总研究,并据此制定税务规章年度计划,报局务会议批准后执行。

税务规章年度计划可以根据执行中的具体情况予以调整。

第七条 税务规章由主管单位负责起草。税务规章内容涉及两个或者两个以上单位的,由局长指定的主办单位负责起草,也可以由政策法规司起草。

第八条 税务规章在起草过程中,起草单位应当充分征求局内其他单位和基层税务机关的意见。

税务规章的内容直接涉及公民、法人或者其他组织的重大切身利益时,起草单位应当将税务规章草案向社会公布,征求有关机关、组织、公民或者法人的意见。必要时,应当公开举行听证会。

第九条 起草单位形成税务规章送审稿后,应当连同起草说明、起草过程中所征求的不同意见等有关材料,一并送政策法规司审查。

第十条 政策法规司应当及时对税务规章送审稿从以下方面进行审查:

(一)是否符合本办法第二条、第三条、第四条、第五条的规定;

(二)是否与宪法、法律或国务院的行政法规、决定、命令相矛盾或者抵触;

(三)是否与其他税务规章协调、衔接;

(四)是否就重大问题征求并正确处理有关部门、组织或者个人的意见;

(五)是否符合立法技术要求;

(六)其他需要审查的内容。

政策法规司在审查中发现税务规章送审稿存在重大缺陷的,可以将税务规章送审稿退起草单位修改。

政策法规司审查通过后,形成税务规章草案和审查意见,报局务会议审议。

第十一条 税务规章草案应当经局务会议审议通过。

第十二条 税务规章草案经局务会议审议通过后,由政策法规司起草国家税务总局令,经必要的公文处理程序,报局长签署后予以公布。

第十三条 由国家税务总局主办的与国务院其他部门联合制定的税务规章,依照本办法的规定执行。

依照上款规定联合制定的税务规章,应当送其他部门会签后,由局长和有关部门首长共同署名,并以国家税务总局令予以发布。

第十四条 税务规章经局长签署后,应当及时在《国家税务总局公报》和《中国税务报》上刊登。

在《国家税务总局公报》上刊登的税务规章文本为标准文本。

《国家税务总局公报》的编纂和有关税务规章公告事宜,由办公厅和政策法规司负责实施。

第十五条 税务规章应当自国家税务总局令发布之日起 30 日内报国务院备案,具体工作由政策法规司实施。

第十六条 编辑出版有关的税务规章汇编,由政策法规司依照国务院《法规汇编编辑出版管理规定》的有关规定执行。

第十七条 税务规章的修改和废止,参照本办法的规定执行。

第十八条 由国家税务总局负责草拟的法律、行政法规代拟稿,依照本办法规定的原则办理。

第十九条 本办法自 2002 年 3 月 1 日起施行。

文化部立法工作规定

（2006 年 3 月 6 日文化部令第 37 号公布

自 2006 年 4 月 10 日起施行）

第一章　总　则

第一条　为规范文化部立法工作,保证文化立法质量,提高立法效率,根据《立法法》《行政法规制定程序条例》《规章制定程序条例》和《法规规章备案条例》,结合文化部实际情况,制定本规定。

第二条　本规定所称立法工作是指:

（一）编制中长期文化立法规划（以下简称立法规划）和年度文化立法计划（以下简称年度立法计划）;

（二）根据全国人大、国务院委托或者授权,起草、上报文化法律、行政法规草案;

（三）根据法律、行政法规授权和文化部职责,制定部门规章;

（四）为实施法律、行政法规和部门规章制定具有普遍约束力的规范性文件;

（五）修订、废止部门规章和规范性文件;

（六）解释部门规章;

（七）其它文化立法工作。

第三条　立法工作应当遵循以下原则:

（一）符合宪法、法律和行政法规的规定;

（二）切实保障公民、法人及其他组织的合法权益;

（三）科学规范文化行政部门的权力与责任;

（四）立足实际,广泛调研,充分协商;

（五）统筹规划、突出重点。

第四条　立法工作由政策法规司归口管理,各司（局）按照职能分工各负其责。

第五条 政策法规司在立法工作中承担下列职责:

(一)编制、组织和监督实施立法规划和年度立法计划;

(二)组织、协调立法调研;

(三)组织起草法律、行政法规和部门规章;

(四)审核各司(局)起草的法律、行政法规和部门规章草案送审稿(以下简称送审稿);

(五)组织协调对部门规章和规范性文件的解释工作;

(六)负责规章备案工作;

(七)组织清理、汇编法律、行政法规、部门规章及规范性文件;

(八)其它文化立法工作。

第六条 属于《立法法》第八条、第五十六条的事项,应当制定为法律、行政法规。

在文化部行政管理职权范围内的下列事项,应当制定部门规章:

(一)依法设定行政处罚的;

(二)依法实施行政许可的;

(三)依据有关法律、行政法规的授权,需要制定具体实施办法的;

(四)对行政相对人权益有较大影响的。

涉及国务院其他行政部门职权范围的事项,制定行政法规条件尚不成熟的,应当与国务院其他部门联合制定规章。

第二章 立 项

第七条 根据国家推进依法行政的要求和文化事业发展的需要编制文化部立法规划和年度立法计划。

第八条 部机关各司(局)认为需要制定法律、行政法规和部门规章的,应当于每年 12 月 10 日前将立项申请报送政策法规司。

第九条 报送制定法律、行政法规和部门规章的立项申请,应当包括下列内容:

(一)名称、起草单位及项目负责人;

(二)立法必要性,包括立法依据及所要解决的主要问题;

(三)拟确立的主要制度,如需设定行政许可的,应当说明设定该行政许可的必要性、对经济和社会可能产生的影响以及听取和采纳意见的情况;

（四）进展情况和进度安排；

（五）其他有关材料。

不符合前款规定的，不予立项。

第十条 政策法规司对各司（局）报送的立项申请进行审查后，拟订年度立法计划，报部领导批准后公布。

第十一条 列入年度立法计划的项目，根据进展情况分为两类：

（一）完成项目，是指调研论证充分、立法条件成熟、需要在计划年度内通过部务会议审议的项目；

（二）调研项目，是指在计划年度内开展调研、论证，着手起草，待时机成熟时提交部务会议审议的项目。

第十二条 部机关司（局）认为需要对年度立法计划进行调整的，应当向政策法规司提出调整建议。政策法规司经审查认为确需调整的，报部领导批准。

第十三条 政策法规司应当对年度立法计划实施情况进行监督并及时向部务会议通报。

第十四条 根据全国人大、国务院统一部署和要求，编制和执行立法规划，参照本章的规定进行。

第十五条 文物方面的立法规划和年度立法计划由国家文物局编制，报文化部备案。

第三章 起 草

第十六条 列入立法规划和年度立法计划的法律、行政法规和部门规章，由提出立项申请的司（局）负责起草。起草单位应当成立成员相对固定的起草工作小组并提供必要的经费保障。

第十七条 起草法律、行政法规和部门规章，应当深入调查研究，总结实践经验，广泛听取有关机关、组织和公民的意见。听取意见可以采取书面征求意见、座谈会、论证会、听证会等多种形式。

起草的法律、行政法规和部门规章内容涉及部内其他司（局）业务的，起草单位应当与有关司（局）协商一致，经协商难以达成一致的，报部领导决定。

起草的法律、行政法规和部门规章内容涉及其他部门的职责或者与其他部门关系密切的，起草单位应当主动征求意见，与有关部门协商一致；经过充分协商不能取得一致意见的,起草单位应当在上报送审稿时说明情况和理由。

第十八条 起草法律、行政法规和部门规章,应当与现行有效的法律、行政法规和部门规章相衔接和协调。

法律、行政法规已经明确规定的内容,部门规章原则上不作重复规定。

第十九条 起草法律、行政法规和部门规章,应当逻辑严密,结构合理,条文内容明确具体,用语准确简洁,具有可操作性。

第二十条 法律、行政法规、部门规章根据内容需要,可以分为章、节、条、款、项、目。章、节、条的序号用中文数字依次表述,款不编序号,项的序号用中文数字加括号依次表述,目的序号用阿拉伯数字依次表述。

除内容复杂的外,部门规章一般不分章、节。

第二十一条 部门规章的名称可以称规定、办法、实施细则等,但不得称条例或者通知、通告、公告。对某一方面的行政管理关系作比较全面、系统的规定,称"规定";对某一项行政管理关系作比较具体的规定,称"办法";对实施行政法规作具体的规定,可以称"实施细则"。

工作规则、规程、标准、工作说明及图表、实施方案等规范性文件可以作为规章的附件或者单独发布,其效力由部门规章规定。

第二十二条 起草单位向政策法规司报送的送审稿,应当由起草单位主要负责人签署。

第二十三条 起草单位将送审稿报送政策法规司审核时,应当一并报送送审稿的说明和有关材料。

送审稿一般应当包括以下内容:

(一)立法宗旨和依据;

(二)调整范围;

(三)基本原则;

(四)基本制度和具体措施;

(五)法律责任或者奖惩规定;

(六)施行日期;

(七)其他有关内容。

说明一般应当包括以下内容:

(一)立法必要性;

(二)起草的基本经过;

(三)解决的主要问题;

（四）确立的主要制度和措施；

（五）有关方面的意见及听取意见的情况；

（六）其他需要说明的问题。

有关材料主要包括汇总的意见、听证会笔录、调研报告、国内外有关立法资料等。

第四章　审　核

第二十四条　送审稿由政策法规司负责统一审核。

政策法规司应当重点从以下方面对送审稿进行审核：

（一）目前存在的问题是否需立法解决；

（二）确立的主要制度是否能有效解决目前存在的问题，是否可行；

（三）与现行有效的法律、行政法规和政策是否抵触；

（四）调研论证是否充分，对各方面意见的处理是否正确、合理；

（五）是否符合立法技术要求。

第二十五条　政策法规司在审核送审稿的过程中，必要时可以再次征求意见。具体形式包括：

（一）将送审稿或者送审稿涉及的主要问题发送有关机关、组织和专家征求意见；

（二）就送审稿涉及的主要问题，深入基层进行实地调查研究，听取基层有关机关、组织和公民的意见；

（三）送审稿涉及重大问题的，召开由有关单位、专家参加的座谈会、论证会，听取意见，研究论证；

（四）送审稿直接涉及公民、法人或者其他组织切身利益，有关机关、组织或者公民对其有重大意见分歧，起草单位在起草过程中未向社会公布，也未举行听证会的，经部领导批准向社会公布或者举行听证会。

第二十六条　有关机构或者部门对送审稿涉及的主要措施、管理体制、权限分工等问题有不同意见的，政策法规司应当进行协调，达成一致意见；不能达成一致意见的，应当将主要问题、有关机构或者部门的意见和政策法规司的意见上报。

第二十七条　政策法规司应当认真研究各方面意见，与起草单位协商后，对送审稿进行修改，形成草案和对草案的说明。

草案和说明由政策法规司主要负责人签署，提出提请部务会议审议的建议。

第二十八条　文物方面的法律、行政法规和部门规章草案,由国家文物局法制机构全面履行审核职责,经国家文物局主要负责人签署后直接报部务会议审议。

第五章　决定与公布

第二十九条　法律、行政法规草案和部门规章应当经部务会议决定。

第三十条　部务会议审议法律、行政法规和部门规章草案时,由政策法规司作说明,也可以由起草单位作说明。

文物方面的法律、行政法规和部门规章草案,由国家文物局作说明。

第三十一条　政策法规司应当会同起草单位根据部务会议审议意见对草案进行修改,形成草案修改稿,报部长签署。

文物方面的法律、行政法规和部门规章草案根据部务会议审议情况需要修改的,由国家文物局修改后报部长签署。

第三十二条　法律、行政法规草案依照《立法法》《行政法规制定程序条例》规定的程序上报国务院。

第三十三条　部门规章以部长令形式公布,部长令应当载明部门规章的制定机关、序号、名称、通过日期、施行日期、部长署名以及公布日期。

第三十四条　部门规章经签署公布后,文化部网站、《中国文化报》应当及时刊登。

第三十五条　部门规章应当自公布之日起三十日后施行。但是,涉及国家安全等重大事项以及公布后不立即施行将有碍规章施行的,可以自公布之日起施行。

第六章　备案和解释

第三十六条　部门规章签署公布后,起草单位应当自规章公布之日起五日内将印制完成的规章和说明文本装订成册,一式十五份,送政策法规司。政策法规司应当拟出备案报告,按照《法规规章备案条例》的规定,统一向国务院备案。

第三十七条　法律、行政法规条文需要进一步明确含义、界限的,或者需要作补充规定的,由政策法规司会同有关司(局)提出意见,由部领导签发后,按规定程序报请制定机关作出解释。

第三十八条　规章有下列情况之一的,由文化部负责解释:

(一)规章的规定需要进一步明确具体含义的;

(二)规章制定后出现新的情况,需要明确适用规章依据的。

规章解释由政策法规司参照送审稿审核程序提出意见,报请部务会议决定后公布。

文物方面部门规章的解释,由国家文物局报请部务会议决定后公布。

规章的解释与规章具有同等效力。

第七章　修改和废止

第三十九条　政策法规司应当根据需要,及时组织各司(局)对部门规章和规范性文件进行清理。

第四十条　部门规章和规范性文件有下列情形之一的,应当予以修改:

(一)与新公布的法律、行政法规或者其他上位法不一致的;

(二)基于政策或客观实际的需要,有必要增减内容的;

(三)同一事项在两个以上规章或者规范性文件中规定不一致的;

(四)其他需要修改的情形。

第四十一条　部门规章和规范性文件有下列情形之一的,应予废止:

(一)规定的施行期限届满的;

(二)规定的事项已经执行完毕,或者因情势变迁,无继续施行必要的;

(三)对同一事项已作出新规定的;

(四)因有关法律、行政法规的废止或者修订,失去立法依据的。

第四十二条　经清理需要修改、废止的部门规章和规范性文件,由有关司(局)提出意见,经政策法规司审核后,报部务会议审议决定后公布。

经清理需要修改、废止的文物方面的部门规章和规范性文件,由国家文物局提出意见,报部务会议审议决定后公布。

第四十三条　政策法规司应当依照《法规汇编编辑出版管理规定》的规定,每年将上一年颁布的文化法律、行政法规、部门规章及重要的规范性文件汇编成册。

第八章　附　则

第四十四条　文化部与国务院其他部门联合制定规章的立法工作,参照本规定执行。

第四十五条 为实施法律、行政法规和部门规章制定具有普遍约束力的规范性文件时,应当在会签政策法规司后,报请部领导签署。

第四十六条 本办法自 2006 年 4 月 10 日起施行。1989 年 1 月 27 日文化部发布的《文化部行政规章制定程序规定》同时废止。

农业部立法工作规定

（2002 年 12 月 27 日农业部令第 25 号公布）

第一章 总 则

第一条 为规范农业部立法工作,保证立法质量,根据《立法法》《行政法规制定程序条例》《规章制定程序条例》和《法规规章备案条例》,制定本规定。

第二条 本规定所称立法工作包括:

(一)农业部起草法律草案、行政法规草案的工作;

(二)农业部制定部门规章的工作;

(三)农业部参与的农业立法工作;

(四)其他与农业立法有关的工作。

第三条 立法工作应当遵循《立法法》《行政法规制定程序条例》《规章制定程序条例》确立的立法原则,符合宪法、法律、行政法规的规定。

第四条 产业政策与法规司归口管理和协调部内立法工作,各司局依照本规定负责有关立法工作。

第二章 立法计划

第五条 农业部于每年年底编制下一年度的规章制定工作计划,由产业政策与法规司负责组织实施。

第六条 各司局根据工作需要,提出主管业务范围内下一年度规章制定的立项申请,并于每年 10 月 31 日前报送产业政策与法规司。

立项申请应当对立法的必要性、立法依据、所要解决的主要问题、拟确立的主要制度、进展情况和进度安排等作出说明。

第七条 产业政策与法规司根据有关司局报送的立项申请和实际工作需要,经综合平衡后,拟订农业部年度规章制定工作计划,报部常务会议审议通过后执行。

年度规章制定工作计划应当明确立法项目名称、主要内容、起草单位等内容。

第八条 规章制定工作应当依照年度规章制定工作计划进行。年度规章制定工作计划在执行中确需调整的，经产业政策与法规司提出，报部领导同意。

第九条 农业部根据需要，编制指导性农业立法五年规划的工作，参照本章的规定进行。

农业部根据全国人大有关部门和国务院的要求，提出法律的立法建议和行政法规的立项申请的工作，参照本章的规定进行。

第三章 起 草

第十条 法律、行政法规和规章的起草，由提出立法建议或立项申请的司局负责。

重要法律、行政法规和综合性规章的起草工作，由产业政策与法规司负责或者组织有关司局共同办理。

起草法律、行政法规，应当成立起草小组；起草规章，必要时也应当成立起草小组。

第十一条 起草法律、行政法规和规章，一般应当对立法目的、依据、适用（调整）范围、主管机关、主要内容、法律责任或处罚办法、名词界定（定义）、施行日期等作出规定。

起草法律、行政法规和规章，应当考虑原有相关法律、行政法规和规章的规定。需要废止相关法律、行政法规和规章或其部分条款的，应当在草案中予以明确。

第十二条 起草法律、行政法规和规章，应当深入调查研究，总结实践经验，并根据具体情况，采取书面征求意见、座谈会、论证会、听证会和向社会公布等形式广泛听取有关机关、组织和公民的意见。

第十三条 起草法律、行政法规和规章，涉及国务院其他部门的职责或者与国务院其他部门关系紧密的，或者涉及部内相关司局业务的，应当征求其他部门或相关司局的意见，充分协商，达成一致。协商不成的，应当说明情况和理由。

第十四条 法律、行政法规和规章草案经起草司局负责人签字后，报送产业政策与法规司审查。涉及其他司局业务的，应当会签有关司局。

第十五条 起草司局报送法律、行政法规和规章草案时，应当同时报送立法说明和其他有关材料。

立法说明应当对立法的必要性、起草过程、规定的主要措施、有关方面的意见等情况作出说明。

其他有关材料主要包括汇总的意见、听证会笔录、调研报告、国内外有关立法资料等。

第四章　审　查

第十六条　产业政策与法规司对起草司局报送的法律、行政法规和规章草案,应当从以下方面进行审查:

(一)是否符合宪法、法律、行政法规的规定和国家的方针政策;

(二)是否与有关法律、行政法规和规章协调、衔接;

(三)是否正确处理有关机关、组织和公民对法律、行政法规和规章草案主要问题的意见;

(四)是否符合立法技术要求;

(五)需要审查的其他内容。

第十七条　报送审查的法律、行政法规和规章草案有下列情形之一的,产业政策与法规司可以缓办或者退回起草司局:

(一)草案中规定的主要制度和措施尚不成熟的;

(二)国务院其他部门或部内相关司局对草案中规定的主要制度存在较大争议,起草司局未与国务院其他部门或部内相关司局协商的;

(三)不符合本规定第十四条和第十五条规定的。

第十八条　在审查过程中,产业政策与法规司可以根据情况,进行下列工作:

(一)就立法涉及的主要问题发送有关机关、组织和专家征求意见,或者向社会公布征求意见;

(二)就立法涉及的主要问题深入基层进行调研,听取意见;

(三)召开座谈会、论证会、听证会,听取意见,研究论证;

(四)对立法中的不同意见进行协调。

第十九条　产业政策与法规司应当认真研究各方面的意见,会同起草司局对报送审查的法律、行政法规和规章草案及草案说明进行修改。对立法中的不同意见经协调不能达成一致的,报请部领导决定。

拟报部常务会议审议的法律、行政法规和规章草案,由产业政策与法规司提出提请部常务会议审议的建议。

起草司局应当根据部长办公室的要求,提交相应份数的法律、行政法规和规章草案及其说明文本。

第五章　决定和公布

第二十条　部常务会议审议法律、行政法规和规章草案时,起草小组或起草司局应当就该草案作说明。

法律、行政法规和规章草案由其他司局起草的,产业政策与法规司应当就审查情况等作说明。

第二十一条　起草小组或起草司局应当根据部常务会议审议意见,对法律、行政法规和规章草案进行修改,经产业政策与法规司审核、办公厅核稿登记后,送部长或主管副部长签发。

第二十二条　报国务院的法律、行政法规草案,经部常务会议审议通过后,由部长或主管副部长签发。

第二十三条　农业部规章,经部常务会议审议通过后,由部长签署农业部令公布。

第二十四条　农业部规章签署公布后,由办公厅送《农民日报》及时全文刊登。

第六章　备案和解释

第二十五条　农业部制定的规章,由起草司局在规章公布之日起十五日内将规章正式文本和起草说明按照规定的格式装订成册,一式十五份,与规章的电子文本一起报送产业政策与法规司,由产业政策与法规司按照《法规规章备案条例》的规定,统一向国务院备案。

第二十六条　农业部和其他部门联合制定的规章,由主办部门负责报国务院备案。农业部为主办部门的,按第二十五条规定办理。

第二十七条　农业法律、行政法规和规章依照规定,需要由农业部进行解释的,应当由省级农业行政主管部门向农业部提出申请;部内司局认为需要解释的,应当向产业政策与法规司提出。

第二十八条　符合下列情形的农业法律、行政法规的解释,由产业政策与法规司会同有关司局提出意见,报部领导签发后,依照有关规定送请制定机关作出解释:

（一）条文本身需要进一步明确界限的；

（二）需要作补充规定的。

第二十九条　属于行政工作中具体应用农业法律、行政法规问题的解释，以及农业部规章的解释，由产业政策与法规司会同有关司局提出意见，报部常务会议审议通过后或者部领导签发后公布。

第三十条　对属于行政工作中具体应用农业部规章问题的询问，由产业政策与法规司会同有关司局研究，以办公厅文件的形式答复。涉及重大问题的，应当报部领导签发后，以农业部文件的形式答复。

地方农业部门就农业部规章的具体应用问题向农业部申请答复的，应当由省级农业行政主管部门提出。

第七章　立法协调

第三十一条　农业部与有关部门联合发布，非农业部为主起草的规章草案，其协调工作由参加起草的司局负责办理；农业部为主起草的规章，其协调工作由起草司局办理。以部名义行文的，由办文司局负责人签字，会签产业政策与法规司后，报主管副部长签发。

第三十二条　有关部门送农业部征求意见的法律、行政法规和规章草案，由产业政策与法规司组织有关司局提出意见，并以农业部文件或办公厅文件的形式答复有关部门。

第三十三条　对有关部门送农业部征求意见的法律、行政法规和规章草案，办公厅应当及时转送产业政策与法规司；产业政策与法规司应当及时征求有关司局的意见，做好组织和综合工作；有关司局应当及时研究办理，提出书面意见并加盖本司局印章后，送产业政策与法规司。超过规定时限未答复的，或者未加盖本司局印章的，视为无意见。

第八章　清理、修改和废止

第三十四条　产业政策与法规司应当根据需要或有关机关的要求，组织各司局对农业法律、行政法规和规章进行清理。

第三十五条　经清理需要修改的法律、行政法规，由产业政策与法规司会同有关司局提出意见，报部领导同意后，向制定机关提出修改建议。需要由农业部修改的，按照本规定的程序办理。

经清理需要修改的规章，由产业政策与法规司会同有关司局提出建议，报部领导同意后,按照本规定的程序进行修改。

第三十六条　经清理需要废止的法律、行政法规,由产业政策与法规司会同有关司局提出意见,报部领导同意后,向制定机关提出废止建议。

经清理应当废止的规章,由产业政策与法规司会同有关司局提出建议,报部常务会议审议通过后,由部长签署农业部令予以废止。

第三十七条　农业部各司局应当掌握相关法律、行政法规和规章的贯彻实施情况,发现有下列情形之一的,应当及时提出修改或废止建议:

(一)法律、行政法规和规章的规定与上位法不一致的;

(二)被新的法律、行政法规和规章的规定取代的;

(三)不能适应现实需要的;

(四)其他需要修改或废止的情形。

第九章　附　则

第三十八条　农业部规章应当自公布之日起三十日后施行;但是,涉及国家安全或者公布后不立即施行将有碍规章施行的,可以自公布之日起施行。

第三十九条　农业法律、行政法规的宣传工作,由产业政策与法规司组织有关司局办理。

第四十条　产业政策与法规司应当参照《法规汇编编辑出版管理规定》,对农业法律、行政法规和规章进行汇编。

第四十一条　本规定由农业部负责解释。

第四十二条　本规定自二〇〇三年一月一日起施行。一九九一年十二月二十四日农业部发布的《农业部立法工作暂行规定》同时废止。